铁路电务职工资格性培训教材

铁路信号工

中国铁路济南局集团有限公司◎编

中国铁道出版社有限公司

2024年·北 京

内 容 简 介

本书为铁路信号工岗位资格性培训教材，系根据“铁路特有工种技能培训规范”《铁路信号工(车站与区间信号设备维修)》的初级工、中级工中理论、实作培训科目编写而成。全书共17章，包括铁道概论、电工电子基础、计算机基础、铁路信号基础、道岔转辙设备原理(内锁)、道岔转辙设备原理(外锁)、轨道电路设备、色灯信号机、计算机联锁设备、区间闭塞设备、电源设备、调度集中系统、信号设备防雷与接地、信号集中监测系统、技术规章、信号专业设备结合部相关知识、故障应急处置等。每章节有复习思考题。

本书可作为铁路信号工岗位培训、职业技能鉴定教材，也可供各类高校相关师生学习使用。

图书在版编目(CIP)数据

铁路信号工 / 中国铁路济南局集团有限公司编. 北京 ：中国铁道出版社有限公司，2024. 10. --（铁路电务职工资格性培训教材）. -- ISBN 978-7-113-31504-7

Ⅰ. U284

中国国家版本馆 CIP 数据核字第 20244GP885 号

书　　名：铁路信号工
作　　者：中国铁路济南局集团有限公司

责任编辑：奚　琦　　**编辑部电话：**(010)51873134　　**电子邮箱：**xiqi_4869@163.com
封面设计：刘　莎
责任校对：苗　丹
责任印制：高春晓

出版发行：中国铁道出版社有限公司(100054，北京市西城区右安门西街8号)
网　　址：https://www.tdpress.com
印　　刷：河北宝昌佳彩印刷有限公司
版　　次：2024年10月第1版　2024年10月第1次印刷
开　　本：787 mm×1 092 mm 1/16　**印张：**34.25　**字数：**863千
书　　号：ISBN 978-7-113-31504-7
定　　价：98.00元

编　委　会

前言

在铁路运输系统中，信号工的角色至关重要，他们负责确保信号系统的稳定运行和安全维护。为了提高铁路信号工的专业技能，保障铁路运输的安全与效率，中国铁路济南局集团有限公司电务部、职工培训部遵循“铁路特有工种技能培训规范”培训内容，结合现场实际需求，组织青岛电务段、济南电务段的专家和技术人员，精心编写了本教材。

本教材的编写，旨在严格落实铁路主要行车工种岗位准入制度，满足铁路信号工岗位资格性培训的需要。通过系统的学习和培训，使“三新”（新职、转职、晋升）人员能够快速掌握铁路信号设备操作与维护的基本技能，实现“熟练”上岗的目标；能够紧密结合铁路信号工的日常工作，实现理论与实践的结合；能够从基础知识到专业技能，构建完整的知识体系。

本教材引入最新的铁路信号技术，保持教材内容的先进性；为铁路信号工技能鉴定和资格性培训提供明确的学习路径；指导铁路信号工更加熟练地掌握岗位技能，为铁路运输的安全与高效贡献自己的力量，具有实用性、系统性、前沿性、指导性等优点。本教材共分为17章，内容涵盖了铁路通用基础知识、信号专业知识以及与信号专业结合部相关的知识。每一章节都针对“铁路特有工种技能培训规范”《铁路信号工（车站与区间信号设备维修）》中初级工和中级工的理论及实作培训科目进行了详尽的分析与讲解，涵盖了铁路信号设备的组成与工作原理、标准化作业流程、故障诊断与应急处置方法等内容。

本教材适用于铁路信号工岗位的资格性培训学习，同时也可作为相关专业技术管理人员和高校师生的教学参考。

编写团队深知责任重大，我们承诺将不断更新和完善教材内容，以适应铁路信号技术的发展和行业标准的变化。我们期望这本教材能够成为铁路信号工岗位人员提升专业技能、实现职业发展的得力助手。在教材编写过程中，我们得到了众多同行和专家的宝贵意见与支持。我们对他们的贡献表示衷心的感谢。同时，我们也诚恳地希望广大读者和行业内的专家学者能够提出宝贵的批评和建议，帮助我们不断改进教材质量。

编　者
2024年8月

目录

第一章　铁道概论

交通运输是国民经济中具有基础性、先导性、战略性的产业，是重要的服务性行业和现代化经济体系的重要组成部分，主要包括铁路、公路、水路、民航、邮政、城市客运等。铁路作为国家战略性、先导性、关键性重大基础设施，是综合交通运输体系的骨干，推动铁路高质量发展，对于加快建设交通强国具有重要意义。

第一节　铁路的建设与发展

一、世界铁路的发展

1825 年英国修建了从斯托克顿至达灵顿的铁路，这是世界上第一条蒸汽机车牵引的铁路，从它正式运营到现在，已经有近两百年的历史。这条铁路成为近代铁路运输业的开端。

世界铁路发展经历了以下三个阶段：

第一阶段：从 1825 年到 1900 年前后。这一阶段以蒸汽机的发明和钢轨生产技术的进步为代表，解决了铁路发展的动力和钢轨等关键问题，促进了铁路的大发展。

第二阶段：从 1900 年到 1950 年前后。这一阶段铁路技术的进步主要是围绕机车技术的进步和钢轨断面的改进两个方面进行的。电力机车的出现，为铁路的发展提供了干净的动力。

第三阶段：从 1950 年开始到现在。这一阶段是铁路的飞跃发展时期，特别是 1964 年 10 月 1 日，世界上第一条高速铁路日本东海道新干线的问世，向世人展示了铁路新的发展前景，使古老的铁路焕发出新的生机。从 20 世纪 60 年代到现在，高速铁路以其高的速度、高的运输效率、低的运营成本和特有的安全舒适性，在陆地运输中占很大比重。

二、我国铁路的建设与发展

我国铁路建设始于晚清时期。从 1876 年第一条铁路——上海吴淞铁路通车之日算起，我国铁路迄今已有 148 年的历史，截至 2023 年底，全国铁路营业里程达到 15.9 万公里。

新中国成立以后，在中国共产党的领导下，我国铁路建设得到了迅速发展。进入 21 世纪以后，我国铁路从原来的引进、消化、吸收再创新到自主创新，现在已经领跑世界，铁路发展取得了历史性成就。

(一)1876～1949 年

1. 我国领土上出现的第一条铁路

我国第一条铁路是 1876 年在上海修建的吴淞铁路(上海—吴淞)，全长 14.5 km，如图 1-1-1 所示。

2. 我国投资建设的第一条铁路

我国投资建设的第一条铁路是 1881 年的唐胥铁路(唐山—胥各庄)，全长约 10 km，采用 15 kg/m 的钢轨。

图 1-1-1　吴淞铁路

工人利用矿场起重机锅炉和竖井架的槽铁等旧材料，建成了国内第一台蒸汽机车。机车全长约 5.7 m，两侧各镶嵌一条金属刻制的龙，故称为“龙号”机车，如图 1-1-2 所示。

图 1-1-2　“龙号”机车

3. 我国自主设计、施工修建的第一条铁路

京张铁路是在著名的爱国工程师詹天佑主持下，全部由我国人民依靠自己的智慧和才能建成的，1905 年 10 月开工，1909 年 10 月通车，南起北京丰台，北至张家口，全长 201 km，采用 1 435 mm 标准轨距，这个轨距标准一直沿用至今。

京张铁路的修建谱写了我国铁路建筑史上光辉的一页，其建筑工程非常艰巨，进入燕山山脉军都山后，岭高、坡陡、隧道工程大，需要开凿居庸关隧道（长 365 m）、五桂头隧道（长 45 m）、石佛寺隧道（长 141 m）和八达岭隧道（长 1 091 m），完全靠人工修筑而成。从南口至青龙桥站 18 km 间的最大坡度已达 33‰，为了保证列车能安全越过山岭，在詹天佑主持下设计成人字形爬坡线路解决了这一难题，如图 1-1-3 所示。

(a) 原京张铁路青龙桥人字形线路　　(b) 现京张铁路青龙桥人字形线路

图 1-1-3　人字形爬坡线路

(二)1949 年至今

我国铁路建设在党的领导下有了极大的发展，在路网建设、线路状况、技术装备和运输效率上取得了辉煌成就。

1. 成渝铁路

成渝铁路(成都—重庆)1950 年 6 月 15 日开工，1952 年 7 月 1 日全线通车，全长 505 km，串联起 62 座车站，是我国自行设计施工，全部采用国产材料修建的第一条铁路。

2. 京九铁路

京九铁路(北京西—九龙)1993 年 4 月 20 日开工，1996 年 9 月 1 日全线通车，全长 2 553.2 km，是贯通南北一次性建成的最长双线铁路。

3. 大秦铁路

大秦铁路(大同—秦皇岛)，1992 年 12 月 21 日全线通车，全长 653.2 km，目前年最高运量已突破 4.5 亿 t，是世界上年运量最大的铁路线，被誉为“中国重载第一路”，是“西煤东运”的重要能源通道。

4. 青藏铁路

青藏铁路(西宁—拉萨)分两个时段建设，1984 年 5 月开通西宁至格尔木，2006 年 7 月 1 日全线开通，全长 1 956 km。青藏铁路建设在堪称世界屋脊的青藏高原，克服了多年冻土、高寒缺氧和生态脆弱三大世界难题，为我国在高海拔、高寒冷地区的高铁建设积累了丰富的技术经验。

5. 京津城际铁路

京津城际铁路(北京南—滨海)，2005 年 7 月 4 日开工，2008 年 8 月 1 日开通北京南至天津，2015 年 9 月 20 日全线开通，全长 166 km。该铁路是我国首条设计速度为 350 km/h 的高速铁路，为我国高速铁路领跑世界提供了技术积累。

6. 京沪高速铁路

京沪高速铁路(北京南—上海虹桥)，2008 年 4 月 18 日开工，2011 年 6 月 30 日全线开通，全长 1 318 km。该铁路为我国高速铁路技术和标准的国际化积累了大量的资料，也为我国高速铁路在世界创造了品牌效应。

7. 中老昆万铁路

中老昆万铁路(中国昆明南—老挝万象南)历时 5 年的建设，2021 年 12 月 3 日全线开通，全长 1 035 km。该铁路是“一带一路”、中老友谊标志性工程。

中国高速铁路是世界铁路发展史上最亮丽的“中国速度”名片，也向世界展示了“中国速度”和“中国技术”。目前，我国建成了世界最大的高速铁路网和先进的铁路网。高速铁路、高原铁路、高寒铁路和重载铁路技术达到世界领先水平。复兴号高速列车迈出从追赶到领跑的关键一步，形成了具有自主知识产权、达到世界先进水平的成套技术体系，打造了具有世界一流运营品质的中国高铁品牌。

第二节 铁路信号发展及应用

铁路信号是铁路运输系统中保证行车安全、提高区间和车站通过能力以及解编能力的手动控制、自动控制和远程控制技术的总称。

一、铁路信号的发展

铁路信号从人工信号发展到机械信号,再发展到电气化信号,其功能和技术水平得到了极大的提升,成为铁路运输的重要组成部分和安全保障系统。其发展可以概括为以下几个阶段:

人工信号时期:18 世纪末至 19 世纪中叶,人们主要通过手势、旗语等方式进行列车的指挥和调度,由于信号不够明确和及时,铁路交通事故频繁发生。

机械信号时期:19 世纪中叶至 20 世纪中叶,随着工业化的发展,人们开始使用机械式信号设备来代替人工信号,包括信号机、道岔等,使铁路运输的安全性和效率得到了很大提高。

电气化信号时期:20 世纪中叶至今,随着电气技术的发展,铁路信号系统也逐步实现了电气化,信号设备也从机械式逐渐转变为电子式,包括色灯信号机、电动转辙机等,信号设备的智能化和自动化程度也逐步提高,为铁路运输的安全、快速、准确提供了有力的保障。

随着电气化铁路改造,电务设备升级换代步伐加快,TDCS、CTC、计算机联锁、GSM-R、ATP、25 Hz 相敏轨道电路、提速道岔、ZPW-2000A 自动闭塞等新技术普遍应用,以计算机和网络技术、数字化光纤通信和无线通信的安全技术、自动控制技术为标志,建立起涵盖室内、室外、地面、车载、有线、无线的铁路信号系统。

二、铁路信号的应用

(一)铁路信号设备

1. 信号机

信号机是地面向列车传递信息的指示设备或装置,是信号传递的主体。最早的信号机是臂板式色灯信号机,它通过不同颜色、不同数量和不同角度的臂板以及不同颜色的灯光给列车传递命令。铁路建成通车初期,车站指示列车运行主要靠手信号,仅在部分车站装设有臂板式进站信号机,只能白天行车,如图 1-2-1 所示。后来开办了夜间行车,如图 1-2-2 所示。

图 1-2-1 臂板式色灯信号机(白天)

图 1-2-2 臂板式色灯信号机(夜间)

20 世纪 20 年代,臂板式色灯信号机逐步改建为探照式色灯信号机、透镜式色灯信号机。透镜式色灯信号机如图 1-2-3 所示。

2. 道岔

道岔是铁路线路分岔的地方,是列车从一个股道转向另一个股道的转辙设备,是线路一分为二的节点。道岔按照辙叉号码区分大小,号数越大,尖轨越长,允许列车通过的速度越高。道岔转换与锁闭装置是用于道岔转换、锁闭以及对道岔所处位置及状态进行监督的设备,包括

图 1-2-3 透镜式色灯信号机

转辙机(电动、液动、电空转辙机)及锁闭器、密贴检查器、外锁闭装置及安装装置。

铁路通车初期使用重锤式或弹簧式扳道器。弹簧式扳道器如图 1-2-4 所示,带柄转辙标志如图 1-2-5 所示。

图 1-2-4 弹簧式扳道器

图 1-2-5 带柄转辙标志

20 世纪 50 年代起,逐步装设电空转辙机、电动转辙机。20 世纪 80 年代对 ZD6 系列电动转辙机进行了技术改造。20 世纪 90 年代引进德国技术制造的三相交流电动转辙机作为正线道岔牵引动力,提高了道岔锁闭的安全性和可靠性。ZD6 型内锁闭道岔如图 1-2-6 所示。S700K 型外锁闭道岔如图 1-2-7 所示。

图 1-2-6 ZD6 型内锁闭道岔

图 1-2-7 S700K 型外锁闭道岔

3. 轨道电路

美国人鲁滨孙1870年发明了开路式轨道电路，1872年成功研制了闭路式轨道电路，于1873年首先在宾夕法尼亚铁路试用，从此诞生了铁路自动信号。我国铁路在新中国成立前采用的轨道电路传输信息少，分布也极不平衡，从20世纪50年代中期开始，轨道电路技术有了长足的发展，不仅传输的信息量增加，使用也遍及全国铁路各线，构成了铁路信号技术发展的基础。

1924年，在大连—金州、沈阳—苏家屯间建成自动闭塞，采用的是交流50 Hz二元三位式相敏轨道电路，这是我国最早采用的轨道电路。1925年，首次在秦皇岛及南大寺两站装设了直流闭路式轨道电路，这是我国最早使用的一种直流轨道电路。1942年，在济南站修建了进路操纵手柄式继电电气集中联锁，轨道电路是直流闭路式。1952年，在衡阳站建成进路操纵继电式电气集中联锁，轨道电路是直流闭路式。1960年，为防止牵引电流干扰，在宝鸡—凤州段建立了第一条单相工频交流电气化铁路。

（二）车站联锁系统

车站联锁系统是实现联锁功能的系统，它以道岔、信号及进路控制为主要内容。随着铁路运输的发展需要和科学技术的进步，联锁系统先后经历了以下几个阶段：

1. 机械化联锁阶段(19世纪50年代)：布列克勒叶·阿姆斯车站装设了由萨克斯倍首创的萨式联锁机，机械联锁诞生。这个时期的联锁装置由各种机械锁闭器件构成，遵循因果关联原则或相关进路原则。

2. 机电联锁阶段(19世纪80年代)：联锁装置的一部分使用机械锁闭器件，另一部分使用电气锁闭器件。如用流体实现逻辑运算以及杠杆的液力式联锁，用电动机驱动道岔的机电式联锁。

3. 继电联锁阶段(20世纪20年代)：联锁装置由继电器及其接点构成的逻辑电路构成。在此阶段，基于布线逻辑的继电联锁控制系统首次问世，它使用继电电路实现联锁逻辑，使得道岔和信号机的安全控制完全自动化。

4. 计算机联锁阶段(20世纪80年代)：联锁控制由计算机实现。我国铁路于1984年开发出了第一台计算机联锁，此后取得了迅速进展。

5. 未来智能联锁阶段：未来的联锁系统将更加智能化，能够更好地适应复杂多变的运输需求。

（三）区间闭塞设备

两个车站(或线路所)之间的铁路线路称为区间。为了防止两列列车在区间线路上发生迎面相撞事故和同方向同线路上运行的两列列车发生追尾的撞车事故，就必须按照一定的方法组织列车在区间运行，一般称为行车闭塞法或闭塞。

我国早期的单线铁路使用人工闭塞、电话闭塞、电气路签(路牌)闭塞等站间闭塞方式。20世纪50年代末，半自动闭塞出现，以出站信号机的允许信号显示作为列车占用区间的凭证，通过相邻两站的半自动闭塞设备互相控制，保证两站间只能有一趟列车运行，具有防止列车追尾及正面冲突的作用。20世纪60年代开始使用64F型(双线)继电半自动闭塞、64D型(单线)继电半自动闭塞。20世纪70年代末，自动闭塞投入运用，将站间上下行线划分为若干闭塞分区，每个分区设有轨道电路，在其入口处设防护该分区的通过信号机，形成区间自动闭塞。两个相邻车站间可以同时运行多趟列车，极大提高了区间列车通过能力。21世纪初期，ZPW-2000A无绝缘移频自动闭塞技术投入使用，截至2023年，除部分支线、地方铁路外，已全部采用 ZPW-2000 系统，且高速铁路全部取消了地面区间信号机，进入主体机车信号机时代。

目前我国自动闭塞系统有：交流计数自动闭塞系统、4 信息移频自动闭塞系统、18 信息移频自动闭塞系统、UM71 自动闭塞系统和 ZPW-2000 系列无绝缘移频自动闭塞系统。

第三节 铁路信号设施应用现状

铁路信号设施主要包括车站联锁、道岔转辙、轨道电路、信号装置、闭塞设备、列车运行控制系统、列车调度指挥系统和调度集中系统等。

一、车站联锁

通过一定的技术方法，使道岔、信号和进路相互具有制约关系，按照一定的程序并满足一定的条件才能动作，这种关系称为车站联锁。

车站联锁设备主要有继电联锁设备和计算机联锁设备。目前我国铁路主要使用的车站联锁设备有 6502 继电联锁、DS6-K5B 型计算机联锁、TYJL-ADX 型计算机联锁、TYJL-Ⅱ型计算机联锁和 EI32-JD 型计算机联锁等。

二、道岔转辙

道岔转辙是直接关系行车安全的关键设备，用于改变列车运行方向，完成道岔的转换和锁闭，主要由转辙机、安装装置及杆件组成。目前我国铁路主要使用的道岔转辙设备有直流 ZD 型电动转辙机、交流 S700K 型电动转辙机、直流 ZY 型、交流 ZYJ 型电液转辙机和电空 ZK 型转辙机等。

三、轨道电路

轨道电路是以钢轨作为导体，用来检查有无列车占用信息，实现地面与列车信息传输的设备。轨道电路种类很多，其主要作用是监测线路是否空闲、是否有车占用，同时还能够提供列车运行控制信息。目前我国铁路主要使用的轨道电路设备有 JZXC-480 交流轨道电路、25 Hz 相敏轨道电路、高压脉冲轨道电路、ZPW-2000 系列无绝缘移频轨道电路等。

四、信号装置

信号装置是指挥列车运行的重要标志，根据行车有关人员发出的指示运行条件的命令，按规定的物理特征和显示状态给出相关命令，指挥行车和调车的信号。其信号显示的意义是与行车、调车安全联系在一起的，只有在安全条件具备时，即没有危及行车、调车安全的情况存在时，才给出允许列车或调车车列行进的信号。目前我国铁路主要使用的信号装置有信号机、信号表示器等。

五、闭塞设备

闭塞设备通过人为或设备控制，按照一定的方法组织列车在区间运行，保证列车通过站间、线路所间、闭塞分区时，同一时间内只有一个列车占用，并使列车与列车之间保持一定安全距离。闭塞设备是用来保证列车在区间内运行安全，并提高区间通过能力的信号设备。目前我国铁路主要使用的闭塞设备有 64D(F)型继电半自动闭塞、自动站间闭塞、ZPW-2000 系列无绝缘移频轨道电路自动闭塞等。

六、列车运行控制系统

列车运行控制系统是根据列车在铁路线路上运行的客观条件和实际情况，对列车运行速度及制动方式等状态进行监督、控制和调整的技术装备。它利用地面设备向运行中的列车传送各种信息，使司机了解地面线路状态并控制列车运行速度，保证行车安全和效率。列车运行控制系统主要由地面列控设备和车载设备组成。目前我国铁路主要使用的列车运行控制系统根据线路条件、列车特性、线路运行速度等技术要求分为 CTCS-0 级、CTCS-1 级、CTCS-2 级、CTCS-3 级、CTCS-4 级五个等级。

七、列车调度指挥系统

列车调度指挥系统(简称 TDCS)是覆盖全国铁路的大型计算机网络调度指挥系统，是对列车运行进行实时监督、跟踪、集中调度指挥的现代化运输设备。TDCS 具备列车到发自动报点、车次号自动跟踪、行车日志自动生成、列车运行自动生成实际运行图、列车运行方案自动调整、通过网络下达行车计划及调度命令等功能，改变了过去车站值班员用电话向调度人员人工报点、调度员用电话向车站下达计划和命令、车站手抄再复诵的落后方式，是铁路调度指挥向新型的数字化、网络化、综合化、智能化发展的重要标志。目前我国铁路主要使用的 TDCS 主要由国铁集团调度指挥中心、铁路局集团公司调度指挥中心和基层车站网组成。

八、调度集中系统

调度集中系统(简称 CTC)是调度中心(调度员)对某一区段内的信号设备进行集中控制，对列车运行直接指挥、管理的技术装备。目前我国铁路主要使用的分散自律调度集中系统是综合了计算机技术、网络通信技术和现代控制技术，采用智能化分散自律设计原则，以列车运行调整计划控制为中心，兼顾列车与调车作业的高度自动化的调度指挥系统，其控制模式分为分散自律控制模式和非常站控模式。

九、道口信号设备

1. 目前在全路广泛运用的道口信号设备为 DX3 型，当列车进入道口接近区段时，道口自动通知及道口自动信号设备，自动向道口看守员和道路通行方向的车辆、行人发出报警，报警方式为音响和灯光信号。

在道口看守房内，便于看守员瞭望和操纵的地点，设有道口控制盘。

道口信号机设在车辆驶向道口方向的道路右侧，距离线路最外股钢轨不少于 5 m。道口信号机红灯闪光信号的闪光频率应为(60±10)次/min，两个红灯应交替亮、灭，亮、灭比为 1∶1。

道口采用列车接近一次通知方式，列车接近通知时间不应少于 40 s，遇特殊情况，可适当延长通知时间。

2. 道口信号组合分为道口信号主组合和道口信号副组合两大类，每个组合内可设 10 个安全型继电器。

(1)道口信号主组合设有确定列车运行方向的继电器 SFJ/XFJ，接近通知继电器 STJ/XTJ，到达通知继电器 SDTJ/XDTJ，决定取消报警与否的第一、二到达继电器 1DJ/2DJ，决定道口报警与否的报警继电器 BJ 和方向复原继电器 FFJ 等 10 个继电器。

(2)道口信号副组合内设有白灯灯丝继电器"A"BDJ 和"B"BDJ、切断室内音响的确认继电器 QJ、监督控制器是否故障的继电器 KJJ、切断道口故障信号设备用的故障按钮继电器 GAJ、设备故障复原用的继电器 GFJ、故障音响切断继电器 GQJ、电源控制监督继电器 DKJJ 和延时继电器 YJ 等 9 个继电器。

3. 道口控制器是 DX3 型道口设备的基本组成单元，由它取得列车接近或离去道口与否的信息，分为开路式和闭路式两种类型。按照频率分别为 14 kHz、20 kHz 的闭路式道口控制器和 30 kHz、40 kHz 的开路式道口控制器。开路式道口控制器由可调电感对作用距离进行调整，其作用距离一般以 20～40 m 为宜。

另外，道口信号设备还包括交流稳压电源、直流稳压电源、道口闪光器、道口音响器等专用设备。

第四节　铁路行车设备和主要工种(岗位)

一、铁路供电

铁路供电主要负责电气化铁路的牵引供电、铁路运输信号供电、铁路地区的电力供应、电力设备的检修与保养等工作。

电气化铁路是以电能作为牵引动力的一种现代化交通运输工具。它的牵引动力是电能，又称电力牵引。它与蒸汽牵引和内燃牵引不同的地方是电力机车(或电动车组)本身不带能源，必须由外部供给电能。专门为电力机车(或电动车组)供给电能的装置称作牵引供电系统。

外部供电系统的电能通过接触网与电力机车顶部受电弓的滑动接触，质量良好地不间断地向电力机车供应电能，然后通过电力机车，再经由轨道回路和回流线流回牵引变电所。电气化铁路供电系统原理如图 1-4-1 所示。

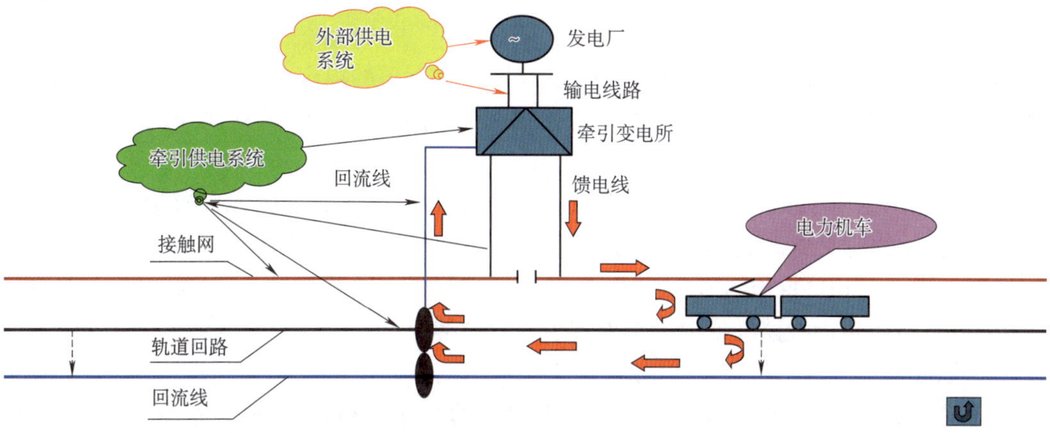

图 1-4-1　电气化铁路供电系统原理

电气化铁路由电力机车(或电动车组)和牵引供电系统两大部分组成。

电力机车运行时，受电弓升起，从接触网上取得 25 kV 交流电，通过主断路器进入牵引变压器，将接触网的高压交流电变成低压交流电，然后经整流硅机组将交流电整流成直流电，供给牵引电动机。牵引回流从钢轨经吸上线到回流线流回牵引变电所。

二、铁路线路

铁路线路是机车车辆和列车运行的基础，是由路基、桥隧建筑物（桥梁、隧道、涵洞）和轨道（钢轨、轨枕、联结零件、道床、防爬设备和道岔等）组成的一个整体工程结构。

1. 铁路线路等级

客货共线铁路分为4个等级，即Ⅰ级、Ⅱ级、Ⅲ级、Ⅳ级。

Ⅰ级铁路：铁路网中起骨干作用的铁路，或近期年客货运量大于或等于20 Mt者。

Ⅱ级铁路：铁路网中起联络、辅助作用的铁路，或近期年客货运量小于20 Mt且大于或等于10 Mt者。

Ⅲ级铁路：为某一地区或企业服务的铁路，近期年客货运量小于10 Mt且大于或等于5 Mt者。

Ⅳ级铁路：为某一地区或企业服务的铁路，近期年客货运量小于5 Mt者。

2. 铁路路基

（1）路堤

当铺设轨道的路基高于天然路面时，路基以填筑方式构成，这种路基称为路堤。路堤由路基面、边坡、护道、取土坑（纵向排水沟）等组成。

（2）路堑

当铺设轨道的路基低于天然路面时，路基以开挖方式构成，这种路基称为路堑。路堑由路基面、边坡、侧沟、弃土堆和截水沟等组成。

（3）桥梁

桥梁主要由桥面、桥跨结构、墩台及基础组成。按桥梁长度分为特大桥（大于500 m）、大桥（100～500 m）、中桥（20～100 m）、小桥（小于20 m）等；按建造材料分为钢桥、钢筋混凝土桥、石桥等；按桥梁跨越的障碍分为跨河桥、跨线桥、高架桥等；按桥面所在位置（桥面与主拱相对位置）分为上承式桥、中承式桥、下承式桥等。

（4）涵洞

涵洞主要由洞身、基础、端墙和翼墙组成，设在路堤下部的填土中，是用以通过水流的一种建筑物。按建筑材料的不同，涵洞分为石涵、混凝土涵、钢筋混凝土涵、铁涵等。

（5）隧道

隧道主要由主体建筑和附属建筑物两大部分组成，大多建筑在山中，用以避免开挖很深的路堑，或修建很长的迂回线。按隧道长度分为短隧道（小于500 m）、中长隧道（500～3 000 m）、长隧道（3 000～10 000 m）、特长隧道（大于10 000 m）；按隧道内线路数目分为单线隧道、双线隧道和多线隧道；按隧道内线路坡度分为单坡隧道和双坡隧道。

（6）轨道

轨道是指处于路基面以上、车辆车轮以下部分的铁路线路建筑物，由钢轨、轨枕、联结零件、道床、防爬设备和道岔等主要部件组成。

①道床

道床为铺设在路基面上的道砟层。

其作用是承受轨枕上部的荷载并把它均匀地传给路基，缓和车轮对钢轨的冲击，排除雨水，保持轨道稳定性。

②轨枕

轨枕是钢轨的支座。其作用是承受钢轨传来的压力并将其传给道床，并保持钢轨的位置及轨距。按使用目的分为普通轨枕、桥枕、岔枕等；按制作材料分为钢筋混凝土枕和木枕两种。普通轨枕长为 2.5 m，岔枕和桥枕长度有多种，范围为 2.6～4.85 m。

③联结零件

接头联结零件用来联结钢轨与钢轨间的接头，包括钢轨接头夹板、螺栓、螺帽和弹性垫圈等；中间联结零件(又称扣件)的作用是将钢轨紧扣在轨枕上，以固定钢轨在正确位置，阻止钢轨的纵向爬行和横向位移。

④钢轨

钢轨主要由轨头、轨腰和轨底组成。钢轨铺在轨枕上面，是机车车辆运行的轨道，直接承受车轮的压力并引导车轮的运行方向。按类型分为 75 kg/m、60 kg/m、50 kg/m、43 kg/m、38 kg/m；按长度分为 25 m、50 m、100 m。

⑤防爬设备

列车运行时纵向力的作用，使钢轨产生纵向移动，有时甚至带动轨枕一起移动，这种现象叫作轨道爬行。

防爬措施：一是加强钢轨与轨枕之间的扣件压力和道床阻力；二是设置防爬设备，如穿销式防爬器、防爬撑等，其中穿销式防爬器安装在钢轨底部，夹紧钢轨；防爬撑安装在轨枕之间，用来顶住轨枕。

⑥道岔

一条线路分歧为两条线路，在分歧点上铺设的转辙线路叫作道岔。道岔主要由尖轨、基本轨、联结零件(包括连接杆、滑床板、垫板、轨撑、顶铁、尖轨跟端结构等)及转辙机械组成，如图 1-4-2 所示。道岔可分为单开道岔、双开道岔、三开道岔和交分道岔、渡线道岔等。

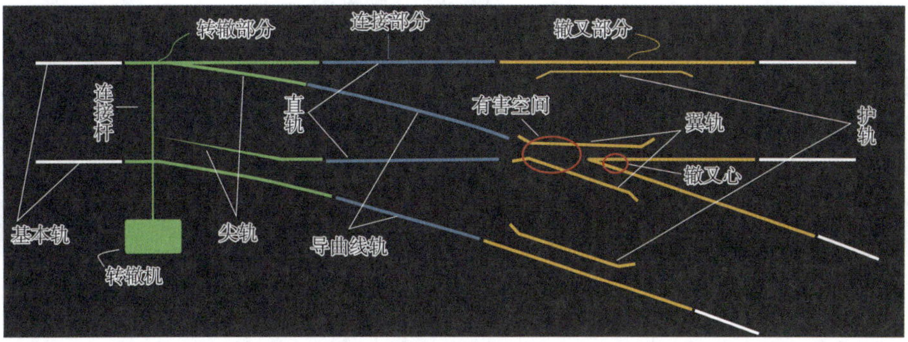

图 1-4-2 道岔组成

单开道岔是一种主线为直线，侧线向主线的左侧或右侧分开的道岔。它由转辙器、辙叉及护轨、连接部分组成。转辙器是引导机车车辆沿直线方向或侧线方向行驶的线路设备，由两根尖轨、两根基本轨和转辙机械组成。辙叉和护轨包括辙叉心、翼轨及护轨。道岔号(N)又叫辙叉号，用辙叉角(α)的余切值($N=\cot\alpha$)来表示。常用道岔辙叉号为 9 号、12 号、18 号、30 号等，辙叉号越大，道岔越长，弯道半径越大，允许通过的列车速度越高。

3. 限界

为了确保机车车辆在铁路上的运行安全，防止机车车辆撞击邻近线路的建筑物和设备而对机车车辆和接近线路的建筑物、设备规定的不允许超越的轮廓尺寸线，称为限界。

机车车辆限界是接车车辆横断面的最大容许尺寸的轮廓，它规定了机车车辆不同部位的宽度、高度的最大尺寸和底部零件至轨面的最小距离。

建筑限界是一个和线路中心线垂直的横断面，它规定了保证机车车辆安全通过所必需的横断面的最小尺寸。

靠近铁路线路的建筑物及设备的任何部分侵入了规定的建筑限界内称为侵限。

4. 线路标志

(1)里程标，设在一条线路自起点计算每一整公里、半公里、百米处，如图 1-4-3 所示。

(a) 公里标　　(b) 半公里标　　(c) 百米标

图 1-4-3　里程标

(2)曲线标，设在曲线中点处，标明曲线中心里程、半径大小、曲线和缓和曲线长度，如图 1-4-4 所示。

(3)圆曲线和缓和曲线始终点标，设在直缓、缓圆、圆缓、缓直各点处，标明所向方向为直线、圆曲线或缓和曲线，如图 1-4-5 所示。

图 1-4-4　曲线标

图 1-4-5　圆曲线和缓和曲线始终点标

(4)桥梁标，设在桥梁两端桥头处，标明桥梁编号、中心里程和长度，如图 1-4-6 所示。

(5)坡度标，设在线路坡度的变坡点处，两侧各标明其所向方向的上、下坡度值及其长度，如图 1-4-7 所示。

(6)铁路局集团公司、工务段、线路车间、线路工区和供电段的界标，设在各单位管辖地段的分界点处，两侧标明所向的单位名称，如图 1-4-8 所示。

三、铁路车站

车站既是铁路办理客货运输的基地，又是铁路系统的一个基层单位，除办理客货运输外，还办理和列车运行有关的各项作业。

图 1-4-6 桥梁标

图 1-4-7 坡度标

1. 车站的分类

(1)按业务性质分:客运站、货运站、客货运站。

(2)按技术作业分:中间站、区段站、编组站。

(3)按任务量和地位分:特等站和一、二、三、四、五等站。

2. 车站线路种类

(1)正线:指连接车站并贯穿或直股伸入车站的线路。

(2)站线:包括到发线、调车线、牵出线、货物线及站内指定用途的其他线路。

①到发线:供列车到达或出发使用的线路。

②调车线:进行列车编组与解体作业使用的线路。

图 1-4-8 界标

③牵出线:设在调车场或调车线群的一端,与到发线相连接,专供列车解体、编组及转线等,作为车辆牵出使用的线路。

④货物线:进行货物装卸作业和货车停留使用的线路。

(3)岔线:又称专用线,是根据实际需要在区间或站内接轨,铺设通往工矿企业、码头或货物仓库的线路。

(4)段管线:是指机务段、车辆段、工务段、电务段为进行检修工作在站内设置的线路。

(5)特别用途线:包括安全线和避难线。安全线是为防止列车或机车车辆从一条线路进入另一条已有列车或机车车辆占用的线路而专设的一段线路,是两条线路的隔开设备。

四、铁路通信

铁路通信是为组织铁路运输、指挥列车运行和铁路业务联络而迅速、准确地传输各种信息的专用通信系统的总称。

铁路通信按传输方式可分为有线通信和无线通信两大类;按服务区域可分为长途通信、地区通信、区段通信和站内通信等;按业务性质不同可分为公用通信、专用通信、数据传输和多媒体通信等。铁路专用通信一般是指专门用于组织、指挥铁路运输及生产的专用通信设备。这些设备专用于某一目的,接通一些指定用户,一般不与公务通信的电报、电话网连接。

1. 几种主要的铁路专用通信设备

(1)列车调度电话

列车调度电话只供列车调度员与其管辖区段内所有的分机进行有关列车运行的通话使用。在列车调度电话回线上,只允许接入与列车运行直接有关的车站值班员、车站调度员、机车调度员等的电话。列车调度电话的显著特点是调度员可以对个别车站呼叫,称作单呼;也可以对成组车站呼叫,称作组呼;或者对全部车站集中呼叫,称作全呼。列车调度员可以与车站互相通话,任何车站也可以方便地呼叫列车调度员并通话。

(2)无线调度电话

①列车无线调度电话

列车有线调度电话仅供列车调度员和车站值班员之间进行通信联系,而列车无线调度电话则可供列车调度员、机车调度员、车站值班员等调度指挥人员和列车司机相互通话。这对于提高运输效率、缩短运行时间、及时掌握和调整列车运行有着重大作用。同时,列车在运行过程中,发生临时故障或区间线路、桥梁出现不正常现象时,司机可以及时报告调度员或邻近的车站值班员,也可直接通知邻近区段的司机,以便及时采取措施,更好地确保行车安全。

②站内无线调度电话

站内无线调度电话是为车站调度员、驼峰值班员等站内编组、解体作业的指挥人员和车站调车机车司机相互通话而设置的。为了采用站内无线调度通信,在车站调度员室和驼峰值班员室装有固定无线电台,在调车机车和驼峰机车司机室内装有机车电台。

此外,铁路专用通信设备还包括车务专用电话、电务专用电话、工务专用电话、会议电话、列车确报电报、确报电话、地区电话和站场通信系统等。铁路常用的通信设备有自动电话、载波电话、电报、光缆通信、微波通信和卫星通信等。

2. 铁路数字移动通信系统(GSM-R)

全球移动通信系统 GSM 是现在世界上大多数国家的移动通信都采用的系统。

GSM-R(global system for mobile communication for railways)是专门为铁路通信设计的专用通信系统。它在 GSM 技术基础上增加了铁路特殊业务所需要的调度通信功能和适合高速环境下使用的要素。GSM-R 也是列车自动控制的信息通道,车、地之间的信息通过无线通道传输,不需要轨道电路作为信息通道,因此,不仅节省大量投资,减少维修工作量,还使移动闭塞得以实现。

GSM-R 网络包括 GSM-R 陆地移动网络和固定用户网络(FAS),两个网络分别连接着移动终端和固定终端,并且彼此互联互通。系统主要由网络交换子系统、无线子系统、智能网系统、通用分组无线业务系统、运行与维护子系统、终端(固定终端、调度终端、车站终端、用户电话机、移动终端等)和 SIM 卡(用户识别)组成。

复习思考题

1. 铁道信号发展可分为几个阶段?
2. 简述铁道信号设备的作用及组成。
3. 中国列控系统的等级如何划分?
4. 列车调度指挥系统和调度集中系统的区别是什么?
5. 简述闭塞的概念。
6. 铁路专用通信设备有哪些?

第二章　电工电子基础

第一节　电路和电路模型

一、电路

电是能量和信息的良好载体，为了实现电能和电信号的产生、传输及使用，人们往往将若干电气元件按照特定的要求连接起来，构成“电路”。电路是电流的通路，它是为了某种需要由某些电气设备或元件按一定方式组合起来的。实际上电路的形式是多样的，但是基本上都是由电源、负载和中间环节三部分组成。

(一)电源

电源是产生电能的装置。将各种非电能(如热能、化学能、机械能、光能和原子能等)转换成电能的装置称为电源，将某种电能转换成特殊需要的电能装置也称为电源。

电源可分为交流稳压、直流稳压、逆变式稳压和开关稳压电源。直流电路中电压和电流的大小和方向都不随时间变化而变化。但实际生活中广泛应用的是一种大小和方向随时间按一定规律周期性变化的电压或电流，叫作交变电压或电流，简称交流电。如果交流电的电压或电流的大小和方向随时间按正弦规律变化，则称为正弦交流电压或正弦交流电流。一般所说的交流电均指正弦交流电。

交流电便于生产和输送，所以在实际中应用广泛。即使有些场合需要直流电，也往往是利用整流设备把交流电转换为直流电。因此，本节重点介绍交流电。

1. 正弦交流电

正弦交流电是由交流发电机产生的。单相交流电机产生的电是单相交流电，三相交流电机产生的电是三相交流电。

正弦交流电波形如图 2-1-1 所示，展示了电压的大小和方向随时间作周期性变化的情况。

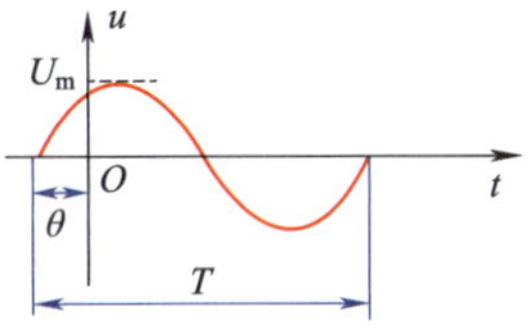

图 2-1-1　正弦交流电波形

正弦交流电压的一般解析式为：$u=U_m\sin(\omega t+\theta)$，表示电压与时间的正弦函数关系，这一函数关系的确定取决于 U_m、ω 和 θ 三个参数。U_m、ω 和 θ 分别称为正弦量的振幅、角频率和初相角，称为正弦量的三要素。

(1)振幅

正弦量在某一时刻的值称为瞬时值，用小写字母 u 表示。

瞬时值中绝对值最大的值称为交流电的最大值，也称为振幅，从正弦波的波形上看为波幅的最高点，所以又称峰值，用 U_m 表示。

(2)角频率

正弦交流电完成一个循环所需要的时间称为一个周期，用字母 T 表示，单位是 s。单位时间内交流电变化所完成的循环数称为频率，用字母 f 表示，单位为 Hz。频率与周期互为倒数，即 $f=1/T$。

在我国，工业用电的标准频率为 50 Hz，习惯上称为工频。正弦交流电在单位时间频率变化的弧度称为角频率，用字母 ω 表示，单位为 rad/s。

正弦交流电的角频率 ω、周期 T、频率 f 三者之间的关系为：$\omega=2\pi/T=2\pi f$。

(3)初相角

正弦量解析式中的角度"$\omega t+\theta$"叫作正弦量的相位角，简称相位。正弦量在不同的瞬间 t，有着不同的相位，随着时间的推移，相位逐渐增加，相位每增加 2π(弧度，rad)，正弦量经历一个周期，又重复原先的变化规律。

正弦量在 $t=0$ 时的相位称为正弦量的初相位，简称初相，用字母 θ 表示。计时起点选择不同，正弦量的初相不同。

2. 正弦交流电的有效值

电路的主要作用是转换能量。正弦量的瞬时值和最大值都不能准确反映在能量转换方面的效果，为此引入有效值。

(1)有效值的定义

正弦量的有效值是根据交流电流热效应相等的原则来确定的。设一交流电流 i 和直流电流 I 通过阻值相同的电阻 R，在相同的时间 T 内产生的热量相等，则这个直流电流 I 的数值叫作交流电流 i 的有效值。

(2)正弦量有效值的计算

正弦量的有效值等于它的最大值除以$\sqrt{2}$，同理，正弦电压的有效值为 $U=U_m/\sqrt{2}$。

通常我们所说的交流电压、电流的大小都是指有效值，如日常生活和生产中用到的照明电 220 V 和动力电 380 V 均指有效值。交流电流表、电压表所测出的数据也是交流电的有效值。一般电气设备上所标明的额定电压、电流值也都是有效值，如"220 V，40 W"的白炽灯，指它的额定电压的有效值为 220 V。

根据交流量有效值与最大值的关系，正弦量的解析式也可以写成：$i=\sqrt{2}I\sin(\omega t+\theta)$。

在分析整流器的击穿电压，计算各种电器件和电气设备的绝缘耐压时，要按照交流电压的最大值考虑。

3. 三相电源的产生

工业及民用的交流电源几乎都是由三相电源供给的，单相交流电源只是三相电源中的一相，即单相正弦交流电路可以认为是三相交流电路中的一相电路。

三相电源一般由三相发电机产生，三相交流发电机原理如图 2-1-2 所示。三相发电机的三个绕组(线圈)共同绕制在一个转子上，三相绕组在空间位置上彼此相差 120°，每个绕组称为一相。三个绕组的始端分别用 U_1、V_1、W_1 表示，称为相头，末端分别用 U_2、V_2、W_2 表示，称为相尾。U_1U_2、V_1V_2 和 W_1W_2 三个绕组分别称为 U 相、V 相和 W 相绕组。发电机的定子是一对磁极。

当发电机的转子以角频率 ω 按逆时针方向旋转时，在三个绕组的两端分别产生幅值相同、频率相同、相位依次相差 120°的正弦交流电压。每个绕组电压参考方向规定由绕组的始端指向绕组的末端。这一组正弦交流电压叫作三相对称正弦交流电压。一般令 U 相初相为零，并以 U 相作为参考正弦量，V 相滞后 U 相 120°，W 相滞后 V 相 120°。三个正弦电压的瞬时值表达式分别为 $u_U=U_m\sin\omega t$、$u_V=U_m\sin(\omega t-120°)$、$u_W=U_m\sin(\omega t+120°)$。三相正弦交流电的电压波形图如图 2-1-3 所示。

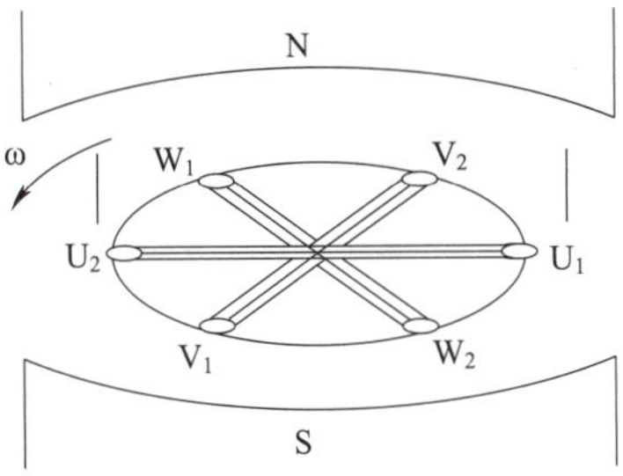

图 2-1-2　三相交流发电机原理

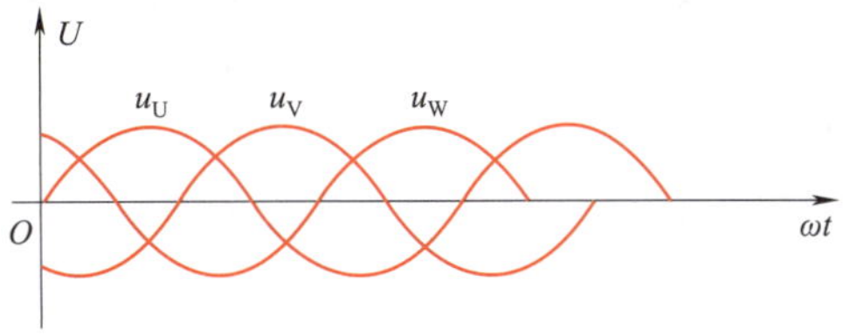

图 2-1-3　三相正弦交流电的电压波形图

4. 三相电源的连接

(1)三相电源的星形(Y)连接

三相电源的星形(Y)连接是将三个绕组的末端连接在一起,作为公共点,从三个绕组的始端引出三根输电线,如图 2-1-4 所示。连接三个末端的公共点称为中性点,简称中点,用 N 表示。从中点引出的线称为中线(俗称零线)。从始端引出的三根线称为端线或相线(俗称火线)。有中线引出的三相交流供电方式为三相四线制供电,不引出中线的称为三相三线制供电。

在星形(Y)连接中,端线与中线之间的电压称为相电压,分别用 u_U、u_V、u_W 表示。两端线间的电压称为线电压,分别用 u_{UV}、u_{VW}、u_{WU}表示。

目前我国电力网的低压供电系统(民用电)中,电源就是中点接地,并且引出中线(零线)的三相四线制星形连接,此系统供电的线电压为 380 V,相电压为 220 V($380\ V=220\sqrt{2}\ V$),写作"电源电压 380 V/220 V"。

(2)三相电源的三角形(△)连接

三相电源三角形(△)连接是将三个绕组依次首尾相连,接成一个闭合回路,从三个连接点引出三根输电线,如图 2-1-5 所示。显然,这种接法不能引出中线,只能是三相三线制,只能提供线电压。

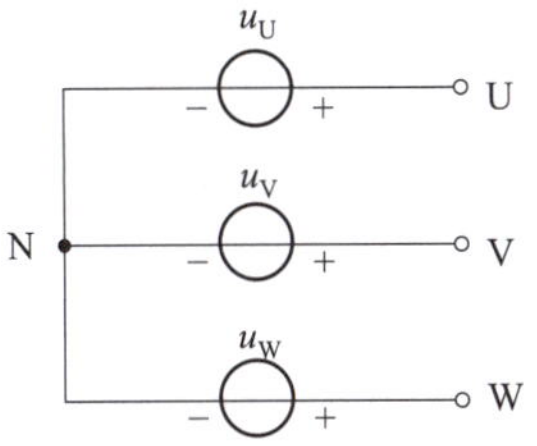

图 2-1-4　三相电源的星形连接

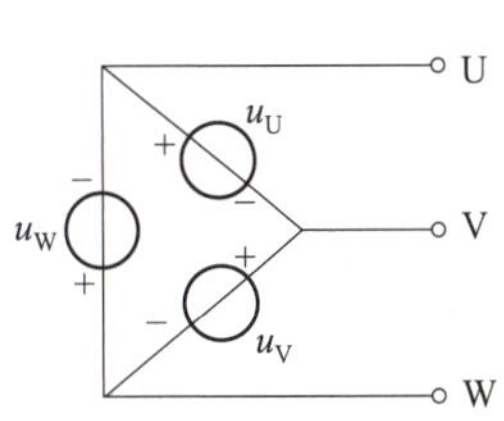

图 2-1-5　三相电源的三角形连接

(二)负载

负载是指在电路中连接在两个特定电势差之间的电子元件,它的作用是将电能转换为其他形式的能,如热能、光能等。如电动机能把电能转换成机械能,电阻能把电能转换成热能,电灯泡能把电能转换成热能和光能,扬声器能把电能转换成声能。电动机、电阻、电灯泡、扬声器等都称作负载。负载可以分为三相负载和单相负载两种类型。

1. 单相负载

单相负载是指电力系统中使用单相电源的负载。在单相电力系统下,电流通过一根导线传输,并通过相邻的中性线进行回路连接。

(1)优点

①成本低廉,安装简便。

②单相负载系统维护方便,因为其缺乏复杂的变压器和控制设备。

③对于轻负载和小型设备,单相负载系统表现更佳。

(2)缺点

①单相负载在传输大功率负载时存在不足。

②单相负载系统的稳定性较差,供电不稳定。

2. 三相负载

三相负载即三相电源的负载,由互相连接的三个负载组成,其中每个负载称为一相负载。由三相电源与三相负载按一定方式连接起来的电路称为三相电路。

(1)三相负载的星形(Y)连接

三相负载的星形(Y)连接是把各相负载的一端连接到一起作为公共点,把负载的另一端分别与电源的三个端线相连,如图 2-1-6 所示。负载的公共点称为中性点,简称中点,用 N′表示。如果电源也为星形连接,则负载中点的连线称为中线,两中点间的电压称为中点电压。如果电路中有中线连接,则可以构成三相四线制电路;如果没有中线连接,则只能构成三相三线制电路。

(2)三相负载的三角形(△)连接

三相负载的三角形连接(△)连接是把各相负载连接成三角形,引出三个端口,如图 2-1-7 所示。

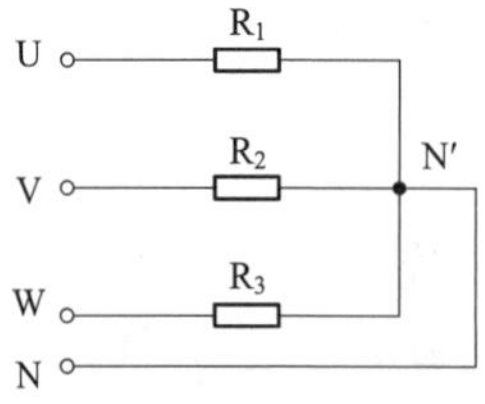

图 2-1-6 三相负载的星形连接

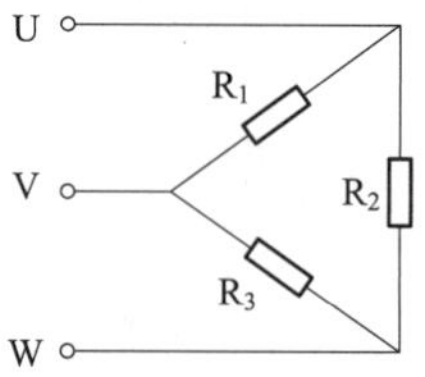

图 2-1-7 三相负载的三角形连接

三相负载可以接成星形,也可以接成三角形。采用哪种接法,应按照负载额定电压等于电源电压的原则确定。对于 380 V/220 V 的三相四线制低压供电系统,可分成以下几种情况来考虑:

①当使用额定电压为 220 V 的单相负载时,应把它接在电源的端线与中线之间。

②当使用额定电压为 380 V 的单相负载时,应把它接在电源的端线与端线之间。

③如果三相对称负载的额定电压为 220 V,要想把它们接入线电压为 380 V 的电源上,则应将它们星形连接。

④如果三相对称负载的额定电压为 380 V,则应将它们三角形连接。

(三)中间环节

中间环节是把电能或信号从电源传输到负载的设备。它可以是两根导线,也可以是一个具有极其复杂的控制功能的网络。由电阻器、电容器、线圈、变压器、晶体管、运算放大器、传输线、电池、发电机和信号发生器等电气器件和设备连接而成的电路,称为实际电路。

下面重点介绍两种常用的电气器件。

1. 电容器

由两片金属导体中间隔着电介质组成的封闭物体叫电容器。两片金属极叫极板,能存电荷。电容器又叫电容元件，其电路符号如图 2-1-8 所示。

电容器属于储能元件，当电容器两端的电压变大时，电容器吸收电能；当电容器两端的电压变小时，电容器释放电能，阻碍其两端电压的变化。

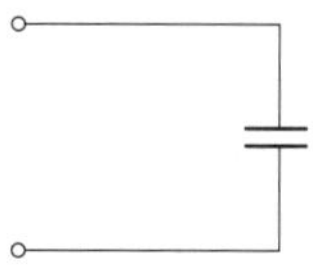

图 2-1-8　电容符号

电容器的电容量定义为其极板上带电量与两端电压之比，即 $C=Q/U$。式中，C 叫作电容元件的电容量，简称电容。电容的单位为 F，常用的还有 μF、pF。它们的关系是 $1\ \text{F}=1\times10^6\ \mu\text{F}$，$1\ \mu\text{F}=1\times10^6\ \text{pF}$。

(1)电容器的充电

设计一个电容器充电电路，当把电容器接到电源上时，电容器极板上就储存了电荷，电荷在电路中移动，就形成了电流。随着极板上电荷的增多，由于同性电荷之间互相排斥，极板上积累的电荷将阻止后来电荷的移动，电流逐渐减小，而极板上电荷的增加又使电容器两端电压增高。当电容器电压等于电源电压时，电路中再没有电荷的移动，电流也就为零了。将电荷从电源移到电容器极板上的过程叫作电容器的充电。

把电容器接在直流电路中时，只在电路接通后很短的一段时间内电路中有充电电流流过，充电结束后，电路就断路。所以电容器在电路中有隔断直流的作用。

(2)电容器的放电

当电容器充完电以后，再设计一个放电回路，极板上的负电荷(即电子)就经由导线与另一极板上的正电荷互相中和，因此出现了放电电流。随着正、负电荷的不断中和，极板上的电荷不断减少，电容器两端的电压就随之下降，放电电流也由大变小。当正、负电流方向电荷完全中和，即两极板上都不带电荷时，电容器电压下降到零，电流也就为零。将电荷从电容器极板上流出的过程叫作电容器的放电。

如果把电容器接在正弦交流电路中，在电源电压的正半周中，当电压上升时，电容器就被充电，电路中有充电电流；当电压下降时，电容器就通过电源放电，电路中有放电电流，方向与充电电流相反。在电源电压的负半周时，电路中会有与正半周反方向的充电和放电电流。因此电路中不停地流过充、放电电流，好像电容器可以通过交流电流一样。所以电容器在电路中有沟通交流的作用。

(3)电容器的连接

电容器是按一定规格生产的，在实际工作中常常会遇到现有的电容器不能满足需要的情况。因此常把几只电容器接成串联或并联的形式，以满足不同的需要。

①电容器的串联

如果单独使用一只电容器，它的容量满足要求，但耐压不能满足要求时，就需要把电容器串联起来使用，以获得较高的耐压水平。

将几只电容器接成一个无分支电路的连接方式叫作电容器的串联。电容器串联的特点：串联电容器总电压等于各电容器电压之和，等效电容的倒数等于串联电容倒数之和。

②电容器的并联

如果单独使用一只电容器，它的耐压能满足需要，但容量不能满足需要时，就可以把几只电容器并联起来使用，以组成较大的等效电容。

几只电容器的两端接在相同的两点间，并处于同一电压作用下的连接方式叫作电容器的并联。电容器并联的特点：各并联电容器的电压相等，并联电容器的等效电容为并联电容之和。

2. 电感

电感器实际上就是线圈，属于储能元件。当线圈上的电流发生变化时，线圈的周围就会产生磁场，阻碍电流的变化。电感线圈上产生的自感磁链 ψ 与流过线圈的电流的比值叫该电感线圈的自感系数，也叫电感，符号为 L。电感的单位是亨，符号为 H。电感的单位还有 mH 和 μH，1 H=1×10^3 mH=1×10^6 μH。电感是一种常用的电子元器件，在电路中的基本用途有扼流、振荡、滤波、调谐等。由于电感具有通直流、阻交流的特性，因此电感器在电路中经常和电容器构成 LC 滤波器、LC 振荡器。另外，人们还利用电感的特性，制造了变压器、继电器等。

线圈中不含有导磁介质，则称为空芯电感，如图 2-1-9(a)所示；含有导磁介质的线圈（如铁芯电感），其电路符号如图 2-1-9(b)所示。

(a) 空芯电感 (b) 铁芯电感

图 2-1-9 电感符号

二、电路模型

电路模型是实际电路抽象而成的，它近似地反映实际电路的电气特性。这种抽象的电路模型中的元件均为理想元件。理想元件是指能集中描述电磁特性，并可用精确的数学关系来表示的元件，它是对实际器件的近似模拟。对一个实际的电路，若用若干个理想元件互连来近似描述它的电磁特性，可称为其电路模型。不同特性的电路元件按照不同方式连接就构成不同特性的电路。

同一器件在不同的条件下可得到不同的电路模型。所以在进行电路模型建模时要考虑电路所处的具体工作条件及其对模型精确度的要求，为器件选择适合的电路模型。

三、电路状态

开路、短路和断路是电路中的三种不同状态，具有不同的特点和产生原因。

开路是指电路中的某处断开，导致电阻无穷大，电流无法正常通过，电路中的电流为零。开路时，中断点两端的电压等于电源电压，通常对电路无损害，但可能导致电路无法正常工作。

短路是指电路中的一部分被短接，导致导线两端与电源两端直接相连，整个电路中的电阻减小，电流增大。短路可能会导致电源或导线过热而烧坏，是一种严重的故障，需要避免。

断路是指电路中某一处或几处断开，导致电路中没有电流。断路可能是开关未闭合、接线处松动、导线断裂或用电器损坏等原因造成的。

第二节 欧姆定律

一、电压与电位

1. 电压

电压是衡量电场力做功能力的物理量。电场力把单位正电荷从电场中 a 点移到 b 点所做的功称为 a、b 间的电压。$U=W/Q$，式中，U 为电压，Q 为电荷量，W 为功(电能)。电压的单位为伏特，符号为 V。常用的电压单位还有千伏(kV)、毫伏(mV)、微伏(μV)等，换算关系为：1 kV=1×10^3 V；1 V=1×10^3 mV；1 mV=1×10^3 μV。

2. 电位

电压又叫电位差，它表示电场中两点间电位的差别。将单位正电荷从电场中的某点移到参考点(参考点的电位规定为零)所做的功，叫作该点的电位。也可以说，电场中的某点和参考点之间的电压，就是该点的电位。在电场中，当选中的参考点不同时，各点的电位也不同，但任意两点之间的电位差(电压)保持不变。

电位用"V"表示。参考点的图形符号为"⊥",又叫零电位点,本身的电位为零。电位表示如图 2-2-1 所示,以电路中的 o 点为参考点,则 a、b 点的电位分别为:$V_a=V_{ao}$,$V_b=V_{bo}$。a、b 两点间的电压为:$U_{ab}=U_{ao}+U_{ob}=V_{ao}-V_{bo}=V_a-V_b$。表明,电路中 a 点到 b 点的电压等于 a 点电位与 b 点电位之差。

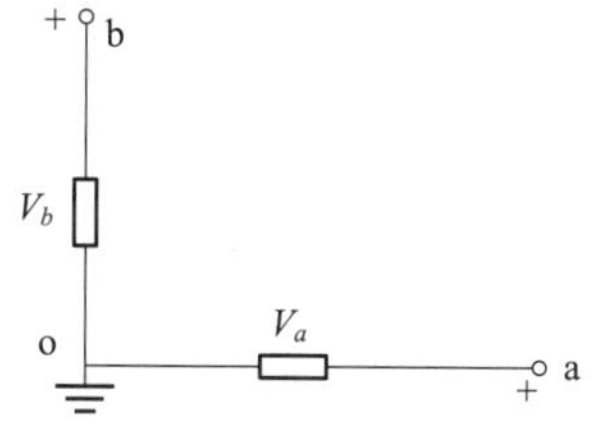

图 2-2-1 电位表示

二、电流

电流是因电荷的定向移动形成的,导体中的自由电荷在电场力的作用下做有规则的定向运动就形成了电流。电流的方向规定为正电荷移动的方向。在外电路,电流由正极流向负极;在电源内部,电流由负极流向正极。

大小和方向均不随时间变化的电流称为直流电流,简称直流,用 I 表示;大小和方向随时间变化的电流称为交流电流,用 i 表示。

电流的单位是安培,符号为 A。常用的单位还有千安(kA)、毫安(mA)、微安(μA)等。换算关系为:1 kA=1×10^3 A;1 A=1×10^3 mA;1 mA=1×10^3 μA。

三、电阻

电阻是表示导体对电流阻碍作用大小的物理量。电阻用符号 R 表示,单位有欧(Ω)、千欧(kΩ)、兆欧(MΩ),换算关系为:1 kΩ=1×10^3 Ω;1 MΩ=1×10^3 kΩ。

电阻的阻值与导体横截面成反比,与导体长度成正比,与电阻率成正比,公式为:$R=\rho L/S$,式中,L 为导线长度,单位是 m;S 为导线横截面积,单位是 m^2;ρ 为比例常数,是导体的电阻率,单位是 Ω·m。

另外,电阻率与导体的材料性质和温度有关,一般情况下,温度高,电阻值大;温度低,电阻值小。

四、欧姆定律

当电阻两端有电压时,电阻中就有电流流过。当所加电压 U 一定时,电阻 R 越大,电流 I 越小,它说明电阻对电流具有阻碍作用。欧姆定律是指在同一电路中,通过某段导体的电流跟这段导体两端的电压成正比,跟这段导体的电阻成反比。它是电路中的一条很重要的基本定律,反映了电路中电压、电流与电阻三者之间的相互关系,用公式表示为:$I=U/R$,式中电压的单位为 V,电阻的单位为 Ω,电流的单位为 A。

欧姆定律可以用三种不同的形式来表示:

1. 已知电压、电阻,求电流:$I=U/R$。
2. 已知电流、电阻,求电压:$U=IR$。
3. 已知电压、电流,求电阻:$R=U/I$。

流过负载电阻 R 上的电流 I 与电源电动势 E 成正比,与负载电阻 R 和电源的内电阻 r 之和成反比,这就是全电路欧姆定律,用公式表示为:$I=E/(R+r)$。

第三节 电阻的串联、并联和混联

一、电阻串联电路

几个电阻首尾相连，中间没有分支，这种连接方式叫作电阻的串联，如图 2-3-1 所示。串联有以下几个特点：

(1)各电阻上流过的电流为同一电流。

(2)外加电压(总电压)等于各电阻上电压之和，$U=U_1+U_2=IR_1+IR_2$。

(3)串联电阻的等效总电阻等于各串联电阻之和，$R=R_1+R_2$。

(4)串联电阻中，每个电阻上的电压和总电压之间的关系可表示为：$U_1=R_1U/R$、$U_2=R_2U/R$，即串联分压成正比。

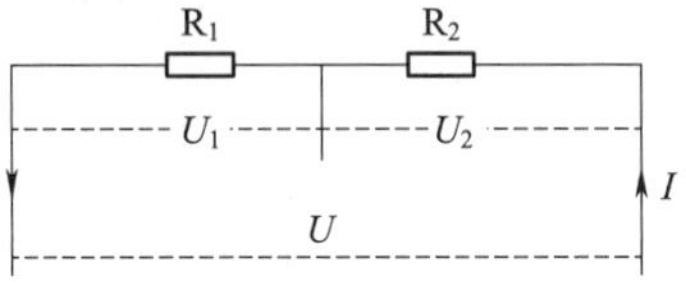

图 2-3-1 串联电路

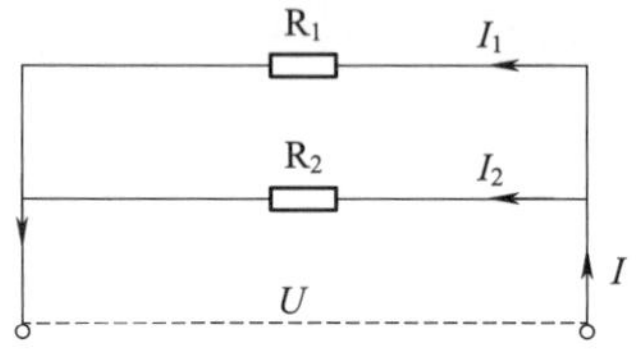

图 2-3-2 并联电路

二、电阻并联电路

将几个电阻首与首相连，尾与尾相连，这种连接方式叫作电阻的并联，如图 2-3-2 所示。并联有以下几个特点：

(1)各电阻两端的电压为同一电压。

(2)总电流等于各支路电流之和，$I=I_1+I_2=U/R_1+U/R_2$。

(3)并联电阻等效总电阻的倒数等于各并联电阻倒数之和，$1/R=1/R_1+1/R_2$、$R=R_1R_2/(R_1+R_2)$。

(4)在并联电路中，每个电阻上流过的电流为：$I_1=IR/R_1$、$I_2=IR/R_2$，即并联分流成反比。

在实际应用中，常常在小量程微安表(毫安表)的两端并联一个电阻，使得被测电流的一部分或者大部分通过这个并联电阻，而通过微安表的电流不超过它的最大量程，这样就扩大了微安表的测量范围。这个外加的并联电阻叫作分流电阻，或者叫作分流器。

三、电阻混联电路

在一个电路中，既有电阻串联又有电阻并联的混合连接方式，叫作电阻的混联。

计算或分析混联电路，可以分成三个步骤：

(1)首先合并单纯的串联与并联部分，计算出电路的总电阻。

(2)根据总电阻和总电压计算出电路中的总电流。

(3)根据串联电路中的分压关系和并联电路中的分流关系，逐步推算各部分的电压和电流。

[例题] 某临近车站的道口，AC 220 V 电源由站内信号机械室经单芯信号电缆线提供，传

输距离为 1 170 m；在道口设备为最大负荷时，测量道口引入端交流电压为 176 V。请计算：①该处道口信号设备的最大负荷电流。②在道口最大负荷电流不变的情况下，如果将其中一股电源线由单芯改为双芯，道口电源电压可提升到多少伏？③道口引入电源防护熔丝若无具体规定，应采用多大容量？

解：信号电缆芯线电阻可按 23.5 Ω/km 计算，传输电缆总长度为 1 170 m×2＝2.34 km。

①全部单芯传输时，电缆回路总电阻为 2.34×23.5＝54.99≈55 Ω。所以，电缆回路总压降为 220－176＝44 V；道口最大负荷电流为 44÷55＝0.8 A。

②单侧采用双芯电缆供电时：线路等效电阻＝(1.17×23.5)×1.5＝41.242 5 Ω；电缆回路压降＝0.8×41.242 5＝32.994≈33 V；道口电源电压＝220－33＝187 V。

③可按最大负荷电流 0.8 A 的 1.5～2 倍，即 1.2～1.6 A 设计。考虑信号熔丝规格，可以采用 2 A 熔丝。

第四节　半导体器件

一、晶体二极管

1. 结构及图形符号

(1)结构

二极管的基本结构如图 2-4-1 所示，采用掺杂工艺，使半导体材料的一边形成 P 型半导体区域，另一边形成 N 型半导体区域，在 P 型与 N 型半导体的交界面会形成一个具有特殊电性能的薄层，称为 PN 结。从 P 区引出的电极作为正极，从 N 区引出的电极作为负极。

(2)图形符号

在电子电路图中，用规定的电路图形符号和文字符号来代表二极管，如图 2-4-2 所示。

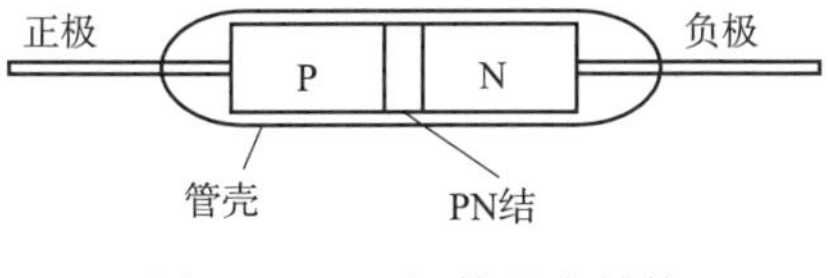

图 2-4-1　二极管基本结构

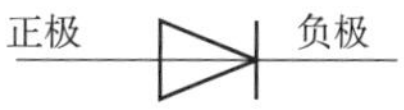

图 2-4-2　二极管图形符号

2. 分类

二极管按制作工艺划分为点接触型和面接触型；按材料划分为锗二极管、硅二极管和砷化镓二极管；按用途可分为整流二极管、稳压二极管和发光二极管等。

3. 特性

二极管的特性就是单向导电性，二极管的伏安特性曲线如图 2-4-3 所示。

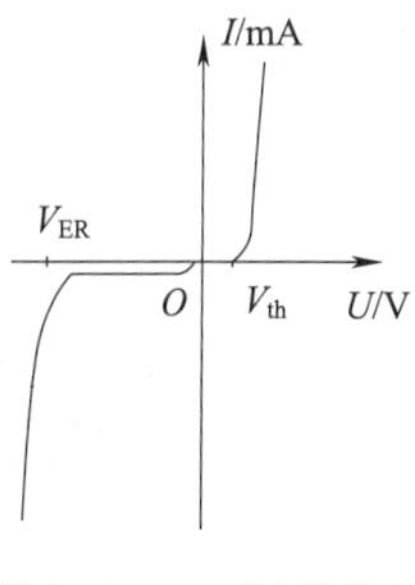

图 2-4-3　二极管的伏安特性曲线

下面将二极管的伏安特性分三部分加以说明：

(1)正向特性

给二极管加正向电压，所加电压大于门槛电压 V_{th}（又称死区电压）之后，随着电压缓慢增长，电流很快地增长，二极管导通，此时电阻很小。

(2)反向特性

二极管加反向电压时，所加电压不大于反向击穿电压 V_{BR} 时，电阻很大，反向电流很小，这时二极管截止，呈断开状态。

(3)反向击穿特性

所加反向电压达到击穿电压 V_{BR}之后,反向电流突然增大,出现反向击穿现象。

4. 参数

(1)最大整流电流 I_F

二极管长期运行时,允许通过的最大正向平均电流称为最大整流电流 I_F。因为电流通过PN 结要发热,电流太大,发热量超过限度,就会使 PN 结烧坏。

道岔表示电路中采用的整流二极管的正向电流不小于 300 mA,三相交流转辙机表示电路中采用的整流二极管的正向电流不小于 1 A。

(2)反向击穿电压 V_{BR}

二极管反向击穿时的电压值称为反向击穿电压。击穿时,反向电流剧增,二极管的单向导电性被破坏,甚至可能因过热而烧坏。最高反向电压是指二极管的参数变化不超过规定允许值的最大反向电压。道岔表示电路中采用的整流二极管的反向电压不小于 500 V。

(3)反向电流 I_R

二极管未击穿时的反向电流 I_R,其值越小,二极管的单向导电性越好。由于温度增加,反向电流会急剧增加,所以在使用二极管时要注意温度的影响。

5. 稳压二极管

稳压二极管实质是具有稳压作用的二极管,又名齐纳二极管。稳压二极管利用 PN 结反向击穿时电压基本上不随电流变化的特点来达到稳压目的。稳压二极管是根据击穿电压来分挡的,其稳压值就是击穿电压值。稳压二极管主要作为稳压器或电压基准元件使用,稳压二极管可以串联起来得到较高的稳压值。

稳压二极管的伏安特性曲线如图 2-4-4 所示,其正向特性与普通二极管相同。反向特性曲线在击穿区域比普通二极管更陡直,这表明稳压二极管击穿后,通过二极管的电流变化(ΔI_Z)很大,而二极管两端电压变化(ΔV_Z)很小。利用这一特性,稳压二极管在电路中就能起稳压作用。

6. 发光二极管

发光二极管图形符号如图 2-4-5 所示。

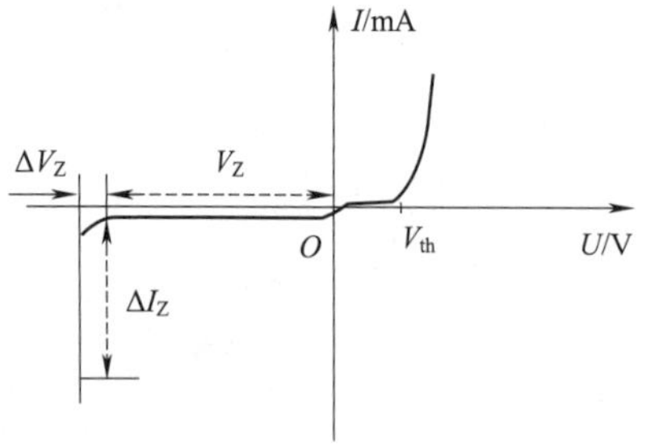

图 2-4-4 稳压二极管伏安特性曲线

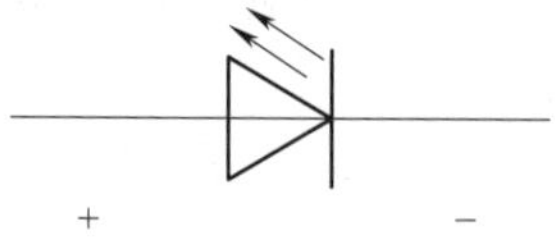

图 2-4-5 发光二极管图形符号

当发光二极管加上偏压,有一定的电流流过时,二极管就会发光。发光二极管的种类很多,按发光的颜色可分为红色、蓝色、黄色、绿色发光二极管,三色变色发光二极管和人的肉眼看不见的红外线二极管;按外形可分为圆形、方形二极管等。

7. 二极管的测试及应用

(1)检查二极管的好坏

使用万用表的 R×100 挡或 R×1k 挡,将两支表笔分别接在二极管的两极,观察表的指针，然后将两支表笔对换一下，再看一下表的指针，如果两次测试中，表针一次指示无穷大，一次指示很小，即存在单向导电性，就说明二极管是好的，反之就是坏的。

(2)判断二极管的极性

为了正确将二极管接入电路，在使用时必须先对二极管的极性进行判别。根据二极管正向电阻小、反向电阻大的特点，将万用表拨到电阻挡，一般用 R×100 挡或 R×1k 挡。将万用表的红表笔插入表的"＋"，黑表笔插入表的"－"。此时表内电池的正极接黑表笔，负极接红表笔。如果二极管是好的，那么将表笔接入二极管两极，导通(即表针摆幅较大)时，黑表笔所接端子即为二极管的阳极，红表笔所接端子为二极管的阴极。

(3)二极管的简单应用

二极管的应用比较广泛，它可以利用单向导电性使交流电变成脉动的直流电，亦可以与其他元件配合组成多种检波电路。由二极管组成的整流电路有半波整流、全波整流、桥式整流和倍压整流电路，这些电路都是重要的电源电路。二极管在铁路信号设备中应用亦很广泛，如道岔表示电路中的整流匣、电源屏中的整流设备等。

二、半导体三极管

1. 结构及图形符号

三极管的核心是两个互相联系的 PN 结，根据两个 PN 结的不同组合方式，可分为 NPN 型和 PNP 型两类，NPN 型三极管的结构示意如图 2-4-6 所示。

三极管内部结构分为发射区、基区和集电区，引出电极分别为发射极 e、基极 b 和集电极 c。发射区与基区之间的 PN 结称为发射结，集电区与基区之间的 PN 结称为集电结。三极管的图形符号如图 2-4-7 所示。

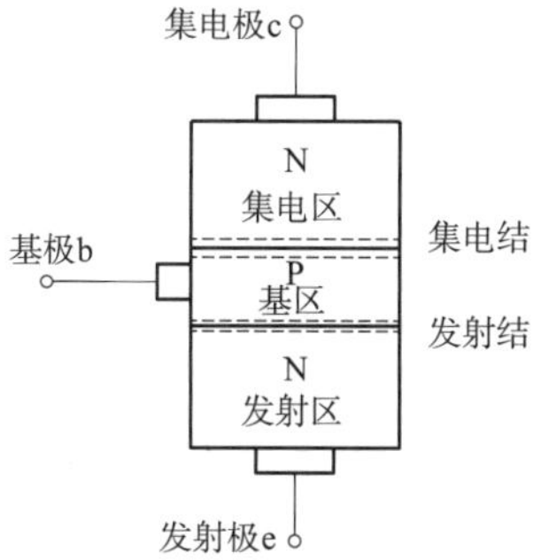

图 2-4-6 NPN 型三极管结构示意

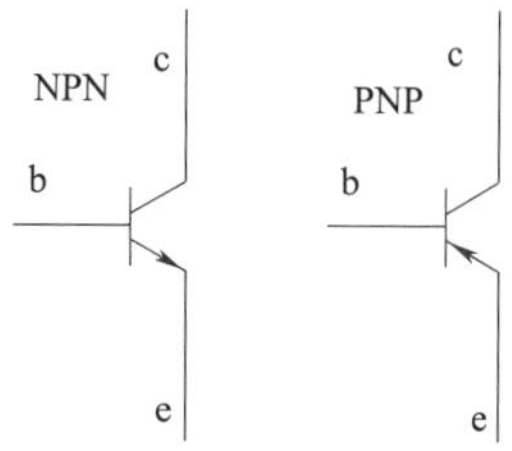

图 2-4-7 三极管图形符号

2. 分类

通常按以下方法进行分类：

(1)按半导体制造材料的不同，分为硅管和锗管。硅管受温度影响较小，工作稳定，因此在自动控制设备中常用硅管。

(2)按三极管内部基本结构的不同，分为 NPN 型和 PNP 型。目前我国制造的硅管多为 NPN 型。

(3)按功率不同，分为小功率管和大功率管。耗散功率小于 1 W 的为小功率管，耗散功率大于 1 W 的为大功率管。

(4)按用途不同，分为普通放大三极管和开关三极管。

三、晶体管的应用

1. 整流电路

将交流电转换成直流电叫整流。整流电路是出现最早的一种电力电子电路，它可将交流电变为直流电，应用十分广泛。铁路信号设备中的继电器、电动转辙机、半自动闭塞等都需要使用直流电源，因此需要对交流电源进行整流。

整流电路利用晶体二极管以及其他各种整流元件的单向导电特性，把交流电压（电流）变为脉动的直流电压（电流），再通过滤波、稳压，得到波形平滑、稳定性好的直流电压（电流）。

整流电路可分为单相整流、三相整流与多相整流。根据输出电压是否可控，整流电路分为可控整流和不可控整流两种，输出直流电压可以控制的整流电路称为可控整流，输出直流电压不能任意调节的整流电路称为不可控整流。依据整流得到的电压波形，可分为半波整流与全波整流。

(1)单相半波整流

利用二极管的单向导电性，可以实现单相交流电的半波整流。半波整流可以把交流电变成脉动的直流电。单相半波整流电路原理如图 2-4-8 所示。

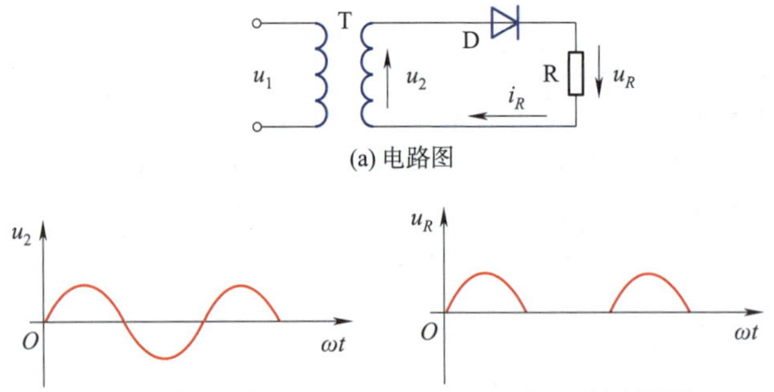

(b) 整流前电压波形　　(c) 整流后电压波形

图 2-4-8　单相半波整流电路原理

通过对比图 2-4-8(b)、图 2-4-8(c)，可以看出整流前后电压波形的变化。整流前电压为正弦交流电，整流后成为极性不变的、脉动的直流电（只有正弦波的半个波），故称为半波整流电路。

负载电阻上半个周期的电压在整个周期内的平均值，称为直流电压，$u_R=0.45u_2$。

半波整流电路的整流效率较全波整流电路低，输出电压脉动较大，一般仅适用于整流电流较小（几十毫安以下）或对脉动要求不严格的直流设备。

(2)单相全波整流

利用二极管的单向导电性，也可以实现单相交流电的全波整流。

单相桥式全波整流电路用四个晶体二极管连接成电桥形式，故称桥式整流电路，原理如图 2-4-9 所示。

通过对比图 2-4-9(b)、图 2-4-9(c)，可以看出整流前后电压波形的变化。整流前为正弦交流电，整流后成为极性不变的、连续的、脉动的直流电（正弦波的半波），故称为全波整流电路。

从全波整流前后的波形图中可以看出，在正弦交流电的正、负两个半周，负载上都会得到脉动的直流电，也就是说形成的脉动的直流电是连续的，$u_R=0.9u_2$。

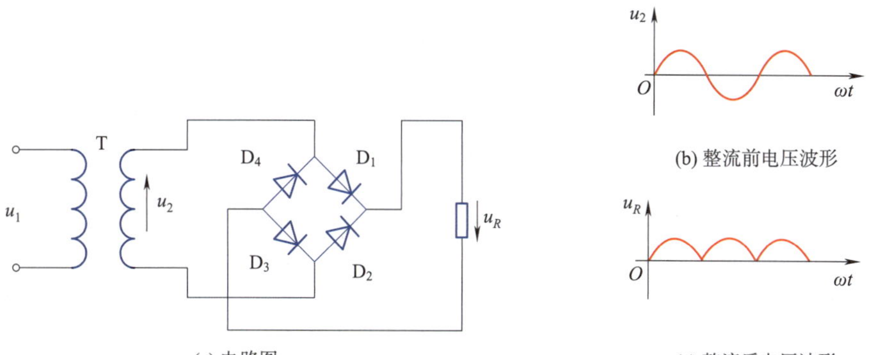

(a) 电路图

(b) 整流前电压波形

(c) 整流后电压波形

图 2-4-9　单相桥式全波整流电路原理

2. 滤波电路

整流电路输出的是脉动直流电，含有很大的交流成分，因而不能直接作为电子设备的直流电源。为此需要将脉动直流电中的交流成分滤除掉，这一过程称为滤波。

电感与电容都是储能元件，当电源电压变高时，它们把能量存储起来；而当电源电压下降时，它们又将能量释放出来，从而使电压波动减小。因此，滤波电路通常由电容器 C 和电感器 L 等元件组成。

电容滤波器在负载的两端并联一个电容，根据电容两端电压在电路状态改变时不能突变的原理设计。桥式整流接电容滤波器如图 2-4-10 所示。

滤波前后的波形如图 2-4-11 所示，其中 u_R 为桥式整流后滤波之前的波形图，$u_{R'}$ 为滤波之后的波形图。电容器的充放电作用，使得整流电路输出电压的脉动程度大为减弱，波形相对平滑，达到了滤波的目的。

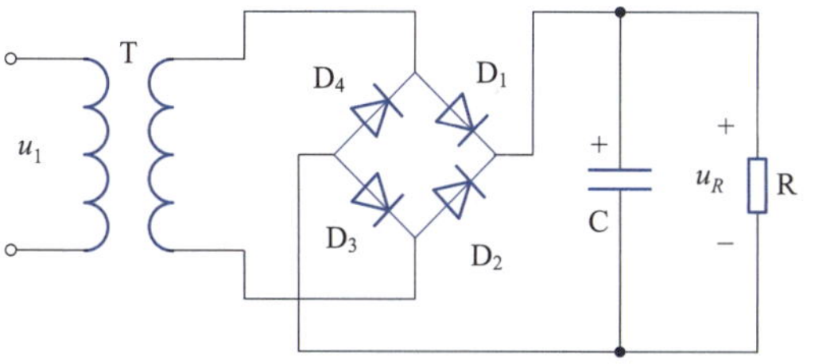

图 2-4-10　桥式整流接电容滤波器

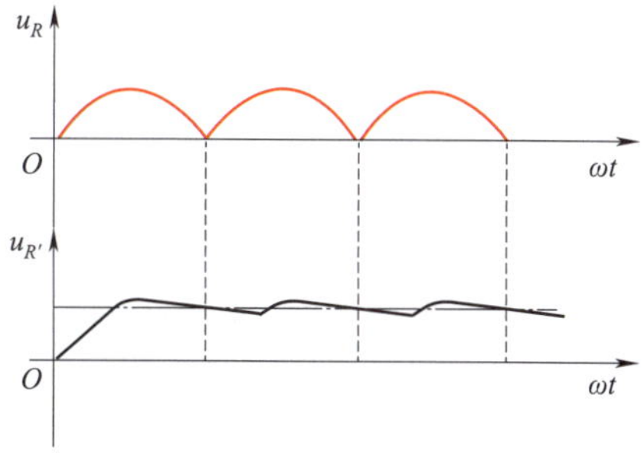

图 2-4-11　滤波前后波形图

电容滤波器的特点：

①在电容滤波电路中，C 的容量或 R 的阻值越大，滤波电容 C 放电越慢，输出的直流电压就越大，滤波效果也就越好。反之，C 的容量或 R 的阻值越小，输出电压越低，滤波效果越差。

②在采用大容量的滤波电容时，接通电源的瞬间充电电流特别大，因此电容滤波器不适用于负载电流较大的场合。

第五节　数字电路基础

在电子技术中，常见的电信号分为两类，一类是模拟信号，另一类是数字信号。模拟信号是在时间和幅值上均连续的物理量，处理模拟信号的电路称为模拟电子电路。数字信号是在时间和幅值上均离散的物理量，处理数字信号的电路称为数字电子电路。模拟电子电路和数字电子电路都是电子技术的重要基础。

一、数字信号

数字信号无论从时间上还是从大小上看，其变化都是离散的，它具有不连续和突变的特性，因此也称为脉冲信号。数字信号的表示与传送方式分为串行与并行两种形式。

数字信号的波形称为脉冲波。“脉冲”是脉动和短促的意思。应用最广泛的脉冲波是矩形波，矩形脉冲有正脉冲和负脉冲之分。脉冲跃变后的值比初始值高，称为正脉冲，反之称为负脉冲。

数字信号具有如下特点：

(1)只具有高电平和低电平两种状态。

(2)如果用 1、0 代表高、低两种电平，则一组脉冲可以看成是 1、0 表示的一串数字量。

(3)可以用高、低电平表示自然界中各种物理量的有无、强弱、高低的相互关系，只要按照一定的关系建立起某种逻辑关系式，就可以实现判断、推理、计算和记忆等。

二、数字电路

数字电路是用来处理数字信号的，它利用脉冲的有无以及多少代表某种特定的信息或数量。根据数字信号的特点，数字电路结构形式有以下特点：

1. 数字电路的基本工作信号是二进制的数字信号，用数字 0 和 1 表示，反映在电路上就是低电平和高电平两种状态，可以用开关的通断来实现。因此数字电路是一系列开关电路，电路结构简单，容易制造，便于集成和系列化生产，成本较低，使用方便。

2. 数字电路不仅能进行数值运算，还能进行逻辑判断和逻辑运算。因此把它称为“逻辑电路”。

3. 由于只考虑信号的有无、数目，无须考虑信号的大小，因此数字电路抗干扰能力强，可靠性高。用三极管构成开关电路时，三极管应工作在截止或饱和状态，这样功耗低。

在数字电路中，把电路的“1”态称为逻辑“1”，“0”态称为逻辑“0”。若规定高电平为逻辑“1”，低电平为逻辑“0”，则称为正逻辑，反之则称为负逻辑，一般采用正逻辑。

复习思考题

1. 什么是电路？电路由哪些元件组成？
2. 什么是欧姆定律？
3. 电压和电位的区别是什么？
4. 电阻串联和并联电路的特点分别是什么？
5. 简述电容器的充、放电过程。
6. 如何判断二极管的好坏？
7. 晶体管的 PN 结有什么特点？
8. 数字电路有哪些特点？

第三章　计算机基础

第一节　计算机基本概念及常见硬件故障处理方法

计算机是一种能够按照事先存储的程序，自动、高速地进行大量数值计算和各种信息处理的现代化智能电子设备。

一、计算机的特点

1. 运算速度快，计算精度高

运算速度快是计算机最显著的特点。现代计算机运算速度最高可达每秒千万亿次，个人计算机的运算速度也达到了每秒几千万到几亿次。由于采用数字化表示数据的方法，计算机表示数的位数可以达到很高的精确度。

2. 具有逻辑判断和记忆能力

计算机既可以进行算术运算又可以进行逻辑运算，可对文字、符号进行判断和比较，进行逻辑推理和证明。计算机具有存储信息的存储装置，可以存储大量的数据。当需要时，又能准确无误地取出来。计算机的这种存储信息的记忆能力，使它成为信息处理的有力工具。

3. 高度的自动化与灵活性

计算机采用程序控制工作方式，即把为完成某项任务而编写的程序事先存入计算机中，在需要时发出一条执行该程序的指令，计算机就可按程序自动执行，无需人工干预，这就使计算机实现了自动化。

二、计算机的应用

1. 数值计算

早期的计算机主要用于解决科学研究和工程技术中提出的数学计算问题。利用计算机高速度、高精度和存储容量大等特点，可以解决各种现代科学技术中计算量大、公式复杂、步骤烦琐的计算问题。

2. 数据处理

数据处理是指对数字、文字、声音、图形和图像等各种类型的数据进行收集、存储、分类、加工、排序、检索、打印和传送等工作。数据处理具有数据量大、数据之间的逻辑关系比较复杂的特点，但计算却相对简单。

3. 过程控制

过程控制也称实时控制，它是指计算机对被控制对象实时地进行数据采集、检测和处理，按最佳状态来控制或调节被控对象。

4. 计算机辅助技术

计算机辅助技术包括计算机辅助设计、计算机辅助制造、计算机辅助教学。

5. 人工智能

人工智能是指用计算机来模拟人的智能，使其像人一样具备识别语言、文字、图形和推理、学习及自适应环境的能力。人工智能系统主要包括专家系统、机器人系统、语音识别和模式识别系统等。

6. 网络应用

计算机网络利用通信线路，按照通信协议，将分布在不同地点的计算机互联起来，使其相互通信，实现网上资源共享。计算机网络技术的发展，将形成一个支撑社会发展，改善生活品质的全新系统。

7. 多媒体

随着电子技术特别是通信和计算机技术的发展，人们已经有能力把文本、音频、视频、动画、图形和图像等各种媒体综合起来。在医疗、教育、商业、银行、保险、行政管理、军事、工业、广播和出版等领域中，多媒体的应用发展非常迅速。

三、计算机的发展方向

当前计算机的发展趋势为巨型化、微型化、网络化和智能化。以超大规模集成电路为基础的未来计算机，必将向着以下的方向发展。

1. 巨型化

巨型化并不是指计算机的体积日趋巨大，而是指计算机的运算速度更快、存储容量更大、功能更强。

2. 微型化

超大规模集成电路的出现，为计算机的微型化创造了有利条件。

3. 网络化

随着计算机应用的深入，计算机向网络化方向发展。计算机之间能互相传递信息进行通信，使分散的计算机连接成网，形成了计算机网络，实现信息资源共享。

4. 智能化

除了具备现代计算机的功能之外，计算机还要具有在某种程度上模仿人的推理、联想、学习等思维功能，并具有声音识别、图像识别能力。计算机智能化程度越高，就越能代替人的作用。

四、计算机的性能指标

一台微型计算机功能的强弱或性能的好坏，不是由某项指标来决定的，而是由它的系统结构、指令系统、硬件组成、软件配置等多方面的因素综合决定的。

1. 字长

字长就是 CPU 可以同时处理的数据的二进制位数，它反映了 CPU 寄存器和数据总线的数据位数。

2. 运算速度和主频

(1)运算速度通常定义为 CPU 每秒执行加法指令的数目，用来描述 CPU 的工作快慢。

(2)主频是 CPU 工作的时钟频率，或称系统时钟，单位是 MHz 或 GHz，它在很大程度上决定计算机的运算速度。

3. 内存储器容量

内存储器，简称主存，是 CPU 可以直接访问的存储器。需要执行的程序与需要处理的数据就是存放在主存中的。内存储器容量的大小反映了计算机即时存储信息的能力。

4. 外存储器容量

外存储器容量通常是指硬盘容量(包括内置硬盘和移动硬盘)。外存储器容量越大,可存储的信息就越多。

五、计算机的组成

计算机系统由硬件和软件两部分组成。硬件是计算机系统的物理基础,没有硬件就不称其为计算机;软件是计算机的语言,没有软件的支持,计算机就无法使用。计算机硬件包括中央处理器、存储器和外部设备等;计算机软件通常分为系统软件和应用软件两大类。系统软件最靠近硬件层,是计算机的基础软件,如操作系统、高级语言处理程序等;应用软件处于计算机系统的最外层,是按照某种特定的应用而编写的软件。计算机系统具有接收和存储信息、按程序快速计算和判断并输出处理结果等功能。计算机系统组成如图 3-1-1 所示。

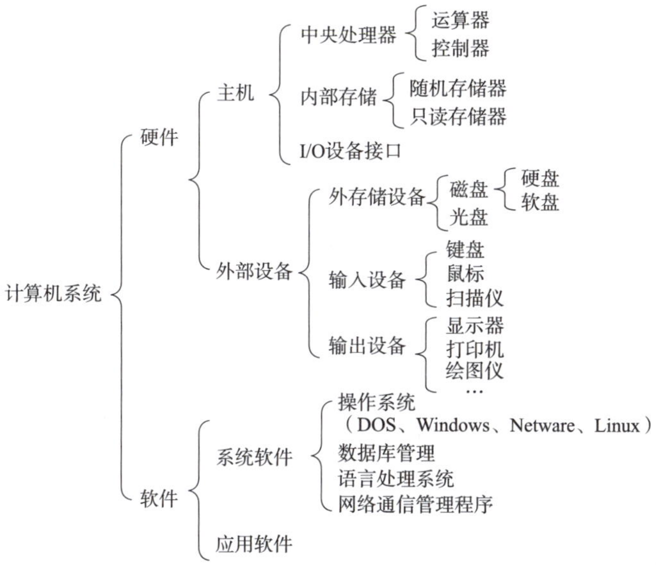

图 3-1-1 计算机系统组成

(一)计算机硬件

1. 主板

主板是连接其他计算机配件的电路系统,CPU、显卡、内外存储器、网卡、声卡等的各种硬件都是通过主板来连接工作的。主板是一台计算机的主体所在,完成计算机的系统管理和协调各部件正常运行。因此,主板是计算机最主要的设备之一,它的性能将对整台计算机的速度和性能起决定性的作用。

(1)主板结构

主板是计算机各部分配件相互连接的桥梁。主板又称母板或系统板,它是计算机内部最大的一块电路板,是整台计算机的组织核心,如图 3-1-2 所示。它上面集成了组成计算机的主要电路系统,包括芯片组、CPU 插座、系统扩展槽(总线)、内存插槽、晶振、BIOS 芯片、CMOS 芯片、电池、IDE 接口、FDD 接口、电源接口、键盘接口、PS/2 接口、USB 接口、串行口、并行口和机箱面板控制电路接口等,有些主板还集成了声卡和显示卡。

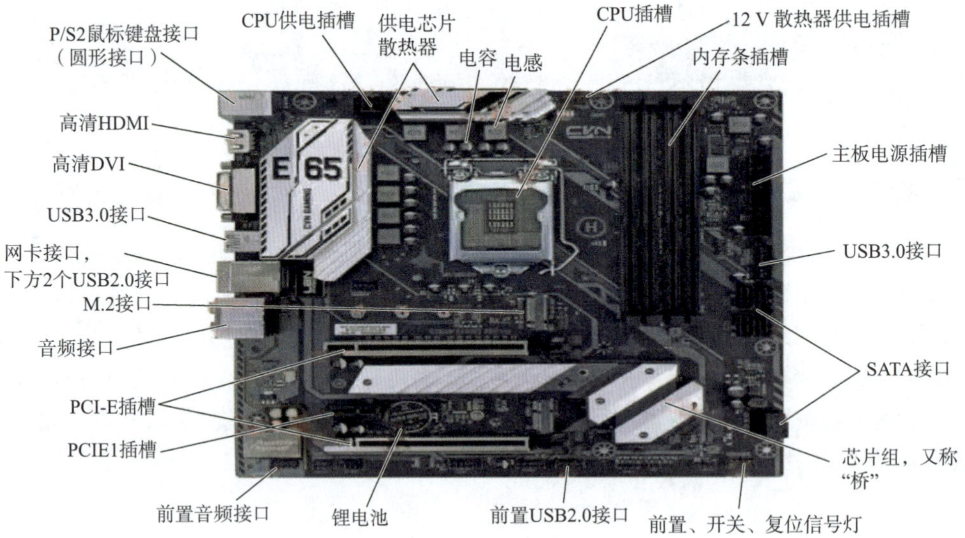

图 3-1-2 主板面板

(2)主板芯片

主板芯片组是主板的核心组成部分，是 CPU 与周边设备沟通的桥梁。对于主板而言，芯片组几乎决定了这块主板的功能，影响整个计算机系统性能的发挥。芯片组性能的优劣，决定了主板性能的好坏与级别的高低。如果芯片组不能与 CPU 良好协同工作，将严重影响计算机的整体性能甚至导致计算机不能正常工作。

2. 中央处理器

中央处理器(CPU)是主机的心脏，它负责计算机系统中最重要的数值运算及逻辑判断工作，统一指挥调度计算机的所有工作，是计算机的核心部件。CPU 的运行速度直接决定整台计算机的运行速度。

3. 内存

内存是内存储器的简称，它是与 CPU 进行沟通的桥梁，用于暂时存放 CPU 中的运算数据，以及与硬盘等外部存储器交换的数据。计算机中所有程序都是在内存中运行的。只要计算机在运行中，CPU 就会把需要运算的数据调到内存中进行运算，当运算完成后 CPU 再将结果传送出来，内存的稳定运行也决定了计算机的稳定运行。

4. 硬盘

硬盘是计算机主要的存储媒介之一。绝大多数硬盘都是固定硬盘，被永久性地密封固定在硬盘驱动器中。

5. 显示器

显示器是微型计算机不可或缺的输出设备，是利用视频显示技术来显示数据、图形、图像的设备。目前常用的显示器有：阴极射线显示器件、液晶显示器。

6. 声卡

声卡是实现声波、数字信号相互转换的一种硬件。声卡的基本功能是把来自话筒、光盘的原始声音信号加以转换，输出到耳机、扬声器、扩音机、录音机等声响设备，或通过音乐设备数字接口使乐器发出美妙的声音。

7. 键盘

键盘是最常用也是最主要的输入设备，通过键盘可以将英文字母、数字、标点符号等输入到计算机中，从而向计算机发出命令、输入数据等。

8. 鼠标

鼠标是取代键盘的光标移动键，使光标移动更加方便、准确的输入装置。

9. 机箱

机箱作为计算机配件中的一部分，用于放置和固定各计算机配件，起到承托和保护作用，具有屏蔽电磁辐射的重要作用。

10. 电源

计算机电源是安装在主机箱内的封闭式独立部件，可将交流电通过一个开关电源变压器转换为±5 V、±12 V、±3.3 V 等稳定的直流电以供主机箱内各部件使用。

11. 网卡

网卡也叫“网络适配器”，是连接计算机与网络的硬件设备。

(二)计算机软件

软件系统是指实现算法的程序及其文档资料。计算机是按照人们预先编写的程序，依靠硬件和软件的协同工作来执行给定任务的。计算机软件系统包括系统软件和应用软件两大类。

1. 系统软件

系统软件是为帮助用户编写和调试应用程序而设计的，用于计算机的管理、维护、控制和运行，以及对运行的程序进行编译、装入等服务工作。系统软件包括：操作系统、各种语言的解释程序、各种服务性程序及数据库管理系统等。

2. 应用软件

应用软件是为解决各种实际问题而编制的计算机应用程序，计算机的应用已经渗透到各个领域，应用软件也是多种多样的。如各种管理软件、工业控制软件、商业管理软件、计算机辅助设计软件包和数字信号处理及科学计算机程序包等。

六、计算机常见硬件故障处理方法

1. 打开计算机电源而计算机没有反应

现象：打开计算机电源而计算机没有反应。

处理方法：查看电源插座是否有电并与计算机正常连接；检查计算机电源是否能正常工作(开机后电源风扇是否转动)，显示器是否与主机连接正常；打开机箱盖查看电源是否与计算机底板或主板连接正常，底板与主板接插处是否松动，开机底板或主板是否上电，电源是否接线有误；拔掉内存条开机是否报警；更换 CPU 或主板。

2. 主板硬件故障

现象：工控机最近突然不能正常启动。每次接通电源只能听见 CPU 风扇在转，但显示器却不亮，机器也没有报警的提示。

处理方法：通电后 CPU 风扇可以正常运转，可以初步证明电源是正常的，显示器不亮且主板没有报警提示，说明问题的根源在主板上。打开机箱仔细检查主板，如果发现主板上的电容上方有液体流出或者引脚断开等情况，是电容爆浆，也是主板老化造成的，如果发现主板上的芯片已经烧掉，就可以确定是主板故障。

3. 主板启动后黑屏无显示

现象：计算机一开机，CPU、机箱和显卡的风扇均转动，光驱读盘（听声音），硬盘发热，但显示器无信号，也无报警声，计算机如果能启动就能维持较长时间。

处理方法：首先判断一下主机是否正常运转，即开机时是否有“嘟”的一声，这一声表示自检正常，如果正常，说明显示端存在故障，重点检查显示器电源线是否松动、显卡的输出接口是否已经接好。如果主机没有正常启动，用最小系统法，逐一进行硬件排除，查找故障点。

4. 液晶显示器启动时花屏

现象：液晶显示器在启动时会出现花屏现象，启动后就会恢复正常。

处理方法：这种现象一般是由于显卡上没有数字接口，而是通过数字/模拟转换电路与显卡的 VGA 接口相连。这种连接形式虽然解决了信号匹配的问题，但它又带来了容易受到干扰而出现失真的问题，导致接口接触不良，必要时应更换相关器材。

第二节　计算机网络

一、计算机网络的定义

计算机网络是利用通信线路和连接设备将地理分散的、具有独立功能的若干计算机系统连接起来，按照某种协议进行数据通信，并通过一个能为用户自动管理资源的网络操作系统，以实现资源共享的系统。

二、计算机网络的分类

计算机网络的分类方法很多，可以从不同的角度对计算机网络进行分类。

1. 按照网络覆盖地理范围分

按照网络覆盖地理范围可以分为局域网（LAN）、城域网（MAN）和广域网（WAN）。

局域网是指将有限范围的各种计算机、终端和外部设备互联成网的网络。距离为几米到十几千米，具有数据传输速率高、低延迟和低误码率的特点。

城域网是介于广域网和局域网之间的一种高速网络。距离为几千米到几十千米。

广域网是由多个局域网或城域网组成的网络。距离为几十千米到几千千米。

2. 按照网络拓扑结构分

网络拓扑是指网络中各节点相互连接的方法和形式。按照网络的拓扑结构可以分为总线型网络、星型网络、环型网络、树型网络和网状网络等。

（1）总线型网络

在总线型网络中，所有节点都通过相应的网络接口连接在一条高速公用传输介质上，如图 3-2-1 所示。总线型网络采用广播通信方式，即由一个节点发出的信息可以被网络上的多个节点所接收。由于多个节点连接到一条公用总线上，因此必须采取某种介质访问控制规程来分配信息，以保证在一段时间内，只允许一个节点传送信息，以免发生冲突。总线型网络结构简单灵活、可扩充、性能好，进行节点设备的插入与拆卸非常方便。同时可靠性高、网络节点间响应速度快、资源共享能力强、设备投入量少、成本低、安装使用方便。当某个工作站点出现故障时，对整个网络系统影响小。总线型结构网络是最普遍使用的一种网络。但由于所有的工作站均通过一条共用的总线通信，所以实时性较差，并且总线中任何一点出现故障，都会造成整个网络瘫痪。

(2)星型网络

星型网络由一个功能较强的管理控制中心节点设备以及一些各自连到中心的从节点组成，如图 3-2-2 所示。这种网络各个从节点间不能直接通信，从节点间的通信必须经过中心节点设备。星型网络的优点是建网容易，控制相对简单，其缺点是属于集中控制，对中心节点依赖性大，一旦中心节点出现故障，会造成整个网络瘫痪。

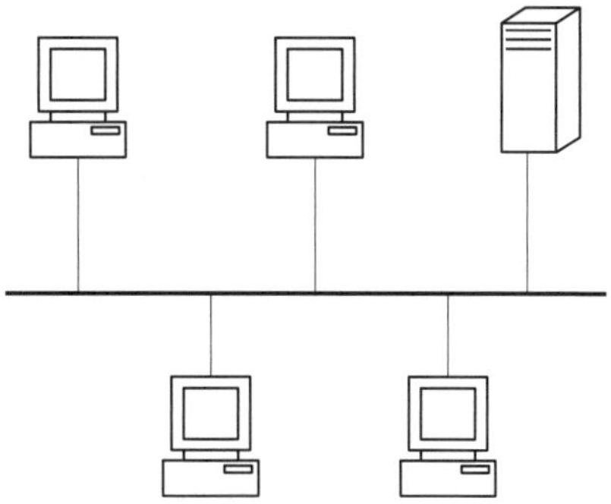

图 3-2-1 总线型网络

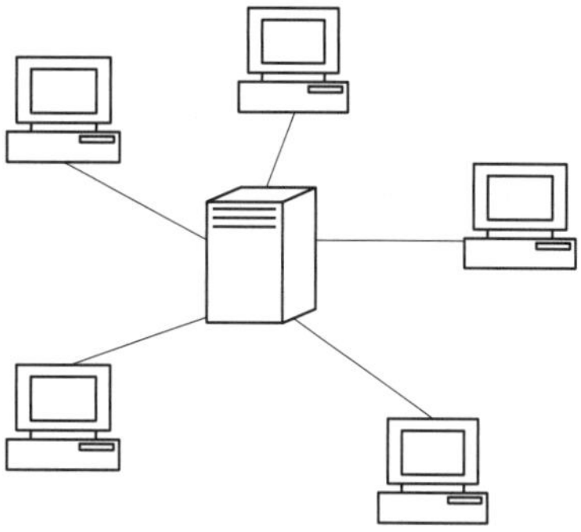

图 3-2-2 星型网络

(3)环型网络

环型网络由各节点计算机通过一条通信线路连接形成一个闭合环路，如图 3-2-3 所示。信息是按一定方向从一个节点传输到下一个节点的，形成一个闭合的环流。在环型拓扑结构中，所有节点共享同一个环型信道，环上传输的任何数据都必须经过所有节点，因此断开环中的一个节点，意味着整个网络通信的终止，这是环型网络的一个主要缺点。

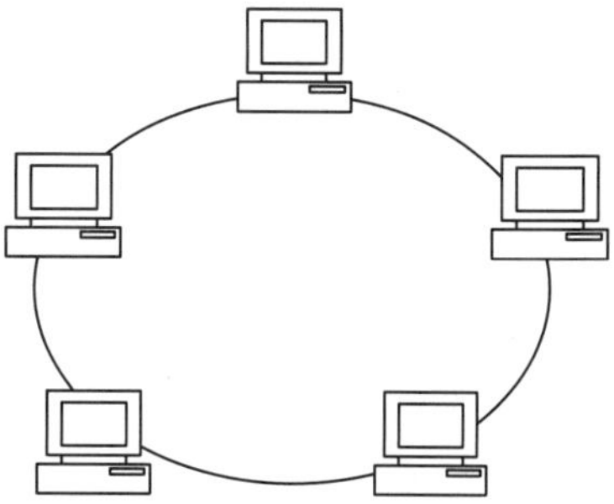

图 3-2-3 环型网络

(4)树型网络

树型网络由多个层次的星型结构连接而成，树的每个节点都是计算机或网络连接设备，如图 3-2-4 所示。一般来说，越靠近树的根部，节点设备的性能要求就越高。与星型网络相比，树型网络线路总长度短，成本较低，节点易于扩充，但结构较复杂，传输延迟大。

(5)网状网络

网状网络也叫分布式网络，可分为全网格型和部分网格型结构，它由分布在不同地点的计算机系统相互连接而成，如图 3-2-5 所示。网中无中心节点，一般网上的每个节点都有多条线路与其他节点相连，从而增加了迂回通路。网状网络的通信子网是一个封闭式结构，通信功能分布在各节点上。网状网络具有可靠性高、节点共享资源容易、可改善线路的信息流量分配及负载均衡、可选择最佳路径、传输延时小等优点，但也存在控制和管理复杂、软件复杂、布线工程量大、建设成本高等缺点。

3. 按照网络的传输介质分

按照网络的传输介质可以分为铜线网络、光纤网络和无线网络。

4. 按照网络的逻辑功能分

按照网络的逻辑功能可以分为资源子网和通信子网。资源子网是指网络用户的接入部分，主要提供共享的资源；通信子网一般由电信部门组建管理，主要提供传输用户数据的线路和设备。

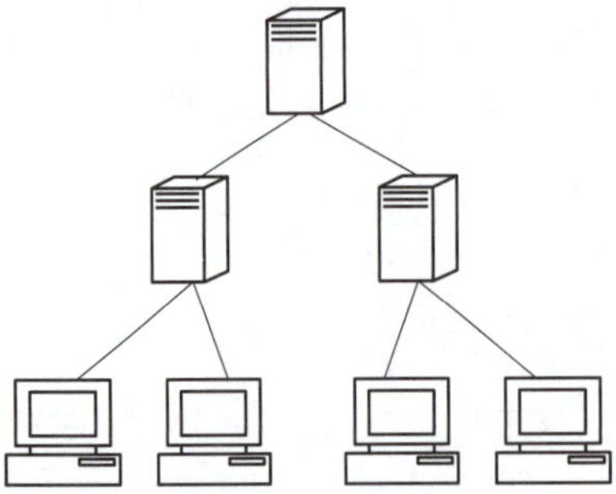

图 3-2-4　树型网络

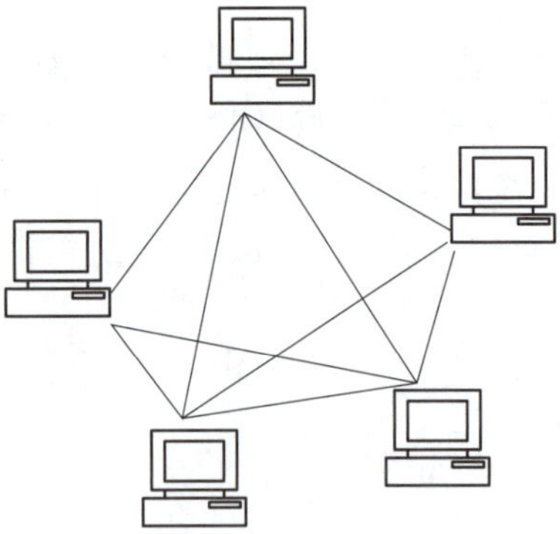

图 3-2-5　网状网络

5. 按照网络的使用角色分

按照网络的使用角色可以分为公用网和专用网。公用网是指国家的电信公司出资建造的大型网络；专用网是指某个单位为本单位的工作需要而建立的网络，一般不为外单位提供服务。

6. 按照网络的交换方式分

按照网络的交换方式可以分为电路交换网、报文交换网、分组交换网等。

7. 按照网络的传输技术分

按照网络的传输技术可以分为广播式网络和点对点式网络。

第三节　计算机在电务设备中的应用

随着时代的发展和科技的进步，计算机广泛应用于铁路电务设备中。

一、计算机联锁系统

计算机联锁系统是铁路信号设备的重要组成部分，用于控制和保护铁路交通的安全运行。它利用计算机技术实现信号设备的自动化控制和逻辑处理，取代了传统的机械或电气联锁系统，如图 3-3-1 所示。

图 3-3-1　计算机联锁系统

二、调度集中系统

调度集中(CTC)系统是一种用于铁路运输的调度控制系统，它集中管理和控制多个车站的列车运行。CTC 系统通过计算机技术和通信网络，实现对列车的调度、监控和控制，提高了铁路运输的效率和安全性，如图 3-3-2 所示。

图 3-3-2　调度集中系统

三、信号集中监测系统

信号集中监测系统是铁路信号设备的监控系统，用于实时监测和管理信号设备的运行状态和故障情况。该系统通过集中的监控控制中心，对信号设备进行监测、诊断和维护，确保铁路交通的安全和运行的可靠性，如图 3-3-3 所示。

图 3-3-3　信号集中监测系统

第四节　网络安全基本要求

一、病毒防治的基本知识

1. 不要随便浏览陌生的网站,如弹出窗口、广告等。
2. 安装最新的杀毒软件,可以保护计算机。
3. 安装防火墙,可以保证系统安全。

二、网络安全红线范围

未通过外部服务网,直接将铁路安全生产网、内部服务网与互联网连接的行为(简称"一机两网")属于网络安全红线范围,包括以下七种方式:

1. 终端多网卡。终端通过多个网卡(含无线网卡)分别连接铁路内网和互联网。
2. 终端连接手机。铁路内网终端连接手机后,通过手机共享 USB 连接接入互联网。
3. 交换机网络混用。指铁路内网和互联网网线接入同一台交换机,造成网络互通。
4. 断开内网连接互联网。铁路内网终端断开铁路内网后连接互联网,然后接回内网的行为。
5. 疏于对路外人员的管理。指外来人员、专用线路外人员等不知道管理规定,使用铁路内网终端造成一机两网。
6. 私设铁路内网的互联网出口。在铁路内网私设除铁路局集团公司内外网安全平台以外其他互联网出口的行为。
7. 其他未通过内外网安全平台外侧的外部服务网,直接将铁路内网与互联网连接的行为。

三、网络保密"十个不得"

1. 涉密计算机不得连接互联网。
2. 涉密计算机不得使用无线键盘和无线网卡。
3. 涉密计算机不得安装来历不明的软件和随意拷贝他人文件。
4. 涉密计算机和涉密移动存储介质不得让他人使用、保管或办理寄运。
5. 不得在涉密计算机和非涉密计算机之间交叉使用移动存储介质。
6. 未经专业销密,不得将涉密计算机和涉密移动介质淘汰处理。
7. 在涉密场所,连接互联网的计算机不得安装、配备和使用摄像头等视频、音频输入设备。
8. 不得在非涉密计算机及互联网上存储、处理涉密信息。
9. 不得使用普通传真机、多功能一体机传输、处理涉密信息。
10. 不得通过手机和其他移动通信工具谈论国家秘密、发送涉密信息。

四、网络安全"五条禁令"

1. 禁止将涉密信息系统接入互联网及其他公共信息网络。
2. 禁止在涉密计算机和非涉密计算机之间交叉使用 U 盘等移动存储设备。

3. 禁止在没有防护措施的情况下将互联网等公共信息网络上的数据复制到涉密信息系统。

4. 禁止涉密计算机、涉密移动存储介质与非涉密计算机、非涉密移动存储介质混用。

5. 禁止使用非涉密计算机和具有无线互联功能的设备处理涉密信息。

五、网络安全坚决做到"八严禁、十不准"

1. 严禁与行车、运输生产相关以及涉及公民个人信息的系统部署在互联网,不准信息应用系统未经批准与互联网相连。

2. 严禁数据乱用,不准将铁路信息应用系统采集的数据存储在外部单位,不准未经批准对外提供铁路数据,不准未经批准将与运输生产和公民个人信息相关的数据存储在互联网上。

3. 严禁乱投资,不准利用设备采购、科研课题等渠道建设信息应用系统。

4. 严禁私搭乱建,不准规避信息系统建设程序上线系统。

5. 严禁没有相关资质的企业参加铁路信息应用系统研发,不准未经审查筛选程序引入外部研发单位。

6. 严禁违反网络安全等级保护有关规定,不准网络安全措施未达标系统上线运行。

7. 严禁非授权访问和越权访问,不准账号共用和使用非法账号、弱口令等。

8. 严禁涉密信息上网,不准通过信息应用系统采集、传输、保存、处理各类涉密信息。

复习思考题

1. 计算机的特点是什么?
2. 计算机硬件主要由哪些组成?
3. 计算机网络的定义是什么?
4. 计算机网络按拓扑结构分为哪几类?
5. 简述计算机在电务设备中的主要应用。
6. 简述网络安全红线范围。

第四章　铁路信号基础

第一节　继　电　器

继电器是一种通过电磁铁来控制接点“通断”的二值元件，是铁路信号设备的主要设备之一。在铁路信号的自动控制和远程控制系统中，用以发布控制命令、反映设备状态以及进行逻辑运算，它可构成逻辑电路或作为执行元件直接监督和控制列车的运行。

一、继电器的基本构成

信号继电器主要由电磁系统和接点系统两大部分组成，构成原理如图 4-1-1 所示，实物如图 4-1-2 所示。

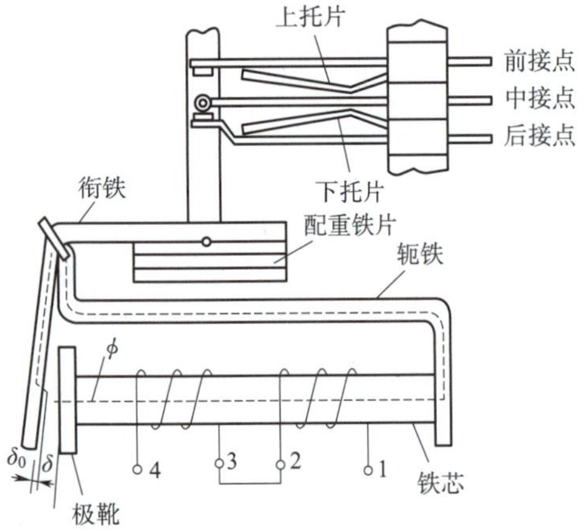

图 4-1-1　继电器构成原理

图 4-1-2　继电器实物

1. 电磁系统

电磁系统包括线圈、铁芯、轭铁和衔铁，构成原理如图 4-1-3 所示，实物如图 4-1-4 所示。

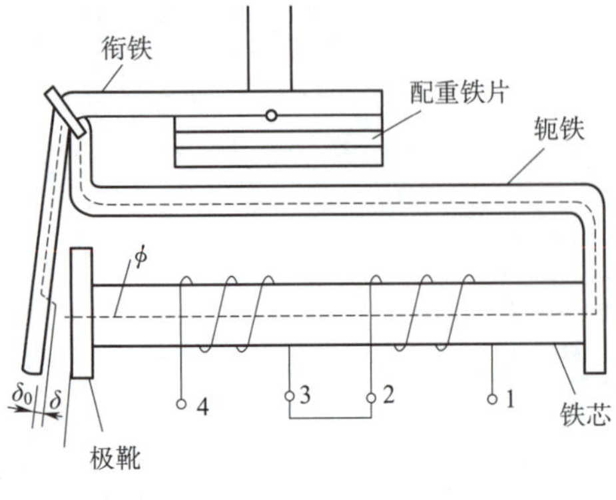

图 4-1-3　电磁系统构成原理

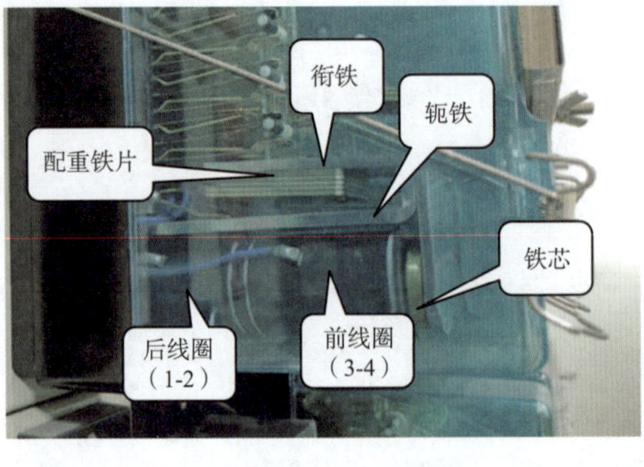

图 4-1-4　电磁系统实物

线圈水平安装在铁芯上，分为前线圈(3-4)和后线圈(1-2)，根据电路需要可选择单线圈控制、双线圈串联控制。衔铁靠蝶形钢丝卡固定在轭铁的刀刃上，动作灵活。在衔铁的传动部分加装配重铁片，当继电器断电或电流不满足吸起条件时从重力方面保证中接点与前接点可靠断开，与后接点可靠闭合。安装的配重铁片的数量则由继电器接点系统的结构确定，且能保证继电器可靠释放的需要。在衔铁与铁芯闭合处安装止片，保证继电器磁路的最小空气间隙，防止磁路的铁磁零件磁化，保证继电器可靠落下。继电器的铁芯、轭铁和衔铁由电磁纯铁制成，具有较高的导磁率和较小的剩磁。

2. 接点系统

接点系统由拉杆和多组接点组构成，每组含静止的前接点、后接点和固定在拉杆上的动接点(中接点)，构成原理如图 4-1-5 所示，实物如图 4-1-6 所示。

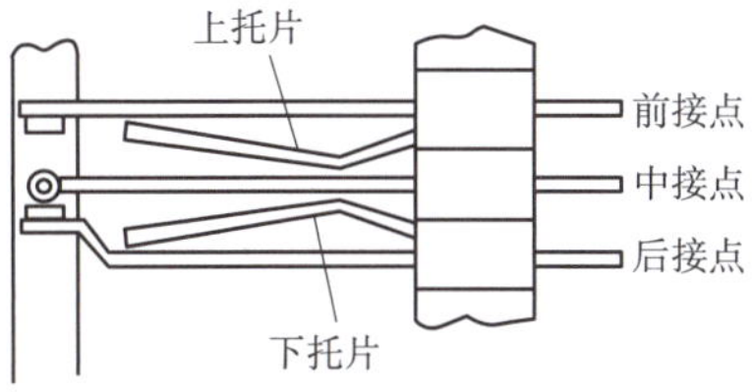

图 4-1-5　接点系统构成原理

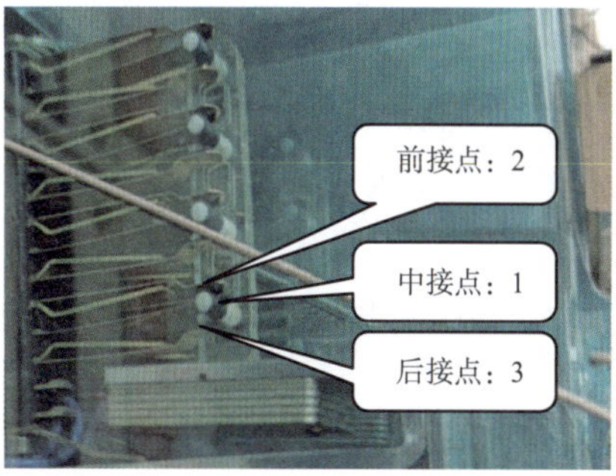

图 4-1-6　接点系统实物

接点系统处于电磁系统的上方，通过接点架、螺钉紧固在轭铁上，两者成为一个整体。

继电器通过挂钩、夹板和螺钉固定在底座上，阻燃外罩通过螺钉固定在底座上。为防止继电器错误插接，在型别盖上设有鉴别销，如图 4-1-7 所示。常见继电器鉴别销如图 4-1-8 所示。

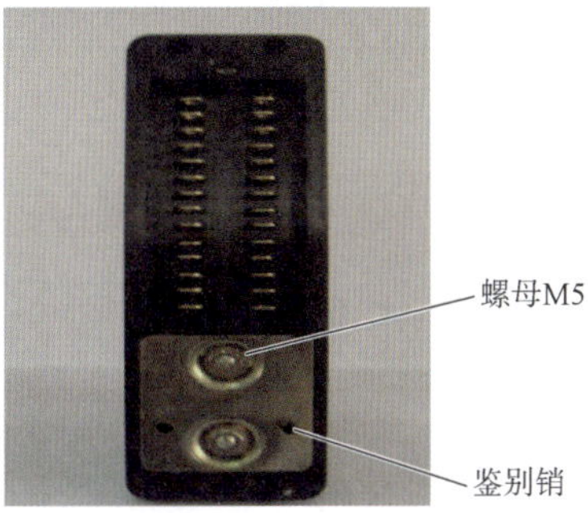

图 4-1-7　型别盖

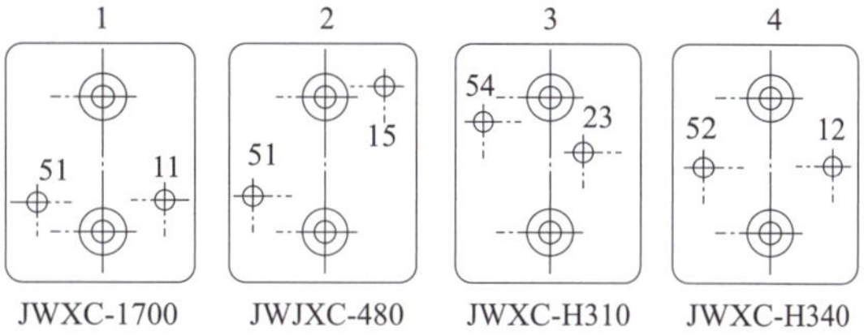

图 4-1-8　常见继电器鉴别销

二、继电器的分类

1. 按工作可靠程度分类，可分为安全型继电器和非安全型继电器。

(1)安全型继电器

铁路上大量采用的 AX 系列安全型继电器，是直流 24 V 系列的重弹力式直流电磁继电器。其主要特点是当线圈断电时，衔铁可借助于自身质量释放，从而使前接点可靠断开，符合铁路“故障—安全”的原则。AX 系列安全型继电器是一种不对称器件，在故障情况下使前接点闭合的概率远小于后接点闭合的概率。

“故障—安全”措施：前接点采用熔点高的材料；增加衔铁质量，利用“重力恒定”原理；采用残磁极小的铁磁材料，衔铁不致因机械故障而卡在吸起状态。

AX 系列安全型继电器又分为无极、无极加强接点、无极缓放、无极加强接点缓放、整流式、有极、有极加强、偏极继电器等。

①无极继电器：电流无极性要求，失磁落下，实物如图 4-1-9 所示。无极继电器符号见表 4-1-1。其常用类型有 JWJXC-H125/80、JWJXC-H125/0.44、JWJXC-480、JWXC-H340、JWXC-1700、JWXC-2000 等，无极继电器符号含义，如图 4-1-10 所示。

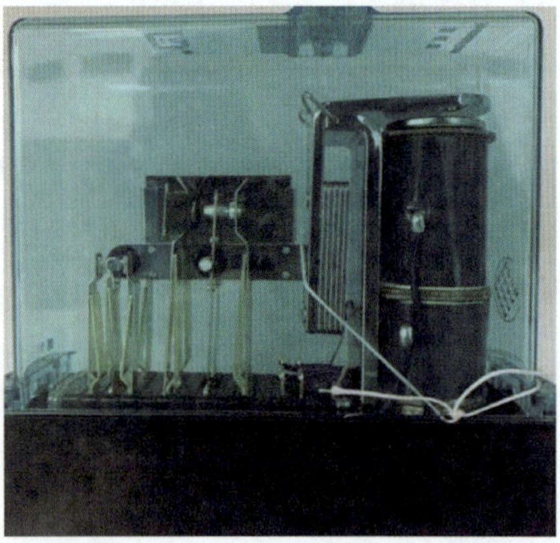

图 4-1-9 无极继电器实物

表 4-1-1 无极继电器符号

符号	名称	说明
	无极继电器	—
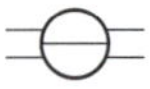		两线圈分接
	无极缓放继电器	—
		单线圈缓放
	无极加强继电器	—

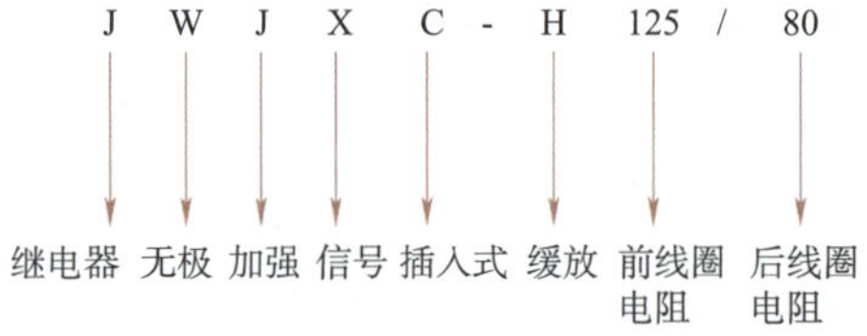

图 4-1-10 无极继电器符号含义

②有极继电器：电流有极性要求，动作上能反映电流的极性。线圈 1 正 4 负时，中接点与前接点闭合，处于定位吸起状态，断电后，保持定位吸起状态；线圈 1 负 4 正时，中接点与后接点闭合，处于反位打落状态，断电后，保持反位打落状态。有极继电器原理如图 4-1-11 所示，实物如图 4-1-12 所示，常见型号为 JYJXC-160/260。有极继电器符号见表 4-1-2。

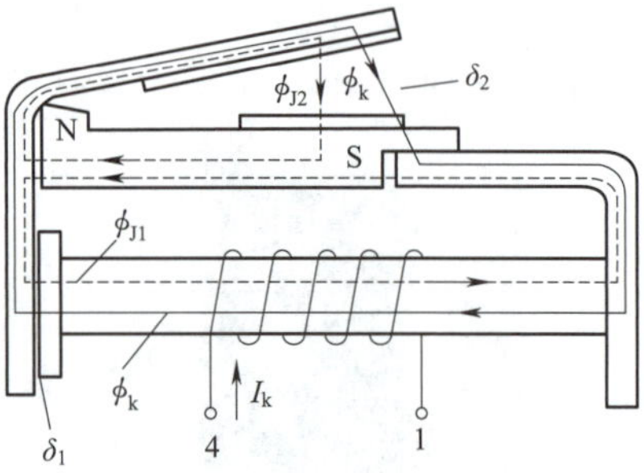

图 4-1-11 有极继电器原理

图 4-1-12 有极继电器实物

表 4-1-2 有极继电器符号

符号	名称	说明
	有极继电器	—
	有极加强继电器	—
		两线圈分接

③整流式继电器：与无极继电器基本一致，仅在接点组上安装了二极管组成的半波或全波整流电路，特点是供电电源为交流电，实物如图 4-1-13 所示。常见型号有 JZXC-480、JZXC-H18 等，整流继电器符号见表 4-1-3。

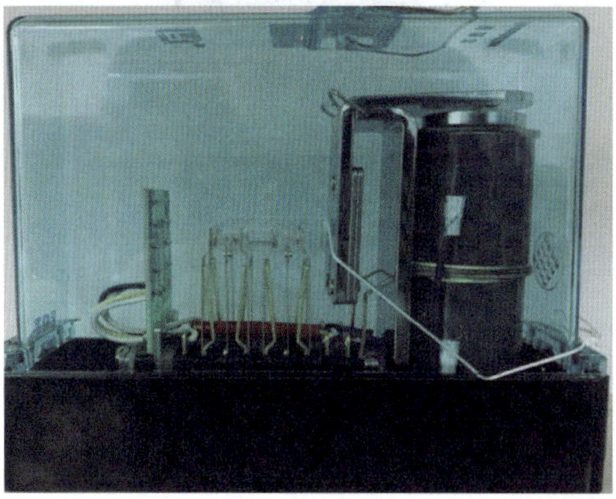

图 4-1-13　整流继电器实物

表 4-1-3　整流继电器符号

符号	名称	说明
	整流继电器	—

④偏极继电器：是有极继电器的一种。鉴别电流的极性，只有线圈 1 正 4 负时，中接点与前接点闭合，继电器才吸起；线圈 1 负 4 正时，中接点与后接点闭合，继电器才落下；不通电时，中接点与后接点闭合，继电器才落下。偏极继电器原理如图 4-1-14 所示，实物如图 4-1-15 所示。常见型号为 JPXC-1000，偏极继电器符号见表 4-1-4。

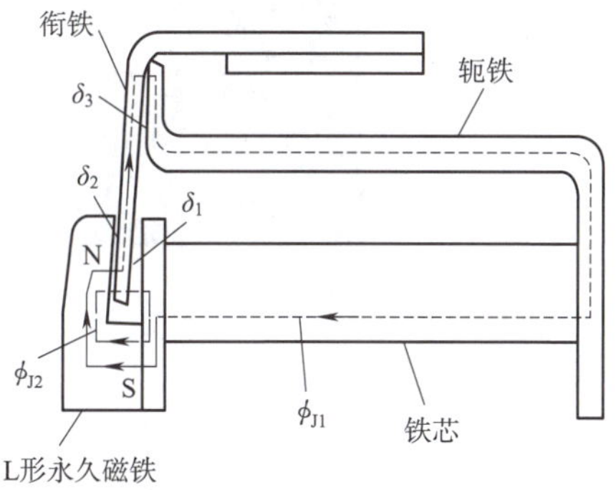

图 4-1-14　偏极继电器原理

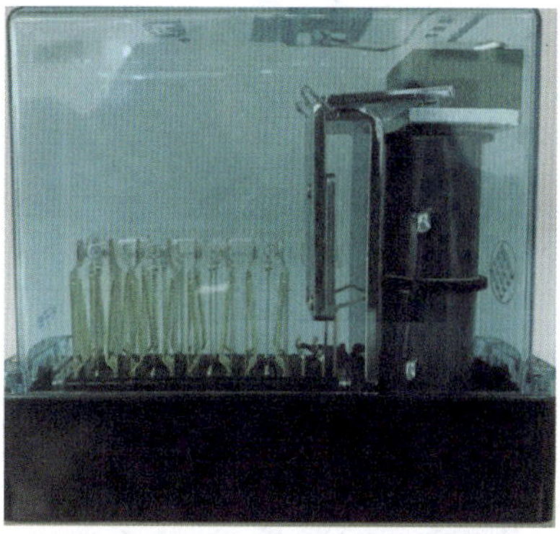

图 4-1-15　偏极继电器实物

(2)非安全型继电器

非安全型继电器(C 型)是必须监督检查接点在电路中的工作状态，以保证安全条件的继电器。非安全型继电器主要依靠弹簧弹力释放衔铁，故又称弹力式继电器。该类型继电器在铁路信号设备中不常用。

表 4-1-4　偏极继电器符号

符号	名称	说明
	偏极继电器	—

2. 按接点结构分类，可分为普通继电器和加强继电器。

(1)普通继电器接点开断功率较小，可满足一般信号电路的要求，底座接点分布如图 4-1-16 所示，实物如图 4-1-17 所示。

(2)加强继电器接点开断功率较大，可满足电压较高、电流较大信号电路的要求，底座接点分布如图 4-1-18 所示，实物如图 4-1-19 所示。

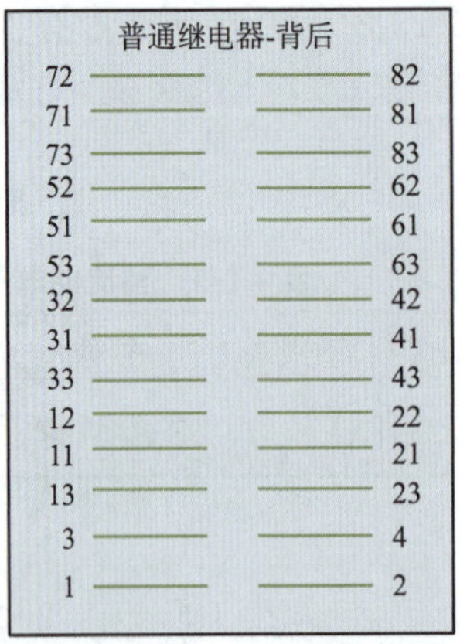

图 4-1-16　普通继电器底座接点分布

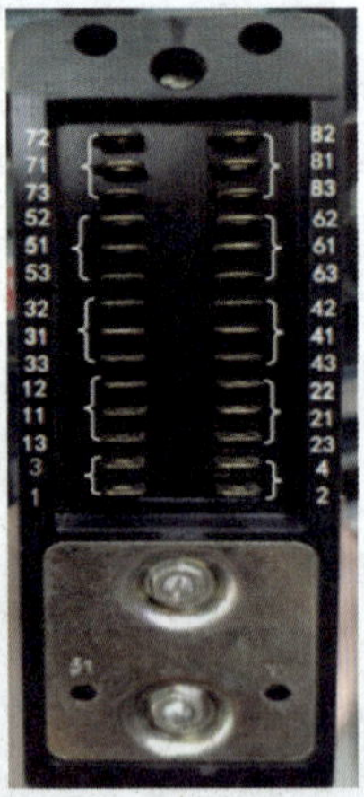

图 4-1-17　普通继电器底座实物

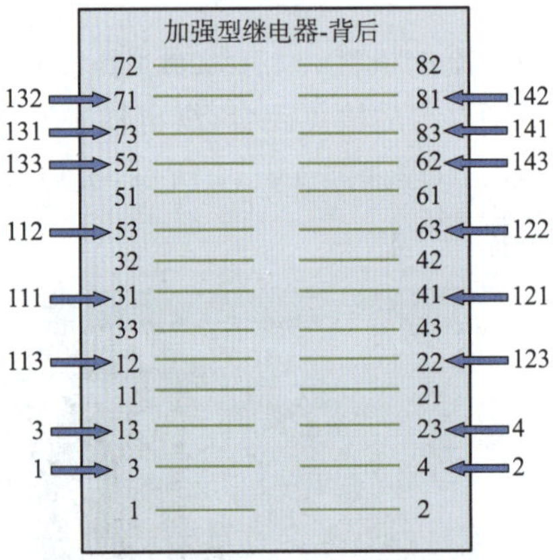

图 4-1-18　加强继电器底座接点分布

图 4-1-19　加强继电器底座实物

3. 按动作电流分类，可分为直流继电器和交流继电器。

(1)直流继电器

直流继电器由直流电源供电，它按所通电流的极性，又可分为无极、偏极和有极继电器。直流继电器都是电磁继电器。无极、偏极、有极继电器线圈连接原理如图 4-1-20 所示，实物连接示意如图 4-1-21 所示。

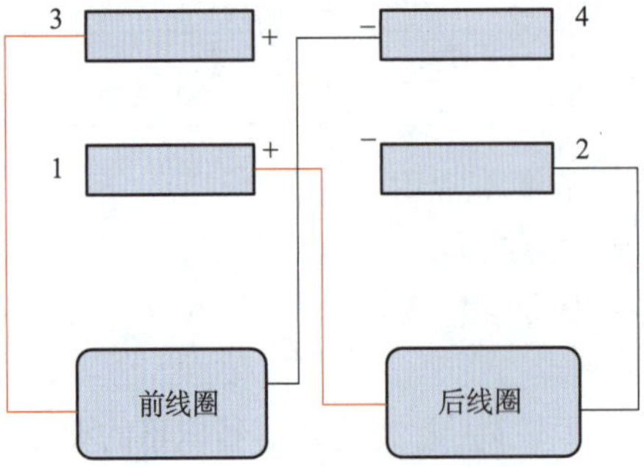

图 4-1-20　线圈连接原理

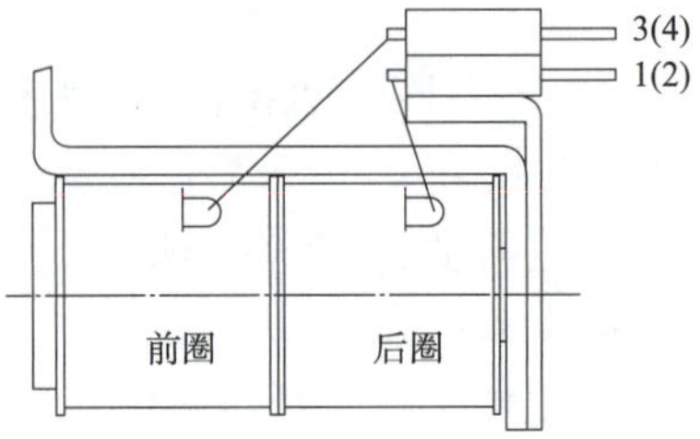

图 4-1-21　线圈实物连接示意

①线圈引线片与电源片的连接方式：电源片 1 与 3 分别为后圈与前圈的正极，2 与 4 分别为后圈与前圈的负极。

②对于线圈串联使用的有极继电器，电源片 1 接电源正极，4 接电源负极时，为定位转极，反之为反位转极。

③对于线圈单独使用的有极继电器，前圈的电源片 3 接电源正极，4 接电源负极时，为定位转极，后圈的电源片 2 接电源正极，1 接电源负极时，为反位转极。

(2)交流继电器

交流继电器由交流电源供电，按动作原理分为电磁继电器、感应继电器。

①电磁继电器通过继电器线圈中的电流在磁路的气隙(铁芯与衔铁之间)中产生电磁力，吸引衔铁，带动接点动作。

②感应继电器利用电流通过线圈产生的交变磁场与另一交变磁场在翼板中所感应的电流相互作用产生电磁力，使翼板转动。

(3)整流继电器

整流继电器虽然用于交流电路中，但它用整流元件将交流电整流为直流电，所以其实质上是直流继电器。其电源片 1 和 3 分别为后圈与前圈的正极，电源片 2 与 4 分别为后圈与前圈的负极，如图 4-1-22 所示。

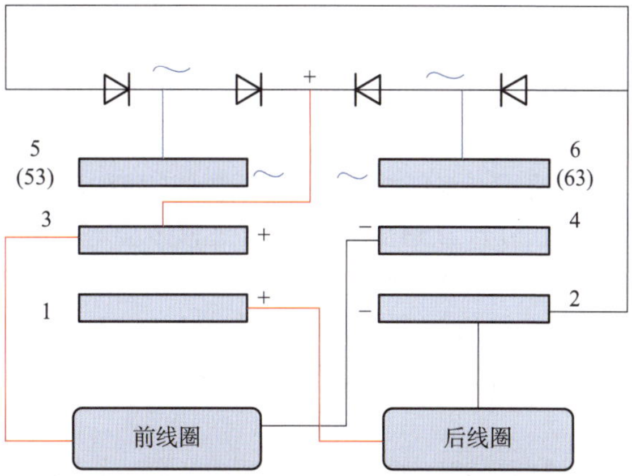

图 4-1-22　整流继电器线圈连接

4. 按输入量的物理性质分类，可分为电流继电器和电压继电器。

(1)电流继电器反映电流的变化，它的线圈必须串联在所反映的电路中。该电路包含被反映的器件，如电动机绕组、信号灯泡。

(2)电压继电器反映电压的变化，它的线圈励磁电路单独构成。

5. 按动作速度分类，可分为正常动作继电器和缓动继电器。

(1)正常动作继电器：衔铁动作时间为 0.1～0.3 s，大部分信号继电器属于此类。

(2)缓动继电器：衔铁动作时间超过 0.3 s，又分为缓吸、缓放。时间继电器利用脉冲延时电路或软件设定达到缓吸。缓放型继电器则利用短路铜环产生磁通达到缓动。

三、继电器的动作过程

1. 吸起

继电器吸起过程如图 4-1-23 所示。

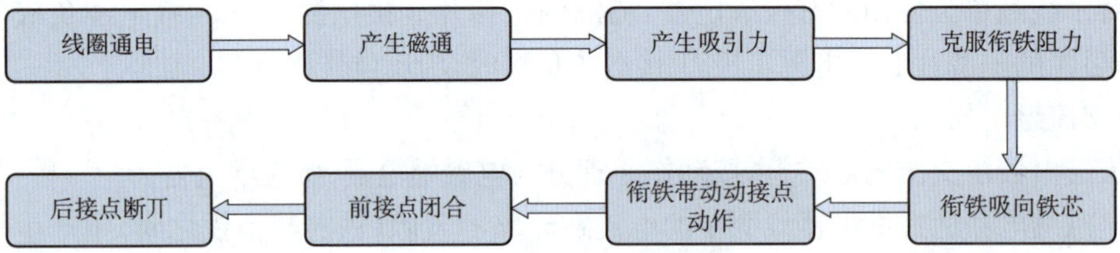

图 4-1-23　继电器吸起过程

2. 落下

继电器落下过程如图 4-1-24 所示。

图 4-1-24　继电器落下过程

四、继电器参数

1. 额定值：继电器在运用状态时的电压值或电流值，AX 系列继电器的额定电压为 DC 24 V。

2. 吸起值：继电器动作（动接点与前接点接触）所需要的最小电流或电压值。

3. 工作值：向继电器线圈通电，直到衔铁止片与铁芯接触，全部前接点闭合，并满足规定接点压力所需要的最小电压或电流值。此值是继电器电磁系统及接点系统刚好能工作的状态，一般规定工作值不大于额定值的 70%。

4. 释放值：向继电器通以规定的充磁值，然后逐渐降低电压或电流，至全部前接点断开时的最大电压或电流值。

5. 转极值：使有极继电器衔铁转极的最小电压或电流值，分为正向转极值和反向转极值。

（1）正向转极值指使有极继电器的衔铁转极，全部定位接点闭合，并满足规定接点压力时的正向最小电压或电流值。

（2）反向转极值指使有极继电器的衔铁转极，全部反位接点闭合，并满足规定接点压力时的反向最小电压或电流值。

6. 过负载值：继电器允许接入的最大电压或电流值（一般为工作值的四倍）。

7. 吸起时间：从继电器线圈接通规定的电压或电流时起至全部前接点闭合的时间。

8. 释放时间：切断供以规定的电压或电流的电源时起至全部动接点与后接点闭合的时间。

9. 安全系数：额定值与工作值之比。

10. 返还系数：释放值与工作值之比。返还系数越高，继电器落下越灵敏（规定普通继电器的返还系数不小于 30%，缓放型继电器的返还系数不小于 20%，轨道继电器的返还系数不小于 50%）。

五、继电器识图

1. 继电器定反位

(1)继电器的定位状态必须和设备的定位状态一致。

(2)继电器的落下状态必须与设备的安全侧一致，满足“故障—安全”原则。

2. 继电器接点

在电路中，凡是以吸起为定位状态(常态)的继电器，其接点和线圈均以“↑”表示，凡是以落下为定位状态(常态)的继电器，其接点和线圈均以“↓”表示。工程图中继电器接点图形符号“V型尖端”为动(中)接点1，实线另一端与箭头方向相关，“↑”表示前接点2，“↓”表示后接点3，如图4-1-25所示。定位状态(常态)吸起＝箭头向上＝实线为前接点2；定位状态(常态)落下＝箭头向下＝实线为后接点3。

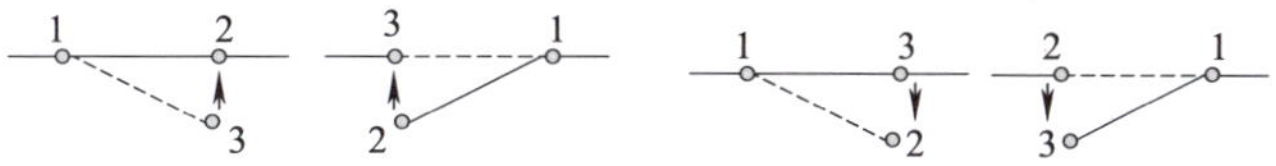

图 4-1-25 继电器接点图

在实际运用中还需加入实际使用的接点组编号，若使用第五组接点，接点图如图4-1-26所示。

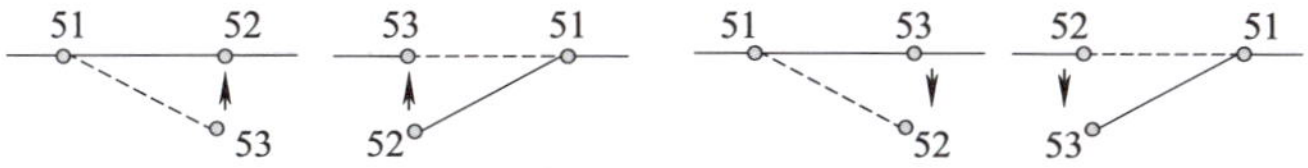

图 4-1-26 实际运用中继电器接点图

3. 继电器命名

继电器根据主要用途和功能命名，一般用汉语拼音首字母表示，如定位表示继电器为DBJ、按钮继电器为AJ等。同一个继电器的线圈必须用该继电器的名称符号来标记。

常见设备电路中继电器名称见表4-1-5～表4-1-8。

表 4-1-5 道岔常用继电器名称

设备名称	主要继电器名称	名称符号
道岔	1道岔启动继电器	1DQJ
	1道岔启动复示继电器	1DQJF
	允许操纵继电器	YCJ
	定位操纵继电器	DCJ
	保护继电器	BHJ
	切断继电器	QDJ
	反位表示继电器	FBJ
	…	…

表 4-1-6 轨道电路常用继电器名称

设备名称	主要继电器名称	名称符号
轨道电路	道岔区段轨道继电器	DGJ
	发送报警继电器	FBJ
	区间正方向继电器	QZJ
	区间反方向继电器	QFJ
	道岔区段轨道反复示继电器	FDGJ
	轨道停电继电器	GDJ
	轨道继电器	GJ
	轨道复示继电器	GJF
	区间轨道继电器	QGJ
	…	…

表 4-1-7　信号机常用继电器名称

设备名称	主要继电器名称	名称符号
信号机	列车信号继电器	LXJ
	正线路继电器/主信号继电器	ZXJ
	通过信号继电器	TXJ
	引导信号继电器	YXJ
	绿黄信号继电器	LUXJ
	…	…

表 4-1-8　方向电路常用继电器名称

设备名称	主要继电器名称	名称符号
方向电路	监督区间继电器	JQJ
	短路继电器	DJ
	发车辅助继电器	FFJ
	辅助办理改方继电器	FGFJ
	方向继电器	FJ
	改方辅助继电器	GFFJ
	改方继电器	GFJ
	…	…

4. 继电器电路

依靠一定条件，使继电器吸起的，称为励磁电路；凡是继电器自身前接点参与该继电器保持吸起的，称为自闭电路。

ZBHJ 电路如图 4-1-27 所示。

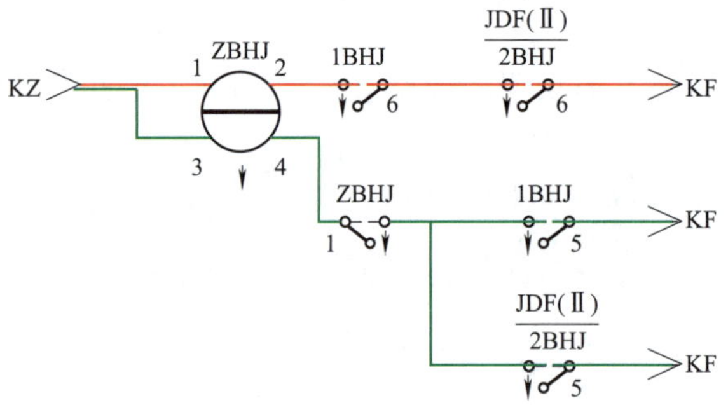

图 4-1-27　ZBHJ 电路

励磁电路(红色)：KZ→$ZBHJ_{1-2}$→$1BHJ_{62-61}$→$2BHJ_{62-61}$→KF。

自闭电路(绿色)：①KZ→$ZBHJ_{3-4}$→$ZBHJ_{11-12}$→$1BHJ_{52-51}$→KF；

②KZ→$ZBHJ_{3-4}$→$ZBHJ_{11-12}$→$2BHJ_{52-51}$→KF。

第二节　信　号　机

为指示列车运行及调车作业的命令，铁路必须根据需要设置各种信号机和信号表示器。信号机用于形成信号显示、防护进路、指示列车和调车车列的运行。地面信号指设于车站或区间固定地点的信号机或信号表示器，用来防护站内进路或区间闭塞分区以及道口。机车信号机设于机车驾驶室内，用来复示地面信号显示，逐步成为主体信号使用。

一、信号分类

1. 按接收信号的感官，分为视觉信号和听觉信号。

(1)视觉信号

①信号机：设于地面的信号机、设于机车驾驶室内的机车信号机。

②信号表示器：道岔表示器、脱轨表示器、进路表示器、发车表示器、发车线路表示器、调车

表示器及车挡表示器。

③信号标志：警冲标、司机鸣笛标、站界标、预告标等。

④手信号：用手势作为信号，分类见表 4-2-1。

表 4-2-1 手势信号分类

信号含义	昼 间	夜 间
停车信号	展开红色信号旗	红色灯光
减速信号	展开黄色信号旗	黄色灯光
发车指示信号	绿旗上下挥动	展开绿灯上下挥动
发车信号	绿旗圆形转动	绿灯上下转动

(2)听觉信号

听觉信号用不同器具发出的音响的强度、频率和音响的长短等特征表示。如号角、口笛、响墩(外形扁圆内装有炸药，防护时，将其放在钢轨上，车轮压上后会发出爆炸声，要求司机立即停车)发出的声音以及机车、轨道车鸣笛等发出的信号，都是听觉信号。

2. 按发出信号的机具能否移动，分为固定信号、移动信号、手信号。

3. 按发出固定信号的机具，分为色灯信号机、臂板信号机、信号表示器等。

4. 按立柱方式，分为高柱信号机、矮型信号机。

5. 按信号机的用途，分为进站、出站、通过、进路、预告、接近、遮断、驼峰、驼峰辅助、复示、调车信号机。

6. 按信号的显示数目，分为单显示、二显示、三显示、多显示。

7. 按禁止信号的显示意义，分为绝对信号、容许信号。

二、铁路信号显示规定

铁路信号图形符号示例见表 4-2-2。

表 4-2-2 铁路信号图形符号示例

名 称	图形符号	实际显示	文字符号	名 称	图形符号	实际显示	文字符号
红色灯光			H	空灯位		—	—
黄色灯光			U	稳定灯位(例如绿灯)			—
绿色灯光			L	闪光灯位(例如绿灯)			—
蓝色灯光			A	一般高柱信号		—	—
月白灯光			B	一般矮型柱信号		—	—

第三节 轨道电路

轨道电路是以铁路的两根钢轨作为导体，使电流在一定范围内流通，用以检查列车占用线路、传递列车占用信息及实现地面与机车间信息传递的电气回路。

一、轨道电路的作用

1. 监督列车的占用,反映线路的空闲状况,为开放信号、建立进路或构成闭塞提供依据。

2. 传递行车信息,如移频自动闭塞利用轨道电路传递不同的频率信息来反映列车的位置,决定通过信号机的显示或决定列车运行的目标速度,从而控制列车运行。

二、轨道电路的分类

1. 按动作电源分类

按动作电源分,可分为直流轨道电路和交流轨道电路。交流轨道电路就是指工频 50 Hz 电源的交流连续式轨道电路(480 型轨道电路),电源频率为 25 Hz 和 75 Hz 的轨道电路要在名称上注明电源的频率。

2. 按所传送的电流特性分类

按所传送的电流特性分,可分为连续式、脉冲式和移频轨道电路。

(1)连续式轨道电路中传送连续的交流或直流电流,监督轨道是否占用。

(2)脉冲式轨道电路传送的是断续的电流,即由不同长度脉冲和间隔组合成电码。电码由发码器产生,同时只能发一种电码。电码传到受电端,由译码电路译出,使轨道继电器动作。

(3)移频轨道电路在钢轨中传送的是移频电流,在发送端用低频作为行车信息去调制载频,使移频频率随低频作周期性变化。在接收端将低频解调出来,去动作轨道继电器。移频轨道电路可传送多种信息的信号。

3. 按轨道电路的分割方式分类

按轨道电路的分割方式分,可分为有绝缘轨道电路、无绝缘轨道电路。

(1)有绝缘轨道电路用钢轨绝缘将轨道电路与相邻的轨道电路互相隔离。

(2)无绝缘轨道电路在其分界处不设钢轨绝缘,而采用不同的方法予以隔离,可分为电气隔离式、自然衰耗式、强制衰耗式。

①电气隔离式又称谐振式,采用不同的信号频率。谐振回路对不同频率呈现不同阻抗,来实现相邻轨道电路间的电气隔离。

②自然衰耗式利用轨道电路的自然衰耗和不同的信号特征(频率、相位等),实现轨道电路的相互隔离,在接收端直接接收或通过电流传感器接收信号。钢轨中的电流可沿正反两个方向自由传输,基本上靠轨道的自然衰耗作用来衰减信号。道口信号所用的道口控制器就采用自然衰耗式的无绝缘轨道电路。

③强制衰耗式是在自然衰耗式的基础上,吸收电气隔离式的优点(谐振回路的强制性衰耗)形成的。它采用电压发送、电流接收的方式,接收端由电流传感器接收信号。

4. 按使用处所分类

按使用处所分,可分为区间轨道电路和站内轨道电路。

(1)区间轨道电路主要用于自动闭塞区段,监督各闭塞分区是否空闲,传输有关行车信息。

(2)站内轨道电路用于站内各区段,监督本区段是否空闲。为了使机车信号在站内能连续显示,要对站内轨道电路进行电码化,即在列车占用本区段或占用前一区段时用切换方式或叠加方式转为能发码的轨道电路。

站内轨道电路按使用处所分,可分为无岔区段轨道电路和道岔区段轨道电路。

①无岔区段轨道电路内钢轨线路无分支,构成较简单,一般用于股道、尽头调车信号机前

方接近区段、进站信号机内方、两差置调车信号机之间。

②道岔区段钢轨线路有分支，道岔区段轨道电路就称为分支轨道电路或分歧轨道电路。在道岔区段，道岔处钢轨和杆件要增加绝缘，还要增加道岔连接线和跳线。当分支超过一定长度时，必须设多个受电端。

5. 按机车牵引电流的回归方式分类

按机车牵引电流的回归方式分，可分为单轨条轨道电路和双轨条轨道电路。

(1)单轨条轨道电路：利用轨道电路中的一根钢轨作为牵引电流回线的轨道电路。

(2)双轨条轨道电路：利用轨道电路两根钢轨作为牵引电流回线的轨道电路。

三、站内轨道电路的划分和命名

1. 划分原则

(1)有信号机的地方必须设置绝缘节。

(2)满足行车、调车作业效率的提高。

(3)一个轨道电路区段的道岔不能超过 3 组。

(4)为了提高咽喉使用效率，把轨道电路区段适当划短，使道岔能及时解锁，立即排列其他进路。在提速区段为了保证机车信号的连续显示，轨道电路区段不能过短。

2. 命名

(1)道岔区段：根据道岔编号来命名，如图 4-3-1 所示。

只包含一组道岔的，用其所包含的道岔编号来命名，如 1DG、3DG；包含两组道岔的，用两组道岔编号连缀来命名，如 9-13DG、17-23DG；若包含三组道岔，则以两端的道岔编号连缀来命名，如 15-31DG，包含了 15 号、27 号、31 号三组道岔。

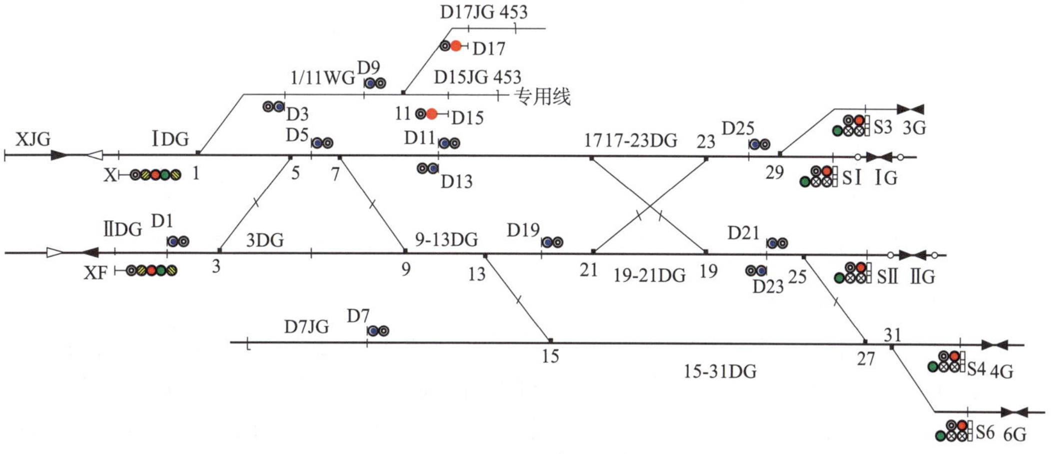

图 4-3-1　轨道电路命名示意

(2)无岔区段：命名分为不同的情况，如图 4-3-1 所示。

①对于股道，正线用罗马数字表示，站线用阿拉伯数字表示。单线区段车站股道的编号方法是由靠近站舍的线路起向远离站舍方向的线路顺序排列。双线区段车站股道的编号方法是从正线起顺序编号，上行用双数，下行用单数，从正线向外顺序排列。尽头式车站，向终点方向由左侧开始顺序编号，如站舍位于线路一侧时，从靠近站舍的线路起，向远离站舍方向顺序编号。

②进站信号机内方及双线单方向运行的发车口的无岔区段，根据所衔接的股道编号加 A（下行咽喉）及 B（上行咽喉）来表示，如ⅡAG。

③差置调车信号机之间的无岔区段，以两端相邻的道岔编号（写成分数形式）加 WG 来表示，如 1/11WG。

④半自动闭塞区间进站信号机外方的接近区段，在进站信号机名称后加 JG 来表示，如 XJG。

⑤牵出线、机待线、机车出入库线、专用线等调车信号机外方的接近区段，在调车信号机编号后加 D7G、D15G 来表示。

四、道岔区段的轨道电路

1. 道岔绝缘和道岔跳线

（1）道岔绝缘：道岔区段除了在各种杆件、转辙机安装装置等加装绝缘外，还要加装切割绝缘，以防止辙叉将轨道电路短路。道岔绝缘根据需要，可以设在直股，也可以设在弯股。

（2）道岔跳线：为保证信号电流的畅通，除轨端接续线外，道岔区段还需装设道岔跳线。

2. 道岔区段轨道电路的连接方式

（1）串联：串联轨道电路的电流要流经整个区段的所有钢轨，可以检查所有跳线和钢轨是否完整，安全程度较高，如图 4-3-2 所示。

（2）并联：并联方式侧线只检查了电压，没有检查电流，当跳线或连接线折断，列车进入弯股时，因弯股并没有设置继电器，GJ 仍在吸起状态，这是其不足的地方。轨道电路并联方式如图 4-3-3 所示。

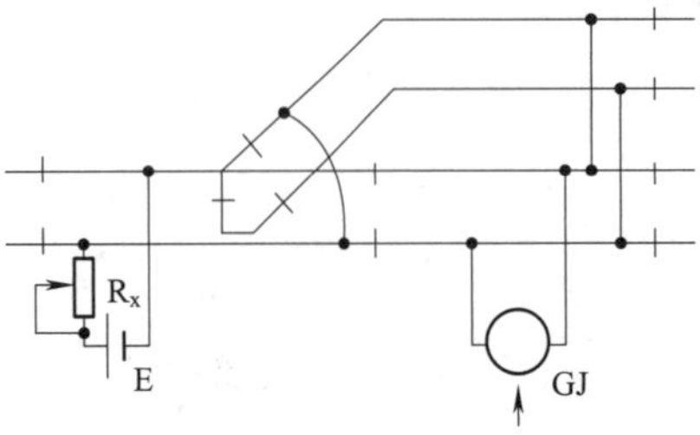

图 4-3-2 轨道电路串联方式

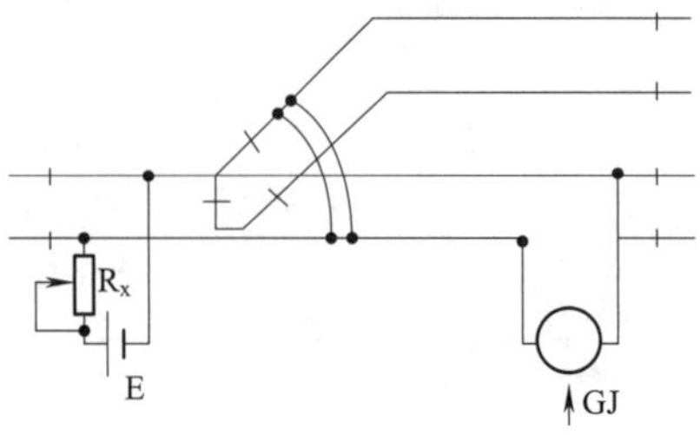

图 4-3-3 轨道电路并联方式

3. 一送多受轨道电路

一送多受轨道电路设有一个送电端，在每个分支轨道电路的另一端各设一受电端。各分支受电端轨道继电器的前接点，串联在主轨道继电器电路之中。当任一分支分路时，分支轨道继电器落下，其主轨道继电器也落下。使用时将主轨道继电器的接点用在联锁电路中。在实际使用中应注意：

（1）与到发线相衔接的道岔轨道电路的分支末端，应设受电端。

（2）所有列车进路上的道岔区段，其分支长度超过 65 m 时，在该分支的末端应设受电端，也就是一送两受轨道区段，如图 4-3-4 所示。

（3）一送多受轨道电路最多不应超过三个受电端，如图 4-3-5 所示。

（4）任一地点有车占用时，必须保证有一个受电端被分路。

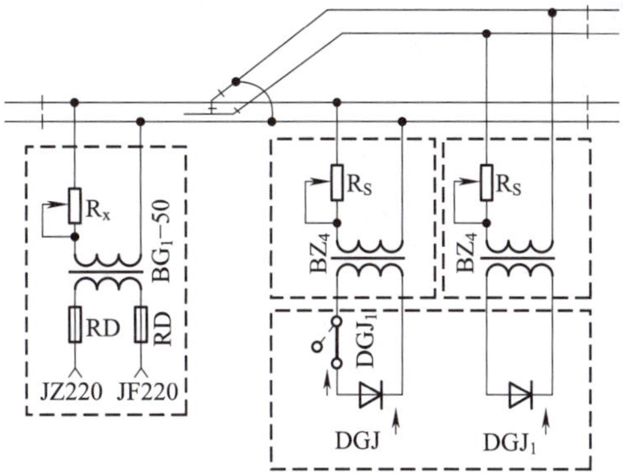

图 4-3-4　一送两受轨道区段

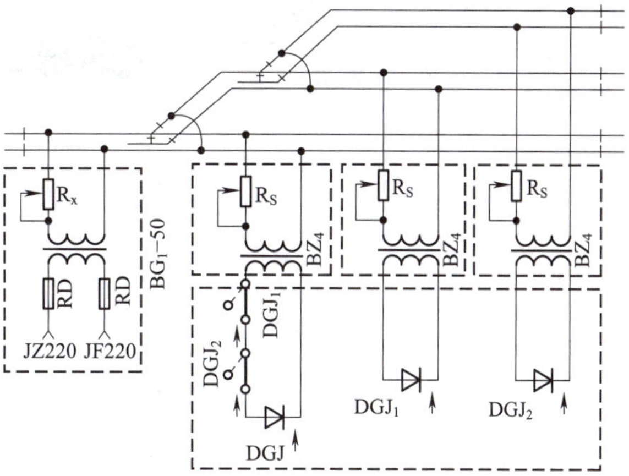

图 4-3-5　一送三受轨道区段

五、轨道电路的基本工作状态

轨道电路主要由发送端设备、钢轨线路和接收端设备三部分组成。轨道电路的基本工作状态分为调整状态、分路状态和断轨状态。轨道电路在各种工作状态下，受到许多外界因素的影响，其中受道砟电阻、钢轨阻抗和电源电压的影响最大。

1. 调整状态

调整状态为轨道电路空闲(无车占用)、接收设备(如轨道继电器)正常工作时的状态，如图 4-3-6 所示。道砟电阻最小、钢轨阻抗模值最大、电源电压最低这三个最不利因素，构成了轨道电路调整状态的最不利工作条件，要求轨道接收设备上的电压高于其工作门限。

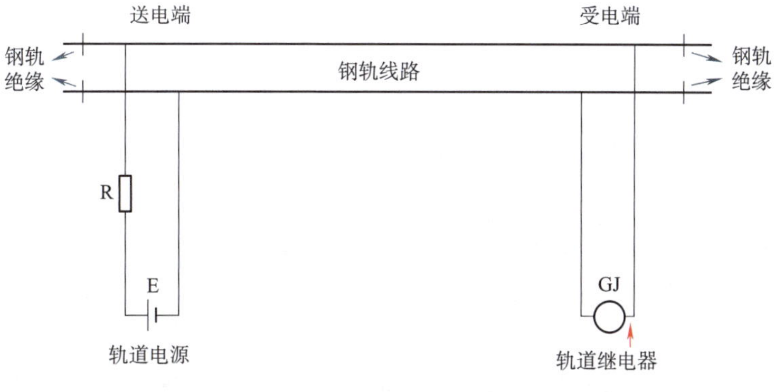

图 4-3-6　轨道电路的调整状态

2. 分路状态

分路状态为当轨道电路区段有车占用时，接收设备(如轨道继电器)被分路而停止工作的状态，如图 4-3-7 所示。钢轨阻抗模值最小、道砟电阻最大(一般令其为无穷大)、电源电压最高这三个最不利因素，构成了轨道电路分路状态的最不利工作条件，轨道电路的受电端会出现最大值，此时接收设备应可靠地不工作。

3. 断轨状态

断轨状态为轨道电路的钢轨在某处折断时的情况，如图 4-3-8 所示。此时，虽然钢轨已经断开，但轨道电路仍旧可以通过大地构成回路，轨道电路的接收设备中还会有一定数量的电流

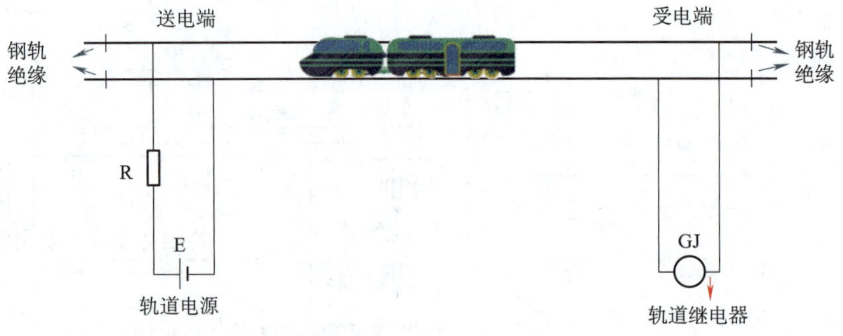

图 4-3-7　轨道电路的分路状态

流过。钢轨阻抗模值最小、电源电压最大、临界断轨地点和临界道砟电阻这四个最不利因素，构成了轨道电路断轨状态的最不利工作条件，轨道电路的受电端会出现最大值，此时接收设备应可靠地不工作。

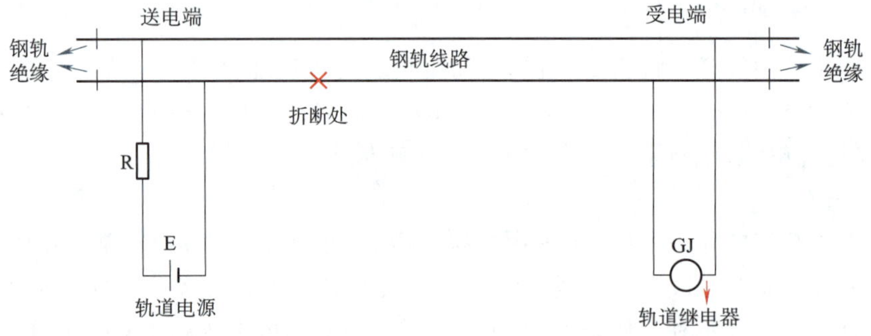

图 4-3-8　轨道电路的断轨状态

六、轨道电路分路的基本参数

1. 列车分路电阻：列车占用轨道电路时，轮对跨在两根钢轨上形成的电阻，称为列车分路电阻。

2. 分路灵敏度：在轨道电路的钢轨上，用一电阻在某点对轨道电路进行分路，恰好能够使轨道继电器线圈中的电流减小到释放值(脉冲式轨道电路为不吸起值)，该分路电阻值称为轨道电路在该点的分路灵敏度。

3. 极限分路灵敏度：对某一具体的轨道电路来说，各点的分路灵敏度中的最小值，称为该轨道电路的极限分路灵敏度。

4. 标准分路灵敏度：标准分路灵敏度是衡量各种轨道电路分路状态优劣的标准。我国规定一般的轨道电路标准分路灵敏度为 0.06 Ω，驼峰分路道岔区段的轨道电路标准分路灵敏度为 0.5 Ω，驼峰高灵敏轨道电路标准分路灵敏度为 3 Ω，UM71、ZPW-2000 系列无绝缘轨道电路标准分路灵敏度为 0.15 Ω。

第四节　道岔转辙设备

道岔是引导机车车辆从一条线路转入或越过另一条线路的过渡设备，是轨道的重要组成部分，也是轨道的薄弱环节之一。由于道岔数量多、使用寿命短、限制列车速度，使行车安全性低，其与曲线、接头并称为轨道的三大薄弱环节。

一、道岔的编号规则

（1）用阿拉伯数字从车站两端由外而内，由主而次依次编号，上行咽喉用双数，下行咽喉用单数。站内道岔，一般以信号楼中心线或车站中心线作为划分单数号与双数号的分界线。

（2）渡线道岔、交分道岔以及同一连接线上的道岔号码应编为连续的双数或单数，用斜杠隔开。

（3）一个车站有两个以上方向时，道岔应按主要方向编号。

（4）当大型车站有数个车场时，每一车场的道岔应为百位数的号码，其百位数字表示车场号码，个位和十位则表示道岔号。

二、道岔分类

（一）按功能和用途分类

按功能和用途分类，道岔分为单开道岔、对称道岔、三开道岔、交叉渡线道岔、复式交分道岔等，其中单开道岔是最常用的类型。

1. 单开道岔

单开道岔分为左开道岔和右开道岔。

（1）左开道岔：站在道岔的尖轨前端，面向尖轨，侧线向左侧分支，如图 4-4-1、图 4-4-2 所示。

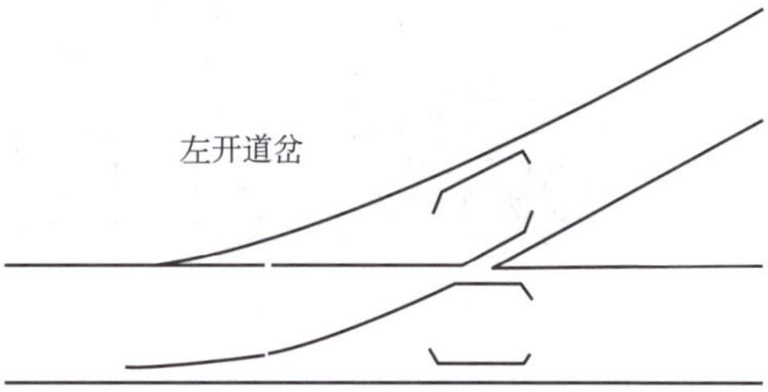

图 4-4-1 左开道岔示意

图 4-4-2 左开道岔实物

（2）右开道岔：站在道岔的尖轨前端，面向尖轨，侧线向右侧分支，如图 4-4-3、图 4-4-4 所示。

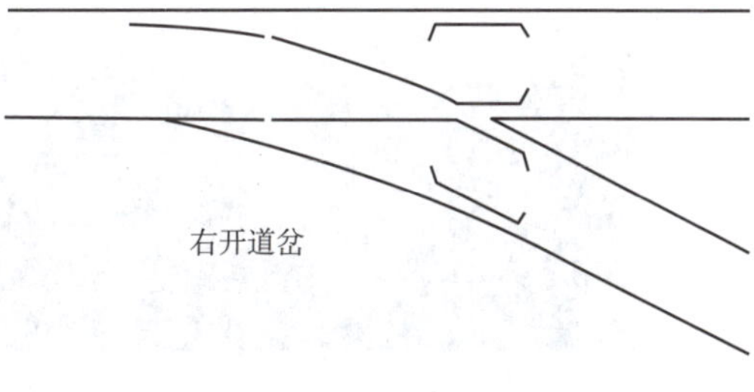

图 4-4-3 右开道岔示意

图 4-4-4 右开道岔实物

2. 对称道岔

与同号的单开道岔相比，对称道岔具有增大导曲线半径和缩短道岔长度的特征，常被铺设于驼峰调车场头部、货物线上，如图 4-4-5、图 4-4-6 所示。

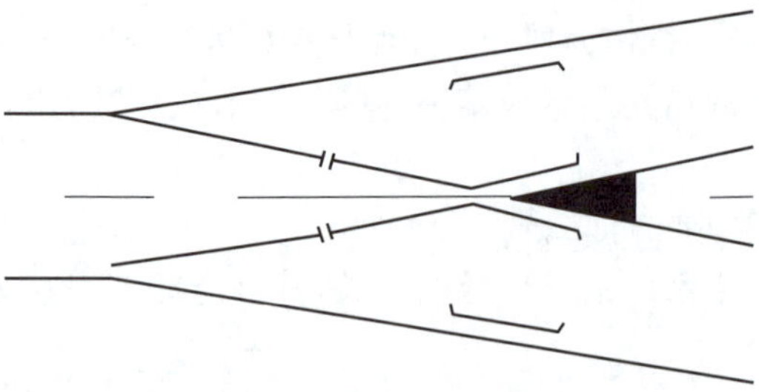

图 4-4-5 对称道岔示意

图 4-4-6 对称道岔实物

3. 三开道岔

三开道岔是一种较为复杂的道岔结构形式，具有可开通三个方向的独有特性。若受地形、环境和铺设条件等客观因素限制，没有足够的长度排列两副普通单开道岔（左开和右开），宜采用三开道岔，通常在编组站、货场和机务段铺设此类道岔，如图 4-4-7、图 4-4-8 所示。

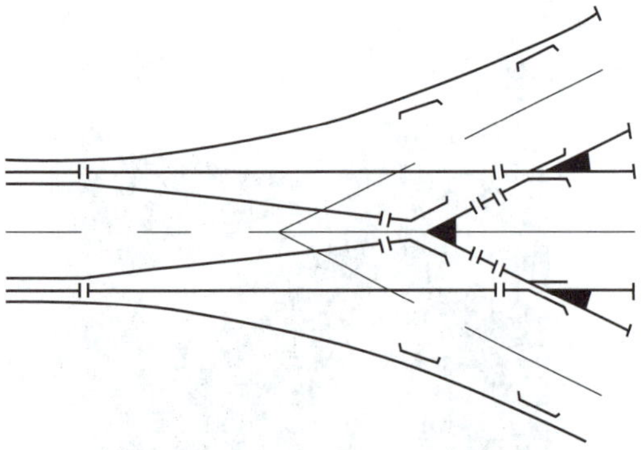

图 4-4-7 三开道岔示意

图 4-4-8 三开道岔实物

4. 交叉渡线道岔

交叉渡线由 4 组类型和号数相同的单开道岔、1 组菱形交叉道岔以及连接钢轨组成，用于平行股道之间的连接，如图 4-4-9、图 4-4-10 所示。

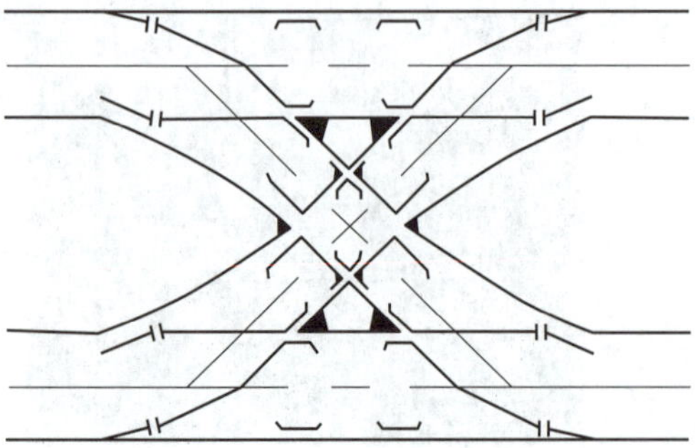

图 4-4-9 交叉渡线道岔示意

图 4-4-10 交叉渡线道岔实物

5. 复式交分道岔

两条线路相交,列车能沿任何一侧由一条线路转入另一条线路,这种道岔叫作复式交分道岔。复式交分道岔相当于两组对向铺设的单开道岔,实现不平行股道的交叉,如图 4-4-11、图 4-4-12 所示。图 4-4-13 所示中 31/37 号道岔、43/49 号道岔为复式交分道岔。

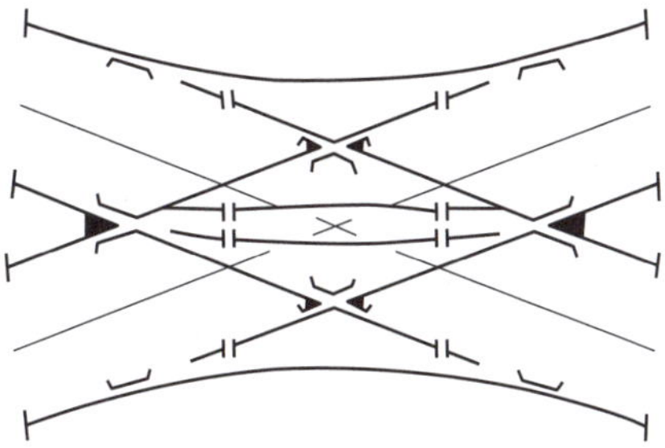

图 4-4-11 复式交分道岔示意

图 4-4-12 复式交分道岔实物

(二)按控制方式分类

1. 单动道岔:按压一个道岔按钮仅能使一组道岔转换,则称该道岔为单动道岔,如图 4-4-14 所示中的 27 号道岔。

2. 双动道岔:按压一个道岔按钮能使两组道岔同时或顺序转换,则称该道岔为双动道岔,如图 4-4-14 所示中的 53/55 号道岔。

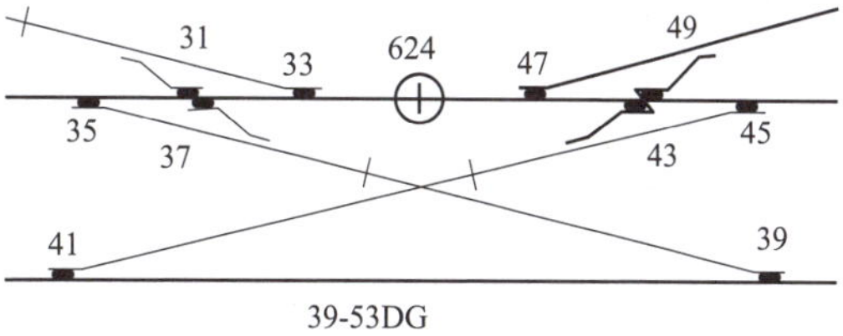

图 4-4-13 站场平面图中复式交分道岔

3. 多动道岔:按压一个道岔按钮能使多组道岔同时或顺序转换,则称该道岔为多动道岔,如图 4-4-14 所示中的 29/33 号道岔。

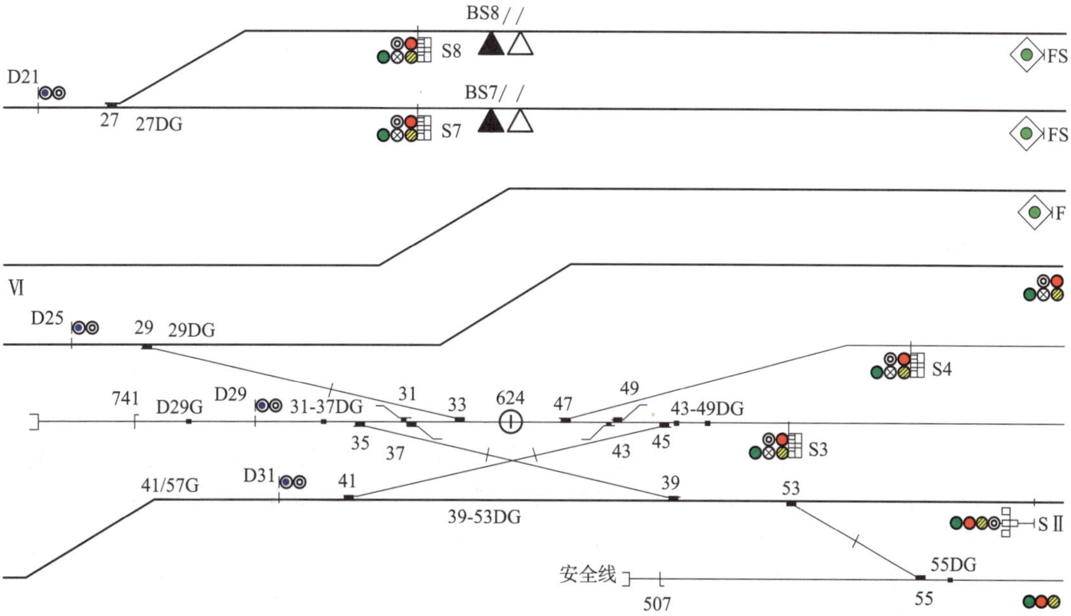

图 4-4-14 站场平面图

(三)按道岔号码分类

辙叉角α越小,道岔号数$N(N=\cot\alpha)$越大,导曲线半径也越大,列车侧线通过道岔时就越平稳,允许过岔速度也就越高,所以采用大号道岔对于列车运行是有利的。但道岔号数越大,道岔越长,造价越高,占地越多。因此,采用什么号数的道岔要因地制宜,因线而异,不可一概而论。辙叉角如图 4-4-15 所示,常用道岔号见表 4-4-1。

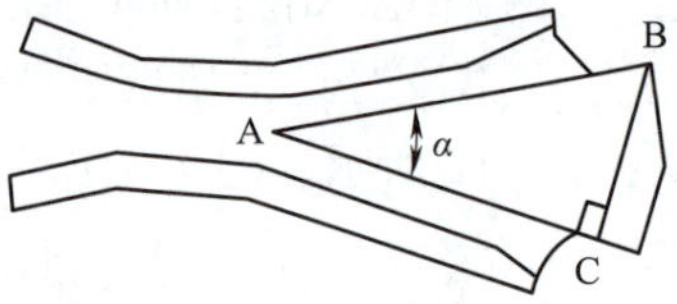

图 4-4-15　辙叉角

表 4-4-1　常用道岔号

道岔号数 N	6	7	9	12	18	30	38
辙叉角 α	9°27′44″	8°07′48″	6°20′25″	4°45′49″	3°10′47″	1°54′33″	1°30′27″
导曲线半径/m	180	180	180	330	800	2 700	3 300

道岔按号数分类有 6 号、7 号、8 号、9 号、12 号、18 号以及大号码(如 30 号、42 号、60 号)等,6 号、7 号、8 号等道岔主要用于工矿企业专用线或货运站场;主要运营铁路干线常用的单开道岔有 9 号、12 号、18 号;大号码道岔主要用于要求侧线通过速度较高的联络线;客运专线以 18 号道岔为主。

三、道岔组成

以单开道岔为例,道岔组成如图 4-4-16 所示。

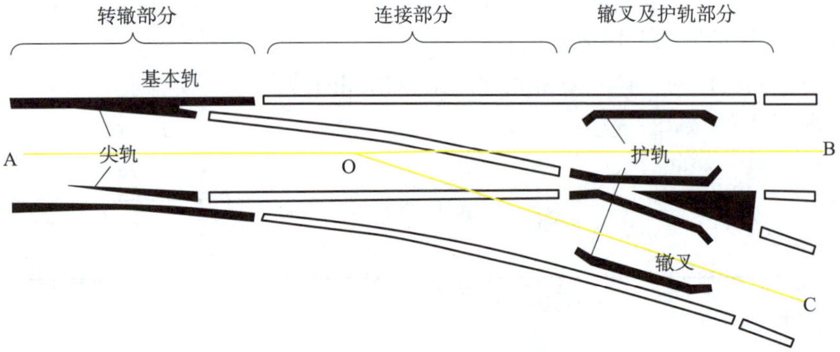

图 4-4-16　单开道岔组成

1. 转辙部分

转辙部分由尖轨、基本轨、联结零件(包括连接杆、滑床板、垫板、轨撑、顶铁、尖轨跟端结构等)及转辙机组成。

转辙机是转辙装置的核心和主体,可根据运输要求,在人为控制的情况下,转换道岔的定位或者反位,在道岔转换完成且尖轨密贴后,把道岔锁闭在规定位置,然后通过表示电路给出相应的道岔位置表示。当道岔被挤或因其他原因造成道岔尖轨“四开”或失去表示时,转辙机能及时给出报警信息。除转辙机本身外,还包括外锁闭装置(内锁闭方式没有)和各类杆件、安装装置,它们共同完成道岔的转换和锁闭。

(1)转辙机分类

①按动作能源和传动方式分类

按动作能源和传动方式可分为电动 ZD、S700K、液压 ZY、电空 ZK 系列等,如图 4-4-17～图 4-4-20 所示。

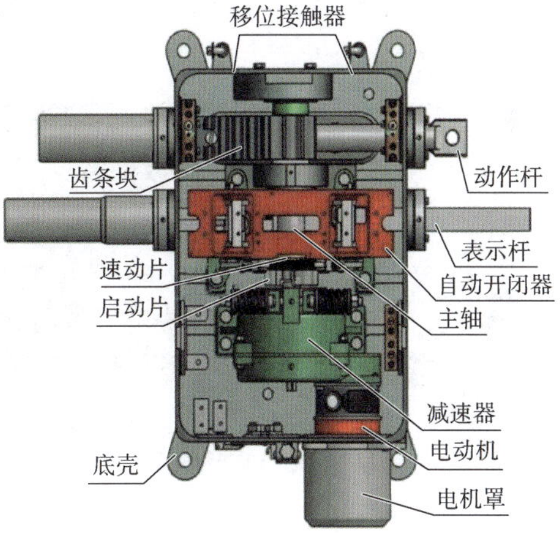

图 4-4-17　ZD6 型转辙机

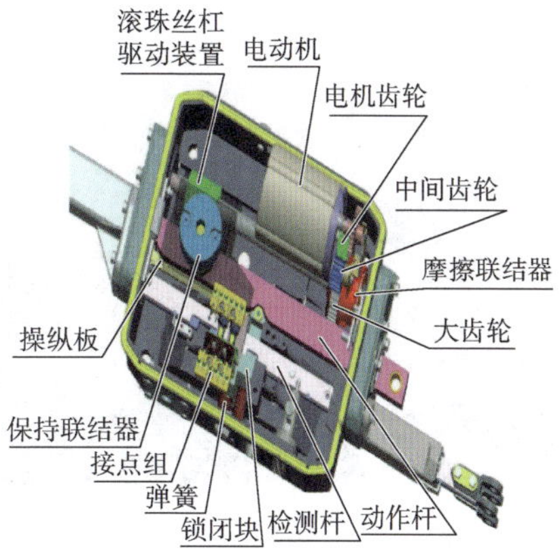

图 4-4-18　S700K 型转辙机

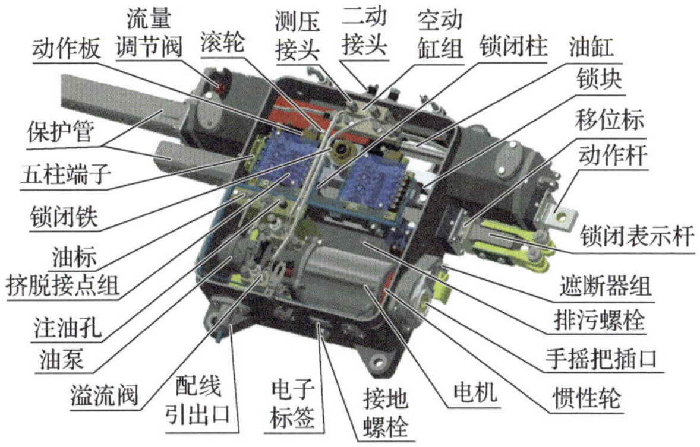

图 4-4-19　ZY(J)7 型转辙机

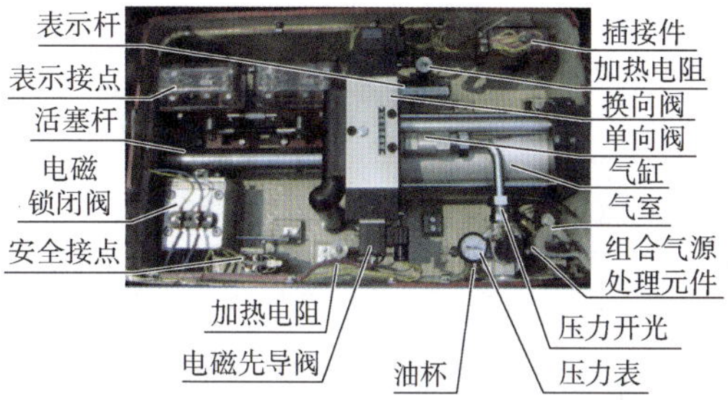

图 4-4-20　ZK4 型转辙机

②按供电电源分类

直流:ZD 系列直流 220 V,电空系列 24 V。

交流:单相或三相电源,有 S700K、ZYJ、ZDJ 系列交流 380 V。

③按动作速度分类

普通动作:转辙机转换时间在 3.8 s 以上。

快动:转辙机转换时间在 0.8 s 以下。

④按锁闭道岔的方式分类

内锁闭:依靠转辙机内部的锁闭装置锁闭道岔的尖轨,是间接锁闭方式,如图 4-4-21 所示。

外锁闭:依靠外锁闭装置直接将基本轨与尖轨密贴,将斥离轨锁于固定位置,如图 4-4-22 所示。

⑤按是否可挤分类

可挤型:设有道岔保护(挤切或挤脱)装置,道岔被挤时,动作杆解锁,保护整机。

不可挤型:道岔被挤时,将挤坏动作杆与整机的连接结构,应整机更换。

(2)转辙机安装位置

①站在岔尖面向岔根时,在线路左侧安装的为左装(也称正装),转辙机右伸出,如图 4-4-23 所示。

②站在岔尖面向岔根时，在线路右侧安装的为右装（也称反装），转辙机左伸出，如图 4-4-24 所示。

图 4-4-21　内锁闭道岔

图 4-4-22　外锁闭道岔

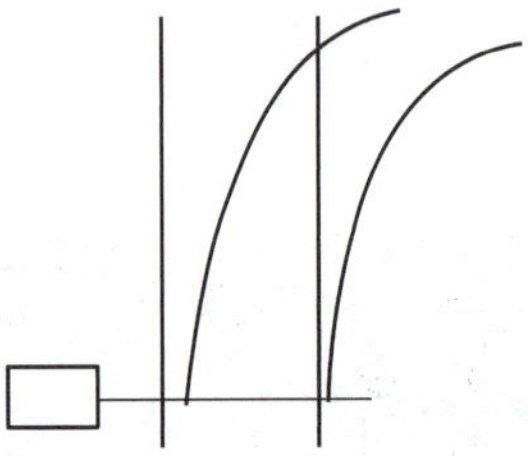

图 4-4-23　转辙机左装示意

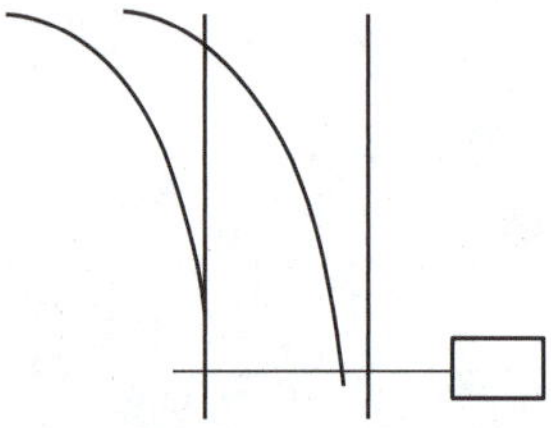

图 4-4-24　转辙机右装示意

2. 连接部分

连接部分由导曲线轨、基本轨组成，它将转辙部分和辙叉部分连成一组完整的道岔。

3. 辙叉及护轨部分

辙叉是使车轮由一股钢轨越过另一股钢轨的设备。

四、道岔状态

1. 道岔位置确定原则

(1)单线区段车站的进站道岔，应以由车站两端向不同线路开通为定位，反之为反位。

(2)双线区段车站正线上的进站道岔，以向该正线开通的位置为定位，反之为反位。

(3)所有区间及站内正线上的其他道岔，除引向安全线及避难线外，均以向该正线开通的位置为定位，反之为反位。

(4)引向安全线、避难线的道岔，以向各该安全线和避难线开通的位置为定位，反之为反位。

2. 道岔转换状态

道岔由定位向反位动作或由反位向定位动作的过程称为道岔转换状态。

3. 道岔“四开”状态

道岔尖轨不密贴于两根基本轨的任何一根，且不在道岔转换状态，称为道岔“四开”状态。

复习思考题

1. 简述继电器动作过程。

2. 如何区分道岔左开右开、转辙机左装右装？
3. 进站信号机共有几种显示？
4. 什么是分路灵敏度？
5. 继电器电磁系统包括什么？
6. 简述 AX 系列安全型继电器分类。
7. 出站信号机怎么命名？

第五章　道岔转辙设备原理（内锁）

道岔由转辙机动作杆经外部杆件带动至某个特定位置后，在转辙机内部进行锁闭的方式称为内锁闭。ZD6 系列电动转辙机是我国铁路使用最广泛的电动转辙机，本章以 ZD6 系列电动转辙机为例进行讲解。

第一节　道岔转辙设备的组成

一、ZD6 系列电动转辙机型号命名规则

ZD6 系列电动转辙机型号命名规则如图 5-1-1 所示。

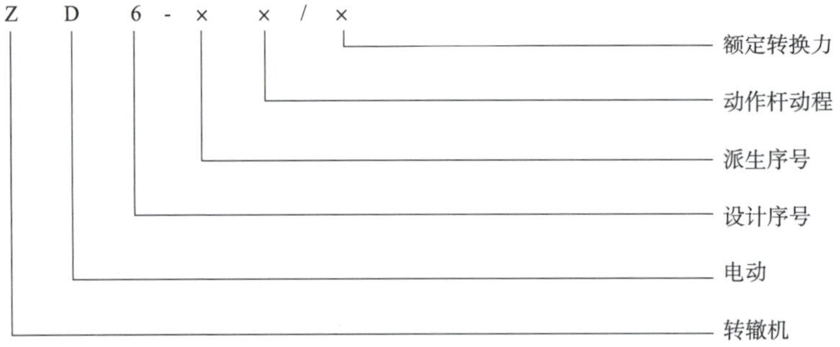

图 5-1-1　ZD6 系列电动转辙机型号命名规则

二、ZD6 系列电动转辙机结构组成

ZD6 系列电动转辙机实物如图 5-1-2 所示，主要由电动机、减速器、摩擦联结器、主轴、自动开闭器、动作杆、表示杆、移位接触器、安全接点、外壳等部件构成，如图 5-1-3 所示。

图 5-1-2　ZD6 系列电动转辙机实物

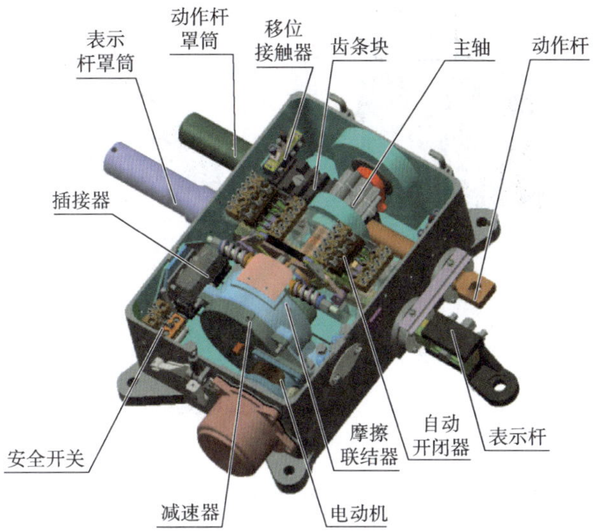

图 5-1-3 ZD6 系列电动转辙机结构组成

三、ZD6 系列电动转辙机及其主要部件作用

(一)转辙机的作用

1. 转换道岔的位置至定位或反位。

2. 道岔转至所需位置密贴后,实现锁闭。

3. 正确地反映道岔的实际位置,给出相应表示。

4. 道岔故障或处于“四开”(两侧尖轨均不密贴)位置时,及时给出报警表示。

(二)主要部件及作用

1. 电动机

电动机是电动转辙机的动力源。电动机要具有足够的功率,以获得必要的转矩和转速;要有较大的启动转矩,以克服尖轨与滑床板间的静摩擦。道岔需要向定、反位转换,要求电动机能够逆转。

(1)电动机为短时、直流、串激、可逆的,其绝缘等级为 F 级,在特殊情况下,如电流为转辙机额定电流的 1.3～1.5 倍时,可工作 15 min,但不得长时间过载使用。

(2)电动机额定输出扭矩为 0.88 N·m,额定转矩下转速大于 2 400 r/min。

(3)电动机换向器的焊线采用电阻焊,可防止因高温甩锡而脱线。

(4)电动机绝缘耐压≥2 000 V,常温绝缘电阻≥25 MΩ。

(5)电动机碳刷在使用过程中会有磨损,应根据使用情况对碳刷进行维护,对碳粉进行清理。在碳刷长度 9 mm 处设有磨损标识线,当磨损至此刻线时,应旋开刷窝盖更换碳刷。查看碳刷磨损情况及观察换向器火花时,可打开电动机窗口板,如图 5-1-4 所示。

直流电动机的正转和反转可通过改变激磁绕组(定子绕组)或电枢(转子绕组)中的电流方向来实现。为配合四线制道岔控制电路,采用正转和反转分开定子绕组的方式。两个定子绕组通过公共端子分别与转子绕组串联。

直流电动机的电气参数如下:额定电压为 160 V;额定电流为 2.0 A;摩擦电流为 2.3～2.9 A;额定转速为 2 400 r/min;额定转矩为 0.882 6 N·m;短时工作输出功率为 220 W;单

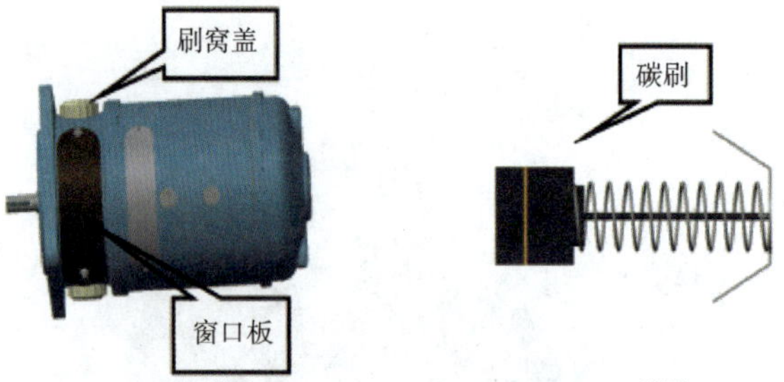

(a) 电动机　　(b) 碳刷

图 5-1-4　ZD6 系列电动转辙机电动机、碳刷

定子工作电阻(20 ℃)为(2.85±0.14)×2 Ω;刷间总电阻(20 ℃)为(4.9±0.245) Ω。

2. 减速器

因体积、质量的限制,转辙机所用电动机功率不可能很大,为了得到较大的转矩来带动道岔转换,必须用减速器(图 5-1-5)把转速降下来。各型转辙机减速器参数见表 5-1-1。

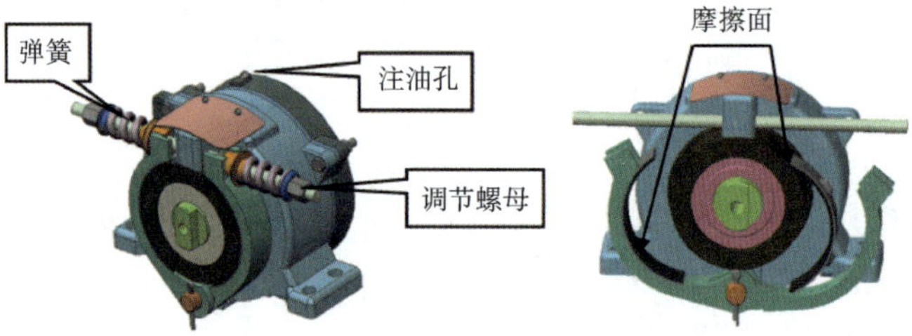

图 5-1-5　ZD6 系列电动转辙机减速器

表 5-1-1　各型转辙机减速器参数

转辙机机型	大齿轮齿数	小齿轮齿数	一级减速比	二级减速比	总减速比
ZD6-A	103	27	3.815	41	156.415
ZD6-D/H	110	20	5.500	41	225.500
ZD6-E/F/G/J	118	12	9.833	41	403.153
ZD6-K	114	16	7.125	41	292.125

减速器为两级减速封闭式减速器,第一级为电机输出端与减速器配合的外啮合齿轮传动,一级减速在减速盖处设有注润滑油脂孔,维护时可取下螺钉,从注油孔加注符合使用条件的润滑油脂;第二级为一齿差行星内啮合齿轮传动。

ZD6-D 型转辙机第一级为定轴传动外啮合齿轮,即小齿轮带动大齿轮,减速比为 103∶27,第二级为渐开线内啮合行星传动式减速器,减速比为 41∶1,于是总减速比为(103/27)×(41/1)≈156.4。

所有 ZD6 系列转辙机出厂时均在额定负载条件下测试,摩擦电流均调至 2.3～2.9 A,ZD6-E 型和 ZD6-J 型转辙机双机牵引道岔时,根据《普速铁路信号维护规则　技术标准》相关要求,可将摩擦电流调至 2.0～2.5 A。调整减速器压簧两端调节螺母的旋入深度即可调整摩擦电流,转辙机伸出和拉入方向的摩擦电流可分别调整。

调整摩擦电流至规定值时,弹簧有效圈的相邻间隙不小于 1.5 mm,弹簧不得与夹板圆弧根部触碰。

减速器用于调整摩擦电流的摩擦带和夹板，为配对加工，配对装配，如果在过程中拆开使用，可能会影响到摩擦电流的稳定性。使用无螺钉安装的双凸台嵌入式半金属摩擦带，方便维护更换。松开摩擦电流调整螺帽，打开夹板，可取出摩擦带进行更换。摩擦面不得有油污。

内齿轮靠摩擦联结器的摩擦作用“固定”在减速器壳内。为了达到机械转动的平衡，内齿轮里装有两个外齿轮，它们共同套在一个输出轴圆盘的八根滚棒上，两个外齿轮之间偏向呈180°。外齿轮通过滚动轴承装在偏心的轴套上，偏心轴套用键固定在输入轴上。外齿轮上有八个圆孔，每个圆孔内插入一根套有滚套的滚棒，八根滚棒固定在输出轴的输出圆盘上，当外齿轮作摆式旋转时，输出轴随着旋转。

当输入轴随第一级减速齿轮顺时针旋转时，偏心轴套也顺时针旋转，使外齿轮在内齿轮里沿内齿圈作逐齿啮合的偏心运动。输入轴旋转一周，外齿轮也做一周偏心运动。外齿轮41个齿，内齿轮42个齿槽，两者相差一齿。因此，外齿轮做一周偏心运动时，外齿轮的齿在内齿轮里错位一齿。在正常情况下，内齿轮静止不动，迫使外齿轮在一周的偏心运动中反方向旋转一齿的角度。当输入轴顺时针方向旋转41周，外齿轮逆时针方向旋转一周，带动输出轴逆时针方向旋转一周，这样就达到了减速的目的。

外齿轮既在输入轴的作用下作偏心运动，又与内齿轮作用作旋转运动，类似于行星的运动，既有自转又有公转，所以外齿轮称为行星齿轮，该种减速器称为行星传动式减速器。

3. 传动装置

传动装置包括减速齿轮、输入轴、减速器、输出轴、启动片、主轴。

(1)启动片是介于减速器和主轴间的传动媒介，连接输出轴与主轴，利用其正、反两面互相垂直成十字形的沟槽，在旋转时自动补偿两轴不同心的误差。启动片结构尺寸如图5-1-6所示。

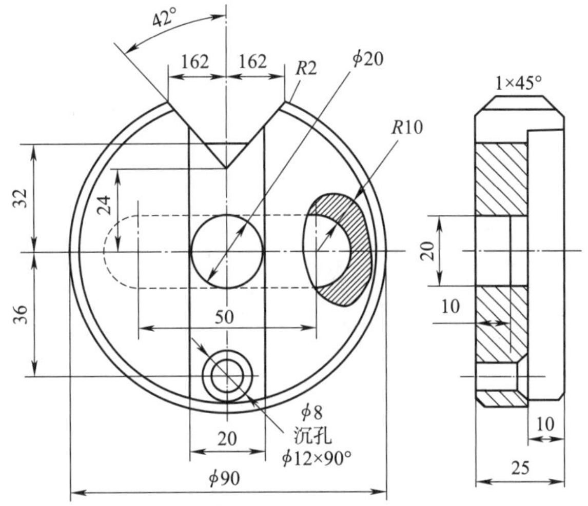

图5-1-6　ZD6系列电动转辙机启动片结构尺寸(单位:mm)

启动片除了起连接主轴的作用外，还与速动片相配合，在解锁、锁闭过程中控制自动开闭器的动作。启动片的十字连接方法，使它与输出轴、主轴同步动作，能反映锁闭齿轮各个动作阶段(解锁、转换、锁闭)所对应的转角，用它来控制自动开闭器的动作最能满足要求。

启动片上有一梯形凹槽，道岔锁闭后总会有一个速动爪占据其中。道岔解锁时，启动片一方面带动主轴转动，另一方面利用其凹槽的坡面推动速动爪上的小滚轮，使速动爪抬起，以断开表示接点。在道岔转换过程中,两个速动爪均抬起。在道岔接近锁闭阶段,启动片的凹槽正好转到应断开道岔电机电路的速动爪下方,与速动片配合,完成自动开闭器的速动。

(2)主轴组主要由主轴、主轴套、轴承、止挡栓等组成,主轴带动锁闭齿轮,通过与齿条块配合完成转换和锁闭道岔。主轴上的止挡栓用来限制主轴的转角,使锁闭齿轮和齿条块达到规定的锁闭角,并保证每次解锁以后都能使两者保持最佳的啮合状态,使整机动作协调,如图 5-1-7 所示。

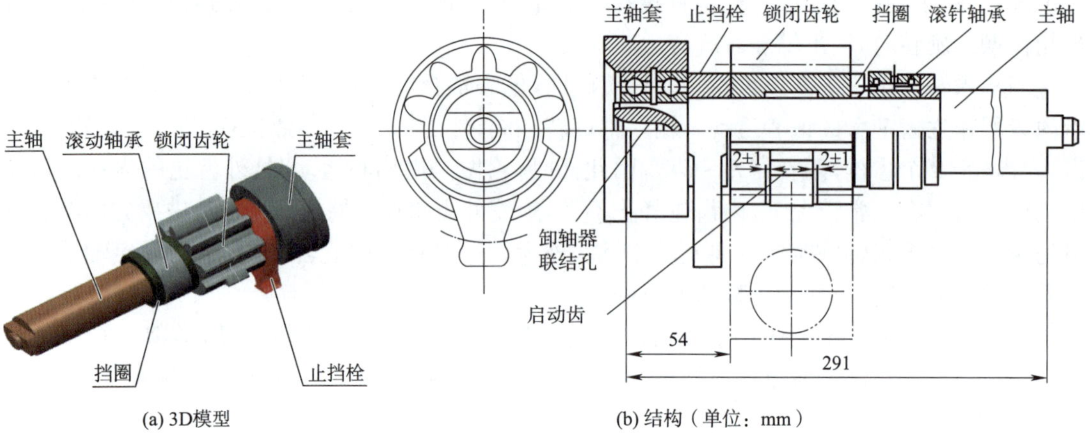

图 5-1-7　ZD6 系列电动转辙机主轴组

4. 转换锁闭装置

转换锁闭装置由锁闭齿轮和齿条块、动作杆组成,可以把旋转运动改为直线运动以带动道岔尖轨位移,并完成内部锁闭。

(1)锁闭齿轮和齿条块

锁闭齿轮共有 7 个齿,其中 1 和 7 是位于中间的启动小齿,它们之间是锁闭圆弧。齿条块上有 6 个齿 7 个齿槽。中间 4 个是完整的齿,两边的两个是中间有缺槽的削尖齿,缺槽是为了使锁闭齿轮上的启动小齿能顺利通过。锁闭齿轮、齿条块如图 5-1-8 所示。

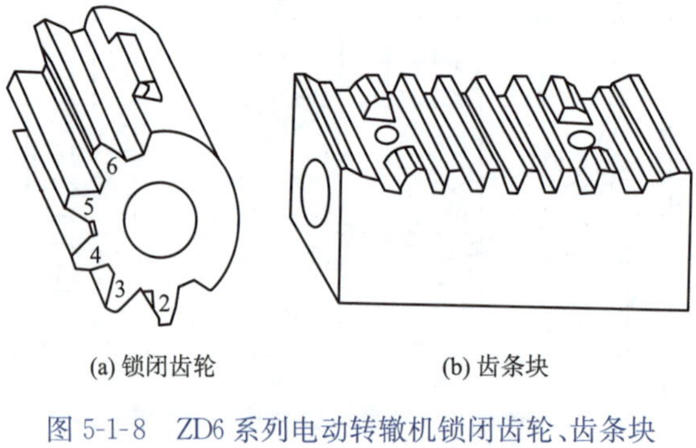

图 5-1-8　ZD6 系列电动转辙机锁闭齿轮、齿条块

当道岔在定位或反位,尖轨与基本轨密贴时,锁闭齿轮的圆弧正好与齿条块的削尖齿弧面重合。如果尖轨受到外力,或列车经过道岔使齿条块受到水平作用力,这些力只能沿锁闭圆弧的半径方向传给锁闭齿轮,锁闭齿轮不会转动,齿条块及固定在其圆孔中的动作杆也不能移动,实现了对道岔的内锁闭,原理如图 5-1-9 所示。

电动转辙机每转换一次,锁闭齿轮与齿条块要完成解锁、转换、锁闭三个过程。

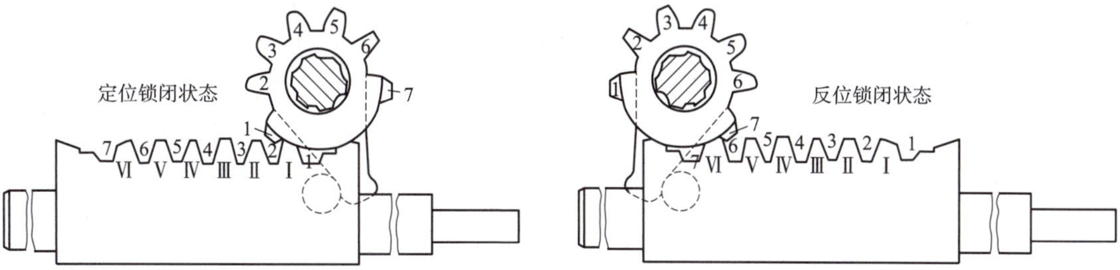

图 5-1-9　ZD6 系列电动转辙机内锁闭原理

①解锁:假设为图 5-1-9 所示的定位锁闭状态,若要将道岔转至反位,电动机必须逆时针旋转,输入轴顺时针旋转,使输出轴逆时针旋转,通过启动片带动主轴及锁闭齿轮做逆时针转动。此时,锁闭齿轮的锁闭圆弧面首先在齿条块的削尖齿上滑退,锁闭齿轮上的启动小齿 1 从削尖齿Ⅰ旁经过。当主轴旋转 32.9°时,锁闭圆弧面全部从削尖齿上滑开,启动小齿 1 与齿条块齿槽 1 的右侧接触,解锁完毕。

②转换:启动小齿拨动齿条块,锁闭齿轮带动齿条块移动,将旋转运动变为直线运动。锁闭齿轮转至 306.1°时,齿条块及动作杆向右移动了 165 mm,使原斥离尖轨转换到反位,与另一基本轨密贴。

③锁闭:道岔转换完毕必须进行锁闭,否则齿条块及动作杆在外力作用下可倒退,造成“四开”。道岔转换完毕后,锁闭齿轮继续转动到 339°,锁闭齿轮的启动小齿 7 在削尖齿Ⅵ旁经过,锁闭齿轮上的圆弧面与齿条块削尖齿弧面重合,实现了锁闭。此时止挡栓碰到底壳上的止挡桩,锁闭齿轮停止转动。

(2)动作杆

动作杆是转辙机转换道岔的最后执行部件,一端与道岔的密贴调整杆连接,带动尖轨运动。动作杆通过挤切销和齿条块连成一体,正常工作时一起运动。之所以用挤切销连接,是为了挤岔时,动作杆和齿条块能迅速脱离联系,使转辙机内部机件不受损坏。挤切销分为主销和副销,分别装于锁闭齿轮削尖齿中间开口处的挤切孔内。主销挤切孔为圆形,能顺利插入挤切孔起主要联结作用。副销挤切孔为扁圆形,插入挤切孔起备用联结作用。如果是非挤岔原因使主销折断,副销还能起到联结作用,因为副销挤切孔为扁圆形,齿条块在动作杆上有 3 mm 的窜动量。

5. 自动开闭器

自动开闭器用来及时、正确反映道岔尖轨的位置,并完成控制电动机和挤岔表示的功能。在解锁过程中,由自动开闭器接点断开原表示电路,接通准备反转的动作电路;锁闭后,由自动开闭器接点自动断开电动机动作电路,接通表示电路。自动开闭器分为接点部分、动接点块传动部分及控制部分,如图 5-1-10 所示。

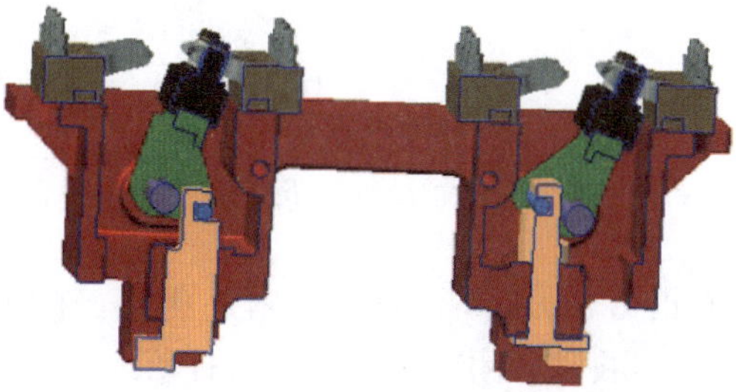

图 5-1-10　ZD6 系列电动转辙机自动开闭器

(1)接点部分包括动接点块、静接点、接点座等。静接点左右对称地安装在接点座上。两组动接点块分别安装在左右拐轴上,拐轴以接点座为支撑。动接点块可以在拐轴转动时改变对静接点组的接通位置。

(2)动接点块传动部分包括速动爪及其爪尖上的滚轮、接点调整架、连接板和拐轴,这些部件左右各有一套。调整接点调整架上的螺钉可以改变动接点打入静接点的深度。

(3)控制部分由拉簧、检查柱、速动片(还应包括启动片)组成。拉簧连接两边的调整架,将两边的动接点拉向内侧,为动接点速动提供动力。检查柱在道岔正常转换时,对表示杆缺口起探测作用。道岔不密贴,缺口位置不对,检查柱不会落下,将阻止动接点块动作,不能构成道岔表示电路。挤岔时,检查柱被表示杆顶起,迫使动接点块转向外方,断开道岔表示电路。

若转辙机定位时 1、3 排接点闭合,则转辙机向反位动作,解锁时,左动接点先动作,断开第 3 排接点,切断道岔定位表示电路,接通第 4 排接点,为反转做好准备。转换至反位后,右动接点动作,断开第 1 排接点,切断电动机动作电路,接通第 2 排接点,沟通道岔反位表示电路。

若转辙机定位时 2、4 排接点闭合,则转向反位时,右动接点先动作,断开第 2 排接点,接通第 1 排接点。转换到反位时,左动接点动作,断开第 4 排接点,接通第 3 排接点。

从反位转向定位时,接点动作情况与上述相反。

6. *表示杆*

电动转辙机的表示杆与道岔的表示连接杆相连,随道岔动作,用来检查尖轨是否密贴,确认道岔定、反位位置。

表示杆由前表示杆、后表示杆及两个检查块组成,两杆通过并紧螺栓和调整螺母固定在一起。前表示杆的前伸端设有连接头,用来和道岔的表示连接杆相连。并紧螺栓装在后表示杆的长孔与相对应的前表示杆圆孔里。前表示杆后端有横穿后表示杆的调整螺母,后表示杆末端有一轴向长孔,内穿一根调整螺杆并拧入调整螺母内,在调整螺杆颈部用销子将它与后表示杆连成一体。松开并紧螺栓,拧动调整螺杆时,带动后表示杆在调整螺母内前后移动。由于后表示杆前端与并紧螺栓相连的是一长孔,所以调整范围较大,为 86～167 mm,以满足不同道岔开程的需要,如图 5-1-11 所示。

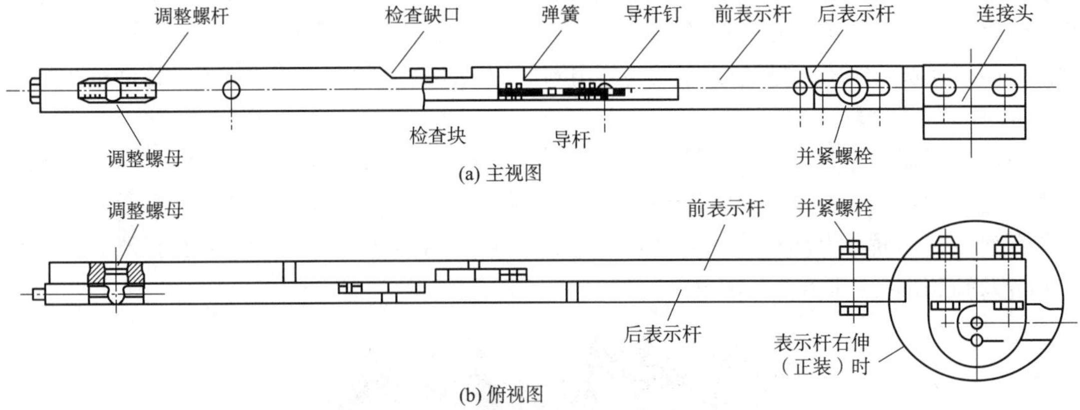

图 5-1-11　ZD6 系列电动转辙机表示杆

为检查道岔是否密贴,在前后表示杆的腹部空腔内分别设一个检查块。每个检查块上有一个缺口,道岔转换到位并密贴后,自动开闭器所带的检查柱落入此缺口,使自动开闭器动作。设两个检查块是为了满足道岔定位和反位检查的需要。若左侧检查柱落在后表示杆缺口中,则右侧检查柱将落在前表示杆缺口中。检查柱落入表示杆缺口时,两侧应各有 1.5 mm 的空隙。

现场调整表示杆缺口应在道岔密贴调整好以后进行。先在动作杆伸出位置调整表示连接杆螺母,使前表示杆上的标记与窗口标记重合,这时检查柱应落入表示杆缺口并保持每侧有 1.5 mm 的间隙。然后在动作杆拉入位置,道岔密贴后,松开并紧螺栓,调整后表示杆的螺母,使检查柱落入后表示杆的缺口且保持每侧有 1.5 mm 的间隙。经定反位动作试验,确认设备正常后紧固并紧螺栓。

7. 摩擦联结器

摩擦联结器是保护电动机和吸收转动惯量的联结装置。当道岔因故转不到底时,电动机电路不能断开,如果电动机突然停转,将会因电流过大而烧坏;当道岔在正常转换时,道岔转换到位,电动机的惯性会使内部机件受到撞击或毁坏。要解决这两个问题,机械传动装置不能采用硬性联结,必须采用摩擦联结。

ZD6-D 型的摩擦联结器是在行星传动式减速器内齿轮延伸部分的小外圆上,套以可调摩擦板构成的。ZD6 系列摩擦联结器的结构如图 5-1-12 所示。

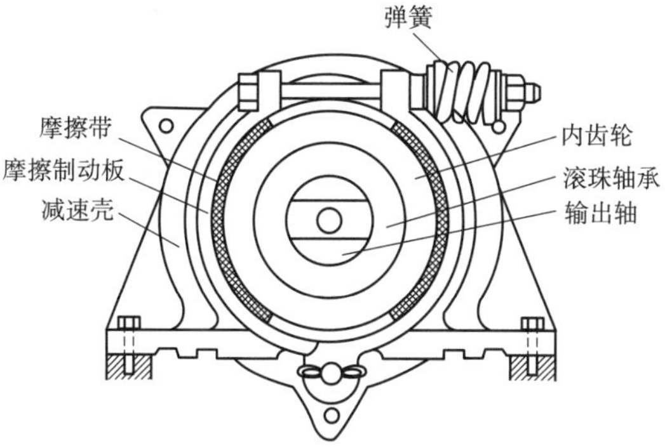

图 5-1-12　ZD6 系列电动转辙机摩擦联结器结构

摩擦联结器的摩擦力要调整适当,过紧会失去摩擦联结作用,损坏电动机和机件;过松不能正常带动道岔转换。用调整螺母改变弹簧压力可以实现摩擦联结器的松紧调整。

8. 挤切装置

挤切装置包括挤切销和移位接触器,用来进行挤岔保护,并给出挤岔表示。

(1)挤切销

两个挤切销(主销和副销)把动作杆与齿条块连成一体。道岔在定位或反位时,齿条块被锁闭齿轮锁住,道岔也就被锁住。挤岔时,来自尖轨的挤岔力推动动作杆,当此力超过挤切销能承受的机械力时,主、副挤切销先后被挤断,动作杆在齿条块内移动,道岔即与电动转辙机脱离机械联结,保护转辙机主要机件和尖轨不被损坏。挤岔后,只要更换挤切销即可恢复使用。不同型号挤切销外观如图 5-1-13 所示。ZD6 系列电动转辙机挤切销结构如图 5-1-14 所示。

(2)移位接触器

自动开闭器检查柱和表示杆中段特制了斜面,挤岔时表示杆被推动,表示杆中段的斜面顺着检查柱的斜面移动,将检查柱顶起,使一排动接点离开静接点组,从而断开表示电路。若挤岔时表示杆无动程或动程不足,检查柱没有顶起来,表示电路断不开。为了确保表示电路断开,ZD6 系列电动转辙机设有移位接触器,结构如图 5-1-15 所示。

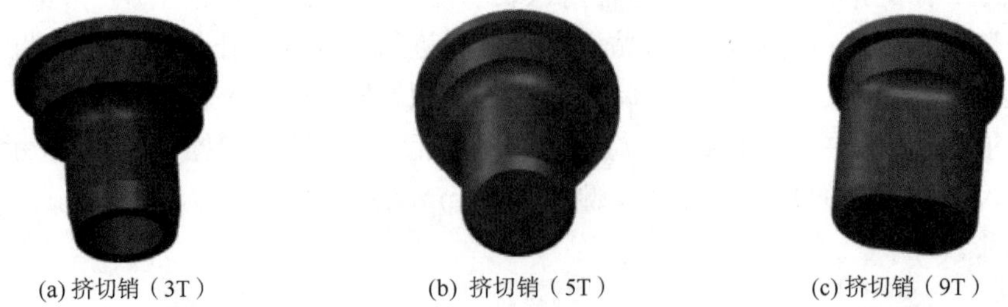

图 5-1-13　不同型号挤切销外观

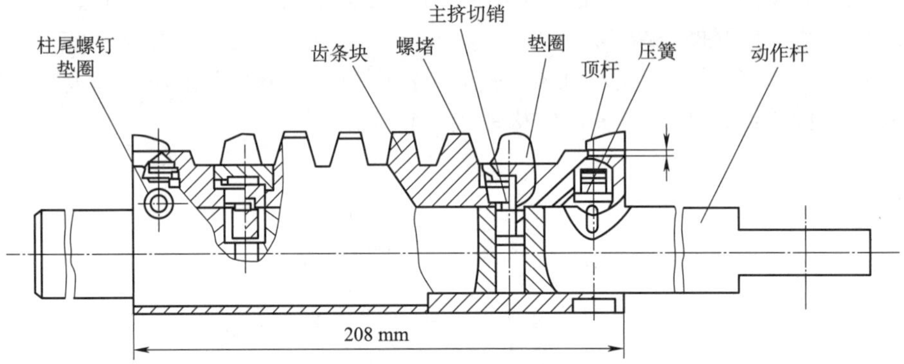

图 5-1-14　ZD6 系列电动转辙机挤切销结构

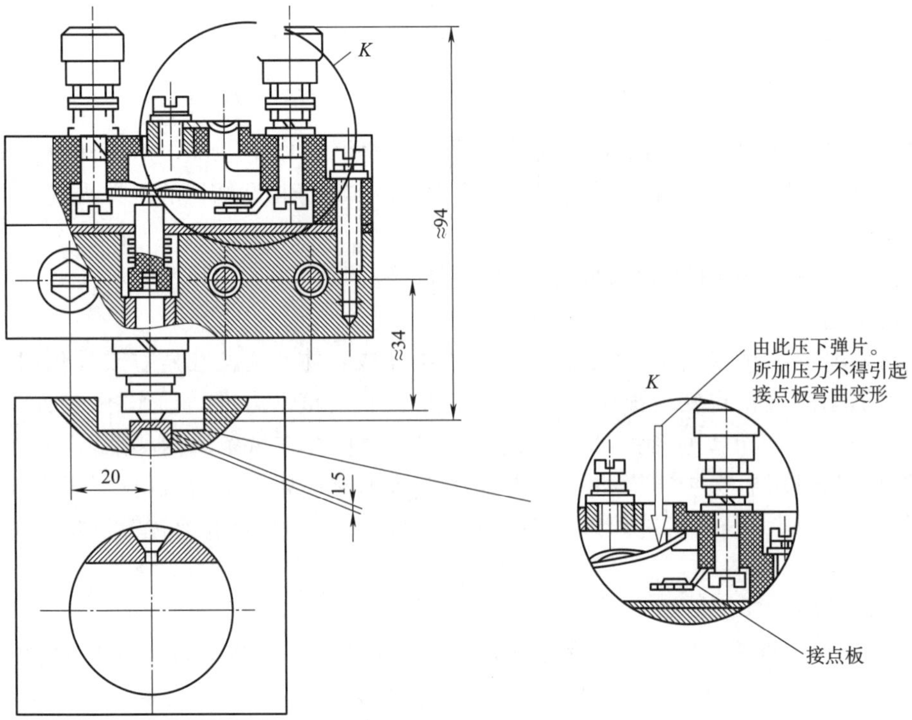

图 5-1-15　ZD6 系列电动转辙机移位接触器结构(单位:mm)

移位接触器安装于机壳内侧，动作杆上方，由触头、弹簧、顶销、接点等组成，受齿条块内两端的顶杆控制。平时顶杆受到弹簧弹力，顶杆下端圆头进入动作杆上的圆坑内。挤岔时齿条块不动，挤切销被挤断，动作杆在齿条块内产生位移，顶杆下端被挤出圆坑，使顶杆上升，将移位接触器的顶销顶起，断开它的接点，从而断开道岔表示电路。移位接触器上部留有小孔，以便挤岔后予以恢复。

四、道岔室内设备

道岔室内设备定型组合由 BXZ-BD1、1DQJ、2DQJ、DBJ、FBJ、YCJ、DCJ、FCJ、RC 等继电器组成。

各种继电器所使用的型号如下：

1DQJ：JWJXC-H125/0.44；

2DQJ：JYJXC-135/220；

YCJ、DCJ、FCJ：JWXC-1700；

DBJ、FBJ：JPXC-1000。

第二节 道岔转辙设备的工作原理

一、转辙机动作顺序

ZD6 系列道岔转辙设备的动作顺序主要是断表示、解锁、转换、锁闭、给出另一位置的表示。

二、转辙机动作过程

1. 转辙机机件动作过程

ZD6 系列电动转辙机结构如图 5-2-1 所示，当道岔在定位，操纵道岔向反位转换时，其动作过程如下。

(1)来自道岔控制电路的电流流经自动开闭器的第 1 排接点，接点接通电机动作电路，电机逆时针旋转(从电机后端看)。

(2)电动机通过齿轮 1 带动减速器输出轴逆时针旋转。

(3)输出轴通过启动片连接主轴，启动片旋转，带动主轴逆时针旋转，通过主轴上锁闭齿轮与齿条块的啮合，将扭矩转换为动作杆向右的推力，完成解锁、转换、锁闭等动作。

(4)转辙机转换时，道岔带动表示杆沿轴向滑动，使表示杆上检查块的缺口处于机内不同的位置。

(5)启动片旋转的同时，带动自动开闭器动接点，结合表示杆的位置，接点完成电路的相应转换。

(6)当动作杆外部阻力大于摩擦转换力，转换不到位，电机持续供电时，输出轴停止旋转，减速器内齿轮反向旋转，与摩擦带摩擦消耗电机能量，保护设备。

(7)可挤型转辙机挤岔时，挤岔力切断挤切销，动作杆相对于齿条块轴向移动，顶杆顶起，切断移位接触器接点，该接点非经人工恢复不能接通。挤岔的同时，道岔带动表示杆推挤检查柱，检查柱抬起断开自动开闭器 2 或 3 排接点，给出表示信号。

在电动转辙机完成道岔转换的过程中，在接通表示前，经过解锁、转换、锁闭三个阶段。解

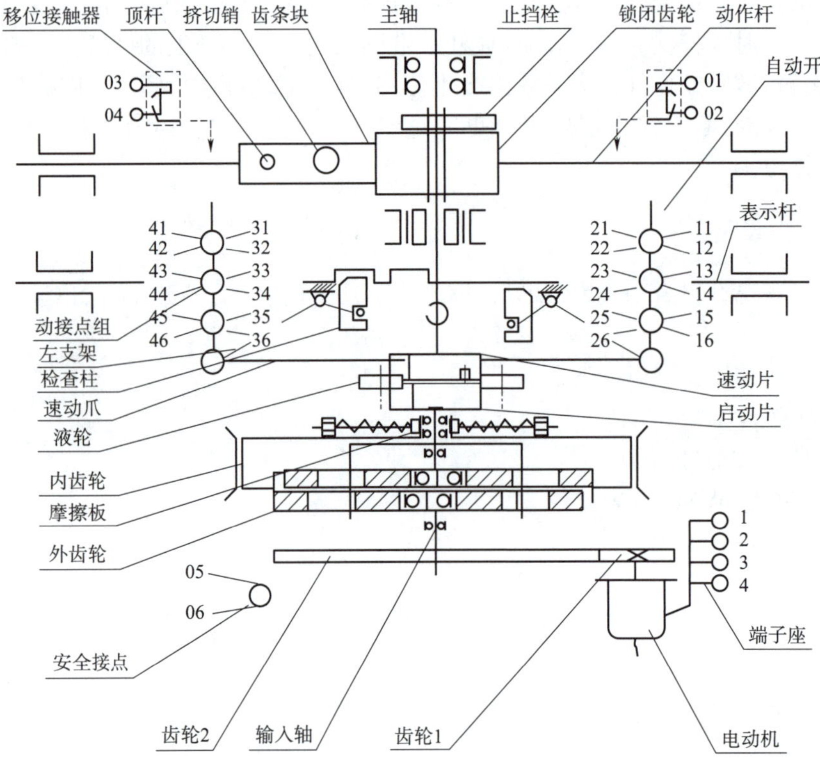

图 5-2-1　ZD6 系列电动转辙机结构

锁的过程就是道岔启动时，使锁闭齿轮上的锁闭圆弧离开动作齿条的削尖齿面，同时密贴调整杆走完空动距离；锁闭的过程就是道岔尖轨与基本轨密贴后，使锁闭圆弧面与削尖齿面重合。电动转辙机在转换道岔过程中，各部件的动作顺序为：电动机→减速器→主轴→锁闭齿轮→齿条块→动作杆→尖轨，动作原理如图 5-2-2 所示。

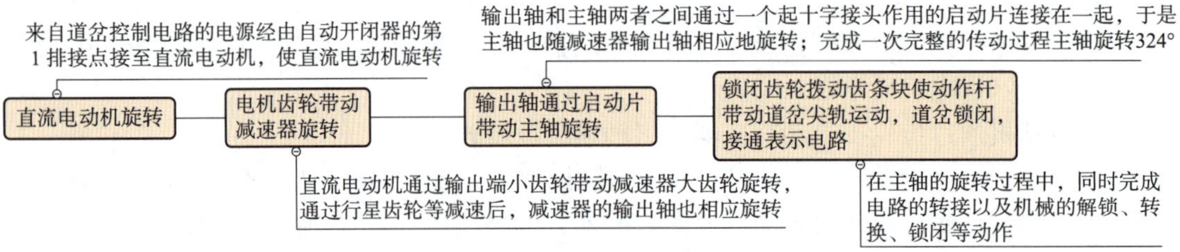

图 5-2-2　ZD6 系列电动转辙机动作原理

2. 转辙机接点动作过程

电动机刚旋转时，自动开闭器的 33-34 接点断开，切断定位表示电路；同时接通 41-42 接点，为使道岔恢复定位准备条件。当尖轨密贴后，道岔锁闭，自动开闭器的 11-12 接点断开，切断动作电流，电动机停止旋转。在表示杆的配合下，自动开闭器在切断动作电流之后，立即接通 23-24 接点。在道岔尖轨转换过程中，道岔始终无表示，动作过程见表 5-2-1。

道岔由反位向定位转换时，工作原理相同，只是自动开闭器的启动接点不一样。

表 5-2-1 ZD6 系列电动转辙机动作过程

道岔状态	主轴转角	手摇圈数	转换锁闭装置动作	自动开闭器动作
定位锁闭	0°	—	—	右检查柱落入后表示杆缺口接通自动开闭器 1、3 排接点
解锁	7.5°	0.85	启动片带动主轴转动,使锁闭齿轮的锁闭圆弧从削尖齿上退转 7.5°,开始解锁	左侧速动爪上的滚轮在启动片凹槽中滚动
	10.2°	1.2	—	启动片坡面推动滚轮,使左速动爪抬高。第 3 排接点断开,左侧检查柱开始抬高
	19°	2.2	—	启动片坡面继续推滚轮,动接点开始接通第 4 排静接点,为电动机反转准备条件
	26.5°	3	—	左速动爪完全爬上启动片弧面,动接点完全插入第 4 排静接点,左侧检查柱完全退出表示杆缺口
	28.7°	3.3	—	启动片上拔钉片开始拨动速动片
	32.9°	3.7	锁闭圆弧完全退出削尖齿,解锁完成	—
转换	306.1°	34.9	锁闭齿轮拨动齿条块,使动作杆右移(165+2) mm,尖轨运动至反位。锁闭齿轮的凸弧开始进入另一削尖齿,开始锁闭	动接点接向外侧 1、4 排接点。两个速动爪滚轮均在启动片和速动片上滚动
反位锁闭	335.6°	36.4	锁闭圆弧对齿轮条已达 29.6°锁闭角	表示杆反位缺口已运动至右侧检查柱下方。右侧速动爪滚轮离开启动片弧面,速动爪完全由速动片承托。稍后,右侧速动爪突然跌落,右侧检查柱落入表示杆反位缺口,迅速断开第 1 排接点,切断电动机电路,接通第 2 排接点,接通反位表示电路
	339°	38.6	锁闭圆弧与削尖齿之间完成同心圆弧面重合 32.9°的锁闭角	—

三、内锁闭特点

1. 结构简单,便于日常维修保养,且转换比较平稳,属于定力锁闭。

2. 道岔的两根尖轨由若干连接杆组成框架结构,使尖轨部分的整体刚性较高,而且框式结构造成的反弹力和抗力较大。

3. 由于两尖轨由杆件连接,当杆件受到外力冲击时,若发生弯曲变形,会使密贴尖轨与基本轨分离,严重威胁行车安全。

4. 当列车通过道岔产生冲击时,其冲击力经过杆件将直接作用于转辙机内部,易使转辙机部件受损、接切削折断、移位接触器跳开等。

四、ZD6 系列道岔电路工作原理

ZD6 系列道岔电路主要分为三个部分:道岔室内控制电路、道岔启动电路、道岔表示电路。

ZD6 系列道岔电路制式为四线制电路,如图 5-2-3 所示。室内外联系线路由 4 根电缆芯线组成,分别命名为 X1 至 X4,各线的作用如下:

X1:道岔定位启动和表示线;X2:道岔反位启动和表示线;X3:道岔定、反位表示共用线;X4:道岔定、反位启动共用线。可概括为:定位启动使用 X1、X4;反位启动使用 X2、X4;定位表示使用 X1、X3;反位表示使用 X2、X3。

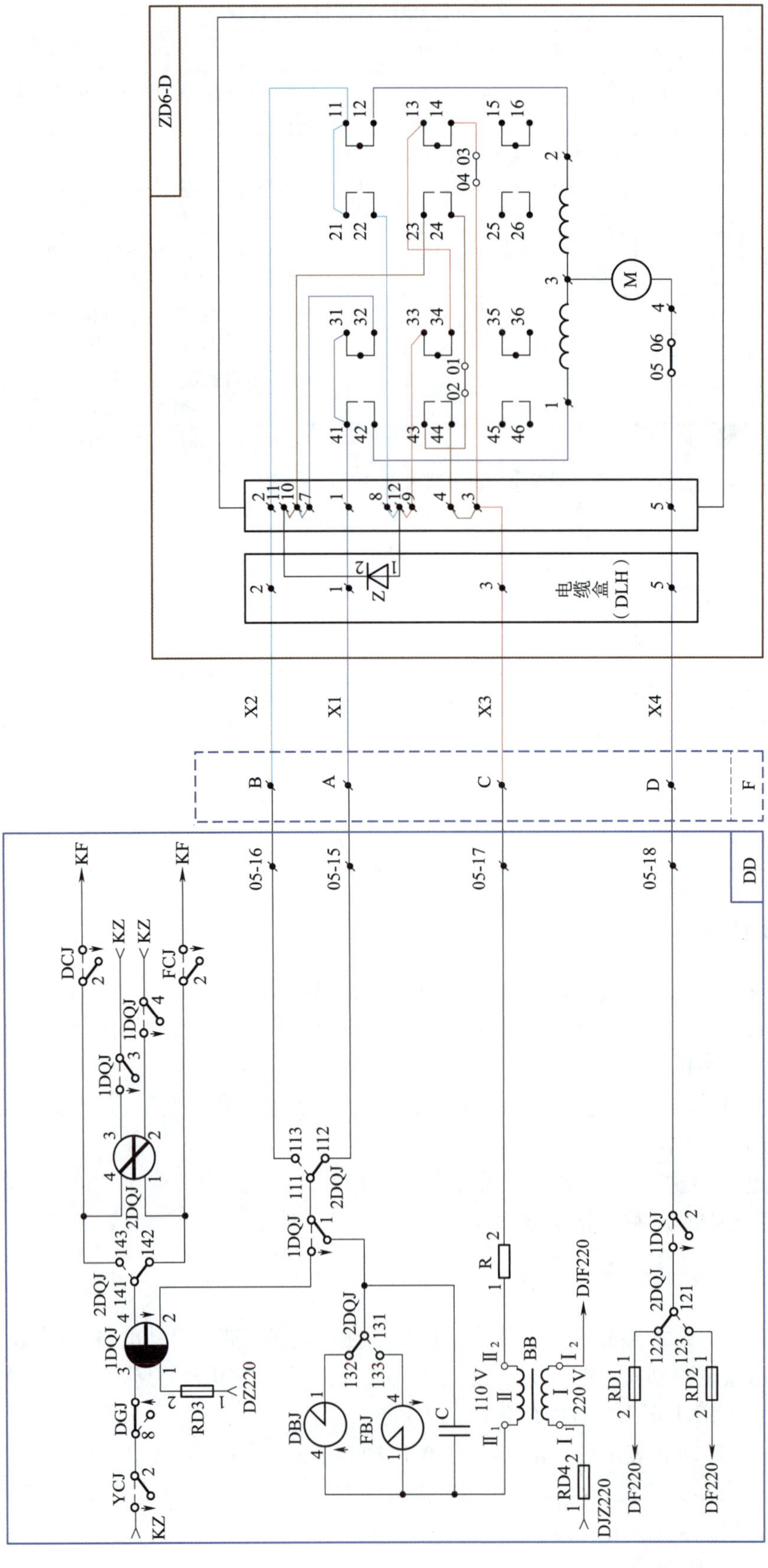

图 5-2-3 ZD6系列电动转辙机四线制单机道岔电路

1. ZD6 系列电动转辙机单动道岔控制电路工作原理

以 DS6-K5B 计算机联锁车站为例，当道岔扳动时，YCJ 及相应的 DCJ 或 FCJ 吸起后，1DQJ 励磁吸起，2DQJ 转极，道岔启动电路(1DQJ 自闭电路)接通。当道岔动作到位，切断 1DQJ 自闭电路。1DQJ 落下，停止向室外送动作电源。以定位扳反位为例，各继电器动作电路为：

(1)1DQJ 励磁：KZ→$YCJ_{22\text{-}21}$→$DGJ_{11\text{-}12}$→$1DQJ_{3\text{-}4}$→$2DQJ_{141\text{-}142}$→$FCJ_{22\text{-}21}$→KF。

(2)2DQJ 转极：KZ→$1DQJ_{41\text{-}42}$→$2DQJ_{2\text{-}1}$→$2DQJ_{142}$→$FCJ_{22\text{-}21}$→KF。

2. ZD6 系列电动转辙机单动道岔启动电路工作原理

道岔启动电路是动作电动转辙机转换道岔的电路，假设以 1、3 闭合为定位，X2、X4 沟通室内外反位启动，X1、X4 沟通室内外定位启动。

(1)道岔向定位转换动作顺序

DZ220→$RD3_{1\text{-}2}$→$1DQJ_{1\text{-}2}$→$1DQJ_{12\text{-}11}$→$2DQJ_{111\text{-}112}$→05-15→X1(分线盘)→DLH1→插接器 1 端子→自动开闭器 41-42→电机端子 1→电机端子 3→电机端子 4→安全接点 06-05→插接器 5 端子→DLH5→X4(分线盘)→05-18→$1DQJ_{21\text{-}22}$→$2DQJ_{121\text{-}122}$→$RD1_{1\text{-}2}$→DF220。

当向定位转换时，第二排(图 5-2-2 中从右向左数，下同)接点断开。在道岔转换到底时，41-42 接点自动断开，切断电动机定位启动电路，第一、三排接点自动接通，沟通定位表示，为向反位转换做好准备。

(2)道岔向反位转换动作顺序

DZ220→$RD3_{1\text{-}2}$→$1DQJ_{1\text{-}2}$→$1DQJ_{12\text{-}11}$→$2DQJ_{111\text{-}113}$→05-16→X2(分线盘)→DLH2→插接器 2 端子→自动开闭器 11-12→电机端子 2→电机端子 3→电机端子 4→安全接点 06-05→插接器 5 端子→DLH5→X4(分线盘)→05-18→$1DQJ_{21\text{-}22}$→$2DQJ_{121\text{-}123}$→$RD2_{1\text{-}2}$→DF220。

当向反位转换时，第三排接点断开。在道岔转换到底时，11-12 接点自动断开，切断电动机反位启动电路；第二、四排接点自动接通，沟通反位表示，为向定位转换做好准备。

3. ZD6 系列电动转辙机单动道岔表示电路工作原理

表示电路在控制台上表示道岔实际位置。将道岔表示继电器的吸起状态和道岔的正确位置相对应，即道岔 DBJ 吸起表示道岔在定位，道岔 FBJ 吸起表示道岔在反位，不准用一个继电器的吸起和落下表示道岔的两种位置。室外联系电路发生混线或混入其他电源时，必须保证不会使 DBJ 和 FBJ 错误励磁。道岔在转换过程中，或发生挤岔、停电、断线等故障时，应保证 DBJ 和 FBJ 失磁落下。

假设道岔表示电路以 1、3 闭合为定位，X1、X3 沟通室内外定位表示，X2、X3 沟通室内外反位表示。

(1)定位表示电路动作顺序

$BB\text{-}Ⅱ_{1}$→$DBJ_{4\text{-}1}$→$2DQJ_{132\text{-}131}$→$1DQJ_{13\text{-}11}$→$2DQJ_{111\text{-}112}$→05-15→X1(分线盘)→DLH1→插接器 1 端子→自动开闭器 41→自动开闭器 31-32→插接器 7 端子→插接器 10 端子→插接器 11 端子→$Z_{2\text{-}1}$→插接器 12 端子→插接器 9 端子→自动开闭器 33-34→自动开闭器 13-14→移位接触器 03-04→插接器 3 端子→DLH3→X3(分线盘)→05-17→$R1_{1\text{-}2}$→$BB\text{-}Ⅱ_{2}$。

(2)反位表示电路动作顺序

$BB\text{-}Ⅱ_{1}$→$FBJ_{1\text{-}4}$→$2DQJ_{133\text{-}131}$→$1DQJ_{13\text{-}11}$→$2DQJ_{111\text{-}113}$→05-16→X2(分线盘)→DLH2→插接器 2 端子→自动开闭器 11→自动开闭器 21-22→插接器 8 端子→插接器 12 端子→$Z_{1\text{-}2}$→插接器 11 端子→插接器 10 端子→自动开闭器 23-24→移位接触器 01-02→自动开闭器 43-44→插接器 4 端子→插接器 3 端子→DLH3→X3(分线盘)→05-17→$R_{1\text{-}2}$→$BB\text{-}Ⅱ_{2}$。

第三节　道岔转辙设备标准化作业

一、作业流程

作业流程如图 5-3-1 所示。

作业前准备 → 登记联系 → 检修 → 复查试验 → 清点销记 → 小结

图 5-3-1　作业流程

二、道岔转辙设备标准化作业程序

道岔转辙设备标准化作业程序见表 5-3-1。

表 5-3-1　道岔转辙设备标准化作业程序

工序	工步	作业内容及标准	图示说明
1. 转辙机机体检修	(1)打开转辙机	①将转辙机防护罩、杆件防护罩顺序放置在线路安全侧。 ②转辙机打开后,将设备锁挂在锁孔处,定位放置。 注意:转辙机盖及防护罩应轻开轻放,严禁使用蛮力	
	(2)机体检查	检查确认转辙机固定良好,机体无裂纹、无锈蚀,动作杆罩筒、表示杆罩筒、小电机防护罩、蛇管弯头等部件与机体联结螺栓油润、紧固,机盖支撑杆无弯曲变形,盘根无断裂、无变形,防尘防水良好	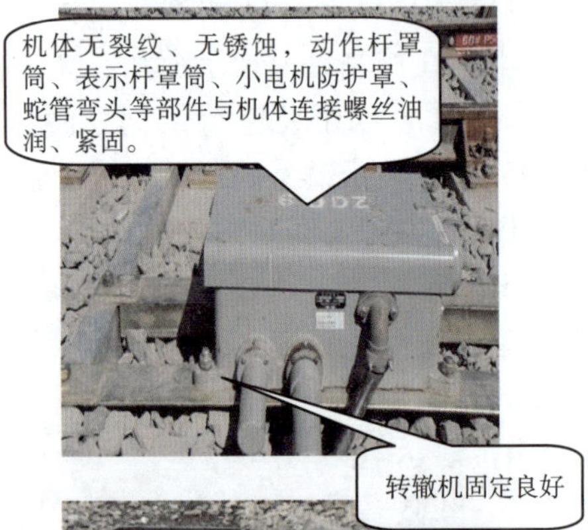 

续上表

工序	工步	作业内容及标准	图示说明
1. 转辙机机体检修	(3)遮断开关通断检查	打开转辙机,拉下遮断器。检查确认遮断器各部螺栓紧固良好(确认防松标识齐全),配线压接良好,配线及线头无损伤。闭合遮断器时检查动接点打入静接点深度在 4 mm。拉开遮断器时确认动接点与静接点可靠断开,间隔 2.5 mm 以上	
2. 小电机检查擦拭	(1)小电机及接线端子固定情况检查	检查确认小电机及接线端子各部螺栓紧固良好,防松标识齐全,配线压接良好,配线及线头无损伤	 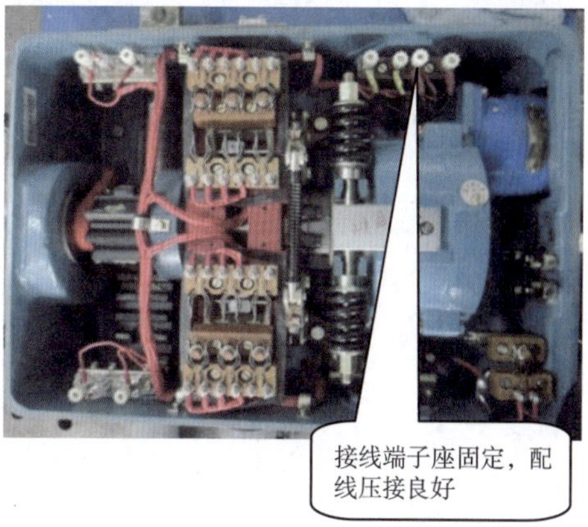

续上表

工序	工步	作业内容及标准	图示说明
2. 小电机检查擦拭	(2)换向器擦拭	①用白绸布擦拭手摇转辙机换向器，检查确认换向器表面光滑、干净，片间无碳粉、无伤痕，绝缘物未高出弧面。 ②擦拭完毕后需擦拭换向器两侧，避免碳粉遗留在碳刷上	
	(3)确认碳刷长度符合标准	观察碳刷标记线位置，确保碳刷长度不小于碳刷全长的 3/5	 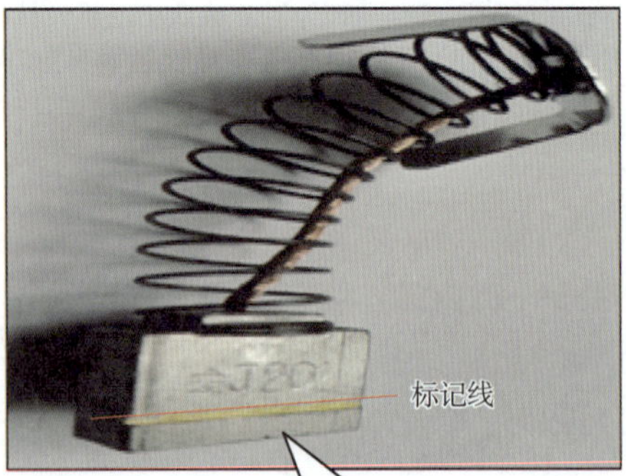

续上表

工序	工步	作业内容及标准	图示说明
3. 减速器及摩擦联结器检查	(1)减速器固定情况检查	检查减速器各部螺栓防松标识清晰、无偏移	
	(2)确认摩擦联结器弹簧作用良好	在规定摩擦电流下,相邻弹簧间隙不小于 1.5 mm,弹簧不得与夹板圆弧部分相碰	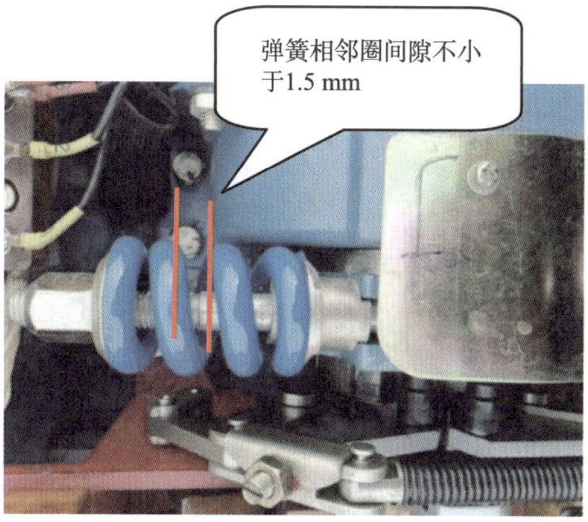
	(3)减速器状态检查	检查减速器无异响,周边无碳粉,发现异常必须分解检查或更换处理	

续上表

<table>
<tr><th>工序</th><th>工步</th><th>作业内容及标准</th><th>图示说明</th></tr>
<tr><td>4. 接点检查擦拭</td><td>(1)自动开闭器配线及安装固定情况检查</td><td>检查确认自动开闭器、视频缺口装置安装牢固,螺栓紧固良好(确认防松标识齐全良好)。检查确认各部连接销状态良好,配线绑扎整齐,配线及线头无损伤</td><td>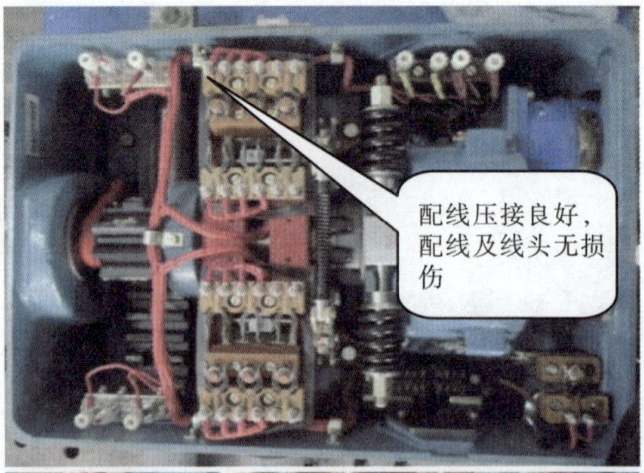

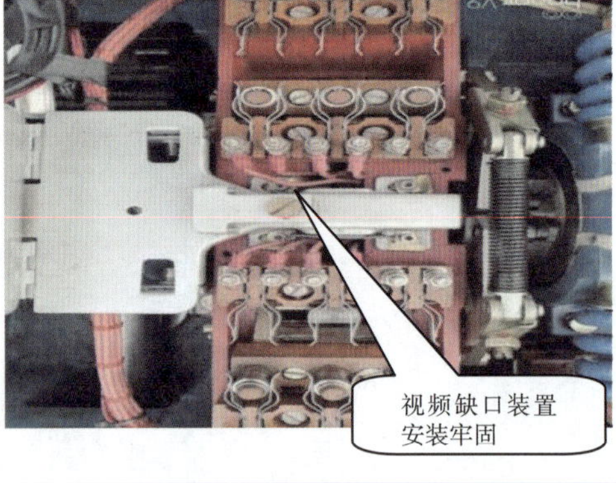
</td></tr>
</table>

续上表

工序	工步	作业内容及标准	图示说明
4. 接点检查擦拭	(2)静接点片检查	检查确认自动开闭器静接点片长短一致、左右对称,接点片不弯曲、不扭斜、前后开口均匀,辅助片无断裂、作用良好	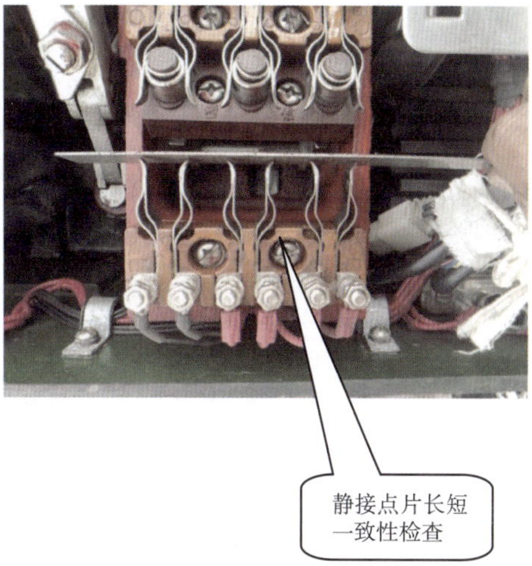
	(3)动静接点接触状态检查	检查确认动接点与静接点接触时两侧受力均匀,转换到位后接点接触深度不小于4 mm,动接点与静接点座间隙不小于3 mm,动接点摆动量不大于3.5 mm。 注意:必须使用手摇把转换接点观察动接点环打入静接点片状态,以此判断静接点片长短是否一致、左右是否对称、前后开口是否均匀及动接点与静接点接触时两侧受力是否均匀	

续上表

工序	工步	作业内容及标准	图示说明
4. 接点检查擦拭	(4)接点擦拭	使用接点擦拭架卡住静接点片，用白绸布擦拭静接点片、动接点环。擦拭完毕，必须对各接触面进行全面检查，确保光洁、无异物	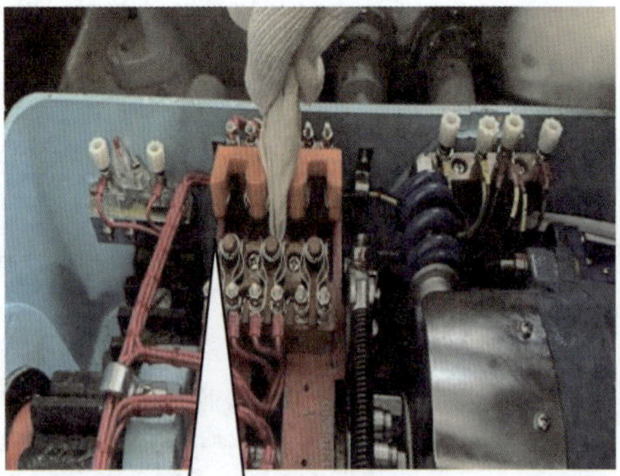 
	(5)接点压力测试	使用测力计测试各部静接点片与动接点间的压力，压力应大于 4 N，两侧偏差不得大于 3 N，每年测试 1 次	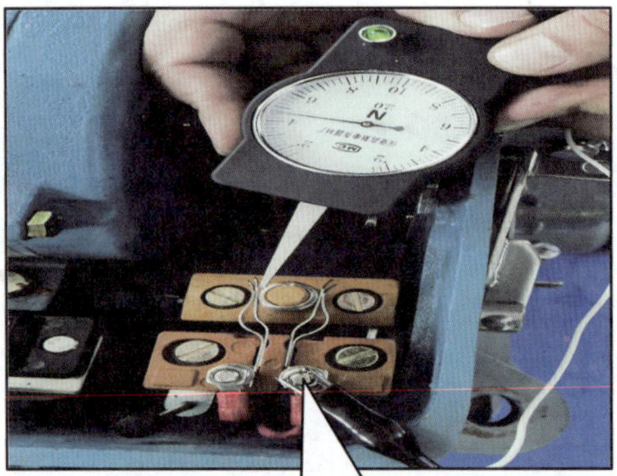

续上表

工序	工步	作业内容及标准	图示说明
5. 移位接触器检查	移位接触器配线及安装固定情况检查	确认移位接触器外壳无裂纹，固定螺栓防松标识清晰、无偏移，配线压接良好、无损伤	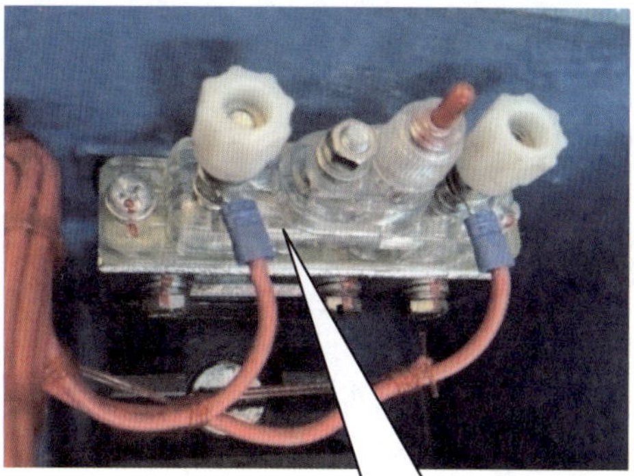 移位接触器防松标识清晰，配线压接良好
6. 插接件检查	插接件配线及安装固定情况检查	检查确认转辙机插接件安装牢固，防松措施良好，压接螺栓紧固良好，配线及线头无损伤	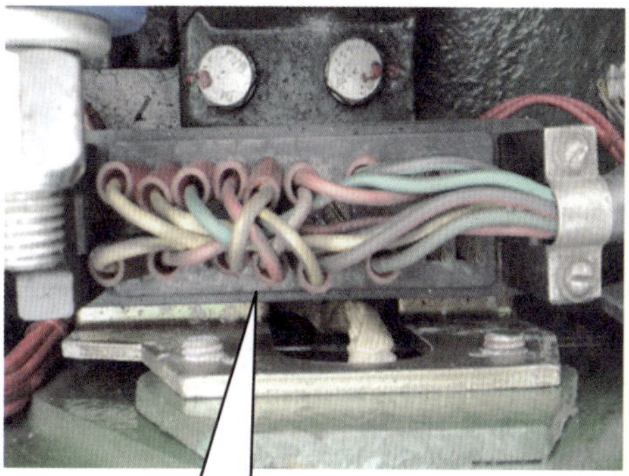 插接件安装牢固，配线及线头无损伤 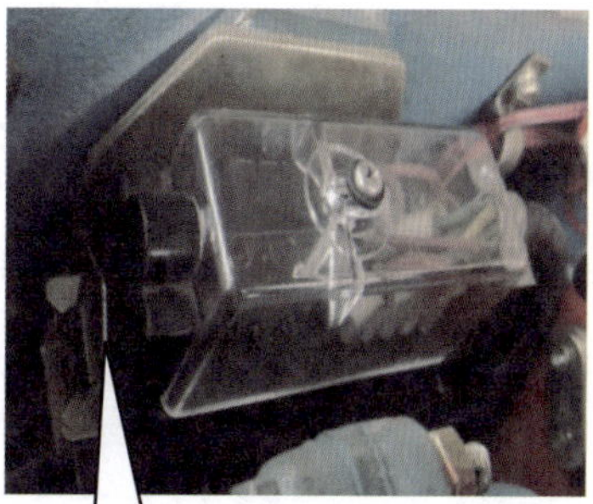 插接件防松措施良好

续上表

工序	工步	作业内容及标准	图示说明
7. 表示杆、动作杆检查	(1)确认机内杆件方正	检查确认表示杆、动作杆平、直,无锈蚀,无裂纹	
	(2)挤切销检查	使用专用工具打开主挤切销压盖,确认挤切销无挤伤或变形;对主副挤切销(连接销)压盖螺栓进行紧固检查	
8. 缺口及摩擦电流调整	(1)缺口检查调整	确认转辙机缺口符合标准,且机内外缺口与视频缺口三者一致。ZD6-A、ZD6-D、ZD6-E、ZD6-F、ZD6-G 型缺口间隙为(1.5 ±0.5) mm;ZD6-J 型缺口间隙为尖轨与基本轨的间隙之和,不应大于 7 mm	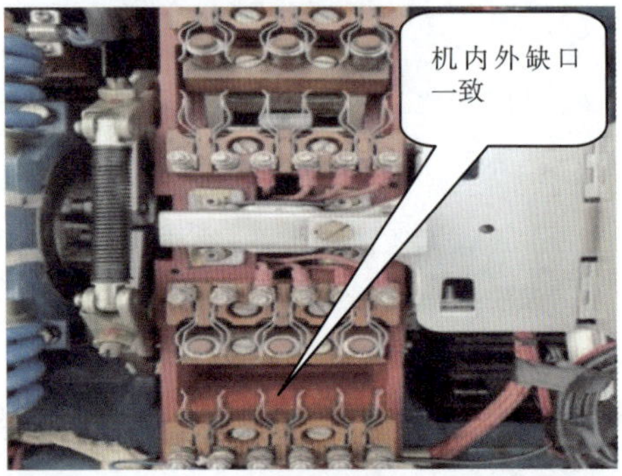

续上表

工序	工步	作业内容及标准	图示说明
8. 缺口及摩擦电流调整	(2)摩擦电流测试调整	ZD6-A、ZD6-D、ZD6-F、ZD6-G、ZD6-H、ZD6-K型故障电流为2.3～2.9 A，ZD6-E、ZD6-J型双机配套时故障电流为2.0～2.5 A，定反位偏差不大于0.3 A，冬季故障电流调至中下限，夏季故障电流调至中上限。 注意：万用表表笔不能插在05-06接点片间隙测量，防止造成接点片压力下降	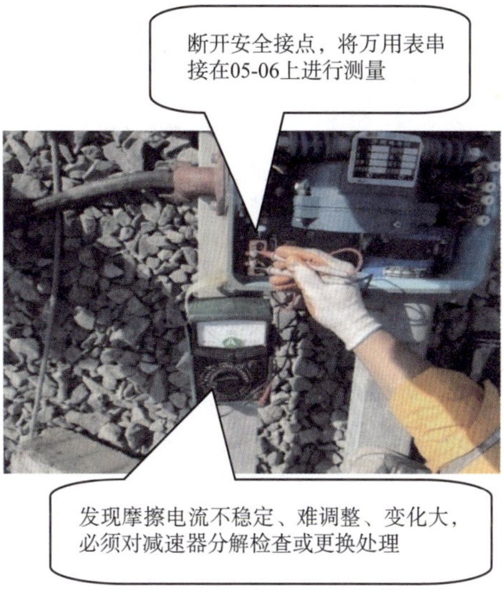
9. 清扫注油	机内清扫注油	①使用毛刷对转辙机内部进行清扫；使用长嘴钳夹破布对机内进行擦拭，做到机内无油污，无杂物，箱底清扫干净。 ②使用转辙机机内专用油，对检查柱注油2～3滴，对自动开闭器各部拐轴注油1滴，对减速器内部注油1～2滴；对齿条块、动作杆及表示杆毡垫分别注油3～5滴；齿条块削尖齿涂抹TR-1润滑脂(一年一次)	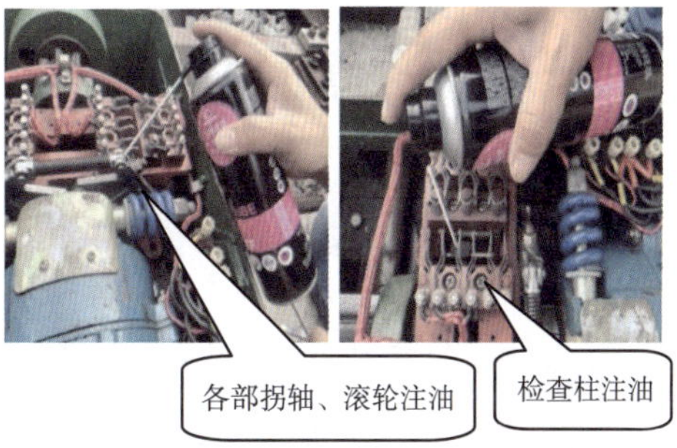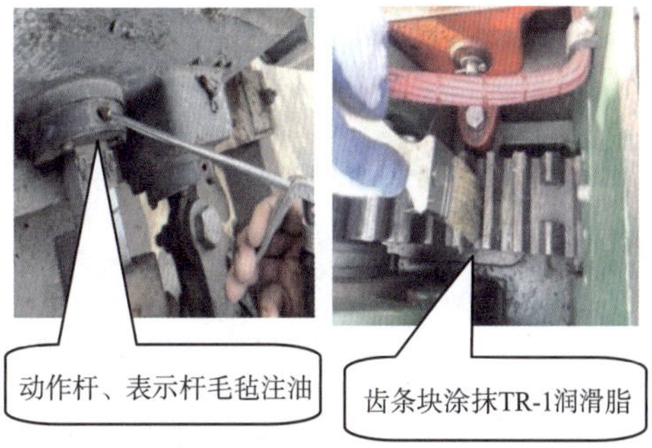

续上表

工序	工步	作业内容及标准	图示说明
10. 机内检查验收	机内检查验收	①扳动道岔进行转换试验，道岔转换过程中，动作平稳、灵活，无反弹、无异响，密贴、缺口良好。 ②填写检修卡。 ③合上机盖及盒（箱）盖，并加锁；盖好防护罩，加好防掀装置。 ④作业人员发现设备缺点应立即克服，若当时不能解决的应逐级汇报，纳入待修记录。 ⑤作业负责人或带班人员对道岔检修关键环节进行验收，执行“一指二呼三确认”并录音、录像。 ⑥清点材料、工具、仪表，做到工完料清	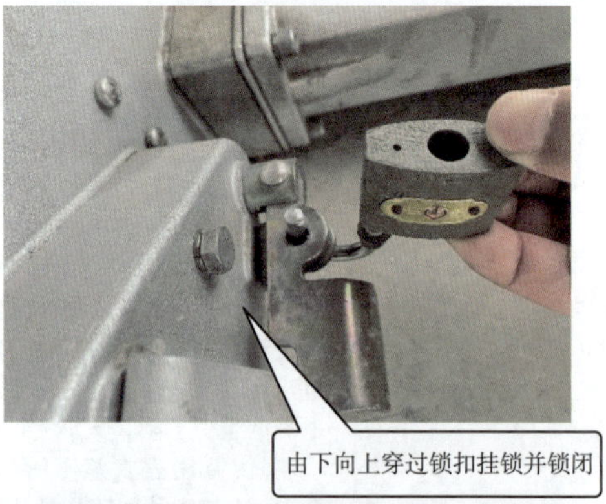 
11. 方正及杆件检查	（1）转辙机方正检查	用卷尺测量转辙机两侧距基本轨垂直距离，确认符合标准，偏差不大于 10 mm	 

续上表

工序	工步	作业内容及标准	图示说明
11. 方正及杆件检查	(2)杆件方正检查	①各杆件的两端与基本轨或中心线的垂直偏差应≤20 mm。 ②水平方向的两端高低偏差不大于5 mm(以两基本轨工作面为基准)	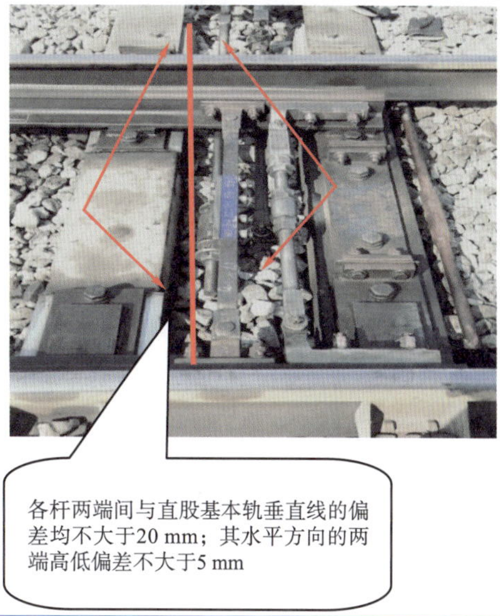
	(3)尖轨、基本轨爬行量检查	通过防爬标记或使用方尺测量两尖轨相错量不大于20 mm。两直基本轨相错量不大于10 mm。检查确认限位器两侧间隙为(7±1.5) mm。 注意:尖轨爬行、窜动量不超过20 mm	
	(4)动作杆、表示杆各部销孔检查	检查各部销孔是否存在旷动。通过扳动进行检查,发现旷动时,磨痕印记清晰的,可直接测量磨痕印记的最大长度。在道岔锁闭状态下,手握表示杆纵向推拉,在外缺口指示标处测量位移量,即为表示杆旷量大小。表示杆的销孔旷量不大于0.5 mm,其余销孔旷量不大于1 mm	

续上表

<table>
<tr><th>工序</th><th>工步</th><th>作业内容及标准</th><th>图示说明</th></tr>
<tr><td rowspan="2">11. 方正及杆件检查</td><td>(5)密贴调整杆空动距离检查</td><td>确认密贴调整杆空动距离符合标准,不小于 5 mm</td><td>
</td></tr>
<tr><td>(6)螺纹调整余量检查</td><td>转换设备中的各种传动拉杆、表示连接杆等的螺纹部分的内、外调整余量应不小于 10 mm</td><td>
</td></tr>
</table>

续上表

工序	工步	作业内容及标准	图示说明
11. 方正及杆件检查	(7)杆件与轨底、石砟距离检查	穿越轨底的各种杆件，距离轨底的净距离应大于10 mm，距离石砟不小于20 mm	
12. 工电结合部检查	(1)“三道缝”检查	第一牵引点之前一根到第二牵引点之后一根岔枕钢轨与轨距挡板(块)间隙、承轨槽间隙、轨撑间隙≤1 mm	

续上表

工序	工步	作业内容及标准	图示说明
12. 工电结合部检查	(2)滑床板与尖轨间隙及钢轨肥边检查	①检查确认滑床板作用良好，不松脱，无脱焊、断裂、塌陷、凹槽、侧斜。滑床板与尖轨底部间隙＜2 mm，牵引点前后滑床板与尖轨应接触。 ②检查确认尖轨、基本轨肥边≤1 mm。 ③尖轨无严重翘头、外翻，密贴时尖轨尖端上斜面与基本轨下颚间隙不小于 2 mm	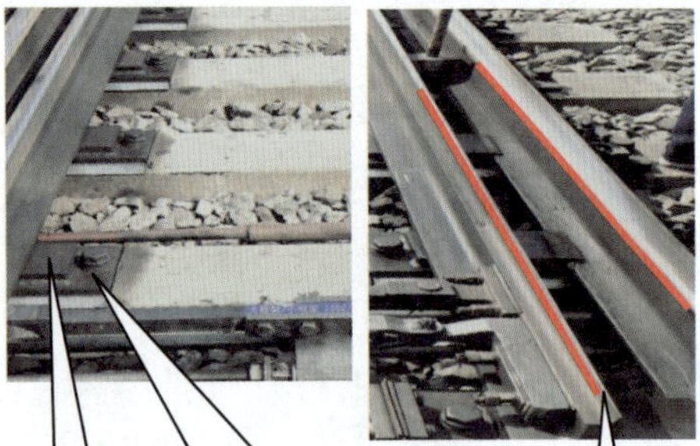 
	(3)顶铁检查	顶铁间隙符合标准，不大于 2 mm。 注意：间隙标准是在宏观密贴前提下，框架尺寸符合标准，一次性调整成功	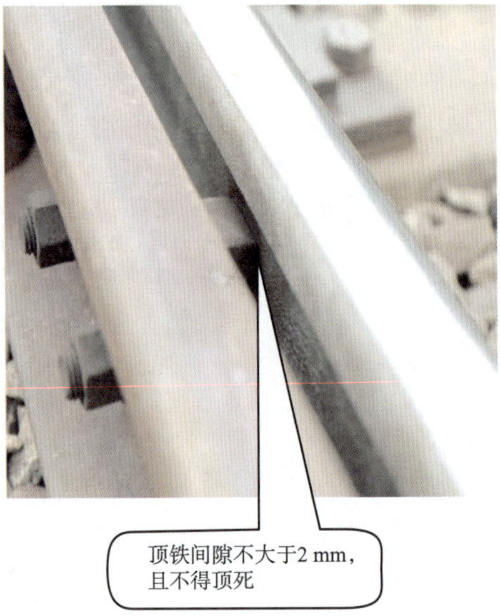

续上表

工序	工步	作业内容及标准	图示说明
13. 开程检查	开程测量、调整	用钢板尺测量各牵引点开程，开程数据应符合标准。对于开程需要调整的，应将尖端铁、接头铁螺栓全部松开(双机牵引遵循从后往前的原则)，通过在接头铁处增减开程片的方式调整开程	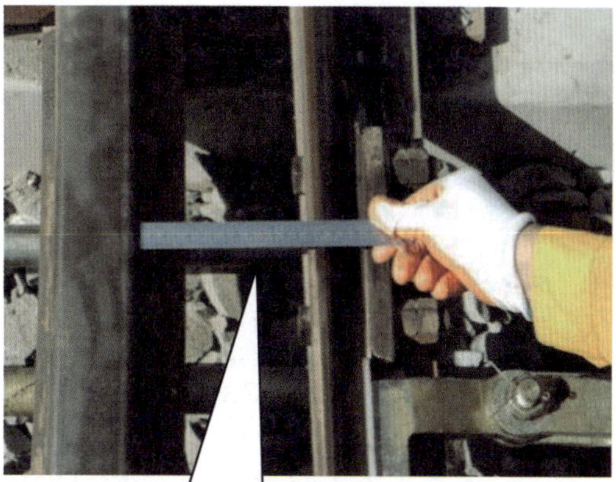 开程测量：直尺置于方钢处 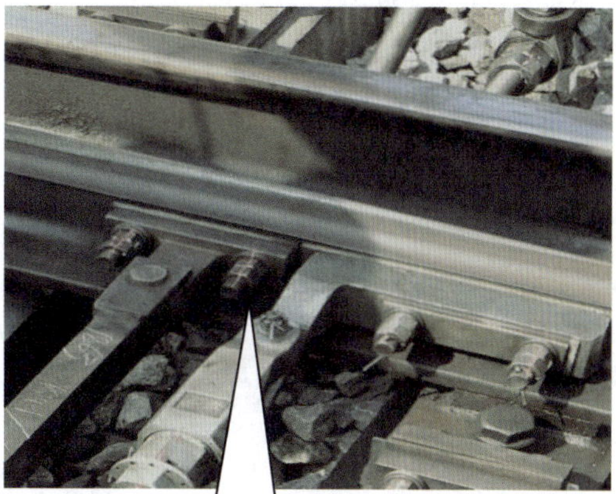 松开接头铁螺栓，通过增减开程片调整开程

续上表

工序	工步	作业内容及标准	图示说明
14. 密贴检查	(1)密贴检查试验	①检查确认尖轨与基本轨宏观密贴(使用塞尺检查确认尖轨尖端至第一牵引点缝隙＜0.5 mm,其余部分＜1 mm)。 ②密贴试验应满足:各牵引点 2 mm 锁闭,第一牵引点 4 mm 不锁闭,第二牵引点 6 mm 不锁闭。 ③试验测试方法:在第一连接杆(方钢)处与基本轨间插入 2 mm 厚试验片后扳动道岔,道岔应锁闭并接通表示;在第一连接杆(方钢)处与基本轨间插入 4 mm 厚试验片,在双机牵引道岔的第二牵引点方钢处插入 6 mm 厚试验片,随后扳动道岔,道岔不应锁闭或接通表示	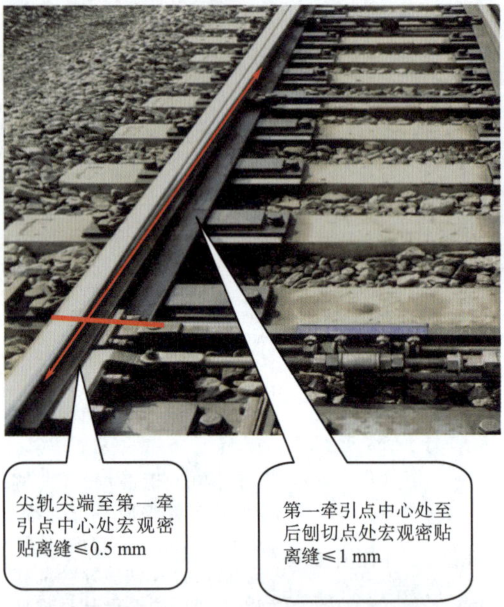 

续上表

工序	工步	作业内容及标准	图示说明
14. 密贴检查	(2)密贴调整检查	①道岔密贴调整按照“先伸出、后拉入”的原则,通过松紧密贴调整螺栓进行调整。 ②手摇道岔,在尖轨与基本轨密贴后,动作杆停止移动,再空摇 3～4 圈至转辙机锁闭为宜	
15. 缺口检查	调整缺口	①道岔缺口调整按照“先调伸出、后调拉入”顺序进行。标准:检查柱落入检查块缺口内,两侧间隙为(1.5±0.5) mm,ZD6-J 型缺口与尖轨密贴间隙之和不大于 7 mm。 ②核对机内、外、视频缺口,三者一致	 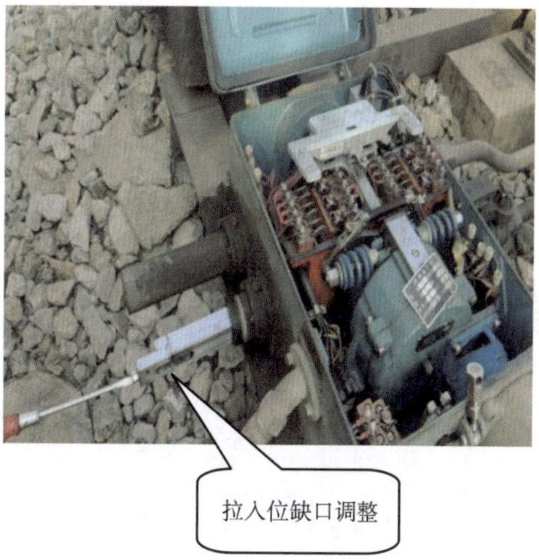

续上表

工序	工步	作业内容及标准	图示说明
16. 绝缘测试	绝缘测试	使用轨道绝缘在线测试仪测试安装装置及各类杆件绝缘电阻值，应大于 20 Ω	 绝缘电阻值大于20 Ω 

续上表

工序	工步	作业内容及标准	图示说明
17. 复查验收	(1)螺栓紧固复查	检查各部螺栓紧固情况。重点检查尖端铁、接头铁、密贴调整螺栓、表示杆调整螺栓固定情况	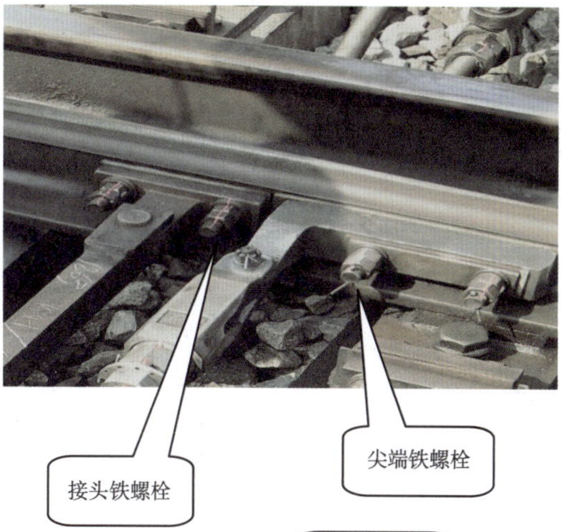 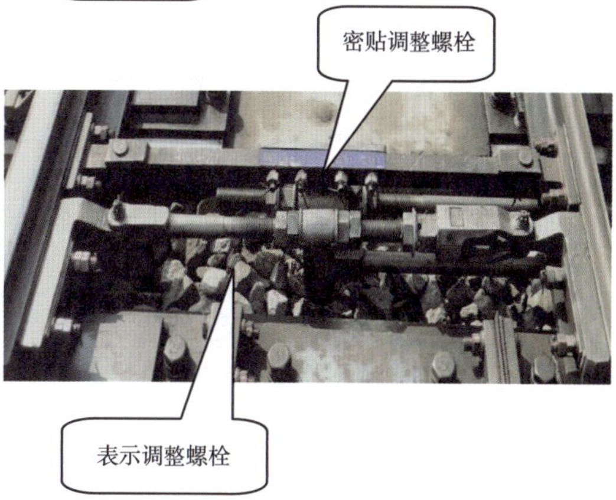
	(2)道岔动态验收	来回扳动道岔，作业人员观察确认道岔在转换过程中动作平稳、灵活，无别劲、反弹现象	

续上表

<table>
<tr><th>工序</th><th>工步</th><th>作业内容及标准</th><th>图示说明</th></tr>
<tr><td rowspan="2">17. 复查验收</td><td>(3)电流曲线对比</td><td>联系室内人员调阅信号集中监测数据，查看道岔电流曲线是否正常</td><td>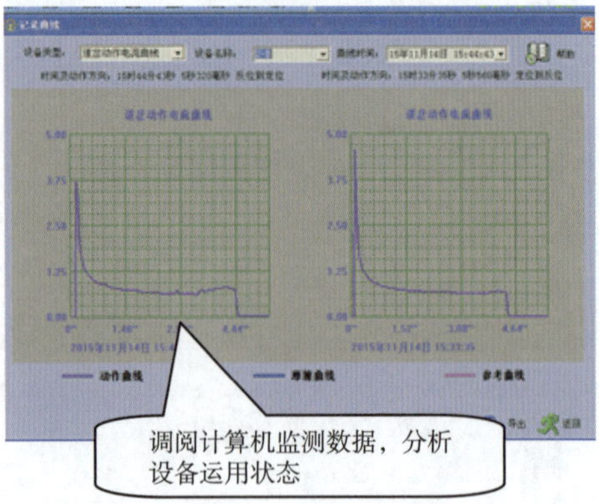
</td></tr>
<tr><td>(4)总结记录</td><td>①盖好防护罩，加好防撬装置并进行扳动试验，确认表示良好，各轨旁设备固定牢固。
②进行关键作业项点复查录像。
③作业人员发现设备缺点应立即克服，若当时不能解决的应逐级汇报，纳入待修问题记录</td><td></td></tr>
<tr><td>18. 年度设备质量鉴定</td><td>道岔表示继电器的交直流电压测试</td><td>当道岔在定位状态时，对道岔定位表示继电器 DBJ 进行测试，采用 AC 100 V 挡、DC 100 V 挡分别测试 DBJ 线圈 1、4 的交流、直流电压，测试直流时正表笔接线圈 1，负表笔接线圈 4。道岔反位表示继电器 FBJ 测试方法与道岔定位表示继电器 DBJ 测试方法相同</td><td>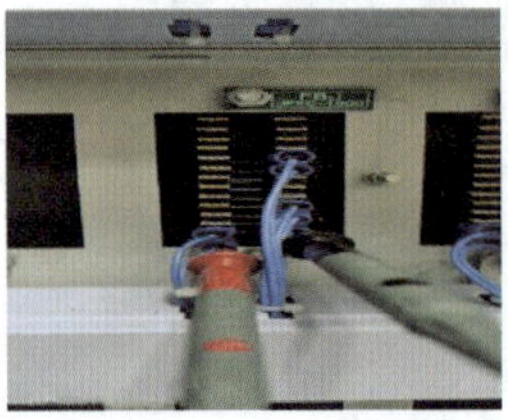 
________道岔表示继电器电压测试记录表　　附表5
________工区 ________车站
集中监测标调人:　　标调日期:
<table>
<tr><td rowspan="3">序号</td><td rowspan="3">测试日期</td><td rowspan="3">道岔号码</td><td colspan="4">分线盘电压</td><td colspan="4">继电器电压</td><td rowspan="3">测试人</td><td rowspan="3">备注</td></tr>
<tr><td colspan="2">定位</td><td colspan="2">反位</td><td colspan="2">定位</td><td colspan="2">反位</td></tr>
<tr><td>直流</td><td>交流</td><td>直流</td><td>交流</td><td>直流</td><td>交流</td><td>直流</td><td>交流</td></tr>
<tr><td></td><td></td><td></td><td></td><td></td><td></td><td></td><td></td><td></td><td></td><td></td><td></td><td></td></tr>
<tr><td></td><td></td><td></td><td></td><td></td><td></td><td></td><td></td><td></td><td></td><td></td><td></td><td></td></tr>
<tr><td></td><td></td><td></td><td></td><td></td><td></td><td></td><td></td><td></td><td></td><td></td><td></td><td></td></tr>
<tr><td></td><td></td><td></td><td></td><td></td><td></td><td></td><td></td><td></td><td></td><td></td><td></td><td></td></tr>
</table></td></tr>
</table>

三、道岔转换设备检查重点

1. 做好道岔机械特性及密贴检查,防止 4 mm 试验失效。

2. 做好道岔杆件及安装装置绝缘检查测试,按周期对正线、侧线道岔安装装置绝缘测试进行分解检查,防止绝缘破损造成轨道电路红光带。

3. 强化转辙机内部检修,对锁闭块、自动开闭器、碳刷等机内隐蔽部位重点检修,提高机内检修质量。

4. 推进“一岔一档”数据运用,做好检修数据对比分析。

5. 做好 ZD6 转辙机单定子电阻、刷间总电阻测试。

四、道岔联整主要项目

1. 脱杆后检查更换磨耗超标配件。

2. 脱杆后对安装装置及杆件绝缘进行分解检查,不良的及时更换。

3. 尖轨静态宏观密贴检查,密贴试验调整。

4. 道岔摩擦电流测试调整。

5. 转辙机、杆件水平方正检查调整。

6. 开程、锁闭量测量调整。

第四节 道岔转辙装置的施工作业

道岔转辙装置的施工质量验收应包括进场检验、道岔转辙装置安装及配线、道岔转辙装置单项检验、道岔缺口监测设备安装及检验等。

一、进场检验

1. 道岔转辙装置及道岔缺口监测设备进场检验应符合下列规定:

(1)转辙机及密贴检查器整机密封良好;

(2)其他进场检验项目和要求应符合有关标准规定。

2. 转辙机整机电气性能应符合 TB/T 3113.1—2019《电动转辙机 第 1 部分:ZD6 系列电动转辙机》等有关标准的规定。

二、道岔转辙装置安装及配线检验

1. 安装装置的安装应符合下列规定:

(1)安装装置的安装位置、规格、型号及安装方式应符合设计文件要求。

(2)长角钢或弯板应与单开道岔直基本轨垂直,其偏移量不得大于 20 mm。

(3)角钢型固定长角钢的 L 型角型铁应与钢轨密贴(轨腰除外)。

(4)弯托板与轨枕密贴,前后两弯托板的高低偏差不应大于 5 mm;调整托板外侧翘起不应大于 5 mm;调整螺栓下部应有减振橡胶垫。

(5)各部位绝缘、紧固件、垫圈、弹簧垫圈、开口销等部件应齐全、完好、紧固,开口销劈开角度应为 60°~90°,两臂劈开角度应基本一致。

2. 转辙机安装应符合下列规定:

(1)转辙机安装位置、规格、型号及安装方式应符合设计文件的要求。

(2)转辙机与基本轨的距离应符合转辙机安装图册相关要求。

(3)转辙机外壳边缘两端点至直基本轨的距离应相等,其偏差量不大于 5 mm。

(4)转辙机防水罩安装牢固。

3. 转辙机配线应符合下列规定:

(1)转辙机至终端电缆盒间的配线应采用多股铜芯绝缘软线,截面积不应小于 1.5 mm^2。

(2)配线不得有损伤,不得有中间接头。

(3)采用柱形端子时,绝缘软线芯线应用铜线绕制线环或冷压接线端子压接等方式配线。

(4)采用万可端子时,端子配线应一孔一线,并压接牢固。

(5)配线端子焊接时,焊点应饱满,无虚焊和毛刺。

(6)配线应绑扎整齐、美观,并有明确标识。

4. 道岔杆件安装及连接应符合下列规定:

(1)道岔杆件均应与单开道岔直基本轨或直股延长线、双开对称道岔股道中心线相垂直,偏差不大于 20 mm。

(2)内锁闭道岔的密贴调整杆、表示杆、尖端杆的两端与基本轨或中心线的垂直偏差不大于 20 mm。

(3)各种连接杆螺纹部分的内、外调整余量不应小于 10 mm,表示杆的销孔旷量不应大于 0.5 mm,其余部分的销孔旷量不应大于 1 mm。

(4)密贴调整杆动作时空动距离不得小于 5 mm。

(5)各部位绝缘、紧固件、垫圈、弹簧垫圈、开口销等部件应齐全、完好、紧固,开口销劈开角度应为 60°~90°,两臂劈开角度应基本一致。

5. 安装装置零部件表面应无脱皮、返锈、鼓泡现象。

6. 转辙机密封良好,零部件无锈蚀。

三、道岔转辙装置单项检验

1. 转辙装置手动转换检验应符合下列规定:

(1)人工操作转辙机,道岔能转换到底,尖轨与基本轨(定位和反位)应密贴良好。

(2)尖轨与基本轨密贴后,自动开闭器接点接触深度不应小于 4 mm。

(3)在尖轨与基本轨间夹入标准试验片,转辙机不得锁闭,自动开闭器动接点不能打入静接点组内。

(4)正常转换道岔时,挤切销应保证不发生挤切或挤脱。

(5)齿轮装置的各齿轮啮合良好。

(6)道岔转换顺畅,摩擦联结器作用良好。

(7)在道岔转换过程中,可动部分动作平稳、灵活,无别劲、卡阻现象。

(8)安全接点接触良好,在插入手摇把或钥匙时,安全接点应可靠打开,非经人工恢复,不得接通电路。

2. 转辙装置加电检验应符合下列规定:

(1)正常转换道岔时,挤切销应保证不发生挤切或挤脱,表示正确。

(2)道岔尖轨与基本轨密贴良好。

(3)单点牵引道岔牵引点及多点牵引道岔第一牵引点中心线处密贴尖轨与基本轨间有

4 mm 及以上水平间隙时，其余密贴段牵引点中心线处有 6 mm 及以上水平间隙时，不应锁闭或接通表示。

(4)直向通过速度大于 120 km/h 且不大于 160 km/h 的道岔，尖轨牵引点间有 10 mm 及以上水平间隙时，不应接通道岔表示。

(5)道岔实际开向应与操纵意图、继电器动作、定反位表示一致。

(6)断开任意一组表示接点时，表示电路应切断。

(7)在道岔转换过程中，可动部分动作平稳、灵活，无别劲、卡阻现象。

(8)电动转辙机正常转动时，摩擦联结器不空转，作用良好；道岔因故不能转换到底时，摩擦联结器应空转。

(9)多机牵引道岔各牵引点应确保道岔正常转换，动作一致。

四、道岔缺口监测设备安装及配线检验

1. 道岔缺口监测设备安装应符合下列规定：

(1)安装位置符合设计文件要求。

(2)采集分机、传感器安装位置及安装方式符合产品技术文件要求。

(3)视频摄像头与转辙机缺口相对位置正确。

(4)道岔编号显示室内外一致。

(5)设备安装牢固。

(6)采集分机、传感器及附属设备的安装，不得改变转辙机的基本结构，不得遮挡转辙机缺口视线和影响转辙机的正常使用。

(7)用 500 V 兆欧表测量监测设备与转辙机外壳间的绝缘电阻，不得小于 1 MΩ。

2. 道岔缺口监测设备配线应符合下列规定：

(1)转辙机内监测设备至终端电缆盒或变压器箱的配线采用多股铜芯绝缘软线，截面积不小于 0.4 mm^2。

(2)配线不得有损伤，不得有中间接头。

(3)采用柱形端子时，绝缘软线芯线采用铜线绕制线环或冷压接线端子压接等方式配线。

(4)采用万可端子时，端子配线应一孔一线，并插接牢固。

(5)螺栓应涂防松胶固定。

3. 网络转换器安装应符合下列规定：

(1)网络转换器应安装在箱盒中，并固定在专用底板上。

(2)当不能安装在箱盒内时，网络转换器应安装在箱盒基础上。

(3)电源线与信息线配线正确，上盖密封。

五、道岔转辙设备硬面化检验

1. 道岔转辙设备硬面化外形尺寸：靠近线路围墙外缘距轨枕头 550 mm，垂直线路围墙外缘距角钢或托板外缘 400 mm，远离线路侧围墙外缘距轨枕头 1 850 mm，呈矩形状。

2. 道岔转辙设备硬面化顶面距角钢下缘 80～100 mm，距托板底面 120～150 mm。

3. 电缆盒基础顶面距硬化面顶面 150～200 mm，基础与线路垂直，并紧贴围墙内侧。ZD 型转辙设备电缆盒弯头与电转机弯头中心连线应与线路垂直。

4. 多机牵引道岔尖轨各牵引点硬面化外缘应分别平齐。

复习思考题

1. ZD6-D 型电动转辙机主要由哪几部分组成?
2. ZD6 系列电动转辙机移位接触器有什么作用?
3. ZD6 系列电动转辙机减速器有什么作用?
4. 四线制 ZD6 系列道岔各线作用分别是什么?
5. 转辙机的作用是什么?
6. 简述 ZD6 系列转辙机摩擦、工作电流标准。
7. 简述 ZD6 系列道岔转换设备密贴检查试验标准。
8. 道岔杆件安装及连接应符合哪些规定?

第六章　道岔转辙设备原理(外锁)

第一节　常用道岔转辙设备(外锁)

一、S700K 型电动转辙机

S700K 型电动转辙机(图 6-1-1)是在 S700K 型转辙机的基础上，根据中国铁路技术要求，联合设计的电动外锁闭转辙机，可用来转换各种型号和规格的外锁闭道岔，还能操纵脱轨器等装置。

(a) 远视图

(b) 近视图

(c) 内部结构

图 6-1-1　S700K 型电动转辙机

二、ZY(J)7 型电液转辙机

ZY(J)7 型电液转辙机(图 6-1-2)及其配套的安装装置和外锁闭装置,适用于新建线路、既有线路改造、提速、客运专线、高铁、重载和地铁等道岔。

(a) 远视图

(b) 近视图

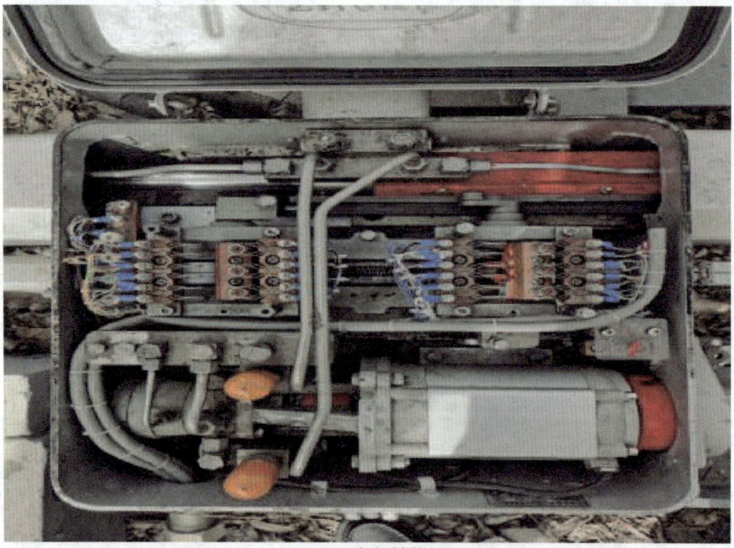

(c) 内部结构

图 6-1-2 ZY(J)7 型电液转辙机

第二节 道岔转辙设备的组成

一、S700K 型电动转辙机

1. 功能

(1)电气检测尖轨和可动心轨辙叉的终端位置;

(2)操纵道岔尖轨及可动心轨辙叉;

(3)提供尖轨及可动心轨辙叉在终端位置的保持力;

(4)提供其他锁闭装置的机械保持力。

2. 特点

(1)采用三相交流电动机和高效率的滚珠丝杠传动,保证转辙机动作可靠。在动作中途,转辙机的转换方向可以逆反。

(2)停电时,可打开开关锁,通过手摇操作转辙机来转换道岔,此时遮断开关切断电源,以防电动操作道岔。恢复时须提起锁闭销并反向关闭开关锁,随后才能重新接通电源。

(3)可以适应左侧或右侧安装,可配置或不配置检测杆。

(4)分为可挤型和非可挤型,可挤型转辙机在道岔挤岔后能够切断原表示电路。

3. 型号含义

S700K 型电动转辙机型号含义如图 6-2-1 所示。

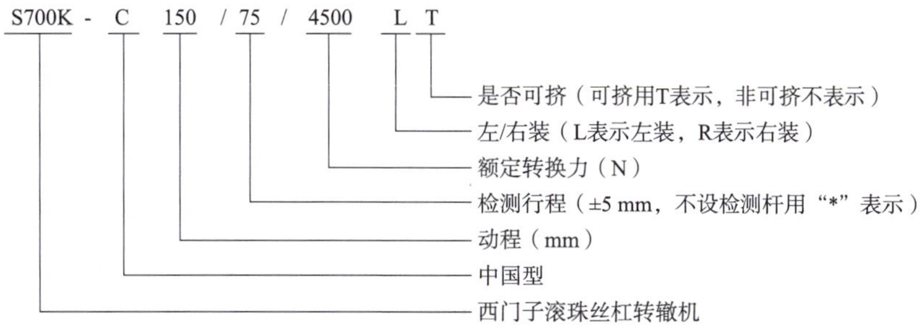

图 6-2-1　S700K 型电动转辙机型号含义

4. 基本技术参数

S700K 型基本技术参数见表 6-2-1。

表 6-2-1　S700K 型基本技术参数

电源电压		三相,380 V,50 Hz
转换力		6 000 N、4 500 N、4 000 N、3 000 N、2 500 N
挤岔阻力	可挤型	24 kN
	非可挤型	90 kN
动程		120～240 mm
动作时间		≤6.6 s(240 mm 动程:≤7.2 s)
动作电流		≤2 A(54 Ω)
单线允许电阻		最大 54 Ω
环境温度		−40 ℃～+70 ℃
绝缘耐压		2 400 V,50 Hz,1 min
整机试验寿命		1×10^6次
质量		约 110 kg
防护等级		IP54
最大外形尺寸(杆件缩入时)	150 mm、220 mm 动程	1 260 mm×485 mm×290 mm(长×宽×高)
	240 mm 动程	1 280 mm×485 mm×290 mm(长×宽×高)

5. 组成

S700K 型电动转辙机结构如图 6-2-2 所示,主要包括铸铁底壳、机盖、动作杆、电动机、电缆引入装置、滚珠丝杠驱动装置、保持联结器、检测杆、接点组、锁闭块、遮断开关、开关锁、端子排、摩擦联结器、摇把齿轮、动作杆套筒、指示标、锁闭销、标尺、接地螺栓、导向套筒、叉型接头。

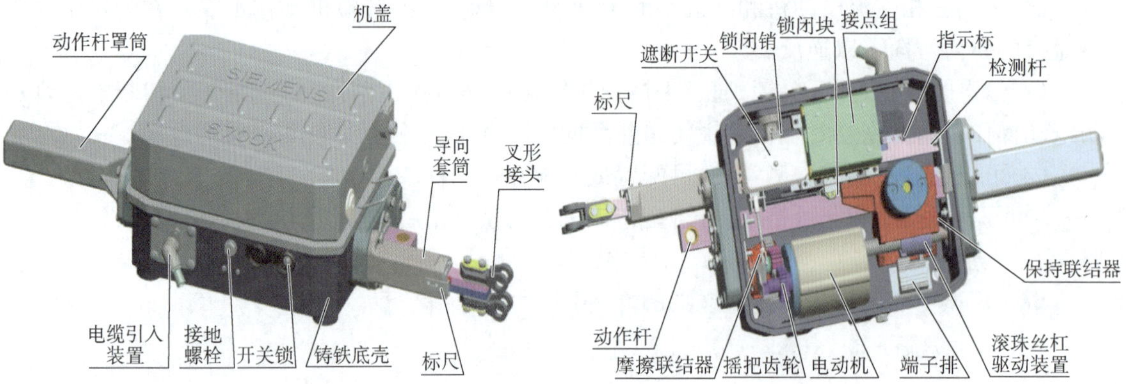

图 6-2-2　S700K 型电动转辙机结构

6. 主要部件及作用

(1)电动机

三相交流电动机的三个绕组呈星形接法，每相引出线均为单根多股软线，从根本上解决了直流电动机易出现的电机电枢断线、枢间混线、碳刷与整流子接触不良等惯性故障，从而提高了设备的可靠性和使用寿命，减少了维修量。S700K 型电动转辙机电机、保持联结器如图 6-2-3 所示。

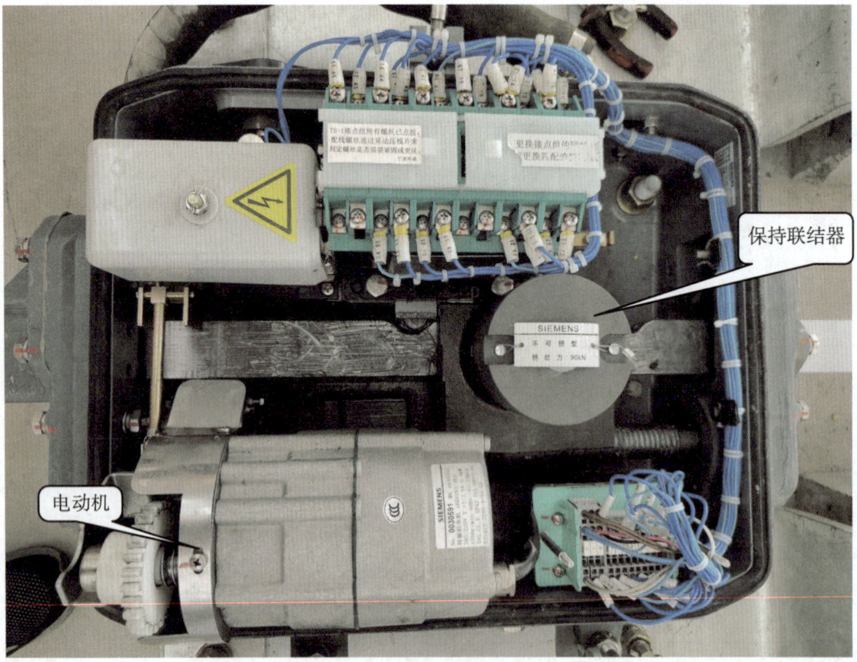

图 6-2-3　S700K 型电动转辙机电机、保持联结器

(2)齿轮组

齿轮组由电机齿轮、中间齿轮及摩擦联结器齿轮组成，它不仅仅可将电机的旋转驱动力传

递到摩擦联结器上，还能将电机从高速旋转降速，使旋转驱动力增大，适应道岔转换的需要，如图 6-2-4 所示。

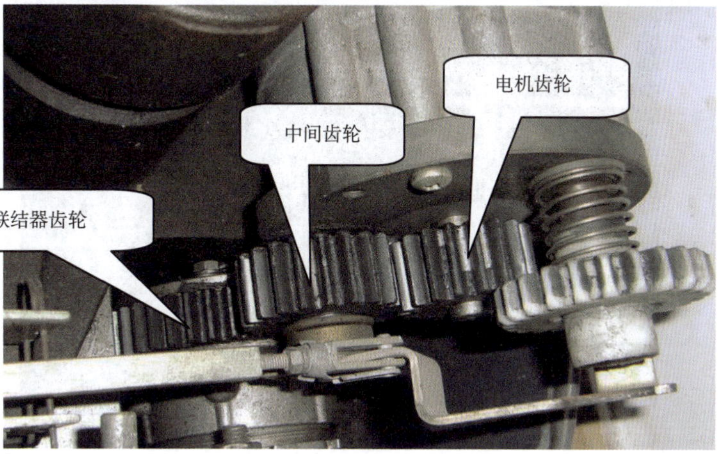

图 6-2-4　S700K 型转辙机齿轮组

(3)摩擦联结器

摩擦联结器的作用主要是将变速齿轮组变速后的旋转力传递给滚珠丝杠。当作用于滚珠丝杠上的转换阻力大于摩擦结合力时，主备摩擦片之间相对打滑空转，起到保护三相电动机的作用。出厂前，已经按额定转换力的要求调整好摩擦联结器并施以漆封，现场使用时不再对其进行调整。如果摩擦联结器被拆开或者其可调端盖被旋转过，则必须重新检验设备的转换力。S700K 型转辙机摩擦联结器、滚珠丝杠如图 6-2-5 所示。

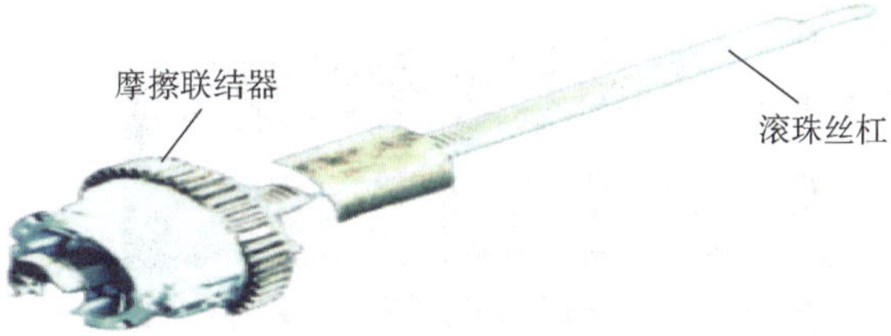

图 6-2-5　S700K 型转辙机摩擦联结器、滚珠丝杠

(4)滚珠丝杠

滚珠丝杠的结构类似于螺栓螺母，当滚珠丝杠旋转一圈时，螺母变化一牙距离。它的主要作用是将电机的旋转运动变为直线运动，如图 6-2-5 所示。

(5)保持联结器

保持联结器是转辙机的重要受力件之一，有无保持联结器是可挤型和不可挤型转辙机的主要区别，其调整螺母顶部加有铅封。当道岔的挤岔力超过弹簧压力时，动作杆滑脱，保护整机不被损坏。不可挤型转辙机在使用中，不允许出现挤岔。可挤型转辙机根据需要有不同的保持力。使用可挤型转辙机出现挤岔时，需恢复保持器与动作杆的正常连接。

(6)锁闭块及锁舌

在终端位置，当检测杆指示缺口与指示标对中时，锁闭块及锁舌应能正常弹出。锁舌的伸出量一般≥10 mm，但最小伸出量不得小于 9 mm。转辙机开始动作后，原伸出的锁闭块应能正常缩入，锁舌在锁闭块的连带作用下应能正常缩入。转辙机工作时，不能随意将伸出的锁舌或锁闭块推入，否则会切断原表示电路。S700K 型转辙机锁闭块、锁舌如图 6-2-6 所示。

图 6-2-6　S700K 型转辙机锁闭块、锁舌

（7）速动开关组

速动开关组是转辙机内部电路的转换接点部分，主要是监督道岔工作状态，给出道岔定位和反位表示。不能随意松开速动开关组下面开关架的固定螺钉，否则会切断表示电路，TS-1 接点如图 6-2-7 所示。

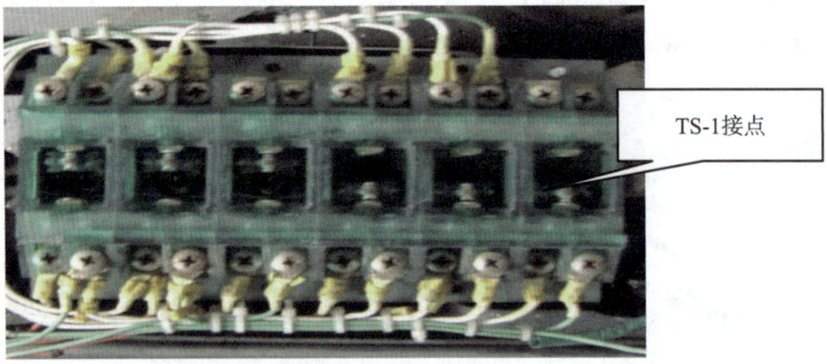

图 6-2-7　S700K 型转辙机 TS-1 接点

（8）检测杆

检测杆随尖轨或可动心轨转换而移动，用来监督道岔在终端位置时的状态。检测杆上的指示缺口与机内指示标对中，允许偏差为±0.5 mm。机外的标尺作用与机内的指示标相同，用于在不打开机盖的情况下，检查尖轨或可动心轨辙叉的偏移情况。S700K 型转辙机检测杆如图 6-2-8 所示。

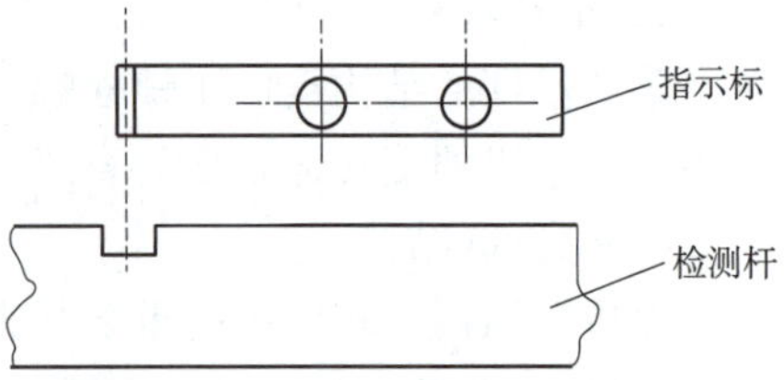

图 6-2-8　S700K 型转辙机检测杆

（9）开关锁

开关锁是操纵遮断开关闭合与断开的机构。当钥匙立着插入并逆时针转动 90°时，遮断开关将被切断。恢复时须提起开关锁上的锁闭销，同时将原插入的钥匙顺时针转动 90°，即可接通遮断开关。S700K 型转辙机开关锁如图 6-2-9 所示。

图 6-2-9　S700K 型转辙机开关锁

(10)遮断开关及手摇把挡板

遮断开关的作用:一是内部检修或人工切断电路动作时,可用钥匙打开开关锁,使安全接点断开,切断启动电路,起到保护作用;二是当人工摇动道岔时,打开摇把孔挡板,同时也断开安全接点,防止在摇道岔时室内扳动道岔。S700K 型转辙机遮断开关、手摇把挡板如图 6-2-10 所示。

(a) 遮断开关

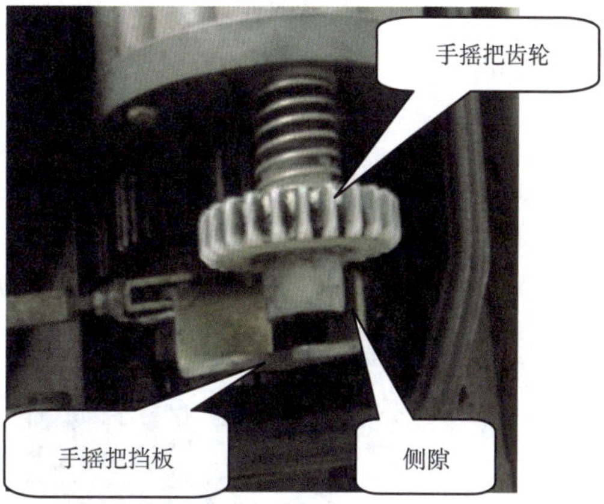

(b) 手摇把挡板

图 6-2-10　S700K 型转辙机遮断开关、手摇把挡板

当接通遮断开关时,手摇把插入孔处的挡板必须能阻止手摇把插入摇把齿轮。在摇把齿轮与摇把挡板之间必须有一条侧隙,一般为 1～3 mm。过大时,容易使遮断开关轴与遮断开关的绝缘体之间因振动产生过量磨损,可能出现安全接点被断开的故障。切断遮断开关后,手摇把必须能顺利插入摇把孔,如果需要校正侧隙,可以调节叉形接头与连杆的螺纹连接来改变其长度,从而可以调至最小可能的侧隙。

二、ZY(J)7 型电液转辙机

1. 特点

(1)整机采用液压传动、机械锁闭,磨损小、寿命长、锁闭可靠。

(2)两牵引点之间采用油管传输,可避免机械磨损和旷动,安装简便,适用于多点牵引。

(3)采用两点或多点牵引时,SH6 系列转换锁闭器和信号楼之间不必铺设电缆,也不必在信号楼内增设控制电路。

(4)溢流压力稳定易调整,不受气候温度影响。

(5)油缸密封采用新型组合密封圈,降低了摩擦系数,管路连接采用国际先进水平的液压接头,密封可靠。

(6)多点牵引道岔可选用主副机形式,亦可采用全主机形式满足多机多点牵引方式的要求。

2. 型号含义

ZY(J)型转辙机型号含义如图 6-2-11 所示。

SH 系列转换锁闭器型号含义如图 6-2-12 所示。

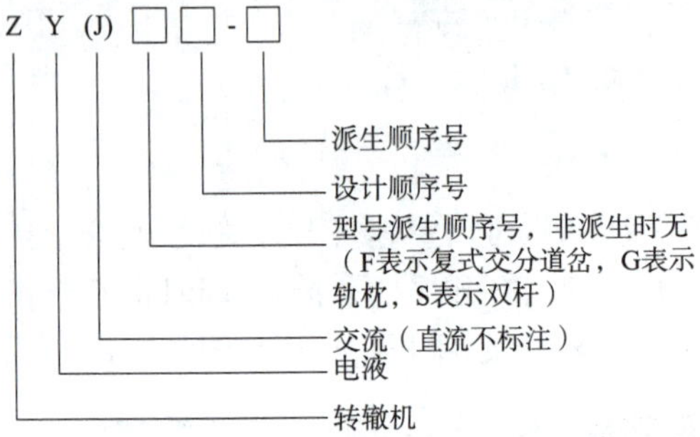

图 6-2-11 ZY(J)型转辙机型号含义

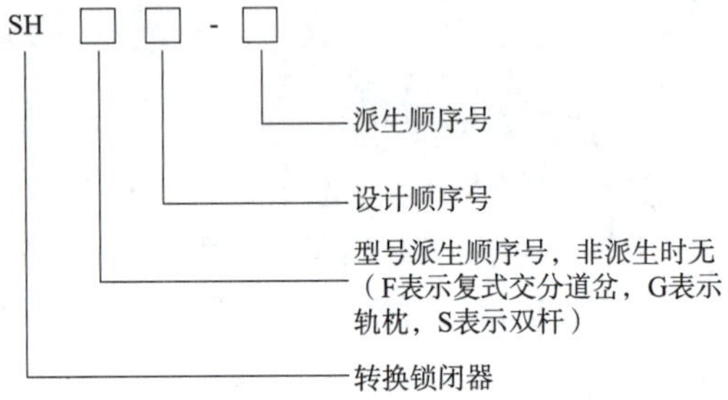

图 6-2-12 SH 系列转换锁闭器型号含义

3. 组成

ZY(J)7 型电液转辙机可由 ZY(J)7 型电液转辙机单独组成,也可由 ZY(J)7 型电液转辙机和 SH6 系列转换锁闭器组成。

ZY(J)7 型电液转辙机结构如图 6-2-13 所示。

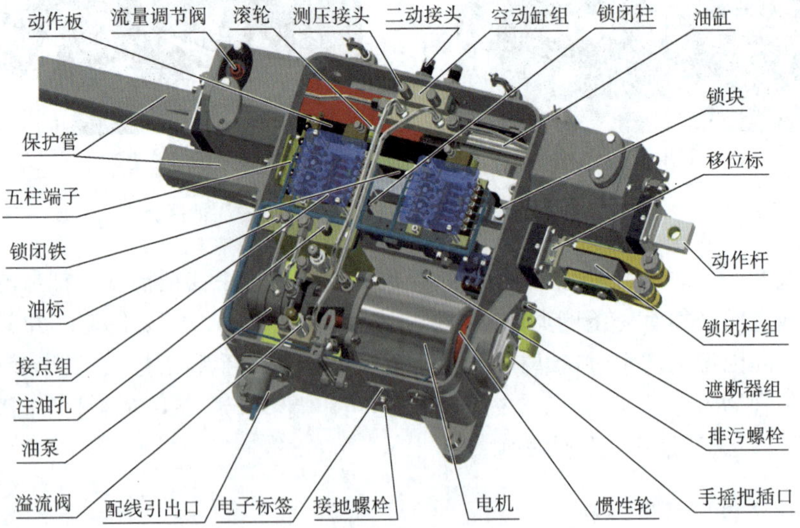

图 6-2-13 ZY(J)7 型电液转辙机结构

注:1. 同类交流转辙机与直流转辙机仅是油泵电机组不同;

2. 用于全主机配置除第一牵引点外的转辙机时,接点组及锁闭杆分别换为挤脱接点组和表示杆。

SH6 系列转换锁闭器结构如图 6-2-14 所示。

单点 ZY(J)7 型电液转辙机结构如图 6-2-15 所示。

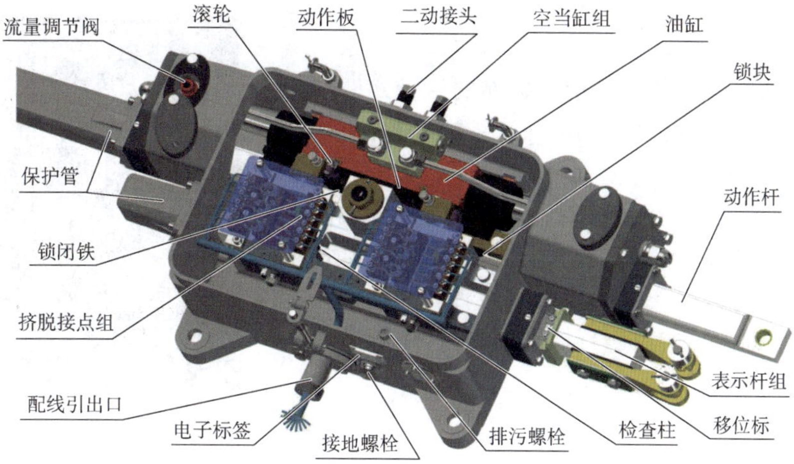

图 6-2-14　SH6 系列转换锁闭器结构

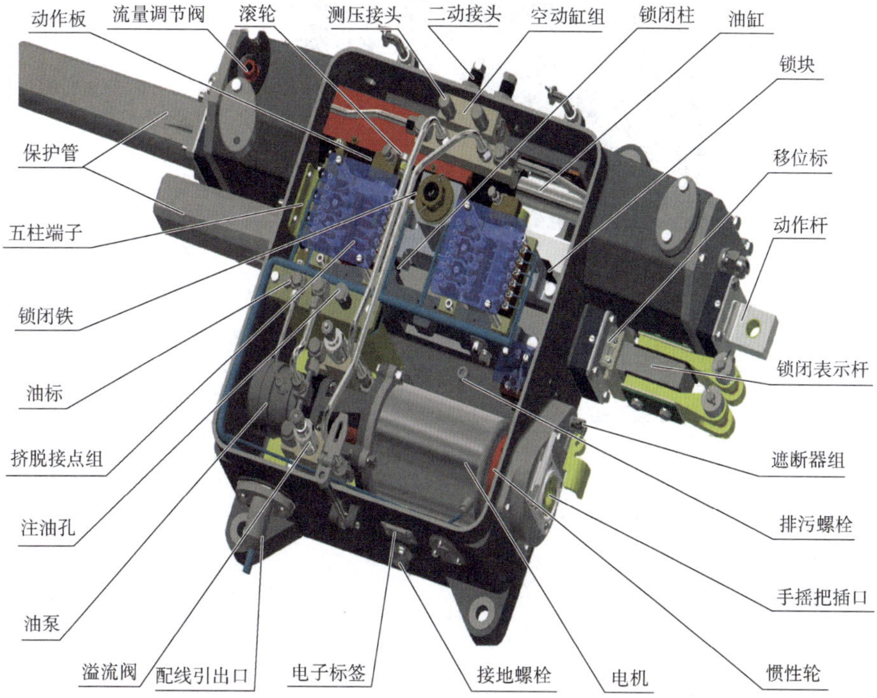

图 6-2-15　单点 ZY(J)7 型电液转辙机结构

注：1. 单点 ZY(J)7 型电液转辙机与 ZY(J)7 型电液转辙机在结构方面的主要区别为单点 ZY(J)7 型电液转辙机采用的是挤脱接点组和锁闭表示杆；

2. ZY(J)7 型电液转辙机由 ZY(J)7 型电液转辙机(亦称主机)和 SH6 系列转换锁闭器(亦称副机)组成，主机与副机共用一套动力系统，可以每个牵引点分别使用各自的动力系统(即全主机牵引)，也可在两者之间靠油管连接并传输动力。

4. 主要部件及作用

(1)油泵

油泵是将机械能转换成液体压力能的元件，主要由轴、缸体、柱塞、轴承、压盘、斜盘、泵盖、回程盘、弹簧、配油盘、缸套等组成。ZY(J)型电液转辙机采用双向斜盘轴向柱塞式油泵，如

图 6-2-16 所示。

(2)油缸

油缸是把液体压力能转换成机械能的执行元件，主要由活塞杆、缸座、缸筒、缸套、接头体、联结螺栓和密封圈等组成，如图 6-2-17 所示。

结构原理：密封圈、活塞杆对称中心处的孔用组合密封及缸座内的轴用组合密封，将缸筒分成两个密封腔，液压油通过接头体进入活塞杆中，通过活塞杆上放射孔进入到缸筒的两侧（即油缸的两侧），油缸动作时，一侧进入，另一侧的油排出。

图 6-2-16　ZY(J)7 型电液转辙机油泵

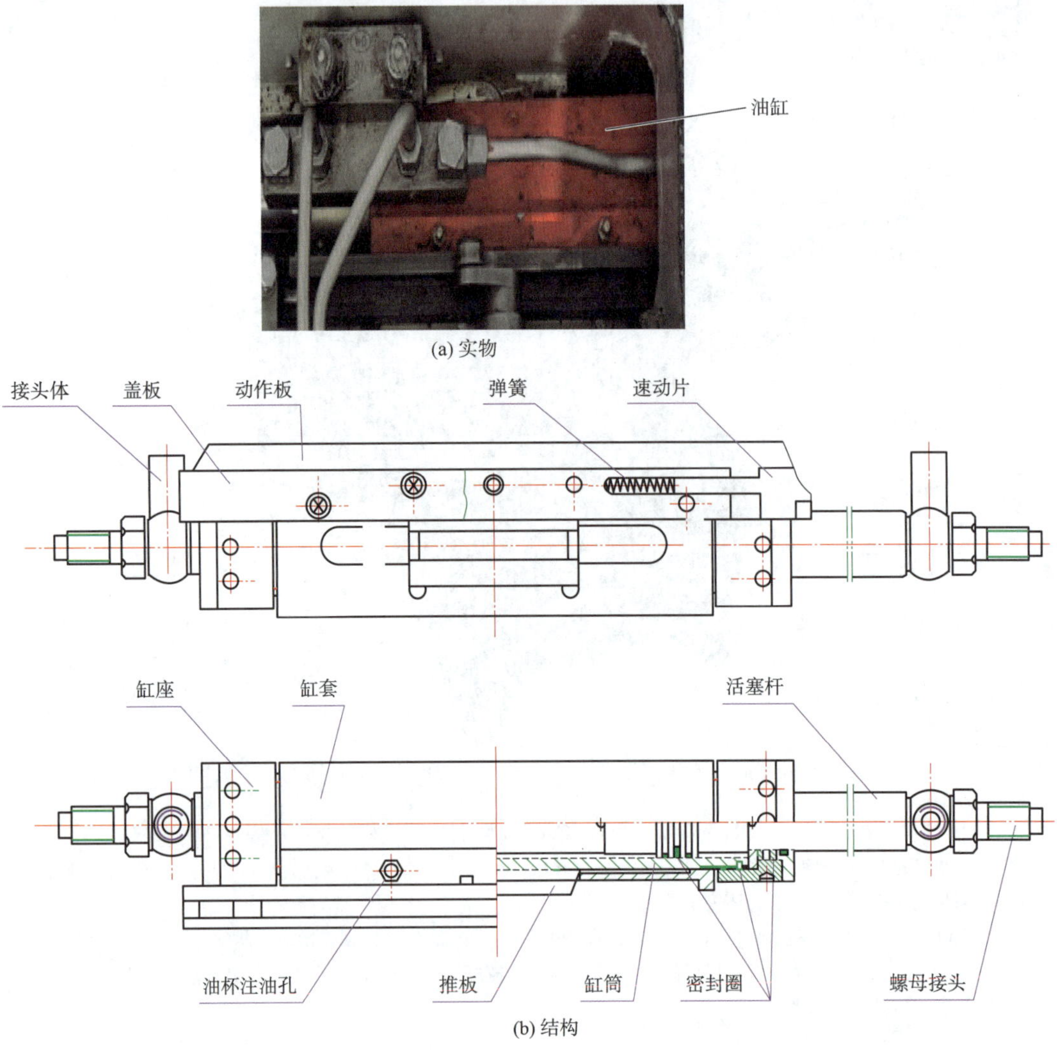

图 6-2-17　ZY(J)7 型电液转辙机油缸

(3)单向阀、节油阀、溢流阀等控制元件

控制元件由单向阀、节油阀、溢流阀、压力表开关、短路阀等组成。通过对液体的压力、流量、方向等的控制来实现对执行元件的运动速度、方向、作用力等的控制，也用于实现过载保护、程序控制等，如图6-2-18所示。

①单向阀主要由阀体和钢球组成。钢球与配合端口密封，单向通过油液。ZY(J)7型电液转辙机采用双单向阀串联形式，提高其可靠性，如图6-2-19所示。

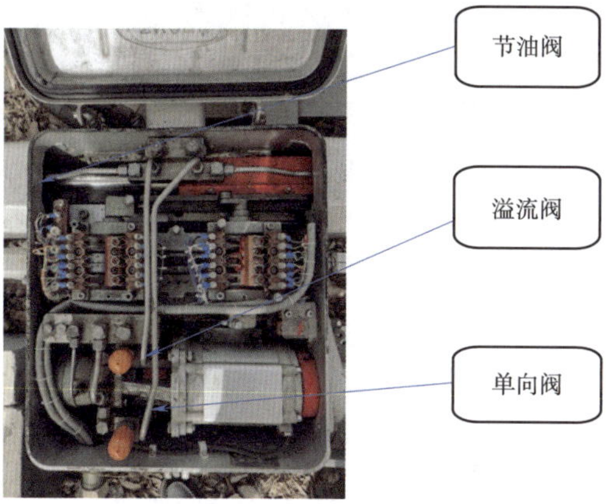

图6-2-18　ZY(J)7型电液转辙机控制元件

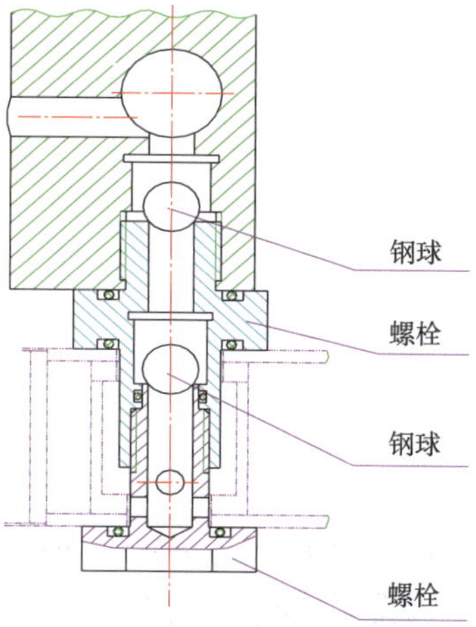

图6-2-19　ZY(J)7型电液转辙机单向阀

②溢流阀主要由阀体和阀芯等组成。通过调整弹簧弹力，保证油路中液压油的压力不超过一定限值，以防止道岔转换受阻时，电动机电源没被断开时油路中油液压力不断升高而损坏各部液压件。当道岔转换到位而电动机仍没有停转时，溢流阀使高压油释放压力，经回油管回油箱，如图6-2-20所示。

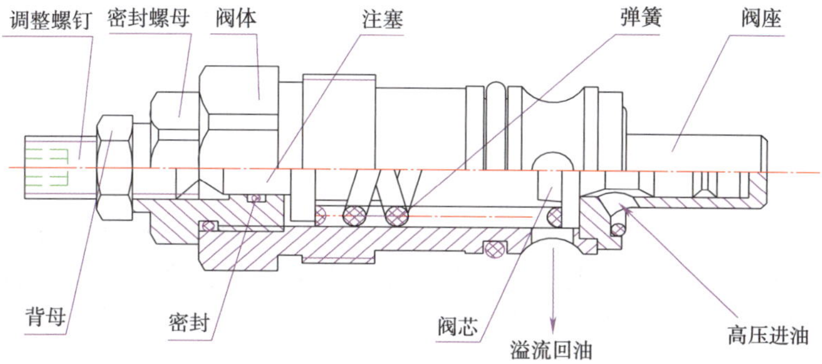

图6-2-20　ZY(J)7型电液转辙机溢流阀

(4)启动油缸

启动油缸由缸体、缸筒、柱塞、垫圈及O形圈组成。启动油缸用两个接头阀将油路板与缸体上的两个孔连接起来，使得其在油路中与油缸并联。柱塞和缸筒位于启动油缸内。启动油缸的作用是在电动机刚启动时给一个小的负载，待转速提高、力矩增大时再带动负载，来克服交流电动机启动性能不足的问题。ZY(J)7型电液转辙机启动油缸如图6-2-21所示。

(5)流量调节阀

流量调节阀主要由调节螺栓、调整杆、O形圈及挡圈组成。通过调节调整杆使管道改变通径，从而改变流量，实现牵引点间宏观同步，如图6-2-22所示。

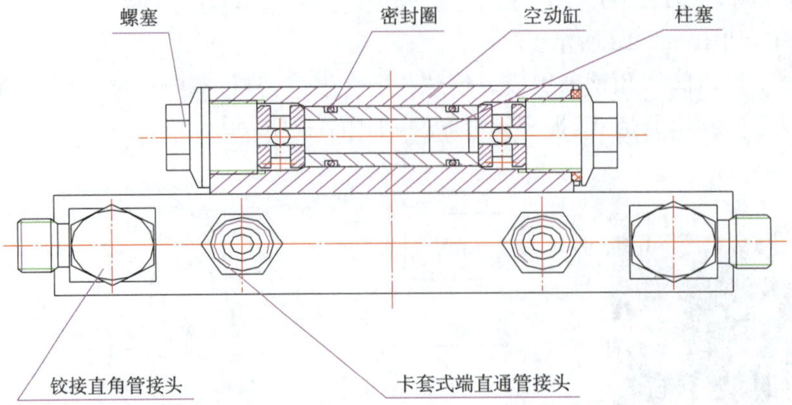

图 6-2-21 ZY(J)7 型电液转辙机启动油缸

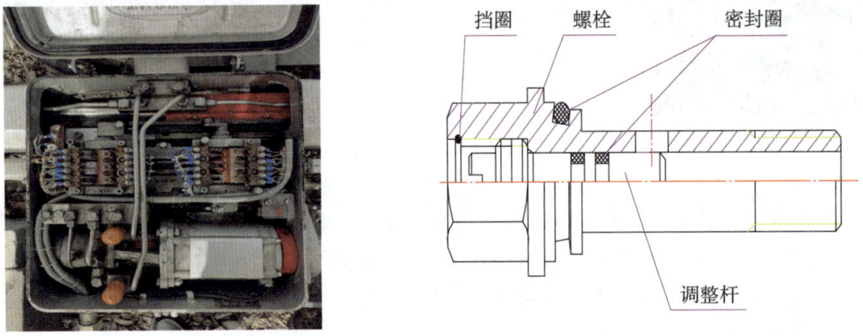

(a) 实物 (b) 结构

图 6-2-22 ZY(J)7 型电液转辙机流量调节阀

三、外锁闭装置

1. 功能

外锁闭装置能转换道岔并将道岔的密贴尖轨与基本轨直接进行锁闭，将斥离尖轨保持在标准开口位置。其对道岔的锁闭是在外部实现的，直接将密贴尖轨和基本轨锁在一起，使之成为一个整体，保证高速、重载列车的安全。

2. 组成

外锁闭装置由锁闭杆组件、锁钩组件、锁闭框组件和尖轨连接铁组件等组成，如图 6-2-23 所示。

四、室内设备

1. 交流提速电源屏

交流提速电源屏专供交流电动转辙机使用，采用隔离直供的方式供电。当两路输入交流电源其中一路发生断电或断相时，转换时间（包括自动或手动）不大于 0.15 s。

提速屏的容量有 10 kV·A、15 kV·A、20 kV·A、30 kV·A。

交流电源输入采用三相四线制。电流互感器二次线圈严禁开路。错相、缺相、过欠压应报警。

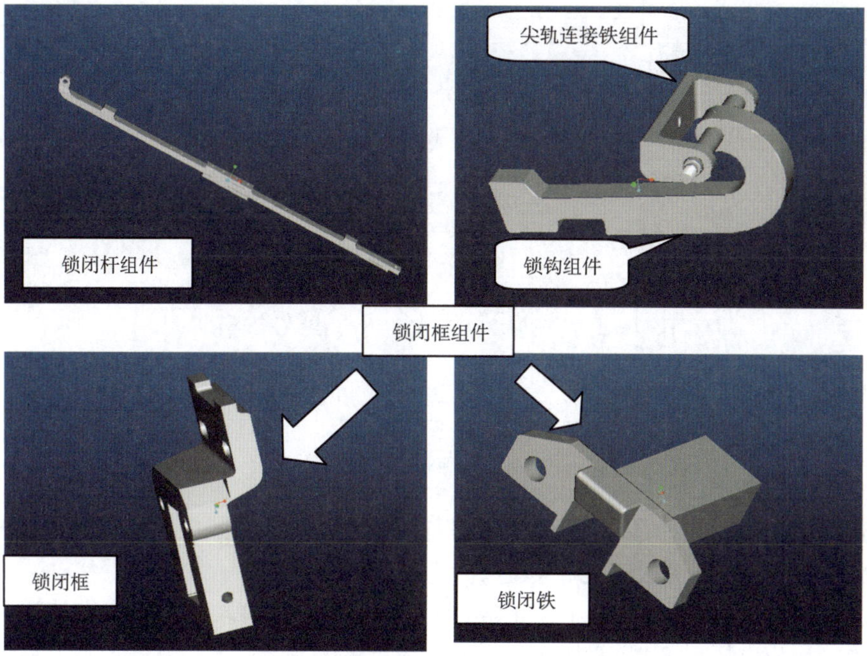

(a) 基本组件

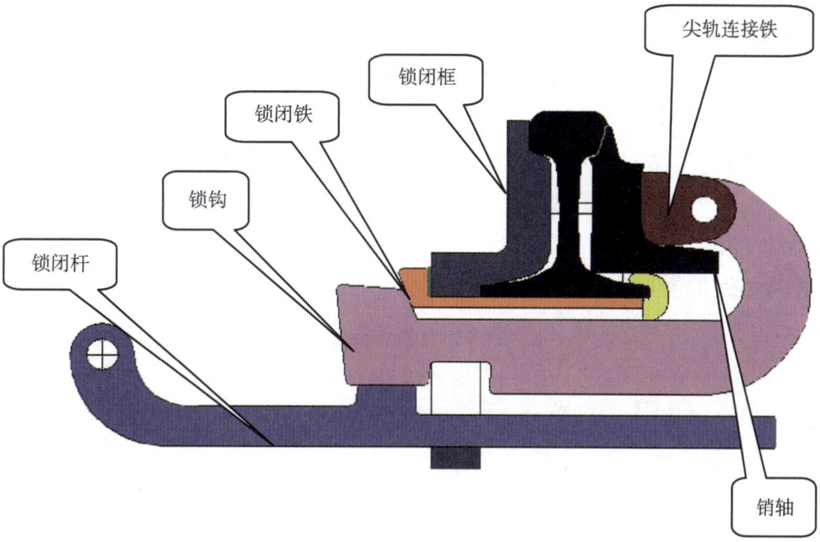

(b) 整体构成

图 6-2-23　外锁闭装置

2. 断相保护器

(1)作用

①转辙机转换到底时,切断道岔控制电路;

②启动电路接通后启动回路发生断线故障及时切断控制电路;

③断相保护三相电机。

(2)工作原理

断相保护器内部电路如图 6-2-24 所示。端子 11、31、51 为三相电源的输入端,端子 21、41、61 为三相电源的输出端,端子 1、2 为直流输出端,接 BHJ 线圈 1、4 端子。

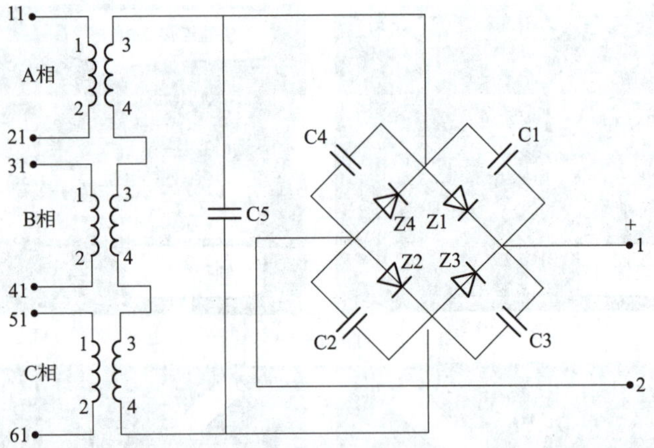

图 6-2-24 断相保护器内部电路

由于道岔平时不动作，所以断相保护器的三个变压器输入线圈中无电流通过，桥式整流堆也无直流输出，故 BHJ 平常处于落下状态。

当道岔动作时，如果三相负载工作正常，则三个变压器的输入线圈中有电流通过，在变压器Ⅱ次侧得到感应电压后，串联叠加送至桥式整流堆的交流输入端，经桥式整流后，得到直流电源，使 BHJ 励磁吸起。

当发生断相时，这一相的变压器Ⅰ次侧相当于开路，其阻抗为无穷大，而另两相电源由于缺少了三相中的一相，负载电流的幅值也将变小，相位也发生了变化，与其对应的变压器Ⅱ次侧的感应电压的幅值及相位也发生了变化，使三个变压器Ⅱ次侧串联叠加输出电压基本趋于零，故桥式整流堆的直流输出电压也为零，使 BHJ 落下。电路中各个电容主要是起滤除次谐波的作用。

(3)断相保护器的电气特性

提速道岔断相保护器电气特性见表 6-2-2。

表 6-2-2 提速道岔断相保护器电气特性

参数	DBQ	DCBHQ	DBQX	QDB-S
额定电压(三相 AC)/V	380	380	304～437	380
输入电流(AC)/A	1.5～3.5	1～3.5	1～5	1～4
输出电压(DC)/V	15～22	20～30	17.5～28	18～29
断相输出电压(DC)/V	≤0.5	≤0.5	≤0.5	≤0.1
动作时间/s	<0.2	<0.2	≤0.3	≤0.3
限时时间/s	—	—	13±0.5	13±0.5

3. 道岔室内定型组合(继电器)

以双机牵引为例，室内定型组合一般由 DC-T、JDF(Ⅰ)、JDF(Ⅱ)三个组合组成。DC-T 为总组合，每一台转辙机用一个组合，第一牵引点的组合为 JDF(Ⅰ)，第二牵引点的组合为 JDF(Ⅱ)。

室内定型组合由 1DQJ、2DQJ、QDJ、ZBHJ、1BHJ、2BHJ、1DQJF、DBQ、DBJ、FBJ、RC 等继电器组成。

各种继电器所使用的型号如下：

1DQJ:JWJXC-H125/80;
2DQJ:JYJXC-135/220;
1DQJF:JWJXC-480;
QDJ、ZBHJ、BHJ:JWXC-1700;
DBJ、FBJ:JPXC-1000。

第三节　道岔转辙设备的工作原理

一、外锁闭装置动作原理

转辙机产生的动力通过安装装置作用到锁闭杆上,锁闭杆成整体直线运动,锁闭杆凸台与锁钩的缺口作用,推(拉)两侧尖轨;当尖轨与基本轨密贴时,转辙机还未运动到位,继续推(拉)锁闭杆,锁闭杆凸台处的斜面与锁钩缺口处的斜面挤压使锁钩的尾部抬起,锁钩以轴销为轴向上旋转,最终锁钩尾部的斜面与锁闭铁的斜面贴合,锁闭杆凸台的上面与锁钩尾部下表面贴合,转辙机运动到位,完成锁闭;在另一端,锁闭杆凸台在锁钩的缺口中,限制斥离尖轨运动,保证道岔开口达到设计要求。

道岔外锁闭装置解锁、转换、锁闭过程如下,尖轨部分动作过程如图 6-3-1 所示,心轨部分动作过程如图 6-3-2 所示。

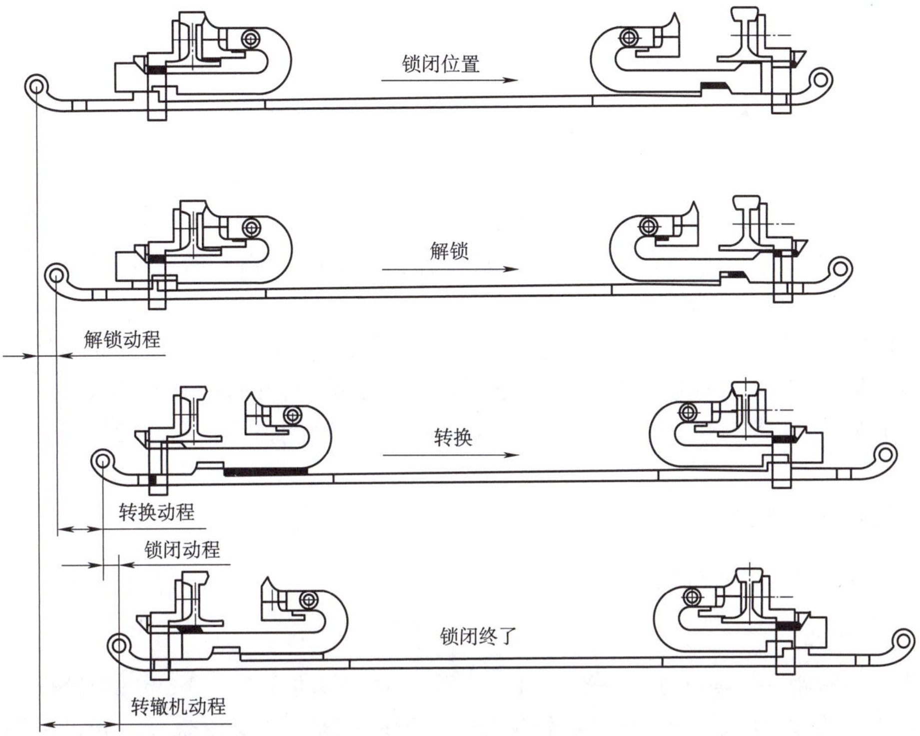

图 6-3-1　道岔外锁闭装置尖轨部分动作过程

1. 初始状态(锁闭位置):左侧密贴尖轨处于锁闭状态,右侧斥离尖轨与基本轨保持标准开口。

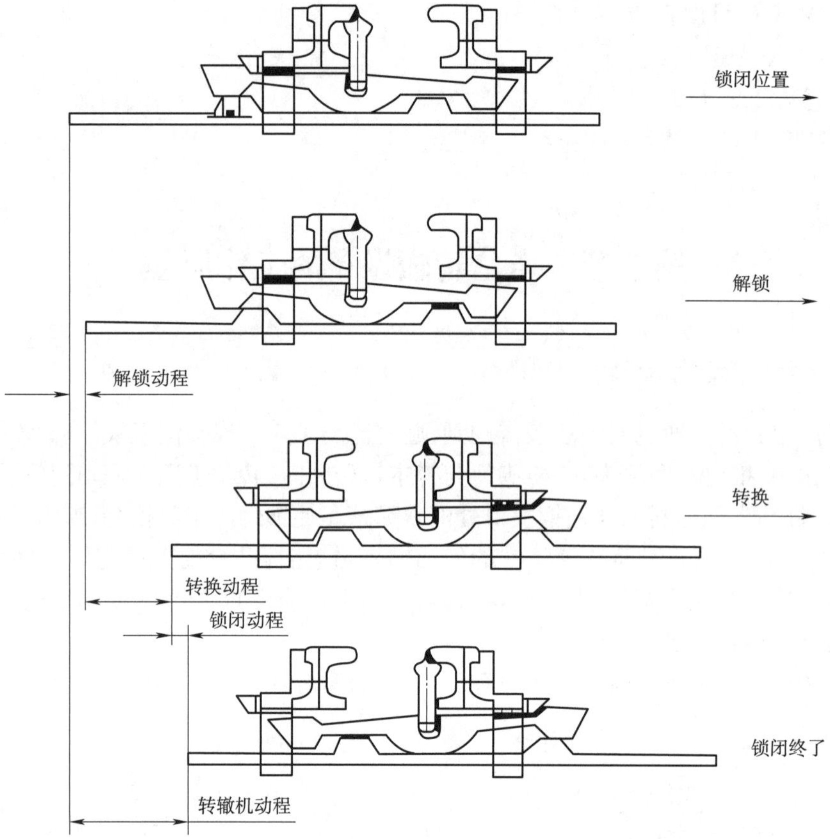

图 6-3-2　道岔外锁闭装置心轨部分动作过程

2. 解锁状态(解锁):锁闭杆向右运动,左侧密贴尖轨静止不动,右侧斥离尖轨向右运动,当左侧锁闭杆凸台运动至锁钩缺口正下方时,锁钩旋转下落,密贴尖轨解锁。

3. 转换状态(转换):锁闭杆继续向右运动,两侧尖轨均处于解锁状态并同时向右运动,右侧尖轨与基本轨密贴停止运动。

4. 锁闭状态(锁闭终了):锁闭杆继续向右运动,锁钩底面缺口处斜面与锁闭杆凸台处斜面挤压,使锁钩围绕销轴向上旋转,锁闭杆继续运动直至锁闭杆凸台完全从锁钩缺口中出来,右侧尖轨开始锁闭,锁闭杆凸台在锁钩下面移动到标准的锁闭位置。左侧尖轨向右移动至标准开口位置。

反向转换时原理相同。

二、S700K 型电动转辙机动作原理

1. 动作程序

断表示→解锁→转换→锁闭→给出另一位置表示。以动程为 220 mm 的转辙机为例,其具体动作程序为:电动机转动→中间齿轮传递→摩擦联结器→带动滚珠丝杠转动→操纵板将锁闭块顶入,切断原来表示→锁舌缩入,解锁→滚珠丝杠螺母带动保持联结器移动→外锁闭开始解锁→当动作杆移动约 60 mm 时,外锁闭解锁完毕→道岔开始转换→当动作杆动程达到 220 mm 时,内表示杆缺口对准锁闭块,锁闭块弹出进入表示杆缺口,锁舌伸出→切断启动电路,接通表示。

S700K 型电动转辙机具有表示电路自检锁闭功能，表示制约锁闭，在锁闭的同时接通表示电路。当没有表示(俗称卡缺口)时，锁舌伸不出来，内锁闭无法锁闭。

2. 检测原理

S700K 型电动转辙机的检测杆分为上下两层，上下层检测杆之间没有连接或调整装置，外接两根表示杆分别调整。上层检测杆用来检查被“拉回”的尖轨位置，下层检测杆用来检测被“推出”的尖轨位置。

3. 挤岔过程

凹槽式的保持联结器使转辙机能承受挤岔。与道岔相连的动作杆由保持联结器以一定的力牢靠地固定住，当作用在道岔上的力超过挤岔阻力时动作杆松脱，动作杆侧面的凹槽会使锁闭块后退而转换接点组。保持联结器如图 6-3-3 所示。

图 6-3-3　保持联结器

三、ZY(J)7 型电液转辙机动作原理

1. 油路系统工作原理

ZY(J)7 型电液转辙机油路系统(以两点牵引转辙机为例)如图 6-3-4 所示。

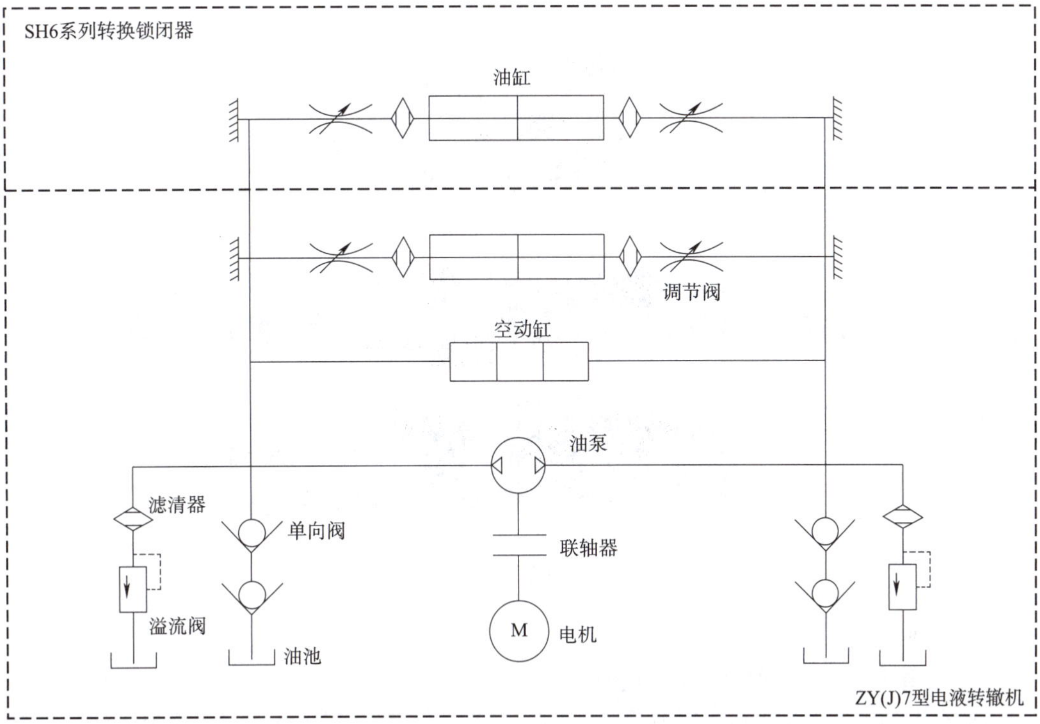

图 6-3-4　ZY(J)7 型电液转辙机油路系统

ZY(J)7 型电液转辙机油路系统为闭式系统，当电机带着油泵顺时针方向旋转时，油泵从油缸左侧腔内吸入油，泵出的油使油缸右腔体积膨胀，主、副油缸向右侧移动。当油缸到位停止动作时，接点系统断开启动电源，接通新的表示电路。当油缸动作因故不能到位时，泵从左边的单向阀吸入油，泵出的高压油经右边的滤清器和溢流阀回油箱。反之，若电机带着油泵逆

时针方向转动，油缸动作方向与上述方向相反。

当油缸动作到极点时，极点值由溢流阀调整，转辙机还没有转换到位时，为保护油缸及油管不因过压而损坏，右侧溢流阀应该自动打开，此时油泵从油池经左侧单向阀吸入油，并向油泵右侧泵出，经右侧的滤清器、溢流阀回油池，形成一个恒压循环回路，称溢流。反之亦然。

为改善交流电机的启动特性，油缸并联了启动缸。另外，主机、副机进出油缸之处加装了流量调节阀，用于使主机和副机在转换道岔时实现近似同步动作。

2. 机械动作原理

转辙机电机经联轴器带动油泵逆时针旋转，由于活塞杆固定不动，油缸缸套带动动作板和推板向右动作，动作板的斜面推动接点组转换，断开右侧表示接点，推板接触右侧锁块后，油缸继续向前移动，通过推板和右侧锁块带动动作杆向右移动，同时左侧锁块开始解锁。当油缸走完解锁动程后，右侧锁块和左侧锁块处于锁闭铁和推板的间隙内，油缸继续通过推板和右侧锁块带动动作杆向右移动，当动作杆继续移动到右侧锁块与锁闭铁的锁闭面时，开始进入锁闭过程。继续向右移动 15.2 mm，将右侧锁块推入锁闭铁的右侧锁闭面，此时，动作杆的行程为 7.6 mm，在此动程内，动作杆上的转换力可增加一倍，油缸继续向右移动，动作杆不动作，推板进入右侧锁块的锁闭面，进入锁闭状态。此时接点组的启动片在接点组拉簧的动作下快速掉入动作板上速动片圆弧内，快速切断电源，接通左侧表示，同时锁闭柱或检查柱插入锁闭杆或表示杆缺口内。若电机带着油泵顺时针转动，转辙机转换方向与上述方向相反，如图 6-3-5～图 6-3-7 所示。

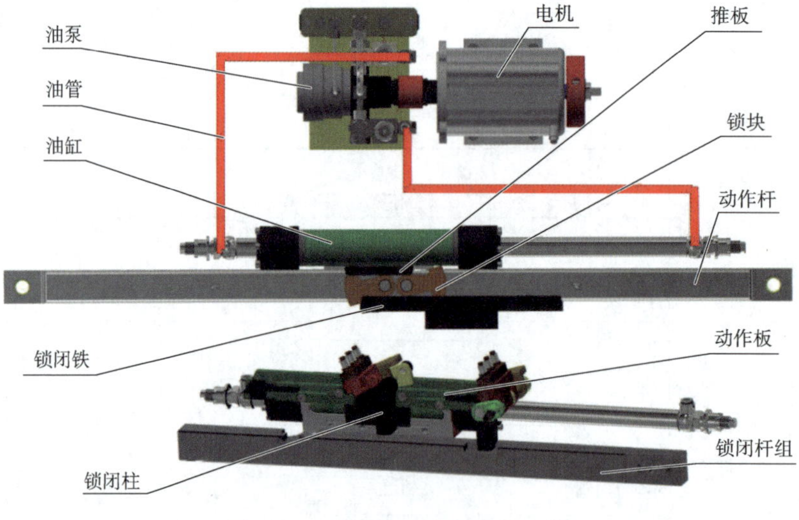

图 6-3-5 转辙机左侧锁闭位示意

3. 挤岔断表示工作原理

(1)多点牵引道岔转辙机或转换锁闭器

多点牵引道岔除尖轨(心轨)的第一牵引点外其余牵引点均有挤岔断表示功能，当转辙机或转换锁闭器处于锁闭位(以右侧锁闭位为例，如图 6-3-8 所示)，动作杆受来自向左方向的外力且超过规定挤脱力时，动作杆通过锁块推动锁闭铁一起向左移动，锁闭铁顶起挤脱块，如图 6-3-9 所示。由于尖轨移动，通过表示拉杆带动转辙机的表示杆移动，使检查柱抬起切断表示接点，如图 6-3-10 所示，同时锁闭铁移动其背后斜面会使顶杆向上位移，可靠断开表示接点，实现挤脱双断表示。

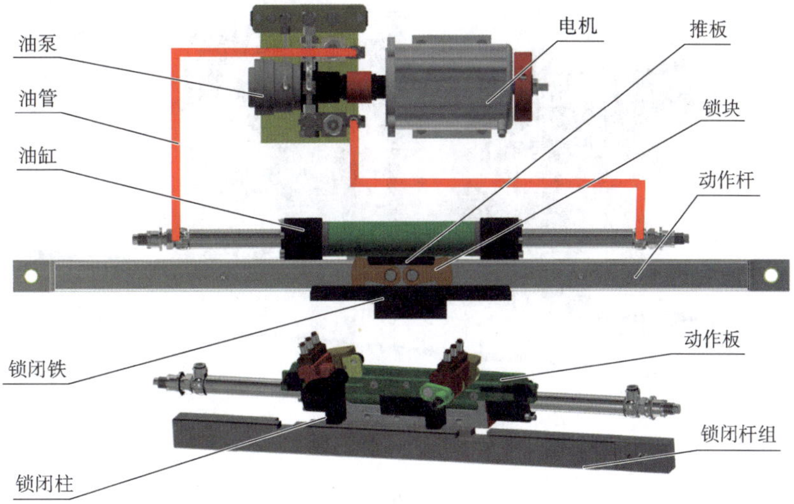

图 6-3-6　转辙机转换过程示意

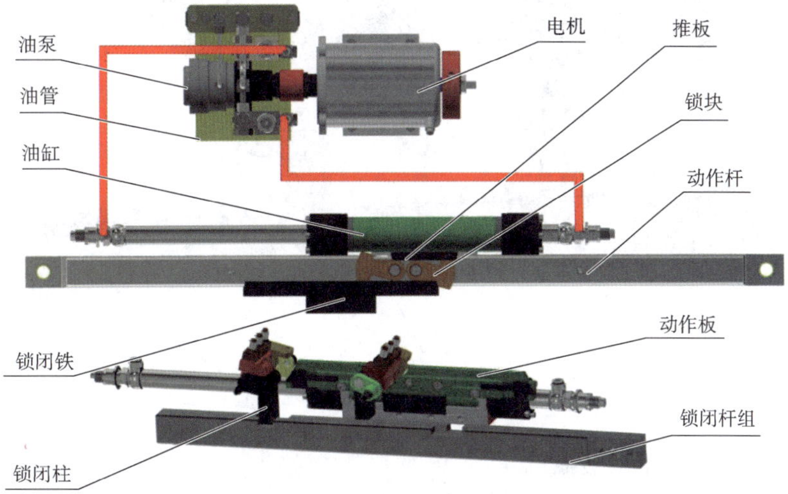

图 6-3-7　转辙机右侧锁闭位示意

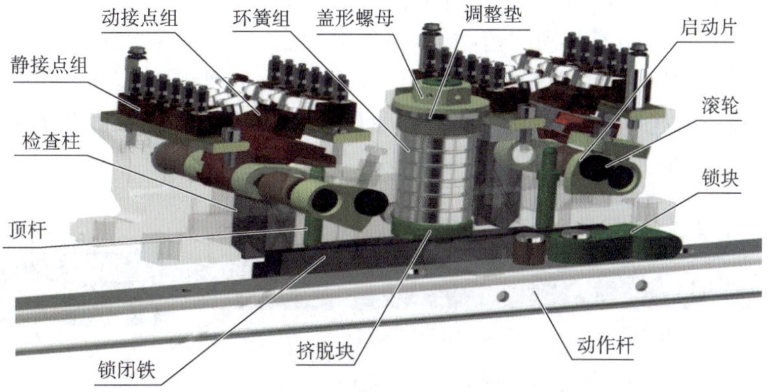

图 6-3-8　自动开闭器右侧锁闭位示意

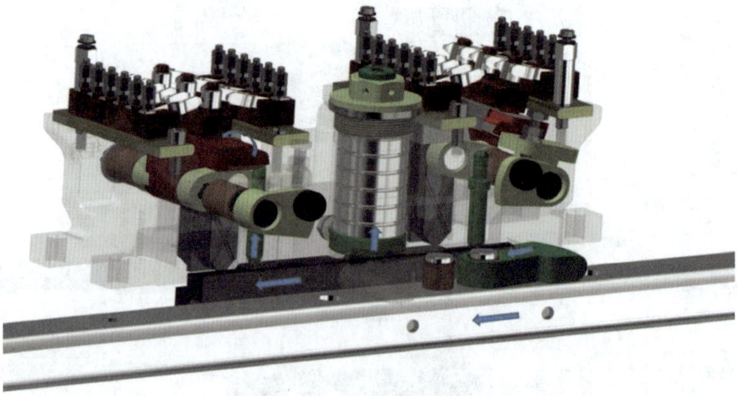

图 6-3-9 挤脱示意

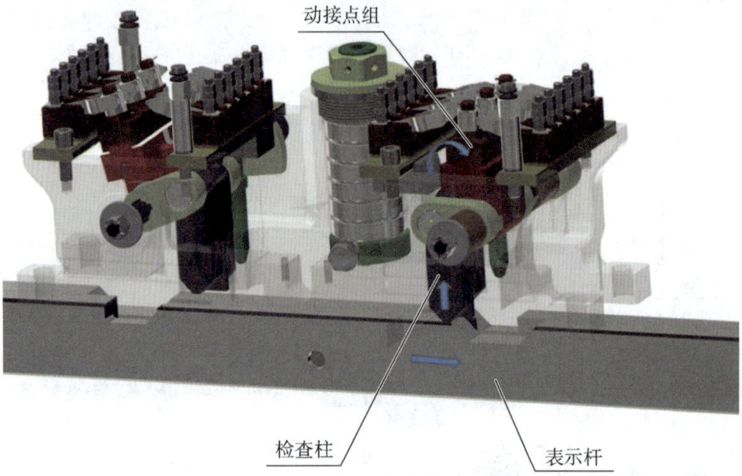

图 6-3-10 表示杆断表示示意

(2)单点 ZY(J)7 型电液转辙机

单点牵引道岔用 ZY(J)7 型电液转辙机与多点牵引道岔具有挤岔断表示功能的转辙机工作原理相同。挤脱时锁闭铁移动,其背后斜面会使顶杆向上位移,使检查柱抬起,锁闭柱仍保持锁闭位置,断开表示接点,与锁闭表示杆共同实现挤脱双断表示功能。锁闭表示杆上的缺口一端为锁闭口,与密贴轨相连并锁闭密贴轨,另一端为表示口,与斥离轨相连并检查斥离轨,机内与锁闭口对应的为锁闭柱,与表示口对应的为检查柱,实现锁闭、表示和挤岔断表示功能。挤岔时斥离尖轨移动,带动锁闭表示杆移动,同时锁闭表示杆的表示口使检查柱抬起断开表示接点。锁闭表示杆如图 6-3-11 所示。

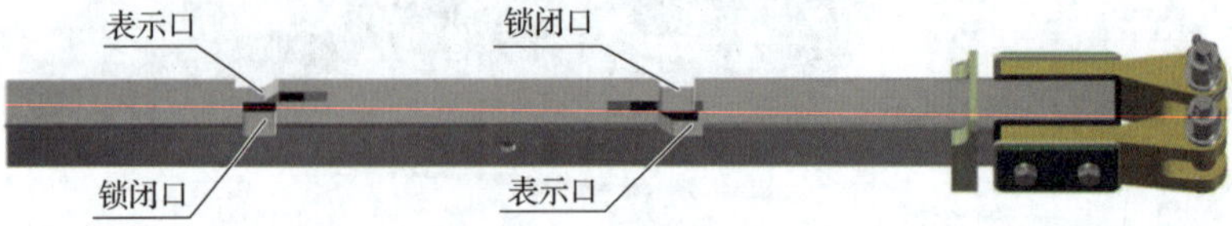

图 6-3-11 锁闭表示杆

4. 机内配线

ZY(J)7 型电液转辙机部分机内配线原理如图 6-3-12～图 6-3-14 所示。

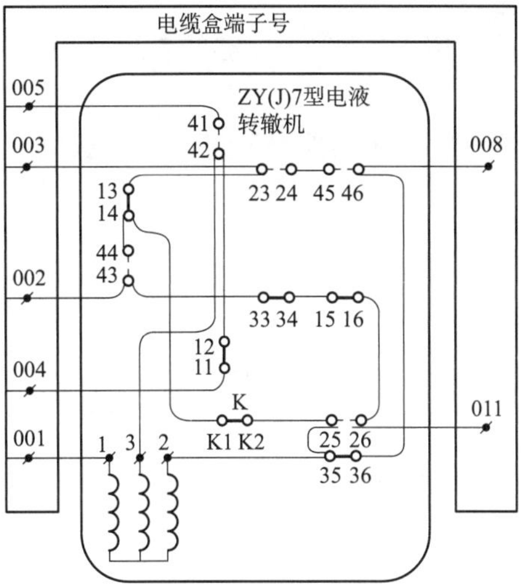

图 6-3-12　单机交流转辙机定位
1、3 排接点闭合机内配线原理

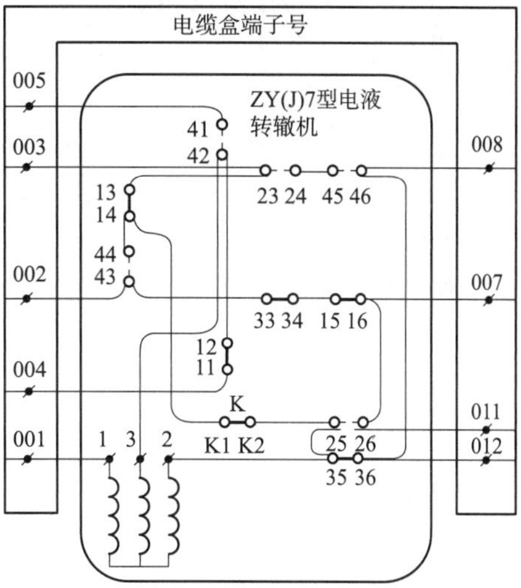

图 6-3-13　单机交流转辙机带密检器
定位 1、3 排接点闭合机内配线原理

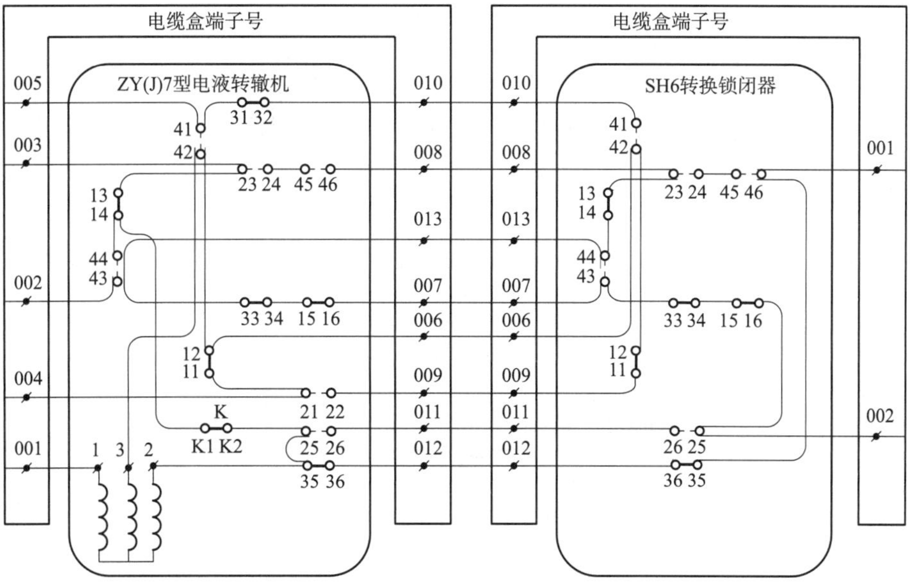

图 6-3-14　两点牵引交流转辙机定位 1、3 排接点闭合机内配线原理

四、道岔转辙设备电路工作原理

提速道岔电路主要分为三个部分:道岔室内控制电路、道岔动作电路、道岔表示电路。

提速道岔电路为五线制电路,室内外联系线路由 5 根电缆芯线组成,分别命名为 X1 至 X5,各线的作用如下:

X1:定反位动作、表示共用线;

X2:反位向定位动作及定位表示线;

X3:定位向反位动作及反位表示线;

X4:定位向反位动作及定位表示线;

X5:反位向定位动作及反位表示线。

可概括为:定位启动使用 X1、X2、X5;反位启动使用 X1、X3、X4;定位表示使用 X1、X2、X4;反位表示使用 X1、X3、X5。

由上述内容可知,不仅道岔向某一方向动作需要使用三根线路,任意位置的表示电路也占用三根线路,这是五线制电路的最大特点。

1. 道岔控制电路工作原理

道岔控制电路工作原理如图 6-3-15 所示。

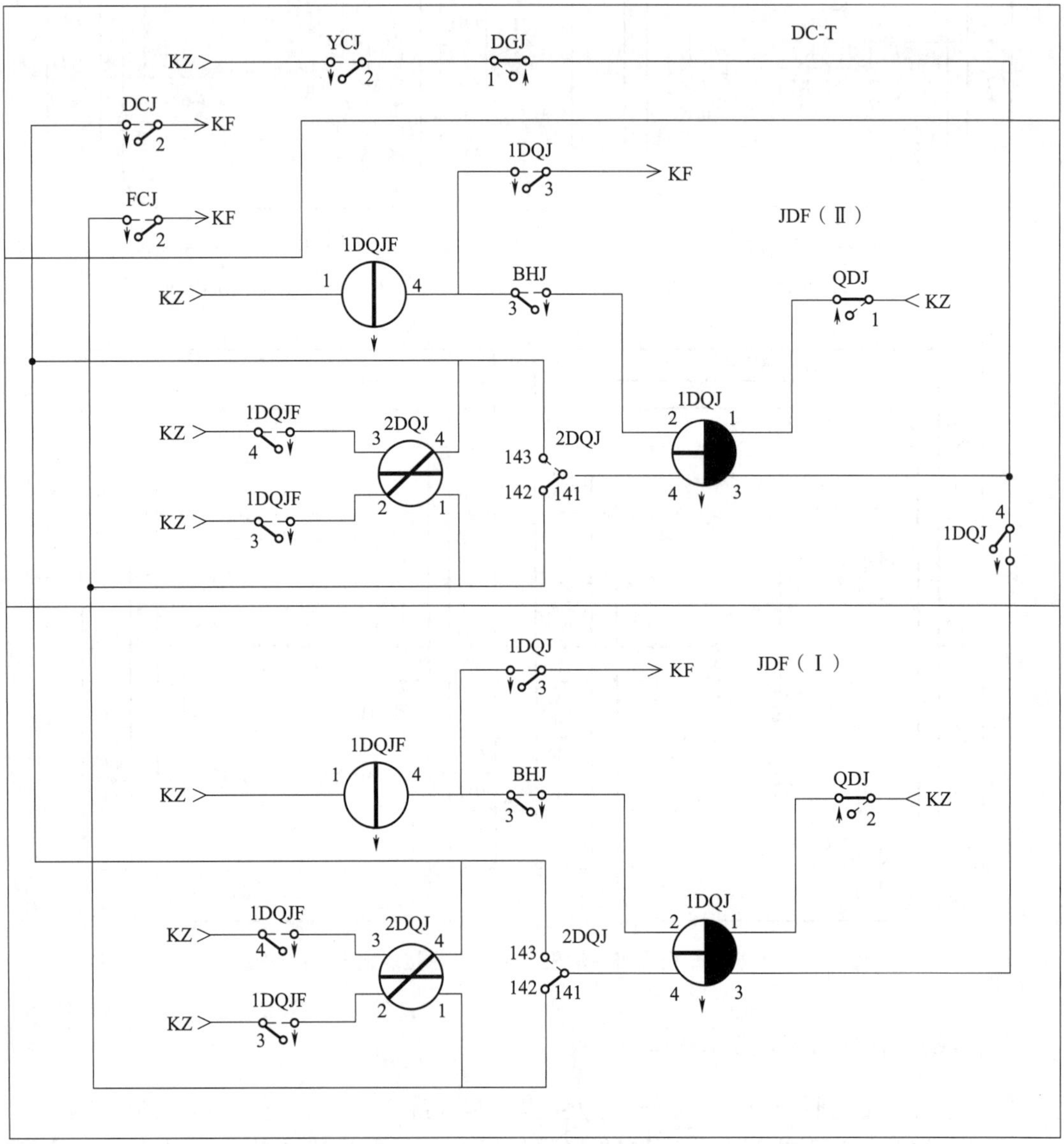

图 6-3-15　室内道岔控制电路工作原理

以 DS6-K5B 计算机联锁车站为例,当道岔扳动时,YCJ 吸起及相应的 DCJ 或 FCJ 吸起后，1DQJ 励磁吸起，2DQJ 转极，1DQJF 吸起，道岔启动电路接通。当 DBQ 的三个变压器中有均衡电流通过时，BHJ 吸起，接通 1DQJ 自闭电路。当道岔动作到位或故障等其他原因使 BHJ 落下，则切断 1DQJ 自闭电路。1DQJ 和 1DQJF 落下，停止向室外送动作电源。以定位扳反位为例，各继电器动作电路如下：

(1)1DQJ 励磁

J1：KZ→$YCJ_{22\text{-}21}$→$DGJ_{11\text{-}12}$→$1DQJ_{3\text{-}4}$→$2DQJ_{141\text{-}142}$→$FCJ_{22\text{-}21}$→KF。

J2：KZ→$YCJ_{22\text{-}21}$→$DGJ_{11\text{-}12}$→$1DQJ_{41\text{-}42}$→$1DQJ_{3\text{-}4}$→$2DQJ_{141\text{-}142}$→$FCJ_{22\text{-}21}$→KF。

(2)1DQJF 励磁

KZ→$1DQJF_{1\text{-}4}$→$1DQJ_{32\text{-}31}$→KF。

(3)2DQJ 转极

KZ→$1DQJF_{31\text{-}32}$→$2DQJ_{2\text{-}1}$→$2DQJ_{142}$→$FCJ_{22\text{-}21}$→KF。

(4)1DQJ 自闭

J1：KZ→$QDJ_{11\text{-}12}$→$1DQJ_{1\text{-}2}$→$BHJ_{32\text{-}31}$→$1DQJ_{32\text{-}31}$→KF。

J2：KZ→$QDJ_{21\text{-}22}$→$1DQJ_{1\text{-}2}$→$BHJ_{32\text{-}31}$→$1DQJ_{32\text{-}31}$→KF。

转辙机启动时，由于 A 机的 1DQJ 励磁电路中接有 B 机 1DQJ 第四组前接点，因此 A 机 1DQJ 必须在 B 机 1DQJ 吸起后方可励磁，A 机的启动稍滞后于 B 机。

为了使两台转辙机动作协调一致，防止两台转辙机中的任意一台不能正常动作，损坏设备，在组合 JDF(Ⅰ)中设了总保护继电器 ZBHJ，在组合 JDF(Ⅱ)中设了切断继电器 QDJ。

总保护继电器 ZBHJ 的励磁时机是两台转辙机的保护继电器全部吸起，如图 6-3-16 所示。

ZBHJ 励磁电路：KZ→$ZBHJ_{1\text{-}2}$→$1BHJ_{62\text{-}61}$→$2BHJ_{62\text{-}61}$→KF。

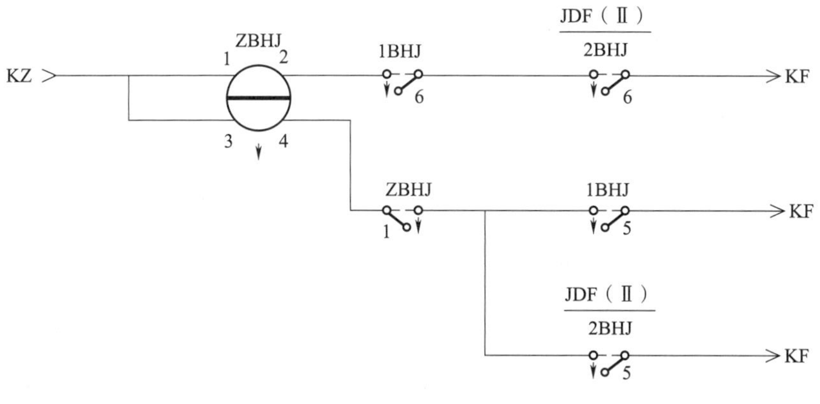

图 6-3-16 ZBHJ 电路示意

总保护继电器 ZBHJ 的自闭电路并接 1BHJ 和的 2BHJ 前接点，说明 ZBHJ 的落下时间取决于两个 BHJ 落下时间中较晚的一个。BHJ 吸起说明该转辙机处于正常的工作状态。BHJ 失磁说明该转辙机没有被操纵、转换结束正常停机断电或者存在某些问题(如缺相、断相或转换受阻导致的转换时间过长)处于保护性的停机断电状态。

切断继电器 QDJ 是为了验证两台转辙机是否基本同时启动而设置的，QDJ 的状态表明两个保护继电器的状态是否基本一致，两台转辙机的动作是否一致。QDJ 电路如图 6-3-17 所示。

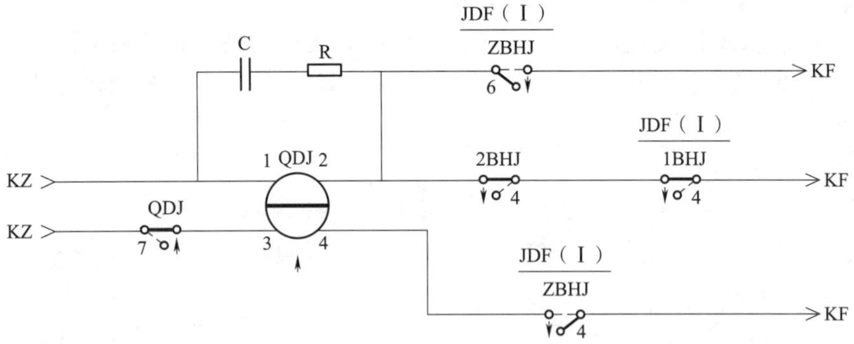

图 6-3-17　QDJ 电路

QDJ 失磁落下说明两台转辙机中出现了启动故障。在两台转辙机的 1DQJ 自闭电路中分别接入 QDJ 第一组、第二组前接点，这个接点切断两个 1DQJ 自闭电路使其落下，1DQJF 也落下，达到切断两台转辙机三相电源的目的。

在没有操纵道岔时，QDJ 通过两个 BHJ 的后接点励磁保持吸起。QDJ 第一条励磁电路为：KZ→$QDJ_{1\text{-}2}$→$2BHJ_{43\text{-}41}$→$1BHJ_{43\text{-}41}$→KF。

当操纵道岔时，两个 BHJ 相继吸起，ZBHJ 吸起。BHJ 吸起切断了第一条励磁电路，但 ZBHJ 的励磁又提供第二条励磁电路为：KZ→$QDJ_{1\text{-}2}$→$ZBHJ_{61\text{-}62}$→KF。

两个 BHJ 不是同时吸起的，正常情况下，A 机的 BHJ 稍晚于 B 机的 BHJ，即第一条励磁电路切断后，ZBHJ 并不能立即励磁吸起，第二条励磁电路不能及时接通。为了防止 QDJ 在这段时间内失磁，在 QDJ 的励磁线圈上加了 RC 缓放电路，缓放时间为 1.5 s。若某台转辙机在另一台启动后的 1.5 s 内不能启动，QDJ 将失磁落下，它的第一、二组接点切断两台转辙机的 1DQJ 自闭电路，切断两台转辙机的三相交流电源，达到保护设备的目的。

2. *S700K 型电动转辙机道岔启动电路工作原理*

三相电机任意颠倒两相电源的顺序就可以使电机逆转。转换道岔时 1DQJ、1DQJF 励磁吸起，2DQJ 转极，沟通道岔启动电路。以 TS-1 接点为例，S700K 型电动转辙机道岔启动电路如图 6-3-18 所示。

（1）道岔向定位转换时

X1 的作用是转换道岔时经 $1DQJ_{11\text{-}12}$ 接点把电源的 A 相接通电动机 W 线圈，沟通道岔启动电路的一条回路：电源 A 相→RD1→$DBQ_{11\text{-}21}$→$1DQJ_{12\text{-}11}$→05-1→X1→D1→电动机 W 线圈。

X2 的作用是在道岔向定位转换时经 $1DQJF_{11\text{-}12}$ 接点、$2DQJ_{111\text{-}112}$ 接点把电源的 B 相接通电动机 U 线圈，沟通道岔向定位转换的一条回路：电源 B 相→RD2→$DBQ_{31\text{-}41}$→$1DQJF_{12\text{-}11}$→$2DQJ_{111\text{-}112}$→05-2→X2→D2→TS-1 接点组 43-44→TS-1 接点组 14→安全接点 K1-1-K1-2→电动机 U 线圈。

X5 的作用是在道岔向定位转换时经 $1DQJF_{21\text{-}22}$ 接点、$2DQJ_{121\text{-}122}$ 接点把电源的 C 相接通电动机 V 线圈，沟通道岔向定位转换的一条回路：电源 C 相→RD3→$DBQ_{51\text{-}61}$→$1DQJF_{22\text{-}21}$→$2DQJ_{121\text{-}122}$→05-5→X5→D5→TS-1 接点组 41-42→TS-1 接点组 12→电动机 V 线圈。

当向定位转换时，41-42、43-44 接点闭合，11-12、13-14 接点断开。电动机的 W 线圈由 X1 得到电源 A 相，U 线圈由 X2 得到电源 B 相，V 线圈由 X5 得到电源 C 相，电机开始转换。在道岔转换到底时，41-42、43-44 接点自动断开，切断电动机启动电路；11-12、13-13 接点自动接

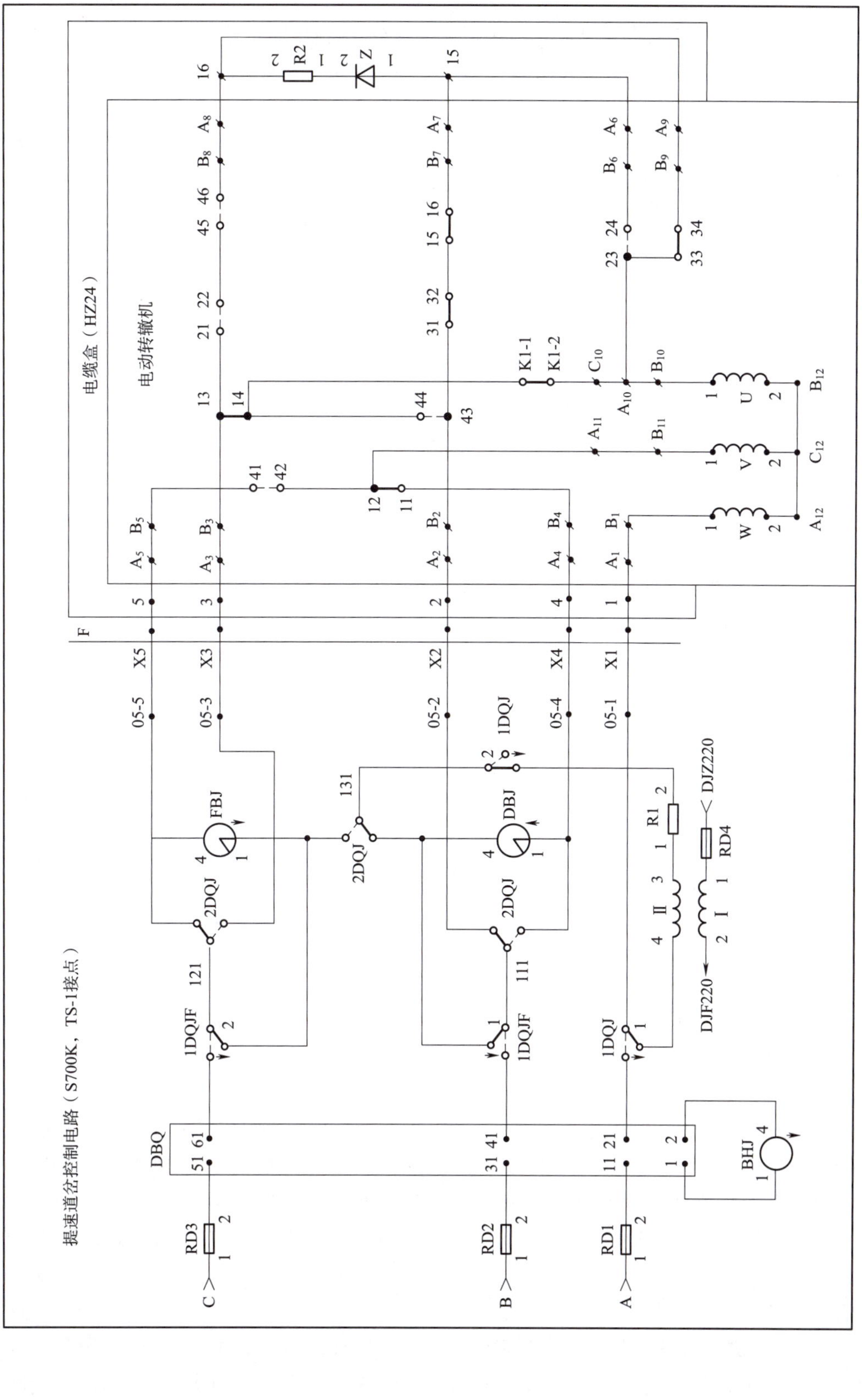

图 6-3-18　S700K型电动转辙机道岔启动电路

通，沟通定位表示，为向反位转换做好准备。

(2)道岔向反位转换时

X1 的作用是转换道岔时经 $1DQJ_{11\text{-}12}$ 接点把电源的 A 相接通电动机 W 线圈，沟通道岔启动电路的一条回路：电源 A 相→RD1→$DBQ_{11\text{-}21}$→$1DQJ_{12\text{-}11}$→05-1→X1→D1→电动机 W 线圈。

X3 的作用是在道岔向反位转换时经 $1DQJF_{21\text{-}22}$ 接点、$2DQJ_{121\text{-}123}$ 接点把电源的 B 相接通电动机 U 线圈，沟通道岔向反位转换的一条回路：电源 C 相→RD3→$DBQ_{51\text{-}61}$→$1DQJF_{22\text{-}21}$→$2DQJ_{121\text{-}123}$→05-3→X3→D3→TS-1 接点组 13-14→安全接点 K1-1-K1-2→电动机 U 线圈。

X4 的作用是在道岔向反位转换时经 $1DQJF_{11\text{-}12}$ 接点、$2DQJ_{111\text{-}113}$ 接点把电源的 B 相接通电动机 V 线圈，沟通道岔向反位转换的一条回路：电源 B 相→RD2→$DBQ_{31\text{-}41}$→$1DQJF_{12\text{-}11}$→$2DQJ_{111\text{-}113}$→05-4→X4→D4→TS-1 接点组 11-12→电动机 V 线圈。

当向反位转换时，11-12、13-14 接点闭合，41-42、43-44 接点断开。电动机的 W 线圈由 X1 得到电源 A 相，U 线圈由 X3 得到电源 C 相，V 线圈由 X4 得到电源 B 相，电机开始转换。在道岔转换到底时，11-12、13-14 接点自动断开，切断电动机启动电路；41-42、43-43 接点自动接通，沟通反位表示，为向定位转换做好准备。

3. S700K 型电动转辙机道岔表示电路工作原理

(1)道岔表示电路

以 S700K 型转辙机表示电路定位为例，定位用 X1、X2、X4，其电路分为两个部分，一部分是整流电路(X1、X2)，一部分是励磁电路(X2、X4)，其中 X2 为负电，X1、X4 为正电，整流电路以表示变压器二次侧作为始端，以整流堆作为终端，而励磁电路以整流堆作为始端，DBJ 作为终端。

①整流电路

BB-Ⅱ3→$R1_{1\text{-}2}$→$1DQJ_{23\text{-}21}$→$2DQJ_{131\text{-}132}$→$1DQJF_{13\text{-}11}$→$2DQJ_{111\text{-}112}$→05-2→X2(分线盘)→DLH2→A2→B2→TS-1 接点组 43→TS-1 接点组 31-32→TS-1 接点组 15-16→B7→A7→DLH15→Z1-2→R2(1-2)→DLH16→A9→B9→TS-1 接点组 34-33→TS-1 接点组 23→A10→B10→$U_{1\text{-}2}$→B12→C12→A12→$W_{2\text{-}1}$→B1→A1→DLH1→X1(分线盘)→05-1→$1DQJ_{11\text{-}13}$→BB-Ⅱ4。

②励磁电路

Z1→DLH15→A7→B7→TS-1 接点组 16-15→TS-1 接点组 32-31→TS-1 接点组 43→B2→A2→DLH2→X2(分线盘)→05-2→$2DQJ_{112\text{-}111}$→$1DQJF_{11\text{-}13}$→$DBJ_{4\text{-}1}$→05-4→X4(分线盘)→DLH4→A4→B4→TS-1 接点组 11-12→A11→B11→$V_{1\text{-}2}$→C12→B12→$U_{2\text{-}1}$→B10→A10→TS-1 接点组 23→TS-1 接点组 33-34→B9→A9→DLH16→R2(1-2)→Z2。

反位时用 X1、X3、X5，其电路也分为两个部分，一部分是整流电路(X1、X3)，一部分是励磁电路(X3、X5)，与定位不同的是其中 X3 为正电，X1、X5 为负电，整流电路以表示变压器二次侧作为始端，以整流堆作为终端，而励磁电路以整流堆作为始端，DBJ 作为终端。

值得一提的是，如果电动转辙机为 2、4 闭合，则将 X2 与 X3 交叉，X4 与 X5 交叉，整流堆颠倒极性。

(2)单动道岔的双机牵引表示电路

单动道岔双机牵引设备表示电路中三个组合 DC-T、JFD(Ⅰ)和 JDF(Ⅱ)内都设有 DBJ 和 FBJ。JFD(Ⅰ)和 JDF(Ⅱ)组合内的 DBJ 和 FBJ 根据各自转辙机牵引尖轨的位置，决定哪一个表示继电器励磁吸起。DC-T 组合内的 DBJ 的励磁取决于 JFD1 和 JDF2 的 DBJ 是否全都吸起。同样 DC-T 组合内 FBJ 的励磁取决于 JFD1 和 JDF2 的 FBJ 是否全都吸起。只有 DC-T 组合内的 DBJ 或 FBJ 的接点参与联锁。单动道岔的双机牵引表示电路如图 6-3-19 所示。

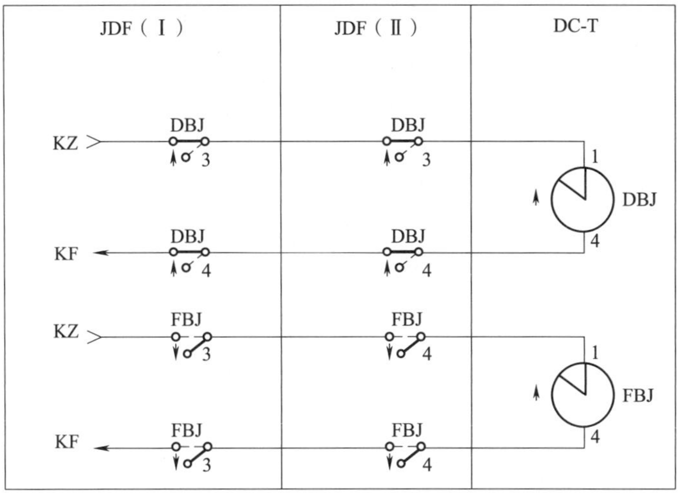

图 6-3-19　单动道岔的双机牵引表示电路

①定位表示：KZ→JDF(Ⅰ) $DBJ_{32\text{-}31}$→JDF(Ⅱ) $DBJ_{32\text{-}31}$→DC-T $DBJ_{1\text{-}4}$→JDF(Ⅱ) $DBJ_{41\text{-}42}$→JDF(Ⅰ) $DBJ_{41\text{-}42}$→KF。

②反位表示：KZ→JDF(Ⅰ) $FBJ_{32\text{-}31}$→JDF(Ⅱ) $FBJ_{32\text{-}31}$→DC-T $FBJ_{1\text{-}4}$→JDF(Ⅱ) $FBJ_{41\text{-}42}$→JDF(Ⅰ) $FBJ_{41\text{-}42}$→KF。

4. ZY(J)7 型电液转辙机道岔启动电路工作原理

(1)道岔启动电路

三相电机任意颠倒两相电源的顺序就可以使电机逆转。转换道岔时 1DQJ、1DQJF 励磁吸起，2DQJ 转极，沟通道岔启动电路。ZY(J)7 型电液转辙机电路如图 6-3-20 所示。

①道岔向定位转换时

X1 的作用是转换道岔时经 $1DQJ_{11\text{-}12}$ 接点把电源的 A 相接通电动机 W 线圈，沟通道岔启动电路的一条回路：电源 A 相→RD1→$DBQ_{11\text{-}21}$→$1DQJ_{12\text{-}11}$→05-1→X1→D1→电动机 W 线圈。

X2 的作用是在道岔向定位转换时经 $1DQJF_{11\text{-}12}$ 接点、$2DQJ_{111\text{-}112}$ 接点把电源的 B 相接通电动机 U 线圈，沟通道岔向定位转换的一条回路：电源 B 相→RD2→$DBQ_{31\text{-}41}$→$1DQJF_{12\text{-}11}$→$2DQJ_{111\text{-}112}$→05-2→X2→D2→自动开闭器 43-44→自动开闭器 14→安全接点 K1-2→电动机 V 线圈。

X5 的作用是在道岔向定位转换时经 $1DQJF_{21\text{-}22}$ 接点、$2DQJ_{121\text{-}122}$ 接点把电源的 C 相接通电动机 V 线圈，沟通道岔向定位转换的一条回路：电源 C 相→RD3→$DBQ_{51\text{-}61}$→$1DQJF_{22\text{-}21}$→$2DQJ_{121\text{-}122}$→05-5→X5→D5→自动开闭器 41-42→自动开闭器 12→电动机 U 线圈。

当向定位转换时，41-42、43-44 接点闭合，11-12、13-14 接点断开。电动机的 W 线圈由 X1 得到电源 A 相，V 线圈由 X2 得到电源 B 相，U 线圈由 X5 得到电源 C 相，电机开始转换。在道岔转换到底时，41-42、43-44 接点自动断开，切断电动机启动电路；11-12、13-13 接点自动接通，沟通定位表示，为向反位转换做好准备。

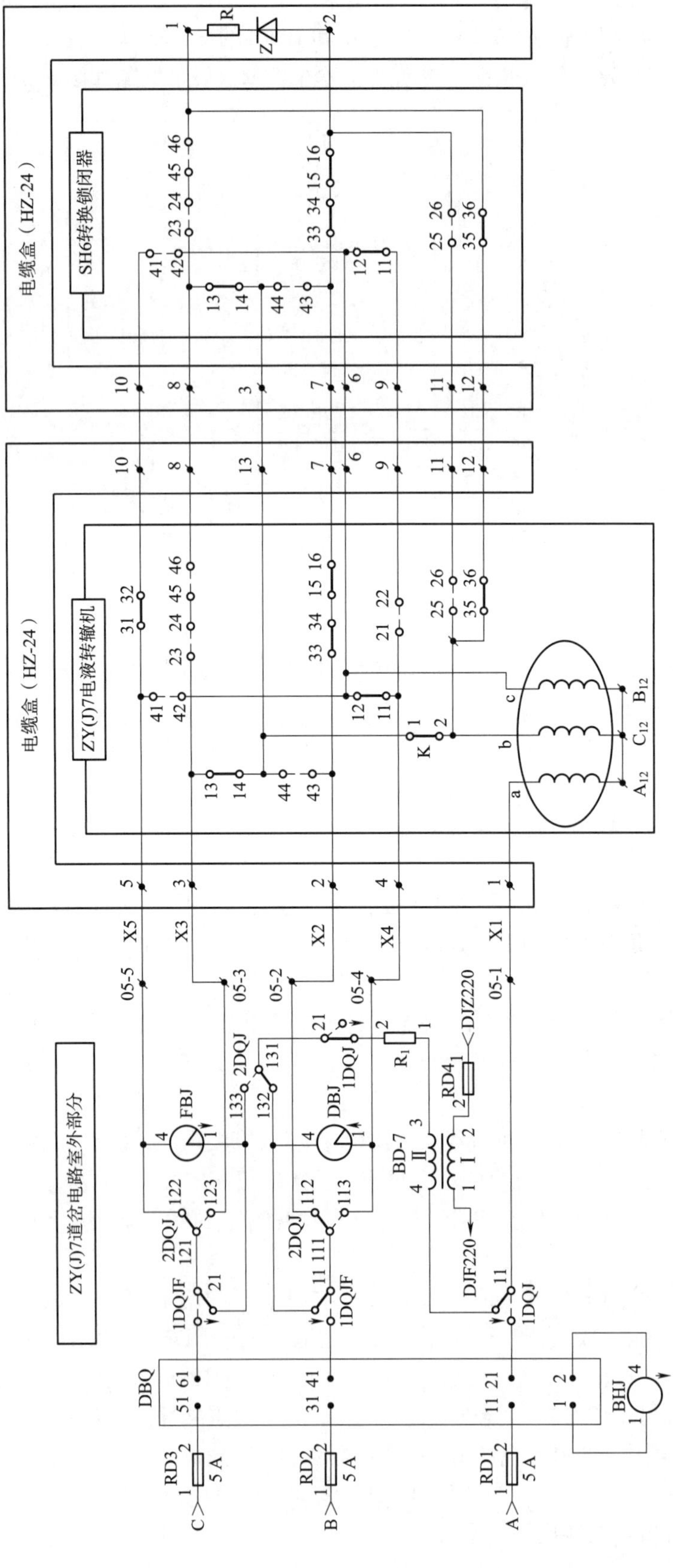

图 6-3-20 ZY（J）7型电液转辙机电路

②道岔向反位转换时

X1 的作用是转换道岔时经 $1DQJ_{11-12}$ 接点把电源的 A 相接通电动机 W 线圈，沟通道岔启动电路的一条回路：电源 A 相→RD1→DBQ_{11-21}→$1DQJ_{12-11}$→05-1→X1→D1→电动机 W 线圈。

X3 的作用是在道岔向反位转换时经 $1DQJF_{21-22}$ 接点、$2DQJ_{121-123}$ 接点把电源的 B 相接通电动机 U 线圈，沟通道岔向反位转换的一条回路：电源 C 相→RD3→DBQ_{51-61}→$1DQJF_{22-21}$→$2DQJ_{121-123}$→05-3→X3→D3→自动开闭器 13-14→安全接点 K1-1-K1-2→电动机 V 线圈。

X4 的作用是在道岔向反位转换时经 $1DQJF_{11-12}$ 接点、$2DQJ_{111-113}$ 接点把电源的 B 相接通电动机 V 线圈，沟通道岔向反位转换的一条回路：电源 B 相→RD2→DBQ_{31-41}→$1DQJF_{12-11}$→$2DQJ_{111-113}$→05-4→X4→D4→自动开闭器 11-12→电动机 U 线圈。

当向反位转换时，11-12、13-14 接点闭合，41-42、43-44 接点断开。电动机的 W 线圈由 X1 得到电源 A 相，V 线圈由 X3 得到电源 C 相，U 线圈由 X4 得到电源 B 相，电机开始转换。在道岔转换到底时，11-12、13-14 接点自动断开，切断电动机启动电路；41-42、43-43 接点自动接通，沟通反位表示，为向定位转换做好准备。

(2)道岔续操电路

以定位扳反位为例，当道岔开始搬动时，室内 2DQJ 转极，室外 J1、J2 动作，当 J1 动作到位后，J2 还未动作到位，此时 J1 自动开闭器 2、4 闭合，J2 自动开闭器 1、3 闭合，为使 J2 能够继续动作到位，沟通续操电路，故续操电路为：

X1：电源 A 相→RD1→DBQ_{11-21}→$1DQJ_{12-11}$→05-1→X1(分线盘)→DLH1→电动机 W 线圈。

X3：电源 C 相→RD3→DBQ_{51-61}→$1DQJF_{22-21}$→$2DQJ_{121-123}$→05-3→X3(分线盘)→DLH3→自动开闭器 23-24→自动开闭器 45-46→DLH8→DLH8(J2)→自动开闭器 13-14(J2)→DLH3(J2)→DLH13→安全接点 K1-K2→电动机 V 线圈。

X4：电源 B 相→RD2→DBQ_{31-41}→$1DQJF_{12-11}$→$2DQJ_{111-113}$→05-4→X4(分线盘)→DLH4→自动开闭器 21-22→DLH9→DLH9(J2)→自动开闭器 11-12(J2)→DLH6(J2)→DLH6→电动机 U 线圈。

5. ZY(J)7 型电液转辙机道岔表示电路工作原理

以 ZY(J)7 型电液转辙机(双机)表示电路定位(图 6-3-20)为例，介绍道岔表示电路工作原理。定位用 X1、X2、X4，其电路分为两个部分，一部分是整流电路(X1、X2)，一部分是励磁电路(X2、X4)，其中 X2 为负电，X1、X4 为正电，整流电路以表示变压器二次侧作为始端，以整流堆作为终端，而励磁电路以整流堆作为始端，DBJ 作为终端。

(1)整流电路

BB-Ⅱ3→$R1_{1-2}$→$1DQJ_{23-21}$→$2DQJ_{131-132}$→$1DQJF_{13-11}$→$2DQJ_{111-112}$→05-2→X2(分线盘)→DLH2→A2→B2→自动开闭器 43→自动开闭器 33-34→自动开闭器 15-16→DLH7→DLH7(J2)→自动开闭器 33-34(J2)→自动开闭器 15-16(J2)→Z2-1(J2)→自动开闭器 36-35(J2)→DLH12(J2)→DLH12→自动开闭器 36-35→V_{1-2}→DLH1→X1(分线盘)→05-1→$1DQJ_{11-13}$→BB-Ⅱ4。

(2)励磁电路

Z2(J2)→自动开闭器 16-15(J2)→自动开闭器 34-33(J2)→DLH7(J2)→DLH7→自动开闭器 16-15→自动开闭器 34-33→DLH2→X2(分线盘)→05-2→$2DQJ_{112-111}$→$1DQJF_{11-13}$→

DBJ_{4-1}→05-4→X4(分线盘)→DLH4→自动开闭器 11-12→电动机 U 线圈→C12→B12→自动开闭器 35-36→DLH12→DLH12(J2)→自动开闭器 35-36(J2)→Z1(J2)。

反位时用 X1、X3、X5，其电路也分为两个部分，一部分是整流电路(X1、X3)，一部分是励磁电路(X3、X5)。与定位不同的是，其中 X3 为正电，X1、X5 为负电。整流电路以表示变压器二次侧作为始端，以整流堆作为终端，而励磁电路以整流堆作为始端，DBJ 作为终端。

值得一提的是，如果电液转辙机为 2、4 闭合，则将 X2 与 X3 交叉，X4 与 X5 交叉，整流堆颠倒极性。

第四节　道岔转辙设备标准化作业

一、作业流程

作业流程如图 6-4-1 所示。

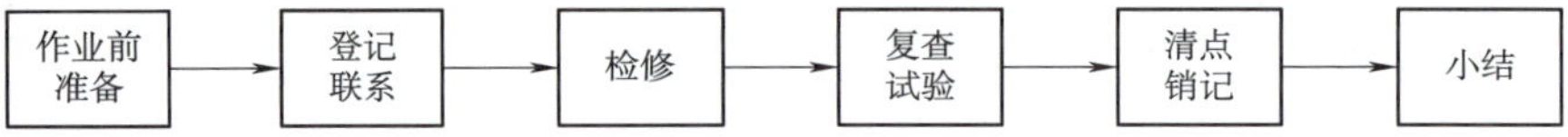

图 6-4-1　作业流程

二、S700K 型转辙机内部标准化作业程序

S700K 型转辙机内部标准化作业程序见表 6-4-1。

表 6-4-1　S700K 型转辙机内部标准化作业程序

工序	工步	作业内容及标准	图示说明
1. 转辙机机体检查	(1)打开转辙机	将转辙机防护罩、杆件防护罩顺序放置在线路安全侧	
	(2)遮断开关通断检查	打开转辙机，拉下遮断器	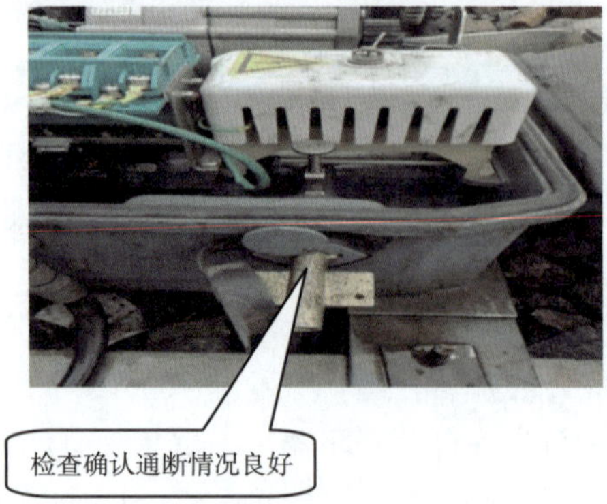

续上表

工序	工步	作业内容及标准	图示说明
1. 转辙机机体检查	(3)机体检查	检查确认转辙机机体无裂纹、无锈蚀,盘根无断裂、无变形,防尘防水良好。机内各部件安装牢固,外观良好	 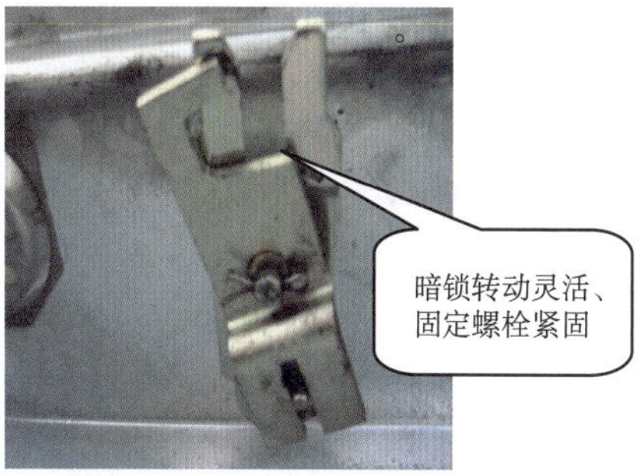 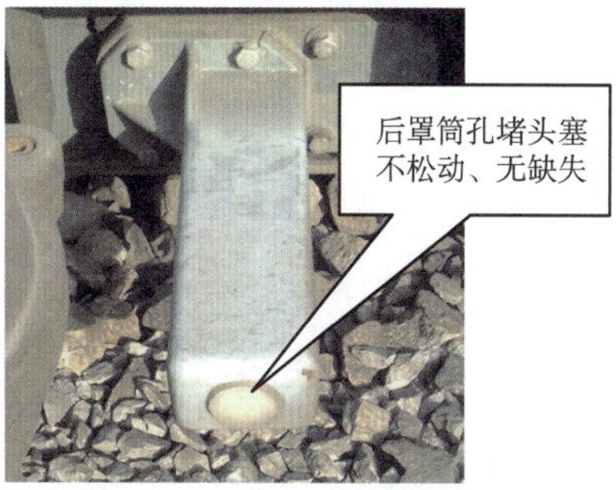 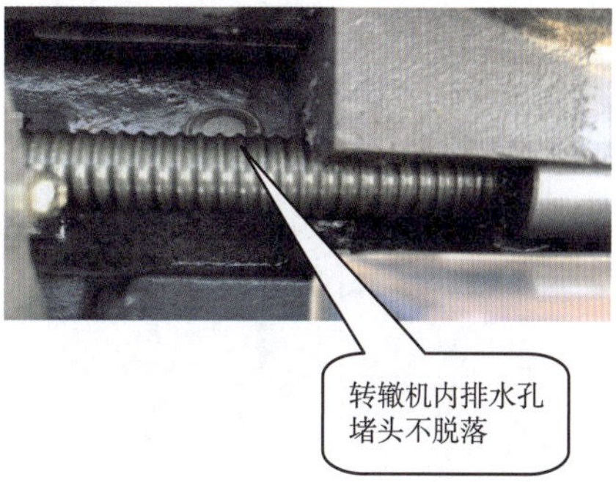

续上表

工序	工步	作业内容及标准	图示说明
1. 转辙机机体检查	(4)各部螺栓检查	检查确认各部螺栓防松标记良好、无松脱	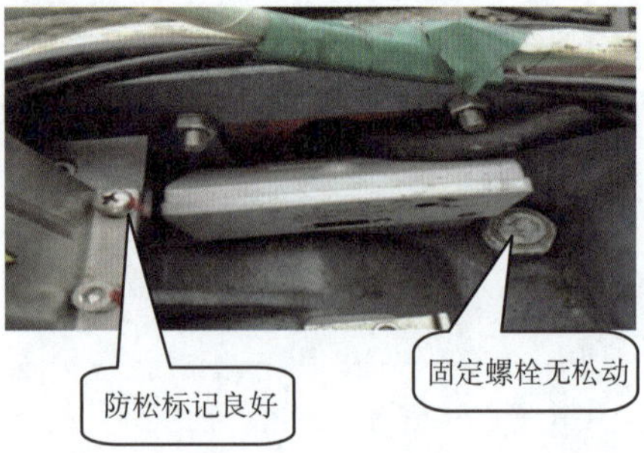
2. 转辙机内部配线检查	(1)各部配线良好	各部配线及接线端子压线良好,无松脱,线头无断股损伤,无毛刺、无破皮	
	(2)缺口视频安装良好	检查确认缺口视频各部配线整齐,绑扎牢固,扎带作用良好,缺口视频安装牢固	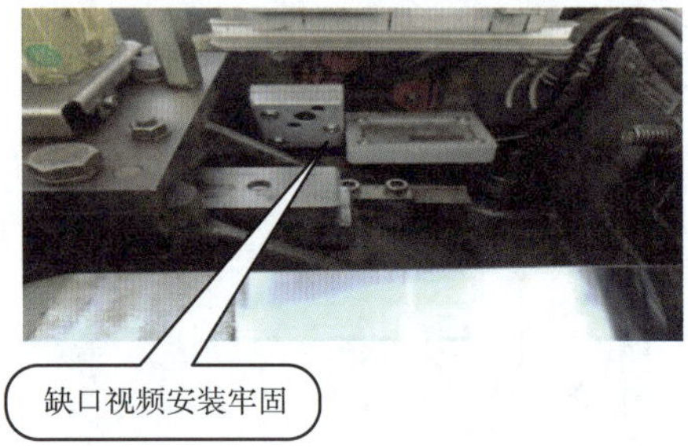
3. 接点检查、擦拭	(1)遮断器、接点组固定情况检查	检查确认遮断器、接点组固定良好、无裂纹	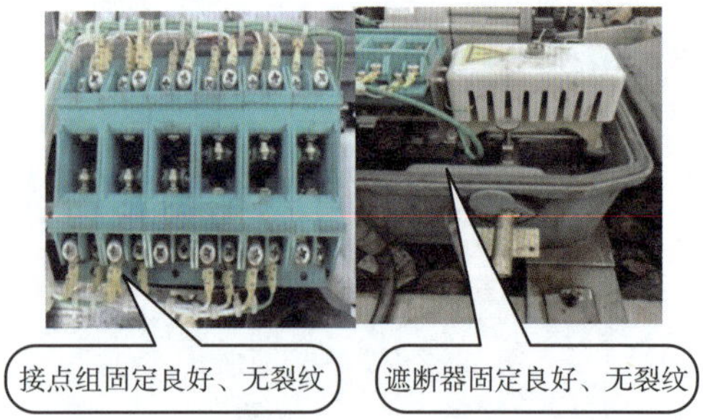

续上表

工序	工步	作业内容及标准	图示说明
3. 接点检查、擦拭	(2)接点擦拭	转辙机接点外壳无裂纹，对使用TS-1接点组的，应用专门的接点擦拭棒进行擦拭，保证接点清洁	
4. 部件功能检查	(1)摇把挡板及遮断开关功能检查	手摇把齿轮应转动灵活，前后拨动时无卡阻、滞涩现象；在摇把齿轮与摇把挡板之间须有1～3 mm间隙，电源能可靠断开，不经人工确认，不得恢复接通	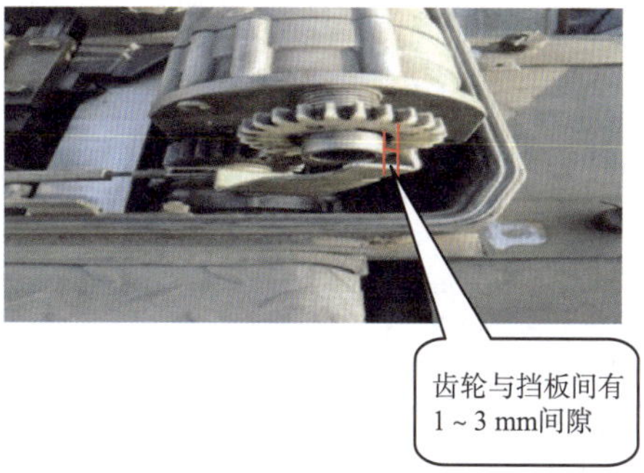
	(2)锁舌功能检查	道岔转换到位后，当检测杆指示缺口与指示标对中时，将锁舌、锁闭块顶入能够自动弹出，锁舌的伸出量不小于10 mm。保持联结器与锁舌须有1～3 mm间隙	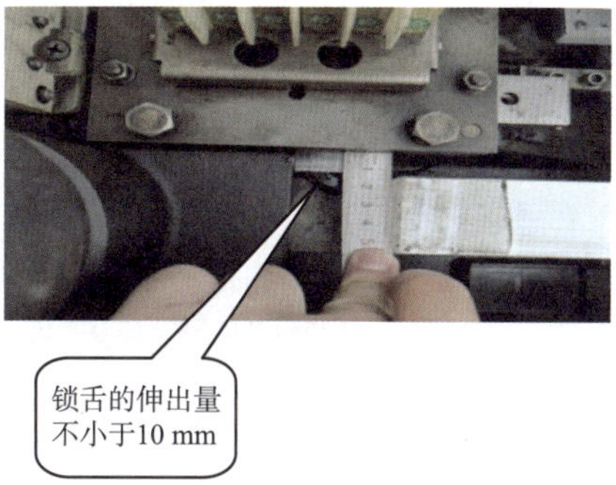
5. 表示杆、动作杆检查	(1)缺口标记检查	确认缺口标记清晰，转辙机上、下两检测杆无张嘴和左右偏移现象，检测杆头部的叉形连接头销孔的磨损旷量不大于0.5 mm	

续上表

<table>
<tr><th>工序</th><th>工步</th><th>作业内容及标准</th><th>图示说明</th></tr>
<tr><td>5. 表示杆、动作杆检查</td><td>（2）缺口检查调整</td><td>道岔调整完毕后检查道岔缺口，指示标对准检测杆缺口中央，距两侧距离各为(2.0±0.5) mm，且机内外缺口及道岔视频缺口数据三者必须核对一致。
注：表示缺口一定要在道岔开口、密贴各项指标符合要求以后进行调整</td><td>
</td></tr>
<tr><td rowspan="2">6. 拉力、阻力测试</td><td>（1）转辙机拉力测试调整</td><td>每年进行 1 次拉力、阻力测试。对于拉力小于标准的进行调整，调整时首先将可调端盖上的止动片翻起，将一字螺丝刀插入可调端盖缺口内，可依托螺母处将可调端盖卡住，插入摇把并顺时针摇动，旋紧摩擦联结器的可调端盖，旋紧 2～3 格，逆时针回退 1 格，然后固定可调端盖止动片</td><td>
</td></tr>
<tr><td>（2）拉力、阻力测试</td><td>室外将拉力、阻力测试仪放在动作杆连接销位置，室内扳动道岔，在转换过程中将密贴试验片插入尖轨与基本轨（尖轨与翼轨）第一连接杆处之间，使道岔不能到位，测试定位到反位、反位到定位的拉力。反之，正常动作，测试道岔正常动作时的阻力</td><td>
<table>
<tr><th colspan="9">提速道岔拉（阻）力测试记录表　　附表3</th></tr>
<tr><td colspan="9">工区　　车站</td></tr>
<tr><td rowspan="2">序号</td><td rowspan="2">测试日期</td><td rowspan="2">道岔号码</td><td rowspan="2">牵引点</td><td colspan="2">转换阻力（N）</td><td colspan="2">拉力（N）</td><td rowspan="2">测试人</td></tr>
<tr><td>定位</td><td>反位</td><td>定位</td><td>反位</td></tr>
<tr><td></td><td></td><td></td><td></td><td></td><td></td><td></td><td></td><td></td></tr>
<tr><td></td><td></td><td></td><td></td><td></td><td></td><td></td><td></td><td></td></tr>
<tr><td></td><td></td><td></td><td></td><td></td><td></td><td></td><td></td><td></td></tr>
<tr><td></td><td></td><td></td><td></td><td></td><td></td><td></td><td></td><td></td></tr>
<tr><td></td><td></td><td></td><td></td><td></td><td></td><td></td><td></td><td></td></tr>
<tr><td></td><td></td><td></td><td></td><td></td><td></td><td></td><td></td><td></td></tr>
<tr><td></td><td></td><td></td><td></td><td></td><td></td><td></td><td></td><td></td></tr>
</table>
</td></tr>
</table>

续上表

工序	工步	作业内容及标准	图示说明
7. 清扫注油	机内清扫、注油	①使用毛刷对转辙机内进行清扫；使用长嘴钳夹破布对机内进行擦拭，做到机内无油污，无杂物，箱底清扫干净。 ②对锁闭块、锁舌、检测杆表面及注油孔、钥匙注油孔涂注机内专用油1～2滴。 ③对滚珠丝杠、齿轮组、操纵板、动作杆涂抹锂基脂，每年1次	  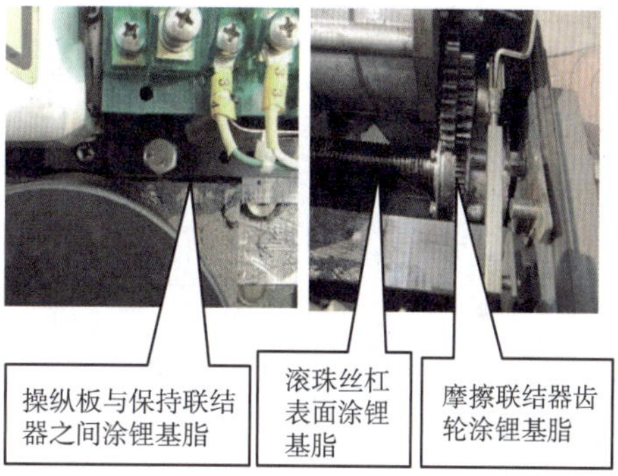
8. 检查验收	检查验收	①扳动道岔进行转换试验，道岔转换过程中，动作平稳、灵活，无反弹、无异响，密贴、缺口良好。 ②检查确认转辙机滚珠丝杠动作平稳，无噪声，摩擦联结器作用良好。 ③填写检修卡。 ④合上机盖及盒(箱)盖，并加锁。 ⑤盖好防护罩，加好防掀装置并进行扳动试验，确认表示良好，各轨旁设备固定牢固。 ⑥关键作业项点复查录像。 ⑦作业人员发现设备缺点应立即克服，若当时不能解决的应逐级汇报，纳入待修记录	

三、ZY(J)7 型电液转辙机内部标准化作业程序

ZY(J)7 型电液转辙机内部标准化作业程序见表 6-4-2。

表 6-4-2　ZY(J)7 型电液转辙机内部标准化作业程序

工序	工步	作业内容及标准	图示说明
1. 转辙机检修	打开转辙机，进行遮断开关通断检查	①打开转辙机，拉下遮断器。 注意：转辙机盖及防护罩应轻开轻放，严禁使用蛮力。 ②转辙机打开后，将锁挂在锁孔定位放置	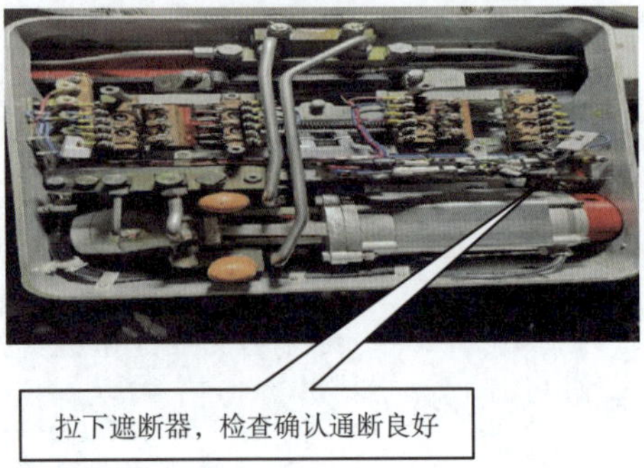
2. 转辙机内部螺栓检查	各部螺栓检查	检查紧固各部螺栓，确认防松措施齐全良好；各部件安装牢固、完整，无异状，无裂纹，无锈蚀；开口销齐全，作用良好。机内防水、防尘良好，无锈蚀，铭牌齐全、正确，字迹清楚	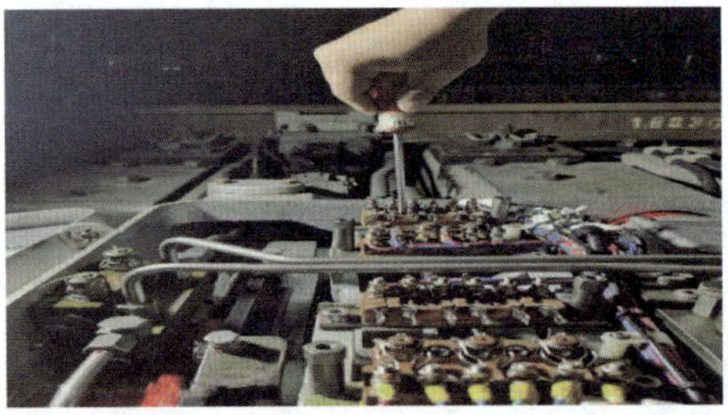
3. 转辙机电机检查	电机检查	检查确认惯性轮动作灵活。检查方法：用手拨动惯性轮，惯性轮应有 3 圈以上的空转，若惯性轮跟随电机转子转动属卡阻现象，应通过注油孔进行注油	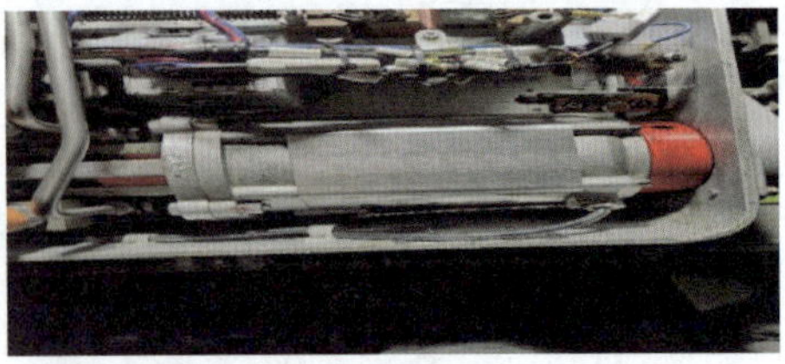
4. 接点检查、擦拭	(1)接点接触检查	确认自动开闭器动接点在静接点片内的接触深度不少于 4 mm，用手扳动动接点，其摆动量不大于 2 mm；动接点与静接点座间隙不小于 3 mm	

续上表

工序	工步	作业内容及标准	图示说明
4. 接点检查、擦拭	(2)接点检查、清理	①接线端子压线良好，无松脱，线头无断股损伤，无混线可能。 ②用专用的接点擦拭工具或用竹片缠绕白绸布擦拭遮断器和自动开闭器动、静接点。擦拭完毕，必须对各接触面进行全面检查，确保光洁、无异物	
	(3)接点压力测试	使用测力计测试各部静接点片与动接点间的压力，应大于4 N，两侧偏差不得大于3 N。每年测试1次	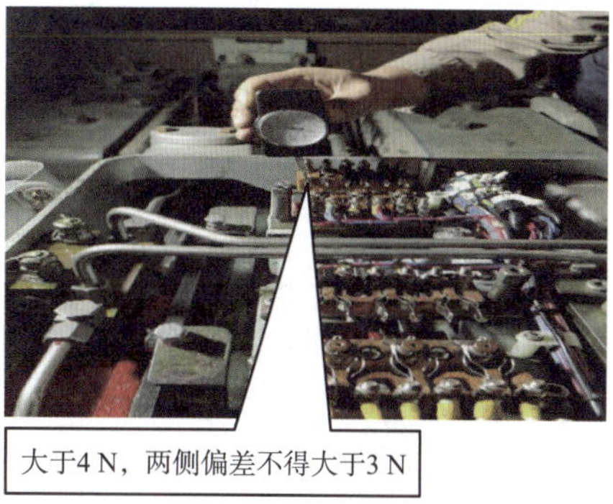
5. 油路检查	(1)油路密封、扳动检查	检查确认油箱密封良好，溢流阀调整螺栓、油管联结螺栓不漏油，油管密封垫完整良好不漏油。扳动试验时确认转辙机联轴器转动时无卡阻、别劲，无过大噪声	
	(2)油位检查	抽出油标尺检查油量，油箱油位应保持在油标尺标记的1/2～2/3之间	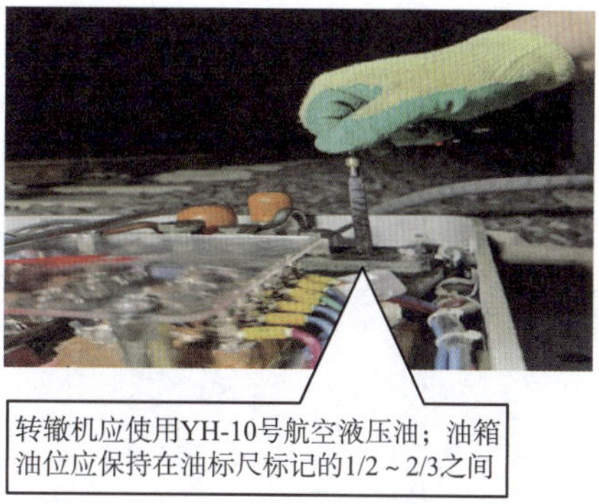

续上表

工序	工步	作业内容及标准	图示说明
6. 表示杆、动作杆检查	缺口标记检查	检查确认转辙机视频缺口装置的分机、采集器、缺口部位保持清洁。视频分机缺口符合标准：J1、X1 为(2±0.5) mm；其余位置为(4±1.5) mm	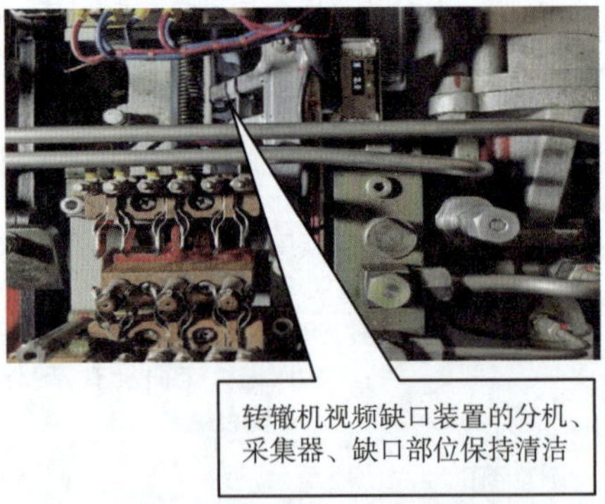
7. 滚轮检查	检查启动片、动作板	启动片上滚轮在动作板上滚动灵活，落下后不得与动作板相碰，与动作板斜面应有 0.5 mm 以上的间隙。当滚轮在动作板上滚动时，启动片尖离开速动片上平面的间隙应为 0.3～1.3 mm	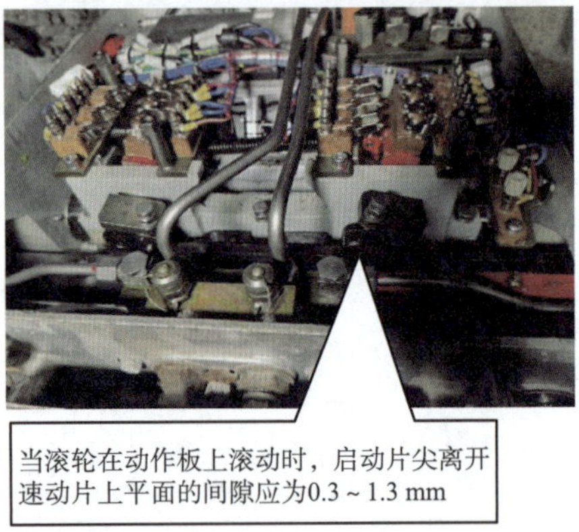
8. 油压测试	油压检查测试	测试溢流压力时，打开油压测试点帽，接入油压表，注意应拧紧。溢流压力调整时，首先松开防松螺母，使转辙机处于溢流状态(在道岔密贴轨与基本轨间夹 4 mm 检查块)，通过在转辙机测压接头处连接压力表来调整，转辙机电机顺时针方向(面向手摇把插口)旋转时，可观察压力表，并通过松紧溢流阀的盖螺母(顺时针旋转压力值增大，逆时针旋转压力值减小)来调整溢流压力值，调整好后旋紧溢流阀防松螺母。溢流压力调整：ZY7 型为 13～14 MPa	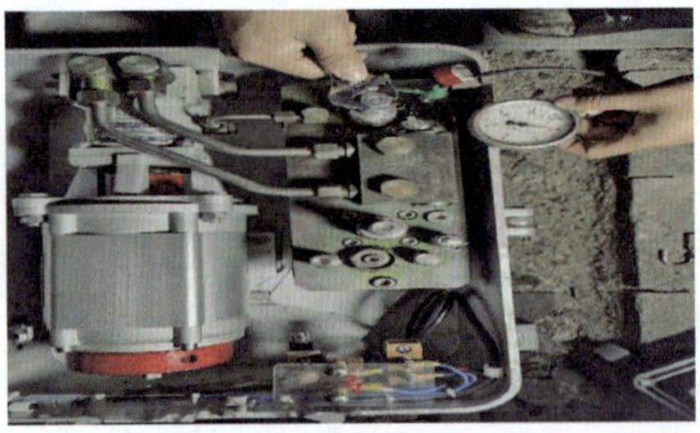

续上表

工序	工步	作业内容及标准	图示说明
9. 机内注油	机内注油	确认各部动作螺栓及轴销油润,动作良好,转换过程中无卡阻现象	电液转辙机内各部注油点 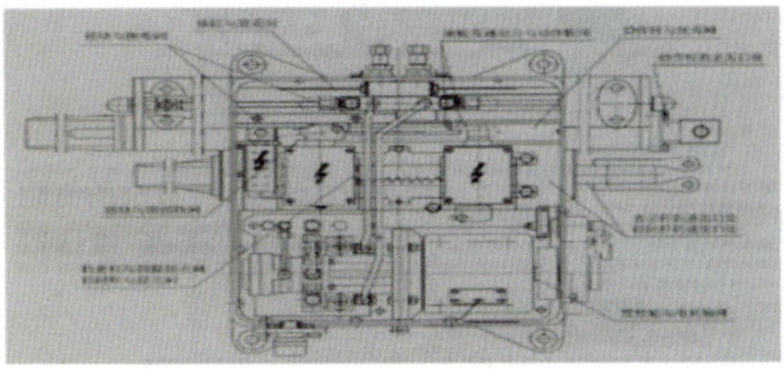
10. 复查验收	复查验收	①扳动道岔进行转换试验,道岔转换过程中,动作平稳、灵活,无反弹、无异响,密贴、缺口良好。 ②检查确认转辙机联轴器转动时无卡阻、别劲,无过大噪声。 ③检查确认转辙机油缸动作时平稳,无抖动、无漏油。 ④填写检修卡。 ⑤合上机盖及盒(箱)盖,并加锁。 ⑥盖好防护罩,加好防掀装置并进行扳动试验,确认表示良好。 ⑦作业人员发现设备缺点应立即克服,若当时不能解决的应逐级汇报,纳入待修记录。 ⑧关键作业项点复查录像	 由下向上穿过锁鼻孔挂锁并锁闭 

四、外锁闭道岔转辙机外部标准化作业程序

外锁闭道岔转辙机外部标准化作业程序见表 6-4-3。

表 6-4-3　外锁闭道岔转辙机外部标准化作业程序

工序	工步	作业内容及标准	图示说明
1. 方正检查	(1)转辙机方正检查	用卷尺测量转辙机两侧距直基本轨垂直距离，确认符合标准，偏差不大于 5 mm	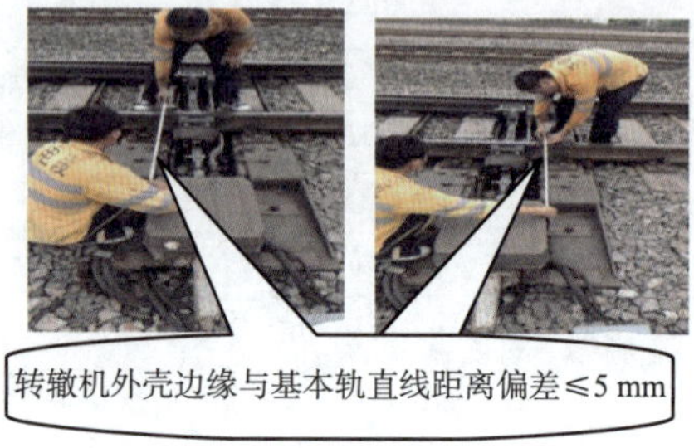
	(2)尖轨、基本轨相错量及限位器状态检查	用方尺测量两直基本轨相错量不大于 10 mm，两尖轨相错量不大于 20 mm。限位器两侧间隙标准为(7±1.5) mm	

续上表

工序	工步	作业内容及标准	图示说明
1. 方正检查	(3)岔枕、杆件方正检查	①用方尺测量岔枕、杆件的两端间与直基本轨垂直线的偏差,确认不大于 10 mm。 ②扳动道岔,观察两侧锁闭框与锁闭杆无磨卡,销轴与锁钩间灵活、无卡阻,转换部件与岔枕或滑床台板的间隙>10 mm。 ③检查测量轨枕间距,两牵引点处轨枕间距为 650 mm,牵引点前后各一位轨枕间距为 575 mm,其他轨枕间距均为 600 mm。其中,牵引点处轨枕位置为:用钢尺测量尖轨尖端一侧轨枕螺栓中心距锁闭框中心为 350 mm,另一侧为 300 mm	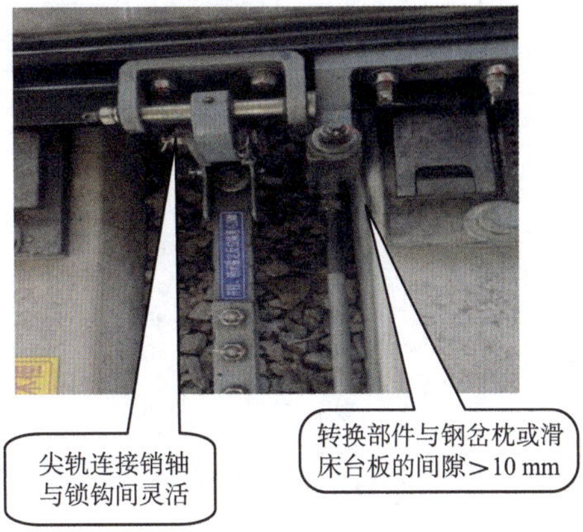  

续上表

工序	工步	作业内容及标准	图示说明
2. 工电结合部检查	(1)"三道缝"及顶铁间隙检查	①转辙部位轨撑与钢轨接触缝隙≤2 mm;尖轨第一牵引点之前一根到最后牵引点之后一根岔枕钢轨与轨距挡板(块)间隙、承轨槽间隙≤1 mm。 ②顶铁间隙≤2 mm	 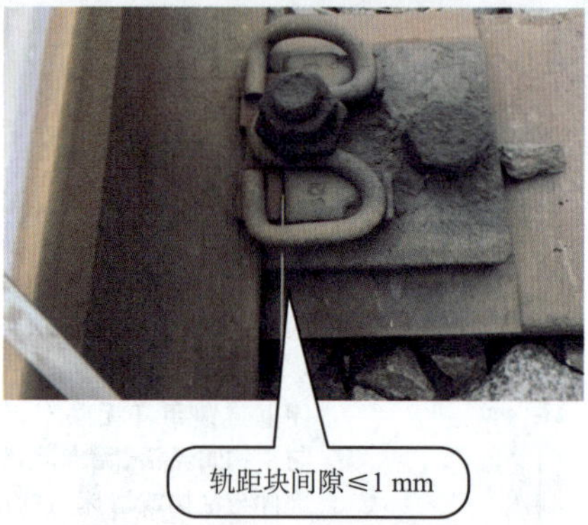 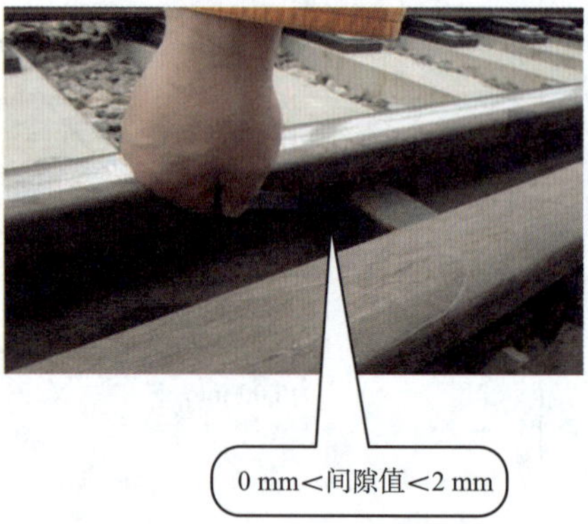
	(2)滑床板与尖轨间隙检查	检查确认滑床板间隙不大于2 mm,且不得有连续3块以上空吊	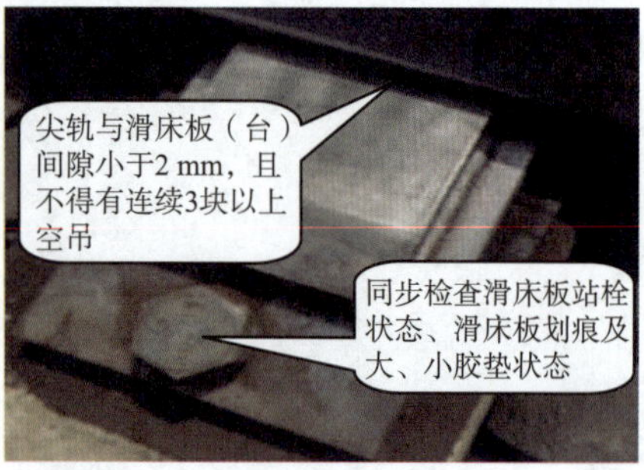

续上表

工序	工步	作业内容及标准	图示说明
2. 工电结合部检查	(3)尖轨、基本轨肥边检查	检查确认尖轨、基本轨肥边不大于 1 mm,且不得影响密贴	
3. 动态检查	(1)密贴检查	①用塞尺检查宏观密贴,确认尖轨尖端至第一牵引点密贴缝隙不大于 0.5 mm,其余密贴段不应大于 1.0 mm。 ②锁钩、锁闭杆应能左右适度摆动、无反弹。锁钩与锁闭铁锁闭斜面应自然吻合,利用塞尺检查,间隙不大于 0.5 mm。用长为 350～450 mm 的工具向上撬动密贴侧锁钩尾部,利用塞尺检查,锁钩与锁闭杆凸台锁闭平面间有不小于 0.2 mm 间隙,松手后能自动下落。使用扳手转动销轴,能自由转动、无过大阻力。 ③用长度为 350～450 mm 的工具向外撬动密贴尖轨尖端轨腰内侧,密贴缝隙有 0.5～1.0 mm 的位移量,松开后尖轨能自动弹回	  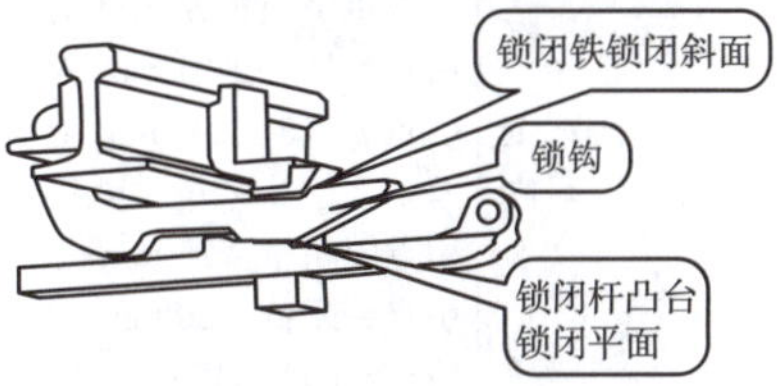 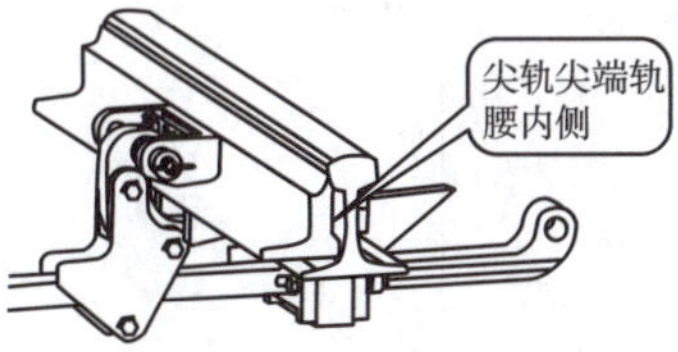

续上表

工序	工步	作业内容及标准	图示说明
3. 动态检查	(2)密贴调整	①如需对道岔密贴进行调整,要通过增减密贴调整片进行,多机牵引道岔密贴调整应遵循从后往前逐点顺序调整的原则。 ②使用手摇把将道岔摇至解锁位置,松开锁闭铁螺栓,在锁闭铁与锁闭框间累加0.5 mm密贴调整片,直到不能锁闭,第一牵引点取出(1.5±0.5) mm调整片,其他牵引点取出(2.0±1.0) mm调整片	
	(3)密贴试验	①在单点牵引道岔牵引点及多点牵引道岔第一牵引点中心线处,密贴尖轨与基本轨间夹4 mm密贴试验片时,在其余密贴段牵引点中心线处夹6 mm密贴试验片时,不应锁闭或接通表示。 ②直向通过速度大于120 km/h,小于或等于160 km/h的道岔,尖轨牵引点间夹10 mm密贴试验片时,不应接通道岔表示	
	(4)开程、锁闭量测量、调整	尖轨与心轨的锁闭量符合要求: 双机牵引道岔尖轨第一牵引点为(160±3) mm,第二牵引点为(75±3) mm,两侧偏差不大于3 mm;尖轨第一牵引点锁闭量≥25 mm,第二牵引点锁闭量≥20 mm。定、反位应均匀,其偏差不大于2 mm	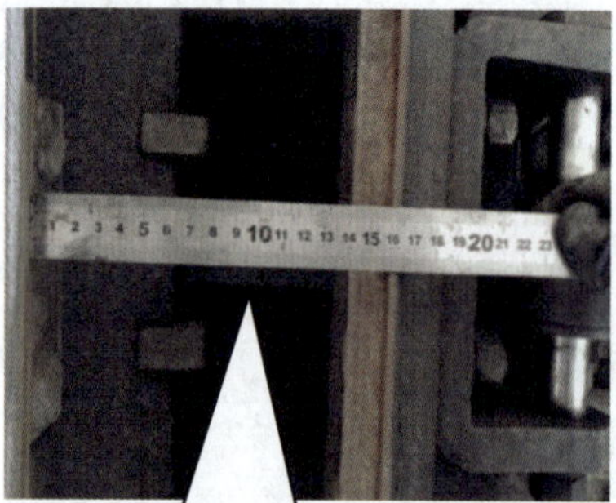

续上表

工序	工步	作业内容及标准	图示说明
3. 动态检查	(4)开程、锁闭量测量、调整	尖轨与心轨的锁闭量符合要求： 双机牵引道岔尖轨第一牵引点为(160±3) mm,第二牵引点为(75±3) mm,两侧偏差不大于 3 mm;尖轨第一牵引点锁闭量≥25 mm,第二牵引点锁闭量≥20 mm。定、反位应均匀,其偏差不大于2 mm	 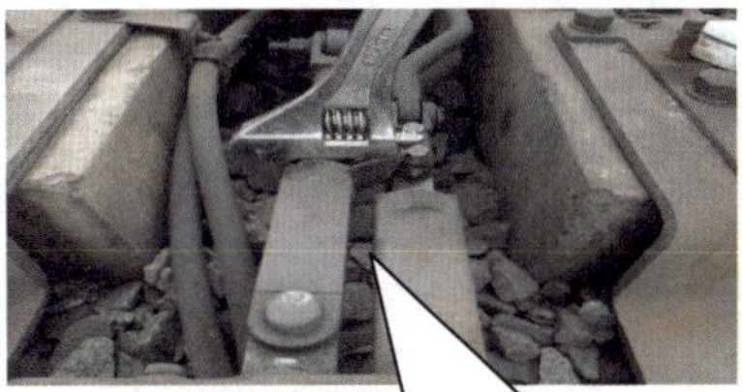
	(5)缺口状态检查	①调整缺口,指示标对准检测杆缺口中央,距两侧各(2±0.5) mm,且机内外缺口及道岔视频缺口数据三者必须核对一致。表示缺口一定要在道岔开口、密贴各项指标符合要求以后进行调整。 ②两检测杆上下无间隙,相错量不大于 8 mm,左右无偏移。 ③检测杆头部的叉形连接头销孔与表示杆销孔旷量总和不大于 0.5 mm,其余部位的销孔旷量不大于 1 mm。在道岔锁闭状态下,来回纵向轻敲岔型接头处,在外缺口指示标处测量位移量即为表示杆销孔旷动量,应不大于 0.5 mm。 ④表示杆头部在叉形连接头内的位置应居中,两侧间隙均匀,不得与叉形连接头别卡	 

续上表

工序	工步	作业内容及标准	图示说明
4. 各部螺栓检查	各部螺栓检查	①检查各部螺栓紧固情况。检查尖轨连接铁固定螺栓、锁闭杆绝缘垫板固定螺栓、尖端铁固定螺栓、表示杆接头固定螺栓部位，确认红油漆防松标识清晰、无偏移。其余部位使用扳手检查，确认紧固。 ②检查确认表示杆调整轴套及螺帽紧固良好。 ③对锁闭框、尖轨连接铁固定螺栓紧固时必须使用水平尺确认锁闭框、尖轨连接铁安装水平	 固定螺栓防松标识清晰  进行水平确认、螺栓紧固检查 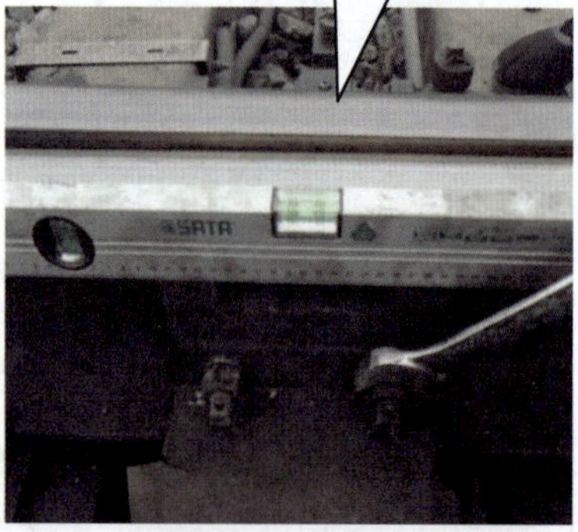
5. 杆件绝缘测试	杆件绝缘测试	使用轨道绝缘在线测试仪测试安装装置及各类杆件绝缘的电阻值大于 20 Ω。 测试位置：①锁闭杆连板与两轨面之间；②长、短表示杆与两轨面之间；③转辙机与近端轨面之间	

续上表

工序	工步	作业内容及标准	图示说明
6. 室外复查验收	(1)道岔动态验收	来回扳动道岔,作业人员分别从两侧锁闭框检查锁闭杆是否侧面摩擦	 
	(2)功率曲线对比	联系室内人员,利用信号集中监测装置查看道岔功率曲线是否正常	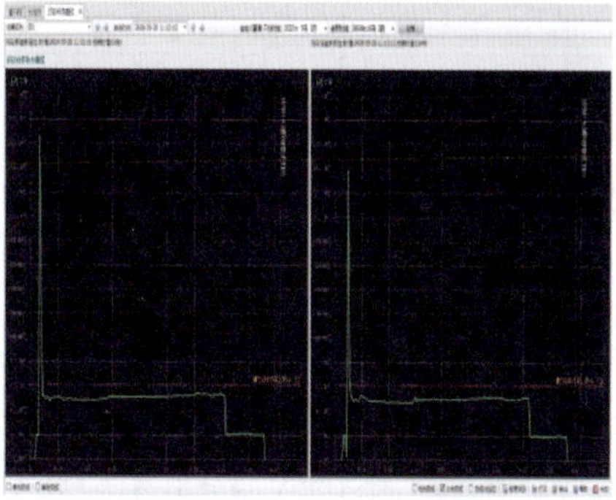
	(3)关键环节确认	①检查确认表示杆调整轴套及螺帽紧固良好、无脱套。 ②对锁闭框上斜面(解锁状态下)、钩头、销轴等关键部位涂专用油。 ③作业负责人或带班人员对道岔检修关键环节进行验收,执行“一指二呼三确认”并录像检查	 

续上表

<table>
<tr><th>工序</th><th>工步</th><th>作业内容及标准</th><th>图示说明</th></tr>
<tr><td>6. 室外复查验收</td><td>(4)清点销记及小结</td><td>①填写检修卡。
②合上机盖及盒(箱)盖，并加锁。
③清点工具、仪表。
④作业人员发现设备缺点应立即克服，若当时不能解决的应逐级汇报，纳入待修问题记录。
⑤人员全部撤离护网，驻站联络员联系确认后，正点销记</td><td></td></tr>
<tr><td rowspan="2">7. 室内春测重点</td><td>(1)道岔表示继电器的交直流电压测试</td><td>当道岔在定位状态时，对道岔定位表示继电器 DBJ 进行测试，用 AC 100 V 挡、DC 50 V 挡分别测试 DBJ 线圈 1、4 的交流、直流电压，测试直流时正表笔接线圈 1，负表笔接线圈 4。道岔反位表示继电器 FBJ 测试方法与道岔定位表示继电器 DBJ 测试方法相同</td><td>

________道岔表示继电器电压测试记录表 附表5
______工区 ______车站
集中监测标调人： 标调日期：
<table>
<tr><td rowspan="3">序号</td><td rowspan="3">测试日期</td><td rowspan="3">道岔号码</td><td colspan="4">分线盘电压</td><td colspan="4">继电器电压</td><td rowspan="3">测试人</td><td rowspan="3">备注</td></tr>
<tr><td colspan="2">定位</td><td colspan="2">反位</td><td colspan="2">定位</td><td colspan="2">反位</td></tr>
<tr><td>直流</td><td>交流</td><td>直流</td><td>交流</td><td>直流</td><td>交流</td><td>直流</td><td>交流</td></tr>
<tr><td></td><td></td><td></td><td></td><td></td><td></td><td></td><td></td><td></td><td></td><td></td><td></td><td></td></tr>
<tr><td></td><td></td><td></td><td></td><td></td><td></td><td></td><td></td><td></td><td></td><td></td><td></td><td></td></tr>
<tr><td></td><td></td><td></td><td></td><td></td><td></td><td></td><td></td><td></td><td></td><td></td><td></td><td></td></tr>
<tr><td></td><td></td><td></td><td></td><td></td><td></td><td></td><td></td><td></td><td></td><td></td><td></td><td></td></tr>
</table></td></tr>
<tr><td>(2)断相保护器测试</td><td>用万用表 DC 50 V 挡，在道岔扳动过程中，测试 DBQ 的直流输出 1、2 或 BHJ 的 1、4 线圈</td><td>
断相保护器测试记录表 附表6
<table>
<tr><td colspan="8">工区 车站</td></tr>
<tr><td rowspan="2">序号</td><td rowspan="2">测试日期</td><td rowspan="2">道岔号码</td><td rowspan="2">牵引点</td><td colspan="2">断相保护器直流输出电压(V)</td><td rowspan="2">测试人</td><td rowspan="2">备注</td></tr>
<tr><td>定位</td><td>反位</td></tr>
<tr><td></td><td></td><td></td><td></td><td></td><td></td><td></td><td></td></tr>
<tr><td></td><td></td><td></td><td></td><td></td><td></td><td></td><td></td></tr>
<tr><td></td><td></td><td></td><td></td><td></td><td></td><td></td><td></td></tr>
<tr><td></td><td></td><td></td><td></td><td></td><td></td><td></td><td></td></tr>
<tr><td></td><td></td><td></td><td></td><td></td><td></td><td></td><td></td></tr>
<tr><td></td><td></td><td></td><td></td><td></td><td></td><td></td><td></td></tr>
</table></td></tr>
</table>

五、道岔转换设备检查重点

1. 做好外锁闭道岔应力释放,及时克服锁闭框杆件侧磨、各类关节销轴磨卡隐患。

2. 做好道岔各杆件固定螺栓、销子安装情况检查,防止螺栓、销子旷动造成道岔失表。

3. 做好道岔开程、锁闭量、4 mm 测试试验,检查发现不符合标准的及时调整。

4. 做好道岔杆件及安装装置绝缘检查测试,对道岔安装装置绝缘测试按周期进行分解检查,防止绝缘破损造成轨道电路红光带。

5. 加强自动开闭器接点固定、接触深度检查,确保接触良好。

6. 做好 ZY 型道岔溢流压力测试,发生变化的要查明原因,进行适应性调整。

7. 做好各部配线检查,防止配线断线、混线。

8. 对转辙机机盖盘根、动作杆及表示杆密封圈(油毡)进行重点检查,防止机内进潮,确保机内湿度正常。

9. 检查转辙机加锁情况,落实"反挂"锁方式,防止设备锁锁闭功能失效。

10. 检查确认转辙机机盖支撑托架作用良好,发现弯曲及时更换。

11. 具有融雪装置的检查确认融雪条无磨损,卡具固定良好,无移位;确认融雪装置功能良好,发现融雪装置不良的及时整治或更换。

12. 做好道岔缺口视频监测设备检查试验,检查各部标尺、标线是否准确,网络通信是否正常、图像是否清晰,确保缺口视频设备运用状态良好。

13. 推进"一岔一档"数据运用,抓好检修数据对比分析。

六、道岔联整主要项目

1. 脱杆后检查更换磨耗超标配件。

2. 脱杆后对安装装置及杆件绝缘分解检查,不良的及时更换。

3. 尖轨静态宏观密贴检查;密贴试验调整。

4. 转辙机、杆件水平方正检查调整。

5. 开程、锁闭量测量调整。

第五节　道岔转辙装置施工质量验收

道岔转辙装置的施工质量验收应包括道岔转辙装置进场检验、道岔转辙装置安装及配线、道岔转辙装置单项检验、道岔缺口监测设备安装及检验等。

1. 道岔转辙装置进场检验

(1)道岔转辙装置及道岔缺口监测设备进场检验规定。

①转辙机及密贴检查器整机密封良好;

②其他进场检验项目和要求应符合有关规定。

(2)转辙机整机电气性能应符合有关标准的规定。

2. 道岔转辙装置安装及配线

(1)安装装置、外锁闭装置安装规定。

①安装装置、外锁闭装置的安装位置、规格、型号及安装方式应符合设计文件要求;

②弯托板与轨枕密贴,前后两弯托板的高低偏差不应大于 5 mm,调整托板外侧翘起不应

大于 5 mm,调整螺栓下部应有减振橡胶垫;

③锁闭框安装方正、平顺,与基本轨(翼轨)连接紧密;

④各部位绝缘、紧固件、垫圈、弹簧垫圈、开口销等部件应齐全、完好、紧固,开口销劈开角度应为 60°～90°,两臂劈开角度应基本一致。

(2)转辙机安装规定。

①转辙机安装位置、规格、型号及安装方式应符合设计文件的要求;

②转辙机与基本轨的距离应符合转辙机安装图册相关要求;

③转辙机外壳边缘两端点至直基本轨的距离应相等,其偏差量不大于 5 mm;

④转辙机防水罩安装牢固。

(3)转辙机配线规定。

①转辙机至终端电缆盒间的配线采用多股铜芯绝缘软线,截面积不应小于 1.5 mm^2;

②配线不得有损伤,不得有中间接头;

③采用柱形端子时,绝缘软线芯线应用铜线绕制线环或冷压接线端子压接等方式配线;

④采用万可接线端子时,端子配线应一孔一线,并压接牢固;

⑤配线应绑扎整齐、美观,并有明确标识。

(4)道岔杆件安装及连接规定。

①道岔杆件均应与单开道岔直基本轨或直股延长线、双开对称道岔股道中心线相垂直,偏差不大于 20 mm;

②分动外锁闭道岔各牵引点的锁闭杆、表示杆的两端与基本轨或中心线的垂直偏差不大于 10 mm;

③各种连接杆螺纹部分的内、外调整余量不应小于 10 mm,表示杆的销孔旷量不应大于 0.5 mm,其余部分的销孔旷量不应大于 1 mm;

④各部位绝缘、紧固件、垫圈、弹簧垫圈、开口销等部件应齐全、完好、紧固,开口销劈开角度应为 60°～90°,两臂劈开角度应基本一致。

(5)安装装置零部件表面应无脱皮、返锈、鼓泡现象。

(6)转辙机密封良好,零部件无锈蚀。

3. 道岔转辙装置单项检验

(1)转辙装置手动转换检验规定

①人工操作转辙机,道岔能转换到底,尖轨与基本轨、心轨与翼轨(定位和反位)应密贴良好;

②尖轨与基本轨密贴后,自动开闭器接点接触深度不应小于 4 mm;

③在尖轨与基本轨间夹入 4 mm 试验片,转辙机不得锁闭,自动开闭器动接点不能打入静接点组内;

④齿轮装置的各齿轮啮合良好;

⑤道岔转换顺畅,滚珠丝杠动作平稳、无噪声,摩擦联结器作用良好;

⑥在道岔转换过程中,可动部分动作平稳、灵活,无别劲、卡阻现象;

⑦安全接点接触良好;在插入手摇把或钥匙时,安全接点应可靠打开,非经人工恢复,不得接通电路;

⑧电液转辙机的油路不得出现渗漏和堵塞现象。

(2)转辙装置加电检验规定

①道岔尖轨与基本轨、心轨与翼轨应密贴良好;

②单点牵引道岔牵引点及多点牵引道岔第一牵引点中心线处密贴尖轨(心轨)与基本轨(翼轨)间有 4 mm 及以上水平间隙时,其余密贴段牵引点中心线处有 6 mm 及以上水平间隙时,不应锁闭或接通表示;

③直向通过速度大于 120 km/h 且不大于 160 km/h 的道岔,尖轨牵引点间有 10 mm 及以上水平间隙时,不应接通道岔表示;

④直向通过速度大于 160 km/h 的道岔,在两牵引点间有 5 mm 及以水平间隙时,不应接通道岔表示;

⑤用于道岔表示系统的密贴检查装置,第一牵引点处尖轨与基本轨、心轨与翼轨密贴有 4 mm 及以上间隙时,不得接通道岔表示;

⑥道岔实际开向应与操纵意图、继电器动作、定反位表示一致;

⑦断开任意一组表示接点时,表示电路应切断;

⑧在道岔转换过程中,可动部分动作平稳、灵活,无别劲、卡阻现象;

⑨电动转辙机正常转动时,摩擦联结器不空转,作用良好,道岔因故不能转换到底时,摩擦联结器应空转;

⑩电液转辙机在正常转换时,液压系统有足够的压力,道岔因故不能转换到位时,溢流阀应溢流;溢流阀调整灵活,溢流压力应调整为额定转换时压力的 1.1~1.3 倍;

⑪多机牵引道岔各牵引点应确保道岔正常转换,动作一致。

4. 道岔缺口监测设备安装及检验

(1)道岔缺口监测设备安装规定

①安装位置符合设计文件要求;

②采集分机、传感器安装位置及安装方式符合产品技术文件要求;

③视频摄像头与转辙机缺口相对位置正确;

④室内外道岔编号显示一致;

⑤设备安装牢固;

⑥采集分机、传感器及附属设备的安装,不得改变转辙机的基本结构,不得遮挡转辙机缺口视线和影响转辙机正常使用;

⑦用 500 V 兆欧表测量监测设备与转辙机外壳间的绝缘电阻,不得小于 1 MΩ。

(2)道岔缺口监测设备配线规定

①转辙机内监测设备至终端电缆盒或变压器箱的配线采用多股铜芯绝缘软线,截面积不小于 0.4 mm^2;

②配线不得有损伤,不得有中间接头;

③采用柱形端子时,绝缘软线芯线采用铜线绕制线环或冷压接线端子压接等方式配线;

④采用万可接线端子时,端子配线应一孔一线,并插接牢固;

⑤螺栓应涂防松胶固定。

(3)网络转换器安装规定

①网络转换器应安装在箱盒中,并固定在专用底板上;

②当不能安装在箱盒内时,网络转换器应安装在箱盒基础上;

③电源线与信息线配线正确,上盖密封。

复习思考题

1. 五线制提速道岔电路中各线的作用分别是什么?
2. S700K 型电动转辙机主要部件有哪些?
3. 简述提速道岔外锁闭装置密贴调整检查方法。
4. 道岔中的 BHJ 有什么作用?
5. 简述 ZY(J)7 型电液转辙机机械动作原理。
6. 简述 ZY(J)7 型电液转辙机油路系统组成。
7. ZY(J)7 型电液转辙机机内检修作业中,油压检查测试作业的内容有哪些?

第七章　轨道电路设备

轨道电路是以铁路的两根钢轨作为导体，使电流在一定范围内流通，用以检查列车占用线路、传递列车占用信息及实现地面与机车间信息传递的电气回路。本章主要讲述 97 型 25 Hz 相敏轨道电路和微电子型 25 Hz 相敏轨道电路。

第一节　轨道电路的组成

25 Hz 相敏轨道电路基本结构如图 7-1-1 所示。

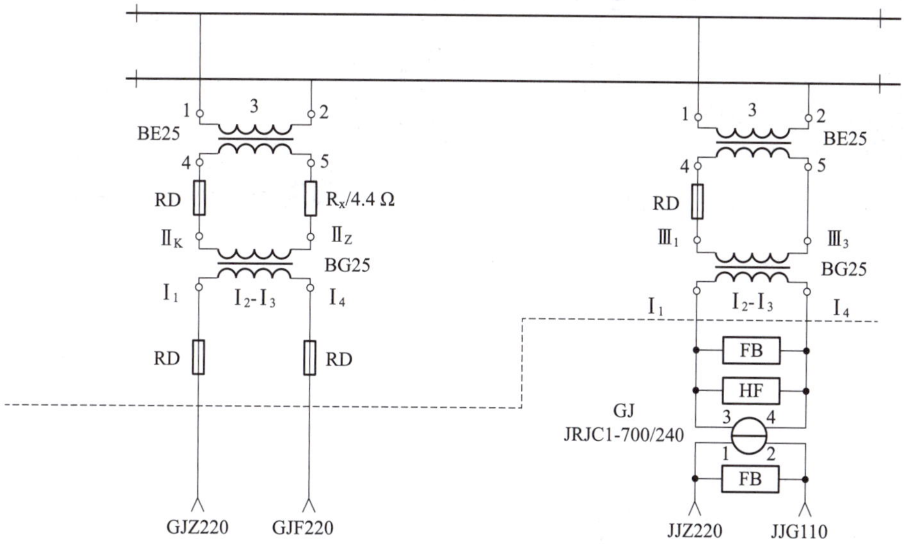

图 7-1-1　25 Hz 相敏轨道电路基本结构

一、送电端设备

送电端设备包括送电端扼流变压器 BE25、送电端电源变压器 BG25、送电端限流电阻 R_X、熔断器 RD。

二、受电端设备

受电端设备包括受电端扼流变压器 BE25、受电端中继变压器 BG25、熔断器 RD、防雷补偿器 FB、防护盒 HF、二元继电器 GJ(JRJC1-70/240)或 JXW-25 型微电子接收器。

三、主要部件及作用

1. 25 Hz 电源

25 Hz 电源向 25 Hz 相敏轨道电路提供 25 Hz 220 V 的轨道电源和 25 Hz 110 V 局部电源。25 Hz 电源模块如图 7-1-2 所示。

随着技术的发展，开发出了 25 Hz 电子变频模块，其具有体积小、效率高、波形纯正的特点，已广泛应用于现代电气化铁路系统。

2. 轨道变压器

轨道变压器在送电端使用时为电源变压器，根据轨道电路的不同类型和长度，供以不同电压；在受电端使用时为中继变压器，可使 JRJC1-70/240 继电器的高阻抗和轨道的低阻抗相匹配。受电端中继变压器的变比应予以固定，不得调整，否则会使受电端连接器材的阻抗和轨道电路的匹配条件遭到破坏。电气化区段变比为 1∶13.89，非电气化区段变比为 1∶50。

轨道变压器现场使用的型号有 BG1-140/25（二次额定电压为 0.5～17.5 V）、BG2-130/25（二次额定电压为 0.44～18.48 V）等，如图 7-1-3 所示，电路原理如图 7-1-4 所示。

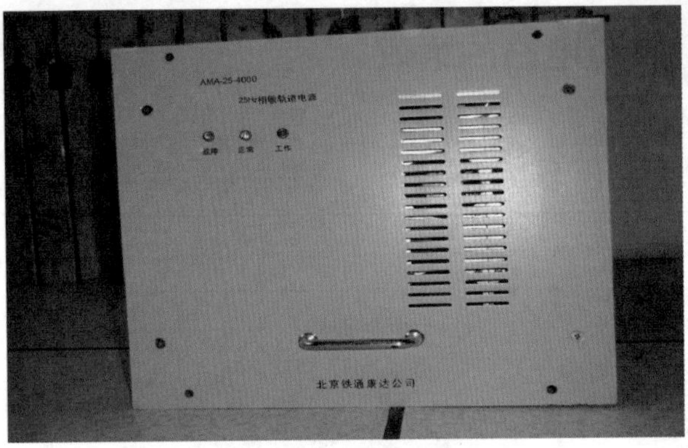

图 7-1-2　25 Hz 电源模块

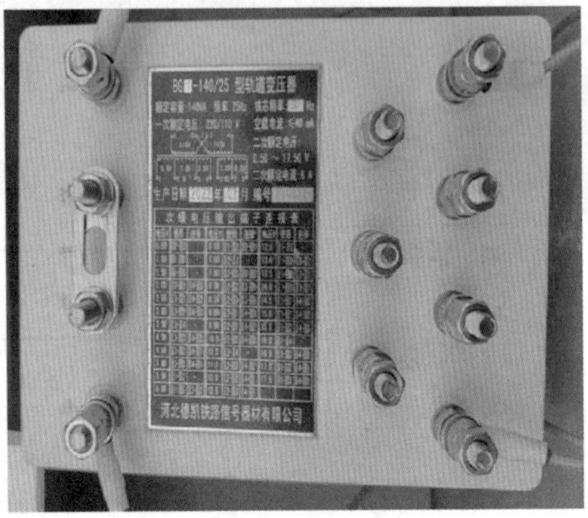

图 7-1-3　轨道变压器

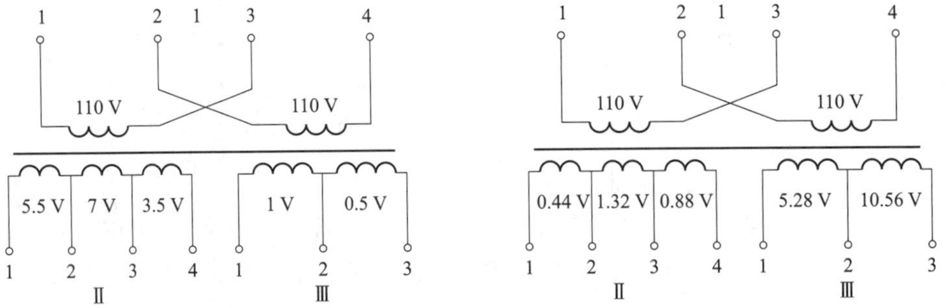

(a) BG1-140/25　　(b) BG2-130/25

图 7-1-4　轨道变压器电路原理

3. 扼流变压器

扼流变压器分为 BE1 型和 BE2 型，BE1 型为 400 Hz 铁芯，BE2 型为 50 Hz 铁芯，实物及线圈结构如图 7-1-5 所示。扼流变压器与信号线圈相配合，用在送电端时降压，用在受电端时升压，主要用来隔离牵引电流。牵引线圈与信号线圈电压变比为 1∶3。相邻的扼流变压器通过中心连接板连接，用来沟通牵引电流，现场图如图 7-1-6 所示，原理如图 7-1-7 所示。

4. 限流电阻

限流电阻在送电端作过载保护用，不得调整其阻值，否则将影响轨道电路的分路特性；在受电端作电压微调用，一般在一送多受时才作调整用，实物如图 7-1-8 所示。

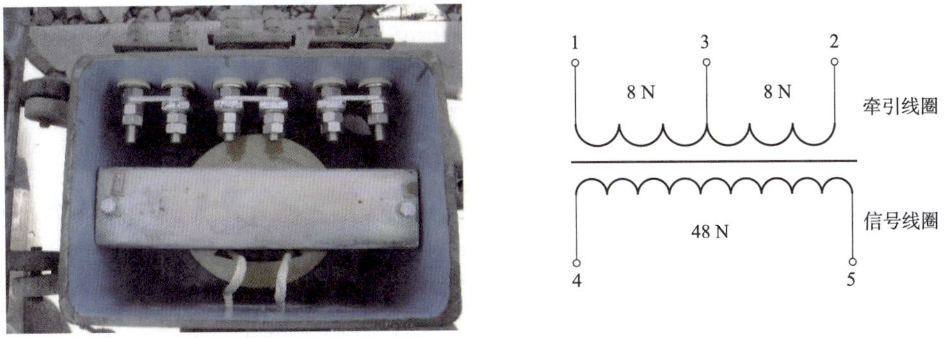

(a) 实物　　(b) 线圈结构

图 7-1-5　扼流变压器实物及线圈结构

图 7-1-6　扼流变压器沟通牵引电流现场图

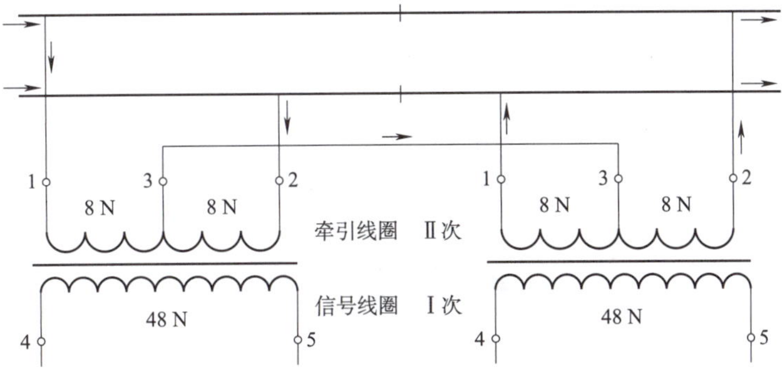

图 7-1-7　扼流变压器沟通牵引电流原理

图 7-1-8　限流电阻实物

5. 熔断器

熔断器如图 7-1-9 所示，用在送电端时，起过载保护的作用，防止一个送电电源短路影响一束轨道电源。在电气化区段，轨道变压器与扼流变压器之间装设 10 A 熔断器，可安全度过牵引电流的浪涌冲击。

6. JRJC1-70/240 型交流二元继电器

JRJC1-70/240 型交流二元继电器如图 7-1-10 所示，是一种交流感应式继电器，利用电磁铁所建立的交变磁场与金属转子中感应电流之间相互作用的原理而动作。

当局部线圈收到由电源屏供给的 25 Hz 110 V 电源，轨道线圈收到不小于 25 Hz 15 V 的电源且局部线圈超前轨道的电压相位达到 90°±30°时，继电器可靠吸起。上述三个条件缺一不可，否则继电器落下。JRJC1-70/240 型交流二元继电器具有可靠的频率选择性和相位选择性，对轨端绝缘破损和外界牵引电流或其他频率电流的干扰能可靠地进行防护，满足了轨道电路抗电气化干扰的要求。

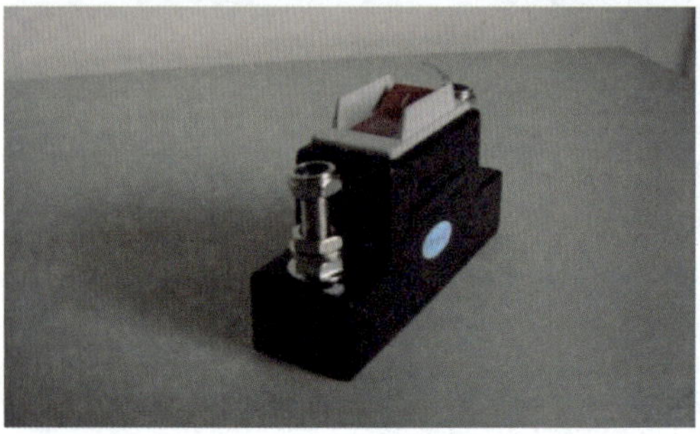

图 7-1-9　熔断器

图 7-1-10　JRJC1-70/240 型交流二元继电器

继电器局部线圈编号为 1、2，轨道线圈编号为 3、4，其中 1、3 为同名端，接点组数 2Q、2H，接点编号如图 7-1-11 所示。

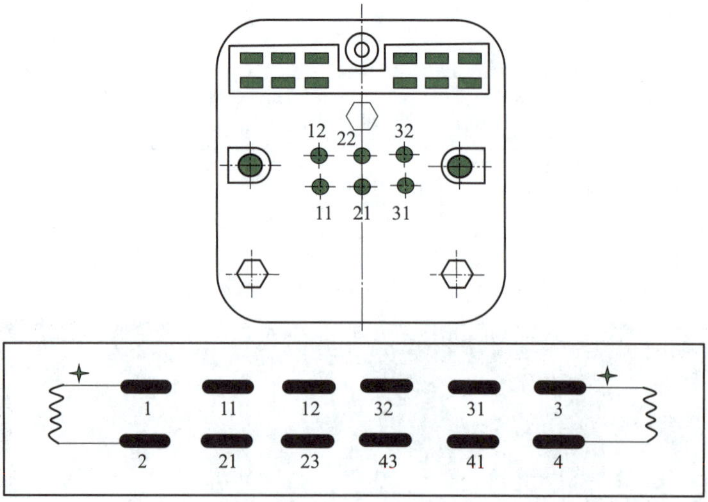

图 7-1-11　接点编号

7. 防护盒

防护盒由电感和电容串联构成。防护盒可以减少 25 Hz 信号在传输中的衰耗；减少 25 Hz

信号在传输中的相移；减少 50 Hz 工频干扰。HF4-25 型防护盒如图 7-1-12 所示，原理如图 7-1-13 所示。

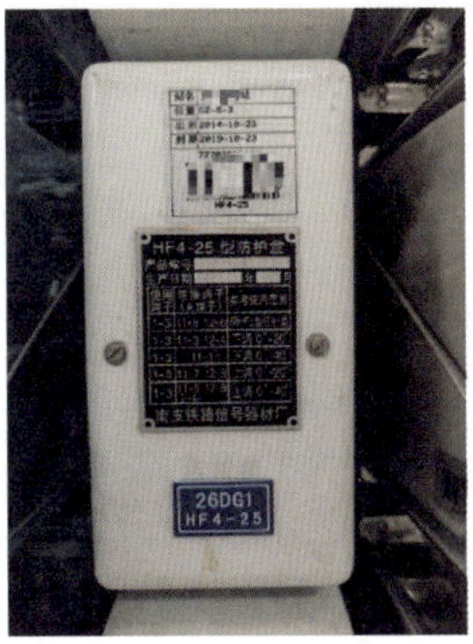

图 7-1-12　HF4-25 型防护盒

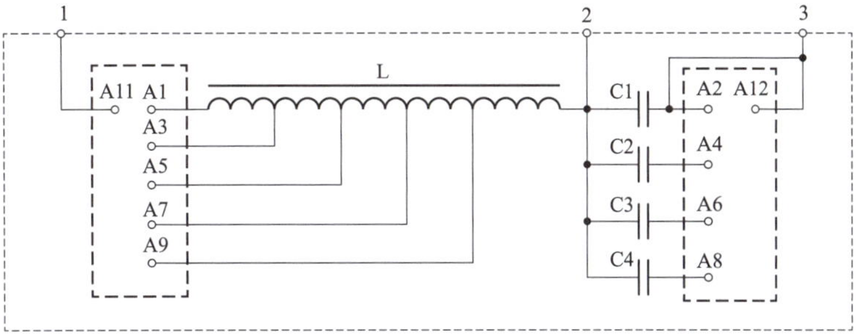

图 7-1-13　HF4-25 型防护盒原理

防护盒 1、3 号端子并接在轨道继电器的轨道线圈上，对 50 Hz 呈串联谐振，相当于 20 Ω 的电阻，可将 50 Hz 干扰电流旁路掉；对 25 Hz 信号电流相当于 16 μF 电容，可减少 25 Hz 干扰信号在传输中的衰耗和相移，并能对 25 Hz 信号频率的无功分量进行补偿。

8. JWXC-H310 型继电器

JWXC-H310 型插入式无极缓动继电器如图 7-1-14 所示，是专为 97 型 25 Hz 相敏轨道电路配套研制的，可配合系统其他器材解决冲击干扰引起的轨道继电器误动、行车安全等问题。

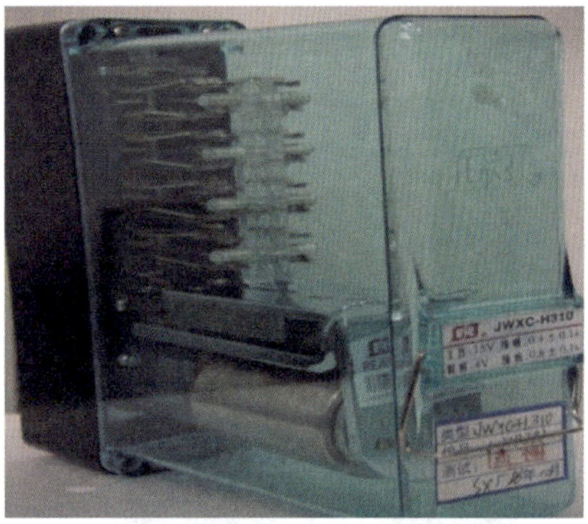

图 7-1-14　JWXC-H310 型继电器

9. 防雷补偿器

防雷补偿器分为 FB-1 和 FB-2 两种型号，如图 7-1-15 所示。FB-1 型内含两套防雷补偿单元，FB-2 型内含一套防雷补偿单元。防雷补偿单元由电容和硒堆构成，电容的局部耐压为 250 V，硒堆的接收工作电压为 90 V。硒片用来防雷及防止大电流侵入；电容用来提高局部线圈的功率因数，减少变频器输出电流，原理如图 7-1-16 所示。

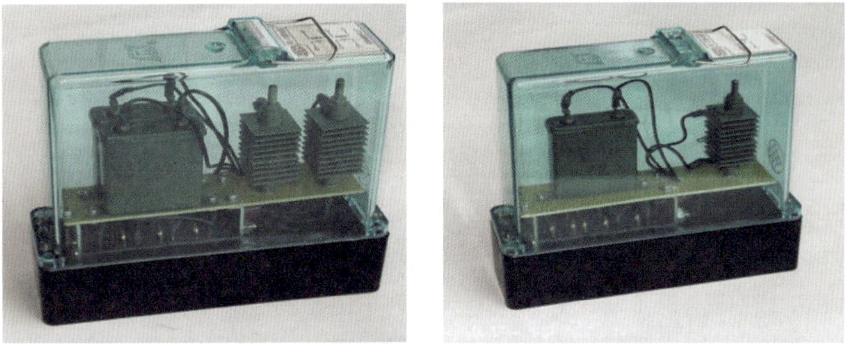

(a) FB-1型　　(b) FB-2型

图 7-1-15　防雷补偿器

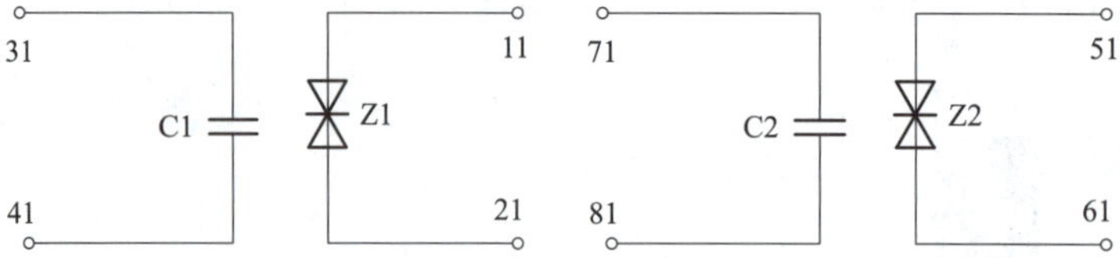

(a) FB-1型防雷补偿器原理

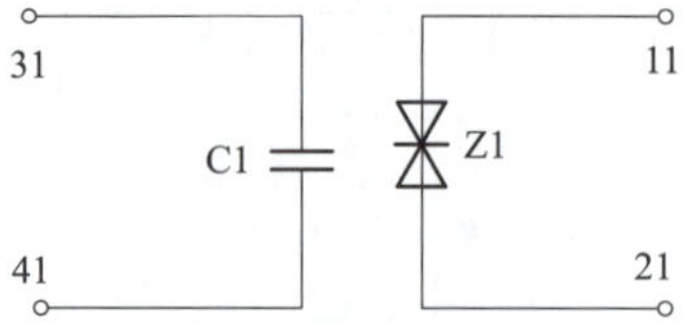

(b) FB-2型防雷补偿器原理

图 7-1-16 防雷补偿器原理

10. JXW-25 型微电子接收器

微电子 25 Hz 相敏轨道电路采用 JXW-25 型微电子接收器，如图 7-1-17 所示。JXW-25 型微电子接收器采用数字处理技术完成对电气化区段 25 Hz 相敏轨道电路的接收，彻底解决了接点卡阻和抗电气化干扰能力不强、返还系数低等问题，与原继电器的接收阻抗、接收灵敏度相同，提高了系统的安全性和可靠性，如图 7-1-18 所示。

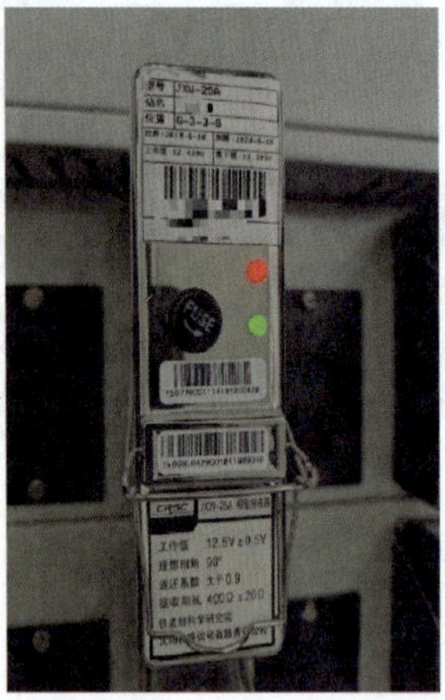

图 7-1-17 JXW-25 型微电子接收器

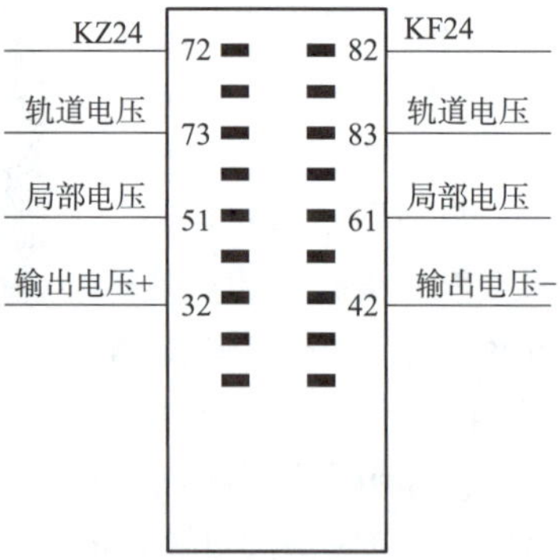

(a) JXW-25接点分布

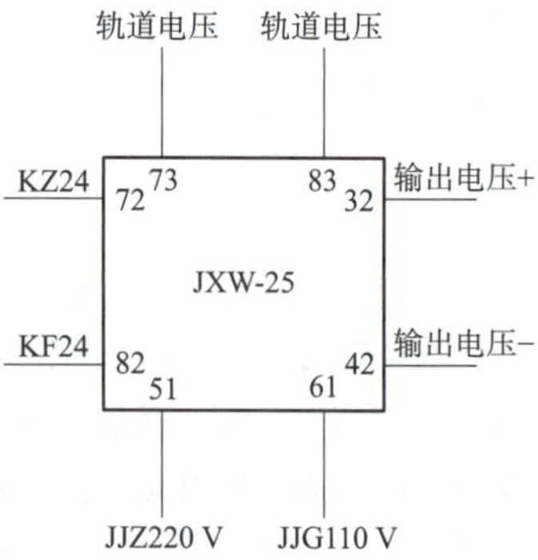

(b) JXW-25输入输出

图 7-1-18 JXW-25 型微电子接收器

第二节 轨道电路的工作原理

当轨道电路区段没有列车或车辆占用时，由发送设备发送的电流，经钢轨线路送至接收设备，使接收设备的继电器励磁吸起，即发出该轨道电路区段空闲的信息。在轨道电路区段被列车或车辆占用时，从发送设备发送的信息电流被列车或车辆的轮轴分流，只有一小部分电流送至接收设备，接收设备因电流减小而使继电器失磁释放，发出轨道电路区段被车占用的信息。

轨道电路是铁路信号自动控制的基础设备之一。利用轨道电路可自动检测列车、车辆的位置，控制信号机的显示。通过轨道电路，可以将地面信息传递给机车，从而控制列车运行。

一、轨道电路的参数及相关术语

1. 道砟电阻：在轨道电路传输电能的过程中，电流由一根钢轨经过枕木、道砟以及大地漏泄到另一根钢轨的漏泄电阻称为道砟电阻。

道砟电阻的大小受道砟材料，道砟层的厚度、清洁度，枕木的材质和数量，土质以及气候的影响。夏季道砟电阻最低，冬季道砟电阻最高。

2. 钢轨阻抗：钢轨本身的阻抗和两节钢轨连接处的各种阻抗统称为钢轨阻抗。

钢轨阻抗的大小与各连接处的接触面的大小、清洁程度、接触压力等因素有关。

3. 轨道电路最不利条件：当轨道电路各电气参数在规定范围内，受电端所得电压在调整状态下为最低、分路状态下为最高，而机车信号发送信息的入口电流为最小时，与之对应的供电电压和一次参数总称为轨道电路最不利条件。

4. 轨道电路的一次调整：在最不利条件下，每段轨道电路内，可变环节的电气参数经首次调整后，能满足调整、分路、机车信号三种状态的要求，无需通过外界参数的变化再次进行调整，称为轨道电路的一次调整。

5. 轨道电路的极限长度：当轨道电路能实现一次调整时，能达到的最大长度称为轨道电路的极限长度。

6. 轨道电路的调整余量：进行轨道电路计算时，为使其能安全、正常、可靠分路，在满足调整状态时，送电端所需供出的最小电压 U_t，及在最不利地点分路时，所允许供出的最大电压 U_f 之间的相互关系，称为调整余量。调整余量系数以 K 表示，$K=[(U_f-U_t)/(U_f+U_t)]\times100\%$。

7. 集中调相：由轨道电路供电设备对相位进行集中调整称为集中调相。

8. 允许失调角：25 Hz 轨道电路传输时，在局部电压超前轨道电压 90°的基础上，还会发生相移，该相移应控制在一定的允许范围，称为允许失调角 β，β 应在 ±30°之内。

9. 有效电压：经轨道传输后，加在轨道继电器轨道线圈上的电压为 U_j，当其相位与理想相位的差值为 β 时，$U_{有效}=U_j\times\cos\beta$。

举例：若 U_j 为 16.7 V，相位角为 105°，那么 $U_{有效}=16.7\times\cos(105°-90°)\ \text{V}=16.131\ \text{V}$。

二、轨道电路的相关要求

1. 当轨道电路在规定范围内发送电压值最低、钢轨阻抗最大、道砟电阻最小、轨道电路为极限长度和空闲时，受电端的接收设备应可靠工作。

2. 当轨道电路在规定范围内发送电压值最高、钢轨阻抗最小、道砟电阻最大时，用标准分路电阻线在轨道电路的任意处可靠分路（不含死区段），轨道电路应可靠表示轨道占用。

3. 当轨道电路调整状态或分路状态在各自最不利条件时，轨道电路设备应能长期工作而不过载。

4. 各种制式的轨道电路，在规定的技术能力范围内均应实现一次调整。

5. 当发送电压、道砟电阻为最小值，钢轨阻抗为最大值时，机车进入轨道电路入口端接收最小信号电流至出口端接收最大信号电流时，应保证机车信号可靠工作。

6. 适用于电力机车牵引区段的轨道电路，应能防护连续或断续的不平衡牵引电流的干扰。当不平衡电流在规定值以下时，应保证调整状态时 GJ 可靠吸起，分路状态时 GJ 可靠落下。

三、97 型 25 Hz 相敏轨道电路工作原理

97 型 25 Hz 相敏轨道电路工作原理如图 7-2-1 所示。

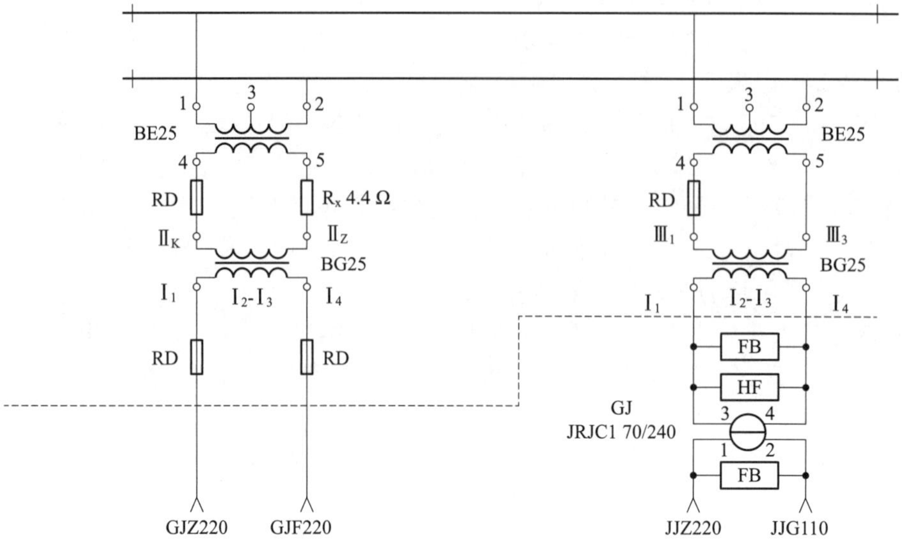

图 7-2-1　97 型 25 Hz 相敏轨道电路工作原理

25 Hz 电源屏将 50 Hz 电源变频后，分别供出 25 Hz 220 V 的轨道电源和 25 Hz 110 V 的局部电源。

轨道电源由室内供出，通过电缆供向室外，经由送电端电源熔断器 RD 接至电源变压器 BG25 Ⅰ次侧，由电源变压器Ⅱ次侧输出的轨道电源经限流电阻 R_X 和 10 A 熔断器送至扼流变压器 BE25 Ⅰ次侧 4、5 端子，经 3∶1 变比降压后由扼流变压器Ⅱ次侧 1、2 端子输出，经引接线送至送端轨面。轨道电源由钢轨传输至受电端扼流变压器 BE25 Ⅱ次侧 1、2 端子，经 1∶3 变比升压后，由扼流变压器Ⅰ次侧 4、5 端子输出，经 10 A 熔断器 RD 至受电端中继变压器 BG25 Ⅱ次侧。中继变压器将接收的信号升压后由Ⅰ次侧输出，经电缆送回室内交流二元继电器 GJ 的轨道线圈 3、4，再并联接至防雷补偿器 FB 及防护盒 HF。

局部电源经并联 GJ 的防雷补偿器 FB 直接供给交流二元继电器 GJ 的局部线圈 1、2。交流二元继电器对轨道电源电压、局部电源电压、相位及频率进行检查，当其电压、相位、频率满足规定要求时，GJ 继电器吸起，轨道电路处于工作状态；反之，GJ 继电器落下，轨道电路处于不工作状态。

四、微电子型 25 Hz 相敏轨道电路工作原理

JXW-25 型微电子接收器输出端外接执行轨道继电器 GJ(JWXC-1700)，替代交流二元继电器，构成微电子型 25 Hz 相敏轨道电路，原理如图 7-2-2 所示。

JXW-25 型微电子接收器以微处理机为基础，采用数字处理技术对轨道电路信息进行分析，检出有用信息，除去干扰，完成 25 Hz 相敏轨道电路接收功能。

微电子接收器的接收阻抗、接收灵敏度仍按原设备技术要求设计，在不改变原轨道电路特性的前提下，可直接换成微电子接收器，做到新旧设备基本兼容。接收器的局部电源、轨道电源、相位差、轨道接收阻抗、可靠接收电压等与原机械式二元继电器完全一致。

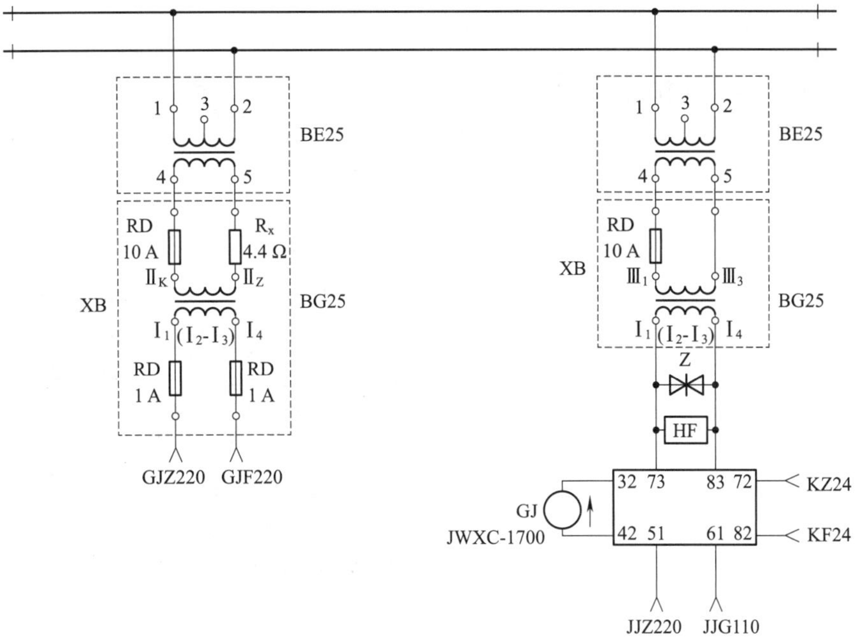

图 7-2-2　微电子型 25 Hz 相敏轨道电路原理

JXW-25 型微电子接收器在一送多受时，每个分支用一个微电子接收器和执行继电器，在主接收器执行继电器的吸起回路中串接其他分支执行继电器的前接点。一送多受时各受电分支控制方法如图 7-2-3 所示。

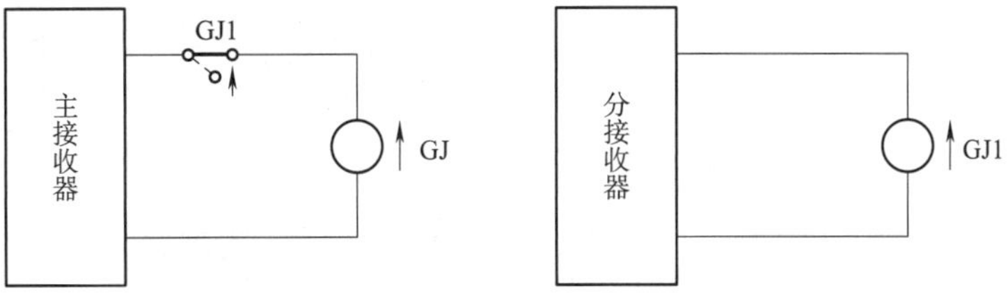

(a) 主接收器　　(b) 分接收器

图 7-2-3　一送多受时各受电分支控制方法

第三节　轨道电路设备标准化作业

一、作业流程

作业流程如图 7-3-1 所示。

图 7-3-1　作业流程

二、轨道电路设备标准化作业程序

轨道电路设备标准化作业程序见表 7-3-1。

表 7-3-1　轨道电路设备标准化作业程序

工序	工步	作业内容及标准	图示说明
1. 检查	(1)箱盒、加锁状态、硬面化、基础、电缆及设备铭牌状态检查	①检查箱盒无裂纹、无破损,各部螺栓防松标记良好,无偏移,加锁装置良好。 ②检查清理设备基础、硬面化,确认硬面化无石砟、异物,周边无杂草;基础不倾斜,设备铭牌清晰。 ③检查确认各类连接线连接、固定良好,无破皮,无锈蚀,无膨胀,防混措施良好;塞钉与钢轨接触良好,白漆封闭良好;补偿电容固定、防护良好、号码清晰,各种连接线满足大机捣固“无障碍”的要求	   

续上表

工序	工步	作业内容及标准	图示说明
1. 检查	(2)各类引接线连接、固定情况检查	①跳线和引接线处不得有防爬器和轨距杆等物，距轨底不应小于 30 mm，不得与可能造成短路的金属件接触。 ②检查确认等阻线钢轨处根部无断裂。 ③检查确认各部绝缘(包括轨距杆、连接杆、轨端绝缘等)外观良好无破损，轨缝达标(分体式绝缘轨缝为 6～15 mm、胶接绝缘轨缝为 6～10 mm)，轨端无肥边、无侧磨，绝缘接头钢轨高低相错不大于 2 mm。胶接绝缘无开裂、脱胶，钢轨接头夹板螺栓紧固，无扣件碰夹板、碰螺栓，扣件与夹板间隙不小于 2 mm。钢轨绝缘距底部石砟的距离不应小于 30 mm。 ④检查确认绝缘节 1 m 之内无鱼鳞片，绝缘接头捣固良好，无翻浆冒泥。 ⑤道岔区段的各种跳线及连接线应采用双套，塞钉打入钢轨深度最少与轨腰齐平，露出不大于 5 mm，涂白漆封闭，断股不超过 1/5	   

续上表

<table>
<tr><th>工序</th><th>工步</th><th>作业内容及标准</th><th>图示说明</th></tr>
<tr><td>1. 检查</td><td>(3)箱盒内部检查</td><td>①检查确认变压器、扼流变等箱盒内部清洁、无异物，箱盒密封防水、防尘良好，防尘孔封堵良好。
②检查确认箱内变压器、隔离盒、感容盒、匹配盒、限流电阻、防雷元件等安装固定良好，防松标识无偏移，设备无过热现象；各种器材用途铭牌齐全清楚；端子板、端子柱固定牢固、无松动。
③检查确认防雷单元齐全，作用良好。
④对使用8年以上的断路器进行通断电试验，人工操作断路器手柄断开、闭合3个循环，手感无卡阻，接点均能正常接通或断开，对压降变化范围超过50%或者压降不稳定的及时进行更换。</td><td>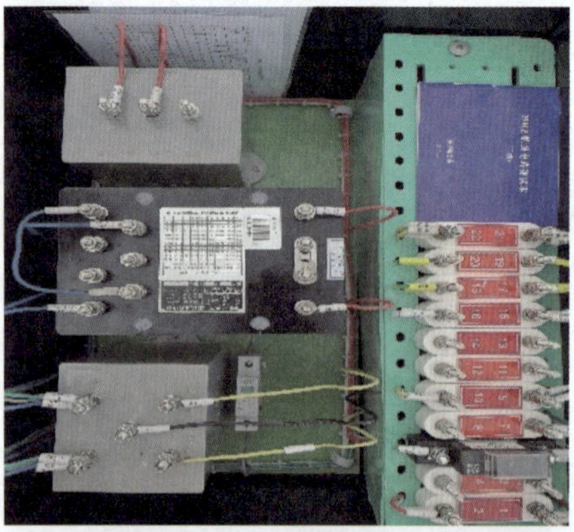
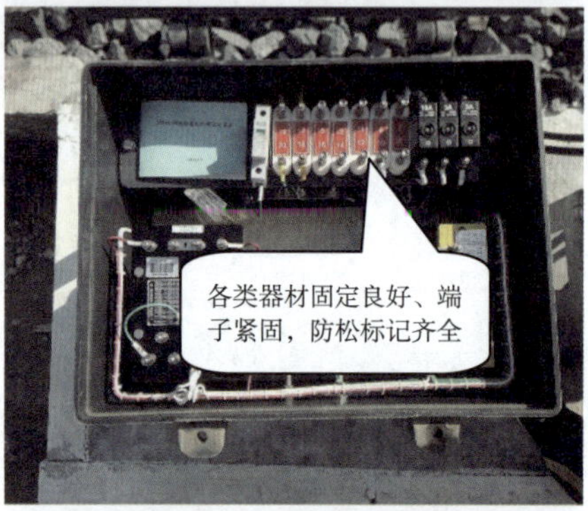

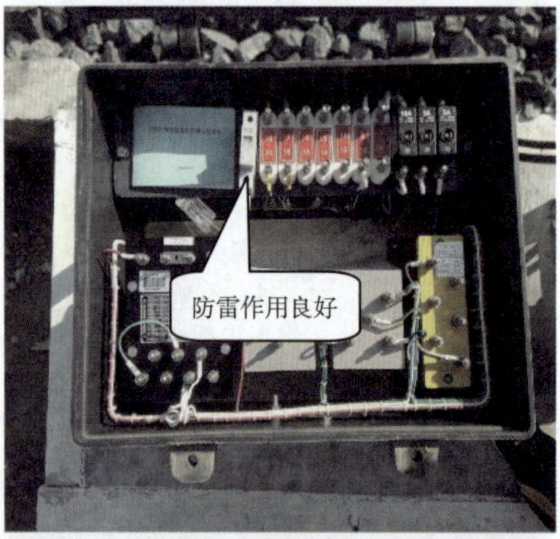

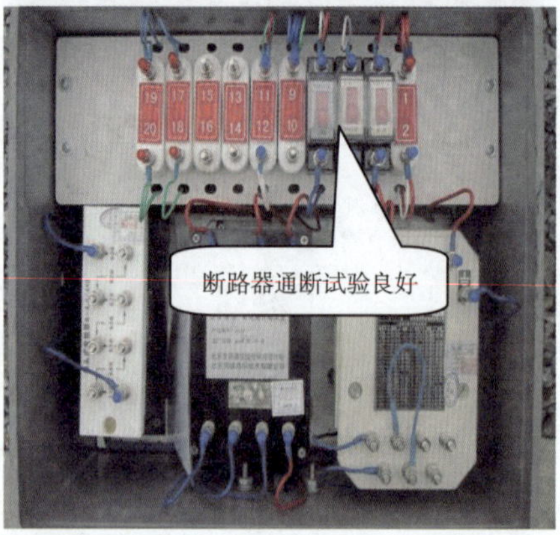
</td></tr>
</table>

续上表

工序	工步	作业内容及标准	图示说明
1. 检查	(3)箱盒内部检查	⑤检查确认箱盒内电缆去向铭牌齐全清楚，贯通标牌字迹清晰、正确。确认配线表、原理图清晰正确，图纸采用塑封工艺，图实相符	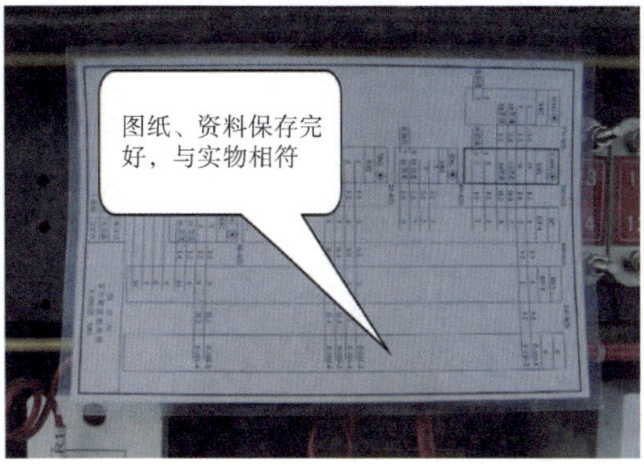
2. 测试	(1)Ⅰ级电气特性测试	①使用移频表测试，将移频表调至“25 Hz 相敏信号”挡位。 a. 电源电压、送电端电源变压器Ⅰ、Ⅱ次电压测试。 b. 送、受电端隔离器输入输出电压测试。 c. 受电端中继变压器Ⅰ、Ⅱ次电压测试(受端轨道变压器变比不允许随意调整，电气化区段 1∶13.89，非电气化区段 1∶50)。 d. 限流器电压测试(送、受电端限流电阻按调整表阻值固定，送电端限流电阻不得调小，更不得调至零值)。 e. 送、受电端扼流变压器轨道线圈、信号线圈测试，轨道线圈测试 1～3 端子、信号线圈测试 4～5 端子，送端信号圈电压与轨道圈电压保持 3∶1 的比例，受端轨道圈电压与信号圈电压保持 1∶3 比例。 f. 匹配盒电压测试(使用移频表多载频挡位)。 g. 送、受电端轨面电压测试。	  扼流变压器信号线圈电压测试 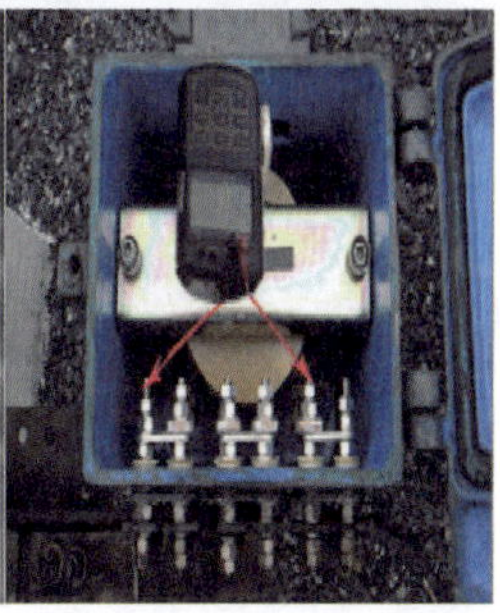 扼流变压器轨道线圈电压测试

续上表

工序	工步	作业内容及标准	图示说明
2. 测试	(1) Ⅰ级电气特性测试	②入口电流测试： 顺着列车运行方向，在列车最先进入该区段的一端，使用移频表，将挡位调至“多载频”电流挡位，用 0.15 Ω 标准分路线短路轨面，移频表卡钳卡住分路线，仪表所显示的电流值即为入口电流（有动态监测车运行的轨道区段不再单独测试）。最不利条件下入口电流应满足机车信号可靠工作的要求：1 700 Hz、2 000 Hz、2 300 Hz 区段不小于 500 mA，2 600 Hz 区段不小于 450 mA。 ③等阻线平衡电流测试： 使用移频表测试，将移频表挡位调至“25 Hz 相敏信号”电流挡位，将卡钳开关扳至“Ⅱ侧”挡位，分别测试“单长”“单短”“双长”“双短”共 6 个数据。标准：两短线之间、两长线之间不平衡电流不大于 30%，长短线之间平衡电流不大于 5%。	

续上表

工序	工步	作业内容及标准	图示说明
2. 测试	（1）Ⅰ级电气特性测试	④轨道电路极性交叉测试： a. 对于双扼流区段，按照2倍轨端电压≥轨面电压的方法及标准进行极性交叉测试，如果成立则为极性交叉（如右图中 $2V_1>V_2$ 或 $2V_1>V_3$ 或 $2V_4>V_2$ 或 $2V_4>V_3$）。 b. 对于单扼流或者无扼流区段，按照“斜”测电压不大于“正”测电压的方法及标准进行极性交叉测试，即俗称的“斜不压正”。如果成立则为极性交叉（如右图中 $V_1>V_5$ 或 $V_1>V_6$ 或 $V_4>V_5$ 或 $V_4>V_6$）。 ⑤分路残压测试： 使用 24.5 kN 定压测试仪，用 0.06 Ω 的标准分路线短路轨道电路分路最不利处所，联系室内配合人员测试。 标准：97 型 25 Hz 轨道电路分路残压不大于 7.4 V，微电子接收器型轨道电路分路残压不大于 10 V。 ⑥轨道绝缘节检查测试： 线下测试胶接式绝缘接头、粘接式绝缘轨距杆的绝缘电阻值，应大于 1 MΩ，线上使用绝缘在线测试仪测试，阻值应大于 20 Ω。 分体式绝缘应测试两钢轨对两侧绝缘夹板的阻值和轨端阻值，共计 5 个数据；胶接式绝缘应测试两钢轨对任意一侧的绝缘夹板阻值和轨端阻值，共计 3 个数据	  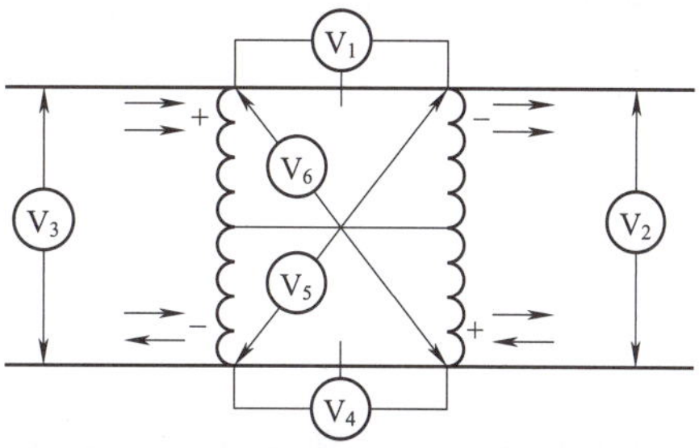  

续上表

<table>
<tr><th>工序</th><th>工步</th><th>作业内容及标准</th><th>图示说明</th></tr>
<tr><td rowspan="2">2. 测试</td><td>(2)设备建筑限界测量</td><td>测量设备最突出边缘的高度和距离本线、邻线的距离。
①高度：以从远端钢轨轨面，经近端钢轨轨面至轨道电路箱盒的直线交叉为参考点。用钢卷尺测量从该点到箱盒最突出边缘的高度，即为设备最突出边缘的高度。
②限界：先找出设备最突出边缘与远端轨面经近端轨面至箱盒的直线的垂直点，用钢卷尺从近端钢轨内侧，测量至垂直点的距离，再加上 717.5 mm，即为线路中心线至设备突出边缘的限界距离</td><td></td></tr>
<tr><td>(3)室内测试</td><td>①测试二元轨道继电器轨道线圈 3、4 电压。
②测试相位角：用移频表 25 Hz 相位测试挡位，按照仪表指示分别插入两套表笔，测试轨道继电器的局部线圈 1、2 与轨端线圈 3、4 电压，仪表自动计算出相位角。或直接利用轨道测试盘进行测试</td><td>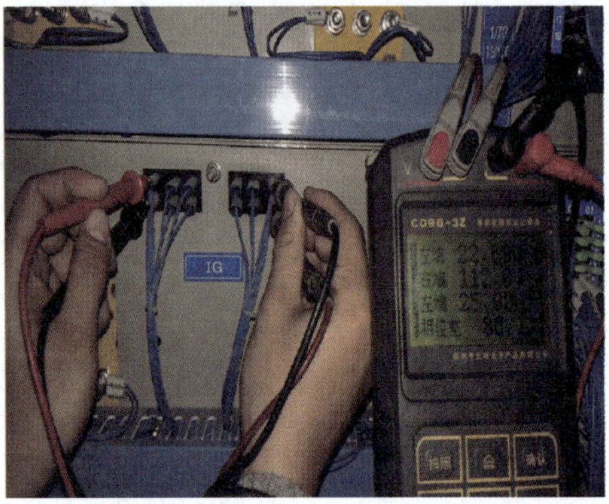
25 Hz轨道电路二元继电器电压测试记录表
工区　　车站　　　　附表4-1
<table><tr><th>序号</th><th>测试日期</th><th>区段名称</th><th>轨道线圈电压(V)</th><th>相位角</th><th>分路残压(V)</th><th>入口电流(mA)</th><th>测试人</th><th>备注</th></tr><tr><td></td><td></td><td></td><td></td><td></td><td></td><td></td><td></td><td></td></tr><tr><td></td><td></td><td></td><td></td><td></td><td></td><td></td><td></td><td></td></tr><tr><td></td><td></td><td></td><td></td><td></td><td></td><td></td><td></td><td></td></tr></table></td></tr>
</table>

续上表

工序	工步	作业内容及标准	图示说明
3. 复查验收	复查验收	①对裸露锈蚀的跳线、导接线、箱盒连接线进行涂油。 ②填写检修卡后，进行箱盒加锁，对螺栓、箱盒盖活动部位等适当注油。 ③与室内集中监测人员联系，确认轨道电路曲线无异常，电气特性正常	  

三、轨道电路设备检查重点

1. 做好箱盒密封检查，确认盘根作用是否良好，防止进水进潮。

2. 检查轨道电路钢轨绝缘状态是否良好，确认各部绝缘（包括轨距杆、连接杆、轨端绝缘等）外观良好无破损，轨缝符合标准，无肥边，扣件与绝缘夹板间隔良好，测试各部绝缘电阻符合标准。

3. 重点检查轨道电路绝缘接头部位是否存在铁片、矿粉、碳粉；绝缘侧磨严重区段、绝缘附近钢轨踏面出现鱼鳞片及发生过铁片封连故障的轨道区段，应建立台账，并加强巡视。对侧磨产生铁片、轨面鱼鳞片较多的区段，积极联系工务部门进行整治，消除轨面鱼鳞片，减少铁片的产生，预防铁片封连导致的红光带故障。

4. 做好轨道电路分路残压的测试，分路残压超标的，要立即组织分析处理。加强分路不良管理，经测试确认为分路不良区段时，及时登记明示。

第四节　轨道电路的施工作业

一、室外设备

1. 设备规格型号、安装位置及安装方式符合设计文件要求。

2. 基础支架采用混凝土基础或金属支架。

(1)变压器箱中心与扼流变压器中心的距离为(650±50) mm，机械绝缘节两端扼流变压器中心距离应为1100 mm；

(2)变压器及元器件应固定在垫板上，齐全无破损，电气特性符合设计文件要求；

(3)各部固定卡具、垫圈、弹簧垫、螺母、防松螺母齐全、牢固；

(4)设备硬化工作台面应符合设计文件要求；

(5)轨道电路室外设备密封良好，内部清洁，设备配线应整齐美观；

(6)设备标识应清晰、正确。

二、轨道电路钢轨绝缘的设置

1. 设置位置要求

(1)在道岔区段，设于警冲标内方与警冲标相关的用于分割轨道区段的钢轨绝缘，除双动道岔渡线上的绝缘外，在无动车组运行的线路上，其安装位置距警冲标不得小于3.5 m，如图7-4-1所示。在有动车组运行的线路上，其安装位置距警冲标不得小于5 m。当不得已必须装于警冲标内方且距警冲标的距离小于上述数值，以及与警冲标并置或设于警冲标外方时，应按侵入限界考虑。

(2)轨道电路的两钢轨绝缘应设在同一坐标处，当不能设在同一坐标时，其错开的距离（死区段）不应大于2.5 m，如图7-4-2所示。对旧结构道岔，道岔内的死区段不大于5 m。

(3)两相邻死区段的间隔如图7-4-3所示，死区段和与其相邻的轨道电路的间隔如图7-4-4所示，一般均不小于18 m；当死区段的长度小于2.1 m时，其与相邻死区段的间隔或与相邻轨道电路的间隔允许为15～18 m。

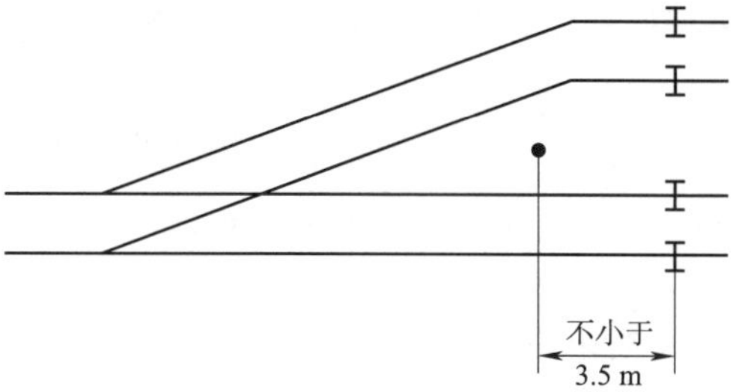

图 7-4-1 无动车组运行线路警冲标设置

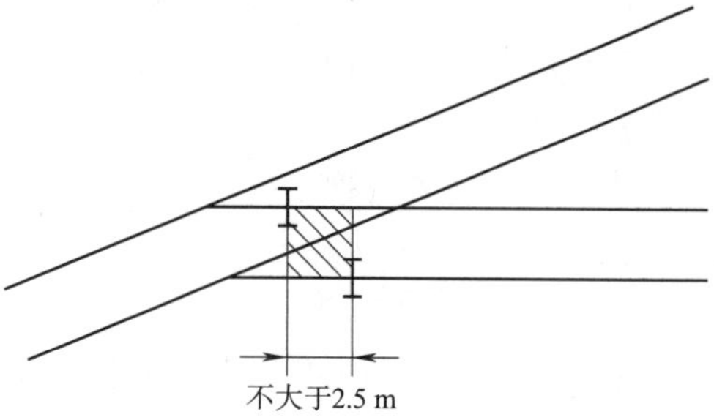

图 7-4-2 死区段

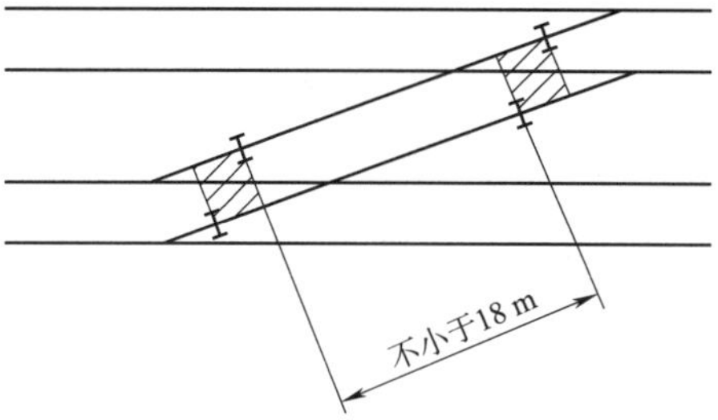

图 7-4-3 两相邻死区段的间隔

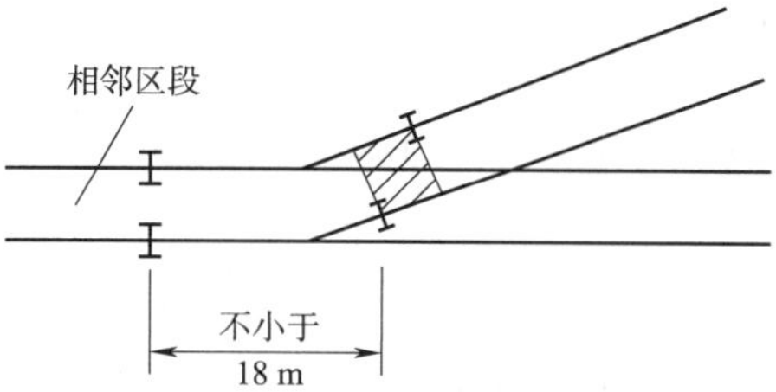

图 7-4-4 与死区段相邻的轨道电路的间隔

(4)设于信号机处的钢轨绝缘，应与信号机坐标相同，当不能设在同一坐标处时，应符合下列要求：

①进站、接车进路信号机和自动闭塞区间并置的通过信号机处，钢轨绝缘可设在信号机前方 1 m 或后方 1 m 的范围内。

②出站(包括出站兼调车)或发车进路信号机、自动闭塞区间单置的通过信号机处，既有钢轨绝缘可设在既有信号机前方 1 m 或后方 6.5 m 的范围内，如图 7-4-5、图 7-4-6 所示。但新设钢轨绝缘或信号机时，钢轨绝缘距信号机的距离不宜大于 1 m。

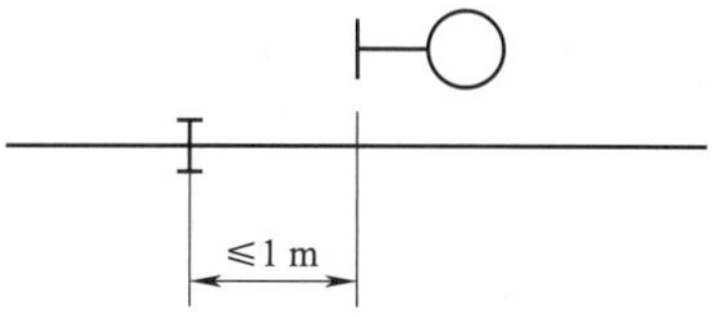

图 7-4-5 信号机前方 1 m 范围内

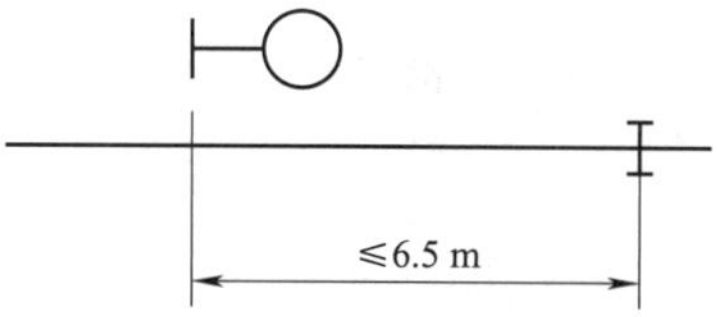

图 7-4-6 信号机后方 6.5 m 范围内

③调车信号机处，钢轨绝缘可设在信号机前方或后方各 1 m 的范围内，当该信号机设在到发线时，按第②项规定处理。

(5)集中联锁车站的牵出线、机待线、出库线、专用线或其他用途的尽头线入口处的调车信号机前方，应设轨道电路，其长度不得小于 25 m。与专用铁路接轨的入口处的信号机为调车信号机时，其外方的轨道区段长度不宜小于 400 m。

(6)安全线或避难线纳入集中联锁时，其所在区段的钢轨绝缘应设在安全线或避难线的末端。

(7)列车运行速度不超过 120 km/h 时，非自动闭塞区段集中联锁车站进站预告信号机处的钢轨绝缘，宜安装在预告信号机前方不小于 100 m 处。

(8)异型钢轨接头处，不得安装钢轨绝缘。

(9)在平交道口处的钢轨绝缘,应安装在公路路面两侧外不小于 2 m 处。桥梁(隧道)护轮轨两端应安装钢轨绝缘,护轮轨超过 200 m 时,每根护轮轨间隔 200 m 增加 1 组钢轨绝缘。

2. 其他要求

(1)轨道电路内的各种绝缘装置,均须保持绝缘良好。邻接轨道电路间钢轨绝缘破损时,轨道接收设备不应受邻接轨道电路电流影响而误动或有符合设计要求的防护措施,电码化轨道区段应采取串码防护措施。

(2)钢轨绝缘应做到钢轨、槽形绝缘、钢轨接头夹板相吻合,轨端绝缘安装应与钢轨接头保持平直。

(3)装有钢轨绝缘处的轨缝应保持在 6～10 mm,两钢轨头部应在同一平面,高低相差不大于 2 mm;在钢轨绝缘处的轨枕应保持坚固,道床捣固良好。

(4)在轨道电路区段内的道床,应保持清洁及排水良好。道砟面与钢轨底面的距离应保持在 30 mm 以上。

(5)钢轨绝缘相邻两螺栓应对向安装。

(6)各种紧固件、垫圈、绝缘件等部件应齐全、无遗漏。

(7)胶接钢轨绝缘的绝缘体与钢轨连接牢固、无松动,绝缘良好。

(8)钢轨扣件与钢轨绝缘夹板无触碰。

(9)钢轨胶接绝缘接头施工后,应对绝缘接头两端的钢轨间、钢轨与钢轨接头夹板间的电气绝缘性能进行测试。

三、轨道电路室外设备配线

1. 配线应采用 $7\times0.52\ mm^2$ 多股铜芯绝缘软线,或按设计要求选择。

2. 绝缘软线不得有中间接头。

3. 绝缘软线不得有损伤。

4. 箱盒、轨道变压器、电阻器等采用柱形端子时,绝缘软线两端芯线宜用铜线绕制线环或冷压接线端子压接等方式配线。

5. 箱盒、轨道变压器、电阻器等采用万可端子时,端子配线应一孔一线,并插接牢固。

6. 变压器及元器件安装牢固,配线平顺,绑扎均匀。

四、轨道连接线钢轨钻孔

1. 钻孔中心位置应在轨腰中心。

2. 钻孔中心距钢轨焊缝不应小于 400 mm。

3. 钢轨引接线、钢轨接续线塞钉孔中心距钢轨接头夹板端部(100±10) mm。

4. 相邻两孔间的净距离应为 60～80 mm,且不应小于大孔直径的 2 倍。

5. 钻孔后应进行 45°倒角,倒角深度为 0.8～1.5 mm。

五、钢轨引接线安装

1. 25 Hz 相敏轨道电路钢轨引接线采用等阻线,双根冗余设置。

2. 悬空部分的钢轨引接线应采用 UPVC 防护管或防护罩防护。

3. 有砟轨道地段钢轨引接线安装要求如下:

(1)有电气枕时,应安装在专用电气枕槽内;

(2)无电气枕时,应安装在背向列车运行方向轨枕侧面,与轨底距离不小于 30 mm。

六、钢轨接续线安装

1. 采用塞钉式钢轨接续线与塞钉式多股镀锌钢绞线并联方式。

2. 塞钉式钢轨接续线直径不小于 5 mm,塞钉式多股镀锌钢绞线截面积不应小于 50 mm^2。

3. 塞钉式钢轨接续线应横向敷设在钢轨夹板上部凹槽内,接续线应平顺、不上翘。镀锌钢绞线应敷设在钢轨夹板下部凹槽内,与钢轨平行。

七、道岔跳线和并联线的安装

1. 安装位置及间隔应符合设计文件要求。

2. 25 Hz 轨道电路道岔跳线截面积应为 42 mm^2,双根冗余设置。

3. 穿越钢轨时,无砟轨道地段布设在道床板上,有砟轨道地段固定在轨枕侧面上,距轨底的距离不应小于 30 mm。

八、轨道连接线的固定及其他要求

1. 有砟轨道地段普通枕上,轨道连接线应采用轨枕卡具固定。

2. 有砟轨道地段宽型枕及无砟轨道板上,轨道连接线应采用化学锚栓和卡具固定。

3. 两线路之间,有砟轨道地段应采用混凝土枕(小枕木)固定或电缆槽防护,无砟轨道地段在混凝土面采用化学锚栓固定。

4. 道岔跳线、并联线及极性不同的连接线并拢布设时,应采用绝缘卡具固定,或在金属卡具上增设绝缘套管。

5. 塞钉不得打弯,塞钉头露出钢轨内侧 1～4 mm,塞钉与钢轨接触紧密。

6. 固定连接线螺栓、化学锚栓、螺栓式塞钉应采用双螺母紧固,且外部采用防松螺母,螺栓式塞钉露出螺母外的螺扣为 1～4 mm,其他露出螺母外的螺扣不应少于 5 mm;固定螺栓、垫圈、弹簧垫、螺母、防松螺母应齐全、牢固。

7. 轨道连接线应安装平顺,塞钉与钢轨接触紧密,塞钉头与钢轨的接缝处涂漆封闭。

8. 轨道连接线采用钢绞线时,安装完成后应涂机械油。

九、25 Hz 相敏轨道电路单项检验规定

1. 在调整状态(轨道空闲)下,轨道电路的二元轨道继电器轨道线圈、微电子接收器轨道接收端上的有效电压不应小于 15 V 且相位正确,继电器应可靠吸起。

2. 在最不利条件下分路时(轨道占用),用 0.06 Ω 标准分路电阻线在轨道电路送、受端轨面上分路,97 型轨道继电器(含一送多受的其中一个分支的轨道继电器)线圈电压不大于 7.4 V 时,继电器应可靠落下;微电子接收器(含一送多受的其中一个分支的微电子接收器)的轨道接收端电压应不大于 10 V,输出端为 0 V,执行继电器应可靠落下。

复习思考题

1. 25 Hz 相敏轨道电路极性交叉的测试方法有哪些?

2. HF4-25 型防护盒的作用是什么?
3. 简述 25 Hz 相敏轨道电路测试入口电流的标准。
4. 简述扼流变压器的类型及作用。
5. 97 型 25 Hz 相敏轨道电路设备受电端主要由哪些设备构成?
6. 简述 25 Hz 相敏轨道电路分路残压的测试方法及标准。

第八章　色灯信号机

第一节　信号机的组成

为指示列车运行及调车作业的命令，铁路须根据需要设置各种信号机和信号表示器。信号按照类型可分为地面信号和机车信号两部分，地面信号是设于车站或区间固定地点的信号机或信号表示器，用来防护站内进路或区间闭塞分区以及道口。机车信号机设于机车驾驶室内，用来复示地面信号显示，已经逐步成为主体信号使用。

一、色灯信号机的设置

1. 设置原则

铁路信号机应采用色灯信号机，色灯信号机常采用高柱信号机，在下列处所可采用矮型信号机：

①不办理通过列车的到发线上的出站、发车进路信号机；

②道岔区内的调车信号机及驼峰调车场内的线束调车信号机；

③自动闭塞区段，隧道内的通过信号机。

特殊情况需设矮型信号机时，须经铁路局集团公司批准。

信号机设在列车运行方向的左侧或其所属线路的中心线上空。反方向运行进站信号机可设在列车运行方向的右侧；其他特殊地段因条件限制，需设于右侧时，须经铁路局集团公司批准。

2. 设置方式

(1)车站必须设进站信号机。进站信号机应设在距进站最外方道岔尖轨尖端(顺向为警冲标)不小于 50 m 的地点，因调车作业或制动距离需要延长时，一般不超过 400 m。

(2)双线自动闭塞区间反方向进站信号机前方应设置预告标。

(3)在车站的正线和到发线上，应设出站信号机。出站信号机应设在每一发车线的警冲标内方(对向道岔为尖轨尖端外方)适当地点。在调车场的编发线上，必要时可设线群出站信号机。出站信号机有两个及以上的运行方向，而信号显示不能分别表示进路方向时，应在信号机上装设进路表示器。发车进路兼出站信号机，根据需要可装设进路表示器，区分进路方向。双线自动闭塞区段，有反方向运行条件时，出站信号机设进路表示器。发车信号辨认困难的车站，在便于司机瞭望的地点可装设发车表示器。

(4)通过信号机应设在闭塞分区或所间区间的分界处。在自动闭塞区段内，当货物列车在设于上坡道上的通过信号机前停车后启动困难时，在该信号机上应装设容许信号。在进站信号机前方第一架通过信号机上，不得装设容许信号。在三显示自动闭塞区段的进站信号机前方第一架通过信号机柱上，应涂三条黑斜线；在四显示自动闭塞区段的进站信号机前方第一、第二架通过信号机的机柱上，应分别涂三条、一条黑斜线。

(5)有人看守道口设遮断信号机。

(6)半自动闭塞、自动站间闭塞区段，进站信号机为色灯信号机时，设色灯预告信号机或接近信号机。

(7)遮断信号机和半自动闭塞、自动站间闭塞区段线路所通过信号机，设预告信号机。

(8)设有两个及以上车场的车站，转场进路应设进路色灯信号机。

(9)进站及接车进路色灯信号机，均应设引导信号。

(10)驼峰应装设驼峰色灯信号机。驼峰色灯信号机可装设驼峰色灯辅助信号机。驼峰色灯信号机或辅助信号机的显示距离不能满足推峰作业要求时，根据需要可再装设驼峰色灯复示信号机。驼峰色灯辅助信号机可兼作出站或发车进路信号机，并根据需要装设进路表示器。

(11)进站、出站、进路信号机及线路所通过信号机，受地形、地物影响，达不到规定的显示距离时，应设复示信号机。

二、色灯信号机命名与显示意义

1. 进站信号机

(1)命名

按运行方向命名，指示上行列车运行的称为上行进站信号机，用“S”表示；指示下行列车运行的称为下行进站信号机，用“X”表示。

(2)四显示自动闭塞进站信号机显示颜色含义

①一个绿色灯光：准许列车按规定速度经道岔直向位置进入或通过车站，表示运行前方至少有三个闭塞分区空闲；

②一个绿色灯光和一个黄色灯光：准许列车按规定速度经道岔直向位置进入站内，表示次一架信号机经道岔直向位置开放一个黄灯；

③一个黄色灯光：准许列车按限速要求经道岔直向位置进入站内正线准备停车；

④一个黄色闪光和一个黄色灯光：准许列车经 18 号及以上道岔侧向位置，进入站内越过次一架已经开放的信号机且该信号机防护的进路经道岔直向位置或 18 号及以上道岔侧向位置；

⑤两个黄色灯光：准许列车按限速要求越过该信号机，经道岔侧向位置(但不满足上述第④项条件)进入站内准备停车；

⑥一个红色灯光：不准列车越过该信号机；

⑦一个红色灯光及一个月白色灯光：引导信号，准许列车在该信号机前方不停车，以不超过 20 km/h 速度进站或通过接车进路，并须准备随时停车。

2. 出站信号机

(1)命名

以列车的运行方向命名，指示上行列车运行的称为上行出站信号机，用“S”表示；指示下行列车运行的称为下行出站信号机，用“X”表示；以所在的股道编号为下标，如 $S_{Ⅱ}$、X_4。

(2)四显示自动闭塞出站信号机显示颜色含义

①一个绿色灯光：准许列车由车站出发，表示运行前方至少有三个闭塞分区空闲；

②一个绿色灯光和一个黄色灯光：准许列车由车站出发，表示运行前方有两个闭塞分区空闲；

③一个黄色灯光：准许列车由车站出发，表示运行前方有一个闭塞分区空闲；

④两个绿色灯光：准许列车由车站出发，开往半自动闭塞或自动站间闭塞区间；

⑤一个红色灯光：不准列车越过该信号机；

⑥在兼作调车信号机时，一个月白色灯光：准许越过该信号机调车。

3. 调车信号机

(1)命名

调车信号机用“D”表示，以数字序号作为下标，从列车到达方向起顺序编号，下行咽喉用单号，上行咽喉用双号。例如：下行咽喉 D_1、D_3 等；上行咽喉 D_2、D_4 等。当车站包括几个车场时，每个车场的调车信号机用三位数表示，其中百位数表示场别。例如：Ⅰ场的 D_{101}、D_{103}；当同一个咽喉调车信号机超过 50 架时，则超出部分的调车信号机编号为 D_{1101}、D_{2100}，其中千位数表示场别。

(2)调车信号机显示颜色含义

①一个月白色灯光：准许越过该信号机调车；

②一个月白色闪光灯光：装有平面溜放调车区集中联锁设备时，准许溜放调车；

③一个蓝色灯光：不准越过该信号机调车。

不办理闭塞的站内岔线，在岔线入口处设置的调车信号机，可用红色灯光代替蓝色灯光。

起阻挡列车运行作用的调车信号机，应采用矮型三显示机构，增加红色灯光或用红色灯光代替蓝色灯光。当该信号机的红色灯光熄灭、显示不明或显示不正确时，应视为列车的停车信号。

(3)调车信号机分类

调车信号机分类如图 8-1-1 所示。

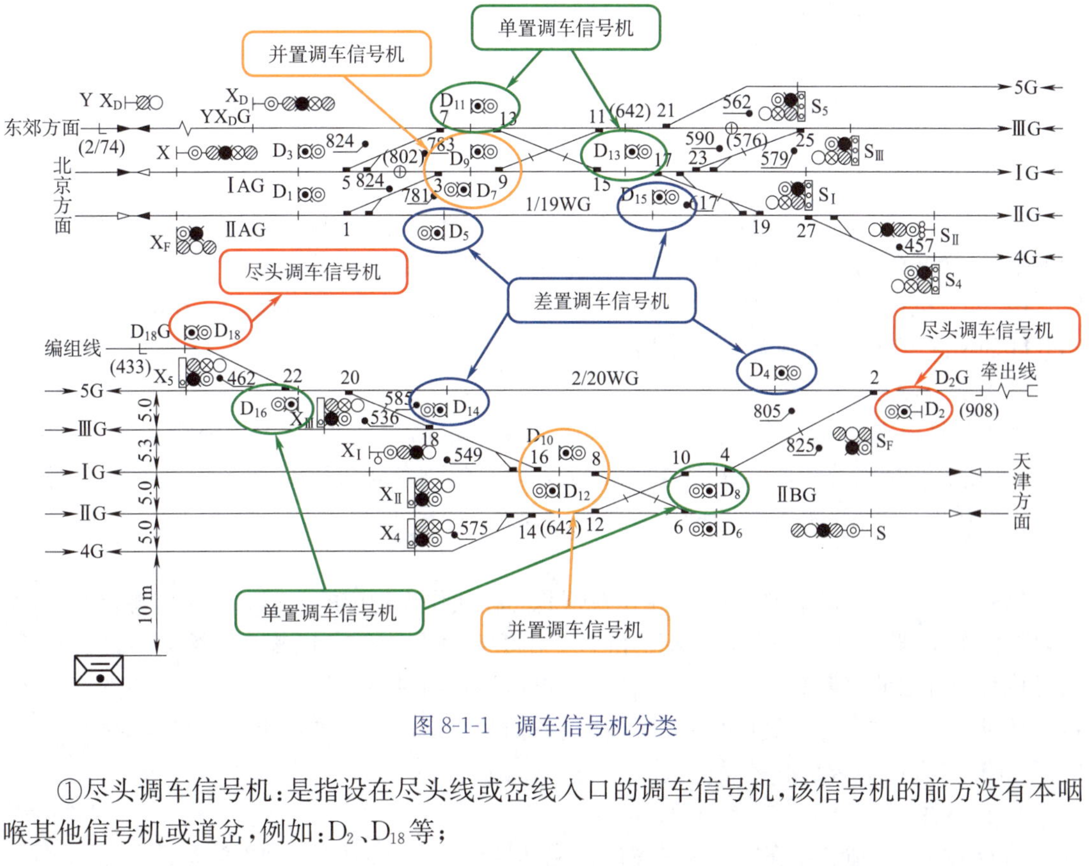

图 8-1-1　调车信号机分类

①尽头调车信号机：是指设在尽头线或岔线入口的调车信号机，该信号机的前方没有本咽喉其他信号机或道岔，例如：D_2、D_{18} 等；

②单置调车信号机：是指设在咽喉区岔群中间单个设置的调车信号机，例如：D_{11}、D_{13}、D_8、D_{16}等；

③并置调车信号机：是指在咽喉区岔群中间同一坐标线路两侧成对设置的两架方向相反的调车信号机，例如：D_7与D_9、D_{10}与D_{12}等；

④差置调车信号机：是指在咽喉区中间一个无岔区段两端线路两侧不同坐标上成对设置的两架方向相反的调车信号机，即无岔区段夹在两差置调车信号机之间，例如：D_5与D_{15}等。

三、色灯信号机的组成

透镜式色灯信号机主要由机构、透镜组、基础、梯子、机柱、背板、托架等部分组成。

色灯信号机控制电路由室内设备和室外设备组成。室外设备主要由多功能信号点灯单元、报警分机、灯泡和灯座组成；室内设备主要由电源模块、远程隔离变压器、断路器、继电器、防雷分线柜等组成。

第二节　信号机点灯电路工作原理

信号机控制电路包括点灯控制电路和主灯丝断丝报警电路两部分。信号机点灯电路通过室内联锁设备的动作来控制信号机的显示，信号显示正确与否，直接影响行车安全。所以信号机点灯电路必须是具有严密性、可靠性的安全电路，必须具备可靠的断线保护和混线保护措施。在信号机点灯电路中，每一个信号机灯泡点亮时在电路中都要串接一个灯丝继电器，用来监督信号机的点灯情况。

一、信号机点灯电路技术要求

1. 严密性和可靠性

(1)信号机点灯电路必须是故障—安全电路，这意味着它必须在电源或电路出现问题时，确保信号机能够自动改点禁止灯光，以防止错误或混乱的信号显示。

(2)信号机点灯电路需要符合相关电气标准，并进行设计、安装和维护。在电源故障或电路开路的情况下，信号机将无法正常点亮。

2. 断线和混线保护

由于信号机点灯电路通常包含室内外电缆线路，因此设计时需要考虑断线和混线保护措施，包括在电路中安装灯丝转换继电器、在主灯丝断丝时自动切换到副灯丝以及使用位置法(电源和点灯分在两端)和供电双断法来防止混线。

3. 供电方式

信号机通常采用集中供电方式：由电源屏稳压模块供出稳定的交流220 V电源，到达该架信号机的零层端子；从零层端子的XJZ和XJF电源到达相应信号机侧面的熔断器，送到该架信号机相应灯位的隔离变压器；经过不同的继电器接点组到达分线盘，送至室外的点灯单元，按照要求调整出合适的二次侧电压，点亮相应的信号机灯泡。这种供电方式可以减少线路压降，便于信号人员维修设备。

4. 灯泡选型

信号机应选择适合工作电压和功率的灯泡，以避免电路故障或灯泡无法正常点亮。

5. 灯泡寿命和更换

由于副灯丝寿命较短，主灯丝断丝时应及时更换灯泡，并设置主灯丝断丝报警电路和灯丝继电器监督灯丝的完整性。

二、信号机点灯电路主要部件作用

1. 熔断器：用于一架信号机的过载保护，防止一架信号机电源短路影响一架组合架的信号机。不同类型的信号机设置的熔断器数量不同，主要是由该架信号机的点灯数量和小表示器来决定的。

2. 信号隔离变压器：用于信号机点灯电路的室内送电，能够起到隔离及点灯电压调整作用。站内一般采用 BXG3R-35 型号的隔离变压器，区间一般采用 BGY2-80 型号的远程隔离变压器，如图 8-2-1 所示。它们最大的区别是区间的电压调整范围为 AC 200～310 V，站内电压调整范围为 AC 200～230 V。

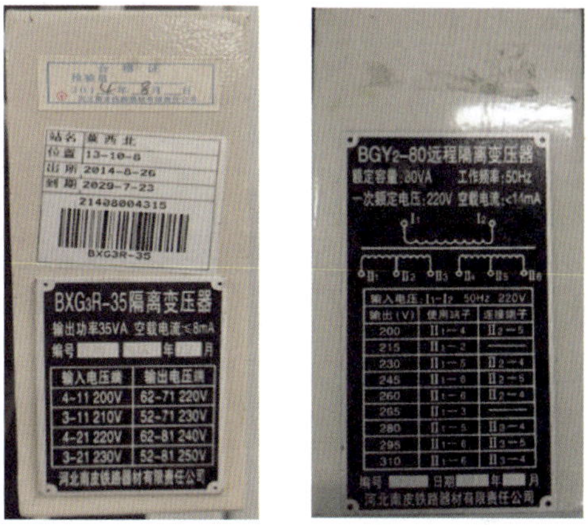

图 8-2-1　远程隔离变压器

3. 灯丝继电器 DJ、2 灯丝继电器 2DJ：平时由于红灯常亮，所以 DJ 处于吸起状态，2DJ 在点亮两个灯位时吸起，用于监督点亮灯光灯丝的完整性。

以进站信号机五个灯位为例说明 DJ、2DJ 的使用情况：U、L、H 使用 DJ 进行监督，2U、YB 使用 2DJ 进行监督，因为这五个灯泡中，U、L 和 H 不会同时亮灯，2U 和 YB 也不会同时亮灯，只有 L 和 U、U 和 2U、H 和 YB 能同时亮灯。能同时亮灯的两个灯泡不能用一个灯丝继电器，因为灯泡坏一个，无法区分是哪一个坏了。不能同时亮灯的灯泡，都可以用一个灯丝继电器进行监督，因为可以用控制灯光的条件来进行区分。站内的 DJ 一般采用 JZXC-H18 型整流继电器，区间一般采用 JZXC-H18F 型或 JZXC-16/16 型整流继电器。

4. 列车信号继电器 LXJ：采用 JWXC-1700 型无极继电器，平时处于落下状态，它的吸起和落下用来区别进站信号机的开放与关闭(引导信号除外)。

5. 正线信号继电器 ZXJ：采用 JWXC-1700 型无极继电器，正线上的道岔都处于定位时，该继电器吸起，反之落下，用于区分是正线接车还是侧线接车，区分 U 与 UU 显示。

电路原理：用正线接车进路上所有对向道岔的 DBJF 的前接点串联。

6. 通过信号继电器 TXJ：采用 JWXC-1700 型无极继电器，平时处于落下状态，它吸起证明是通过进路，区分 L 与 LU 显示。

电路原理：用 X/LXJ↑、X/ZXJ↑串联，证明办理了同方向的正线接车；6/8DBJF↑、X_I/LXJF↑、X/2LQJF↑正线发车且二离去空闲，如图 8-2-2 所示。

7. 绿黄信号继电器 LUXJ：采用 JWXC-1700 型无极继电器，平时是落下状态。

(1)有两个车场相连时，若本车场正线通过至下一车场停车，则 LUXJ↑，控制 LU 显示。

电路原理：本车场 ZXJ↑、LXJ↑，下一车场进路信号开放时 LUXJ↑。

(2)LUXJ 在四显示自动闭塞区段区分二离去是否空闲。

电路原理：LUXJ 比 TXJ 少检查 X/2LQJF↑条件，如图 8-2-3 所示。

8. 引导信号继电器 YXJ：采用 JWXC-1700 型无极继电器，平时处于落下状态，开放引导

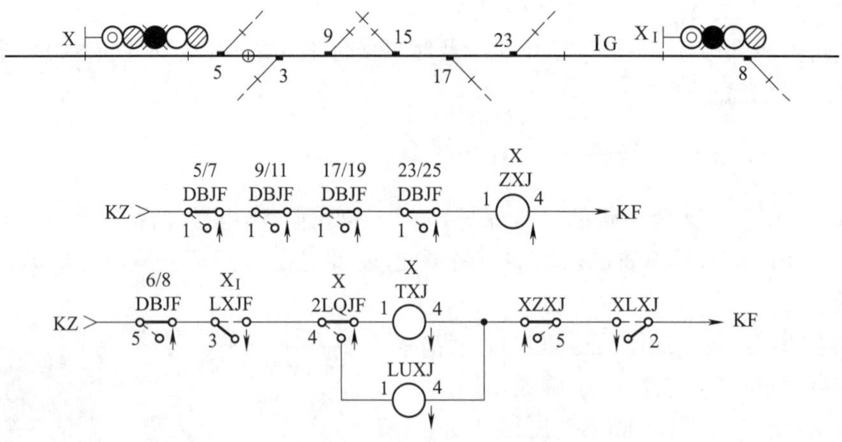

图 8-2-2　TXJ↑电路原理

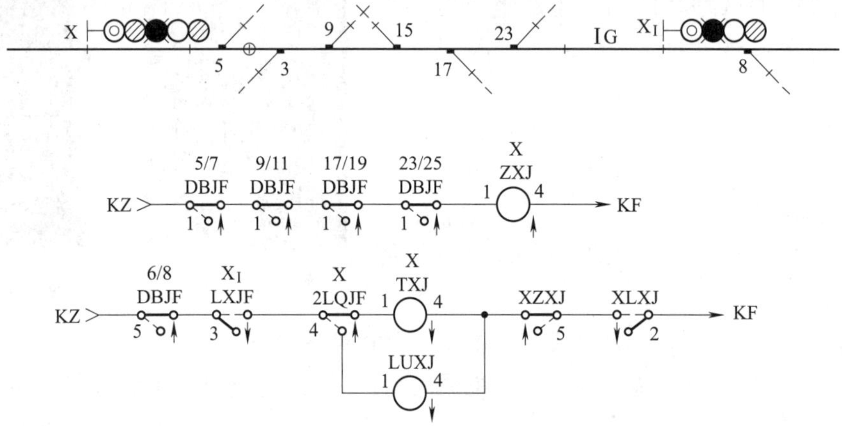

图 8-2-3　LUXJ 动作原理

信号时吸起。

9. 点灯单元:信号点灯监测单元,是集站内点灯、灯丝转换、监测报警于一体的智能型点灯装置。点灯单元Ⅰ次侧输入 AC 220 V 电压,Ⅱ次侧根据信号机的类型对灯口端电压进行调整。列车信号机主灯丝电压保持在额定值的 85%～95%(10.2～11.4 V),调车信号为 75%～95%(9～11.4 V)。

10. 双灯座:将主、副灯丝分置在两个灯室内的新型灯座,副丝独立,如图 8-2-4 所示。

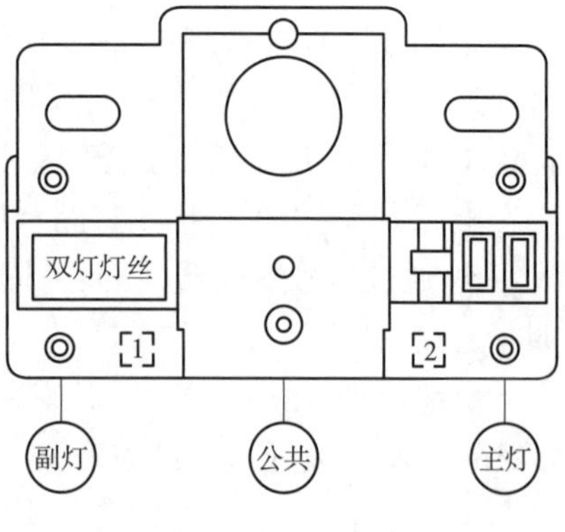

图 8-2-4　双灯座示意

三、信号机点灯电路工作原理

1. 进站信号机点灯电路

进站信号机点灯电路如图 8-2-5 所示。

进站信号机点灯电路中,第一个黄灯、绿灯和红灯用一个灯丝继电器监督,叫作第一灯丝继电器 DJ,而第二个黄灯与引导白灯用一个继电器监督,叫作第二灯丝继电器 2DJ,平时进站信号机点红灯。凡是同时点两个允许灯光时,其点灯电路都接有第二个灯丝继电器 2DJ 前接

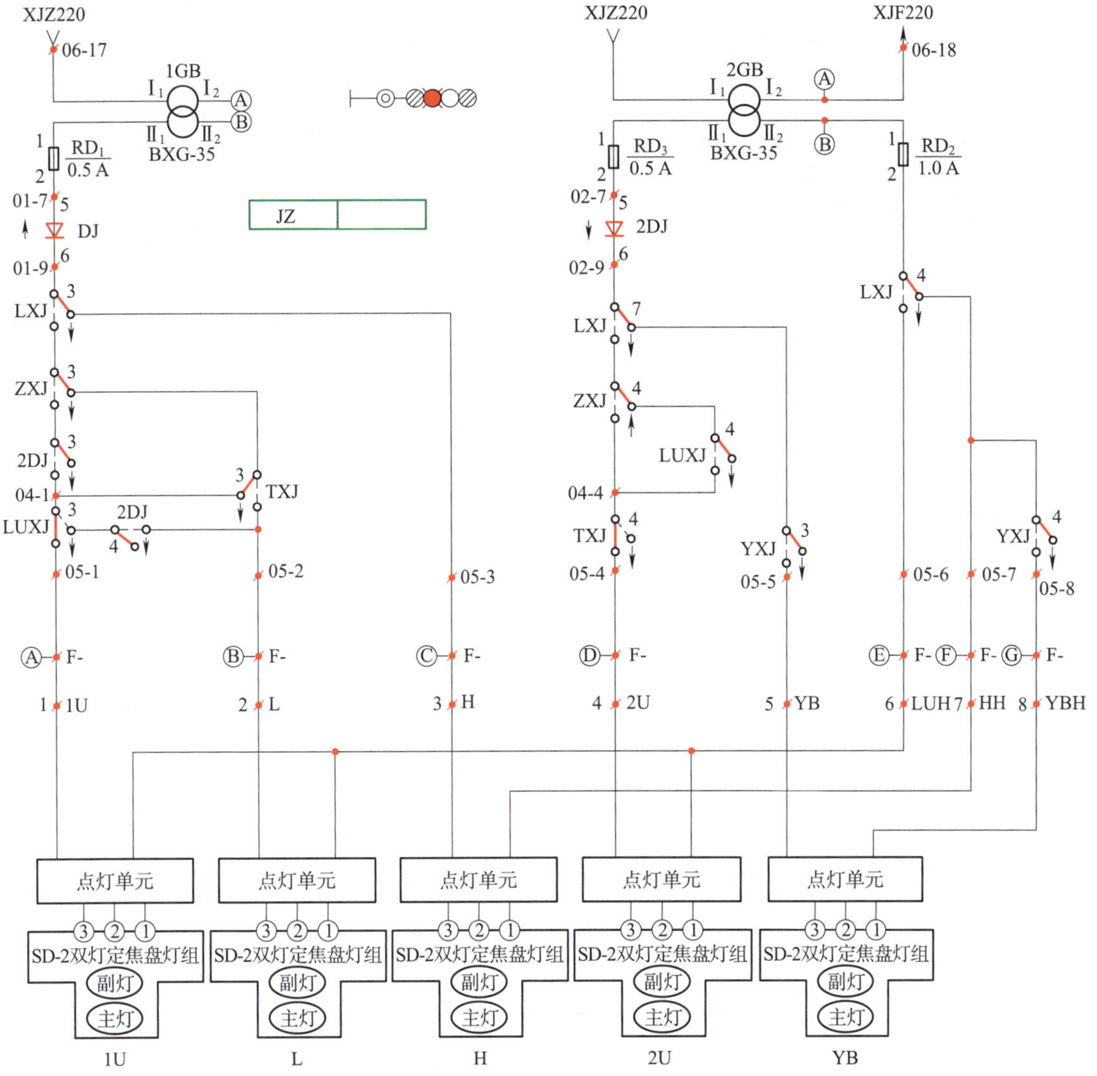

图 8-2-5 进站信号机点灯电路

点。接入 2DJ 前接点的目的是当第二个黄灯灭灯时，使第一个黄灯或绿灯也跟着灭灯，以便用第一灯丝继电器 DJ 的前接点断开列车信号继电器(LXJ)电路，使信号自动改点红灯。

当进站信号机开放一个绿色灯光和一个黄色灯光时，计算机联锁驱动正线继电器(ZXJ)、绿黄信号继电器(LUXJ)、列车信号继电器(LXJ)吸起，此时的电路为：

2U：XJZ220→RD_3→$2DJ_{5\text{-}6}$→$LXJ_{71\text{-}72}$→$ZXJ_{41\text{-}42}$→$LUXJ_{41\text{-}42}$→$TXJ_{41\text{-}43}$→2U→LUH→$LXJ_{42\text{-}41}$→RD_2→XJF220。

L：XJZ220→RD_1→$DJ_{5\text{-}6}$→$LXJ_{31\text{-}32}$→$ZXJ_{31\text{-}32}$→$TXJ_{31\text{-}33}$→$LUXJ_{31\text{-}32}$→$2DJ_{41\text{-}42}$→L→LUH→$LXJ_{42\text{-}41}$→RD_2→XJF220。

2. 出站信号机点灯电路

出站信号机点灯电路如图 8-2-6 所示。

以绿黄点灯电路为例，当出站信号机开放一个绿色灯光和一个黄色灯光时，LXJ↑、ZXJ↑，二离去区段空闲，2LQJ↑，三离去区段被占用，3LQJ↓，此时的电路为：

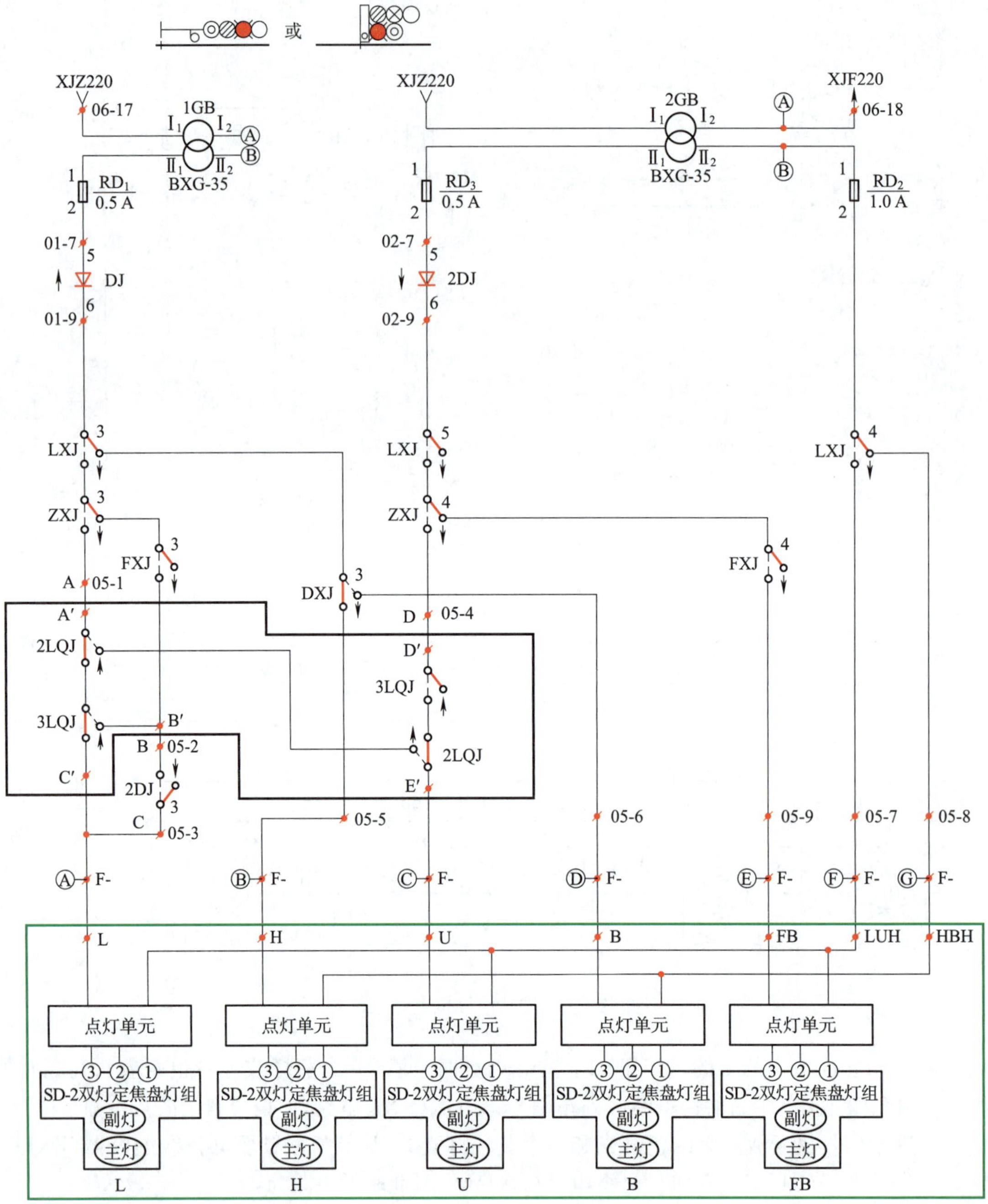

图 8-2-6　出站信号机点灯电路

U：XJZ220→RD_3→$2DJ_{5\text{-}6}$→$LXJ_{51\text{-}52}$→$ZXJ_{41\text{-}42}$→$3LQJ_{X1\text{-}X3}$→$2LQJ_{X2\text{-}X1}$→U→LUH→$LXJ_{42\text{-}41}$→RD_2→XJF220。

L：XJZ220→RD_1→$DJ_{5\text{-}6}$→$LXJ_{31\text{-}32}$→$ZXJ_{31\text{-}32}$→$2LQJ_{X1\text{-}X2}$→$3LQJ_{X1\text{-}X3}$→$2DJ_{32\text{-}31}$→L→LUH→$LXJ_{42\text{-}41}$→RD_2→XJF220。

3. 调车信号机点灯电路

调车信号机点灯电路如图 8-2-7 所示。

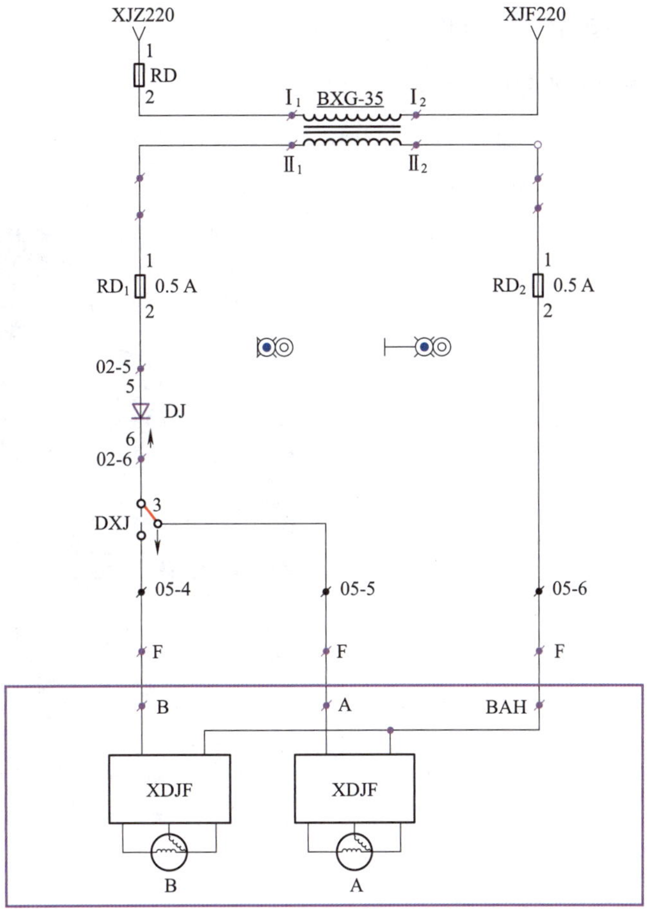

图 8-2-7　调车信号机点灯电路

为避免调车信号的显示影响列车运行，调车信号灯光与列车信号灯光颜色应有区别。因红、黄、绿三种颜色已作为列车信号灯光使用，所以调车信号机的显示采用月白和蓝色灯光，以区别于列车信号灯光。

调车信号未开放时，信号机点亮蓝色灯光，DXJ↓，此时的电路为：

A：$XJZ220 \rightarrow RD_1 \rightarrow DJ_{5\text{-}6} \rightarrow DXJ_{31\text{-}33} \rightarrow A \rightarrow BAH \rightarrow RD_2 \rightarrow XJF220$。

办理调车进路时，调车信号机点亮月白灯光，DXJ↑，此时的电路为：

B：$XJZ220 \rightarrow RD_1 \rightarrow DJ_{5\text{-}6} \rightarrow DXJ_{31\text{-}32} \rightarrow B \rightarrow BAH \rightarrow RD_2 \rightarrow XJF220$。

第三节　色灯信号机的标准化作业

一、作业流程

作业流程如图 8-3-1 所示。

作业前准备 → 登记联系 → 检修 → 复查试验 → 清点销记 → 小结

图 8-3-1　作业流程

二、色灯信号机标准化作业程序

色灯信号机标准化作业程序见表 8-3-1。

表 8-3-1　色灯信号机标准化作业程序

工序	工步	作业内容及标准	图示说明
1. 看	外观及信号机显示检查	(1)设备无外界干扰。 (2)基础、机柱、机构、梯子安装稳固,机构防尘、防水设施良好。 (3)梯子不弯曲,支架水平,梯子中心线与机柱中心线一致。 (4)地线焊接良好,且每年测试一次,测试时要测到设备的末端,作好记录。 (5)水泥机柱不得有裂圆周的裂纹,裂纹超过半周的应采取加固措施,纵向裂纹钢筋不得外漏。机柱的倾斜限度不超过 36 mm,机柱顶部不漏水;基础倾斜限度不超过 10 mm,测量方法如右图所示。 (6)信号机建筑限界测量。任何部分不得侵入接近限界。 (7)机构、箱盒防尘、防水设施良好,梯子、蛇管无损伤,反光牌、开口销齐全,各部螺栓紧固,螺帽垫片齐全,防松标记清晰,各部位加锁装置良好。 (8)设备油饰良好,无锈蚀,铭牌齐全、标识正确,字迹清楚,硬面整洁无杂物。 (9)透镜安装牢固且无裂纹、破损和漏水可能。 (10)信号机及外透镜、反光牌清扫擦拭,门轴部经常保持油润。 (11)机构的各种透镜、偏散镜不得有裂纹和影响显示的剥落。	  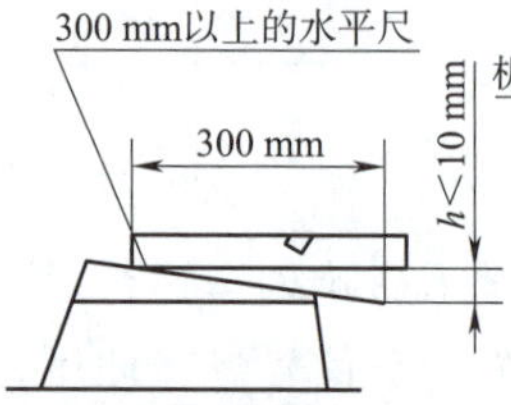 基础倾斜限度测量 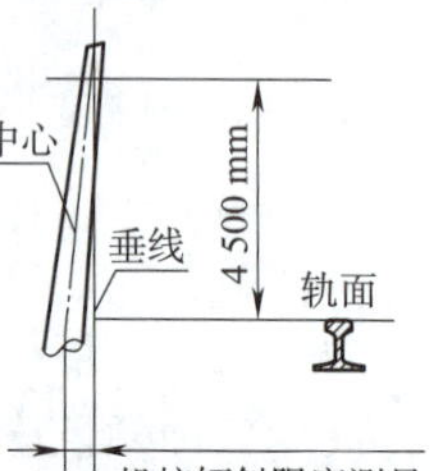 机柱倾斜限度测量 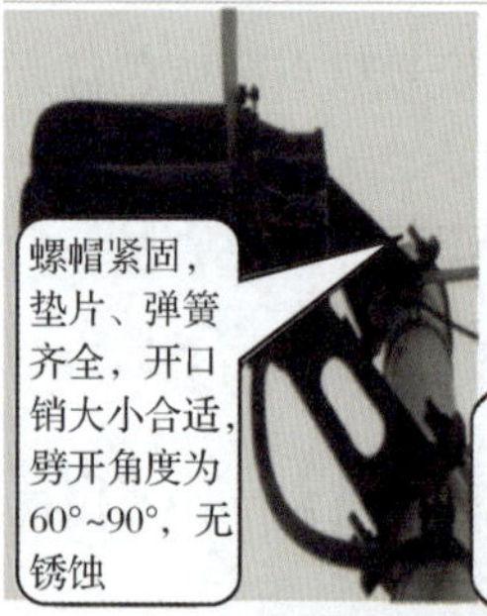  

续上表

工序	工步	作业内容及标准	图示说明
1. 看	外观及信号机显示检查	(12)同一机柱上的色灯信号机构，其安装位置应保证各灯显示方向一致；两个同色灯光的颜色应一致。 (13)在公里标或百米标处，确认信号显示距离符合以下规定。 ①进站、通过、接近、遮断信号机，不得小于 1 000 m。 ②高柱出站、高柱进路信号机，不得小于 800 m。 ③预告、驼峰、驼峰辅助信号机，不得小于 400 m。 ④调车、矮型进站、矮型出站、矮型进路、复示信号机，容许、引导信号及各种表示器，不得小于 200 m。 ⑤在地形、地物影响视线的地方，进站、通过、接近、预告、遮断信号机的显示距离，在最坏条件下，不得小于 200 m	
2. 检	机构、箱盒内部检查	(1)内部清洁，防水、防尘良好，机构不漏光、串光。 (2)透镜组安装牢固，无裂纹、破损，无漏水，透镜玻璃颜色在寿命期内应符合 TB/T 2081《铁路信号灯光颜色》的规定。 (3)箱盒、机构内部配线整齐，绑扎良好，无压伤、破皮、老化。各配线端子垫片、螺帽齐全，万可端子、配线端子紧固无松动。 (4)机构内各部器材安装牢固，无松动。 (5)检查确认灯座簧片无氧化烧损，灯座安装牢固，灯口不摇头，灯泡与灯座簧片接触良好。 (6)备用灯泡有老化标记，不超期，灯头两顶锡高度一致、表面光洁、作用良好。 (7)箱盒、机构内部各配线端子铭牌齐全，字迹清晰。原理图、配线图齐全，图实相符	 

续上表

工序	工步	作业内容及标准	图示说明
3. 测	电气特性测试、输出电压调整	(1)点灯单元Ⅰ次侧电压测试。用万用表 AC 250 V 挡测试信号机点灯单元Ⅰ次侧电压，万用表表笔置于点灯单元Ⅰ次侧测试孔或螺栓上。对于 XB 箱内万可端子压接方式测试孔在下部不易测量处所的，在万可端子配线引出的两柱端子上进行测试。 (2)点灯单元Ⅱ次侧输出电压测试。用万用表 AC 25 V 挡测试信号机点灯单元Ⅱ次侧电压，分别测试主回、副回测试孔或螺栓。对于 XB 箱内点灯单元为万可端子压接方式且测试孔距离箱壁过近不易测量处所的，在端子板配线引出的两柱端子上进行测试。 (3)主灯丝电压测试。用万用表 AC 25 V 挡测试信号机灯泡端电压，万用表表笔接主丝和回线公用端子。标准：列车信号机主灯丝电压为 10.2～11.4 V，调车信号主灯丝电压为 9～11.4 V、容许信号主灯丝电压为 7.8～10.2 V。 (4)副灯丝电压测试。万用表使用 AC 25 V 挡。按下主副丝转换按钮(附有辅助线的，应先取掉辅助线开口线环一端)，点亮副丝后，表笔接左、中两端子进行测试。标准：副丝电压应为主丝电压的 90%～95%。 (5)输出电压调整：当输出电压需要调整时，可根据需要将电压抽头共用端子分别与不同电压端子连接，可得到所需要的电压输出值。	    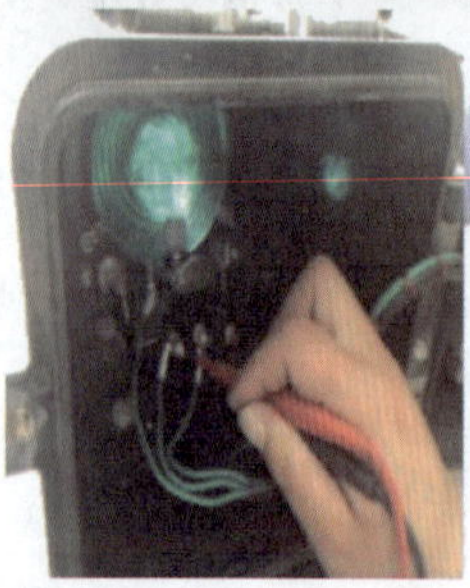 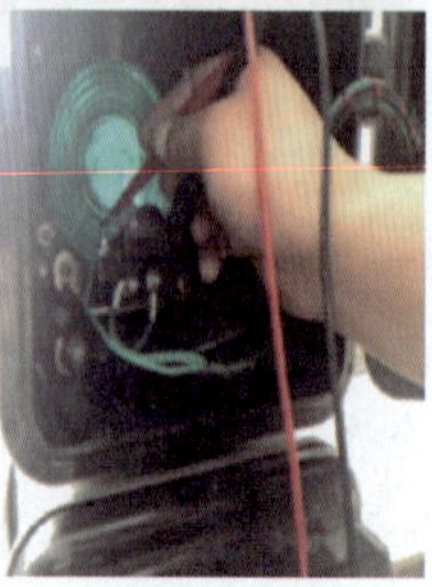

续上表

<table>
<tr><th>工序</th><th>工步</th><th>作业内容及标准</th><th>图示说明</th></tr>
<tr><td>3. 测</td><td>电气特性测试、输出电压调整</td><td>(6)信号点灯变压器Ⅱ次侧对地绝缘测试。
①使用仪表：500 V兆欧表。
②测试方法：测试变压器Ⅱ次侧端子对地间绝缘值。使用500 V兆欧表测试前应对仪表进行“归零”试验，即两表笔夹头均夹在机壳上，摇动兆欧表，观察兆欧表读数是否归零。测试时摇动兆欧表，摇速保持在120 r/min，摇速均匀。采用非金属类机构时，可不用测试对地绝缘。
③标准：≥1 MΩ。
(7)室内灯丝继电器工作电流测试：
①使用钳形电流表测试，JZXC-H18型、JZXC-H142型、JZXC-H18F型在继电器后座端子53或63配线上测得电流值。JZXC-H16/16型在继电器后座端子线圈1或线圈2配线上测得电流值。
②标准：JZXC-H18型继电器交流电流≥100 mA；JZXC-H18F型、JZXC-16/16(16F)型继电器交流电流≥140 mA</td><td>

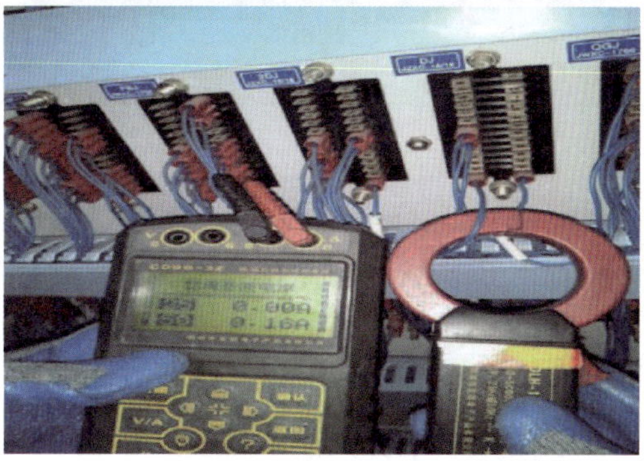
______型灯丝继电器回路电流测试记录表
______工区______车站　　附表14
<table>
<tr><th>序号</th><th>测试日期</th><th>信号机名称</th><th>信号显示</th><th>DJ回路电流（mA）</th><th>2DJ回路电流（mA）</th><th>测试人</th><th>备注</th></tr>
<tr><td></td><td></td><td></td><td></td><td></td><td></td><td></td><td></td></tr>
<tr><td></td><td></td><td></td><td></td><td></td><td></td><td></td><td></td></tr>
<tr><td></td><td></td><td></td><td></td><td></td><td></td><td></td><td></td></tr>
</table></td></tr>
<tr><td>4. 试</td><td>主丝断丝试验</td><td>(1)主副丝转换、报警试验良好，报警地址码正确。
(2)点灯单元带主副丝转换按钮转换试验。
(3)灯座带主副丝转换按钮转换试验。
(4)双灯座主副灯转换试验</td><td> 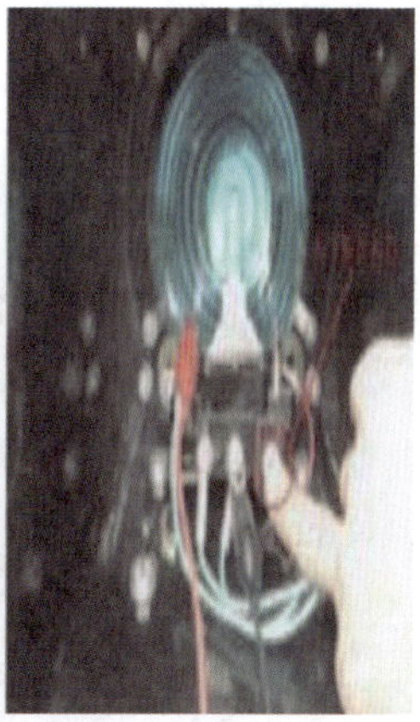</td></tr>
</table>

续上表

工序	工步	作业内容及标准	图示说明
5. 验	复查验收、销记	(1)作业负责人或带班人员对关键环节进行复查验收、录像。 (2)与室内计算机监测调看人员联系，确认灯位显示、灯丝电流正常，无报警。 (3)检查检修填写记录不漏项，箱盒、机构加锁良好。 (4)清点工具、仪表、材料，确认周围无杂物，做到工完料清。 (5)联系室内驻站联络员确认控制台显示无异状，办理销记	

三、信号机设备检查重点

1. 做好机构、箱盒密封检查，确认盘根作用是否良好，防止进水进潮。

2. 检查确认灯座底部弹片弹性良好，接触点无氧化、锈蚀现象，灯座固定良好，无裂纹；检查灯座插片是否将灯泡外沿铁片压实，保证压片压接牢固。

3. 检查测试灯丝电流是否符合标准，采用 JZXC-H18 型时 DJ 交流电流不小于 100 mA；采用 JZXC-H18F、JZXC-16/16(16F)型时 DJ 交流电流应不小于 140 mA；采用 JZXC-H142 型时 DJ 交流电流应不小于 45 mA。

第四节　信号机的施工作业

一、进场检验

信号机及进路表示器进场检验应符合下列规定：

(1)信号机构

①透镜颜色配置正确；

②托臂配置正确；

③机构密封良好。

(2)信号机柱

①机柱横向不应有裂纹；

②纵向裂缝不超过 1 条，宽度小于 0.2 mm，长度小于 1000 mm；

③混凝土面无剥落现象，钢筋不得外露；

④机柱的弯曲度不大于 $L/400$(L 为机柱长度)。

(3)信号机梯子

①梯子热镀锌均匀；

②梯子横向连接点焊/铆接牢固；

③梯子应顺直无变形。

信号变压器及点灯单元性能应符合 TB/T 3202《铁路信号点灯单元》的有关规定。

二、高柱信号机

1. 高柱信号机安装规定：

(1)信号机设置位置、机构型式应符合设计文件要求，以及 TB 10007《铁路信号设计规范》等有关标准的规定，应便于瞭望、无遮挡。

(2)信号机外缘距接触网带电部分的距离应符合 TB 10007《铁路信号设计规范》的有关规定。

(3)安装位置应符合铁路建筑限界规定。考虑到工务大机捣固作业，直线段高柱信号机机柱中心至所属线路中心距离不小于 3 100 mm。

(4)机柱安装：

①机柱埋深不得少于机柱长度的 20%；

②机柱应与地面垂直，倾斜度不应大于 8%；

③在有防水层的路基地段，路基面以下应全部灌注混凝土稳固，路基面以上应采用高度为 150 mm 的砖砌混凝土围台；

④机柱顶端及线缆引入口处应用水泥砂浆密封。

(5)梯子安装：

①梯子应安装在信号机机构背面；

②梯子与机柱、基础均采用螺栓连接牢固；

③梯子与机柱连接支筋应与地面平行；

④梯子抱箍与机柱连接牢固。

(6)机构及进路表示器安装：

①型号、规格、灯光配置及机构间距应符合设计文件要求；

②透镜应清洁、明亮，无斑点和裂纹；

③机构应安装在靠近所属线路侧；

④同一机柱上同方向的各机构灯位中心，应在同一垂直线上，进路表示器除外；

⑤进路表示器安装在主体机构下方，仅用于反向运行的单灯进路表示器设于连接器中间位置，多灯位组合排列方式符合设计文件要求；

⑥部件应齐全，无破损、裂纹；

⑦紧固件应平衡紧固，开口销劈开角度应为 60°～90°，两臂劈开角度基本一致。

2. 信号机配线规定：

①箱盒内部采用 7×0.52 mm^2 多股铜芯绝缘软线；

②信号机构与箱盒间配线采用配线电缆；

③线缆不得有中间接头及损伤；

④箱盒、点灯单元或变压器、信号机灯座等采用柱形端子时，绝缘软线配线采用铜线绕制线环或冷压接线端子压接等方式；

⑤箱盒、点灯单元或变压器、信号机灯座等采用弹簧接线端子时，端子配线应一孔一线，并插接牢固；

⑥机柱至机构、机柱至变压器箱或终端盒等出口处的绝缘软线应采用软管防护；采用配线

电缆时，可不加防护；

⑦配线平顺，绑扎均匀。

3. 高柱信号机接地规定：

①各机构应分别与梯子电气连接；

②梯子各部件（含接头）间，应分别电气连接；

③梯子底端螺栓应与综合接地端子或贯通地线就近连接；

④电气连接线采用多股铜芯软线，截面积不小于 50 mm^2；

⑤接地电阻应符合设计文件要求。

4. 高柱信号机机构内外部、遮檐、背板、托臂颜色一致，无脱皮、返锈、鼓泡现象。

5. 高柱信号机名称标识正确、清晰。

三、矮型信号机

1. 矮型信号机安装规定：

(1)信号机设置位置、机构型式应符合设计文件要求，以及 TB 10007《铁路信号设计规范》等有关标准的规定，应便于瞭望、无遮挡。

(2)安装位置应符合铁路建筑限界要求。

(3)信号机基础应采用热镀锌金属支架。

(4)路基地段规定：

①金属支架埋设深度不少于 500 mm；

②金属支架顶面应高于砖砌混凝土围台顶面(150±50) mm。

(5)桥梁地段规定：

①有防护墙时，金属支架应安装在防护墙外侧；因限界不足金属支架向外延长时，应增加固定支撑架；

②T 型桥梁无防护墙时，金属支架应安装在护栏上；

③在无防护墙或护栏的混凝土地段，金属支架应采用化学锚栓固定在桥面上；支架顶面距砖砌混凝土围台面为(150±50) mm；

④金属支架不应跨桥梁伸缩缝，金属支架孔边缘距建/构筑物边缘不得小于 50 mm。

(6)隧道地段规定：

①金属支架和信号机固定框应安装在隧道壁上，金属支架采用化学锚栓固定；

②隧道壁钻孔深度为(180±20) mm，且不得破坏隧道壁防水层；

③金属支架顶面应高于电缆槽道面(250±50) mm；

④混凝土地段，金属支架应安装在混凝土地面上，金属支架顶面应高于砖砌混凝土围台顶面(150±50) mm；

⑤金属支架不应跨越隧道接缝，金属支架孔边缘距建/构筑物边缘不得小于 50 mm。

(7)信号机构及进路表示器安装规定：

①型号、规格、灯光配置及机构间距应符合设计文件要求；

②进路表示器安装在允许机构下方连接器上，仅用于反向运行的单灯进路表示器设于连接器中间位置，多灯位组合排列方式符合设计文件要求；

③透镜应清洁、明亮，无斑点和裂纹；

④部件应齐全，无破损、裂纹；

⑤紧固件应平衡紧固，开口销劈开角度应为 60°～90°，两臂劈开角度基本一致。

(8)各连接部件应有防松措施。联结螺栓采用双螺母(其中外部是防松螺母)紧固，螺栓露出防松螺母外的螺扣不应少于 5 mm。

2. 信号机配线规定：

(1)箱盒内部采用 7×0.52 mm^2 多股铜芯绝缘软线，信号机构与箱盒间采用配线电缆；

(2)线缆不得有中间接头及损伤；

(3)箱盒、点灯单元或变压器、信号机灯座等采用柱形端子时，绝缘软线采用铜线绕制线环或冷压接线端子压接等方式配线；

(4)箱盒、点灯单元或变压器、信号机灯座等采用弹簧接线端子时，端子配线应一孔一线，并插接牢固；

(5)信号机基础至变压器箱或终端盒等出口处的绝缘软线应采用软管防护；采用配线电缆时，可不加防护；

(6)配线平顺，绑扎均匀。

3. 矮型信号机金属支架基础应采用多股铜芯软线就近与综合接地端子或贯通地线连接，连接线截面积不小于 50 mm^2，接地电阻符合设计文件要求。

4. 矮型信号机机构内外部、遮檐颜色一致，无脱皮、返锈、鼓泡现象。

5. 矮型信号机名称标识正确、清晰。

四、信号机单项检验

信号机及进路表示器加电检验应符合下列规定：

(1)信号机灯光颜色、主灯位及进路表示器位置、定位显示和关闭状态应符合设计文件要求。

(2)显示距离应符合 TB 10007《铁路信号设计规范》等有关标准的规定。

(3)主、副灯丝电压应符合 TB/T 3202《铁路信号点灯单元》等有关标准的规定。

(4)主、副灯丝转换及报警良好。

复习思考题

1. 进站信号机绿灯信号无法开放如何处理？
2. 进站信号机有几种显示方式？各代表什么含义？
3. 简述信号机灯丝继电器点灯回路电流标准。
4. 各种信号机及表示器，在正常情况下的显示距离是多少？
5. 简述色灯信号机灯泡的灯口端电压。
6. 信号机点灯电路的要求有哪些？
7. 简述进站信号机开放一个绿色灯光和一个黄色灯光时点灯电路的工作原理。

第九章　计算机联锁设备

计算机联锁由计算机和其他一些电子、继电器件组成，符合“故障—安全”的原则，具有极高的可靠性和安全性。计算机联锁具有十分明显的技术经济优势，更安全、可靠、经济，便于设计、施工、维修和使用。

计算机联锁设备各研发单位的主要产品包括：中国铁道科学研究院集团有限公司通信信号研究所的 TYJL-Ⅰ、TYJL-Ⅱ、TYJL-Ⅲ、TYJL-TR9、TYJL-ECC、TYJL-ADX、TYJL-2000；北京全路通信信号研究设计院集团有限公司的 DS6-11、DS6-20、DS6-60、DS6-K5B；北京交大微联科技有限公司的 JD-1A、EI32-JD；卡斯柯信号有限公司的 VPI、CIS-1、iLOCK。本章以 DS6-K5B 型计算机联锁为例进行讲解。

第一节　计算机联锁系统组成

DS6-K5B 型计算机联锁系统的联锁处理部件采取双 CPU 共用时钟，对数据母线信号执行同步比较，发生错误时输出导向安全，具备“故障—安全”性能。联锁两重系为主从式热备冗余，通过高速通道进行数据交换，保证两重系同步运行，实现不间断切换。

DS6-K5B 型计算机联锁系统内各计算机之间的通信全部通过光缆连接，提高了系统抗干扰能力和防雷性能，保证系统具有高的运行稳定性。

DS6-K5B 型计算机联锁系统为二乘二取二系统，由联锁子系统、输入输出接口（在 DS6-K5B 系统中，输入输出接口称作“电子终端”，用字符“ET”表示）、控制台子系统、监测子系统和电源五部分组成，如图 9-1-1 所示，其系统布置，如图 9-1-2 所示。

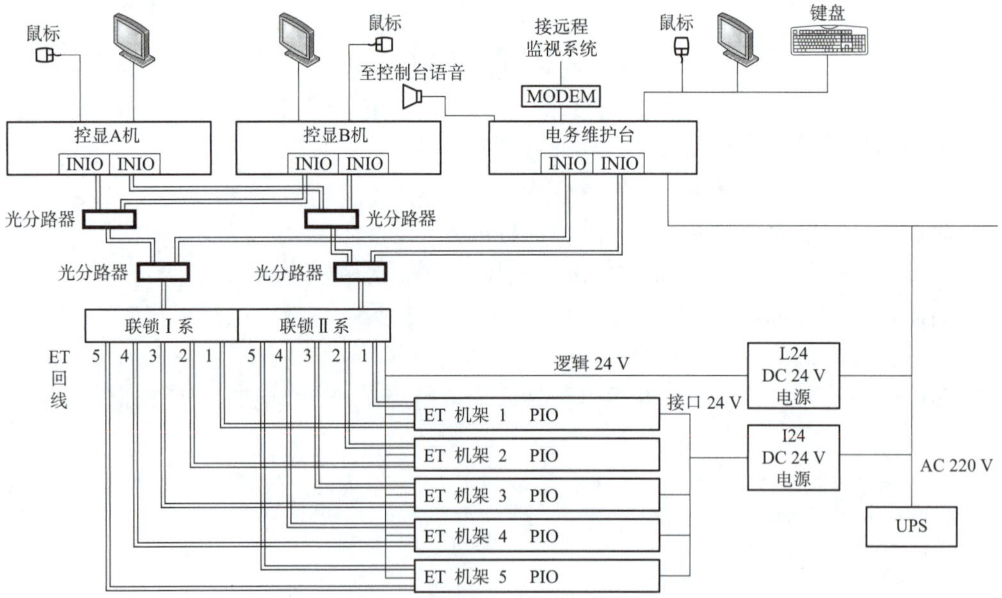

图 9-1-1　DS6-K5B 型计算机联锁系统构成

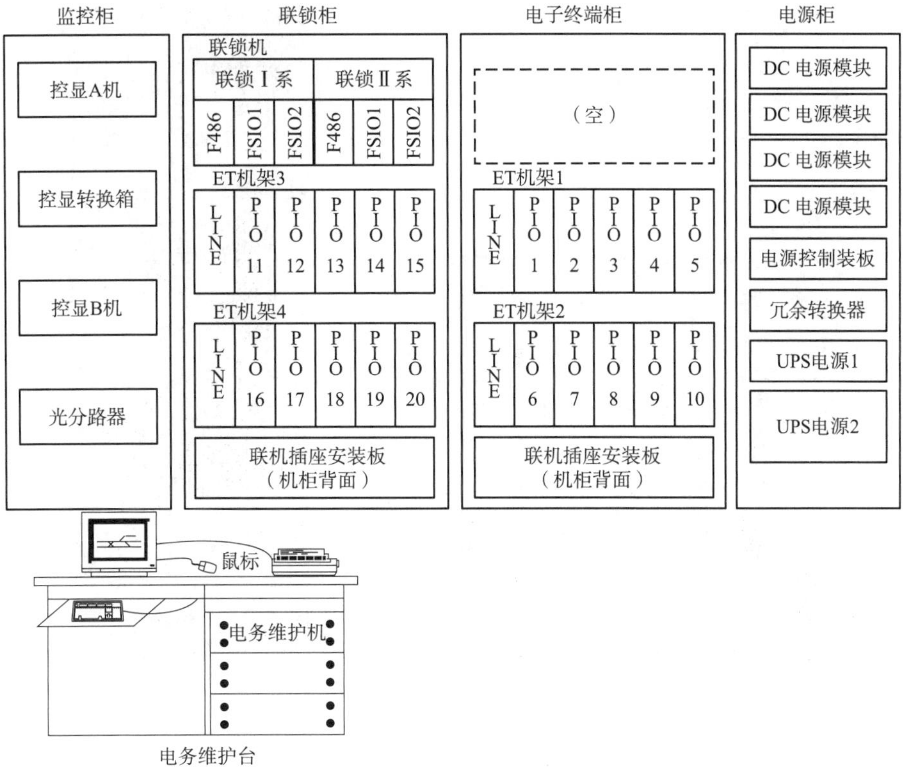

图 9-1-2 DS6-K5B 计算机联锁系统布置

一、联锁子系统

联锁子系统由联锁两重系组成，主从式并行运行，每一系采用“故障—安全”的双 CPU 处理器，用于完成计算机联锁逻辑运算和联锁系统软件和硬件管理。两系之间通过并行接口(FIFO)建立的高速通道交换信息，实现两重系的同步和切换。

联锁主机两系各用一对光缆经过光分路器与控显双机相连，使联锁的两系分别与两台控显机通信。联锁主机每一系用一对光缆分别与监测机的两个光通信接口相连，维护信息分别送到监测机。联锁主机每一系有 5 个连接电子终端的通信接口，称为 ET 回线 1～5。每个通信接口可连接一个电子终端机架。

每系主机由电源板(IPU6)、CPU 板(F486-4)、通信扩展板(FSIO)、光电转换板[FIO7(P)]组成，如图 9-1-3 所示。FSIO 通信扩展板可以根据系统的通信需要进行扩展。组匣内的各电路板之间通过母板上的 VME 总线互连。

1. IPU6

IPU6 板实现 DC 24 V 至 DC 5 V 的转变，为本系逻辑电路提供稳定的 5 V 电源。其电源开关应用手握住开关柄轻轻向外拉出，然后再上下扳动，不可直接用力扳动。

2. F486-4

F486-4 是联锁主机的主 CPU 板，如图 9-1-4 所示。两重系各有一块 F486-4 板，完成联锁逻辑运算、两重系间通信及切换控制、两重系一致性检查、系统的故障检测及报警，异常时停止动作。板上的 ROM 存储系统管理程序。每次联锁主机加电需从 CF 卡读入联锁主机程序和站场数据，存储在 RAM 中。

图 9-1-3　联锁主机

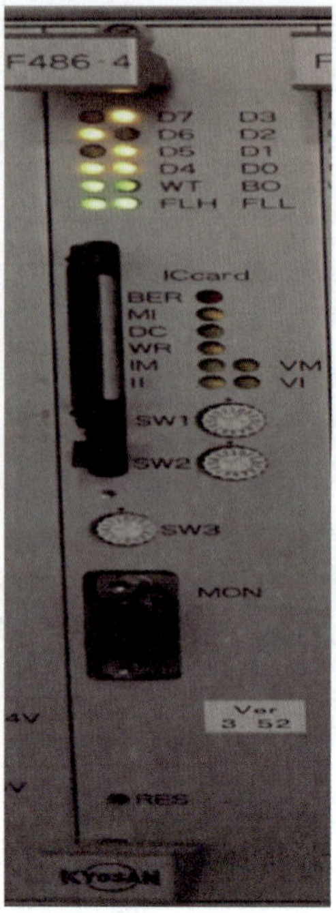

图 9-1-4　F486-4 板

F486-4 灯位显示含义如下：

D7：灭灯表示系统正常运行，亮灯表示系统停机。当 D7 灭时，D0～D6 状态定义如下：

D0：亮表示Ⅰ系，灭表示Ⅱ系。

D1：亮表示主系，灭表示备系。

D2：亮表示两系不同步，灭表示两系同步。

D3：亮表示执行控制功能，灭表示控制功能停止。

D4：亮表示 APL(应用程序逻辑)开始执行，灭表示 APL 停止执行。

D5：预留。

D6：亮表示数据连接成功，灭表示数据连接失败。

WT：闪表示看门狗状态。

B0：亮表示 VME 总线正常，灭表示 VME 总线出错。

FLH、FLL：闪表示总线时钟状态。

MON：9 针 D 型插座，调试用接口。

RES：系统复位开关。

3. FSIO

FSIO 是联锁机与电子终端及控显机、监测机之间的通信板。从 F486-4 板接收联锁运算产生的输出命令传送给电子终端，从电子终端接收表示信息传送给 F486-4 板。从 F486-4 板接收站场的表示信息并发送给控显机及监测机，用于站场图形的实时显示和提示报警。接收控制台的按钮操作信息传送给 F486-4 板进行联锁运算。FSIO 将原来联锁逻辑部的 IF486 板和 FSD486 板的功能合二为一，最多可以连接 3 条电子终端回线，根据电子终端的数量可以增加该板，使其可连接的电子终端回线增至 5 个。

FSIO 实现列控主机与输入输出接口之间的现场数据采集和输出控制数据交换。

4. FIO7(P)

在联锁机架的背面,每系各有两块光电转换板:EXT FIO7(P)和 FIO7(P)。FIO7(P)板是 FSIO 的光电转换接口板,EXT FIO7(P)板是 FSIO2 的光电转换板,实现联锁机与电子终端之间的光缆连接以及联锁机与控显机和监测机之间的光缆连接。光缆接口插座在不用的情况下必须安装保护罩,防止光线照射到插座内的光接口上。

二、输入输出接口(电子终端)

输入输出接口采用电子终端机(简称 ET)。电子终端电路具有两重系,两重系的输入电路从继电器的同一组接点取得输入信号,分别发给联锁两重系。联锁两重系的输出分别送给电子终端的两重系。

电子终端是采用"故障—安全"型双 CPU(FSCPU)构成的智能控制器。其输出电路按故障导向安全的原则设计,输入采集电路通过有效的自检测功能,能够检测出输入电路的故障,保证输入信息的安全性。输出驱动采用双 CPU 动态和静态信号校核,保证输出的安全性。电子终端采用并列二重系结构,单板的故障不影响系统的输入和输出。输出驱动和输入采集均采用静态方式。输出直接驱动安全型继电器,输入采集 DC 24 V 信号。

一个 ET 机笼内有 12 个插槽,如图 9-1-5 所示。组匣正面左边的两个插槽用于安装两个 ET-LINE 板,其余的 10 个插槽用于安装 PIO 板。ET 为两重系并列结构。左边第一个插槽安装Ⅰ系 LINE 板,通过光缆与联锁主机Ⅰ系的 FIO7(P)板或 EXT FIO7(P)板连接;第二个插槽安装Ⅱ系 LINE 板,通过光缆与联锁主机Ⅱ系的 FIO7(P)板或 EXT FIO7(P)板连接。

ET 机笼正面结构示意如图 9-1-6 所示,背面结构示意如图 9-1-7 所示。

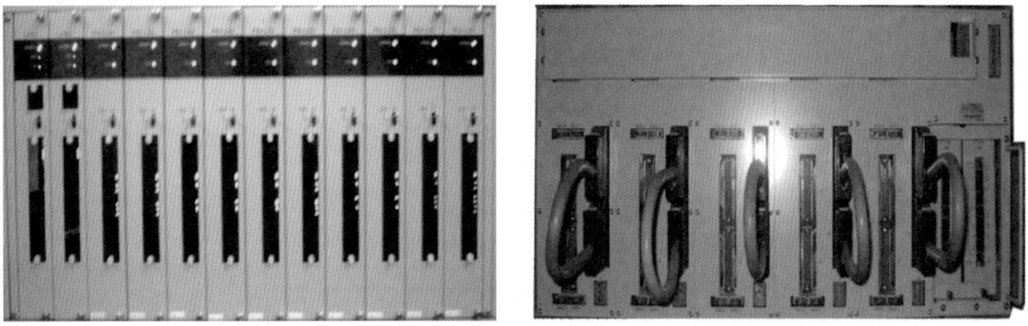

(a) 正面　　(b) 背面

图 9-1-5　ET 机笼

1. 通信板(LINE)

LINE 实现联锁主机与 PIO 板之间继电器条件输入及继电器输出状态数据的串行通信。联锁主机两系分别对应一块 LINE 板。

2. 输入输出板(PIO2)

PIO2 采集继电器接点输入条件和输出驱动继电器。

ET 机笼里的每块 PIO2 板都是智能的,控制是分散独立的。每一系的每个电路板上都设有双 CPU 的故障—安全处理器,完成对本板输入输出数据的安全处理和对本板电路的故障检测。ET-PIO 输出电路的故障—安全保证通过 FSD 对输出数据进行处理。每一路输出发出动态和静态两种输出信号。CHK1 检查静态输出,CHK2 检查动态输出。动态输出通过 FSD 控制输出检查继电器(ROR),如图 9-1-8 所示。

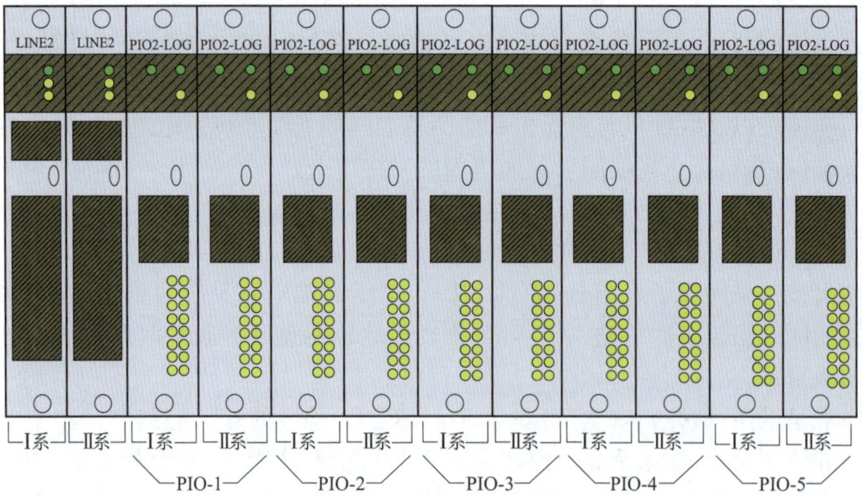

图 9-1-6　ET 机笼正面结构示意

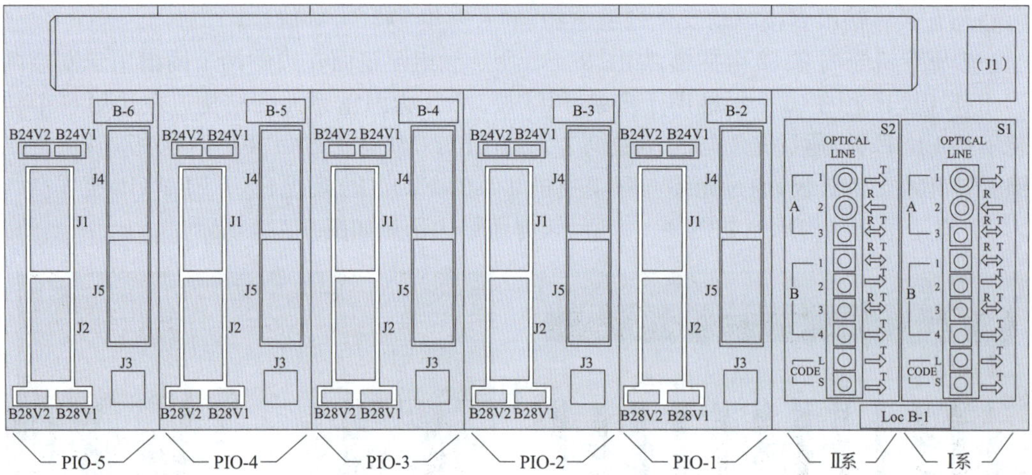

图 9-1-7　ET 机笼背面结构示意

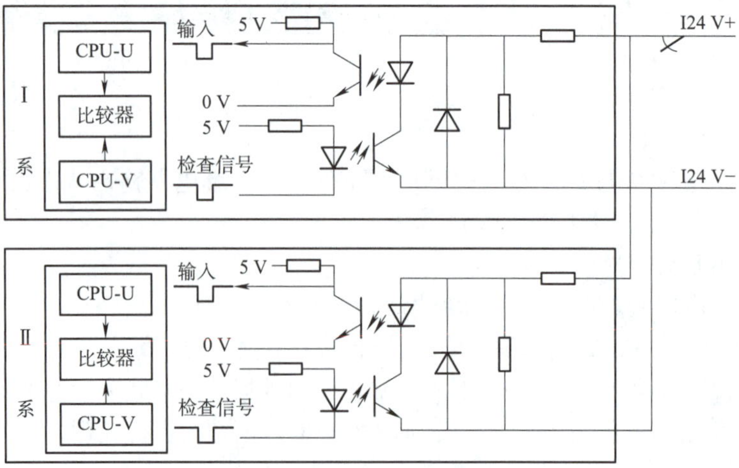

(a) PIO2输入接口电路

图　9-1-8

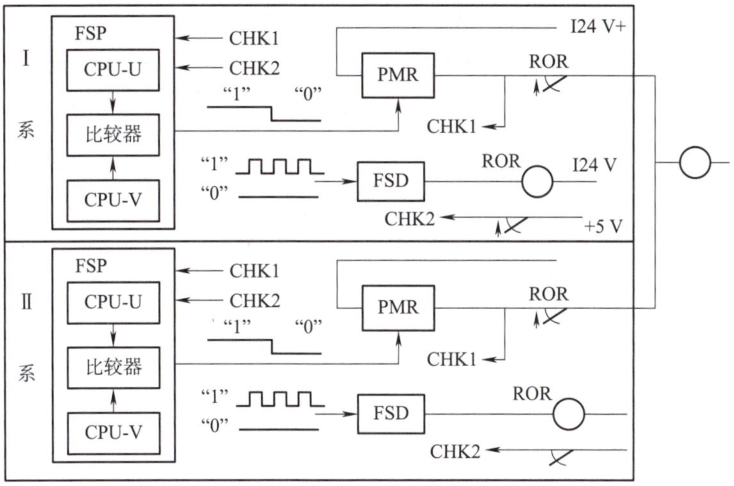

(b) PIO2输出电路结构

图 9-1-8　PIO2 板输入输出电路

PIO2 板背面结构示意如图 9-1-9 所示。其中，J1 为继电器接点条件输入端子；J2 为驱动继电器输出端子；J3 为 PIO 板子接口 24 V 电源端子；J4 和 J5 端子短接。J1、J2、J4、J5 都采用 PD1660BG-SPB(60C)型插头(即黑壳蓝芯)。J1 用于连接输入信号，插座有 60 芯，用其中的 32 芯引入 32 路输入信号，在接口架上，对应每一个 PIO2 板的 32 路输入，设一个 CS-TX19-36Z 型插座。采用 36 芯信号电缆，电缆的一端用压接方式连接与 J1 对应的插头，另一端焊接 CS-TX19-36T 型插头。

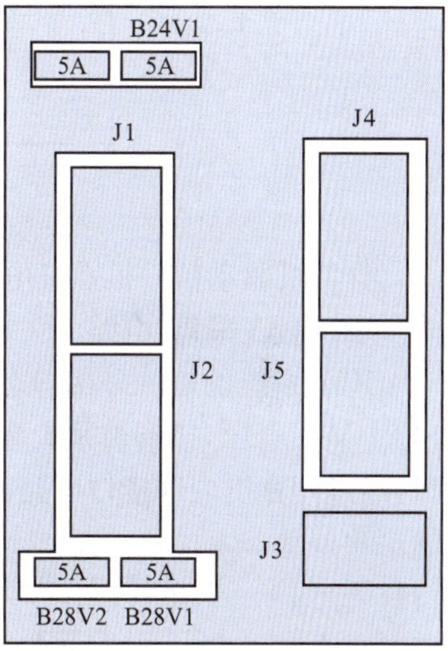

图 9-1-9　PIO2 板背面结构示意

在 PIO2 板背面的 J2 插座与 J1 型号相同，用于引入 32 路输出信号。连接电缆及两端的插头形式与输入电缆相同。输出电缆中有四根芯线用于连接输出信号的负极公共端。

3. 接口电路

K5B 计算机联锁与室外信号设备之间的结合，采用继电电路。继电电路主要有信号机点灯电路、道岔控制电路、轨道电路、64D 半自动闭塞或自动闭塞电路及其他结合电路等。

信号机点灯电路参与联锁的继电器有 XJ、DJ；道岔控制电路参与联锁的继电器有 DCJ、FCJ、YCJ、DBJ、FBJ 等；轨道电路参与联锁的继电器有 DGJ。

以上继电器中，XJ、DCJ、FCJ、YCJ 由计算机输出的控制命令驱动；XJ、DJ、DBJ、FBJ、DGJ 需要采集到接点。

(1)输出(驱动)电路

K5B 系统采用静态输出方式。所有受计算机驱动的继电器全部采用直流安全型继电器。继电器工作所需的 24 V 电源由计算机系统给出，不使用信号电源屏的 KZ24V。计算机输出口送出 24V＋，继电器线圈的负端连到公共回线，回到电源的负极。输出(驱动)电路，如图 9-1-10 所示。

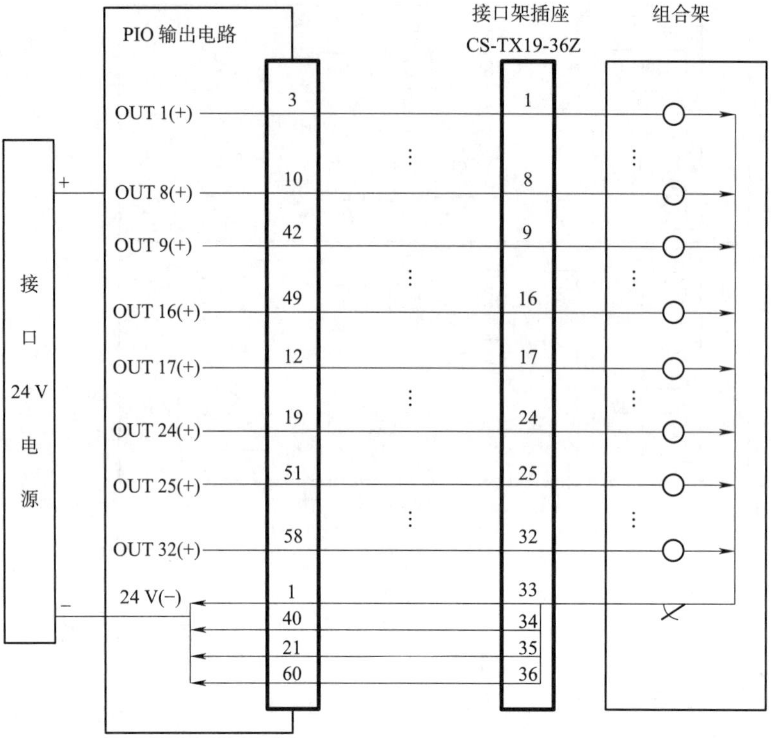

图 9-1-10　输出(驱动)电路

计算机驱动信号机点灯电路的 XJ、道岔控制电路的 DCJ、FCJ 和 YCJ。

(2)输入(采集)电路

K5B 系统的输入采用静态方式,采集电压为 24 V。计算机通过输入采集电缆的电源线送出 24 V 正电压,接到被采集接点组的中间接点,经继电器前接点或后接点返回计算机的输入口,经过计算机内部接口电路回到电源负极。输入(采集)电路如图 9-1-11 所示。

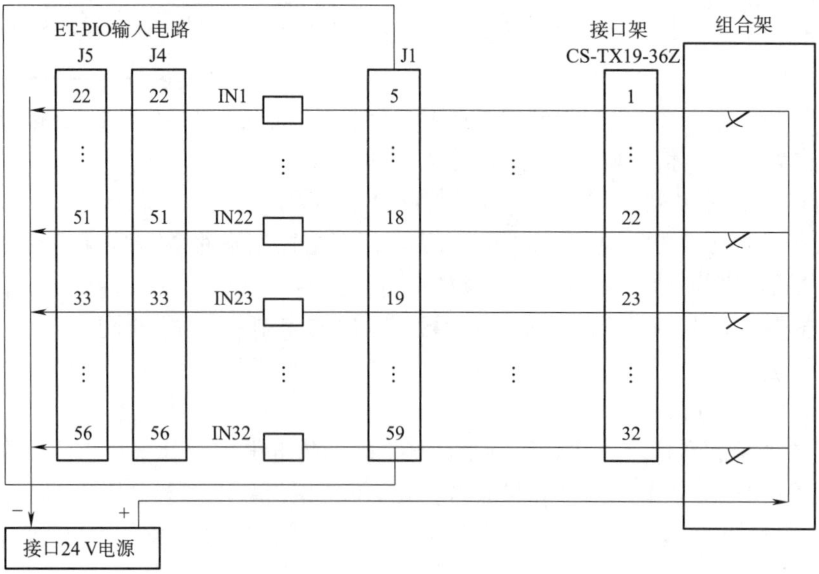

图 9-1-11　输入(采集)电路

计算机采集信号机点灯电路的 XJ 和 DJ、道岔控制电路的 DBJ、FBJ 和 YCJ、轨道电路的 DGJ 的状态信息。

为了完成控制台上的有关表示功能，需要采集移频故障、灯丝断丝、轨道停电、熔丝报警、主副电源等状态信息。

三、控制台子系统

控制台子系统由控显双机和车站值班员办理行车作业的操作、表示设备等组成。每一台控显机内安装了两个采用光缆连接的串行通信接口板 INIO 卡，用于同联锁主机的两重系通信。控显双机互为备用。

K5B 系统的控制台采用 DS6 系列的传统结构，操作显示设备设在运转室，显示设备为液晶显示器，操作设备为串口鼠标。

控显机采用 PC 总线工控机。机箱内除安装连接操作显示设备的接口板外，还安装了2 块带有光电转换的串行通信接口卡 INIO，用于同联锁主机通信。

控显机双机互为备用，控制台的操作和表示设备只设一套。控显双机可以通过自动或人工操作进行切换，将控制台操作和表示设备切换到备用机。不用控显转换箱的站，控显双机通过继电器电路切换。

控显机双机与联锁主机的两重系，通过光分路器构成交叉互连的冗余关系。

控显双机每一台内安装了两块 INIO 通信卡（INIO1、INIO2），分别用于同联锁主机Ⅰ系和Ⅱ系通信。联锁主机的每一系有两个与控显机通信的接口。为了实现联锁的每一系都能够与控显双机同时或与其中任意一台单独通信，在联锁主机与控显机之间的通信线路上增设了光分路器。

光分路器的作用是将一侧的输入信号分成两路输出。同时将另一侧两路输入的信号合并成一路输出。

K5B 系统中用了四个光分路器（型号为 SPHC），用于联锁双系与监测机及控显双机的光缆连接。光分路器端口位置如图 9-1-12 所示。

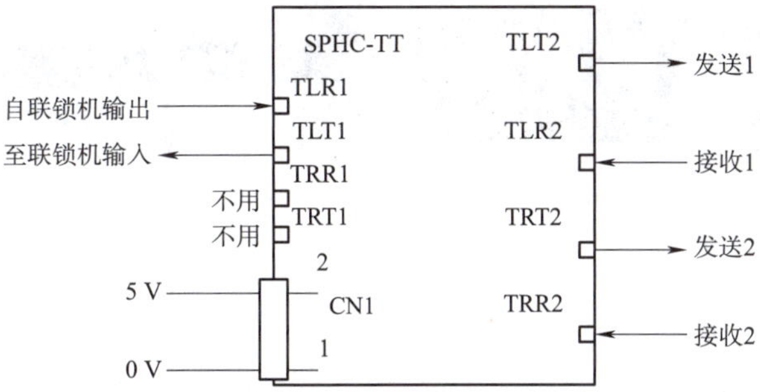

图 9-1-12　光分路器端口位置

每个光分路器由两块电路板组成。一块电源板 SPHC-PW，一块信号传送板 SPHC-TT。光分路器由接口 24 V（I24 V）供电。电源板产生 5 V 电压供信号传送板工作，如图 9-1-13 所示。

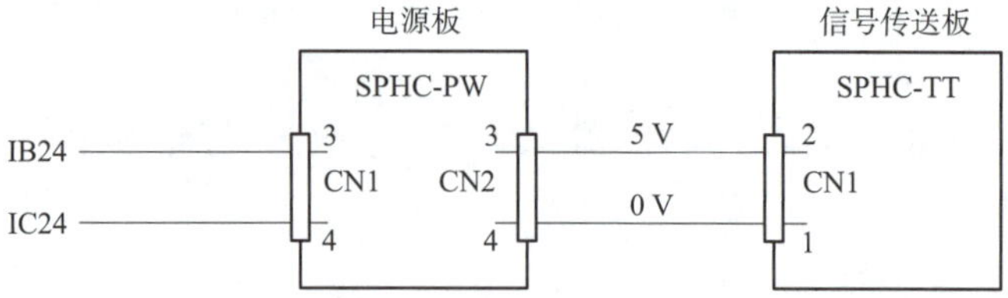

图 9-1-13　光分路器电源连接示意

四、监测子系统

监测子系统包括监测机、键盘、显示器、打印机等。监测机采用 PC 总线工控机。机箱内安装两个采用光缆连接的串行通信接口板 INIO 卡，用于与联锁主机两重系通信，从联锁双机取得联锁系统维护信息，如设备动作状态信息和监测报警信息。监测机通过串行通信接口从计算机检测前置机取得模拟量检测信息，也通过串行通信接口与计算机检测设备的上位机通信，将开关量监测信息发送给计算机检测设备。电务维护人员可以通过键盘、显示器、打印机查询或打印输出各类监测信息。

监测机可以通过查看其系统图形（图 9-1-14），了解该系统的运用状态是否良好；通过查看其 I/O 图形（图 9-1-15），了解系统的驱动采集信息。

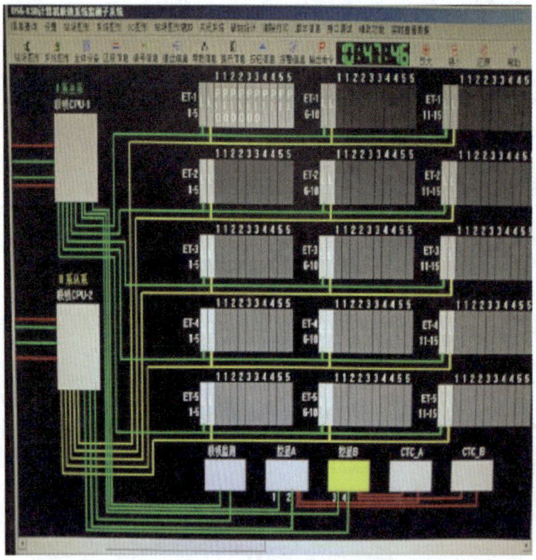

图 9-1-14　系统图形

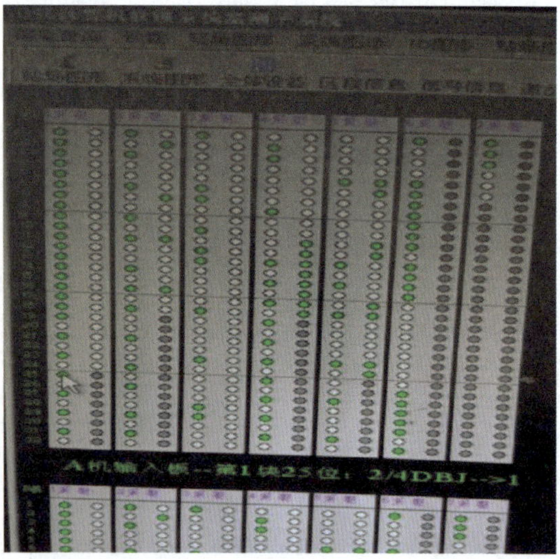

图 9-1-15　I/O 图形

五、电源

电源由一套 UPS 和两路直流 DC 24 V 稳压电源组成。UPS 的输入由信号电源屏单独提供的一路 AC 220 V 电源供给。如果设备本身不带 UPS，则需要电源屏提供两路独立电源供电，经双套热备在线式 UPS（蓄电池供电时间不小于 30 min）向计算机联锁提供一路 AC 220 V 不间断电源。同时提供一路不经过 UPS 的 AC 220 V 不间断电源。两路 DC 24 V 电源中的一路称为逻辑 24 V（用符号 L24 表示），经联锁主机和电子终端内部的 DC/DC 转换电路产生 5 V 电压，供逻辑电路工作。另一路 DC 24 V 称作接口 24 V（用符号 I24 表示），供电子终端的输出电路驱动继电器和输入电路采集表示信息。

UPS 向 24 V 电源模块、控显双机、监测机及控制台显示器等设备供电，不经过 UPS 的电源给机柜风扇、打印机等设备供电。电源系统构成如图 9-1-16 所示。

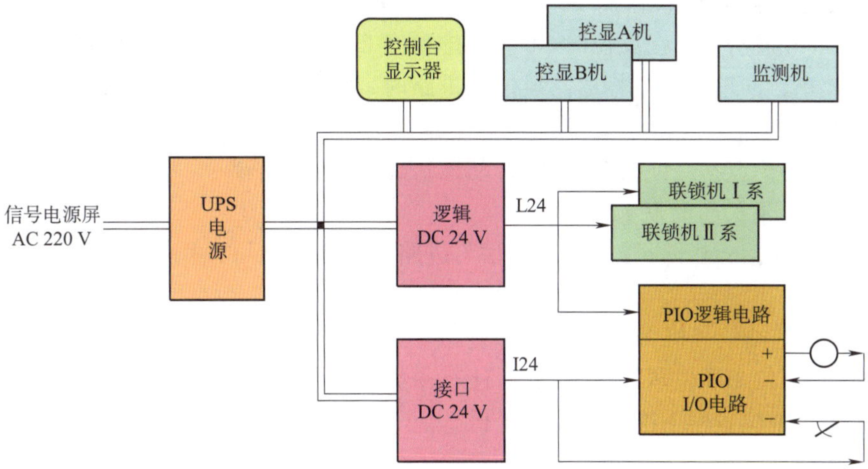

图 9-1-16 电源系统构成

在组合架上，所有受 K5B 计算机联锁控制的继电器用的 24 V 电源，均由 K5B 计算机联锁系统的 I24 V 电源供电。在组合架上，不受 K5B 计算机联锁控制的继电器的电源仍使用信号电源屏电源。

供 K5B 设备的两路 24 V 电源，安装在 K5B 系统的电源柜内。每一路 24 V 电源按该站配置规模由两个或三个不等的 AC/DC 开关稳压电源模块组成。无论配置两个还是三个电源模块，在坏掉一个的情况下，剩下的电源模块都应能在额定负载范围内正常工作。

第二节 计算机联锁系统原理

计算机联锁系统利用计算机对操作命令和现场监控设备的表示信息进行逻辑运算，完成对信号机、道岔及进路的联锁和控制。

一、计算机联锁系统中信号、道岔和进路间的关系

1. 道岔与进路间的联锁

道岔有定位和反位两个位置，进路有锁闭和解锁两种状态。道岔位置正确，进路才能锁闭；进路解锁，道岔才能变位，这就是存在于道岔和进路之间的基本联锁关系。

标准站平面图(下行咽喉)如图 9-2-1 所示，当排列下行 5G 接车进路时，应将 5/7 号道岔扳到定位，将 9/11 号、21 号道岔扳到反位。当道岔位置符合开通方向时进路在开通状态，进路的有关道岔锁在规定位置时不应该再扳动，把对道岔的这种锁闭称为进路锁闭。道岔在进路锁闭之后便处于锁闭状态；反之，则处于解锁状态。为了保证列车行驶安全，需要使不在所排进路上的道岔处于防护位置并予以锁闭。13/15 号道岔不在该进路内，但仍要求 13/15 号道岔必须处于定位，并且有表示，保证列车行驶安全，称 13/15 号道岔为防护道岔。

从道岔操纵方式的角度看，还有一种道岔叫作带动道岔。在电气集中车站，道岔的锁闭是按区段进行的。考虑到平行作业的需要，排列进路时，还需要把某些不在进路内的道岔带动到

规定位置,并对其进行锁闭,称该道岔为带动道岔。如图 9-2-1 所示,当排列经由 17/19 号道岔反位的进路时,23/25 号道岔不在该进路内,但考虑平行作业,将其带动在定位。这是因为 23/25 号道岔是一组双动道岔,而 23 号道岔与 17 号道岔又同属于一个道岔区段 17－23DG 内,假如 23/25 号道岔被锁在反位时,不能再排列经 25 号道岔定位的进路,影响了平行作业,降低了作业效率。办理 17/19 号道岔反位的进路时,将 23/25 号道岔带动到定位位置再实行锁闭,这样就满足了平行作业的要求,提高了作业效率。

由此可见,防护道岔保证行车安全,带动道岔提高作业效率。

2. 道岔与信号机间的联锁

因为进路是由信号机防护的,所以道岔与进路间的联锁也可以用道岔与信号机之间的联锁来描述。

图 9-2-1 中进站信号机 X 防护着五条进路。五条进路中列车接几股是根据道岔的位置来决定的,道岔除定位和反位两种位置以外,还有一类不正常的位置,如道岔不密贴或道岔挤岔等。道岔在不正常位置时不准许开放信号机。

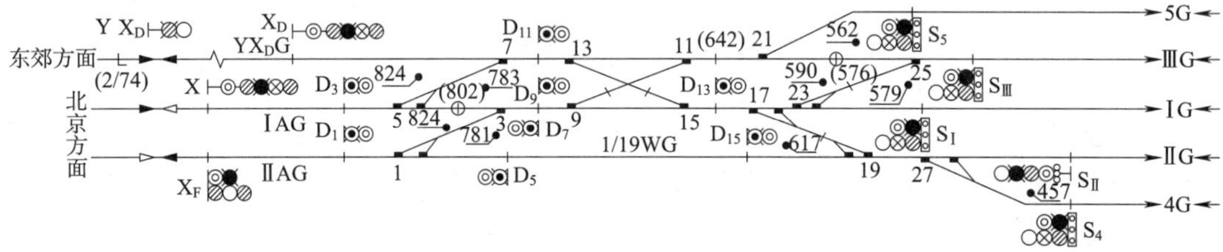

图 9-2-1　标准站平面图(下行咽喉)

3. 进路与进路间的联锁

在进路与进路之间存在着两种性质不同的联锁关系:抵触进路和敌对进路。

(1)抵触进路

站场平面图如图 9-2-2 所示,下行接车进路有两条。当建立下行股道接车进路时,要求 9 号道岔在定位;当建立下行 3 股道接车进路时,要求 9 号道岔在反位,因此,这两条接车进路不能同时建立。这样由于道岔位置不同而不能同时建立的进路,叫作抵触进路。

(2)敌对进路

如图 9-2-2 所示,如果同时建立上行 ⅠG 接车进路和下行 ⅠG 接车进路,会引起列车正面相撞的危险。像这样不能用道岔位置来直接控制,易引起列车正面相撞的两条进路,称它们互为敌对进路。

车站站内联锁设备中,敌对进路有:

①同一到发线上的对向列车进路。如下行 ⅠG 与上行 ⅠG 的接车进路。

②同一到发线上的对向列车进路与调车进路。如下行 ⅠG 接车进路与 D10 向 ⅠG 调车进路。

③同一咽喉区内对向重叠的列车进路或调车进路。如下行 ⅠG 接车进路与上行 3G 发车进路或 D9 向 ⅠG 调车进路与 SⅠ 向 D9 调车进路。

④同一咽喉区内对向重叠或顺向重叠的列车进路与调车进路。如下行 ⅠG 接车进路与上行 3G 的 S3 向 D9 调车进路为同一咽喉区内对向重叠的列车进路与调车进路;又如下行 3G 接车进路与下行 D9 向 3G 调车进路为同一咽喉区内顺向重叠的列车进路与调车进路。

由此可知,敌对进路有如下特点:两条进路有重叠部分,而且不能以道岔的位置区分它们。

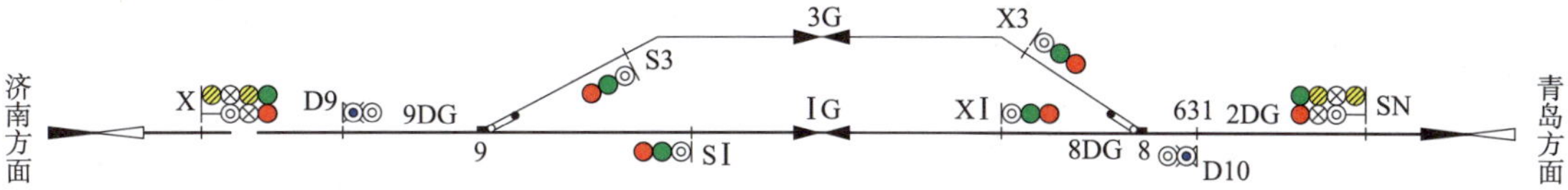

图 9-2-2　站场平面图

4. 进路与信号机间的联锁

信号机是防护进路的，只有在进路处于开通状态，与进路有关的道岔被锁闭以及敌对进路没有建立的条件下，才能开放信号机。信号机一旦开放后，进路上有关道岔及敌对信号均被锁闭。只有信号关闭后，才有可能解锁进路，也只有这样，才能保证行车安全。

5. 信号机与信号机间的联锁

进路与进路间的联锁可以用进路与信号机间的联锁关系来描述，也可以用信号机与信号机间的联锁关系来描述。进路是由信号机防护的，每一条进路都有信号机防护，敌对信号机未关闭时，有关信号机不能开放。信号机开放后，该进路上的有关道岔不能扳动，其敌对信号不能开放。总之，凡属于敌对进路的信号机不能同时开放。

二、计算机联锁系统中各层次之间的关系

计算机联锁系统结构根据各部分功能和设置的不同可划分为人机会话层、联锁层、执行层和室外设备层，如图 9-2-3 所示。

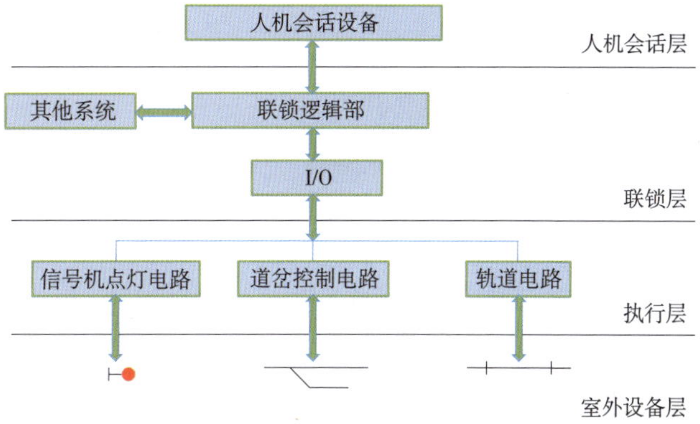

图 9-2-3　计算机联锁系统结构

1. 人机会话层：接收车站值班员或维修人员的操作指令，向联锁层输入操作信息，接收联锁层输出的反映设备工作状态和行车作业情况的表示信息。

2. 联锁层：是车站计算机联锁系统的核心，它的功能是实现联锁运算。联锁层除接收来自人机会话层的操作信息外，还接收来自执行层的反映转辙机、信号机和轨道电路状态的信息，然后根据联锁条件，对输入的操作信息和状态信息，以及联锁机的当前内部信息进行处理，产生相应的输出信息，即信号控制命令，并交付执行层的控制电路予以执行，最终实现动作室外设备的目的。

3. 执行层：联锁层与各个监控对象之间的控制电路在这一层。执行层的主要功能是：接受来自联锁层的道岔控制命令，驱动道岔转换；接收来自联锁层的控制命令，改变信号显示；向联锁层传输信号状态信息、道岔状态信息以及轨道电路状态信息。这些都是靠信号控制电路和道岔控制电路实现的，所以这些电路也必须是故障—安全的。

以北京方面 X→ⅠG 为例，部分站场平面图如图 9-2-4 所示，运转室车站值班员根据运行计划北京方面 X→ⅠG 按压始端按钮 X 和终端按钮 SⅠ。

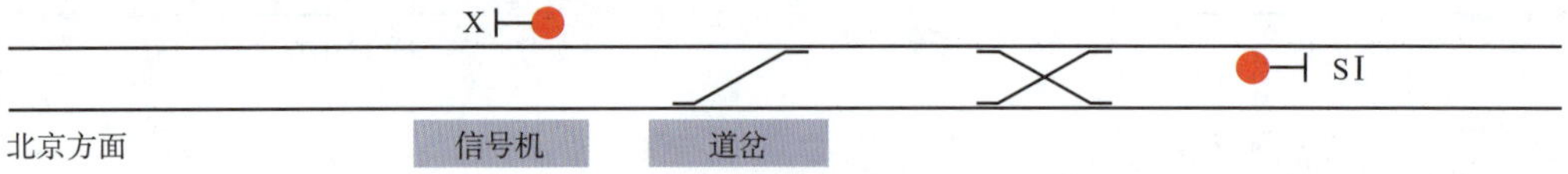

图 9-2-4　北京方面部分站场平面图

进路命令通过联锁操作表示机传递给计算机联锁设备，计算机联锁设备根据现场监控设备的表示信息通过逻辑运算后，把控制命令传递给进路上相应道岔、信号机的继电器；通过接口电路驱动相应信号机、道岔的继电器，设备动作到位后，通过接口电路采集到进路上轨道电路空闲、道岔位置正确、信号机开放，把表示信息传递给计算机联锁设备，联锁设备比较一致后把设备的表示信息和状态信息传递给联锁操作表示机；联锁操作表示机把表示信息和状态信息传递给运转室的联锁控制台，最终在控制台上显示出 X→ⅠG 进路白光带，X 进站信号机开放。计算机联锁操作方法示意如图 9-2-5 所示。

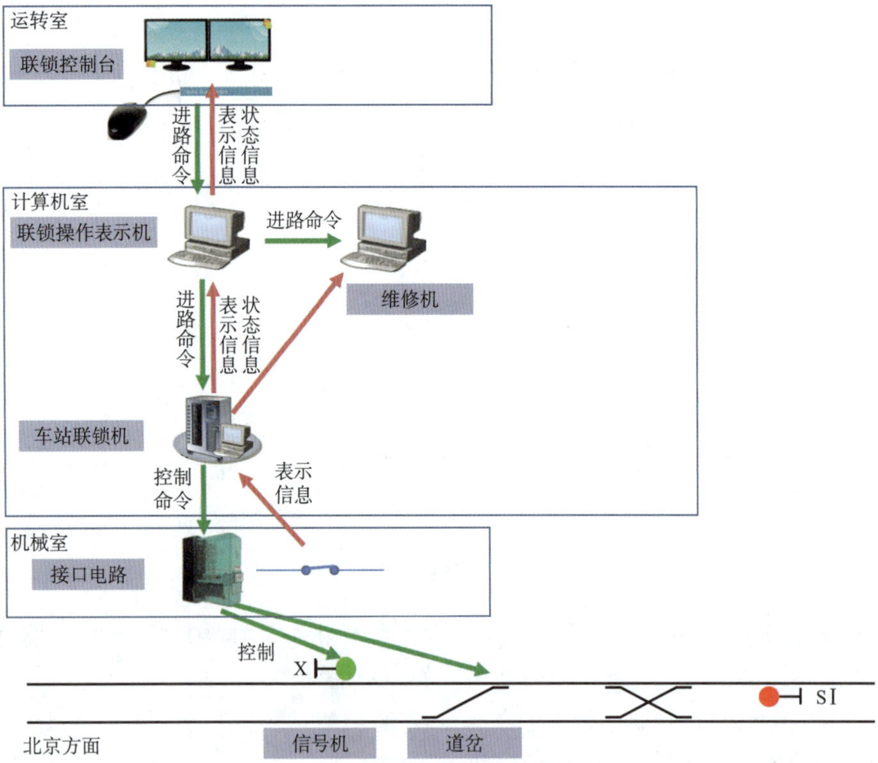

图 9-2-5　计算机联锁操作方法示意

第三节　计算机联锁设备操作

一、控制台显示器各显示的含义及各按钮用途

DS6-K5B 型计算机联锁标准站如图 9-3-1 所示。

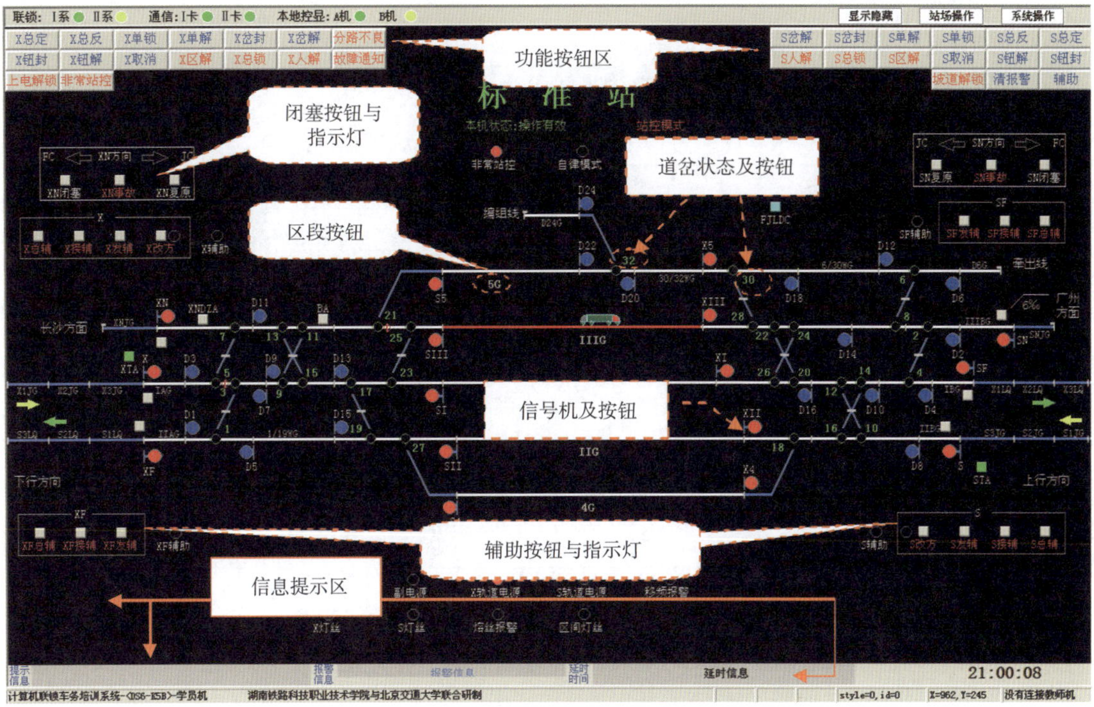

图 9-3-1　DS6-K5B 型计算机联锁标准站

1. 轨道区段

轨道区段状态及描述见表 9-3-1。

表 9-3-1　轨道区段状态及描述

状态	描述	色彩
空闲	蓝色光带	
进路锁闭，或溜放进路在退路锁闭状态	白色光带	
有车占用或故障	红色光带	
进路初选状态	青色光带	

2. 道岔

道岔状态及描述见表 9-3-2。

表 9-3-2　道岔状态及描述

<table>
<tr><th>状态</th><th>描述</th><th colspan="2">颜色</th></tr>
<tr><td>道岔定位</td><td>绿色岔名</td><td colspan="2"></td></tr>
<tr><td>道岔反位</td><td>黄色岔名</td><td colspan="2"></td></tr>
<tr><td>道岔正在转换</td><td>红色岔名</td><td colspan="2"></td></tr>
<tr><td>道岔单封</td><td>岔名外红框</td><td colspan="2">11</td></tr>
<tr><td rowspan="2">道岔单锁</td><td rowspan="2">岔名不变，岔尖处外加一带色圆圈</td><td>定位</td><td></td></tr>
<tr><td>反位</td><td></td></tr>
</table>

3. 信号机

(1)列车信号机(进站信号机)

列车信号机(进站信号机)状态及描述见表 9-3-3。

表 9-3-3　列车信号机(进站信号机)状态及描述

状态		描述	颜色
信号开放	按规定速度由正线通过车站	绿色	
	进正线停车	黄色	
	经由正线通过表示出站信号在开放状态(点黄灯);两个车场表示可以从前方车场开到下一个车场停车	绿黄	
	减速,进侧线停车	双黄	
信号关闭,停车		红色	
引导信号开放		红白	
灯丝断丝		红色闪光	

(2)列车信号机(出站信号机)

列车信号机(出站信号机)状态及描述见表 9-3-4。

表 9-3-4　列车信号机(出站信号机)状态及描述

状态		描述	颜色
信号开放	准许向区间发车(非自动闭塞区段)	绿色	
	准许向区间发车,前方至少有两个分区空闲(自动闭塞区段)		
	准许向主要线路发车(两个发车方向)		
	准许向区间发车,前方只有一个分区空闲(自动闭塞区段)	黄色	
	准许向次要线路发车(两发车方向)	双绿	
信号关闭,停车		红色	
引导信号开放		红白	
灯丝断丝		红色闪光	

(3)调车信号机

调车信号机状态及描述见表 9-3-5。

表 9-3-5　调车信号机状态

状态	描述	颜色
调车信号机关闭	蓝色	
调车信号机关闭,用在某些地方(如专用线入口)	红色	
调车信号机开放	白色	
灯丝断丝	蓝色闪光	

4. 绝缘节

轨道区段间用绝缘节分隔,绝缘节为白色竖线,超限绝缘节为红色圆圈内加红色竖线。绝缘节状态及描述见表 9-3-6。

表 9-3-6 绝缘节状态及描述

名称	描述	颜色
普通绝缘节	黄色竖线	
超限绝缘节	红色圆圈内加红色竖线	

5. 功能按钮及其用途

功能按钮及其用途见表 9-3-7。

表 9-3-7 功能按钮及其用途

序号	按钮名称	应用	按钮类型	用途
*01	上电解锁	单独	自复	系统第一次启动后解锁整个站场
02	总取消	组合	非自复	取消已经排列好的进路
*03	总人工解锁	组合	非自复	延时解锁进路
04	总定位	组合	非自复	单独操作某一道岔转向定位
05	总反位	组合	非自复	单独操作某一道岔转向反位
*06	封锁	组合	非自复	对道岔进行封锁
*07	封解	组合	非自复	解锁被封锁的道岔
*08	单锁	组合	非自复	单独锁闭道岔
*09	单解	组合	非自复	解锁被单锁的道岔
*10	区故解	组合	非自复	分段解锁区段
11	清提示	单次	自复	清除提示信息
12	信号名	单次	自复	显示所有信号名称
13	道岔名	单次	自复	显示所有道岔名称
*14	上引总锁	单次	非自复	用以办理上行引导总锁接车
*15	下引总锁	单次	非自复	用以办理下行引导总锁接车
16	上行(下行)闭塞	单次	非自复	办理接、发车闭塞手续
*17	上行(下行)事故	单次	非自复	非正常解除闭塞手续
18	上行(下行)复原	单次	非自复	正常解除闭塞手续
*19	上行(下行)引导	单次	非自复	选排引导接车进路
*20	允许改变方向	单次	非自复	允许正常改变发车方向
*21	总辅助按钮	单次	非自复	故障时启动改变方向功能
*22	接车辅助按钮	单次	非自复	接车方办理辅助改方向
*23	发车辅助按钮	单次	非自复	发车方办理辅助改方向

表 9-3-7 中,序号前有"*"的按钮,必须依屏幕指示键入密码后才有效。将鼠标移动到各按钮上时,光标变为竖直向上的手形,此时单击才有效。继电式电气集中技术条件规定,控制台操作有时必须用双手同时按压两个按钮才能完成规定的操作。计算机联锁系统只能用一个鼠标操作,不能同时单击两个按钮。为了满足技术条件的要求,采用鼠标操作时,总取消、总人解、道岔总定、道岔总反、道岔单锁、道岔单解、道岔封闭、道岔解封、按钮封闭、按钮解封、区段故障解锁等按钮采取延时抬起的方法,并且规定按钮操作顺序,必须先单击上述功能按钮,后

单击其他相关按钮。在上述功能按钮保持单击的延时期间内,图形显示器菜单上对应的按钮图形凹下,并有延时倒计时显示,在进行了后续按钮操作或倒计时结束后,上述功能按钮自动抬起;如需再次操作,可重复以上动作。

二、特殊按钮的操作

1. 非常站控:系统第一次启动默认为自律控制模式。如需进行站控操作,需首先按压“非常站控”按钮将控制权改为站控模式。如需转为自律控制,抬起此按钮,并再次破铅封即可。如果自律控制模式满足,此按钮抬起,系统自动转为自律控制,如果自律模式条件不满足,此按钮无法抬起,联锁系统仍保持站控模式。

2. 上电解锁:计算机联锁重新上电后,将本站所有道岔锁闭到当前位置,并禁止办理任何作业。操作人员必须首先人工确认站内车辆均已停稳,然后按压上电解锁按钮,输入密码后单击确认按钮,使屏幕上“上电锁闭”的提示消失,出现“上电解锁”提示之后,才能正常办理进路。

3. 引导:列车信号设置引导按钮,引导按钮一般设置在列车信号机旁或屏幕相应引导按钮区,用白色的方框表示。当需办理引导进路时,确认相关道岔位置和相关区段无车时,可通过按压此按钮进行引导进路的办理。

4. 允许改方:反方向发车口设置了允许改方按钮,此按钮为铅封非自复式,当需办理反方向发车进路(不论该发车口的区间方向是否为发车方向)时,需先将相关发车口的允许改方按钮按下,使用完毕后抬起此按钮即可。

三、开放信号的操作

1. 列车基本进路

首先单击进路始端按钮,再单击终端按钮。对于变更进路则首先单击始端按钮,再单击变更按钮,最后单击终端按钮。

办理从 X 至 4G 的进路操作方法如下:

(1)XLA+S4LA;

(2)XLA+BA+S4LA。

如果进路包含的道岔 1/3、5/7、9/11、13/15、17/19 及 27 号道岔不在对应位置,则自动转动道岔,当所有的道岔都转到规定位置后,若进路所包含的区段都空闲并且进路中的设备无故障则锁闭进路。进路包含的区段 5DG、3DG、9-15DG、17-23DG、19-27DG 以及股道 4G 显示锁闭光带。

2. 列车通过进路

首先单击进路始端按钮,再单击终端按钮。可一次办理,也可分段办理。

办理 X 方向的通过进路操作方法如下:

(1)XTA+XLZA;

(2)(XLA+SILA)+(XILA+XLZA);

(3)(XILA+XLZA)+(XLA+SILA)。

其显示与办理基本进路时的显示相同。

3. 引导接车进路

直接单击站场下方的引导按钮。

办理下行引导进路操作方法如下:

单击“X 引导”按钮。首先输入确认密码“888”，再单击“确定”按钮方可执行。其他接车口分别单击对应的引导信号按钮。

引导信号开放与关闭的条件见表 9-3-8。

表 9-3-8　引导信号开放与关闭的条件

信号状态	故障类型	时机
开放信号	接近区段先故障，信号机内方任意一区段后故障	进路锁闭后延时 3 min 开放
	信号机内方任意一区段先故障，接近区段后故障	进路锁闭后立即开放
	接近区段故障，信号机内方第一区段无故障	
	信号机内方第一区段故障，接近区段无故障	
关闭信号	接近区段先故障，信号机内方第一区段后故障	引导信号开放后在 30 s 内如不重新按压始端按钮则信号自动关闭，若需重新开放，则重复开放引导信号的操作，如此重复，直到列车进站
	信号机内方第一区段先故障，接近区段后故障	
	信号机内方第一区段故障，接近区段无故障	
	接近区段故障，信号机内方第一区段无故障	立即关闭信号

4. 引导总锁接车

“引导总锁”按钮＋“引导”按钮。

办理下行引导总锁接车操作方法如下：

“引导总锁”按钮用来锁闭整个咽喉区，进路“引导”按钮用来开放相应接车进路的引导信号机。如“下引总锁”＋XYA。

5. 半自动闭塞作业

(1)闭塞

发车站：单击闭塞按钮，则为请求发车，发车表示灯显示黄色。

接车站：单击闭塞按钮，则为同意接车，接车表示灯显示绿色。

(2)复原

发车站：在出站信号机开放之前单击复原按钮，则复原闭塞。

接车站：在列车到达之后单击复原按钮，则复原闭塞。

(3)事故

发生事故的一方按压事故按钮，则复原双方的闭塞。

6. 带 6‰下坡道进路

下行 XD 接车方向为 6‰下坡道，办理接车进路时要同时办理出延续进路。

办理 XD 方向接车进路操作方法如下：

接车进路始端按钮＋接车进路终端按钮＋延续进路终端按钮。

延续进路的解锁方法：

(1)列车还没有到达，接车进路完好。首先用人工方法解除接车进路的锁闭，再取消延续进路。

(2)列车到达，接车进路解锁后。延续进路在列车头部进入股道后会开始计时，当延时 3 min 后自动解除延续进路。

(3)如果作业任务比较紧张，也可以采用人工方法提前解除延续进路的锁闭，解锁方法是：坡道解锁按钮＋延续进路的始端按钮。

7. 调车进路

(1)基本调车进路

首先单击进路始端按钮，再单击终端按钮，和基本列车进路的办理一致。

办理从 D1 至 D5 的调车进路方法：D1A+D5A。

如果进路包含的道岔不在对应位置，则会自动扳动道岔。当满足联锁条件后锁闭进路。进路包含的区段 1DG 和离去区段 1/19WG 显示锁闭光带。

(2)长调车进路

首先单击进路始端按钮，再单击终端按钮，可一次办理，也可分段办理。

分段办理：可以把长调车进路分为两条或多条长调车进路，逐段办理。

一次办理：与基本进路的办理方式基本一样。

由 D1 至 SⅡD 的长调车进路办理有以下几种方法：

①D1A+SⅡDA；

②(D1A+D5A)+(D15A+SⅡDA)；

③(D5A+SⅡDA)+(D1A+D5A)。

8. “允许改方”按钮、方向电路按钮

(1)“允许改方”按钮

移动鼠标到对应发车口的“允许改方”按钮上，当光标变成小手状时单击左键，出现密码框后输入密码(888)并单击确认按钮，此时“允许改方”按钮处于按下状态，并在其按钮旁显示黄闪灯光，可以办理反方向发车。使用完毕，再次按压“允许改方”按钮，按钮转为抬起状态，不能办理反向发车进路。

注意：办理反向发车时，应首先确认已按下“允许改方”按钮，否则无法办理发车进路。

(2)区间改方的辅助按钮

对应的每个接发车口，分别设置“总辅助”按钮(铅封非自复)、“接车辅助”按钮(铅封自复)及“发车辅助”按钮(铅封自复)。

①“总辅助”按钮：辅助办理时，必须首先单击该按钮，输入密码(888)后单击确认按钮，其按钮方块变化为黄色，表示该按钮在按下状态；再次单击该按钮，按钮抬起，其按钮方块恢复为白色。

②“接车辅助”按钮：在总辅助按钮按下后单击该按钮，输入密码(888)后单击确认按钮，其按钮方块变化为黄色，同时出现该按钮的倒计时(5 s)。在此倒计时内该按钮保持按下状态。倒计时结束后，该按钮自动抬起，其按钮方块恢复为白色。

③“发车辅助”按钮：在“总辅助”按钮按下后单击该按钮，输入密码(888)后单击确认按钮，其按钮方块变化为黄色，同时出现该按钮的倒计时(25 s)。在此倒计时内该按钮保持按下状态。倒计时结束后，该按钮自动抬起，其按钮方块恢复为白色。在该按钮 25 s 倒计时结束前，如果重复单击发车辅助按钮，该按钮重新计时，可使其连续保持按下状态。

(3)区间改方的正常办理

区间空闲，由接车方向改为发车方向时，原接车站办理发车进路，区间方向自动转换。

注意：向反向发车口办理发车进路时，需首先确认已按下相应发车口的“允许改方”按钮。

(4)区间改方的辅助办理

区间故障或方向电路因故出现相邻的两站同为接车站的“双接”现象(即它们均点亮红色接车箭头)时，必须采用辅助办理方式才能改变运行方向。此时两站值班员通过电话共同确认区间无车、双方都未办理发车进路、红色箭头点亮因设备故障所致，均按规定手续登记破铅封，共同进行辅助办理。

第一步：原接车站值班员顺序按下相应的“总辅助”按钮、“发车辅助”按钮，出现“发车辅助”按钮的倒计时(25 s)，表示该按钮保持在按下状态，辅助灯亮白灯，本站开始辅助办理。

第二步：在原接车站发车辅助按钮按下 25 s 内，本站值班员顺序按下相应的“总辅助”按钮、“接车辅助”按钮，辅助灯点亮白灯，开始区间改方。

第三步：接发车方向完成改方后，辅助灯熄灭，双方站抬起“总辅助”按钮，辅助办理完毕。

四、对进路的其他操作

1. 取消进路

(1)操作：“总取消”按钮＋进路始端按钮。

(2)条件：进路处于预先锁闭阶段，进路中无车，轨道电路无故障。

(3)显示：进路黄色光带消失，信号复原。

2. 人工延时解锁进路

(1)操作：“总人解”按钮＋进路始端信号按钮。

(2)条件：进路处于接近锁闭阶段(对于未处于接近锁闭的进路，不延时直接解锁)，进路中无车，轨道电路无故障。

(3)显示：信号关闭后，在列车或车列(以下统称列车)未冒进信号的情况下，接车进路或正线发车进路延时 3 min 后自动解锁，其他进路延时 30 s 后自动解锁。

3. 区段故障解锁

(1)操作：“区故解”按钮＋区段按钮。

(2)条件：进路因轨道电路故障而不能自动解锁，解锁无故障区段。

(3)显示：区段恢复青色光带。

注：对于无岔区段，可操作与该无岔区段相邻的道岔按钮。

4. 重复开放信号

(1)操作：单击防护进路的信号机。

(2)条件：信号因故关闭后，进路又恢复信号开放的条件。

(3)显示：相应信号机重新开放。

五、分路不良操作

为实现分路不良操作，显示器设置“分路”铅封自复式按钮，用一个白色方框表示。根据站场情况，按照咽喉设置为“X 分路”按钮、“S 分路”按钮，或全站使用一个分路按钮。对区段进行分路不良操作后，该区段显示为点划线，区段颜色保持不变。道岔按照岔前、岔后直股、岔后弯股分别显示。

分路不良的操作过程如下：

1. 无岔区段(股道)：首先用鼠标单击相应的分路按钮，输入密码(888)后再单击确认按钮，其方框颜色由白色转为黄色凹下状态，在 10 s 延时时间内用鼠标右击无岔区段名称或股道车次号按钮，相应的无岔区段或股道显示为分路不良状态(点划线)。

在分路按钮按下 10 s 内，没有单击无岔区段名或股道车次号按钮，分路按钮自动恢复抬起状态。

2. 道岔：首先用鼠标单击分路按钮，输入密码(888)后再单击确认按钮，其方框颜色由白色转为黄色凹下状态，在 10 s 延时时间时内用鼠标右击道岔名称，出现相应道岔名称及岔前、岔后直股、岔后弯股选择框，用鼠标左击选择框中之一，在相应道岔处显示岔前、岔后直股、岔后弯股的点划线。

例如：对 1 号道岔进行岔前分路不良操作，首先用鼠标单击分路按钮，输入密码(888)后再单击确认按钮，在 10 s 延时时间内用鼠标右击 1 号道岔名称，用鼠标左击选择框中“岔前”，1 号道岔的岔前显示点划线。在分路按钮按下 10 s 内，没有单击道岔名称按钮，分路按钮自动恢复抬起状态。

分路不良的取消操作和设置分路不良的操作相同，按照设置的方式再操作一遍，即可取消分路不良的设置。

当两控显机因故（系统维修、掉电等情况）重启，原设置的分路不良区段在控显机重启后不再显示，需人工重新设置分路不良区段。

第四节　计算机联锁设备标准化作业

一、作业流程

作业流程如图 9-4-1 所示。

作业前准备 → 登记联系 → 检修 → 复查试验 → 清点销记 → 小结

图 9-4-1　作业流程

二、计算机联锁设备标准化作业程序

计算机联锁设备标准化作业程序见表 9-4-1。

表 9-4-1　计算机联锁设备标准化作业程序

工步	作业内容及标准	图示说明
1. 查阅	(1)查阅电务维修机，确认控显机、联锁机、电务维修机与 TDCS、TCC 通信状态正常。 (2)查阅电务维修机、控制台显示器，看有无异常报警信息，发现报警要回放并调查解决。 (3)查看运统 46，查看是否有未掌握的故障隐患	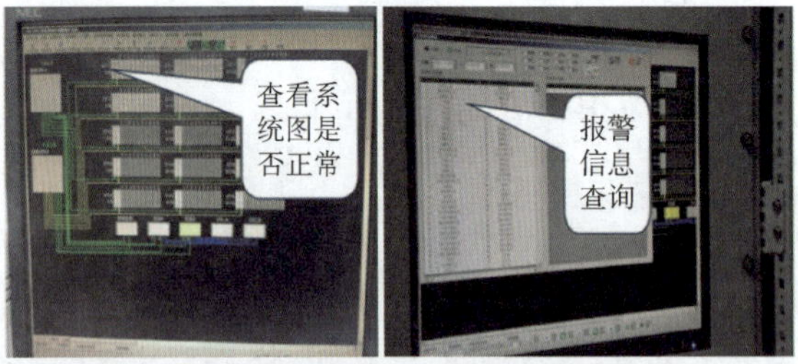
2. 看、听	控制台站场信息显示完整正确，各种按钮、表示灯、文字等显示正确，无报警信息，音响声音清晰、音量适当。控制台防尘、防鼠、防火措施良好，引入口封堵良好	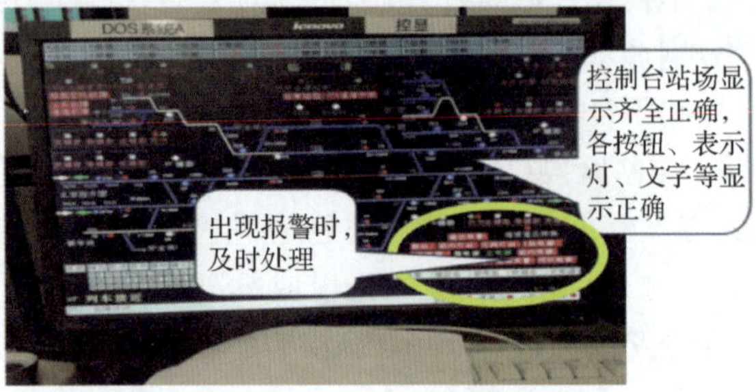

续上表

工步	作业内容及标准	图示说明
2. 看、听	(1)机柜内各种板卡指示灯显示正常,无报警灯点亮。 (2)双机冗余设备工作状态与指示灯显示一致,电源模块工作指示灯正常。 (3)控显转换箱工作状态良好	 
	(1)UPS前面板指示灯正常,无报警声,备用转接线良好。 (2)防雷模块良好,无烧毁、烧焦症状。各部熔断器、开关接触良好,断路器位置正确,机柜内配线整齐	 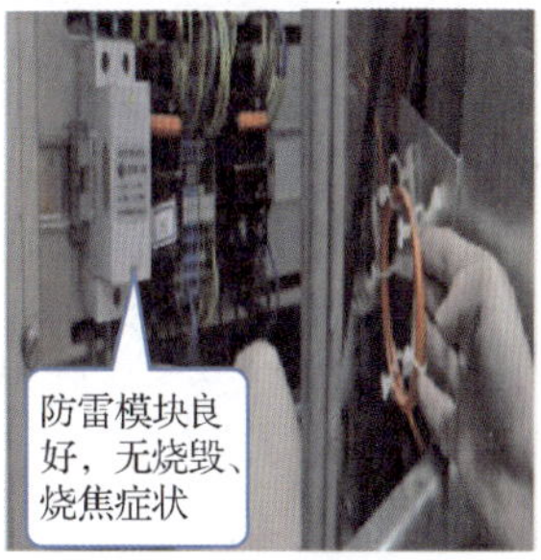
	控显机、维修机工控机面板指示灯无异常,显示正常。采用远程上位用的光电交换机,一方面要做好备用尾纤的标识和梳理,另一方面要对4对光纤三角形状态灯进行巡检,确保都在正常闪烁	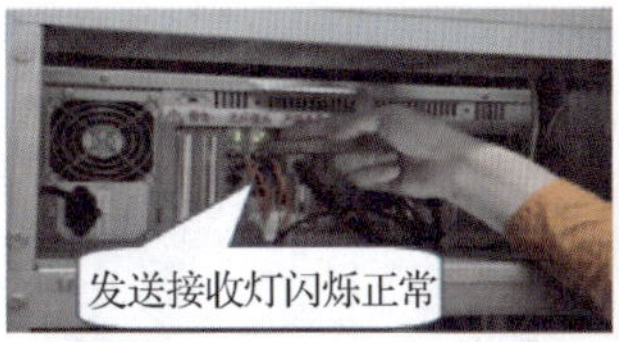  
	各部风扇检查,确保通风良好;各部螺栓紧固,机柜、机箱安装牢固、电气转换顺畅、无异声	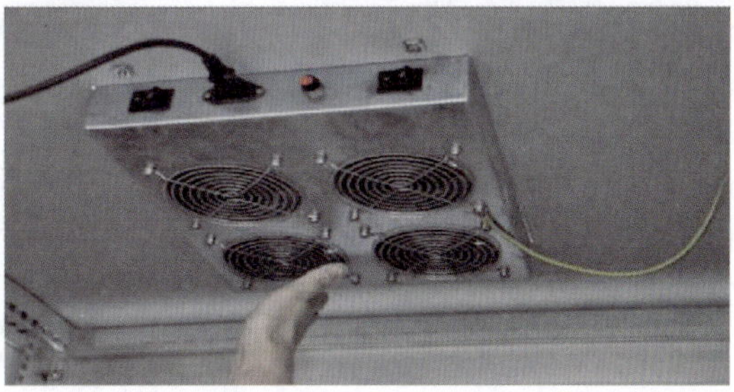

续上表

工步	作业内容及标准	图示说明
	检查显示器电源线和视频线插接牢固。控制台内部各部插头插接牢固,各配线端子牢固,无发热现象,各配线绑扎整理良好,无过度打弯现象,配线标识正确齐全	 
	机柜内部各种板卡、工控机固定螺栓插接牢固,各部螺栓紧固	 
3. 检查测试	检查确认联锁、综合、分线机柜内配线良好,配线端子紧固,各配线分类绑扎、走线平直,配线标识正确齐全,各防雷模块无劣化指示,设备地线接地良好,接地电阻小于1 Ω	
	检查机笼与地线是否悬浮,用万用表电阻挡测量,悬浮时电阻应为无穷大	
	检查确认各电源模块工作正常,工作指示灯正常,无异响、异味和过热现象,检查确认各电源模块输出电压、电流正常	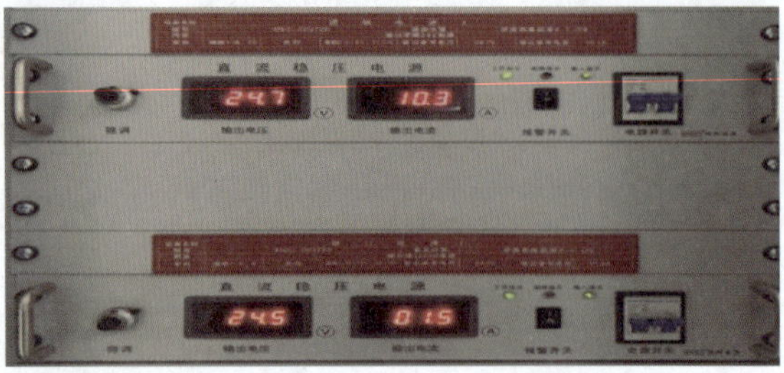

续上表

工步	作业内容及标准	图示说明
	(1)工控机各插接口封堵良好。 (2)检查确认系统时钟与 CTC 系统时钟误差不超过 30 s，超出时按照 CTC 系统时钟调整	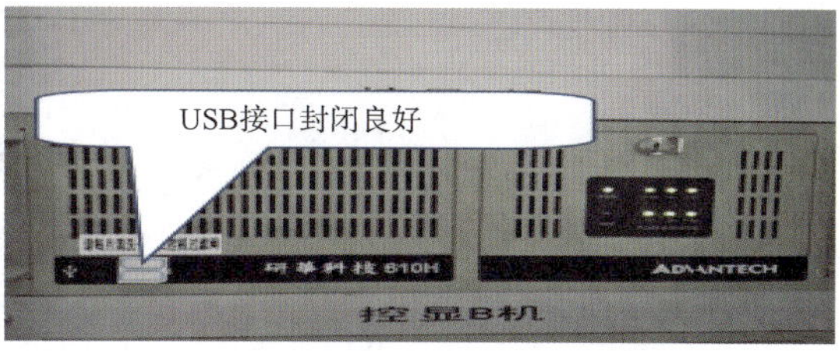
3. 检查测试	进行电气特性Ⅰ级测试并记录。 (1)输入电源测试(防止仪表挡位错误或表棒短路造成电源屏模块保护。高速列车、客运专线、既有新改造联锁设备双电源分别给联锁的Ⅰ、Ⅱ系供电，因此测试两个输入电压值)。 (2)接口、逻辑电压和电流记录(逻辑电源用于联锁各板件的供电，接口电源用于驱采电路的电源。有电压、电流显示窗的记录其数值。逻辑、接口电源分别以两个开关电源为一组，使用时电流调节平衡)。 (3)逻辑、接口电源对地电流测试(≤1 mA)(在测试对地漏流前，要先测试对地电压，判断没有完全接地，然后再串入 100 W 灯泡进行漏流测试)。	 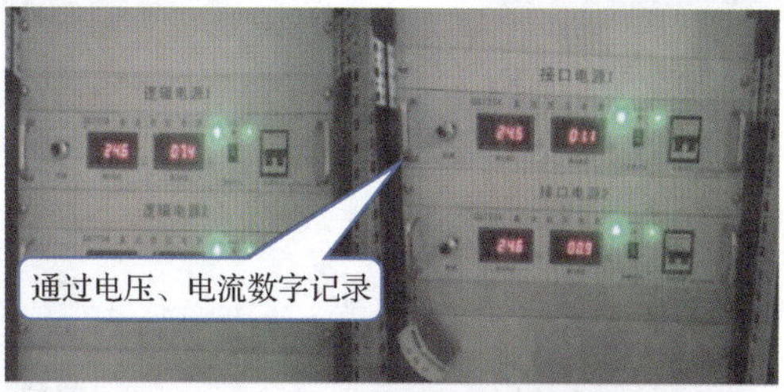 

续上表

工步	作业内容及标准	图示说明
3. 检查测试	(4)2×2取2系统对控显机和联锁机Ⅰ、Ⅱ系手动切换双系同步试验。 控显机切换：方法一，分别在控显机A或B的显示器右上角“系统操作”中选择“重新启动”。方法二，分别在控显机A或B的显示器右上角“系统操作”中选择“关机”，然后在该工控机上长按电源按钮5 s后，控显机A或B指示灯面板仅电源灯亮时，表明已关机，再次按压电源按钮进行开机。早期的控显机需人工切换控显主机，还需要将分路不良重新设置	 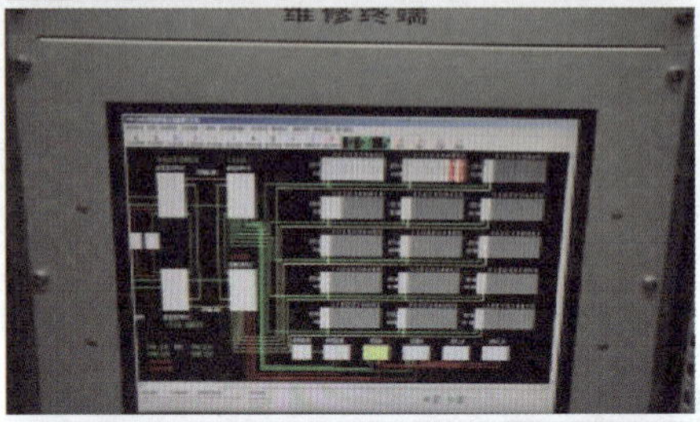 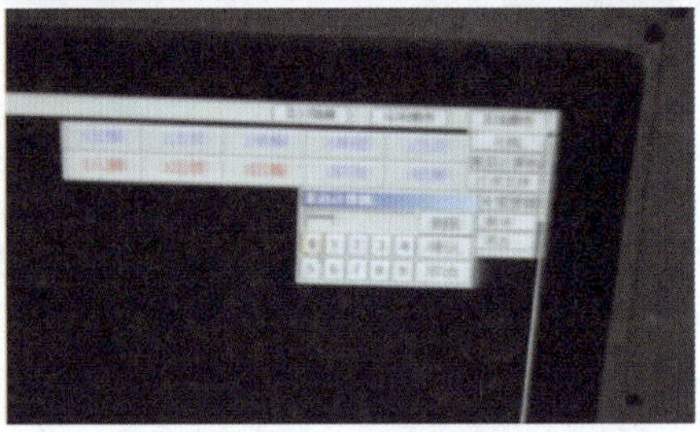
	UPS电源（联锁专用）充放电、切换试验。 (1)对设有小型UPS的普速铁路联锁站，检查冗余转换盒的设置，对UPS进行充放电、倒换试验。 (2)对设有大型UPS的高速铁路联锁站，UPS检修结合电源屏年检进行	
	检查敷设到位的备用视频线和鼠标线标识，确认清楚	 

续上表

工步	作业内容及标准	图示说明
4. 清扫	(1)使用毛刷对控制台内部尘土进行清扫,使用湿抹布进行擦拭。 (2)使用抹布对控制台、显示器、鼠标等进行擦拭	
	使用毛刷对机柜内各部进行清扫,清扫机柜顶部风扇	
	工控机过滤网每月清洗一次,晾干后恢复	
5. 复查	检查确认各部板卡插接牢固,各板卡、面板指示灯正常	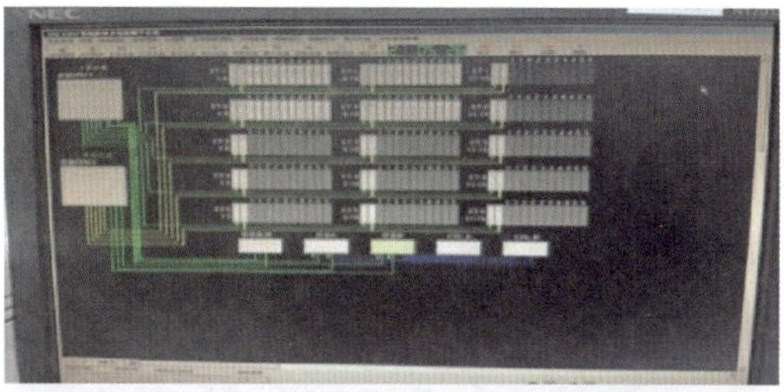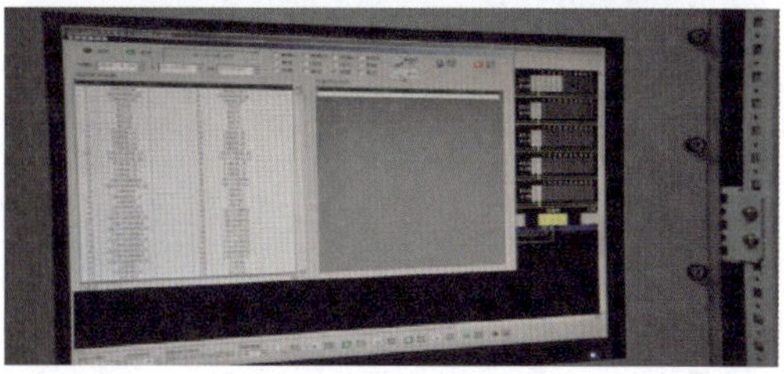
	检查确认系统网络状态图正常,电务维修机无报警信息,联锁与列控、CTC、RBC 等设备通信正常	
	(1)检查控制台显示正常,试验扳动道岔、排列进路、开放信号等操作正常,语音正常,并人工消除控制台报警信息。 (2)作业结束后,关键作业项点复查录像	
	检查确认工具、材料等回收齐全,做到工完料清	

三、计算机联锁设备检查重点

1. 控制台显示是否正常，是否有报警。
2. 计算机联锁室内设备各部板卡等是否正常工作。
3. 计算机联锁室内设备各部电源显示是否正常工作。
4. 计算机联锁 UPS 是否正常工作。
5. 电务维护及系统图形实时状态及回放是否正常。

复习思考题

1. 道岔、轨道电路和信号机设备在控制台的表示灯含义是什么？
2. 在控制台上允许改方和辅助改方如何办理？
3. 控制台上哪些属于敌对进路？
4. DS-K5B 型计算机联锁系统由哪几部分组成？
5. DS-K5B 型计算机联锁系统中电源的组成及作用是什么？
6. DS-K5B 型计算机联锁系统中 CUP 板的功能是什么？
7. 画出计算机联锁系统中驱动和采集电路。
8. DS-K5B 型计算机联锁系统中监测子系统的组成及作用是什么？

第十章　区间闭塞设备

区间闭塞是铁路信号系统的重要组成部分，现在我国使用的区间闭塞主要有64D(F)型半自动闭塞和ZPW-2000A型无绝缘移频自动闭塞两种。本章主要讲解ZPW-2000A型无绝缘移频自动闭塞设备。

第一节　ZPW-2000A型无绝缘移频设备组成

ZPW-2000A设备主要由室内设备、室外设备组成。室内设备包括电源断路器、发送器、衰耗器、接收器、防雷电缆模拟网络盘、移频组合继电器和防雷元件等；室外设备包括电气绝缘节、调谐单元、空芯线圈、匹配变压器、钢轨线路、补偿电容、引接线和通过信号机等。

ZPW-2000A型无绝缘移频轨道电路原理如图10-1-1所示。

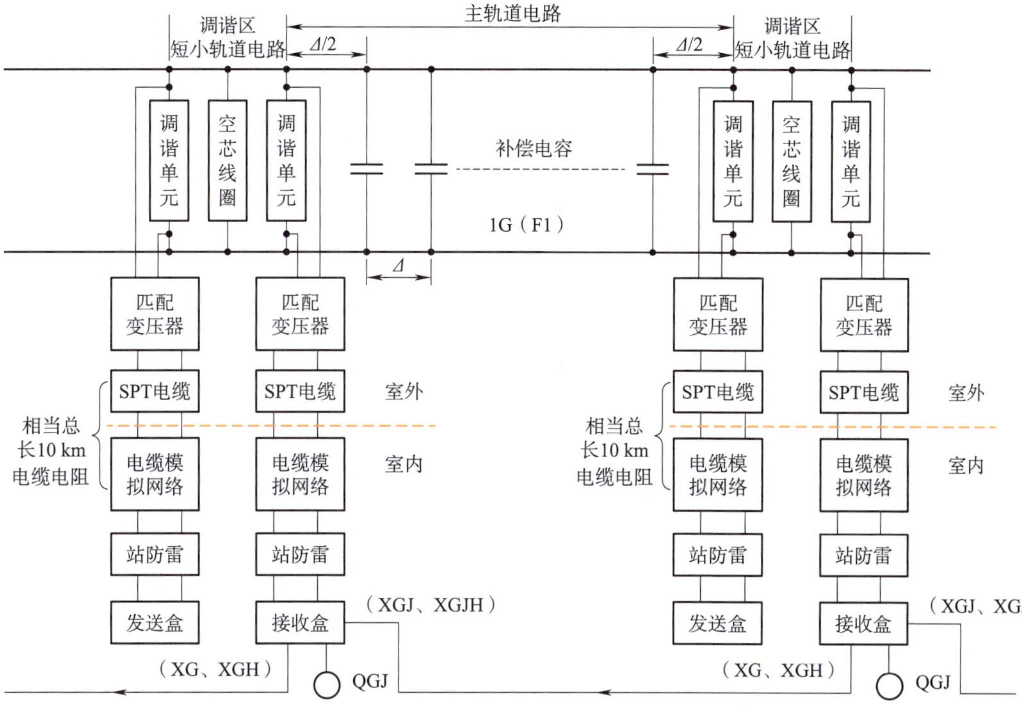

图10-1-1　ZPW-2000A型无绝缘移频轨道电路原理

一、室外设备

1. 电气绝缘节

电气绝缘节由调谐单元、空芯线圈及29 m钢轨组成，用于实现两相邻轨道电路间的电气隔离。

2. 调谐单元(BA)

调谐单元如图 10-1-2 所示。

电气绝缘节长 29 m，在两端各设一个调谐单元(BA)，对于较低频率轨道电路(1 700 Hz、2 000 Hz)端，设置由 L_1、C_1 两元件组成的 F_1 型调谐单元；对于较高频率轨道电路(2 300 Hz、2 600 Hz)端，设置由 L_2、C_2、C_3 三个元件组成的 F_2 型调谐单元。

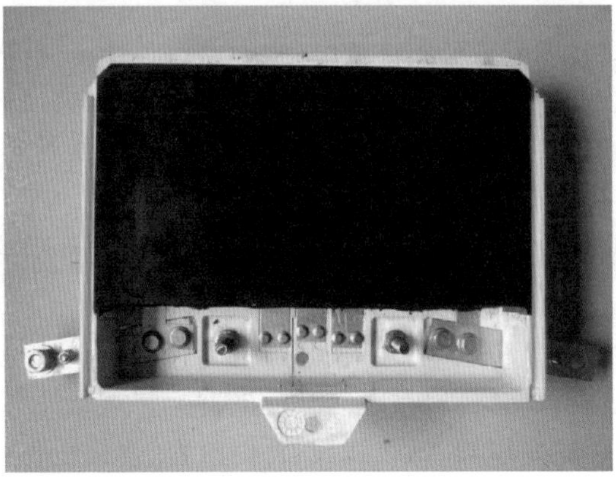

图 10-1-2　调谐单元

(1)作用及工作原理

“$f_1(f_2)$”端 BA 的 $L_1C_1(L_2C_2)$对“$f_2(f_1)$”端的频率为串联谐振，呈现较低阻抗(数十毫欧姆)，称“零阻抗”，相当于短路，阻止了相邻区段信号进入本轨道电路区段。

“$f_1(f_2)$”端的 BA 对本区段的频率呈现电容性，并与调谐区钢轨、SVA 的综合电感构成并联谐振，呈现较高阻抗，称“极阻抗”(约 2 Ω)，相当于开路，减少了对本区段信号的衰耗。调谐单元工作原理如图 10-1-3 所示。

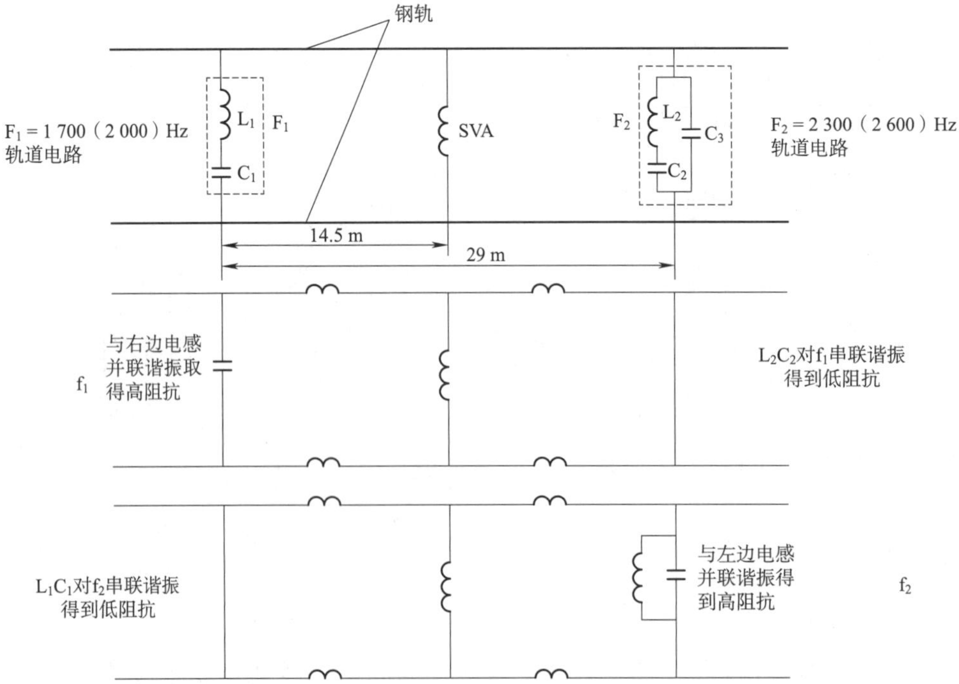

图 10-1-3　调谐单元工作原理

(2)断线检查

调谐区轨道电路工作较为稳定。利用调谐单元断线对本区段频率信号绝缘节阻抗降低，对相邻区段频率信号绝缘节阻抗升高的原理，用调谐区轨道电路工作门限值即可实现对 BA 断线的检测。

送端 BA 断线，接收端电压降低约 50%。受端 BA 断线，小轨接收端电压升高约 500%～700%。

3. 空芯线圈(SVA)

空芯线圈如图 10-1-4 所示，设置在 29 m 调谐区的中间，其作用是：

(1)平衡牵引电流回流。SVA 对钢轨中的 50 Hz 牵引回流及其奇次谐波呈 10 mΩ 左右的电抗，可视为一条短路线，对两根钢轨间的不平衡回流起短路作用。

(2)对于上、下行线路间的两个 SVA 中心线可做等电位连接。一方面平衡线路间牵引电流，一方面可保证维修人员安全。

(3)作为抗流变压器。

(4)保证调谐区工作的稳定性。

(5)作为调谐区两端设备纵向防雷的接地连接。

①当复线区段设有完全横向连接线时，通过 SVA 中心点直接接入地线。

②设有简单横向连接或无横向连接的 SVA 中心点，则经过防雷元件接地。该纵向防雷元件选用 T385×2 型。

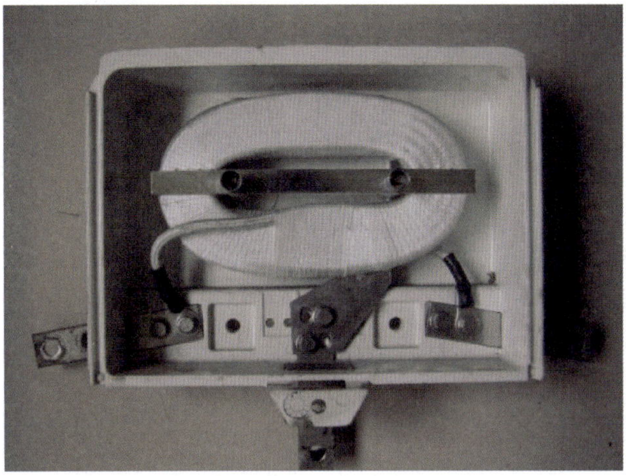

图 10-1-4 空芯线圈

空芯线圈的技术指标见表 10-1-1。

表 10-1-1 空芯线圈的技术指标

序 号	项 目	指标及范围	备 注
1	电感	(33.5±1) μH	测试频率：1 592 Hz；电流：(2±0.05) A
2	电阻	(18.5±5.5) mΩ	

4. 机械绝缘节空芯线圈(SVA′)

进站和出站口均设有机械绝缘节。为使机械绝缘节轨道电路与电气绝缘节轨道电路有相同的传输参数和传输长度，根据 29 m 调谐区四种载频的综合阻抗值，设计 SVA′，并将该 SVA′

与 BA 并联，即可获得预期效果。机械绝缘节分为 1 700 Hz、2 000 Hz、2 300 Hz、2 600 Hz 四种型号。

机械绝缘节空芯线圈技术指标见表 10-1-2。

表 10-1-2 机械绝缘节空芯线圈技术指标

序号	项目	指标及范围		备　注
		电感/μH	电阻/mΩ	
1	ZPW·XKJ-1700	28.60±0.858	29.60±2.960	测试频率：1 700 Hz； 电流：(2±0.05) A
2	ZPW·XKJ-2000	28.44±0.853	33.58±3.358	测试频率：2 000 Hz； 电流：(2±0.05) A
3	ZPW·XKJ-2300	28.32±0.850	33.75±3.375	测试频率：2 300 Hz； 电流：(2±0.05) A
4	ZPW·XKJ-2600	28.25±0.848	35.70±3.570	测试频率：2 600 Hz； 电流：(2±0.05) A

5. 匹配变压器

匹配单元由防雷单元 F，电容 C_1、C_2，匹配变压器 T_1 和电感线圈 L_1 组成，如图 10-1-5 所示。

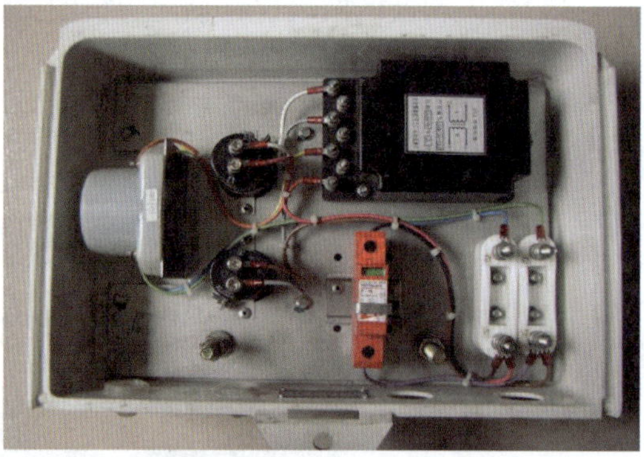

图 10-1-5　匹配变压器

(1)工作原理

匹配变压器原理如图 10-1-6 所示。V_1、V_2 经调谐单元端子接至轨道钢轨侧，L_1、L_2 经 SPT 电缆接至室内，变压器 T_1 变比优选为 9∶1。其作用是实现钢轨(轨道电路)与 SPT 铁路数字信号电缆的匹配连接，使钢轨侧获得最大输出功率，得到最佳的传输效果。钢轨侧电路中，V_1、V_2 经调谐单元端子接至轨道，串联接入两个 16 V、4 700 μF 电解电容(C_1、C_2)，两电容按相反极性串接，构成无极性连接，隔直流、通交流，保证该设备在直流电力牵引区段运用中，不致因直流成分造成匹配变压器磁路饱和。

防雷元件 F 为匹配变压器的雷电横向防护元件，选用 T75 型压敏电阻。

L_1、L_2(E_1、E_2)端子连接的 10 mH 电感 L_1 用作 SPT 电缆表现出容性的补偿。同时，它所在的轨道被列车分路时，L_1 与电缆线间电容构成一较高阻抗(1700 Hz 时约为 106.8 Ω)，防止发送功出形成较大的电流。该电感由设在同一线圈骨架两个槽上的单独线圈组成，以便在两条电缆线的每一条线上表现出同样的阻抗。该电感阻抗的降低将造成接收器电平的增高，故电感由富有弹性的物质灌封，以防止振动或撞击造成电感损坏，使电感值降低或丧失。

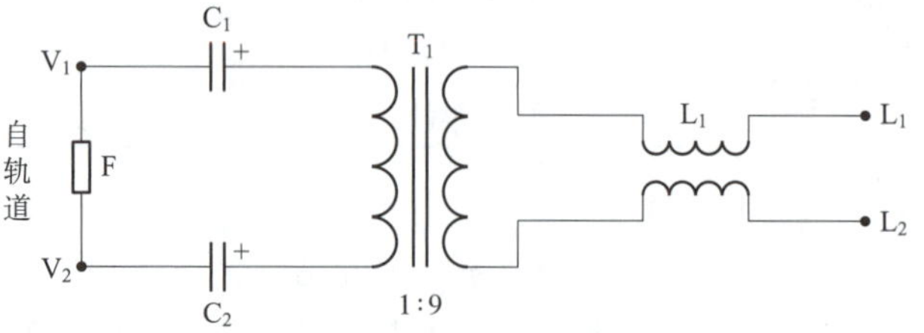

图 10-1-6　匹配变压器原理

(2)技术指标

匹配变压器技术指标见表 10-1-3。

表 10-1-3　匹配变压器技术指标

序号	项　　目		指标及范围	备　　注
1	E1、E2 电压/V	40 Hz	7.0～11.0	V_1、V_2 输入 40 Hz,(1.5±0.1) V 的正弦信号,E_1、E_2 加 100 Ω 电阻负载
2		2 000 Hz	14.5～17.0	V_1、V_2 输入 2 000 Hz,(3.0±0.1) V 的正弦信号,E_1、E_2 加 100 Ω 电阻负载
3	绝缘电阻		不少于 200 MΩ	输出端子对机壳
4	绝缘耐压		AC 500 V	输出端子对机壳

6. 补偿电容

根据不同的载频选型,要考虑不同容量的补偿电容。四头补偿电容如图 10-1-7 所示。

补偿电容作用如下:

①保证轨道电路传输距离;

②保证接收端信号有效信干比;

③实现了对断轨状态的检查;

④保证了钢轨同侧两端接地条件下,轨道电路分路及断轨检查性能。

图 10-1-7　四头补偿电容

7. 传输电缆

ZPW-2000A 系列轨道电路的信息传输,使用 SPT 型铁路信号数字电缆 ϕ1.0 mm。一般条件下,电缆长度按 10 km 考虑。根据工程需要,传输电缆长度也可按 12.5 km、15 km 考虑。

8. 引接线

引接线用于调谐单元 BA、空芯线圈 SVA 和空扼流等设备与钢轨间的连接。调谐区设备引接线由长度为 3 700 mm 和 2 000 mm 的钢包铜引接线构成。

二、室内设备

1. 发送器

发送器如图 10-1-8 所示。

在满足工作条件后,发送器用于产生高精度、高稳定的移频信号源,保证轨道电路的正常工作,系统采用"N+1"冗余设计。故障时,通过 FBJ 落下接点转至"+1"FS。

(1)工作条件

①有 24 V 电源,且极性正确;

②有且只有一个低频选择条件;

③有且只有一个载频选择条件;

④有且只有一个−1 或−2 选择条件;

⑤功出负载不能短路。

图 10-1-8　发送器

上述五个条件任意一个不满足,发送器都不能正常工作。

(2)作用

①产生18种低频信号、8种载频(上、下行各四种)的高精度、高稳定的移频信号;

②产生足够功率的输出信号;

③调整轨道电路功出电压;

④对移频信号特征的自检测,故障时给出报警及“$N+1$”冗余运用的转换条件。

(3)各级功出电平级电压

根据设计要求,通过连接背面不同的端子,发送器可输出不同的电平级,其发送电平级不得随意调整。发送器各级功出电平级电压见表10-1-4。

表10-1-4 发送器各级功出电平级电压

电平级	连接端子	电压/V	备 注
1	1-11、9-12	161.0~170.0	常用级
2	2-11、9-12	146.0~154.0	常用级
3	3-11、9-12	128.0~135.0	常用级
4	4-11、9-12	104.5~110.5	常用级
5	5-11、9-12	75~79.5	常用级
6	1-11、4-12	62	—
7	3-11、5-12	58	—
8	2-11、4-12	46	—
9	1-11、3-12	35	—
10	4-11、5-12	33	—

(4)发送器表示灯设置及故障检测

①工作表示灯

工作表示灯如图10-1-9所示。

发送器工作表示灯设在衰耗器内,与FBJ线圈条件相并联。R用作限流,“N”为工作指示灯,光耦提供发送报警接点。

发送器工作正常:工作表示灯亮,报警继电器FBJ励磁吸起。

发送器故障:工作表示灯灭,发送报警继电器FBJ落下,接点切断车站移频报警继电器YBJ电路。

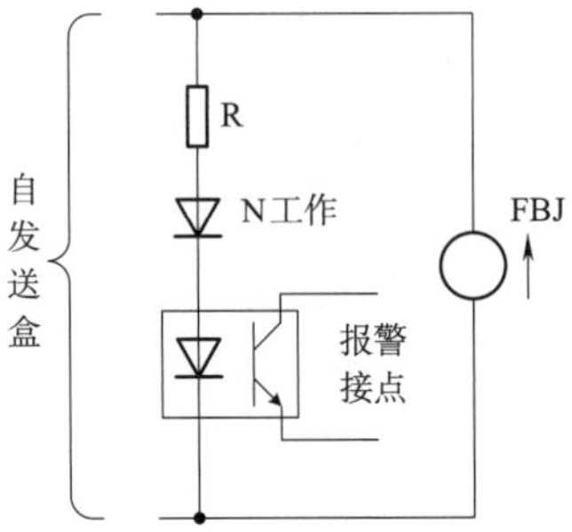

图10-1-9 发送器表示灯

②故障表示灯

为便于检修所对复杂数字电路的维修,盒内针对每一套CPU设置了一个指导维修人员查找设备故障的故障表示灯。该灯位于发送器内部,用其闪动状况,表示其可能出现的故障点,发送器故障表示灯闪光含义见表10-1-5。

表10-1-5 发送器故障表示灯闪光含义

闪动次数	含 义	可能的故障点
1	低频编码条件故障	低频编码条件线断线或混线; 相应的光耦被击穿或断线; 相应的稳压管二极管被烧断或击穿
2	功出电压检测故障	负载短路; 功放电路故障; 滤波电路故障; 其他故障引起

续上表

闪动次数	含　　义	可能的故障点
3	低频频率检测故障	JT3 或 JT4 或 N16 故障；J1 断线
4	上边频检测故障	JT3 或 JT4 或 N16 故障；J1 断线
5	下边频检测故障	JT3 或 JT4 或 N16 故障；J1 断线
6	型号选择条件故障	型号选择条件线断线或混线； 相应的光耦击穿或断线； 相应的稳压管二极管被烧断或击穿
7	载频编码条件故障	载频编码条件线断线或混线； 相应的光耦被击穿或断线

注：闪光方式为灯闪 N 次后，暂停一段时间，然后继续闪动，其中 $N=1\sim7$。同时存在多个故障时，会顺序闪动，凡是检测不到功出电压，均会有 2 次闪动。例如，低频编码电路断线时，发送器故障表示灯会先闪 1 次，短暂停顿后闪 2 次，暂停一段时间后，再闪 1 次，短暂停顿后闪 2 次，如此循环。

(5)发送器插座板底视图

发送器插座板底视图如图 10-1-10 所示。

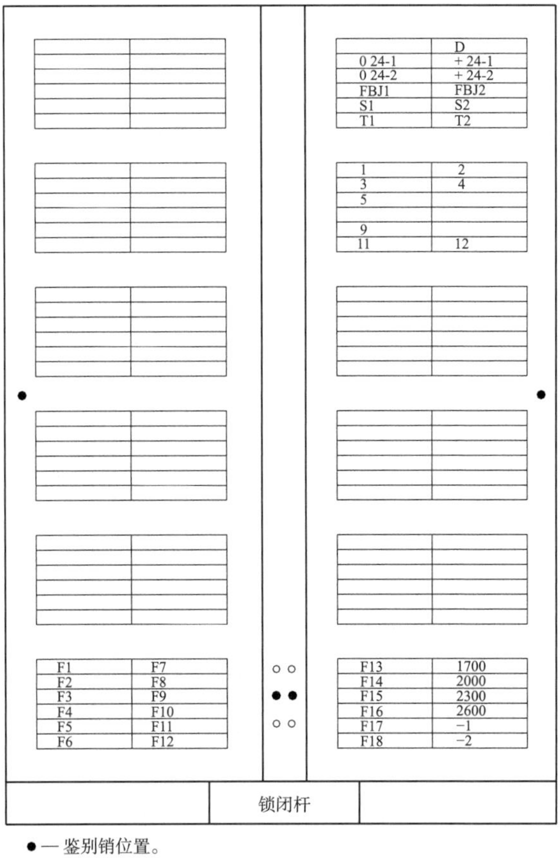

图 10-1-10　发送器插座板底视图

(6)发送器背面端子代号及用途

发送器背面端子代号及用途见表 10-1-6。

(7)发送器外线连接

发送器外线连接示意如图 10-1-11 所示。

表 10-1-6　发送器背面端子代号及用途说明

序　号	代　号	用　途
1	D	地线
2	+24-1	+24 V 电源外引入线
3	+24-2	载频编码用+24 V 电源(+1FS 除外)
4	024-1	024 电源外引入线
5	024-2	备用
6	1700	1 700 Hz 载频
7	2000	2 000 Hz 载频
8	2300	2 300 Hz 载频
9	2600	2 600 Hz 载频
10	−1	1 型载频选择
11	−2	2 型载频选择
12	F1～F18	10.3～29 Hz 低频编码选择线
13	1～5、9、11、12	功放输出电平调整端子
14	S1、S2	功放输出端子
15	T1、T2	测试端子
16	FBJ-1、FBJ-2	外接 FBJ(发送报警继电器端子)

注:低频编码及+1FS 载频编码电源取自 02-17 端子。

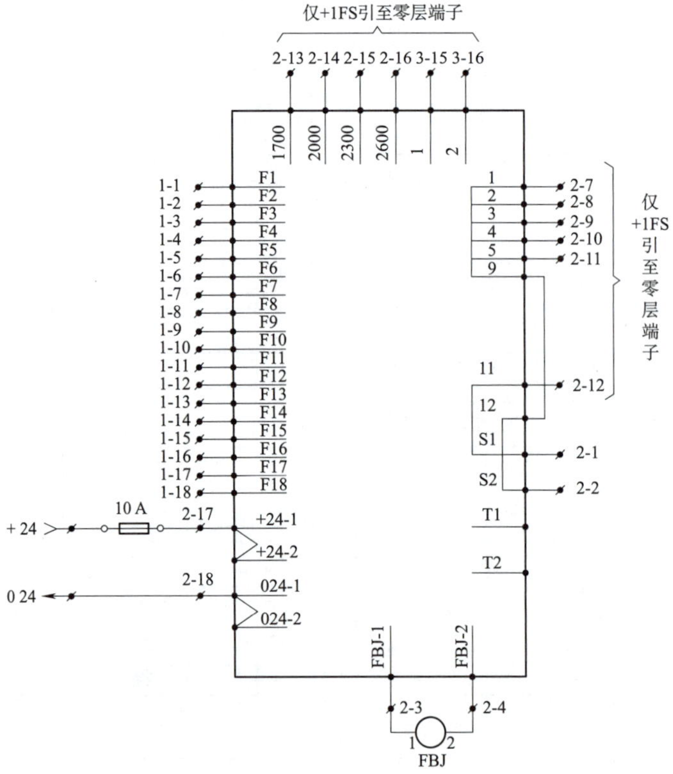

图 10-1-11　发送器外线连接示意

(8)发送器的冗余系统

发送器采用“$N+1$”的冗余方式,即每个车站按照上行、下行各设置一个备发送器,其中任何一个主发送器故障,由 FBJ 切换至备发送器,由备发送器接替主发送器工作并报警。如果出现了两个及以上发送器故障,备发送器只能接替靠近“始端”(一般是距离进站口更近的区段)的主发送器工作,其余的故障发送器没有可替代的备发送器。备发送器平时使用 2600-2 载频、5 级电平、29 Hz 低频。发送器“$N+1$”冗余系统原理如图 10-1-12 所示。

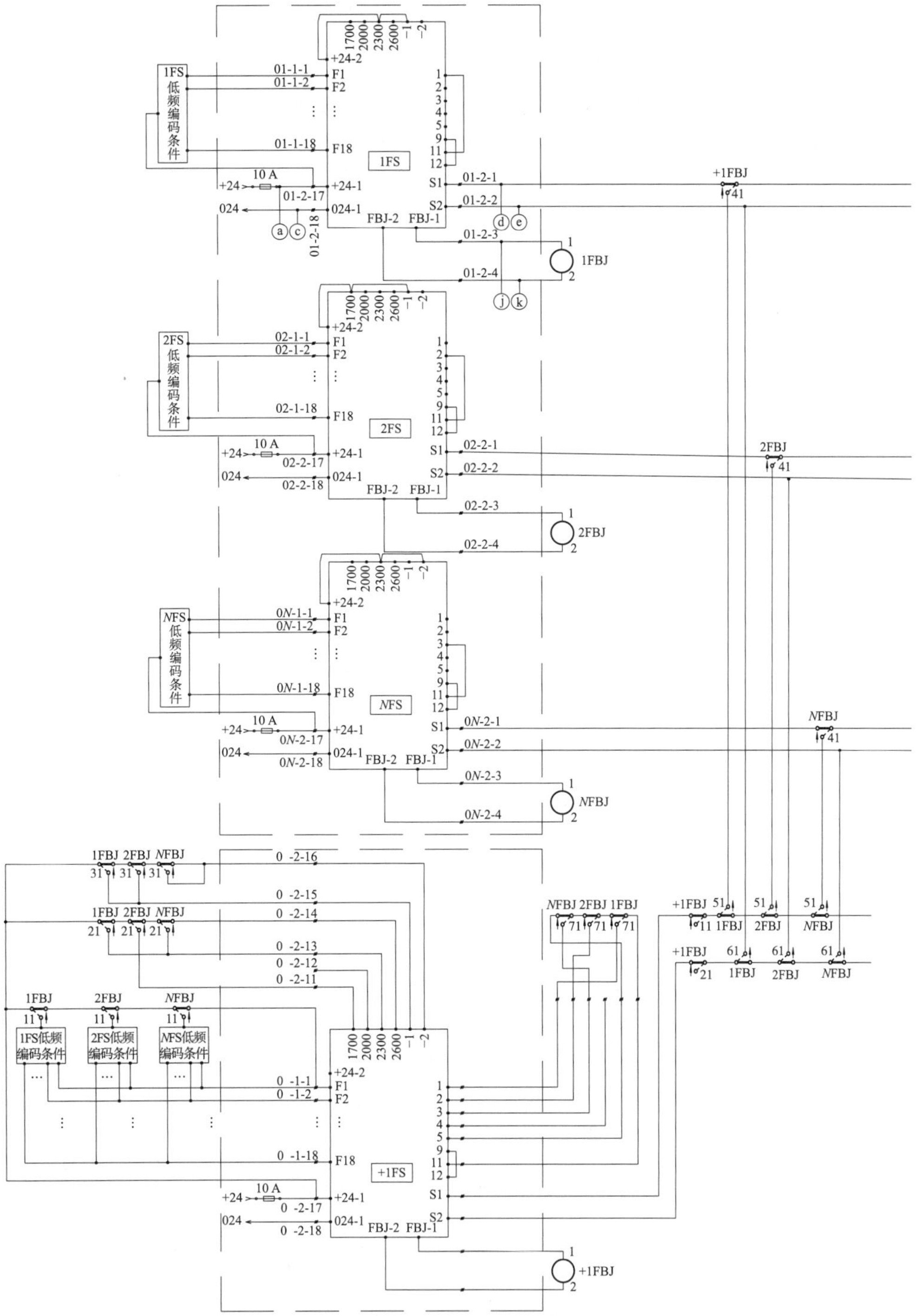

图 10-1-12　发送器"N+1"冗余系统原理

图 10-1-12 中，发送器载频及输出电平设置如下：1FS 为 2300-1，一级电平；2FS 为 1700-1，二级电平；NFS 为 2300-2，三级电平；+1FS 为 2600-2，五级电平。+1FS 低频设置为 29 Hz Ⅰ Ⅲ。继电接点线路均为组合架内配线。ⓐⓒ接至相应衰耗器端子，用作发送电源测试；ⓓⓔ接至相应衰耗器端子，用作发送功出测试；ⓙⓚ接至相应衰耗器端子，用作发送故障报警指示。

(9)发送器的技术标准

①低频频率:传输的低频信号频率为10.3+n×1.1 Hz,n=0~17,即从10.3 Hz至29 Hz,每隔1.1 Hz一个,呈等差数列,低频共有18个。各低频信息频率及含义见表10-1-7。

表10-1-7 发送器低频信息频率及含义

编号	频率/Hz	信息码	含义	说明
F18	10.3	L3	准许列车按规定速度运行,表示运行前方5个闭塞分区空闲	列车运行速度小于或等于200 km/h,自动闭塞区段列车超速防护系统使用
F17	11.4	L	准许列车按规定速度运行	—
F16	12.5	L2	准许列车按规定速度运行,表示运行前方4个闭塞分区空闲	列车运行速度小于或等于200 km/h,自动闭塞区段超速防护系统使用
F15	13.6	LU	准许列车按规定速度运行	—
F14	14.7	U2	要求列车减速到规定的速度等级越过接近的地面信号机,并预告次一架地面信号机显示两个黄色灯光	—
F13	15.8	LU2	要求列车减速到规定的速度等级越过接近的地面信号机,并预告次一架地面信号机显示一个黄色灯光	列车运行速度小于或等于160 km/h,列车制动到停车需3个闭塞分区
F12	16.9	U	要求列车减速到规定的速度等级越过接近的地面信号机,并预告次一架地面信号机显示红灯	—
F11	18	UU	要求列车限速运行,表示列车接近的地面信号机开放经道岔侧向位置进路	—
F10	19.1	UUS	要求列车限速运行,表示列车接近的地面信号机开放经18号及以上道岔侧向位置进路,且次一架信号机开放经道岔直向或18号及以上道岔侧向位置进路;或表示列车接近设有分歧道岔线路所的地面信号机开放经18号及以上道岔侧向位置进路	—
F9	20.2	U2S	要求列车减速到规定的速度等级越过接近的地面信号机,并预告次一架地面信号机显示一个黄色闪光和一个黄色灯光	—
F8	21.3	L5	准许列车按规定速度运行,表示运行前方7个及以上闭塞分区空闲	200 km/h动车组在客运专线上运行所需
F7	22.4	U3	要求列车减速到规定的速度等级越过接近的地面信号机,表示接近的地面信号机显示一个黄色灯光,并预告次一架信号机为进站或接车进路信号机且显示一个红色灯光	仅适用于双红灯防护的自动闭塞区段第三接近区段
F6	23.5	L4	准许列车按规定速度运行,表示运行前方6个闭塞分区空闲	200 km/h动车组在客运专线上运行所需
F5	24.6	HB	表示列车接近的进站或接车进路信号机开放引导信号或通过信号机显示容许信号	—
F4	25.7	—	未定义,载频切换,用于站内闭环电码化	—
F3	26.8	HU	要求及时采取停车措施	—
F2	27.9	—	未定义,反向站间闭塞及站内闭环电码化检测用	—
F1	29	H	要求列车采取紧急停车措施,仅适用于双红灯防护的自动闭塞区段	—

②载频频率：
下行：
1700-1：1701.4 Hz；
1700-2：1698.7 Hz；
2300-1：2301.4 Hz；
2300-2：2298.7 Hz。
上行：
2000-1：2001.4 Hz；
2000-2：1998.7 Hz；
2600-1：2601.4 Hz；
2600-2：2598.7 Hz。
③频偏：$\Delta f=\pm 11$ Hz。
④输出功率：70 W(400 Ω 负载)。
⑤发送器技术指标见表 10-1-8。

表 10-1-8 发送器技术指标

<table>
<tr><th>序号</th><th colspan="2">项目</th><th>指标范围</th><th>备注</th></tr>
<tr><td>1</td><td colspan="2">低频频率/Hz</td><td>Fc±0.03</td><td>Fc 为(10.3+n×1.1) Hz，n=0～17</td></tr>
<tr><td rowspan="8">2</td><td rowspan="8">载频频率/Hz</td><td>1700-1</td><td>1 701.4±0.15</td><td rowspan="8">—</td></tr>
<tr><td>1700-2</td><td>1 698.7±0.15</td></tr>
<tr><td>2300-1</td><td>2 301.4±0.15</td></tr>
<tr><td>2300-2</td><td>2 298.7±0.15</td></tr>
<tr><td>2000-1</td><td>2 001.4±0.15</td></tr>
<tr><td>2000-2</td><td>1 998.7±0.15</td></tr>
<tr><td>2600-1</td><td>2 601.4±0.15</td></tr>
<tr><td>2600-2</td><td>2 598.7±0.15</td></tr>
<tr><td rowspan="5">3</td><td rowspan="5">输出电压/V</td><td>1 电平</td><td>161.0～170.0</td><td rowspan="5">直流电源电压为(24±0.5) V；
负载电阻为 400 Ω；
Fc=20.2 Hz</td></tr>
<tr><td>2 电平</td><td>146.0～154.0</td></tr>
<tr><td>3 电平</td><td>128.0～135.0</td></tr>
<tr><td>4 电平</td><td>104.5～110.5</td></tr>
<tr><td>5 电平</td><td>75.0～79.5</td></tr>
<tr><td>4</td><td colspan="2">发送报警继电器电压/V</td><td>≥20</td><td>直流电源电压为(24±0.5) V，
JWXC1-1700 型继电器</td></tr>
<tr><td>5</td><td colspan="2">绝缘电阻/MΩ</td><td>≥200</td><td>输出端子对机壳</td></tr>
<tr><td>6</td><td colspan="2">绝缘耐压</td><td>50 Hz、AC 1 000 V，1 min</td><td>输出端子对机壳</td></tr>
</table>

2. 接收器

接收器如图 10-1-13 所示。

(1)工作条件

①有 24 V 电源，保证极性正确；
②有且只有一路载频选择条件(主机并机都应具备)；

③有且只有一路“－1”“－2”选择条件（主机并机都应具备）；

④有且只有一路 X1、X2 选择条件（主机并机都应具备）。

上述四个条件任意一个不满足，接收器都不能正常工作。

(2)作用

①用于对主轨道电路移频信号的解调，并配合与送电端相连接调谐区短小轨道电路的检查条件，动作轨道继电器；

②实现对与受电端相连接调谐区短小轨道电路移频信号的解调，给出短小轨道电路执行条件，送至相邻轨道电路接收器；

③检查轨道电路完好，减少分路死区长度，还可用接收门限控制实现对 BA 断线的检查。

(3)冗余方式

接收器接收端及输出端均按双机并联运用设计，与另一台接收器构成相互热机并联运用系统（或称 0.5＋0.5），保证接收系统的高可靠运用。接收器由本接收“主机”及另一接收“并机”两部分构成，双机并联运用原理如图 10-1-14 所示。

图 10-1-13　接收器

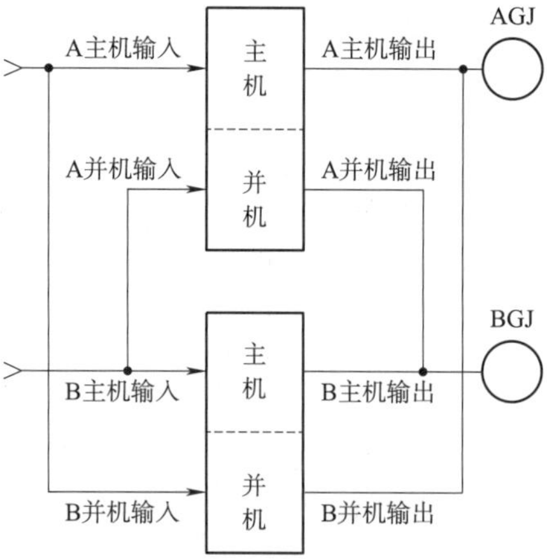

图 10-1-14　双机并联运用原理

ZPW-2000A 系统中 A、B 两台接收器构成成对双机并联运用，即：

A 主机输入接至 A 主机，且并联接至 B 并机；

B 主机输入接至 B 主机，且并联接至 A 并机；

A 主机输出与 B 并机输出并联，动作 A 主机相应执行对象（AGJ）；

B 主机输出与 A 并机输出并联，动作 B 主机相应执行对象（BGJ）。

(4)表示灯设置及故障检测

①工作表示灯

工作表示灯设在衰耗器内，通过 JB＋、JB－端子送至接收器。

接收器工作正常：工作表示灯亮，报警接点通。

接收器故障：工作表示灯灭，报警接点切断车站移频报警继电器 YBJ 电路。

②故障表示灯

为便于检修所对复杂数字电路的维修，盒内针对每一套 CPU 设置了一个指导维修人员查找设备故障的故障表示灯。其闪动状况表示它可能出现故障的点，具体含义见表 10-1-9。

表 10-1-9　接收器故障表示灯闪动状况含义

闪动次数(N)	含　　义	可能的故障点
1	CPU 故障	RAM 故障； CPU 内部 RAM 故障
2	主机载频故障	载频输入条件没有或有两个及以上； 相应的光耦被击穿
3	备机载频故障	载频输入条件没有或有两个及以上； 相应的光耦被击穿
4	通信故障	CPLD 故障或另一 CPU 故障
5	安全与门 1 故障	安全与 1 输出电路故障
6	安全与门 2 故障	安全与 2 输出电路故障
7	安全与门 3 故障	安全与 3 输出电路故障
8	安全与门 4 故障	安全与 4 输出电路故障
9	EPROM 故障	—

(5)接收器插座底板视图

接收器插座底板视图如图 10-1-15 所示。

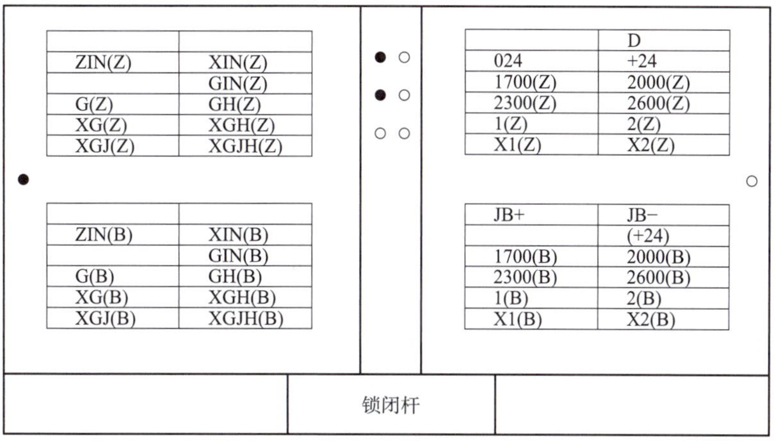

●— 鉴别销位置。

图 10-1-15　接收器插座底板视图

(6)接收器端子代号及用途

接收器端子代号及用途见表 10-1-10。

表 10-1-10　接收器端子代号及用途

序号	代　　号	用　　途
1	D	地线
2	+24	+24 V 电源
3	(+24)	+24 V 电源(由设备内给出,用于载频及类型选择)
4	024	024 V 电源
5	1700(Z)	主机 1 700 Hz 载频
6	2000(Z)	主机 2 000 Hz 载频

续上表

序号	代　　号	用　　途
7	2300(Z)	主机 2 300 Hz 载频
8	2600(Z)	主机 2 600 Hz 载频
9	1(Z)	主机 1 型载频选择
10	2(Z)	主机 2 型载频选择
11	X1(Z)	主机小轨道 1 型载频选择
12	X2(Z)	主机小轨道 2 型载频选择
13	ZIN(Z)	主机轨道信号输入
14	XIN(Z)	主机邻区段小轨道信号输入
15	GIN(Z)	主机轨道信号输入共用回线
16	G(Z)	主机轨道继电器输出线
17	GH(Z)	主机轨道继电器回线
18	XG(Z)	主机小轨道继电器(或执行条件)输出线
19	XGH(Z)	主机小轨道继电器(或执行条件)回线
20	XGJ(Z)	主机小轨道检查输入
21	XGJH(Z)	主机小轨道检查回线
22	1700(B)	并机 1 700 Hz 载频
23	2000(B)	并机 2 000 Hz 载频
24	2300(B)	并机 2 300 Hz 载频
25	2600(B)	并机 2 600 Hz 载频
26	1(B)	并机小轨道 1 型载频选择
27	2(B)	并机小轨道 2 型载频选择
28	X1(B)	并机正向运行选择
29	X2(B)	并机反向运行选择
30	ZIN(B)	并机轨道信号输入
31	XIN(B)	并机邻区段小轨道信号输入
32	GIN(B)	并机轨道信号输入共用回线
33	G(B)	并机轨道继电器输出线
34	GH(B)	并机轨道继电器回线
35	XG(B)	并机小轨道继电器(或执行条件)输出线
36	XGH(B)	并机小轨道继电器(或执行条件)回线
37	XGJ(B)	并机小轨道检查输入
38	XGJH(B)	并机小轨道检查回线
39	JB+	接收故障报警条件“+”
40	JB−	接收故障报警条件“−”

(7)接收器外线连接

接收器外线连接示意如图 10-1-16 所示。

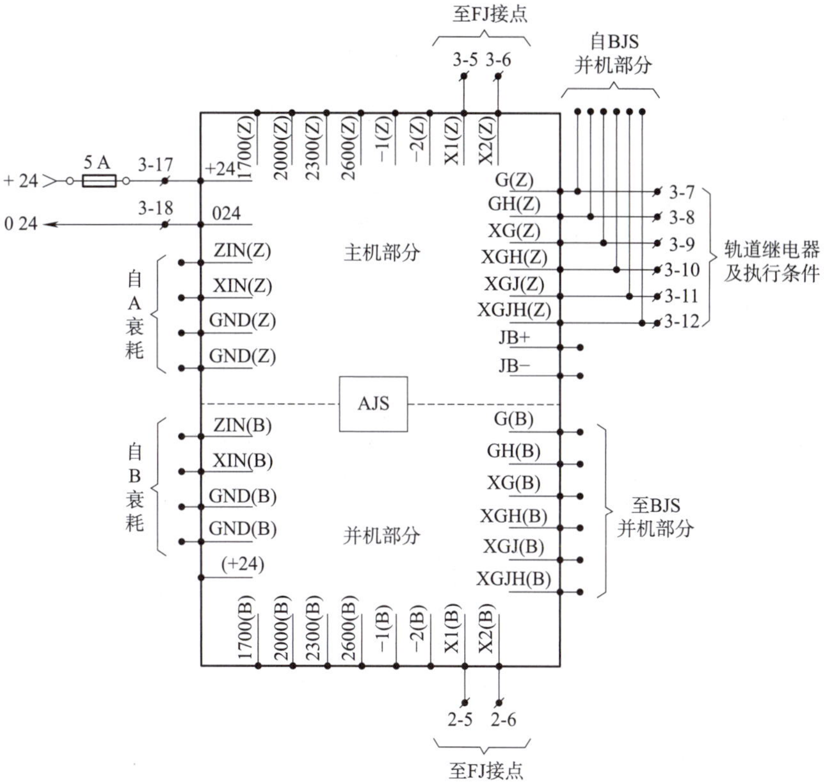

图 10-1-16　接收器外线连接示意

(8)接收器双机并联运用原理接线

接收器双机并联运用原理接线如图 10-1-17 所示。

(9)接收器技术标准

接收器技术标准见表 10-1-11。

表 10-1-11　接收器技术标准

序号	项目		指标范围	备注
1	主轨道接收	吸起门限	200～210 mV	直流电源电压为(24±0.5) V，JWXC1-1700 型继电器
		落下门限	≥170 mV	
		继电器电压	≥20 V	
		吸起延时	2.3～2.8 s	
		落下延时	≤2 s	
2	小轨道接收	吸起门限	70～80 mV	直流电源电压为(24±0.5) V，JWXC1-1700 型继电器
		落下门限	≥63 mV	
		继电器电压	≥20 V	
		吸起延时	2.3～2.8 s	
		落下延时	≤2 s	
3	绝缘电阻		≥200 MΩ	输出端子对机壳
4	绝缘耐压		50 Hz、AC 500 V，1 min	输出端子对机壳

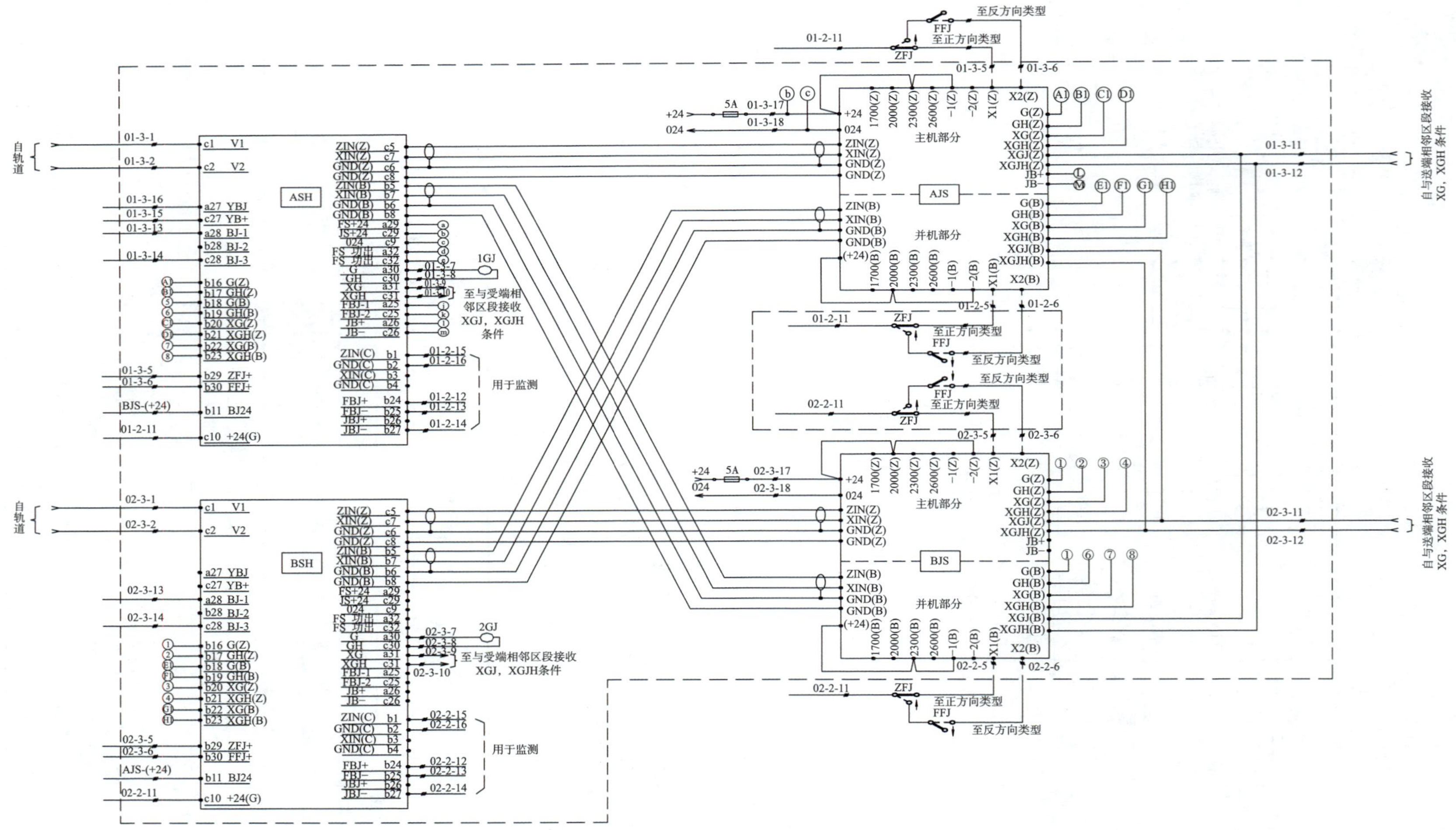

图 10-1-17　接收器双机并联运用原理接线

注：1. 接收器载频设置：AJS-Z（主机）为2300-1，AJS-B（并机）为2000-2；BJS-Z（主机）为2000-2，BJS-B（并机）为2300-1。

2. 设AJS在移频柜1位置，BJS在移频柜2位置。

3. 接收盒主机部分的X1（Z）、X2（Z）与3-5和3-6，并机部分X1（B）、X2（B）与2-5和2-6根据工程设计在施工中连接。

4. 工程设计配线仅含虚线外部。

3. 衰耗器

衰耗器如图 10-1-18 所示。

(1)作用

①调整主轨道电路接收端输入电平；

②调整小轨道电路，含正反向；

③给出有关发送、接收用电源电压、发送功出电压、轨道输入输出 GJ，XGJ 测试条件；

④给出发送、接收故障报警和轨道占用指示灯等；

⑤在“$N+1$”冗余运用中实现接收器故障转换时主轨道继电器和小轨道继电器的落下延时。

(2)衰耗器面板布置

衰耗器面板布置如图 10-1-19 所示。其中，发送工作灯：绿色；接收工作灯：绿色；轨道占用灯：空闲绿色，占用或故障红色；正向工作灯：正向时亮，改方后灭灯；反向工作灯：正向时灭灯，改方后亮。

图 10-1-18　衰耗器

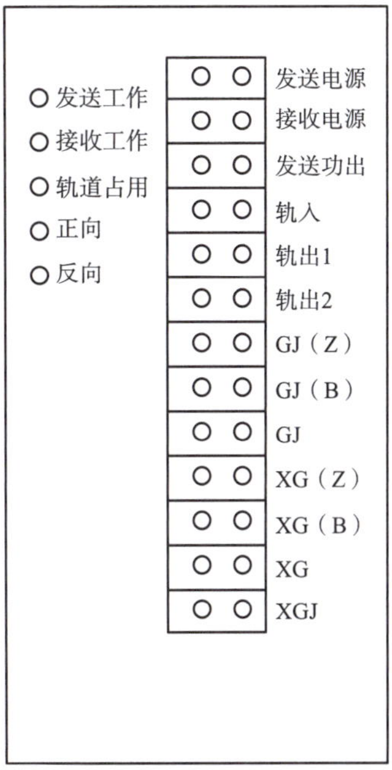

图 10-1-19　衰耗器面板布置

①表示灯电路

表示灯电路如图 10-1-20 所示。

发送工作灯通过输入发送器 FBJ-1、FBJ-2 条件构成，接通发送报警条件(BJ-1、BJ-2)。

接收工作灯通过输入接收器 JB+、JB−条件构成，接通接收报警条件(BJ-2、BJ-3)。

轨道占用灯为双色显示灯，通过输入接收器 G、GH 条件构成，轨道占用时点红灯；轨道空闲时，点绿灯。

正向灯、反向灯电路由方向继电器的控制端提供点灯条件。正方向时，ZFJ+有输入，正方向亮灯，反方向灭灯；反方向时，FFJ−有输入，反方向亮灯，正方向灭灯。

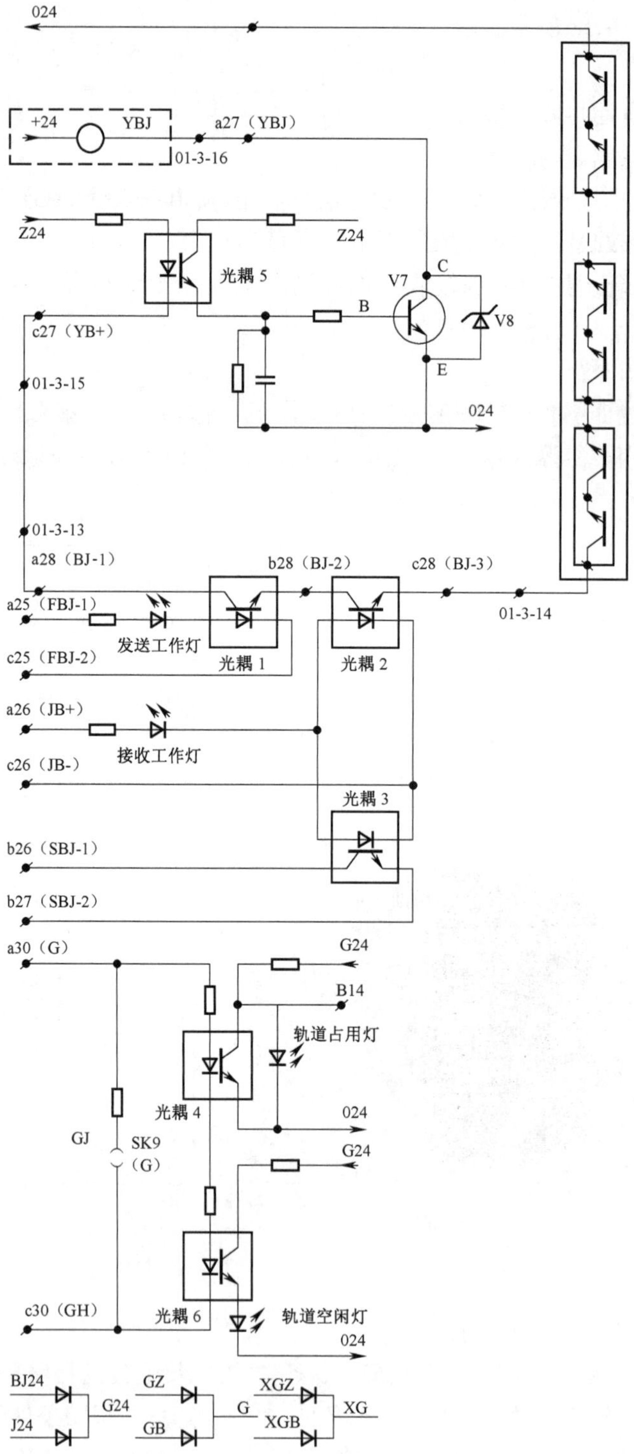

图 10-1-20　表示灯电路

②测试端子

测试端子如图 10-1-21 所示。

SK1："发送电源"接 FS+24 V、024 V；

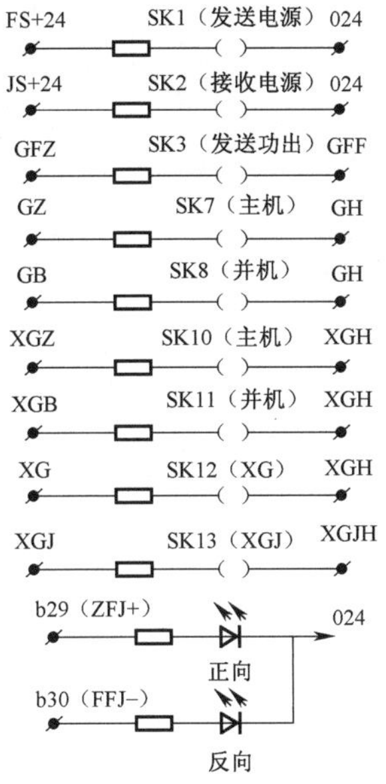

图 10-1-21 测试端子

SK2："接收电源"接 JS＋24 V、024 V；

SK3："发送功出"接发送器功出；

SK4："轨入"接收器输入电压；

SK5："轨出 1"主轨道输出，经 B1 变压器电平调整后输出至主轨道主机、并机；

SK6："轨出 2"小轨道输出，经调整电阻调整后，通过 B2 变压器送至小轨道主机、并机；

SK7："GZ"主机主轨道继电器电压；

SK8："GB"并机主轨道继电器电压；

SK9："G"主轨道继电器电压；

SK10："XGZ"主机小轨道继电器电压；

SK11："XGB"并机小轨道继电器电压；

SK12："XG"小轨道继电器(或执行条件)电压；

SK13："XGJ"邻区段小轨道继电器检查条件。

(3)移频总报警继电器(YBJ)

YBJ 控制电路仅在移频柜第一位置设置。

FS＋24 电流对本段轨道电路发送故障条件(BJ-1、BJ-2)、接收故障条件(BJ-2、BJ-3)以及其他区段轨道电路有关检查条件进行串联检查，系统设备均正常时，使 YBJ 励磁。电容 C1 起到缓放作用，防止各报警条件瞬间中断，造成 YBJ 跳动。在站内电码化及"＋1 发送"只有发送没有接收设备时仅接入 BJ-1、BJ-2 条件。在车站接收设置总数为奇数，单独设置并机备用时，仅接入 BJ-2、BJ-3 条件。

(4)衰耗器外线连接

衰耗器外线连接如图 10-1-22 所示。

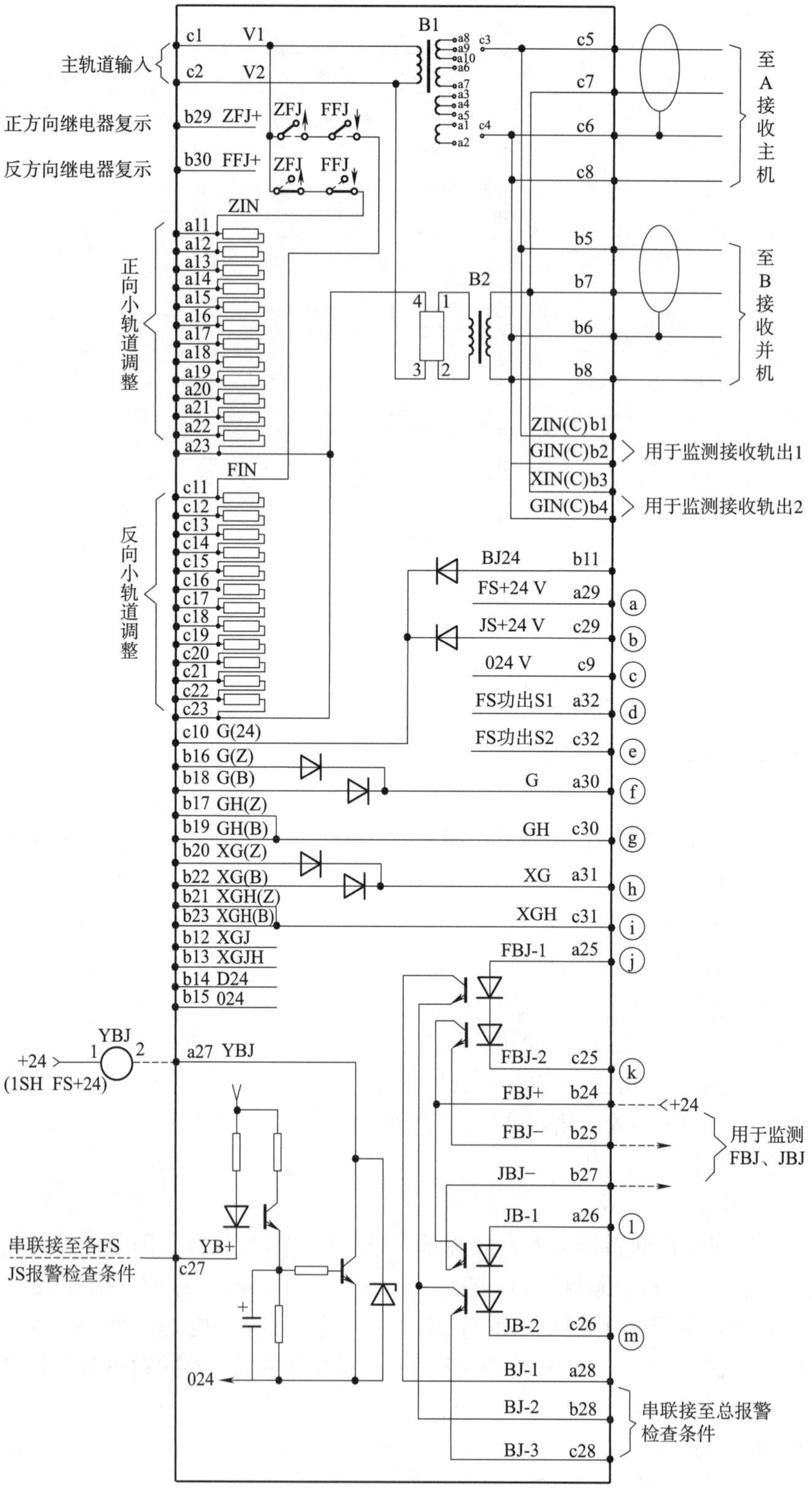
主轨道输入
c1 V1
c2 V2
B1
正方向继电器复示
b29 ZFJ+
反方向继电器复示
b30 FFJ+
ZFJ FFJ
ZIN
正向小轨道调整
a11 a12 a13 a14 a15 a16 a17 a18 a19 a20 a21 a22 a23
FIN
反向小轨道调整
c11 c12 c13 c14 c15 c16 c17 c18 c19 c20 c21 c22 c23
c10 G(24)
b16 G(Z)
b18 G(B)
b17 GH(Z)
b19 GH(B)
b20 XG(Z)
b22 XG(B)
b21 XGH(Z)
b23 XGH(B)
b12 XGJ
b13 XGJH
b14 D24
b15 024
c5 c7 c6 c8
至A接收主机
B2
b5 b7 b6 b8
至B接收并机
ZIN(C)b1
GIN(C)b2
用于监测接收轨出1
XIN(C)b3
GIN(C)b4
用于监测接收轨出2
BJ24 b11
FS+24 V a29
JS+24 V c29
024 V c9
FS功出S1 a32
FS功出S2 c32
G a30
GH c30
XG a31
XGH c31
FBJ-1 a25
FBJ-2 c25
FBJ+ b24
+24
FBJ− b25
JBJ− b27
用于监测FBJ、JBJ
JB-1 a26
JB-2 c26
BJ-1 a28
BJ-2 b28
BJ-3 c28
串联接至总报警检查条件
YBJ
+24
(1SH FS+24)
a27 YBJ
串联接至各FS
JS报警检查条件
YB+
c27
024

图 10-1-22　外线连接

(5)衰耗器端子用途

衰耗器端子用途见表 10-1-12。

表 10-1-12　衰耗器端子用途

序号	端子号	用　途
1	c1	轨道信号输入
2	c2	轨道信号输入回线
3	a1～a10、c3、c4	主轨道电平调整
4	a11～a23	正向小轨道电平调整
5	c11～c23	反向小轨道电平调整
6	c5	主机主轨道信号输出
7	c7	主机小轨道信号输出
8	c6、c8	主机主轨道小轨道信号输出共用回线
9	b5	并机主轨道信号输出
10	b7	并机小轨道信号输出
11	b6、b8	并机主轨道小轨道信号输出共用回线
12	a30、c30	轨道继电器(G、GH)
13	a31、c31	小轨道继电器(XG、XGH)
14	a29	发送+24 直流电源
15	c29	接收+24 直流电源
16	c9	024 电源
17	a24	正向小轨信号输入 ZIN
18	c24	反向小轨信号输入 FIN
19	a25、c25	发送报警继电器 FBJ-1、FBJ-2
20	a26、c26	接收报警条件 JB+、JB−
21	a27	移频报警继电器 YBJ
22	c27	移频报警检查电源 YB+
23	a28、b28	发送报警条件 BJ1、BJ2
24	b28、c28	接收报警条件 BJ2、BJ3
25	a32、c32	功放输出 S1、S2
26	b1、b2	监测接收器主轨道输出 ZIN(C)、GIN(C)
27	b3、b4	监测接收器小轨道输出 XIN(C)、GIN(C)
28	c10	引出的+24 V 电源 G24
29	b11	并机+24 V 电源 BJ24
30	b12、b13	邻区段小轨道继电器检查条件 XGJ、XGJH
31	b14、b15	封轨道占用灯 D24、024
32	b16、b17	主机轨道继电器 G(Z)、GH(Z)
33	b18、b19	并机轨道继电器 G(B)、GH(B)
34	b20、b21	主机小轨道继电器 XG(Z)、XGH(Z)
35	b22、b23	并机小轨道继电器 XG(B)、XGH(B)
36	b24、b25	监测发送报警继电器 FBJ+、FBJ−
37	b26、b27	监测接收报警条件 JBJ+、JBJ−
38	b29	正方向继电器复示
39	b30	反方向继电器复示

(6)衰耗器技术标准

衰耗器技术标准见表 10-1-13。

表 10-1-13 衰耗器技术标准

序号	项目			指标范围	备注
1	调整变压器输入阻抗/Ω			42.27±0.42	输入 2 000 Hz、10 mA,输出开路
2	调整变压器输出电压/mV	端子号		电压值	c1-c2 为 2 000 Hz,(1 160±1) mV
		a1-a2		10±2	
		a4-a5		40±6	
		a3-a5		60±6	
		a6-a7		140±6	
		a8-a9		420±8	
		a8-a10		1 260±18	
		a5-a6(a3-a7 连)		200±6	
		a7-a9(a6-a10 连)		980±14	
		a3-a2(a5-a1 连)		70±7	
	衰耗电阻/Ω	端子号		电阻值	
		a11-a12	c11-c12	10±0.5	
		a12-a13	c12-c13	20±1	
		a13-a14	c13-c14	39±2	
		a14-a15	c14-c15	75±3.75	
		a15-a16	c15-c16	150±7.5	
		a16-a17	c16-c17	300±15	
		a17-a18	c17-c18	560±28	
		a18-a19	c18-c19	1.1 k±11	
		a19-a20	c19-c20	2.2 k±22	
		a20-a21	c20-c21	3.3 k±33	
		a21-a22	c21-c22	6.2 k±62	
		a22-a23	c22-c23	12 k±120	
3	绝缘电阻/MΩ			≥200	输出端子对机壳
4	绝缘耐压			50 Hz、AC 500 V,1 min	输出端子对机壳

4. 防雷模拟网络盘

防雷模拟网络盘如图 10-1-23 所示。

(1)作用

电缆模拟网络用作通过传输电缆引入室内雷电冲击的防护(横向、纵向)。通过 0.5 km、0.5 km、1 km、2 km、2 km、2×2 km 六节电缆模拟网络,补偿实际 SPT 数字信号电缆,使补偿电缆和实际电缆总距离为 10 km,以便于轨道电路的调整和构成改变列车运行方向电路。

(2)结构及原理

防雷模拟网络盘包括电缆模拟网络和站防雷,其原理如图 10-1-24 所示。

图 10-1-23　防雷模拟网络盘

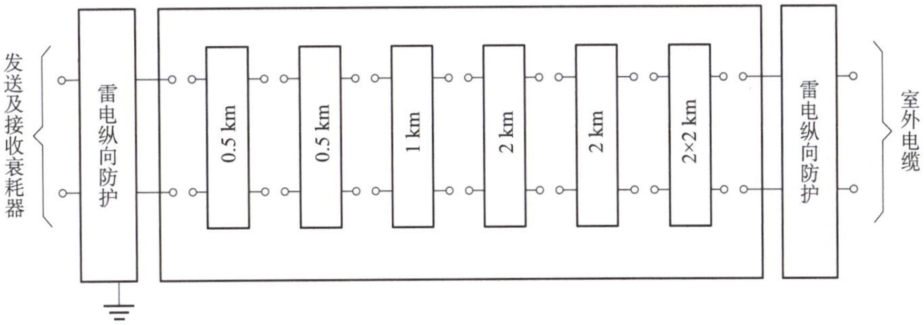

图 10-1-24　站防雷和电缆模拟网络原理

在电缆模拟网络上有室外电缆带来的雷电冲击信号，为保护模拟网络及室内发送、接收设备，采用站防雷对通过传输电缆引入室内的雷电冲击进行防护（横向、纵向）。

（3）站防雷和 SPT 电缆模拟网络技术标准

站防雷和 SPT 电缆模拟网络技术标准见表 10-1-14。

表 10-1-14　站防雷和 SPT 电缆模拟网络技术标准

序号	项目		指标及范围	备　注
1	静态检查	端子号	电阻值	—
		25-26、27-28	≥1 MΩ	
		27-25、28-26	(90±4.5) Ω	
		23-24、21-22	≥1 MΩ	
		23-21、24-22	(45±2.25) Ω	
		19-20、17-18	≥1 MΩ	
		19-17、20-18	(45±2.25) Ω	
		15-16、13-14	≥1 MΩ	
		15-13、16-14	(22.5±1.13) Ω	
		11-12、9-10	≥1 MΩ	
		11-9、12-10	(11.25±0.57) Ω	
		7-8、5-6	≥1 MΩ	
		7-5、8-6	(11.25±0.57) Ω	

续上表

序号	项目		指标及范围	备　注
2	动态检查	端子号	电压值	连接 25-23、26-24、21-19、22-20、17-15、18-16、13-11、14-12、9-7、10-8、5-6，发生器输出 2 000 Hz、(10±0.1) V 的正弦信号到 27-28 端子。测试端子电压
		25-26	5.86～6.47 V	
		21-22	3.87～4.44 V	
		17-18	1.90～2.28 V	
		13-14	0.94～1.15 V	
		9-10	0.47～0.58 V	
		5-6	0 V(短路)	
3	变压器变比		$U_{1\text{-}2}:U_{3\text{-}4}=1:(1.02\sim1.06)$	$U_{1\text{-}2}$送 2 000 Hz、(10±0.1) V 正弦信号，$U_{3\text{-}4}$开路
4	绝缘电阻		≥200 MΩ	输出端子对机壳
5	绝缘耐压		AC 500 V	输出端子对机壳

(4)防雷模拟网络盘测试孔标称值要求

防雷模拟网络盘测试孔标称值要求见表 10-1-15。

表 10-1-15　防雷模拟网络盘测试孔标称值要求

测试插孔	电压值	
	发送	接收
设备塞孔	与发送功出电压基本相同	与轨入电压相同
防雷塞孔	约为设备侧塞孔电压的 1.02～1.06 倍	高于 SK1 电压值
电缆带孔	经模拟网络衰减低于功出电压	未经电缆模拟网络衰减，高于防雷侧电压值

第二节　ZPW-2000A 型无绝缘轨道电路工作原理

一、系统功能

1. 通过列车轮对短路钢轨引起接收端电气状态变化，实现区段占用空闲检查。
2. 通过钢轨回路，向车载设备传递控制信息。
3. 通过钢轨电气断离造成的电气状态变化实现钢轨完整性检查。

二、工作原理

1. 发送器工作原理

发送器在同一载频编码条件、低频编码条件，以反码形式分别送入两套微处理器 CPU1、CPU2 中，其中 CPU1 控制移频发生器产生低频控制信号频率为 F_c 的移频键控信号 FSK。FSK 分别送至 CPU1、CPU2 进行频率检测。检测结果符合规定后，即产生控制输出信号，经控制与门使 FSK 信号送至滤波环节，实现方波—正弦波变换。功放输出的 FSK 信号，送至两 CPU 进行功出电压检测。两 CPU 对 FSK 信号的低频、载频和幅度特征检测符合要求后，使发送报警继电器 FBJ 励磁，并使经过功放的 FSK 信号输出至轨道。当发送输出端短路时，经检测使控制与门有 10 s 的关闭(称“装死”或“休眠保护”)。接收器动作原理如图 10-2-1 所示。

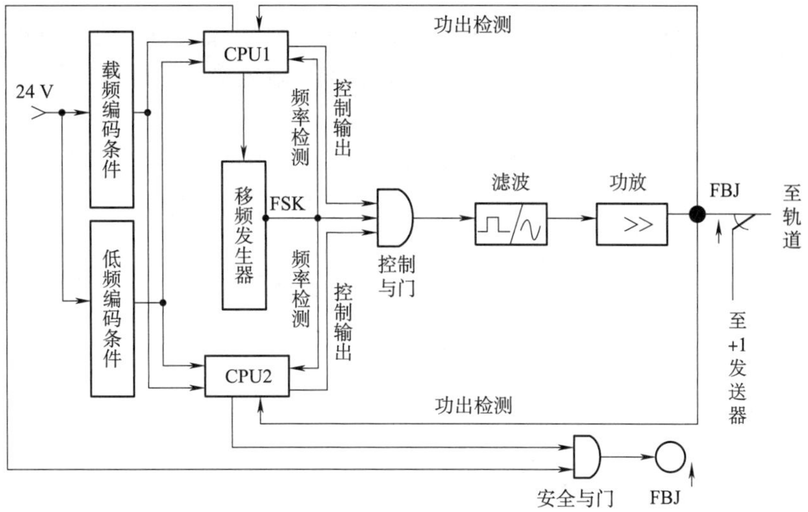

图 10-2-1　接收器动作原理

2. 接收器工作原理

接收器在满足工作条件后，可用于接收本轨道区段主轨道电路信号，并在检查本区段小轨道电路状态（XGJ、XGJH）条件下，动作本轨道电路的轨道继电器（QGJ）；除接收本主轨道电路频率信号外，还可同时接收相邻区段小轨道电路的频率信号，并将处理结果形成小轨道电路轨道继电器执行条件（XG、XGH）送至相邻轨道电路的接收器，作为相邻轨道继电器（QGJ）励磁的必要检查条件（XGJ、XGJH）之一。接收器动作原理如图 10-2-2 所示。

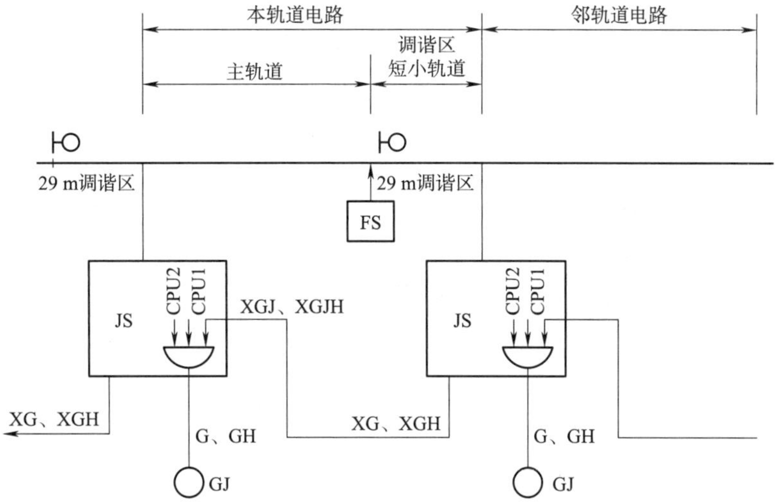

图 10-2-2　接收器动作原理

3. 衰耗器工作原理

衰耗器工作原理如图 10-2-3 所示。

(1)轨道输入电路

接收的移频信号进入衰耗器，可在衰耗器测试孔上测得 C1、C2 端子的轨入电压，轨入电压中既有本区段主轨信号电压，又有相邻区段小轨道传来的信号电压。轨入电压进入衰耗器后分为并联的两条支路，一路经 B1 变压器(其阻抗约为 36～55 Ω)116：(1～146)调整后送入接收器，作为主轨道电平输入接收器("轨出 1")；另一路按正、反两方向进行调整，经正(反)向小轨道调整电阻调整后，再经 1：3 升压作为小轨道电平输入接收器("轨出 2")。

(2)小轨道电路输入电路

根据方向电路变化，接收端将接至不同的两端短小轨道电路。故短小轨道电路的调整按正、反两方向进行。正方向调整用 a11～a23 端子，反方向调整用 C11～C23 端子，衰耗器内部负载阻抗为 3.3 kΩ。

为提高 A/D 转换器的采样精度，短小轨道电路信号经过 1：3 升压变压器 B2 输出至接收器。

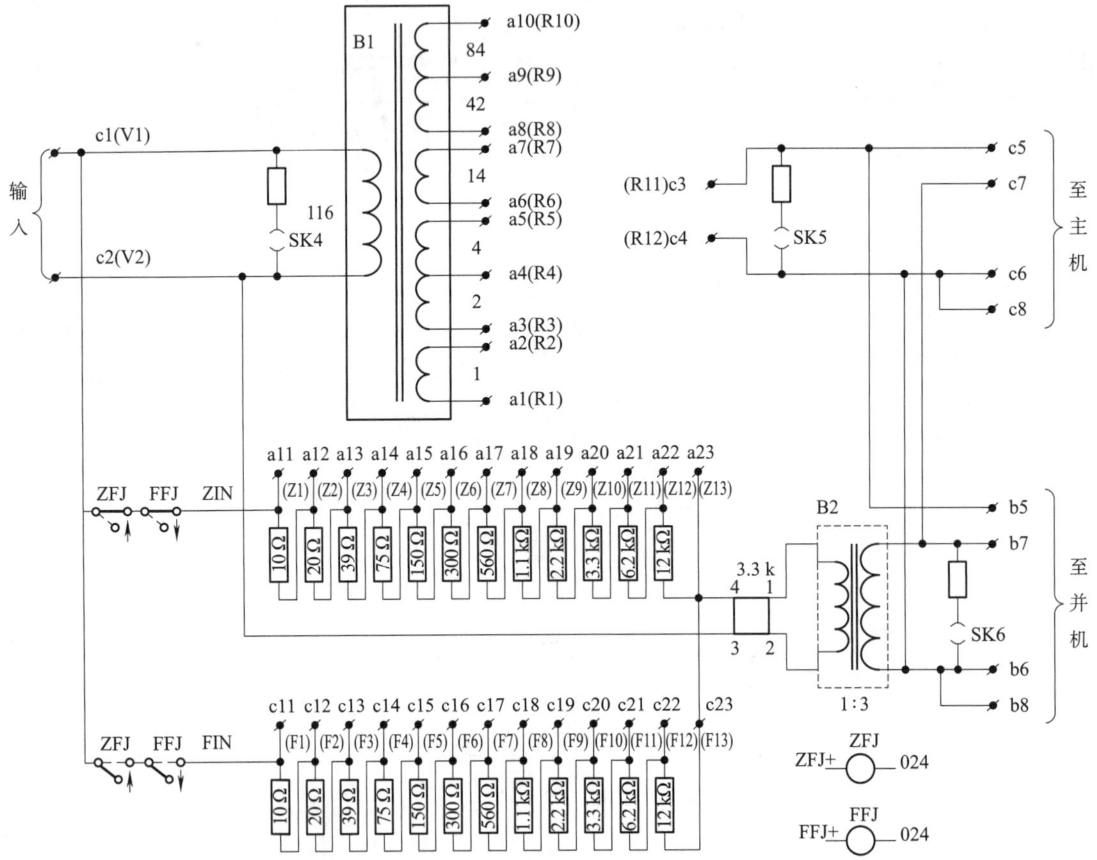

图 10-2-3　衰耗器工作原理

4. 电缆模拟网络电路原理

电缆模拟网络电路原理如图 10-2-4 所示。

电缆模拟网络可视为室外电缆的延续。电缆模拟网络为 0.5 km、0.5 km、1 km、2 km、2 km、2×2 km 六节对称 π 型网络，以便串接构成 0～10 km 网络，可按 0.5 km 间隔任意设置补偿模拟电缆值。

5. ZPW-2000A 型无绝缘轨道电路原理

ZPW-2000A 型无绝缘轨道电路原理如图 10-2-5 所示。

ZPW-2000A 型无绝缘轨道电路分为主轨道电路和调谐区小轨道电路两部分，小轨道电

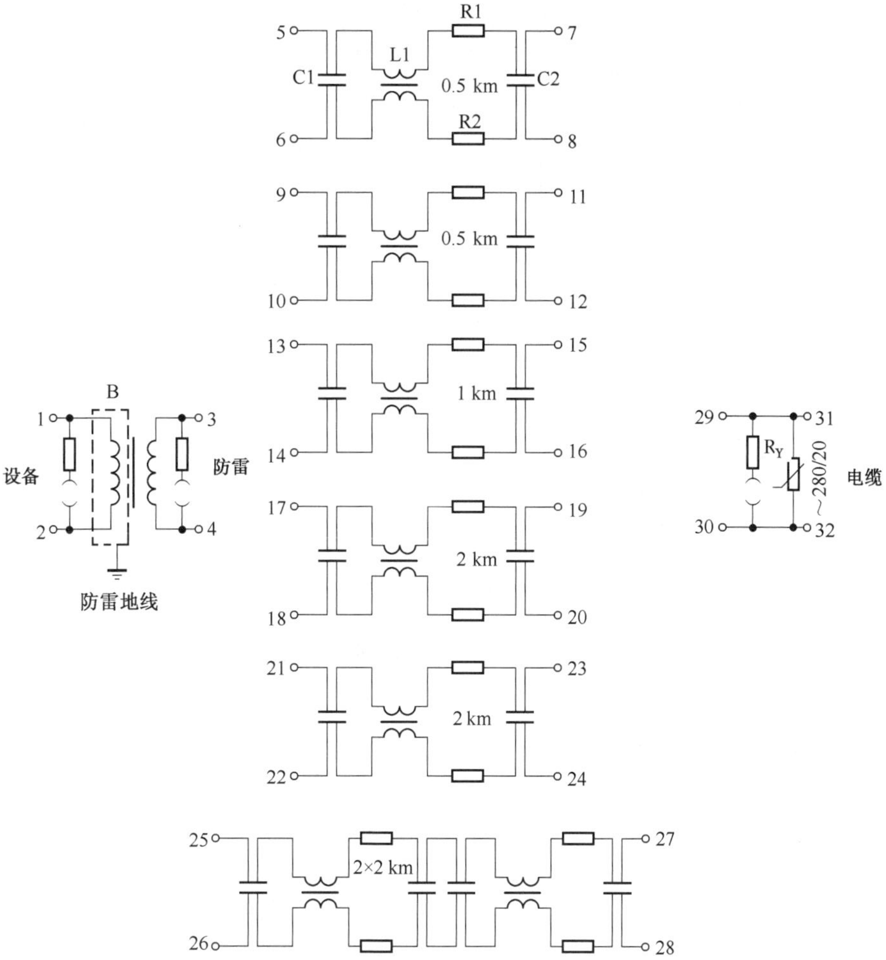

图 10-2-4　电缆模拟网络电路原理

路视为列车运行前方主轨道电路的所属“延续段”。

主轨道电路的发送器由编码条件控制产生表示不同含义的低频调制的移频信号，该信号经 10 km 电缆通道（实际电缆＋模拟电缆）传给匹配变压器及调谐单元。因为钢轨是无绝缘的，该信号既向主轨道传送，也向调谐区小轨道传送，主轨道信号经钢轨送到轨道电路受电端，然后经调谐单元、匹配变压器、电缆通道，将信号传至本区段接收器。

调谐区小轨道信号由运行前方相邻轨道电路接收器处理，并将处理结果形成小轨道电路继电器执行条件送至本区段接收器，本区段接收器同时接收到主轨道移频信号及小轨道电路继电器执行条件，判决无误后驱动轨道电路继电器 GJ 吸起，并由此来判断区段的空闲与占用情况。

三、ZPW-2000A 型无绝缘移频自动闭塞设备的主要特点

1. 充分肯定、保持 UM71 无绝缘轨道电路技术特点及优势。
2. 在解决了调谐区断轨（电气折断）检查的同时，实现轨道电路全程断轨检查。
3. 减少调谐区分路死区长度，由 UM71 的 20 m 缩短为不大于 5 m。
4. 实现对调谐单元断线故障的检查。

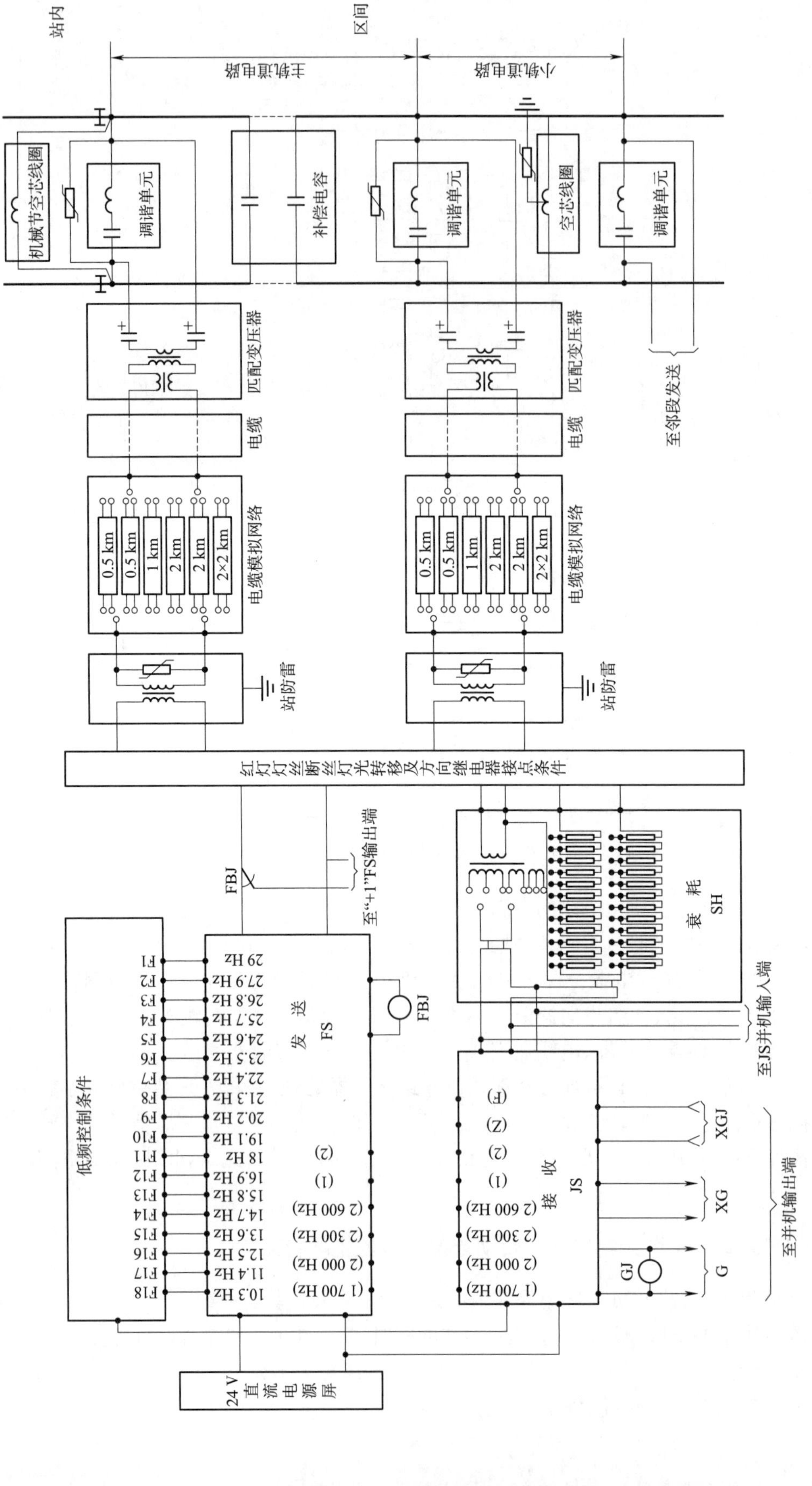

图 10-2-5 ZPW-2000A 型无绝缘轨道电路原理

5. 实现对拍频干扰的防护。

6. 通过系统参数优化,提高了轨道电路传输长度,由 UM71 的约 900 m 延长至 1 500 m。

7. 提高机械绝缘节轨道电路传输长度,实现与电气绝缘节轨道电路等长传输。

8. 轨道电路调整按固定轨道电路长度与允许最小道砟电阻方式进行。既满足了 1 Ω·km 标准道砟电阻、低道砟电阻传输长度的要求,又提高了一般长度轨道电路工作稳定性。

9. 用 SPT 国产铁路信号数字电缆取代法国 ZCO3 电缆,减小铜芯线径,减少备用芯组,加大传输距离,提高系统技术性价比,降低工程造价。

10. 采用长钢包铜引接线取代 70 mm 铜引接线,利于维修。

11. 发送、接收设备四种载频频率通用,减少器材种类,降低总的工程造价。

12. 发送器和接收器均有较完善的检测功能,发送器可实现"$N+1$"冗余,接收器可实现双机并联互为冗余,提高系统可靠性,大幅度提高单一电子设备故障不影响系统正常工作的时间。

四、系统防雷部分

系统防雷可分为室外、室内两部分。

1. 室外

室外部分一般防护从钢轨引入的雷电信号,含横向、纵向。

(1)横向:设置调谐单元、匹配变压器 V1、V2 两端限制电压,在 AC 75 V、10 kA 以上。

(2)纵向:根据设计,一般可通过空芯线圈中心线直接接地进行纵向雷电防护;不能直接接地时,应在空芯线圈中心线与地间加装横纵向防雷元件。

考虑到牵引回流不畅条件下,出现的纵向不平衡电压峰值,电气化牵引区段限制电压选择 AC 500 V、5 kA 以上;非电气化区段则只考虑 50 Hz、AC 220 V 电流影响,纵向限制电压选在 AC 280 V(或 AC 275 V)、10 kA 以上。

防雷地线电阻要严格控制在 10 Ω 以下。对于多雷地区,特别对于石质地层的地区,有条件的应加装贯通地线。在电气化区段,该地线为区间防雷、安全、电缆等地线以及上下行等电位连接线所共同使用。该贯通地线与两端车站地网线连接。

2. 室内

室内部分包括发送端、接收端的"站防雷"(在电缆模拟网络盘内),防护由电缆引入的雷电信号,实现对从电缆引入雷电冲击的横向、纵向防护。

(1)横向:限制电压在 AC 280 V、10 kA 以上。采用 AC 280 V 左右防护等级压敏电阻或劣化指示元件(现场采用 275 型)。

(2)纵向:利用低转移系数防雷变压器进行防护。

第三节　ZPW-2000A 设备标准化作业

一、作业流程

作业流程如图 10-3-1 所示。

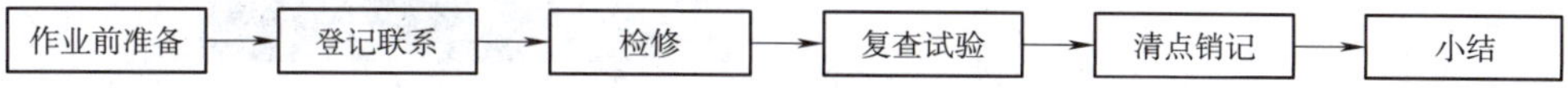

图 10-3-1　作业流程

二、ZPW-2000A 设备标准化检修作业程序

ZPW-2000A 设备标准化检修作业程序见表 10-3-1。

表 10-3-1 ZPW-2000A 设备标准化检修作业程序

工步	作业内容及标准	图示说明
1. 外部检查	(1)检查箱盒基础完整，不倾斜、不超限，硬面化清洁，无杂草或异物。 (2)检查箱盒无破损，编号清晰正确，安装牢固，加锁良好	
	检查确认硬面化完好清洁，周围电缆不外露	
	检查确认各部螺栓油润、紧固良好、满帽	

续上表

<table>
<tr><th>工步</th><th>作业内容及标准</th><th>图示说明</th></tr>
<tr><td rowspan="2">1. 外部检查</td><td>检查确认调谐区 BA、BP 的等阻线及空扼流变压器的等阻线良好，外观无破皮、膨胀现象，固定良好，不得埋于土或石砟中</td><td>

</td></tr>
<tr><td>检查确认机械绝缘节及绝缘轨距杆绝缘外观良好</td><td>

</td></tr>
</table>

续上表

工步	作业内容及标准	图示说明
2. 内部检查	检查确认箱盒内部清洁，配线整齐，不破皮、不老化、无断股；螺母垫片齐全紧固，电缆引入孔绝缘胶圈不龟裂，引接线引入孔封堵良好。调谐单元、匹配变压器固定良好，器材类型正确	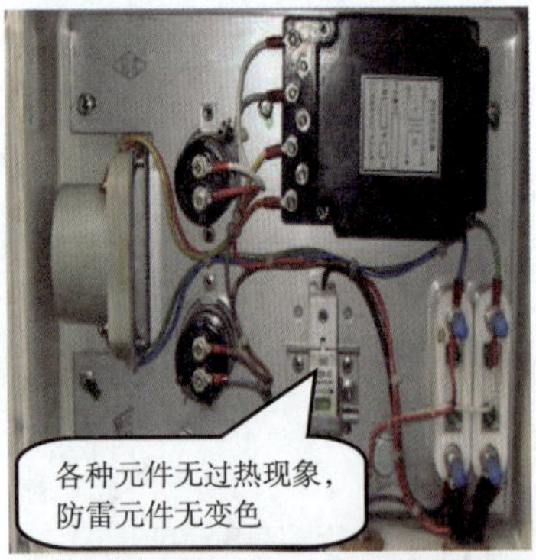
	（1）检查确认空芯线圈内部固定良好，连接等阻线紧固良好。 （2）带有防雷元件的要确认无劣化变色现象。 （3）设有完全横向连接线时，通过 SVA 中心点直接接入地线；简单横向连接或无横向连接的 SVA 中心点，经过防雷元件接地	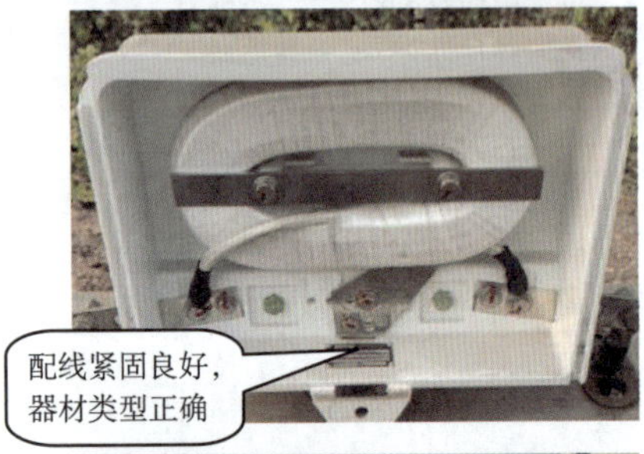 
3. 电容检查	（1）检查确认补偿电容安装和固定良好，电容塞钉无松动； （2）确认电容引接线紧固良好、外皮无破损，电容卡具良好，编号清晰	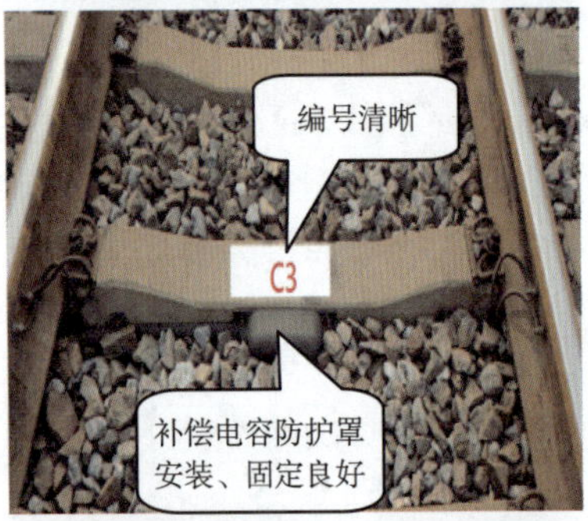 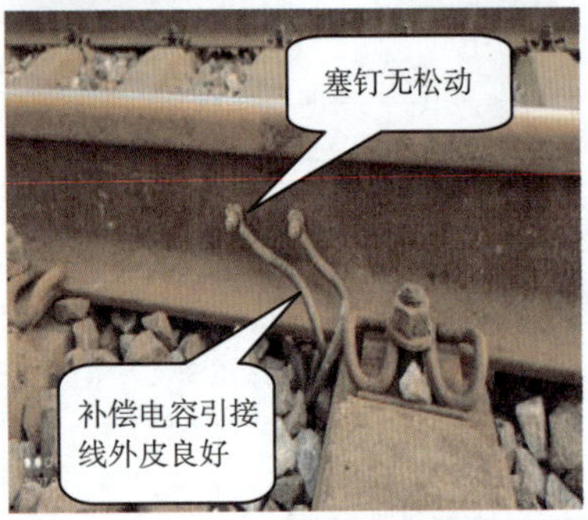

续上表

工步	作业内容及标准	图示说明
4. 接续盒、空扼流检查	(1)电缆接续盒配线无破损、端子紧固良好； (2)盒内配线图图实相符，塑封良好； (3)电缆引入口密封良好，电缆去向铭牌清楚正确	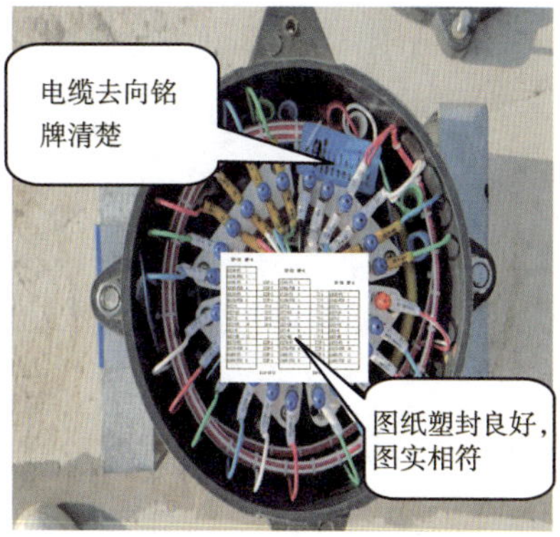
	空扼流检修：变压器外观无破损锈蚀，等阻线(吸上线)紧固良好，无断股、鼓胀现象；等阻线平衡电流测试不超标	 

续上表

工步	作业内容及标准	图示说明
	(1)使用移频表多载频挡位,测试匹配变压器轨道电路连接端子 V1、V2 和室内电缆连接端子 E1、E2 的电压。 (2)测试匹配变压器Ⅰ、Ⅱ次端子侧电压。 (3)把测试的数据记录到测试记录表中	 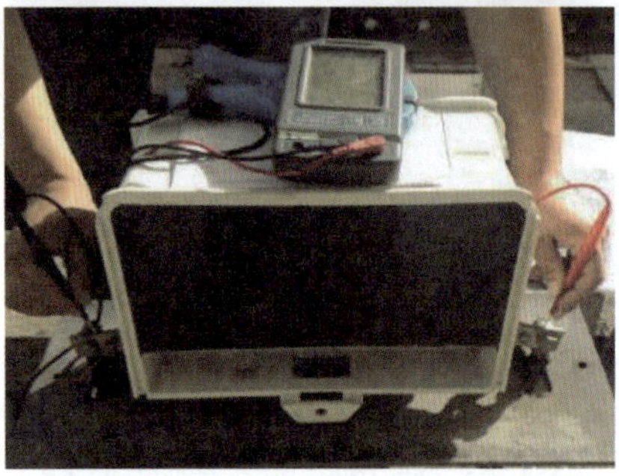
5. 室外测试	发送、接收端轨面电压测试:使用移频表多载频挡,把表棒搭接在发送、接收轨面,读出相应载频、低频频率的电压数值并记录载频和低频频率	
	等阻线平衡电流测试:按压"V/A"按钮,把移频表多载频挡转换到电流挡位,用电流钳测试两长、两短等阻线电流,读出电流数值并记录在测试卡中。 标准:等阻线电流偏大不得大于5%	

续上表

<table>
<tr><th>工步</th><th>作业内容及标准</th><th>图示说明</th></tr>
<tr><td rowspan="2">5. 室外测试</td><td>电容测试方法：移频表使用电容挡，用电流卡钳卡住电容引接线测试电流，将电压表棒搭接在补偿电容安装点两侧轨面上测试电压，仪表显示的数据即为电容值。
标准：电容值误差不超过额定值的 5%</td><td></td></tr>
<tr><td>机车信号短路电流测试方法：使用 0.15 Ω 标准分路仪在接收端轨面进行短路，按压“V/A”，使移频表多载频挡转换到电流挡，然后用电流卡钳测试短路分线的电流，并填写在测试记录表中。
标准：最不利条件下入口电流应满足机车信号可靠工作的要求，1 700 Hz、2 000 Hz、2 300 Hz 电流 > 500 mA，2 600 Hz 电流>450 mA。建议短路电流标准：1 700 Hz、2 000 Hz、2 300 Hz 区段电流大于 550 mA，小于 1 200 mA；2 600 Hz 电流大于 500 mA，小于 1 100 mA</td><td>

ZPW-2000型轨道电路入口电流测试记录表
<table>
<tr><th>序号</th><th>测试日期</th><th>区段名称</th><th>入口电流</th><th>测试人</th><th>备注</th></tr>
<tr><td></td><td></td><td></td><td></td><td></td><td></td></tr>
<tr><td></td><td></td><td></td><td></td><td></td><td></td></tr>
<tr><td></td><td></td><td></td><td></td><td></td><td></td></tr>
<tr><td></td><td></td><td></td><td></td><td></td><td></td></tr>
<tr><td></td><td></td><td></td><td></td><td></td><td></td></tr>
</table></td></tr>
<tr><td>6. 室内测试</td><td>分路残压测试：用 0.15 Ω 标准分路线在室外主轨道最不利处所短路封连轨面，在室内用移频表多载频电压挡位，测试本区段衰耗器“轨出 1”电压，读出电压数值并记录载频、低频频率和电压值。
标准：分路残压不大于 140 mV</td><td>
</td></tr>
</table>

续上表

工步	作业内容及标准	图示说明
6. 室内测试	(1)使用移频表直流挡在衰耗盒上测试发送电源、接收电源:标准为(24±0.5) V。GJ(Z)、GJ(B)、GJ、XG(Z)、XG(B)、XG、XGJ 项目测试数据为直流电压,标准为大于 20 V。 (2)使用移频表多载频挡测试发送功出、轨入、轨出 1、轨出 2,所测得的数据是有载频、选型和低频的交流电压值。 标准:轨出 1 电压>240 mV;轨出 2 电压为(135±10) mV。 将测试数据填写到 ZPW-2000 型轨道电路衰耗盒测试记录表中。 (3)使用移频表多载频挡位测试发送(FS)防雷模拟网络,在其测试孔测试设备侧电压、防雷电压、电缆侧电压。该三项电压均有载频、选型和低频显示。测试项目标准:发送端设备侧与发送功出电压相同,发送端防雷侧电压≈设备侧电压,发送端电缆侧电压≤设备侧电压。 (4)接收端电缆模拟网络盘测试方法同发送端一样,读出数值时需记录相邻区段的小轨电压值。测试项目标准:接收端设备侧与衰耗输入电压相同,接收端防雷侧电压≈设备电压,接收端电缆侧电压≥防雷侧电压。 将测试数据填写到 ZPW-2000 型轨道电路电缆模拟网络测试记录表中	

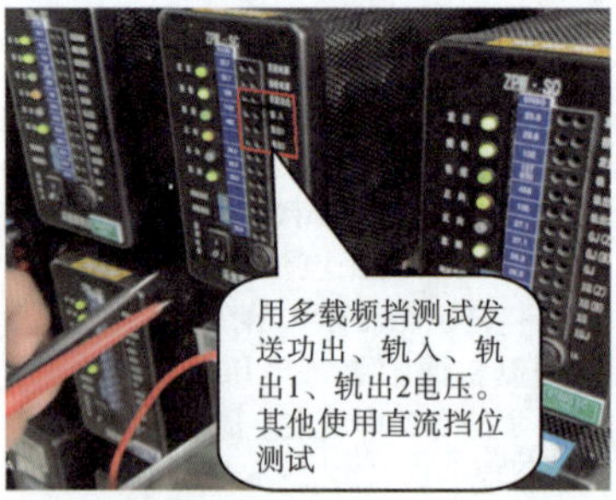

ZPW-2000型轨道电路衰耗盒测试记录表

工区　车站　天气:　测试日期:　测试人:

集中监测标调人:　标调日期:

序号	区段名称	发送电源(V)	接收电源(V)	发送功出(V)	轨入电压(mV)		轨出1(mV)	轨出2(mV)	GJ(Z)(V)	GJ(B)(V)	GJ(V)	XG(Z)(V)	XG(B)(V)	XG(V)	XGJ(V)
					主轨	小轨									

ZPW-2000型轨道电路电缆模拟网络测试记录表

工区　车站　天气:　测试日期:　测试人:

集中监测标调人:　标调日期:

序号	区段名称	发送(V)			接收(V)			小轨接收(mV)		
		设备	防雷	电缆	设备	防雷	电缆	设备	防雷	电缆

续上表

<table>
<tr><th>工步</th><th>作业内容及标准</th><th>图示说明</th></tr>
<tr><td>7. 验收</td><td>（1）对各部位进行全面复查。
（2）填写检修卡后，箱盒加锁，对螺栓活动部位适当注油。
（3）将各项测试数据纳入电特性测试台账。
（4）作业完毕后，对关键作业项点复查录像。
（5）清点工具、材料、清理周围杂物等，做到现场工完料清。
（6）与室内计算机监测调看人员联系，确认轨道电路电压曲线无异常，无报警信息。
（7）联系室内驻站防护员，确认控制台显示器无异状，办理销记</td><td>

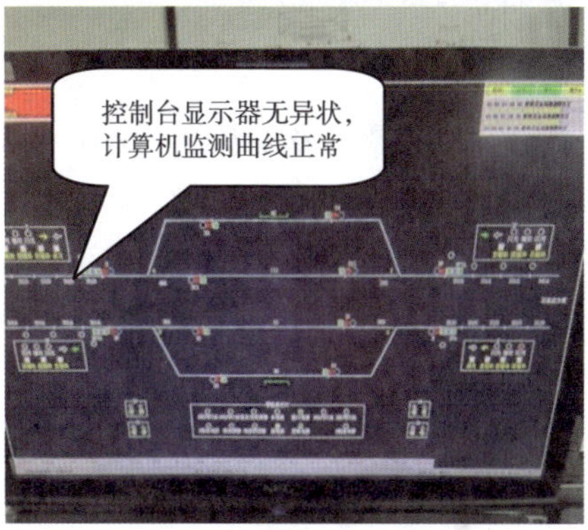
</td></tr>
<tr><td>8. 限界测量</td><td>设备建筑限界测量：
应测量设备最突出边缘的高度和距离本线的距离。
（1）高度：从远端钢轨顶面，经近端钢轨顶面至轨道电路箱盒的直线点作为“零”参考点。用钢卷尺测量从该点到箱盒顶面最突出边缘的高度，即为设备的高度。
（2）限界：找出设备靠近线路最突出边缘与两钢轨顶面连线至箱盒的直线的垂直点，用钢卷尺从近端钢轨内侧，测量至垂直点的距离，此距离再加上 717.5 mm 为线路中心线至设备突出边缘的限界距离。
（3）信号机的限界测量：
使用激光测距仪按照秋鉴测试标准进行测量。
以上测量数据要记录到设备限界测量表中</td><td>

</td></tr>
</table>

三、ZPW-2000A 型无绝缘移频设备检查重点

1. 检查确认补偿电容及卡具完好，无松脱现象。

2. 匹配变压器与调谐单元的连线采用 7.4 mm^2 的铜缆，线头两端采用 ϕ6 mm 的铜端头冷压连接，不松动。

3. 检查确认塞钉头上的固定螺帽无松动，塞钉头与轨面间电压不大于 1 mV。

4. 检查确认横向连接线、吸上线及贯通地线紧固良好，地线电阻不大于 1 Ω。

5. 空扼流、禁停标外观良好，埋设良好，无歪斜现象。

6. 进行主、备发送器“N+1”试验，防止备机切换不良。

第四节 ZPW-2000A 型无绝缘移频基本要求

一、环境要求

ZPW-2000A 型无绝缘移频轨道电路在下列环境条件下应可靠工作：

1. 周围空气温度：室外为−40 ℃～+70 ℃；室内为−5 ℃～+40 ℃。

2. 周围空气相对湿度：不大于 95%(温度 30 ℃时)。

3. 大气压力：74.8 k～106 kPa(相对于海拔高度 2 500 m 以下)。

4. 周围无腐蚀和引起爆炸危险的有害气体。

二、轨道电路极限长度要求

各种道砟电阻、电缆长度条件下的轨道电路极限长度见表 10-4-1。适用于轨道电路两端均为电气绝缘节，或一端为电气绝缘节、一端为机械绝缘节，或两端均为机械绝缘节的配置情况。

表 10-4-1 轨道电路极限长度

序号	道砟电阻/Ω·km	传输电缆长度/km	轨道电路长度/m			
			1 700 Hz	2 000 Hz	2 300 Hz	2 600 Hz
1	0.6	10	850	800	800	800
2	0.8	10	1 050	1 050	1 050	1 050
3	1	10	1 500	1 500	1 500	1 460
4	1.2	10	1 750	1 600	1 650	1 600
5	1.5	10	1 950	1 900	1 800	1 800

三、调谐区设备安装要求

1. 调谐区设备包括调谐单元、匹配变压器、防雷单元、空芯线圈、双体防护盒、钢包铜引接线。设备安装应满足建筑接近限界要求，如图 10-4-1 所示。

2. 调谐区三处设备采用双端头引接线或加强跨线方式与钢轨连接，两安装孔间距 80 mm，如图 10-4-2 所示。两安装孔间中心位置为设备安装点。

3. 以空芯线圈安装点为准，两侧调谐单元安装点距离该点不小于 14.5 m，不大于 14.65 m，如图 10-4-1 所示。

4. 防护盒外边缘距钢轨内侧不得小于 1 500 mm(距线路中心不得小于 2 220 mm),如图 10-4-1 所示。

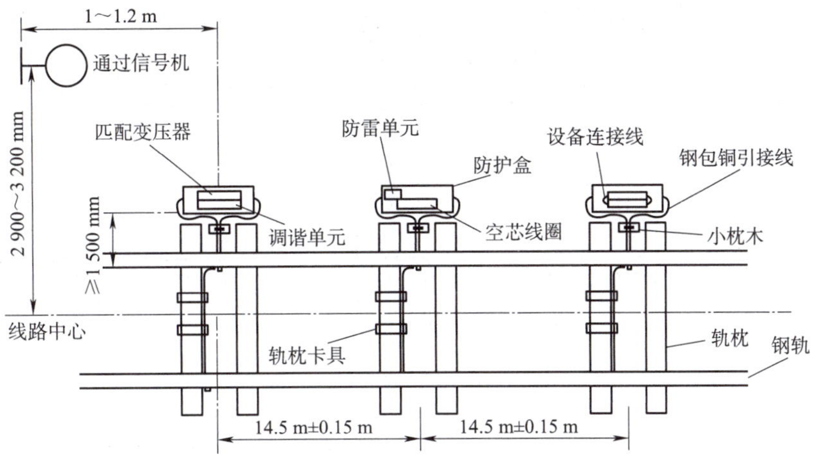

图 10-4-1　调谐区设备安装示意

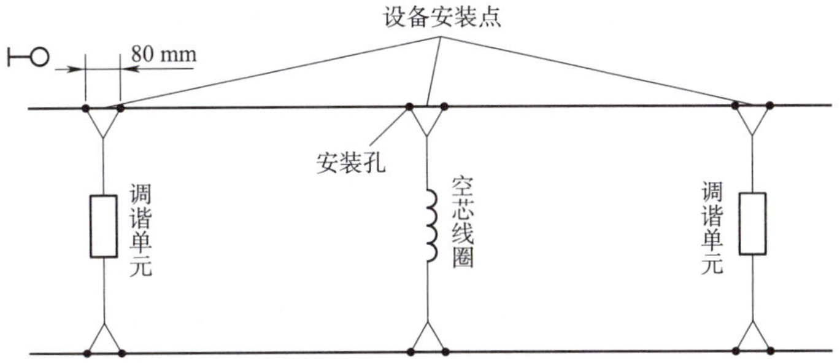

图 10-4-2　调谐区安装示意

5. 调谐单元及空芯线圈与钢轨连接采用 2 m、3.7 m 专用钢包铜双头引接线,须满足的参数见表 10-4-2。引接线与钢轨的接触电阻不应大于 1 MΩ,塞钉电压不应大于 1 mV。

表 10-4-2　等阻线技术要求

频率/Hz	有效电阻/mΩ	感抗/mΩ
1 700	8. 3±0. 83	31. 4±3. 14
2 000	10. 1±1. 01	35. 2±3. 52
2 300	11. 9±1. 19	39±3. 9
2 600	13. 6±1. 36	42. 6±4. 26

6. 信号机安装需要满足建筑接近限界要求,安装在距调谐单元中心≥1 000 mm 且≤1 200 mm 的位置。

四、机械绝缘节安装要求

1. 机械绝缘节包括调谐单元、匹配变压器、机械绝缘节空芯线圈、防雷单元、双体防护盒、钢包铜引接线及安装卡具,设备安装示意如图 10-4-3 所示。

2. 调谐单元与机械绝缘节空芯线圈置于同一双体防护盒内,匹配变压器置于另一双体防

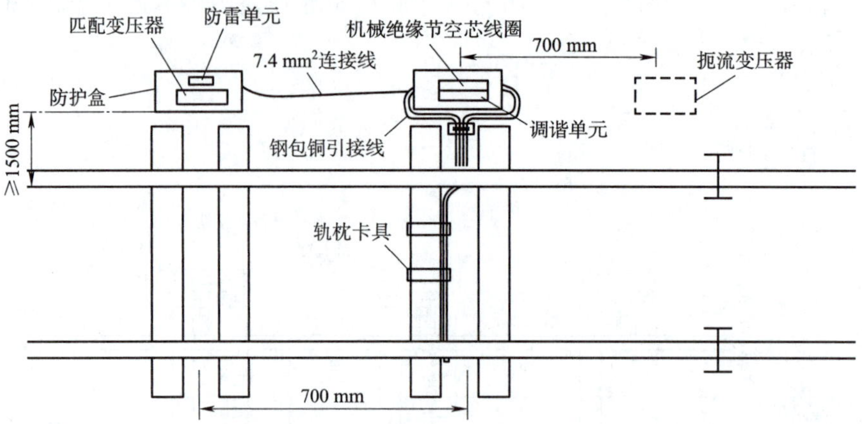

图 10-4-3 机械绝缘节设备安装示意

护盒内，中心间距 700 mm。在电气化区段，扼流变压器中心距调谐设备防护盒中心 700 mm。

3. 匹配变压器与调谐单元之间采用长 2.7 m，截面积 7.4 mm^2 铜线，经基础桩下方线槽连接。

4. 调谐单元和机械绝缘节空芯线圈采用 2 m、3.7 m 专用钢包铜双头引接线分别与钢轨连接。

五、补偿电容设置要求

1. 基本要求

当 ZPW-2000A 主轨道电路长度超过 300 m 时，需要加装补偿电容进行补偿。

(1)补偿电容设置个数“N”应根据轨道电路长度，按照 ZPW-2000 系列无绝缘轨道电路调整要求确定。

(2)补偿电容设置在主轨道范围内，N 个电容等间距布置：电容间距(步长)为 Δ，第一个和最后一个电容距调谐单元 $\Delta/2$，Δ＝主轨道电路长度/N($\Delta\leqslant 100$ m)。其安装位置允许误差为 ±0.5 m。

(3)补偿电容参数应符合表 10-4-3 的要求。

表 10-4-3 补偿电容参数

序号	项目	指标及范围		备注
1	电容容量/μF	1 700 Hz 区段	55±2.75	测试频率：1 000 Hz
		2 000 Hz 区段	50±2.5	
		2 300 Hz 区段	46±2.3	
		2 600 Hz 区段	40±2.0	
2	绝缘电阻/MΩ	≥500		两极间，DC 100 V

2. 道口电容安装

(1)在安装有道口信号轨道电路(闭路式和开路式制式)的区段，须采用道口专用补偿电容。专用补偿电容类型和电气参数应符合表 10-4-4 的要求。

表 10-4-4　道口专用补偿电容类型和电气参数

道口补偿电容型号	对应载频下等效电容值/μF	对应控制器工作频率下阻抗值/Ω	
		闭路控制器	开路控制器
ZPW·CBGD-1700	55±0.5	≥30	≥70
ZPW·CBGD-2000	55±5		
ZPW·CBGD-2300	46±0.46		
ZPW·CBGD-2600	40±4		
绝缘电阻≥500 Ω(两极间,DC 100 V)			

(2)开路控制器左右 50 m 范围内的电容应替换为相应类型的专用补偿电容,开路式道口电容安装示意如图 10-4-4 所示。

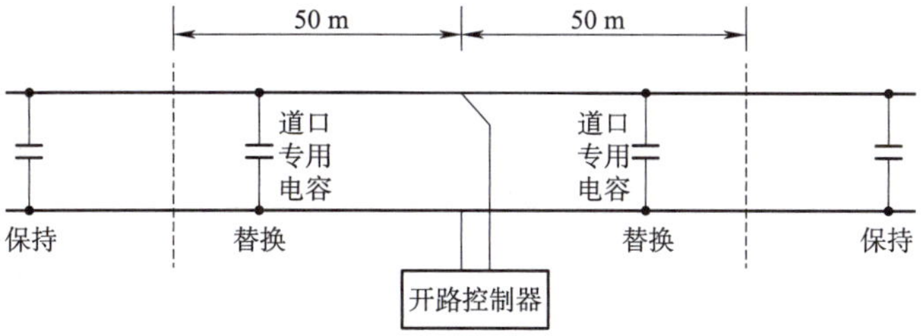

图 10-4-4　开路式道口电容安装示意

(3)闭路控制器输入输出两设备中点左右 100 m 范围内的电容应替换为相应类型的专用补偿电容,闭路式道口电容安装示意如图 10-4-5 所示。

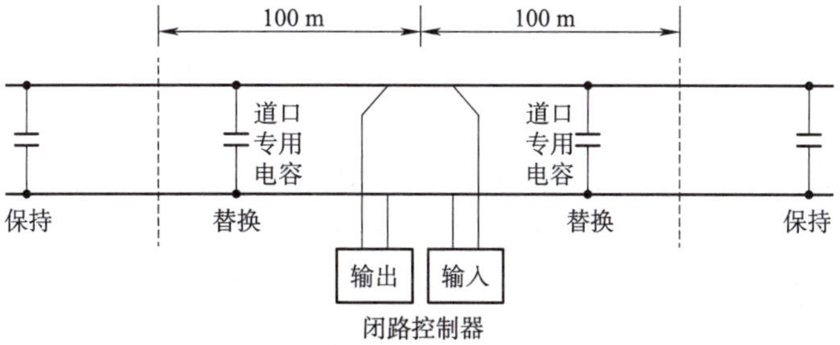

图 10-4-5　闭路式道口电容安装示意

(4)调谐区距开路控制器不应小于 50 m,距闭路控制器不应小于 100 m。

六、轨道电路要求

轨道电路在符合表 10-4-1 的条件下,主轨道、小轨道及模拟电缆等调整按照设计要求或《铁路信号维护规则　技术标准　Ⅱ》附录八中有关规定进行。轨道电路能实现一次调整,无需随外界参数变化再次进行调整,且应满足下列要求:

1. 轨道电路在调整状态时,"轨出 1"电压不应小于 240 mV,"轨出 2"电压不应小于 100 mV,小轨道接收条件(XGJ、XGJH)直流电压不小于 20 V,轨道继电器可靠吸起。

2. 轨道电路分路状态在最不利条件下,主轨道任意一点采用 0.15 Ω 标准分路线分路时,"轨出 1"分路电压不应大于 140 mV,轨道继电器应可靠落下。在调谐区内分路时轨道电路存在死区段。

3. 轨道电路应能实现全程断轨检查。主轨道断轨时,“轨出 1”电压不大于 140 mV,轨道继电器可靠落下。小轨道断轨时,“轨出 2”电压不大于 63 mV,轨道继电器可靠落下。

4. 轨道电路分路状态在最不利条件下,在轨道电路任意一处轨面用 0.15 Ω 标准分路线分路,其短路电流规定值见表 10-4-5。

表 10-4-5 短路电流规定值

频率/Hz	1 700	2 000	2 300	2 600
机车信号短路电流/A	0.5	0.5	0.5	0.45

5. 在电气化区段轨道回流不大于 1 000 A,不平衡电流不大于 100 A 时应能可靠工作。

七、桥上绝缘设置要求

1. 有护轮轨的区域,在护轮轨区域两端各加装钢轨绝缘一组。

2. 电气绝缘节一般不宜设置在有护轮轨的区域内;必须设置在有护轮轨区域内时,调谐区范围内每根护轮轨必须加装钢轨绝缘一组。

3. 超过 200 m 的护轮轨,每根护轮轨间隔 200 m 加装钢轨绝缘一组。

4. 护轮轨与基本轨间以及两护轮轨间不得有电气连接。

八、传输电缆使用要求

1. 传输电缆采用 STP 铁路数字信号电缆,其使用要求如下:

(1)ZPW-2000A 型轨道电路信号传输应采用铁路数字信号电缆。

(2)电缆中没有相同频率线对时,使用非内屏蔽型电缆。

(3)电缆中有相同频率线对时,使用内屏蔽型电缆。

(4)两个频率相同的发送线对与接收线对不能使用同一根电缆。

(5)两个频率相同的发送线对不能设置在同一屏蔽四线组内。

(6)两个频率相同的接收线对不能设置在同一屏蔽四线组内。

(7)电缆中各发送、接收线对必须按四芯组对角线成对使用。

(8)电缆余量不能呈 O 形闭合环状。电缆芯线全程对地绝缘大于 1 MΩ。

(9)电缆应尽量保持直线,如有弯曲时,内屏蔽电缆的弯曲半径应不小于电缆外径的 20 倍。

2. 在工程设计中,掌握电缆使用原则,合理地对电缆网络图进行设计,有利于减少工程投资。设计要求如下:

(1)按正方向运行,复线区段上下行发送采用同一根电缆。

(2)按正方向运行,复线区段上下行接收采用同一根电缆。

(3)为节省电缆投资,一般宜采用 A 型电缆,A 型电缆为部分内屏蔽四线组、部分非内屏蔽四线组电缆,可节省投资。

(4)信号点灯线可与发送或接收线对同缆使用。同缆时,宜将上、下行信号机分开,该方式可减少区间信号机灯丝断丝报警芯线数量。

(5)电缆网络图布置时,一般从区间最远端向站内方向布置。

(6)必要时,干线电缆采用内屏蔽型电缆(SPT-P)。一般分支短电缆均可采用 SPT 型电缆(因为没有同载频信号问题)。

(7)同频发送、接收电缆使用举例：

1700-1 发送与 1700-1 接收为同载频，不能同缆。

1700-1 发送与 1700-2 接收为不同载频，可以同缆。

1700-1 发送与 1700-1 发送为同载频，不能同四线组，但可在不同四线组内设置。

1700-1 接收与 1700-1 接收为同载频，不能同四线组，但可在不同四线组内设置。

1700-1 发送与 1700-2 接收为不同载频，可以在同一四线组内设置。

以上表明：1700-1 与 1700-2 为不同载频，其他频率亦然。

复习思考题

1. ZPW-2000A 无绝缘轨道电路主要由哪几部分组成？

2. ZPW-2000A 无绝缘轨道电路室外设备调谐区、补偿电容、匹配变压器在电路中的作用是什么？

3. ZPW-2000A 无绝缘轨道电路的主要特点是什么？

4. ZPW-2000A 无绝缘轨道电路应满足哪些要求？

5. 如何测试 ZPW-2000A 无绝缘轨道电路的分路电压，其标准是什么？

6. 如何测试 ZPW-2000A 无绝缘轨道电路的入口电流，其标准是什么？

第十一章　电 源 设 备

铁路信号电源屏是铁路信号设备的一个重要部件，其主要作用是为铁路信号设备提供电能供应。信号电源屏的稳定能够确保信号系统稳定工作，保证了行车安全。本章以 PXZG 系列铁路信号智能电源屏(PXZG-Z 铁路信号智能电源屏)为例进行讲解，其输出分别是 25 Hz 轨道电路电源、信号点灯电源、道岔表示电源、站内继电器电源、直流电动转辙机电源、稳压备用电源、计算机联锁电源、计算机监测电源、TDCS 电源、半自动闭塞电源、站内电码化电源、熔丝报警电源、道口电源等各种信号电源，同时可根据需要增加站场所需电源，使得一套屏即可满足车站所需的各种信号电源。

第一节　电源屏的结构

铁路信号智能电源屏主要由两路电源自动转换电路(由交流接触器和过欠压保护单元组成)、直流高频开关电源配电模块(如电码化和站联等)、交流稳压单元、隔离变压器输出单元、采集电路和监测模块以及声光报警电路等组成，自右向左依次为 A、B、C、D、E 屏，如图 11-1-1 所示。

图 11-1-1　电源屏外观

一、整屏布局(正面)

电源屏整屏正面布局，如图 11-1-2 所示。

电源屏正面局部布局，如图 11-1-3 所示。

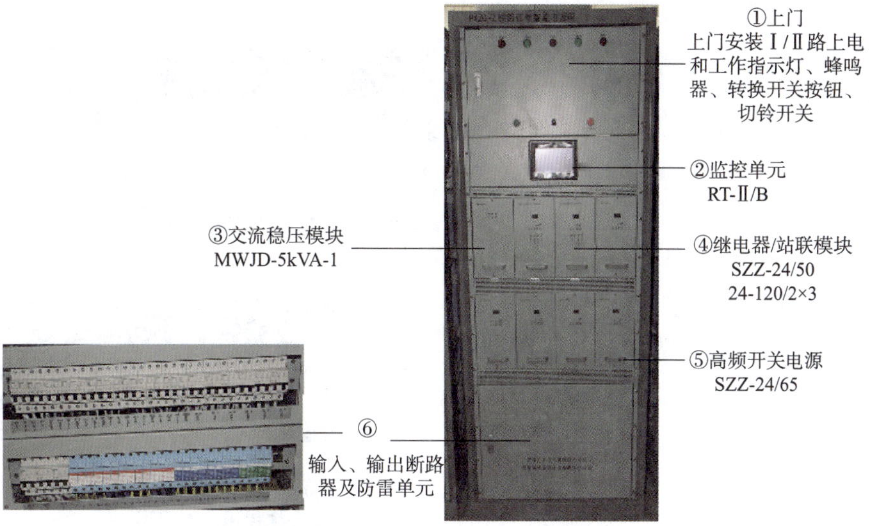

图 11-1-2　电源屏整屏正面布局

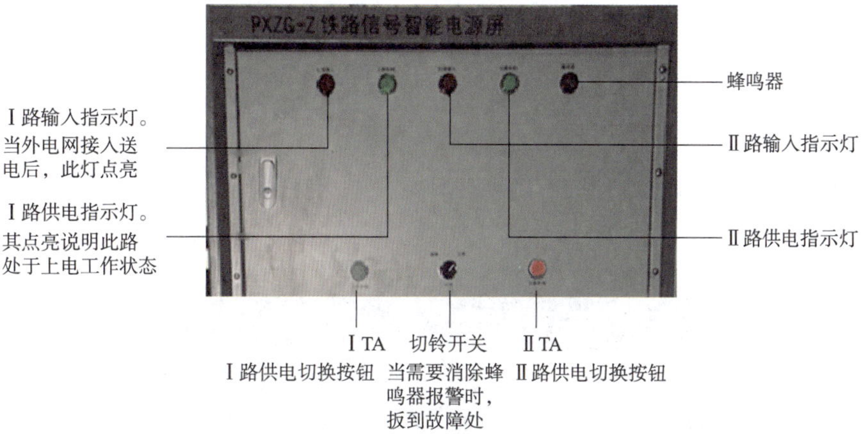

图 11-1-3　电源屏正面局部布局

注：Ⅰ/Ⅱ路切换按钮用于手动转换供电状态。

打开正面上门，内部布局如图 11-1-4 所示。

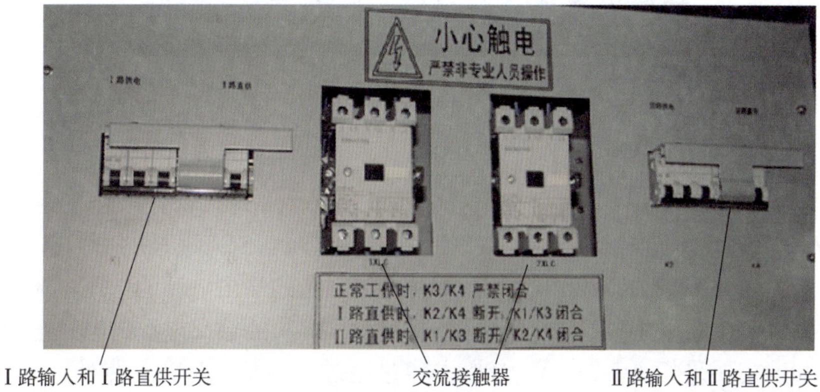

图 11-1-4　电源屏内部布局示意 1

注：交流接触器正常工作时，切勿闭合屏上的旁路开关。Ⅰ、Ⅱ路的旁路开关任何情况下严禁同时闭合。

电源屏内部布局如图 11-1-5 所示。

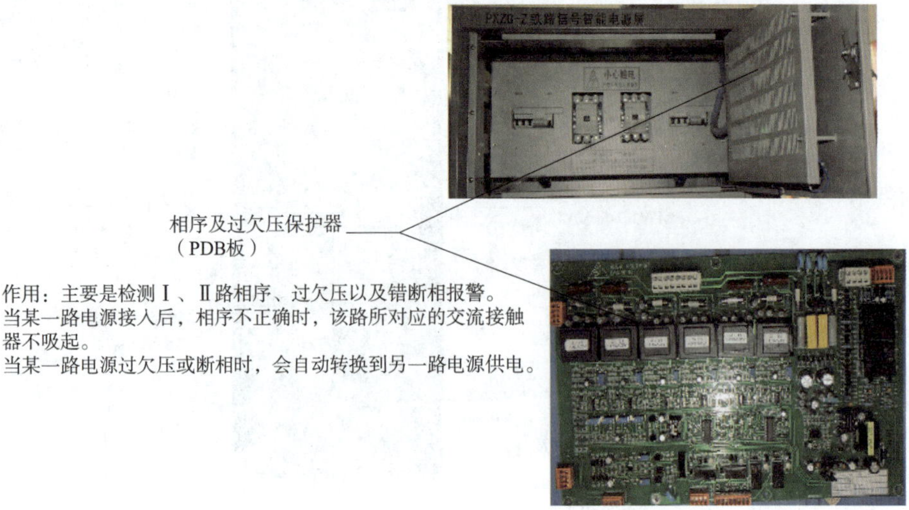

图 11-1-5　电源屏内部布局示意 2

二、整屏布局（背面）

1. 最上层结构

电源屏背面最上层结构，如图 11-1-6 所示。

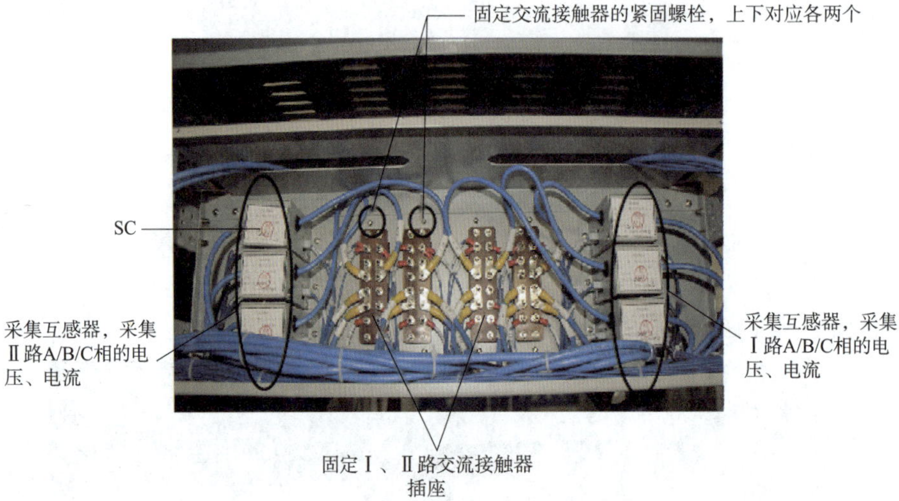

图 11-1-6　电源屏背面最上层结构

SC 表示交流采集单元，分为 SC-220（SC-220/5）、SC-24、SC-380（SC-380/50）三种型号。

(1)SC-220：主要采集 AC 220 V 电源，标称值>5 A 的输出电源的电压电流；

(2)SC-220/5：主要采集 AC 220 V 电源，标称值≤5 A 的输出电源的电压电流；

(3)SC-380：主要采集 AC 380 V 电源，总容量超过 30 kV·A 以上的车站使用，采集输入电源电压电流；

(4)SC-380/50：主要采集 AC 380 V 电源，总容量不超过 30 kV·A 的车站使用，采集输入电源电压电流；

(5)SC-24：主要采集 AC 24 V 电源。

2. 第二层结构

电源屏背面第二层结构，如图 11-1-7 所示。

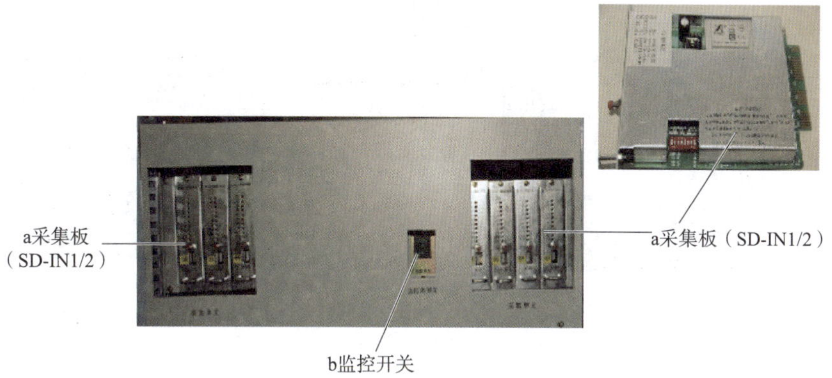

图 11-1-7　电源屏背面第二层结构

3. 最下层结构

电源屏背面最下层结构，如图 11-1-8 所示。

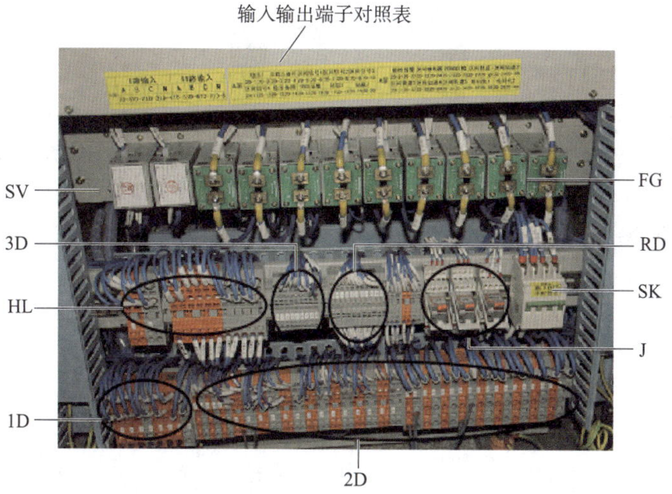

图 11-1-8　电源屏背面第三层结构

图 11-1-8 中代号含义如下：

(1)1D：Ⅰ/Ⅱ路电源输入端子。

(2)2D：电源输出端子。

(3)3D：3D-1～3D-5 接控制台；3D-6～3D-7 为 RS-485 通信端子，接计算机监测。

(4)HL：汇流端子(内部配线)。

(5)SK：倒顺开关(扳下为直供状态，在更换稳压模块时使用，平时为扳上位置，即稳压状态)。

(6)RD：熔断。

(7)SV：直流互感器(SC-DCⅡ)，用于采集站联及熔丝电压，如图 11-1-9 所示。

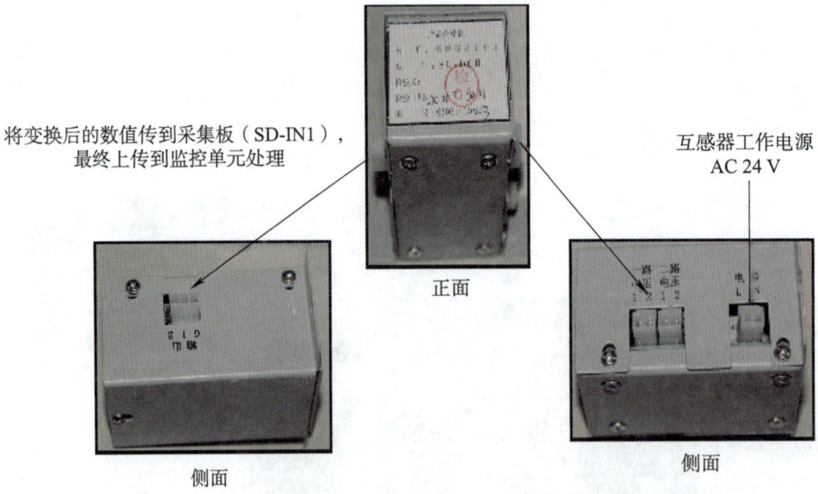

图 11-1-9　直流互感器(SC-DCⅡ)

(8)FG:直流互感器(SC-DCⅠ),用于采集继电器、电码化电压、电流,如图 11-1-10 所示。

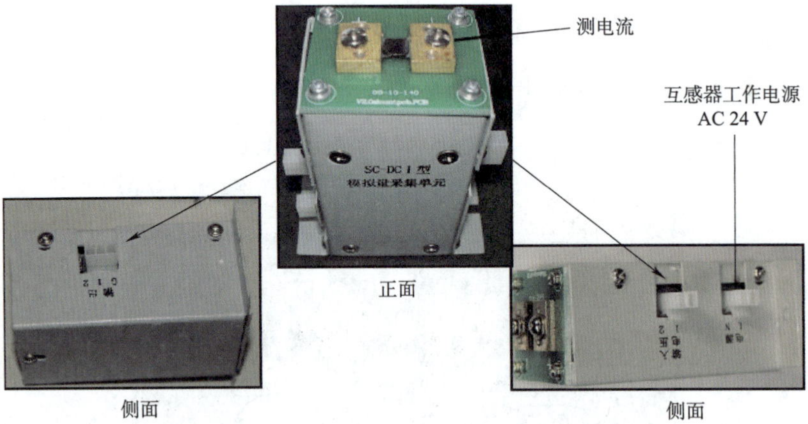

图 11-1-10　直流互感器(SC-DCⅠ)

(9)J:ABB 继电器(CR-M230AC4L),J1、J2 分别用于监测Ⅰ、Ⅱ路上电情况,当其中一路电源未送电或其本身故障时,监控会报警,同时蜂鸣器发声光报警。

(10)BJJ:报警继电器如图 11-1-11 所示,当所有电源的输入输出闭合且工作正常,BJJ 工作(发光二极管点亮)。当有某一模块或输出故障时,报警继电器接通常闭接点,监控报警,同时蜂鸣器发声光报警,如果电源屏没有故障,当 BJJ 插接不良时,也会报警。

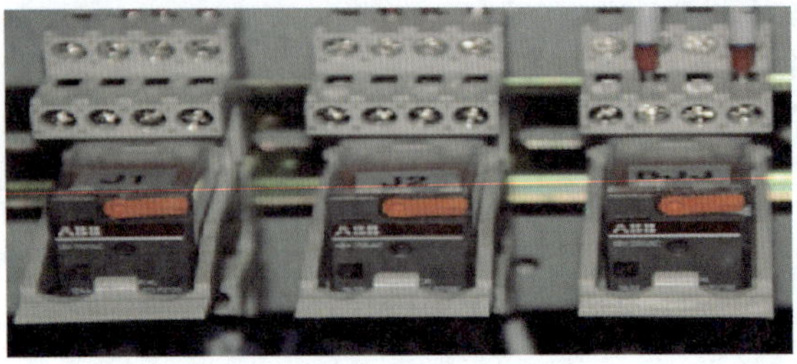

图 11-1-11　继电器正面

注:当继电器故障时,可在不停电的情况下取下故障继电器,更换新继电器。

第二节　电源屏的基本知识

电源屏引入Ⅰ、Ⅱ路相互独立的三相 AC 380 V 电源，经 Y 形交流接触器自动转换电路切换后输出一路三相 AC 380 V 电源，分 A、B、C 三相为各交、直流配电模块供电。通过稳压模块稳压，为各交流配电单元提供稳定、可靠、零切换的交流电源，交流配电单元经隔离变压器隔离输出交流电源。直流配电模块不经过稳压模块，直接由交流接触器输出电源供电，通过整流、滤波输出直流电源。报警电路对各个模块工作状态（报警正常/故障、输出超上下限报警）进行实时监测。两路电源自动转换电路、稳压模块设有旁路开关，故障时可手动旁路开关直通供电，可不断电实现交流接触器、过欠压保护单元（PDB 板）维护。

一、SZZ-24/50 模块

SZZ-24/50 模块为开关电源，作为站内电码化、区间轨道、继电器等的 DC 24 V 供电电源，如图 11-2-1 所示。

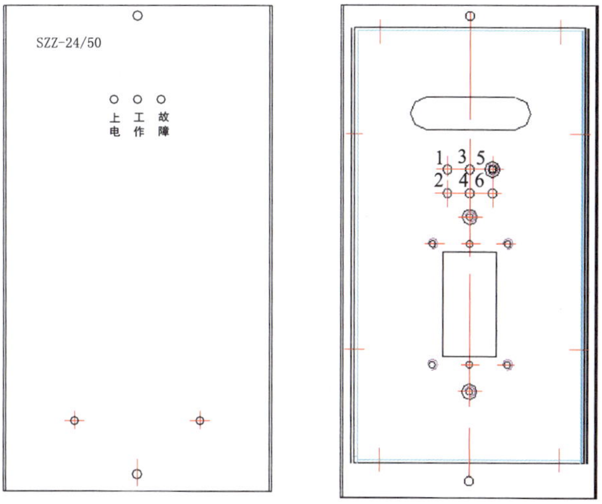

图 11-2-1　SZZ-24/50 模块

1. 交流输入、输出技术参数见表 11-2-1，输入输出端子定义见表 11-2-2。

表 11-2-1　交流输入、输出技术参数

输入电压范围	220 V(1±30%)
输入最大电流	12 A
额定输出电压	DC 24 V
输出电压精度	±0.5%
输出额定电流	50 A
输出限流点	110%～115%

表 11-2-2　输入输出端子定义

端子号	定义	端子号	定义
1	输入 L	17	中接点
7	输入 N	18	吸起接点

续上表

端子号	定义	端子号	定义
36	输出＋	24/25	均流＋
37	输出－	26/27	均流－

2. 启动冲击电流：小于最大输入电流有效值的 150%。

3. 开关电源采用软启动技术，启动时间为 3～8 s。

4. 其他技术参数：输出可在 23～28 V 范围内连续调节，出厂时设定为 25.5 V。

5. 并联运行(24 V/50 A 输出)：均分负载不平衡度<5%。

6. 报警保护功能：当交流电源过欠压时，模块应能自动关机保护，并进行光报警。交流电源恢复正常，模块自动恢复正常。输出电压超出保护点，模块应能自动关机并锁机，并进行光报警。故障排除后，应人工恢复工作。当输出电流达到限流值时，模块应能限流工作，不报警。输出端短路时，模块应保护并进行光报警。短路故障排除后，模块应自动恢复工作。过热保护时(90 ℃±5 ℃)，模块应自动关机，并进行光报警。温度正常时，模块自动恢复工作。模块的输入设有快速熔断器保护。

7. 模块面板功能：

(1)交流输入指示(绿色)：无交流输入，灯不亮；有交流输入，灯亮。

(2)模块故障指示(红色)：故障时，灯亮(模块故障包括：输出过流、过压等)。

(3)模块正常工作指示(绿色)：正常工作时，灯亮。

8. 每个模块提供两组全接点，一组供监测及屏内报警用，一组备用。

9. 模块尺寸：310 mm×171 mm×445 mm。

二、SZZ-220/16 模块

SZZ-220/16 模块为直流开关电源，可作为直流电动转辙机的 DC 220 V 供电电源，如图 11-2-2 所示。

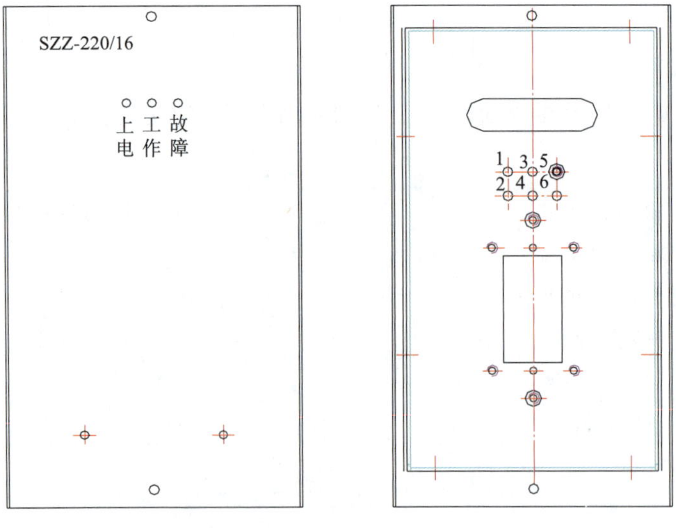

图 11-2-2 SZZ-220/16 模块

1. 交流输入技术参数见表 11-2-3，输入输出端子定义见表 11-2-4。

表 11-2-3　交流输入技术参数

输入电压范围	220 V(1±30%)
输入最大电流	25 A
输入电压频率范围	(50±1) Hz
额定输出电压	DC 220 V
输出额定电流	16 A

表 11-2-4　输入输出端子定义

端子号	定义
2	输入 L
8	输入 N
36	输出+
37	输出−
17	中接点
18	吸起接点

2. 启动冲击电流：小于最大输入电流有效值的 150%。

3. 模块采用软启动技术，启动时间为 3～8 s。

4. 其他技术指标：电转机电压输出可在 210～240 V 范围内连续调节，出厂时设定为 220 V。

5. 报警保护功能：当交流电源过欠压时，模块应能自动关机保护，并进行光报警。交流电源恢复正常，模块自动恢复正常。输出电压超过保护点时，模块应能保护并锁机，并进行光报警。故障排除后，应人工恢复工作。当输出电流达到限流值时，模块应能限流工作，不报警。输出端短路时，模块应自动回缩保护，并进行光报警。短路故障排除后，模块应自动恢复工作。过热保护时(90 ℃±5 ℃)，模块应自动关机，并进行光报警。温度正常时，自动恢复工作。电源模块的输入设有快速熔断器保护。

6. 模块面板功能：

(1)交流输入指示(绿色)：无交流输入，灯不亮；有交流输入，灯亮。

(2)模块故障指示(红色)：故障时，灯亮(模块故障包括：输出过流、过压等)。

(3)模块正常工作指示(绿色)：正常工作时，灯亮。

7. 每个模块提供两组全接点，一组供监测及屏内报警用，一组备用。

8. 模块尺寸：310 mm×171 mm×445 mm。

三、MWJD-7.5 kV·A 模块

交流稳压模块 MWJD-7.5 kV·A，容量为 7.5 kV·A，输入为 AC 220 V，输出为 AC 220 V，如图 11-2-3 所示。输入插座号 1、2 为 L，7、8 为 N；输出插座号 36 为 L，37 为 N。故障接点号：17 为中接点 COM，18 为常开接点 NO，16 为常闭接点 NC。稳压故障时，自动直供输出。模块尺寸：310 mm×171 mm×445 mm。

四、SZB4-220/110 模块(4K)

SZB4-220/110 模块可作为 25 Hz 相敏轨道电路的轨道和局部供电电源，如图 11-2-4 所示。

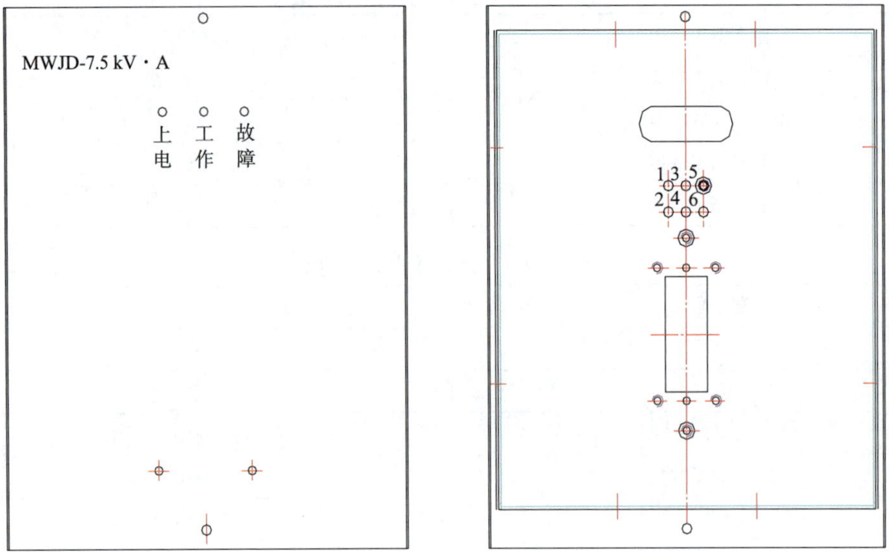

图 11-2-3　交流稳压模块

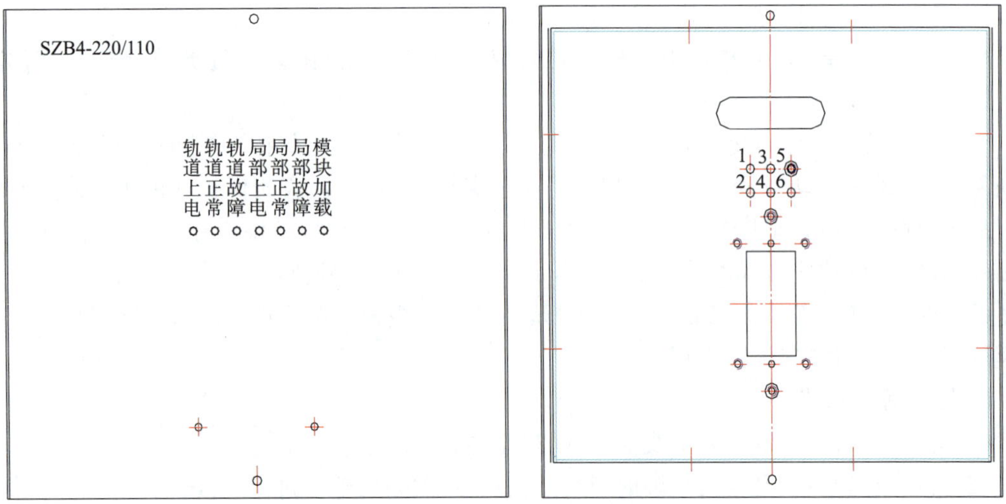

图 11-2-4　SZB4-220/110 模块

1. 轨道电路技术参数见表 11-2-5，输入输出端子定义见表 11-2-6。

表 11-2-5　轨道电路技术参数

输入电压范围	220 V(1±30%)
输入最大电流	24 A
轨道输出电压	220 V
轨道额定电流	11 A
局部输出电压	110 V
局部额定电流	14.5 A
稳压精度	±2%
频率	25 Hz(1±1%)
局部超前轨道相位角	90°±5°

表 11-2-6 输入输出端子定义

端子号	定义	端子号	定义
1	轨道输入 L	37	局部输出 N
2	轨道输入 N	17	中接点
7	局部输入 L	18	吸起接点
8	局部输入 N	10	互锁线
34	轨道输出 L	11	互锁线
35	轨道输出 N	12	互锁线
36	局部输出 L	13	互锁线

2. 启动冲击电流：小于最大输入电流有效值的 150%。

3. 软启动，启动时间为 3～8 s。

4. 保护报警功能：在模块的交流输入、输出部分采用 620 V/6 kA 压敏电阻进行防雷保护。当交流输入过欠压时，模块应能自动关机保护，并提供两组故障接点，进行光报警。交流输入恢复正常，模块应自动恢复工作。当输出电流达到限流值时，模块应能限流工作，不报警。输出短路时，模块应自动锁机，并进行光报警。短路故障排除后，模块应能自动恢复工作。输出电压超过保护点时，模块应保护并锁机，并进行光报警。故障排除后，模块应人工恢复工作。模块过热(90 ℃±5 ℃)时，自动关机，并进行光报警。温度正常时，模块自动恢复工作。电源模块的输入设有快速熔断器保护。

5. 模块面板功能：

(1)交流输入指示(绿色)：无交流输入，灯不亮；有交流输入，灯亮。

(2)模块故障指示(红色)：故障时，灯亮(模块故障包括：输出过流、过压等)。

(3)模块正常工作指示(绿色)：正常工作时，灯亮。

(4)模块加载工作指示(绿色)：主用时，灯亮。

6. 每个模块提供两组常开接点，一组供监测及屏内报警用，一组备用。每个模块提供同步发送/接收线各一对。

7. 模块尺寸：310 mm×343 mm×445 mm。

五、SZZ-24-120/2×2

SZZ-24-120/2×2 模块为直流开关电源，可作为站间联系等供电电源，如图 11-2-5 所示。

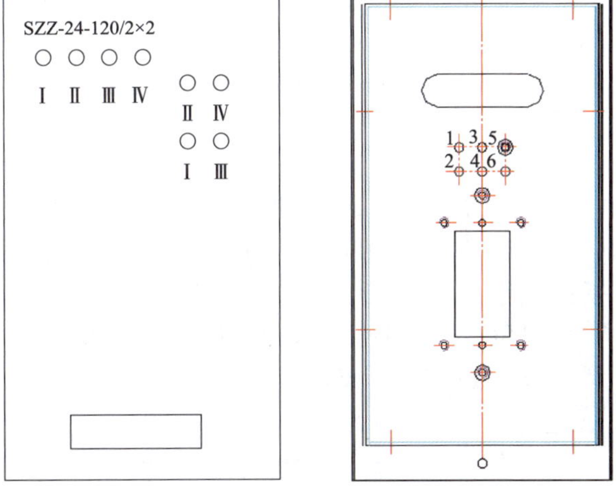

图 11-2-5 SZZ-24-120/2×2 模块

1. 交流输入技术参数见表 11-2-7，输入输出端子定义见表 11-2-8。

表 11-2-7 交流输入技术参数

输入电压范围	220 V(1±30%)	
输入电压频率范围	(50±1) Hz	
额定输出电压	Ⅰ	24～120 V
	Ⅱ	24～120 V
	Ⅲ	—
	Ⅳ	—
	Ⅴ	—
	Ⅵ	—
输出额定电流	2 A	

表 11-2-8 输入输出端子定义

端子号	定义	端子号	定义
1	输入 L	13	—
7	输入 N	31	—
10	Ⅰ路输出＋	14	—
28	Ⅰ路输出－	32	—
11	Ⅱ路输出＋	15	—
29	Ⅱ路输出－	33	—
12	—	17	中接点
30	—	18	吸起接点

2. 模块采用软启动技术，启动时间为 3～8 s。

3. 其他技术指标：电压输出可在表 11-2-7 规定的范围内调节，面板分别对应四路输入，顺时针旋转电压增加，逆时针旋转电压减少。如需调节电压，应将两台分别调到相同电压值。出厂时设定Ⅰ～Ⅱ为 60 V。

4. 报警保护功能：当交流电源过欠压时，模块应能自动关机保护，并进行光报警。交流电源恢复正常，模块自动恢复正常。输出电压超过保护点时，模块应能保护并锁机，并进行光报警。故障排除后，应人工恢复工作。当输出电流达到限流值时，模块应能限流工作，不报警。输出端短路时模块应自动回缩保护，并进行光报警。短路故障排除后，模块应自动恢复工作。过热保护时(90 ℃±5 ℃)，模块自动关机，并进行光报警。温度正常时，自动恢复工作。电源模块的输入设有快速熔断器保护。

5. 模块面板功能：

(1)交流输入指示(绿色)：无交流输入，灯不亮；有交流输入，灯亮。

(2)模块故障指示(红色)：故障时，灯亮(模块故障包括：输出过流、过压等)。

(3)模块正常工作指示(绿色)：正常工作时，灯亮。

6. 每个模块提供两组全接点，一组供监测及屏内报警用，一组备用。

7. 模块尺寸：310 mm×171 mm×445 mm。

六、系统输出电源的类型及范围

系统输出电源的类型及范围见表 11-2-9。

表 11-2-9　系统输出电源的类型及范围

序号	电源类型	电压	电流
1	继电器电源	DC $24^{+3.5}_{-0.5}$ V	40 A
2	站内电码化电源 1～4	DC 24^{+2}_{-0} V	20 A×4
3	区间轨道电源 1～10	DC 24^{+2}_{-0} V	20 A×10
4	站联电源 1～2	DC (60±5) V,其中电源标准电压调整范围为 24～120 V	2 A×2
5	直流转辙机电源	DC 220^{+20}_{-10} V	30 A
6	计算机监测电源	AC(220±10) V	10 A
7	CTC 电源	AC(220±10) V	10 A
8	备用电源 1～2	AC(220±10) V	10 A
9	道岔表示电源	AC(220±10) V	10 A
10	计算机联锁电源	AC(220±10) V	12 A
11	车站信号电源 1～2	AC(220±10) V	5 A×2
12	稳压备用电源 1～2	AC(220±10) V	10 A×2
13	区间信号电源 1～2	AC(220±10) V	10 A×2
14	STP 电源	AC(220±10) V	10 A
15	道岔缺口视频电源	AC(220±10) V	10 A
16	站场监测电源	AC(220±10) V	10 A
17	打印机电源	AC(220±10) V	10 A
18	非稳压备用电源	AC(220±10)V	10 A
19	25 Hz 轨道 1～4 电源	AC 220 V(1±3%)	2 A×4
20	25 Hz 局部 1～4 电源	AC 110 V(1±3%)	4 A×4
21	交流转辙机电源(20 kV・A)	AC 380 V	—

七、PXZG-Z 电源屏系统电源端子配线

1. 输入端子号

输入端子号见表 11-2-10。

表 11-2-10　输入端子号

输入端子号	Ⅰ路输入				Ⅱ路输入			
A 屏	A	B	C	N	A	B	C	N
	1D-1	1D-2	1D-3	1D-4	1D-5	1D-6	1D-7	1D-8

2. A 屏输出端子号

A 屏输出端子号见表 11-2-11。

表 11-2-11　A 屏输出端子号

直流转辙机		继电器电源		站联电源 1		站联电源 2		打印机电源		非稳压备用		计算机监测数据	
2D-5	2D-6	2D-7	2D-8	2D-9	2D-10	2D-11	2D-12	2D-13	2D-14	2D-15	2D-16	3D-6(+)	3D-7(−)

3. B 屏输出端子号

B 屏输出端子号见表 11-2-12。

表 11-2-12　B 屏输出端子号

区间轨道 1		区间轨道 2		区间轨道 3		区间轨道 4		区间轨道 5	
2D-1	2D-2	2D-3	2D-4	2D-5	2D-6	2D-7	2D-8	2D-9	2D-10
区间轨道 6		区间轨道 7		区间轨道 8		区间轨道 9		区间轨道 10	
2D-11	2D-12	2D-13	2D-14	2D-15	2D-16	2D-17	2D-18	2D-19	2D-20
电码化 1		电码化 2		电码化 3		电码化 4		—	
2D-21	2D-22	2D-23	2D-24	2D-25	2D-26	2D-27	2D-28		

4. C 屏输出端子号

C 屏输出端子号见表 11-2-13。

表 11-2-13　C 屏输出端子号

计算机监测		CTC		备用电源 1		备用电源 2		道岔表示		计算机联锁	
2D-1	2D-2	2D-3	2D-4	2D-5	2D-6	2D-7	2D-8	2D-9	2D-10	2D-11	2D-12

5. D 屏输出端子号

D 屏输出端子号见表 11-2-14。

表 11-2-14　D 屏输出端子号

车站信号 1		车站信号 2		区间信号点灯 1		区间信号点灯 2		STP 电源	
2D-1	2D-2	2D-3	2D-4	2D-5	2D-6	2D-7	2D-8	2D-9	2D-10
道岔视频缺口		稳压备用 1		稳压备用 2		站场监测		—	
2D-11	2D-12	2D-13	2D-14	2D-15	2D-16	2D-17	2D-18		

6. E 屏输出端子号

E 屏输出端子号见表 11-2-15。

表 11-2-15　E 屏输出端子号

25 Hz 轨道 1		25 Hz 轨道 2		25 Hz 轨道 3		25 Hz 轨道 4		25 Hz 局部 1	
2D-1	2D-2	2D-3	2D-4	2D-5	2D-6	2D-7	2D-8	2D-9	2D-10
25 Hz 局部 2		25 Hz 局部 3		25 Hz 局部 4		—			
2D-10	2D-12	2D-13	2D-14	2D-14	2D-16				

7. F 屏输出端子号

F 屏输出端子号见表 11-2-16。

表 11-2-16　F 屏输出端子号

交流转辙机			
A	B	C	N
2D-1	2D-2	2D-3	2D-4

第三节　电源屏的基本操作流程

一、电源屏上电操作流程

电源屏上电前，必须使用仪表 AC 500 V 挡，对输入电压进行测试。确认输入电压为 AC 380 V(波动范围：AC 304～437 V)，频率为(50±0.5) Hz，并核对Ⅰ、Ⅱ路输入端子电源的相序，确认一致。两路电源的ⅠA-ⅡA、ⅠB-ⅡB、ⅠC-ⅡC 相电压数值≤AC 30 V。

1. 开机步骤

(1)检查确认系统Ⅰ、Ⅱ两路电源输入正常后，此时系统所有输出、输入断路器应断开。

(2)依次闭合Ⅰ、Ⅱ路供电断路器，使用电源正常(直供断路器不能闭合)。

(3)依次先闭合 A 屏稳压模块及其他屏上各功能模块的输入断路器，保证模块上电正常。

(4)依次闭合各输出断路器。

(5)闭合监测模块开关，启动监测模块进入监控软件对系统进行监测。

2. 关机步骤

(1)断开各交/直流模块的输出、输入断路器。

(2)断开各交/交流模块上的供电开关。

(3)断开稳压模块上的供电开关。

(4)关闭监测模块。

(5)断开Ⅰ、Ⅱ路供电断路器。

注意：各屏模块的输入、输出断路器正常工作时应全闭合。

3. 电源自动转换

(1)引入两路相互独立的三相 AC 380 V 电源，通过Ⅰ、Ⅱ路电源输入转换电路，可实现两路供电电源手动、自动转换，两路电源转换时间不大于 0.15 s。

(2)电源设手动转换按钮 1TA、2TA，可手动选择任意一路电源供电。输入两路电源其中一路发生故障时，都能自动转换另一路工作。

(3)输入电源设有Ⅰ、Ⅱ两路旁路开关，交流接触器故障时可不断电热拔插取下维护。

警告：交流接触器正常工作时，切勿合上屏上的旁路开关，Ⅰ、Ⅱ路的旁路开关任何情况下严禁同时闭合。

二、监测系统操作流程

1. 系统启动

监测模块后面有个电源开关，打开电源时，触摸屏启动系统，2～3 s 后，进入系统初始化页面，如图 11-3-1 所示。正常时，电源屏上电即可启动。

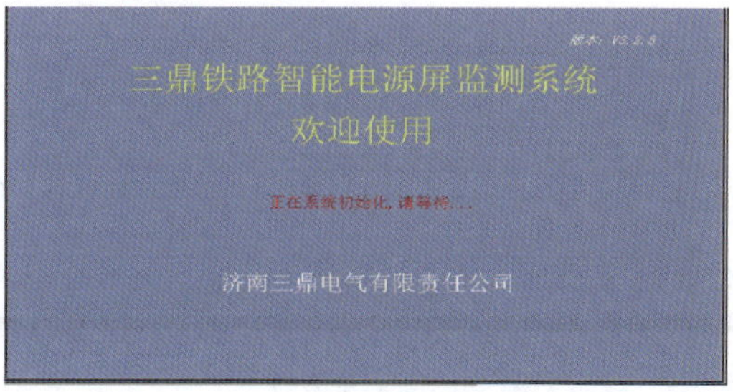

图 11-3-1　系统初始化界面

2. 功能操作

数据初始化后，进入系统主界面，如图 11-3-2 所示。

图 11-3-2　系统主界面

(1)实时显示

按"实时显示"，进入数据实时显示界面，显示输入Ⅰ、Ⅱ路模拟量，包括电压、电流值及主备用情况，如图 11-3-3 所示。

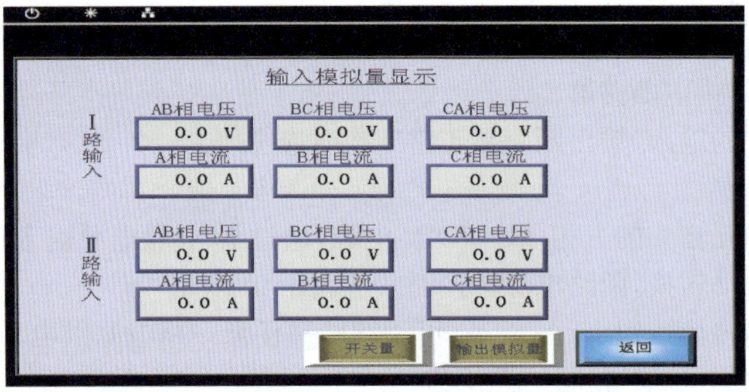

图 11-3-3　实时显示

①开关量显示

单击"开关量"按钮，进入开关量显示界面，显示通道、名称、类别、状态，如图 11-3-4 所示。每屏显示 8 行，单击"首页"按钮，跳转到第一页显示，单击"下页"跳转到下一页显示，单击"上页"跳转到上一页显示。

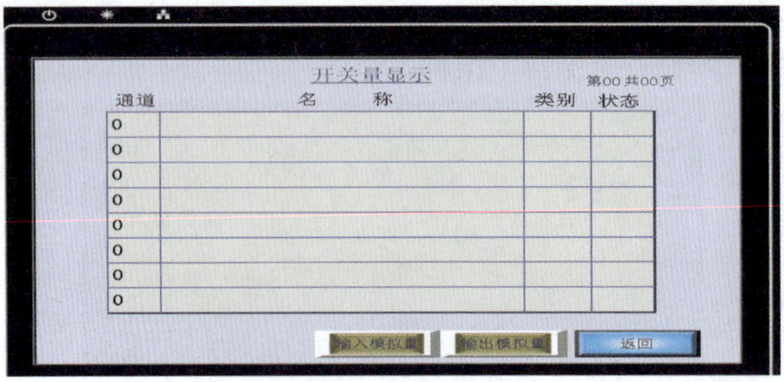

图 11-3-4　开关量显示

②输出模拟量显示

单击“输出模拟量”按钮，进入输出模拟量显示界面，显示输出模拟量的通道、名称、类别、数值，如图 11-3-5 所示。每屏显示 8 行，单击“首页”按钮，跳转到第一页显示，单击“下页”跳转到下一页显示，单击“上页”跳转到上一页显示。

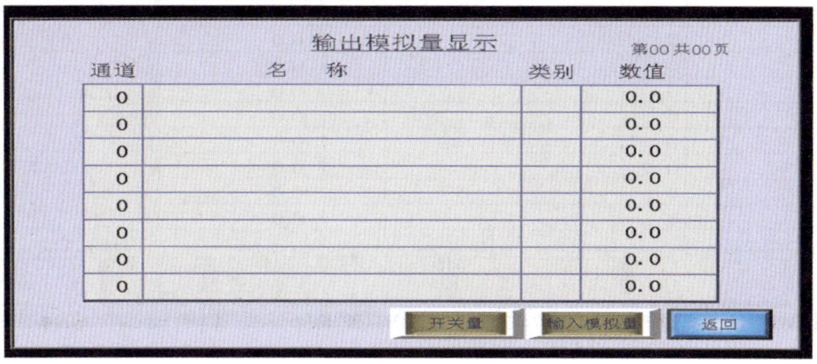

图 11-3-5　输出模拟量显示

③返回

单击“返回”，跳到主界面。

(2)图形数据

可把Ⅰ、Ⅱ路的实时电压(三相)值，利用曲线图形显示出来，单击“图形数据”，即显示Ⅰ路输入曲线，如图 11-3-6 所示。

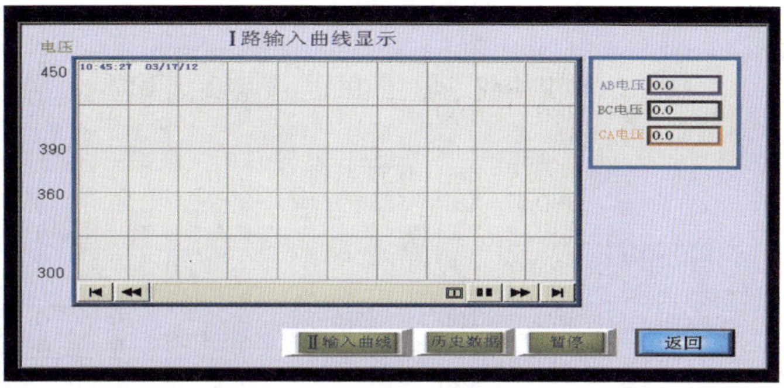

图 11-3-6　Ⅰ路输入曲线图形显示

其中“AB 电压”用蓝色曲线表示，“BC 电压”用黑色曲线表示，“CA 电压”用深黄色曲线表示。单击“历史数据”，进入Ⅰ路数据历史数据显示界面；单击“暂停”按钮，Ⅰ路数据曲线停止不动，只有单击“继续”按钮，数据曲线才会继续随时间变动。

①Ⅱ路输入曲线显示

单击“Ⅱ输入曲线”进入Ⅱ路输入曲线显示界面，与Ⅰ路基本相同。

②返回

单击“返回”，跳到主界面。

(3)历史数据

单击“历史数据”，进入界面如图 11-3-7 所示。界面显示输出模拟量历史数据，可显示时间、通道、名称、类别、数值。可进行数据日期选择，单击下箭头，列出已存储的日期，当选定日期后，就显示这日期的历史数据，如果日期为“?”时，将不显示任何数据。历史数据很多，可利用滑动按钮浏览不同时间段的数据；也可以输入要跳转的页号，直接跳转到指定的页号显示。

单击“清除数据”，清除所有输出模拟量历史数据。

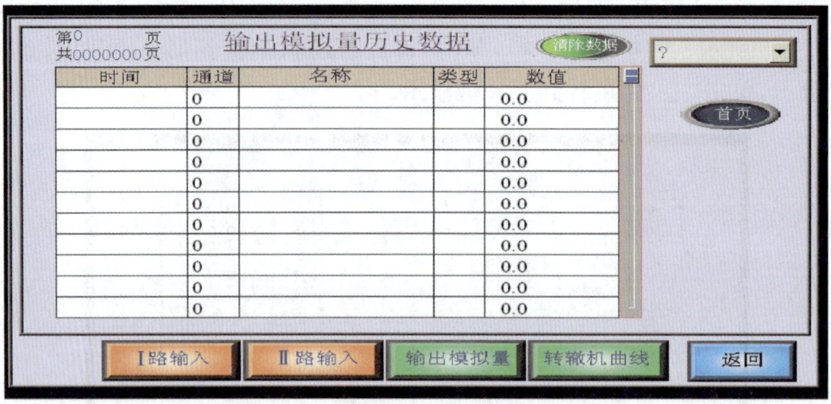

图 11-3-7　历史数据显示界面

①Ⅰ路输入历史数据

单击“Ⅰ路输入”，进入Ⅰ路输入历史数显示界面，可显示时间、日期、AB 电压、BC 电压、CA 电压、A 电流、B 电流、C 电流、状态，如图 11-3-8 所示。可进行数据日期选择，单击下箭头，将列出已存储的日期，最多 7 天，选定日期后，就显示这日期的历史数据，如果日期为“?”时，将不显示任何数据。历史数据很多，可利用滑动按钮浏览不同时间段的数据。

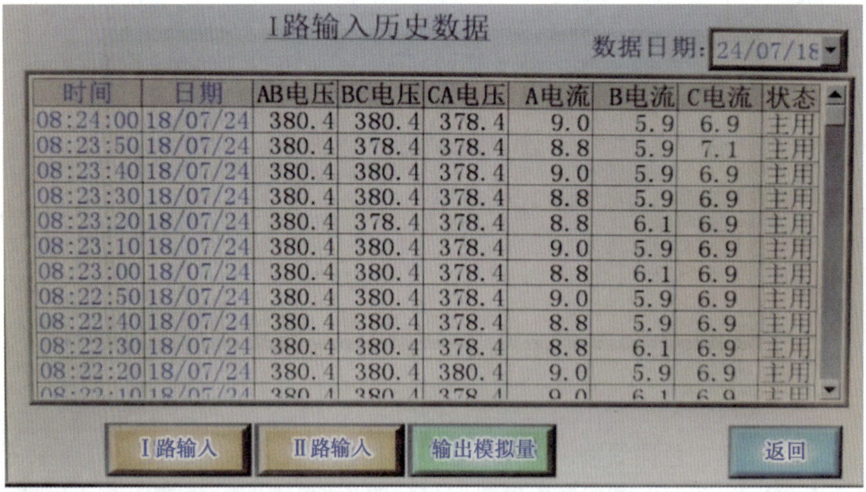

图 11-3-8　Ⅰ路输入历史数据显示界面

②Ⅱ路输入历史数据

单击“Ⅱ路输入”，进入Ⅱ路输入历史数据显示界面，与Ⅰ路基本一样。

(4)报警数据

单击“报警数据”，进入报警历史数据界面，显示内容包括：报警时间、名称、故障、恢复时间，如图 11-3-9 所示。单击“首页”跳转到第一页显示；单击“下页”跳转下一页数据显示；单击“上页”跳转上一页数据显示。

①当前报警数据浏览

单击“当前报警”进入当前报警数据显示界面，显示内容包括：时间、名称、故障，如

图 11-3-9　报警历史数据显示界面

图 11-3-10 所示。单击“首页”跳转到第一页显示；单击“下页”跳转下一页数据显示；单击“上页”跳转上一页数据显示。

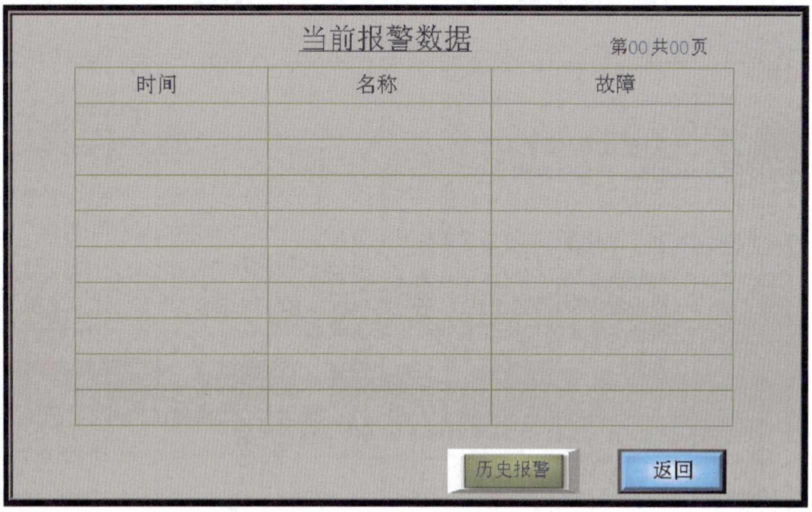

图 11-3-10　当前报警数据显示界面

②返回

单击“返回”，跳到主界面。

(5)参数设置

单击“参数设置”，进入快捷窗口，包括：系统帮助、时间设置、系统设置、配置设置、串口测试、计算机监测、重启系统、关闭快捷等功能，如图 11-3-11 所示。

①系统帮助

单击“系统帮助”，进入界面如图 11-3-12 所示。

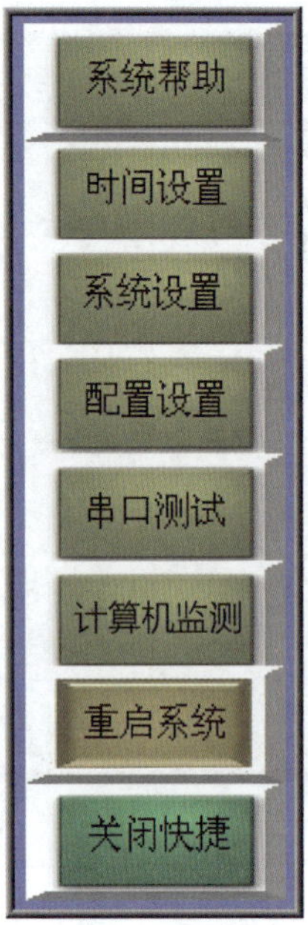

图 11-3-11　参数设置窗口

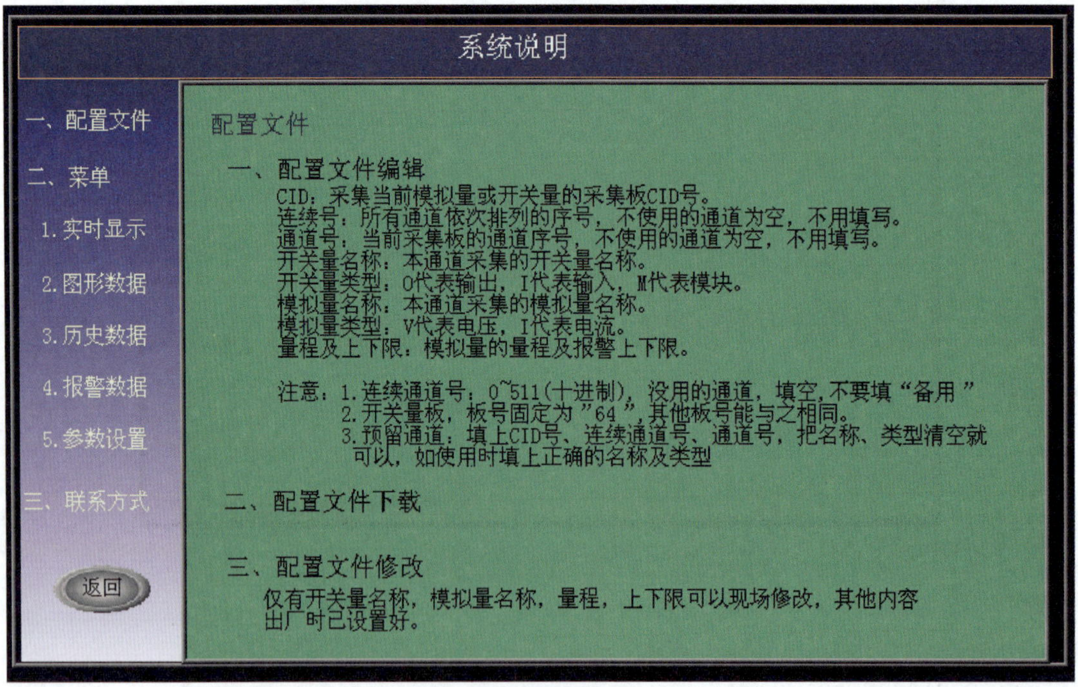

图 11-3-12　系统帮助界面

②时间设置

在时间设置界面可设置年、月、日、时、分、秒，如图 11-3-13 所示。

③系统设置

首先输入密码，根据密码进入系统设置界面，如图 11-3-14 所示。系统设置界面包括：弹出报警窗口、取消声音输出、计算机监测波特率、删除 HMI 历史采样、删除 USB 盘历史采样、设备维护状态、删除历史报警等功能，如图 11-3-15 所示。

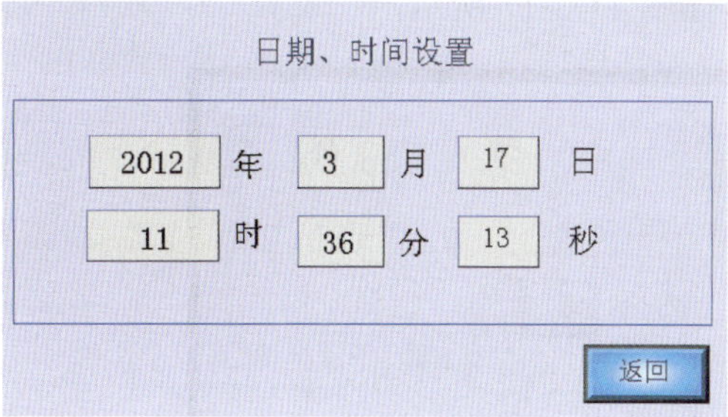

图 11-3-13　时间设置界面

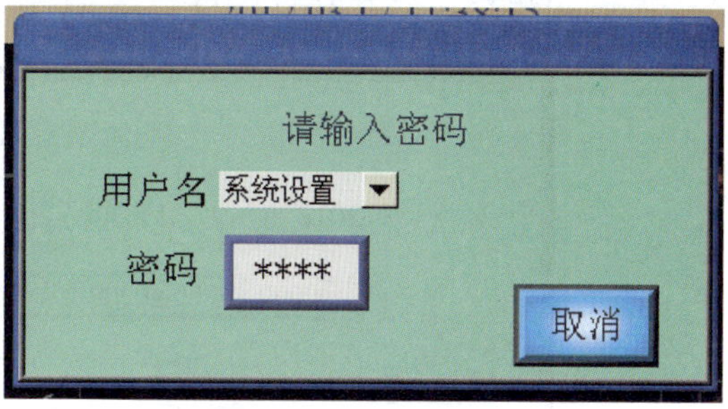

图 11-3-14　输入密码

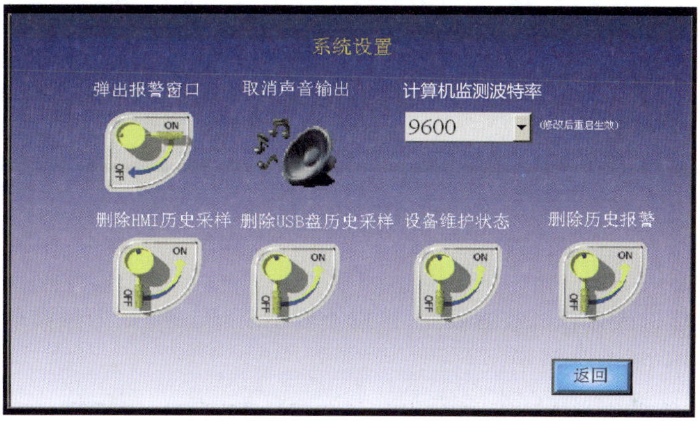

图 11-3-15　系统设置界面

④配置设置

输入密码，才能进入配置界面，如图 11-3-16 所示。界面显示的内容出厂时已经设置好，使用过程不能随意更改。

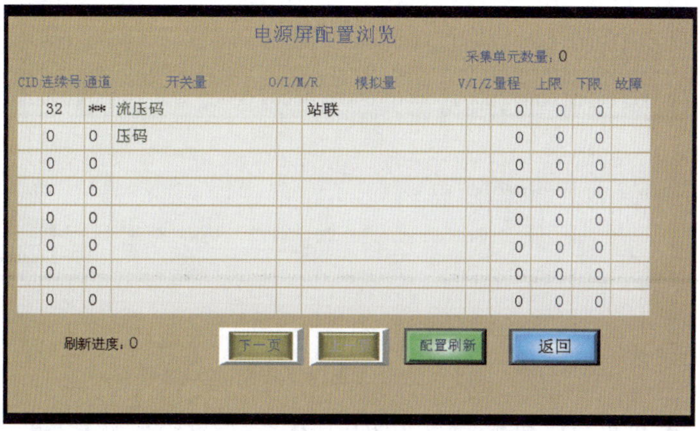

图 11-3-16　配置设置界面

注：电源屏配置文件的编辑应在计算机上进行（厂家提供了编辑工具）；此功能是对已编好的电源屏配置文件进行浏览查看，并能对除 CID、连续通道号、通道号以外的信息进行修改。

⑤串口测试

输入密码，才能进入串口测试界面，此功能一般为维护人员使用，可以查看串口读写数据正确与否；可以输入要查看的 CID 号，默认为 0 号，如图 11-3-17 所示。

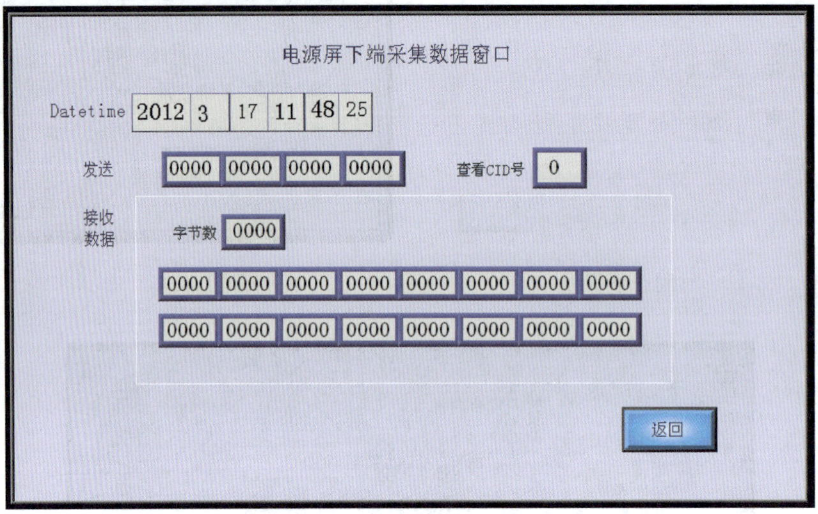

图 11-3-17　串口测试界面

⑥计算机监测

输入密码，才能进入计算机监测界面，可以查看 RS-485 端口，即触摸屏往计算机监测传送的原始数据，如图 11-3-18 所示。

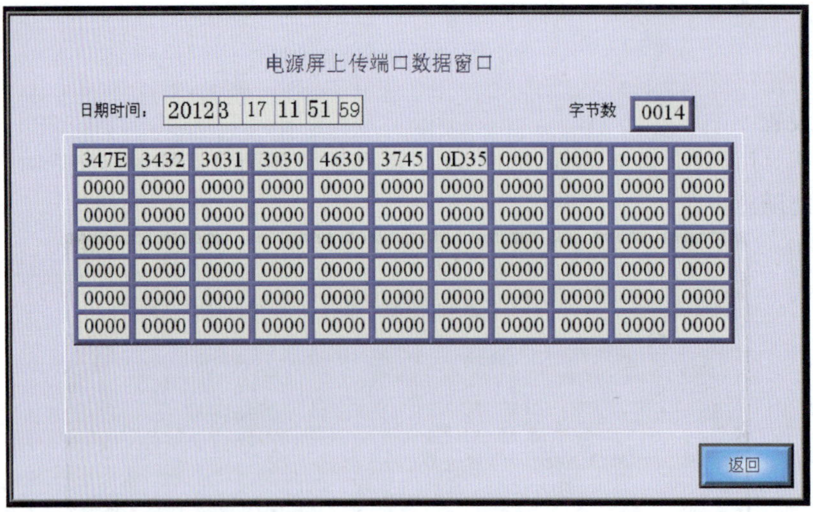

图 11-3-18　计算机监测界面

⑦重启系统

单击“重启系统”可重新启动触摸屏（为防止误操作，设置密码为 1111）。

⑧关闭快捷

单击“关闭快捷”可关闭参数设置窗口。

在监测模块后面有一船形开关，用于监测模块的上电。另外模块后面有 USB 口，用于数据的读出、写入。

为了保证电源断电时能记录数据并报警，在电源屏上安装了两节 DC 12 V、0.8 A·h 电池。为了便于更换，电池安装在监测模块前面板左侧后面。

第四节　电源屏标准化作业

一、作业流程

电源屏标准化作业流程如图 11-4-1 所示。

作业前准备 → 登记联系 → 检修 → 复查试验 → 清点销记 → 小结

图 11-4-1　作业流程

二、电源屏标准化检修作业程序

电源屏标准化检修作业程序见表 11-4-1。

表 11-4-1　电源屏标准化检修作业程序

工步	作业内容及标准	图示说明
1. 检查	(1)检查确认电源屏外观良好，各面屏前、后门盖开启灵活，不卡线。 (2)A 屏两路电源、工作灯和各模块指示灯显示正确、清晰	
	检查确认监测液晶显示器安装良好，各按键操作可靠。确认电源检测、系统告警功能正常，液晶显示屏显示清晰，数据、时间准确	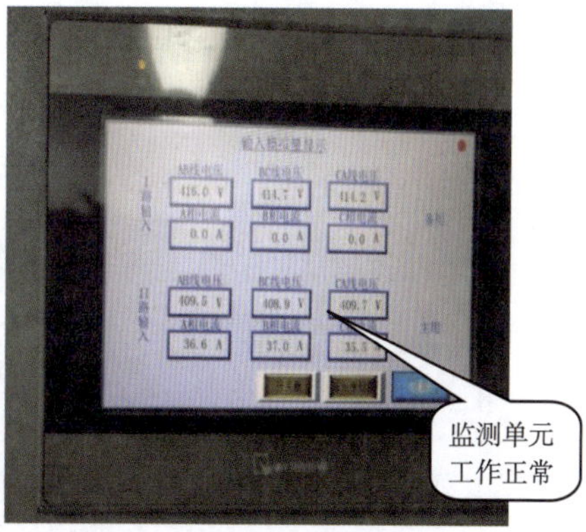

续上表

工步	作业内容及标准	图示说明
1. 检查	(1)检查确认Ⅰ、Ⅱ路交流接触器插接良好,无异味、异声。 (2)确认旁路开关压板固定良好	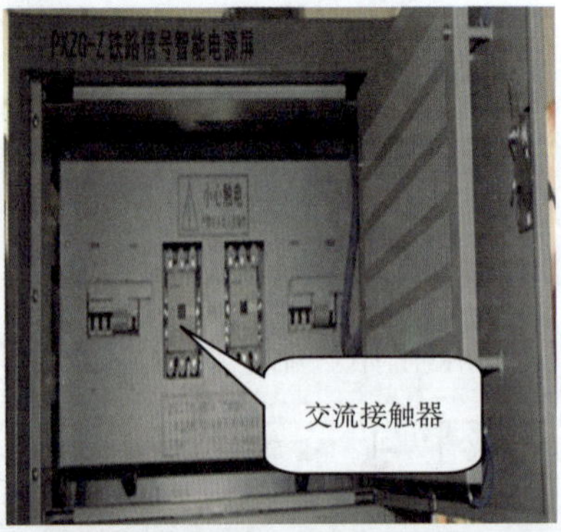
	(1)确认各类型模块安装牢固,无过热现象,指示灯及显示窗口工作正常,数据正确。 (2)输出相同电源的两台模块要分别调到相同输出电压值	
	确认各开关、断路器安装牢固,位置正确,上、下配线压接紧固良好	
	确认各部端子接线压接牢固,配线不老化,无灼烧痕迹,套管字迹清晰、不脱落	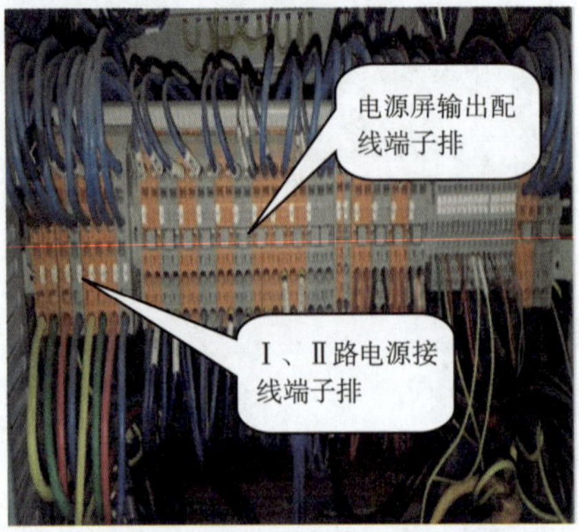

续上表

工步	作业内容及标准	图示说明
1. 检查	确认各种防雷元件插接良好，类型正确，无劣化指示，标签齐全；防雷元件配线压接良好	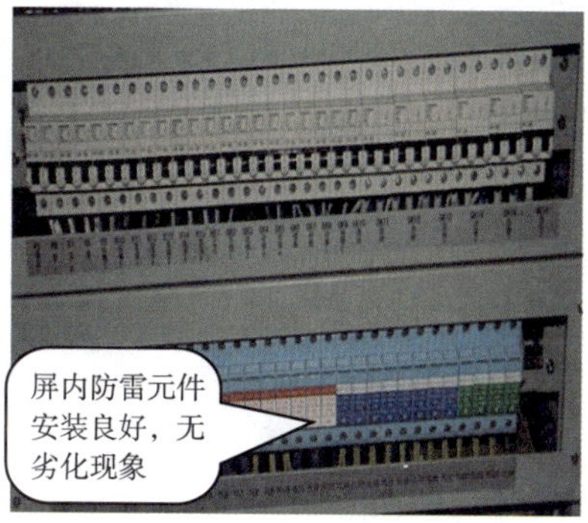
2. 试验	(1)两路电源切换试验：首先确认工作电源，然后在A屏断开Ⅰ路或Ⅱ路输入K1或K2电源断路器，检查确认电源屏能自动相互切换，且不影响各输出分路电源，已开放的信号不会关闭，控制台无异常。 (2)按压ⅠTA或者ⅡTA按钮进行切换，检查确认电源屏能自动切换，且不影响各个输出分路电源，已开放信号不会关闭，控制台无异常	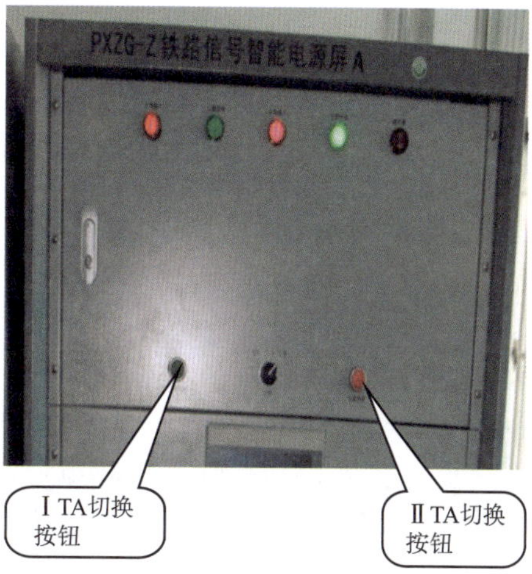
	对1+1互为备用的25 Hz轨道电源模块（SZB4-220/110或SZB2-220/110）切换功能进行检查、倒换使用：断开在用模块输入电源，应能自动切换至备用模块，恢复供电后，不应自动切换回在用模块，切换过程中应不影响输出，同时核对监测单元报警一致。对冷备模块进行上电试验，试验其带载及转换功能是否正常	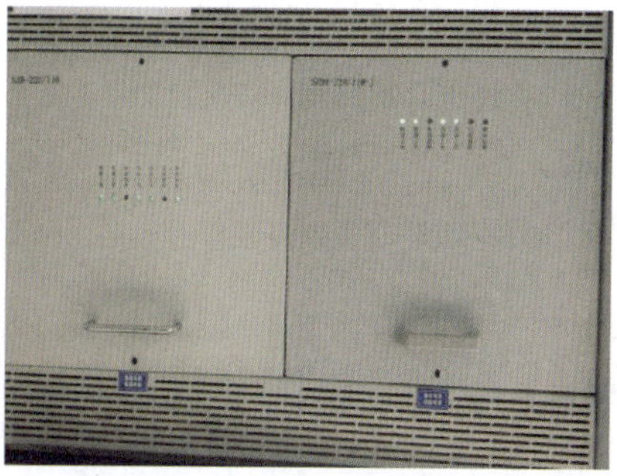

续上表

<table>
<tr><th>工步</th><th>作业内容及标准</th><th>图示说明</th></tr>
<tr><td rowspan="2">3. 测试</td><td>在A屏根据监测系统操作要求，运用监测液晶显示器，对电源屏输入和输出电压、电流实时数据进行测试，并记录在智能电源屏测试记录表中</td><td>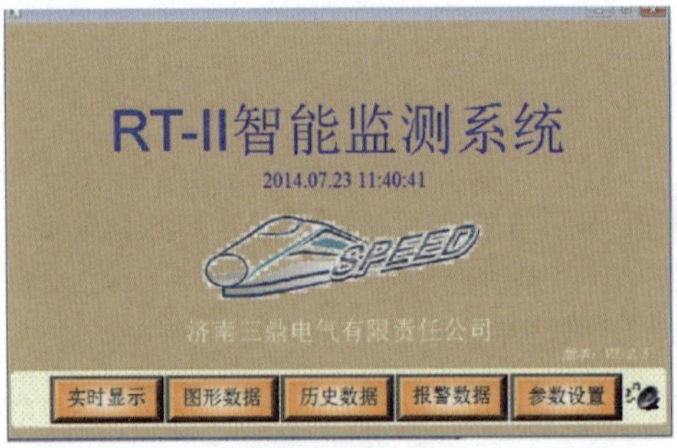

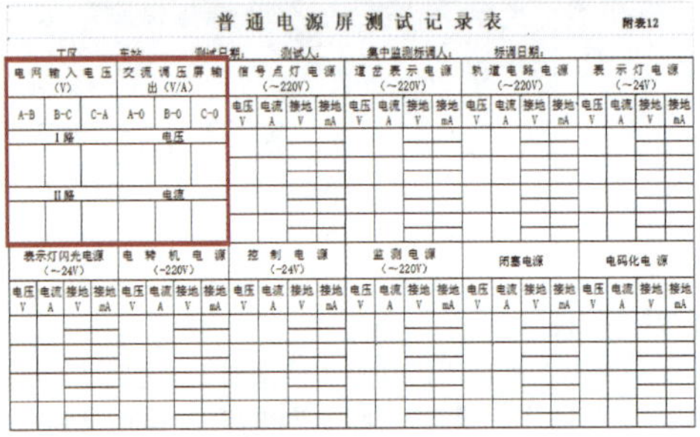
普通电源屏测试记录表 附表12
工区 车站 测试日期： 测试人： 集中监测标调人： 标调日期：
电网输入电压(V)：A-B B-C C-A；交流调压屏输出(V/A)：A-0 B-0 C-0；I路 电压；II路 电流
信号点灯电源(～220V)、道岔表示电源(～220V)、轨道电路电源(～220V)、表示灯电源(～24V)：电压V 电流A 接地V 接地mA
表示灯闪光电源(～24V)、电转机电源(～220V)、控制电源(-24V)、监测电源(～220V)、闭塞电源、电码化电源：电压V 电流A 接地V 接地mA</td></tr>
<tr><td>对地电压测试：使用MF35（或MF14)仪表不同的交、直流电压挡位，对电源屏的各路输入和输出电源电压进行对地电压测试，并在智能电源屏测试记录表做好记录。
测试方法：首先根据电源屏图纸，查找电源屏配线端子表，找到相应的端子，然后根据输出交、直流电压的性质和大小，把仪表调到相应的电压挡位，然后将黑表棒接安全地线，将红表棒接电源端子，这样所测得的电压值为接地电压值。
技术标准：直流电源理想对地电压应为零；交流电源两极对地电压比值不大于3倍即为合格。
注：测试直流接地电压时，正、负表棒要进行相应的转换</td><td>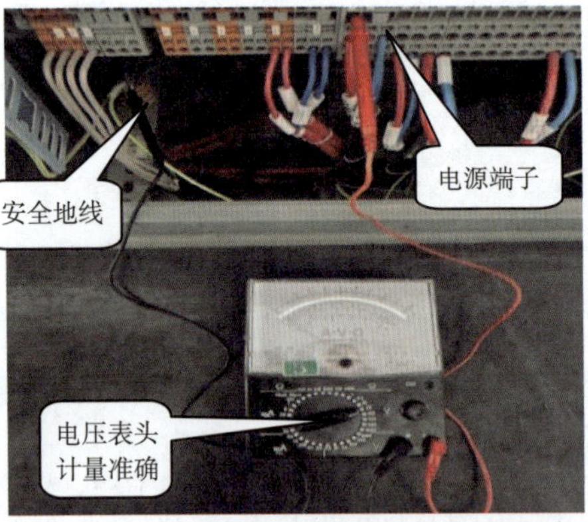

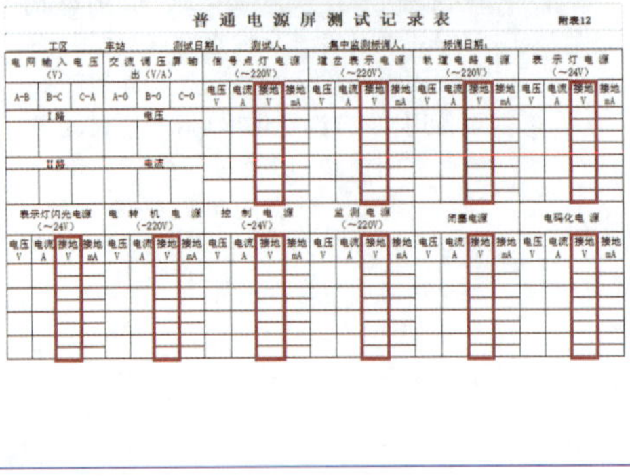
普通电源屏测试记录表 附表12
工区 车站 测试日期： 测试人： 集中监测标调人： 标调日期：
电网输入电压(V)：A-B B-C C-A；交流调压屏输出(V/A)：A-0 B-0 C-0；I路 电压；II路 电流
信号点灯电源(～220V)、道岔表示电源(～220V)、轨道电路电源(～220V)、表示灯电源(～24V)：电压V 电流A 接地V 接地mA
表示灯闪光电源(～24V)、电转机电源(～220V)、控制电源(-24V)、监测电源(～220V)、闭塞电源、电码化电源：电压V 电流A 接地V 接地mA</td></tr>
</table>

续上表

<table>
<tr><th>工步</th><th>作业内容及标准</th><th>图示说明</th></tr>
<tr><td>3. 测试</td><td>对地漏流测试：使用 MF35（或MF14）仪表不同的交、直流电流挡位，对电源屏的各路输出电源进行对地漏流测试。
测试方法：首先根据电源屏图纸，查找电源屏配线端子表，找到相应的电源端子，然后根据输出交、直流电源的性质和大小，把仪表调到相应的电流挡位，然后将黑表棒连接保护地线，将红表棒串接 0.5 A 熔丝和 500 Ω 电阻（或 100 W）的灯泡，然后接电源端子。这样所测得的电流值为相反极性端子的接地电流值，并在智能电源屏测试记录表做好记录。
电源漏流应在垂直天窗修内进行测试，能够运用集中监测测试的用监测设备进行测试。
技术标准：
（1）直流电源对地漏流不大于 1 mA。
（2）交流电源对地漏流不大于 20 mA。
（3）轨道电源对地漏流：50 组道岔以下的站场对地漏流一般不大于 30 mA，50 组道岔以上的站场对地漏流一般不大于 50 mA。
注：测试不同的极性要及时转换表棒，仪表电流挡位要从高向低逐步调整，直到准确读出测试数据为止</td><td>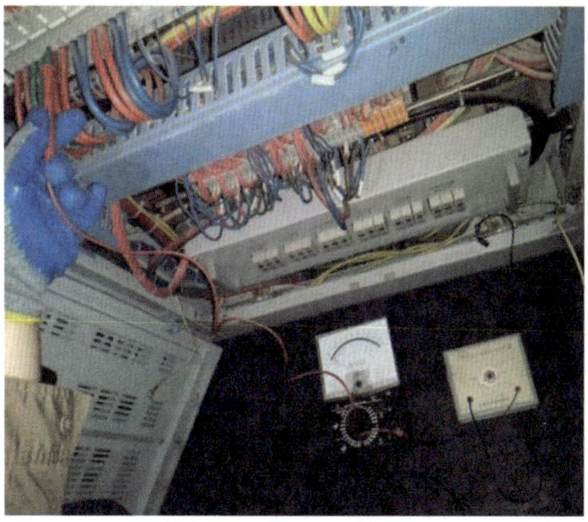
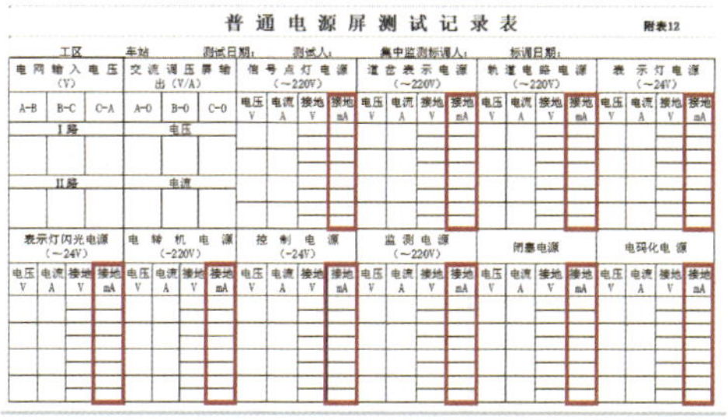
普通电源屏测试记录表　附表12
工区　车站　测试日期：　测试人：　集中监测标调人：　标调日期：
<table>
<tr><td colspan="3">电网输入电压（V）</td><td colspan="3">交流调压屏输出（V/A）</td><td colspan="4">信号点灯电源（~220V）</td><td colspan="4">道岔表示电源（~220V）</td><td colspan="4">轨道电路电源（~220V）</td><td colspan="4">表示灯电源（~24V）</td></tr>
<tr><td>A-B</td><td>B-C</td><td>C-A</td><td>A-0</td><td>B-0</td><td>C-0</td><td>电压 V</td><td>电流 A</td><td>接地 V</td><td>接地 mA</td><td>电压 V</td><td>电流 A</td><td>接地 V</td><td>接地 mA</td><td>电压 V</td><td>电流 A</td><td>接地 V</td><td>接地 mA</td><td>电压 V</td><td>电流 A</td><td>接地 V</td><td>接地 mA</td></tr>
<tr><td colspan="3">Ⅰ路</td><td colspan="3">电压</td><td></td><td></td><td></td><td></td><td></td><td></td><td></td><td></td><td></td><td></td><td></td><td></td><td></td><td></td><td></td><td></td></tr>
<tr><td colspan="3">Ⅱ路</td><td colspan="3">电流</td><td></td><td></td><td></td><td></td><td></td><td></td><td></td><td></td><td></td><td></td><td></td><td></td><td></td><td></td><td></td><td></td></tr>
<tr><td colspan="4">表示灯闪光电源（~24V）</td><td colspan="4">电转机电源（-220V）</td><td colspan="4">控制电源（-24V）</td><td colspan="4">监测电源（~220V）</td><td colspan="4">闭塞电源</td><td colspan="4">电码化电源</td></tr>
<tr><td>电压 V</td><td>电流 A</td><td>接地 V</td><td>接地 mA</td><td>电压 V</td><td>电流 A</td><td>接地 V</td><td>接地 mA</td><td>电压 V</td><td>电流 A</td><td>接地 V</td><td>接地 mA</td><td>电压 V</td><td>电流 A</td><td>接地 V</td><td>接地 mA</td><td>电压 V</td><td>电流 A</td><td>接地 V</td><td>接地 mA</td><td>电压 V</td><td>电流 A</td><td>接地 V</td><td>接地 mA</td></tr>
</table>
</td></tr>
<tr><td>4. 确认</td><td>（1）检查测试过的电源接线端子，确认插接紧固、不松动，缆线整洁。
（2）确认室内信号设备正常，无报警现象</td><td></td></tr>
</table>

续上表

工步	作业内容及标准	图示说明
5. 数据校核	(1)电压测试:使用移频综合测试仪交、直流电压挡位,对各类输入、输出电源进行电压测试,并做好测试记录。 (2)电流测试:把移频综合测试仪交、直流挡位转换至电流挡位,使用电流卡钳对各类输入、输出电源配线进行电流测试,并做好测试记录。 将实际测试数值与电源屏监控单元数值进行核对,对存在误差的电压、电流值,依据电源屏监测设置进行实时数据校正修改	  

三、电源屏设备检查重点

1. 对Ⅰ、Ⅱ路电源进行自动、手动切换试验,防止交流接触器转换不良。
2. 对劣化指示防雷元件进行检查,防止存在不良元件。
3. 检查各电源模块的各种显示灯是否良好。
4. 对外电网输入的三相电源进行相序测试。
5. 检查电源屏的端子配线,确认紧固良好,无虚压和焦煳现象。

第五节　UPS

不间断电源(uninterruptible power supply,UPS)主要作用是不间断供电。将蓄电池与主机相连,在输入电源断电时,UPS立即将蓄电池储存的直流电,通过主机完成逆变,转换成稳压的单相或三相交流电,向连接的其他用电设备继续供电,该过程为无缝衔接,可保证输入电源断电时,由UPS供电的用电设备,不断电、不停机,连续工作。

当输入电源恢复正常时,UPS自动为蓄电池充电,以保障下次正常供电。同时UPS又将输入电源稳压后供给负载设备,此时的UPS相当于一台交流电源稳压器。通常UPS设备在电压过高或过低时都能提供保护作用。UPS有输入端和输出端的高频滤波器,输入端还有防止谐波进入电网的谐波滤波器,不仅可以提高功率因数,减小视在电流,还可以抑制谐波畸变,减小电压电流变化率,在保证用电可靠的同时降低耗能。

UPS广泛应用在高速铁路电源屏、计算机联锁电源柜、调度集中、集中监测和列控系统电源等。

一、UPS开、关机顺序

UPS开关机时，需要注意其开关机操作顺序。

1. 开机顺序

先打开UPS开关，后打开各个负载设备开关，这样可以避免启动时的瞬时电流给UPS设备造成冲击损害。

2. 关机顺序

先关闭各个负载开关，最后再关闭UPS设备，与开机顺序正好相反。

二、UPS标准化作业程序

1. 作业流程

UPS标准化作业流程如图11-5-1所示。

作业前准备 → 登记联系 → 检修 → 复查试验 → 清点销记 → 小结

图11-5-1　UPS标准化作业流程

2. UPS标准化日常养护作业程序

UPS标准化日常养护作业程序见表11-5-1。

表11-5-1　UPS标准化日常养护作业程序

工步	作业内容及标准	图示说明
1. 查阅	通过UPS显示屏调看，对被巡视UPS进行分析、预测判断，针对可能存在的问题，提出检测要求	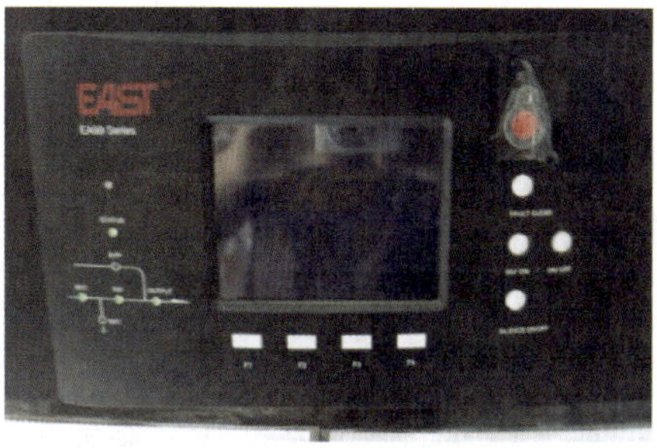
2. 检查	确认UPS盘面清洁，整流、逆变、输出指示灯显示绿灯	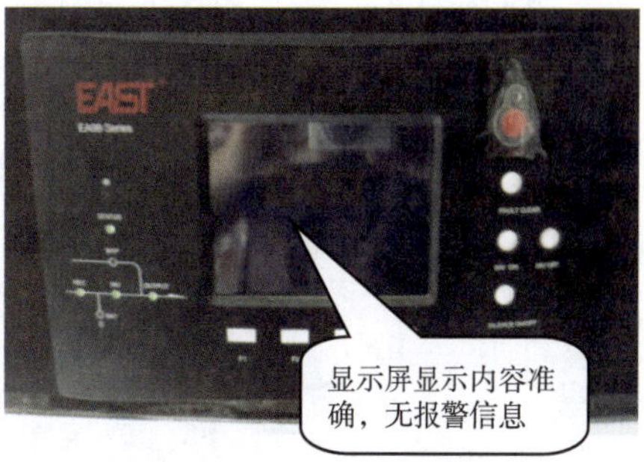

续上表

工步	作业内容及标准	图示说明
2. 检查	确认各开关位置正确，维修旁路开关防护良好	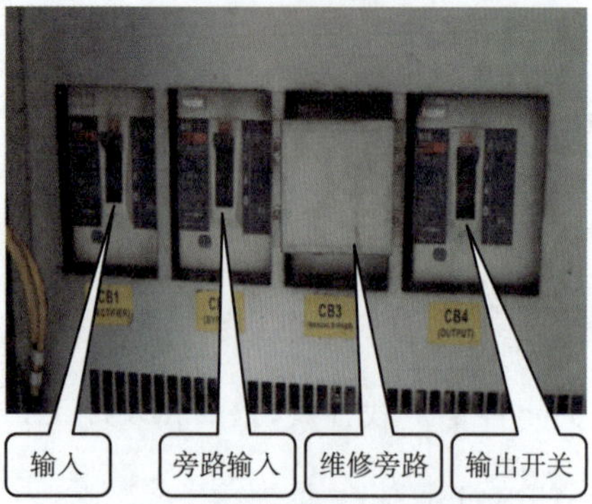
	确认电池外壳无裂纹、鼓包、漏液现象，电线端子连接牢固无腐蚀；清扫作业时，电池高压须做好安全防护措施	
	确认 UPS 风扇工作正常，无灰尘、异常噪声	
	对于计算机监测、计算机联锁及其他单项设备的 UPS，日常维护时要观察其指示灯有无异常	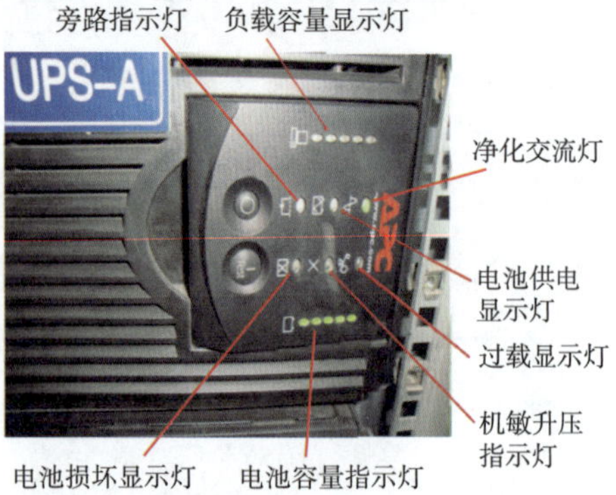

续上表

工步	作业内容及标准	图示说明
3. 检查及放电试验	(1)确认 UPS 输入、输出端子配线整齐,线头压接良好,无虚接隐患。 (2)每季度利用垂直天窗修对 UPS 进行充放电试验,确保放电时间不少于 10 min。电池不可超期使用,要及时更换。 (3)放电方法及计时:把 UPS 输入电源断路器断开,同时计时。使 UPS 电池单独供电,待听到 UPS 发出“滴滴”报警声时,即为 UPS 电池的放电结束,结束计时。此时应及时闭合供电断路器	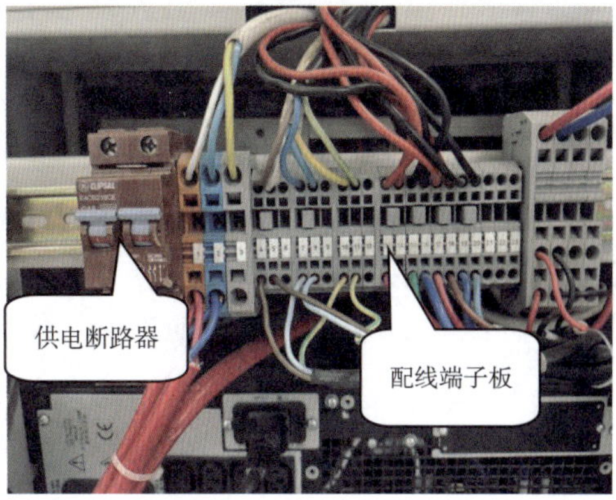

三、UPS 设备检查重点

1. 检查 UPS 各种表示灯,确认显示良好,且无异常现象。
2. 检查各端子配线,确认紧固良好,无虚接和焦煳现象。
3. 对 UPS 进行充放电试验,确认时间符合有关标准。
4. 对 UPS 控制箱进行切换直供电试验。

复习思考题

1. 铁路信号智能电源屏由哪些部分组成?
2. 交流采集单元分为哪几种型号?
3. 简述电源屏的基本原理。
4. SZZ-24/50 模块为哪些信号设备提供电源?
5. 智能电源屏的开机、关机步骤有哪几项?
6. 如何测试电源屏各项输出电源的接地电压和接地电流?其标准是如何规定的?

第十二章　调度集中系统

铁路列车调度指挥系统(TDCS)和调度集中系统(CTC)是全路各级调度指挥的基础装备,是重要的行车设备。我国现在使用的铁路列车调度指挥系统和调度集中系统主要有:TDCS2.0、TDCS3.0、CTC2.0、CTC3.0。本章以CTC2.0系统设备为例进行讲解。

第一节　调度集中系统概述

一、调度集中系统构成

调度集中系统由国铁集团、铁路局集团公司、车站三级组成,如图12-1-1所示。综合了铁路信号、计算机、网络通信和现代控制技术,具有点多线长、布局成网、分散维护和集中管理的特点。国铁集团监督全路所有信号设备和列车状态,各铁路局集团公司监督和管理本铁路局集团公司管辖范围内所有区段和车站信号设备及列车状态,车站负责本站信号设备和过往本站列车的管理。

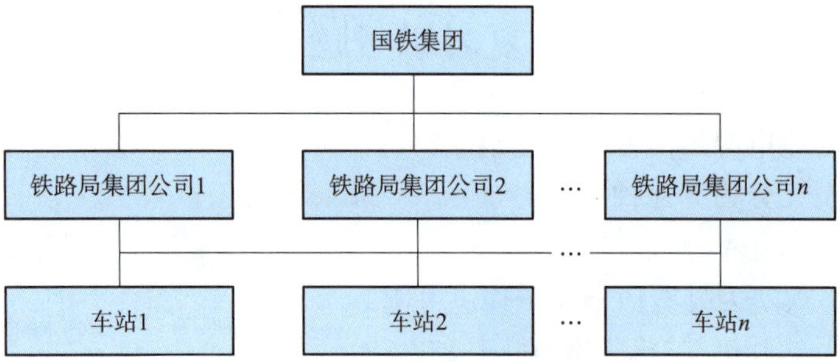

图12-1-1　系统构成

调度集中系统直接涉及行车安全,必须自成体系,单独成网,独立运行,严禁与其他系统直接联网。对外提供信息和增加标准用户外终端时,应经国铁集团工电部批准。

调度集中系统应采用网络安全技术,在与其他系统交换信息时,应采用安全可靠的网络隔离设备和措施,确保系统网络安全和信息安全。

二、调度集中系统设备组成、原理及功能

1. 设备组成

调度集中系统主要包括调度中心设备、车站设备和网络设备。

2. 原理

调度集中系统与联锁、列控系统分工协作,实现信号设备管理、列车管理和运输业务管理功能。联锁给调度集中系统发送站内表示,调度集中系统给联锁发送操作命令;列控中心给调

度集中系统发送区间表示，调度集中系统给列控中心发送区间逻辑占用检查命令，关系如图 12-1-2 所示。

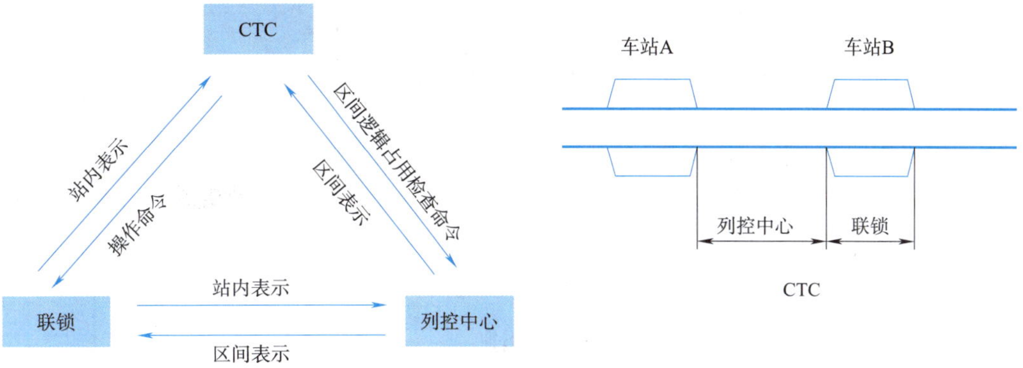

图 12-1-2　调度集中系统与联锁、列控中心关系

分散自律调度集中系统是在计算机技术、通信技术、信号技术高度发达以及 TDCS 系统成功实施的基础上，提出来的一种新型的行车指挥和信号控制设备。分散自律调度集中系统吸取传统调度集中系统的经验和教训，充分考虑中国铁路客货混跑、调车作业多的实际情况，采用“分散自律”的理论，将调车控制纳入到 CTC 功能中，系统无需切换控制模式即可实现行车作业和调车作业的协调办理，并且能够进行无人值守车站的调车作业，充分发挥调度集中的优势。

3. 功能

调度集中系统主要有调度集中指挥控制、信号冲突检查、调车进路控制和管理、临时限速、行车作业防护报警、无线接车进路预告和 CTCS-3 级列车运行状态显示等功能，同时还具有列车调度指挥功能、站场信息实时监视、车次号自动跟踪、自动采点、列车运行计划管理和调度命令管理等传统列车调度指挥功能。

车务终端是调度集中系统的车站部分，主要功能包括信号设备状态显示、列车监督、信号设备操作、进路序列管理、列车计划签收、调度命令签收、行车日志管理等。车务终端部署于车站机械室，供各个车站的值班员和信号员使用，减轻值班员和信号员的工作量。

在 CTC 系统中，铁路局集团公司与车站之间通过网络通道连接。车站子系统将区间表示和站内表示通过网络传输发送到铁路局集团公司中心。铁路局集团公司中心通过网络通道向车站子系统发送控制命令，实现对管辖区段内车站的集中控制。

第二节　车 站 设 备

一、车站 CTC 设备

车站 CTC 设备主要包括：车务终端、自律机、路由器、交换机、通信质量监督、安全网关系统、UPS、长线驱动器及对应的鼠标键盘、车务终端显示器、打印机等，如图 12-2-1 所示。

CTC2.0 车站主要设备都通过局域网平台连接在一起，并通过网络设备，将局域网接入 CTC 系统广域网，通过环状组网，与铁路局集团公司 CTC 调度中心连接在一起。

车站系统分别安装在车站运转室和信号机械室。

运转室设备包括车站值班员工作台、信号员工作台（可加）、站调（可加）、网络打印机、音箱

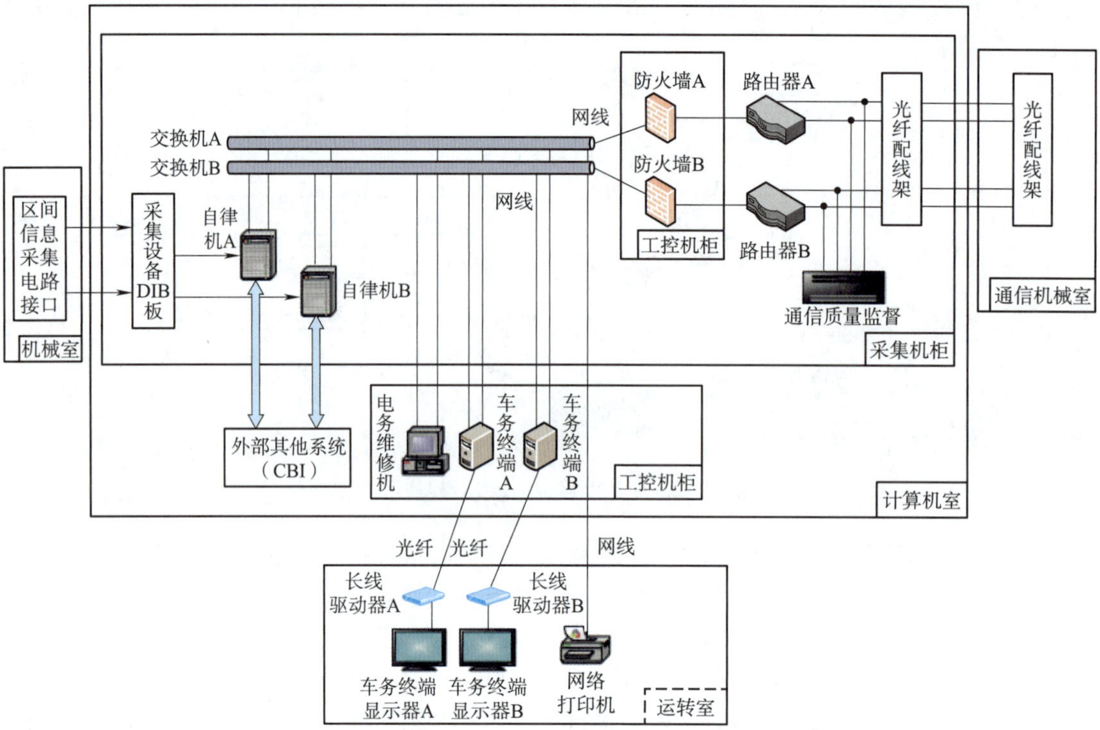

图 12-2-1 车站 CTC 设备

等设备。车站值班员工作台显示器可以显示站场图、多站画面及单站操控画面，提供进路操作及起到站间透明作用；可以显示行车日志画面，为值班员提供上报行车信息功能。各终端界面可以相互切换，各自独立，一台故障不影响其他终端使用。

车站系统连接线主要由电源线、网络线、信号线三类构成。车站采用双网环型结构，车站设备通过交换机组成车站局域网。

电源线提供从电源屏到采集控制机柜的电源，并通过电源接线端子再连接各类设备。车站需要连接电源线的设备主要有自律机、双机热备单元、路由器、协议转换器、交换机、工控机、显示器、音箱、光纤收发器等。

网络线将 CTC 车站设备全部通过交换机连接在一起。车站采用双局域网结构，通过双交换机连接各类设备，主要有路由器、值班员终端、电务维护终端、自律机、网络打印机等。

信号线包括自律机连接控显机和列控中心的尾纤以及连接工控机及显示器、鼠标键盘的数据线。

1. 自律机

LiRC-2 自律机系统包含两套主机系统（A 系统和 B 系统）及一套切换单元。该系统采用双机冗余的方式与外部装置连接，协同工作，正常情况下两套计算机系统同时运行，完成相同的任务、处理相同的数据，切换单元会指定其中一台作为主机。当其中一台发生故障时，切换单元会给出切换信号，通知无故障的计算机系统切换为主机，以保证系统正常运行。自律机前视图如图 12-2-2 所示，自律机后视图如图 12-2-3 所示。A、B 两个系统之间为切换模块，由 STBY 板进行切换。A、B 系统均由电源部分、CPU 部分和串口部分组成。

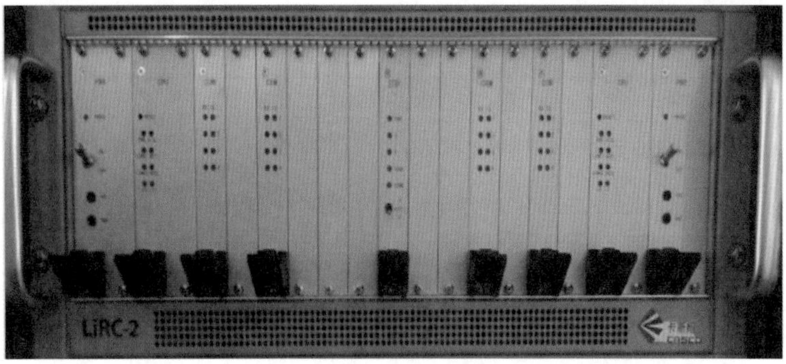

图 12-2-2　自律机前视图

图 12-2-3　自律机后视图

(1)电源板

电源板前板如图 12-2-4 所示,后板如图 12-2-5 所示。

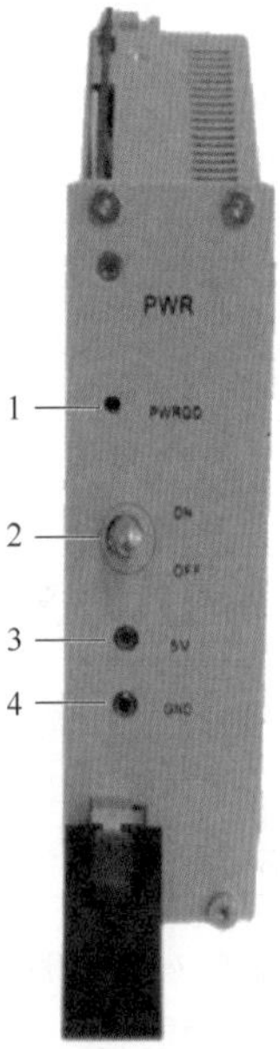

图 12-2-4　电源板前板

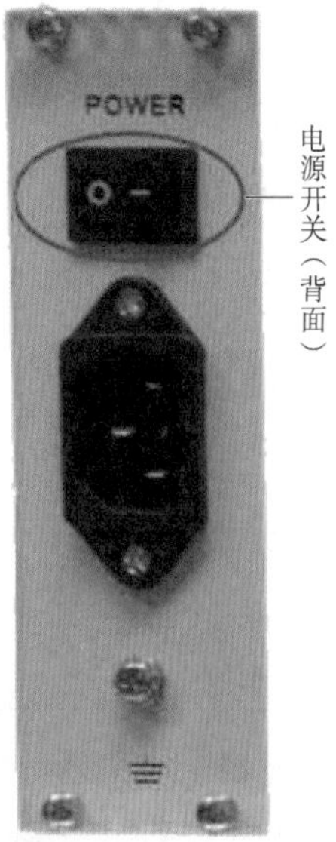

图 12-2-5　电源板后板

电源板面板指示灯及开关含义见表 12-2-1。

表 12-2-1 电源板面板指示灯及开关含义

编号	名称	含义	正常状态显示	异常状态显示	备　注
1	PWRGD	电源指示灯	绿灯	灭灯	绿灯亮表示电源模块上电工作
2	ON/OFF	电源开关	—	—	拨向"ON"表示系统上电，拨向"OFF"表示系统断电
3	5 V	电源电压测试孔	—	—	仅用于测试系统供电电压是否正常，不用于其他用途
4	GND	电源电压测试孔	—	—	仅用于测试系统供电电压是否正常，不用于其他用途

电源板后板中，电源开关"○"表示关闭电源；"一"表示开启电源。

(2)CPU 板

自律机 CPU 板由 CPU 前面板(图 12-2-6)和 CPU 后走线板(图 12-2-7)构成。

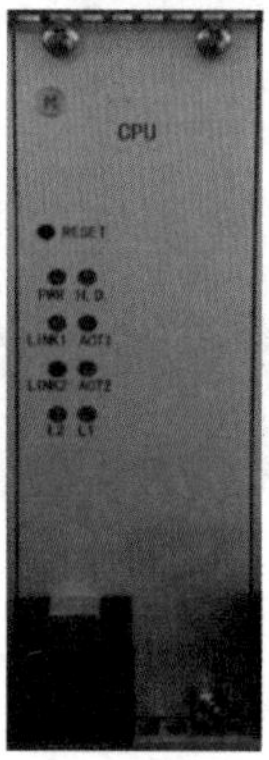

图 12-2-6　CPU 前面板

图 12-2-7　CPU 后走线板

CPU 前面板设有 8 个 LED 指示灯和 1 个 RESET 按钮，具体含义见表 12-2-3。

表 12-2-2 CPU 前面板表示灯及按钮含义

编号	名称	含义	正常状态显示	异常状态显示	备　注
1	RESET	复位按钮	—	—	按下此按钮，可将系统复位
2	PWR	电源指示灯	绿灯	灭灯	绿灯亮，表示系统上电工作
3	H. D.	硬盘指示灯	绿灯	灭灯	绿灯亮，表示硬盘在工作
4	LINK1	网络 1 连接指示灯	绿灯	灭灯	绿灯亮，表示主板网络 1 已连接上
5	LINK2	网络 2 连接指示灯	绿灯	灭灯	绿灯亮，表示主板网络 2 已连接上
6	L1	CPU 工作指示灯	绿灯	灭灯	—
7	L2	主备状态指示灯	绿灯	—	L2 亮绿灯，表示主机；L2 灭灯，表示备机
8	ACT1	网络 1 数据传输指示灯	绿灯闪烁	灭灯	绿灯闪烁，表示网络 1 有数据收发
9	ACT2	网络 2 数据传输指示灯	绿灯闪烁	灭灯	绿灯闪烁，表示网络 2 有数据收发

CPU 后走线板设有 2 路串口(COMA、COMB)，2 个网络接口(LAN1、LAN2)，2 个 USB 接口，1 个 VGA 接口(VGA)，1 个键盘鼠标接口(KB/MS)。

(3)串口板

自律机串口板主要由前面板(图 12-2-8)和后走线板(图 12-2-9)两个模块构成。

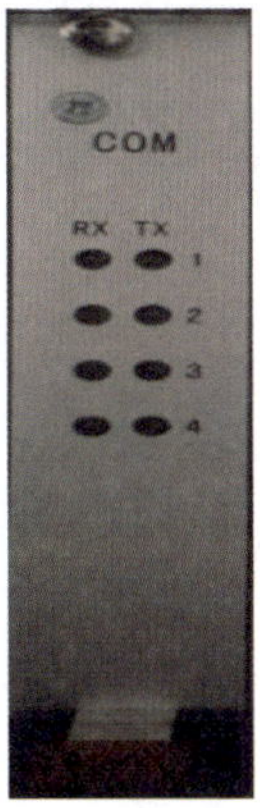

图 12-2-8　串口板前面板

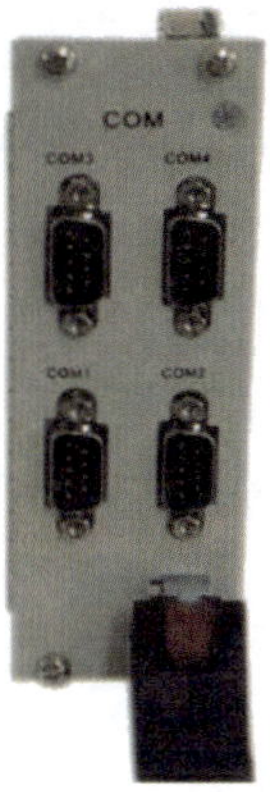

图 12-2-9　串口板后走线板

串口板前面板设有两列 LED 指示灯，分别指示其后走线板 4 路串口的发送和接收。串口板前面板指示灯含义见表 12-2-3。

表 12-2-3　串口板前面板指示灯含义

编号	名称	含义	正常状态显示	异常状态显示	备　注
1	左 1	COM1 接收指示灯	绿灯闪烁	灭灯	绿灯闪烁，表示正在接收数据
2	右 1	COM1 发送指示灯	绿灯闪烁	灭灯	绿灯闪烁，表示正在发送数据
3	左 2	COM2 接收指示灯	绿灯闪烁	灭灯	绿灯闪烁，表示正在接收数据
4	右 2	COM2 发送指示灯	绿灯闪烁	灭灯	绿灯闪烁，表示正在发送数据
5	左 3	COM3 接收指示灯	绿灯闪烁	灭灯	绿灯闪烁，表示正在接收数据
6	右 3	COM3 发送指示灯	绿灯闪烁	灭灯	绿灯闪烁，表示正在发送数据
7	左 4	COM4 接收指示灯	绿灯闪烁	灭灯	绿灯闪烁，表示正在接收数据
8	右 4	COM4 发送指示灯	绿灯闪烁	灭灯	绿灯闪烁，表示正在发送数据

(4)STBY 板

自律机 STBY 板主要由前面板(图 12-2-10)和后走线板(图 12-2-11)构成。

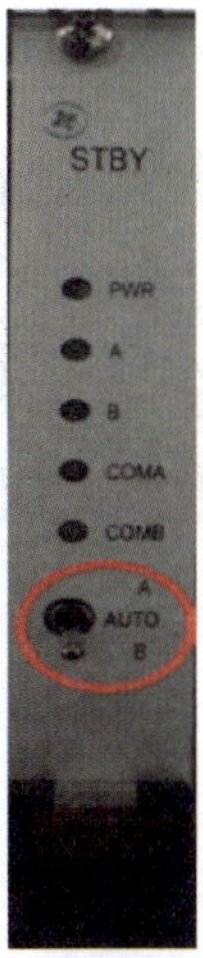

图 12-2-10　STBY 板前面板

图 12-2-11　STBY 板后走线板

STBY 板前面板上设有 5 个 LED 灯和 1 个三位开关，指示灯具体含义见表 12-2-4。

表 12-2-4　面板指示灯含义

编号	名称	含义	正常状态显示	异常状态显示	备　注
1	PWR	电源指示灯	绿灯	灭灯	绿灯亮，表示模块上电工作
2	A	A 系统工作指示灯	绿灯	灭灯	绿灯亮，表示 A 机作为主机工作
3	B	B 系统工作指示灯	绿灯	灭灯	绿灯亮，表示 B 机作为主机工作
4	COMA	A 机与 STBY 板通信状态灯	绿灯闪烁	灭灯	绿灯闪亮，表示自律机 A 机向 STBY 板发送通信信息
5	COMB	B 机与 STBY 板通信状态灯	绿灯闪烁	灭灯	绿灯闪亮，表示自律机 B 机向 STBY 板发送通信信息

三位开关如图 12-2-10 中红色圆圈所示，开关扳到“A”位置，表示强制自律机 A 机为主机；扳到中间“AUTO”位置，表示系统自动切换；扳到“B”位置，表示强制自律机 B 机为主机。

STBY 板后走线板中 COMA 与自律机 A 的 CPU 板的 COMA 口通过串口连接，建立通信；COMB 与自律机 B 的 CPU 板的 COMB 口通过串口连接，建立通信。COMA1～COMA4、COMB1～COMB4、COMC1～COMC4 表示 3 组切换输入输出通信配置口。

2. 值班员终端

值班员终端为双机冗余系统，不分主备，双机并行同时工作。双机之间互相交换最新的数据以保持同步。主机一般设置于系统工控机柜内，输出显示设备则安装在行车运转室。下面以卡斯柯工控机 PIC-KA8001 为例介绍值班员终端主机。工控机前视图如图 12-2-12 所示，后视图如图 12-2-13 所示。

图 12-2-12　工控机前视图

图 12-2-13　工控机后视图

(1)面板指示灯

PIC-KA8001 面板指示灯如图 12-2-14 所示，通常设置输入、输出电源指示灯和硬盘工作指示灯。

面板指示灯含义见表 12-2-5。

图 12-2-14　PIC-KA8001 面板指示灯

表 12-2-5　面板指示灯含义

编码	名　称	含　义
1	PWR	工控机主机电源灯。 亮绿灯：表示主机的电源已经接通。 熄灭：表示主机的电源没有接通
2	HDD	工控机硬盘工作灯。 亮绿灯：表示主机硬盘处于工作状态。 熄灭：表示主机硬盘未工作
3	TEMP	工控机温度预警灯。 亮灯：表示工控机检测到机箱内温度过高
4	FAN	工控机风扇指示灯。 亮灯：表示主机风扇工作正常

(2)按钮

打开工控机前面板，会看到“SYSTEM RESET”“ALARM RESET”和“POWER”三个按钮，如图 12-2-15 所示。按钮含义见表 12-2-6。

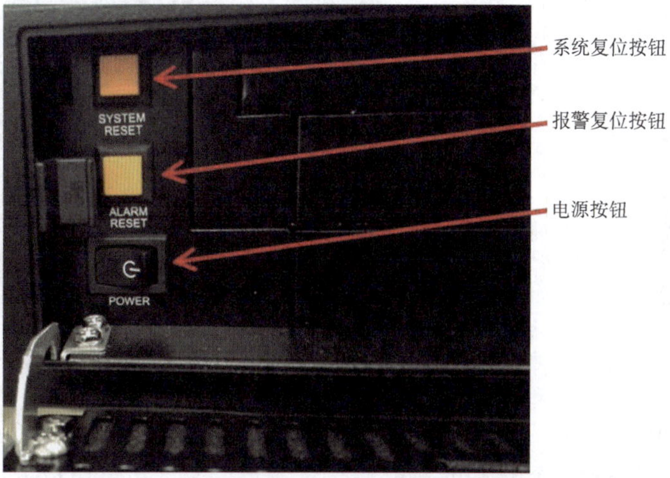

图 12-2-15　工控机面板按钮

表 12-2-6 面板按钮含义

编号	按钮指示	含义	正常状态显示	异常状态显示	备　注
1	SYSTEM RESET	系统复位按钮	无	无	按压此按钮，工控机将硬件重启
2	ALARM RESET	报警复位按钮	无	无	按压此按钮可清除报警信息
3	POWER	电源按钮	无	无	可通过此按钮开机，长按关机

3. 信号员终端

信号员终端为双机冗余系统，不分主备，双机并行同时工作。双机之间互相交换最新的数据以保持同步。主机一般设置于系统工控机柜内，输出显示设备则安装在行车运转室。信号员终端在 CTC 控制模式下，可辅助值班员控制车站信号设备，办理列车或调车作业、监督列车进路序列的正确性。信号员终端主机与值班员终端主机一致。面板指示灯含义同值班员终端设备保持一致。

4. 电务维护终端

电务维护终端主机一般设置于系统工控机柜内，与安装在机柜内的 LCD 三合一控制设备或显示器、键盘鼠标一体化设备配套使用。面板指示灯含义同值班员终端设备保持一致。

5. 采集设备

采集设备一般由电源板、DIB 采集板和 DIB 母板组成。

(1)电源板

电源板工作输入电源为 AC 220 V，输出电源为+5 V。电源板一般设置 1 个电源开关、1 个熔丝保险控制器以及 1 个输出电源大小调节旋钮(设置在侧边)。电源板前视图如图 12-2-16 所示，侧视图如图 12-2-17 所示。

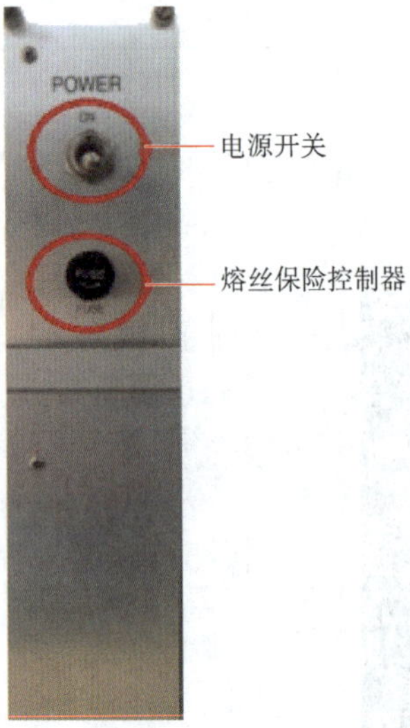

图 12-2-16 电源板前视图

图 12-2-17 电源板侧视图

(2)DIB 采集板

DIB 采集板一般设置 1 个电源开关、1 个 DB9 串口以及 2 组工作指示灯和通信监测指示灯。DIB 采集板前视图如图 12-2-18 所示，侧视图如图 12-2-19 所示。

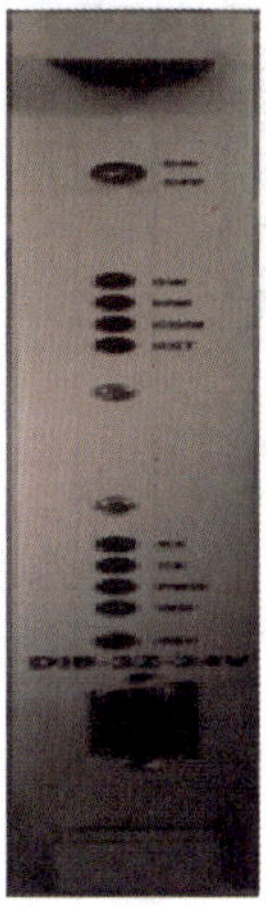

图 12-2-18　DIB 采集板前视图

图 12-2-19　DIB 采集板侧视图

DIB 采集板面板开关及指示灯含义见表 12-2-7。

表 12-2-7　DIB 采集板面板开关及指示灯含义

编号	名称	含义	正常状态显示	异常状态显示	备　注
1	—	电源开关	—	—	通过对 DIB 电源开关的上下拨位可以控制 DIB 的开机和关机。向上(ON 方向)拨开关,打开电源;向下(OFF 方向)拨开关,关闭电源
2	SW	硬件故障指示灯	灭灯	红灯	当系统检测到有硬件故障时亮红灯
3	HW	软件故障指示灯	灭灯	红灯	当系统检测到有软件故障时亮红灯
4	COM	通信状态指示灯	灭灯	红灯	当 DIB 接收到不正确的信息时故障灯亮
5	RST	复位状态指示灯	—	—	DIB 被复位后点亮,当主机收到第一条码位请求指令后熄灭
6	RX	数据接收指示灯	绿灯	灭灯	当接收线电平被拉低时灯亮,闪烁表示有信息正在接收
7	TX	数据发送指示灯	绿灯	灭灯	当发送线电平被拉低时灯亮,闪烁表示有信息正在发送
8	PWR	电源指示灯	绿灯	灭灯	电源正常供给时灯亮
9	WD	看门狗运行指示灯	绿灯	灭灯	看门狗正常运行时灯亮

DIB 采集板侧面位置设置有四位拨码选择开关,其拨码按照 8421 码顺序进行。拨码选择开关拨至上位则置“1”,拨至下位则置“0”。通常第一块 DIB 采集板设置为“0000”,第二块板设置为“0001”,第三块板设置为“0010”,依次类推,顺序完成 DIB 采集板地址拨码选择。

(3)DIB 母板

DIB 母板分为 A 和 B 两个部分。每部分的母板正面上包含 4 个接 DIB 板插座,1 个接 POWER 板插座,如图 12-2-20 所示。每部分背面各有 1 个 RS-422 插座,4 个 DIB 板数字量输入插座,1 个+5 V 电源输入输出插座,如图 12-2-21 所示。

6. 交换机

交换机是车站 CTC 设备之间交互信息的核心网络设备,车站 CTC 设备通过交换机的

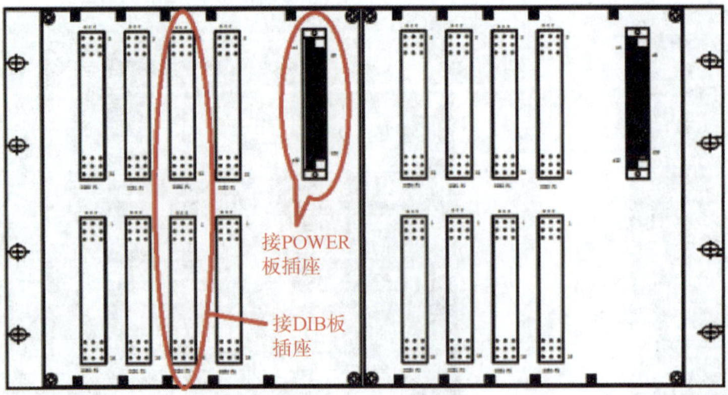

图 12-2-20　母板正面

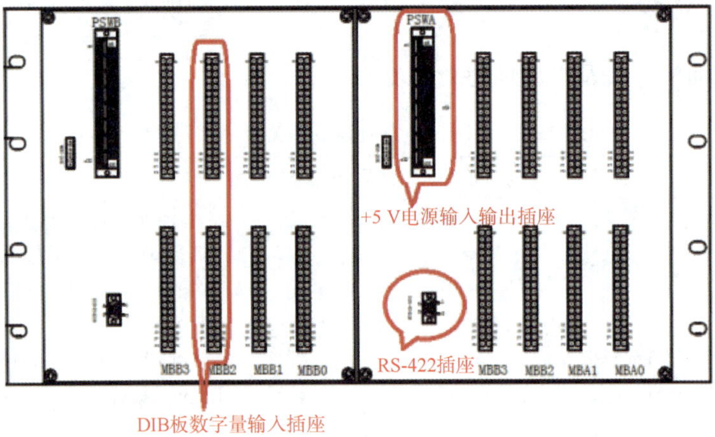

图 12-2-21　母板背面

RJ-45 端口实现信息交互，交换机故障将直接影响到车站设备之间的信息交互。每个车站的采集机柜中设置两台交换机。下面以 CISCO2960Plus 型交换机为例进行介绍。

CTC 车站选配的交换机通常设置 24 个 RJ-45-10/100 端口、2 个 10/100/1000 级联 RJ-45 端口。交换机面板指示灯如图 12-2-22 所示，网络端口指示灯如图 12-2-23 所示。

图 12-2-22　交换机面板指示灯

图 12-2-23　交换机网络端口指示灯

交换机指示灯含义见表 12-2-8。

表 12-2-8 交换机指示灯含义

编号	名称	含义	正常状态显示	异常状态显示	备注
1	SYST	系统指示灯	绿灯	琥珀色	设备未上电时，指示灯灭灯
2	RPS	冗余电源指示灯	绿灯	灭灯	—
3	STAT	端口状态指示灯	绿灯	灭灯	正常显示绿灯，表示每个端口都响应端口状态
4	DUPLEX	端口通信模式	—	—	全双工时显示绿灯，半双工时灭灯
5	SPEED	速率指示灯	绿灯	灭灯	—
6	PORT	端口连接状态指示灯	绿灯/绿闪	灭灯	绿色：已连接上；绿闪：端口正在收发数据

7. 路由器

路由器是车站 CTC 系统与其相邻车站 CTC 系统、调度中心 CTC 系统交互信息的核心网络处理单元。根据实际通道条件，路由器可通过 G.703 2M 同轴接口或光纤 FE 接口实现车站与车站、车站与调度中心之间的信息交互。路由器的故障将直接影响到车站与车站、车站与调度中心之间的信息交互。每个车站的采集机柜中设置两台路由器。下面以 CISCO2901 型路由器为例进行介绍。

(1)路由器主机

路由器外观如图 12-2-24 所示。

图 12-2-24 路由器外观

路由器指示灯含义见表 12-2-9。

表 12-2-9 路由器指示灯含义

编号	符号	含义	正常状态	异常状态	备注
1	SYS	系统指示灯	绿灯	琥珀色	设备未上电时灭灯
2	ACT	数据传输状态指示灯	绿闪 (较低的频率)	灭灯	灭灯表示没有数据传输。通常情况下，应当以较低的频率闪烁，表示有数据传输。但是，如果闪烁过于频繁，应当怀疑网络中的广播包数量太多
3	POE	以太网供电指示灯	灭灯	—	正常情况下灯不亮。当有 POE 电源模块供电时亮绿灯

(2)同轴 2M 模块

每台路由器一般配置对应的 1 块网络接口模块，支持 2 个 2M 通道连接，以 VWIC2-2MFT-G703 模块为例进行介绍，其外观如图 12-2-25 所示。

同轴 2M 模块指示灯含义见表 12-2-10。

图 12-2-25 同轴 2M 模块

表 12-2-10 同轴 2M 模块指示灯含义

序号	显示名称	含义	正常状态显示	异常状态显示	备　注
1	CD	载波信号指示灯	绿灯	灭灯或频繁闪烁	网络正常工作时，载波信号指示灯 CD 亮度较大，而且不闪动。载波信号指示灯 CD 不亮或亮度比正常暗许多，而且频繁闪动，则可能是线不通或信号质量太差
2	LP	线路环回指示灯	灭灯	黄灯	黄灯表示端口处于环回模式
3	AL	报警指示灯	灭灯	黄灯	灭灯表示无报警，黄灯表示有报警

(3)FE 光接口模块

每台路由器一般配置对应的 2 块 FE 光接口模块及 2 个单模光口模块，以 GE-SFP-CU 模块为例进行介绍，其外观如图 12-2-26 所示。

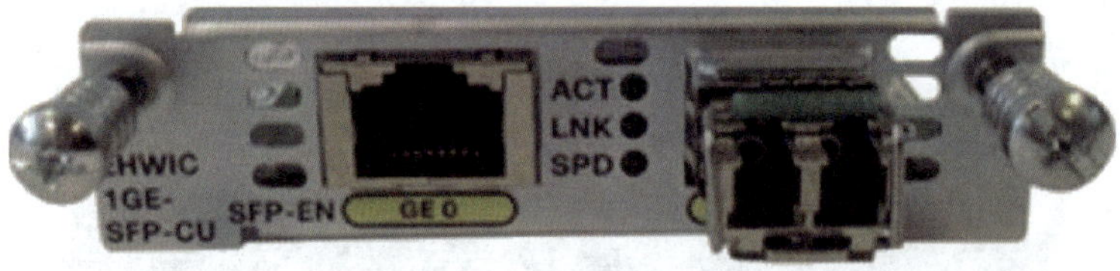

图 12-2-26 FE 光接口模块

FE 光接口模块指示灯含义见表 12-2-11。

表 12-2-11 FE 光接口模块指示灯含义

序号	显示名称	含义	正常状态显示	异常状态显示	备　注
1	SF-EN	SFP 模块连接指示灯	绿灯	琥珀色	灭灯表示未使用 SFP 模块，绿灯表示正常使用 SFP 模块，琥珀色灯表示使用 SFP 模块异常或失败
2	ACT	接收/发送指示灯	绿灯或绿闪	灭灯	指示接收/发送功能是否正常。灭灯表示没有数据包传输，绿灯或绿灯闪烁表示以太数据正在传输
3	LNK	链路连接指示灯	绿灯	灭灯	指示传输链路是否连接。绿灯表示传输方链路正常
4	SPD	数据传输速率指示灯	绿灯闪烁	灭灯	灭灯表示未连接，绿灯闪烁表示链路的速度：1 次闪烁并停顿为 10 Mbit/s，2 次闪烁并停顿为 100 Mbit/s，3 次闪烁并停顿为 1 000 Mbit/s

8. UPS 电源

为保证系统可靠工作，CTC 车站分机要求电源屏提供两路电源，并经过 UPS 给 CTC 车站分机供电。对于非集中供电车站，CTC 车站分机需单独设置两台 2 kV·A 的 UPS 设备。UPS 采用宽输入稳压型设备,能对 160～280 V 输入电压进行稳压。下面以 APC_SURT2000XLICH 型设备为例进行介绍。

UPS 主机前面板通常设置开机键和对应的状态指示灯,其中面板左侧为负载容量指示灯,右侧为电池容量指示灯,设备正常使用时面板只有绿色指示灯点亮。UPS 面板示意如图 12-2-27 所示。

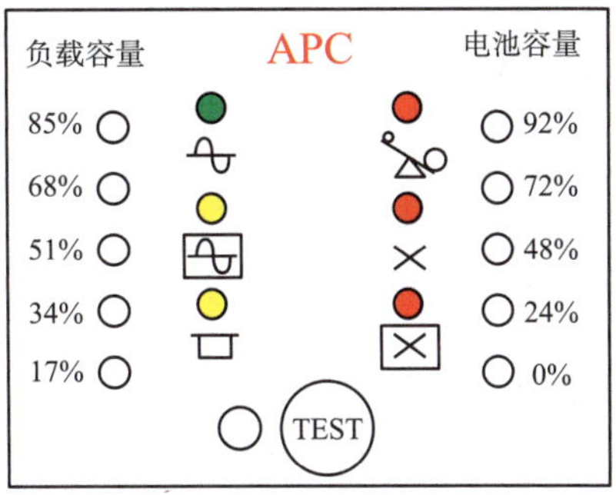

图 12-2-27　UPS 面板示意

UPS 面板指示灯及按钮含义见表 12-2-12。

表 12-2-12　UPS 面板指示灯及按钮含义

序号	显示图形	含义	正常状态显示	异常状态显示	备　注
1		主机供电指示灯	绿灯	灭灯	绿灯点亮,表明主机使用外电供电
2	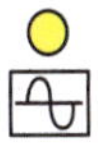	主机电池供电指示灯	灭灯	黄灯	黄灯点亮,表明主机使用电池供电。若主机每隔 4 s 蜂鸣器鸣 4 声,表明外电异常报警,通常情况下电压低于 168 V,高于 253 V 时,主机会判定外电异常,即使外电没有断电,主机也会使用电池供电
3		主机旁路状态指示灯	灭灯	黄灯	黄灯点亮,表明主机为旁路状态,负载使用外电供电。若外电断电,UPS 不会自动转电池供电,负载会断电。此时需检查主机后侧手动旁路开关是否在旁路位置
4		主机超载指示灯	灭灯	红灯	红灯点亮,表明主机超载。当主机负载指示灯全亮,此灯会同时点亮,此时需降低负载量
5		主机故障状态指示灯	灭灯	红灯	红灯点亮,表明主机故障。当主机超载指示灯亮红灯且故障指示灯同时点亮,主机需要维修处理。通常情况下主机故障时,设备会自动转旁路工作,此时旁路黄灯点亮
6		主机电池故障指示灯	灭灯	红灯	红灯点亮,表明主机电池故障。若此灯点亮,则需要更换电池。更换电池时需长按面板"test"按键,进行电池自检即可消除红灯,但电池故障灯长时间点亮,需重新启动主机才可消除
7	TEST	开机键	—	—	—

9. ATS 切换器

ATS 切换器是为实现既有线 CTC 车站双 UPS 电源主备切换而应用的电源切换装置。集中 UPS 供电的客运专线车站则不需要使用该设备。

ATS 切换器主要功能是实现电源屏直供电与 UPS 自动切换供电间的正常切换。保证 UPS 故障情况下能够自动切换到电源屏直供电，避免负载设备断电情况出现。下面以 APC_AP7723 型设备为例进行介绍。

ATS 切换器前面板示意如图 12-2-28 所示。

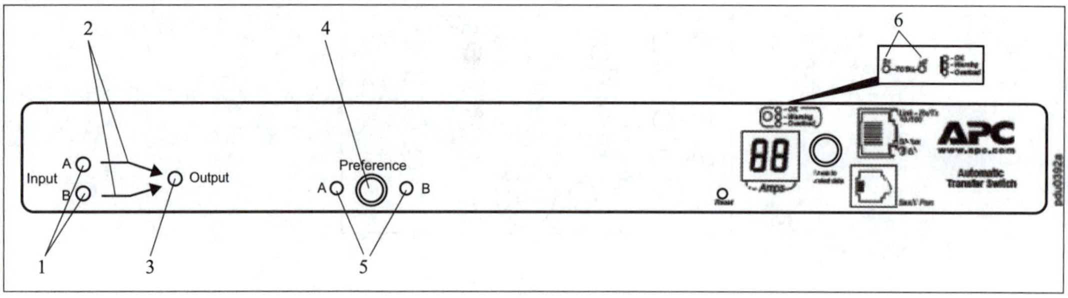

图 12-2-28 ATS 切换器前面板示意

ATS 切换器面板指示灯及按钮含义见表 12-2-13。

表 12-2-13 ATS 切换器面板指示灯及按钮含义

编号	显示名称	含义	正常状态显示	异常状态显示	备 注
1	A	ATS 切换器的 A 路电源输入	绿灯	灭灯	A 对应 ATS 切换器后面板 A 路输入电源。当指示灯都亮时代表输入电源均正常，某个灯熄灭代表某路没输入电源
	B	ATS 切换器的 B 路电源输入	绿灯	灭灯	B 对应 ATS 切换器后面板 B 路输入电源。当指示灯都亮时代表输入电源均正常，某个灯熄灭代表某路没输入电源
2	/	使用 A/B 路电指示	绿灯	无色	哪个线路点亮代表正在使用该路电。ATS 切换器会自动或手动选定一路输入电作为常用，如 A 路亮代表输出的是 A 路电
3	Output	ATS 切换器电压输出指示灯	绿灯	灭灯	指示灯点亮，表明 ATS 切换器电压输出正常
4	Preference	选择输出按钮	—	—	用于选择使用 A 或 B 路输出
5	A	A 路电输出指示灯	绿灯	灭灯	与 Preference 按钮配合使用。按动 Preference 按钮，使 A 灯亮起，代表设定 A 路常用，优先使用 A 路电，再次按动 Preference 按钮，使 B 灯亮起（A 灯熄灭）代表优先使用 B 路电，再次按动 Preference 按钮，A 和 B 灯全熄灭，主机自动选择一路电输出，此时不分常用电和备用电，先上电先输出，当其中一路断电后再来电 ATS 依旧维持原先状态
	B	B 路电输出指示灯	绿灯	灭灯	
6	/	负载状态指示灯	绿灯	黄灯/红灯	绿灯代表负载余量足够；黄灯代表负载接近上限，默认设定为 12 A；红灯代表 ATS 切换器超载。AP7723 默认超过 16 A 显示红灯

10．通信质量监督

传输电路质量监督系统(DLMU200-F)是在线测试 100BASE-FX 的光通道质量的设备，该设备应用于通信接口为 FE 光纤接口的车站。

DLMU200-F 前面板如图 12-2-29 所示，包括 2 个 USB 接口；1 个抽拉式显示屏；1 块快速插拔硬盘；POWER(电源，设备开/关机)按钮；RESET(设备重启)按钮；AUTO(屏幕校正)按钮，用于触摸屏位置校正；HDD(硬盘状态指示灯)，正常情况为绿闪。

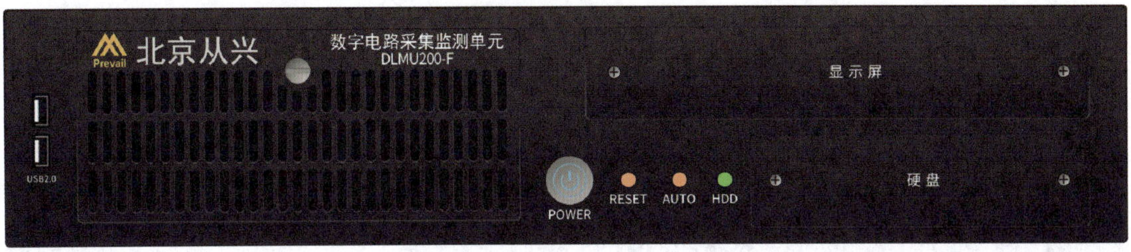

图 12-2-29　DLMU200-F 前面板示意

DLMU200-F 设置 1 个 7in 液晶屏，分辨率是 1 024×768，可触摸控制，如图 12-2-30 所示。主要用于显示线路状态、线路流量，方便现场人员查看。其屏幕显示的告警信息见表 12-2-14。

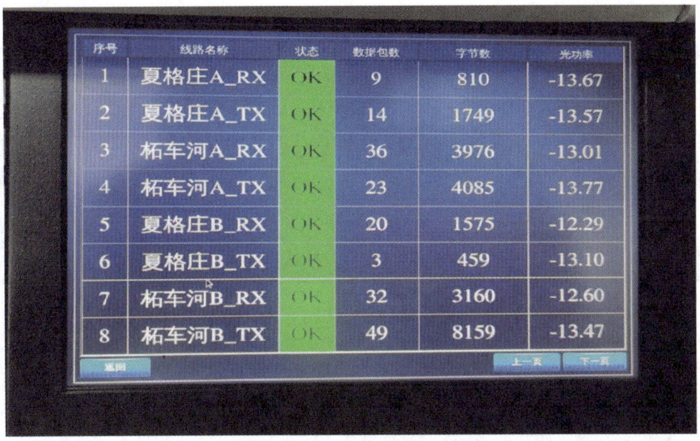

图 12-2-30　DLMU200-F 抽拉屏示意

表 12-2-14　屏幕显示告警信息

序号	告 警 信 息
1	LOS：光信号丢失，当从 monitor 口出来的光功率小于-36dB 时，会出现 los 告警
2	E3、E5：光纤通道误码丢包
3	光功率：光纤信号强度
4	温度：光纤模块实时温度
5	AIS：远端信号丢失，指示远端通道中断

DLMU200-F 后面板接口包括 2 个以太网口，1 个电源插口，2 个光纤以太网监测板卡，如图 12-2-31 所示。

DLMU200F 抽拉屏式和直屏式设备架构相同、程序相同、功能相同，仅外观不同。目前抽

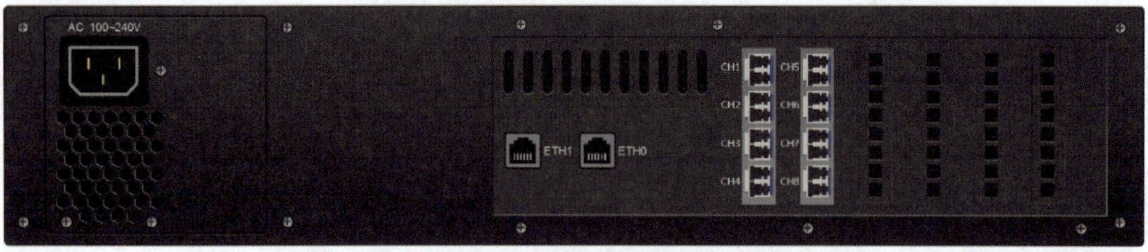

图 12-2-31　DLMU200-F 后面板示意

拉屏式 DLMU200F 设备为最新版本设备，后续车站使用均为抽拉屏式，5 寸直屏式设备非最新，但是济南局集团公司 5in 直屏式设备存量仍然较多。DLMU200-F 直屏式前面板示意如图 12-2-32所示，后面板示意如图 12-2-33 所示。

图 12-2-32　DLMU200-F 直屏式前面板示意

图 12-2-33　DLMU200-F 直屏式后面板示意

11. 三合一控制台

三合一控制台可抽拉、折叠，集 19in 液晶显示器、触控鼠标、键盘功能于一体，与电务维修工控主机匹配使用，作为维护人员的输入设备。三合一控制台标配 1 个 104 键盘、1 个触控板，2 个 USB 端口，1 个 VGA 接口。前视图如图 12-2-34 所示，后视图如图 12-2-35 所示。

图 12-2-34　三合一控制台前视图

图 12-2-35　三合一控制台后视图

三合一控制台前视图部件功能说明见表 12-2-15。

表 12-2-15　三合一控制台前视图部件功能说明

序号	部件名称	功能或操作描述
1	手柄	电源按钮开关，用于开启/关闭设备。拉动此手柄将 KVM 模组拉出，推动此手柄将模组推回
2	显示屏	信号输出显示
3	控制按钮	开关按钮、控制屏幕位置和图像设置的按钮
4	键盘	字符文字输入
5	触控板	移动光标
6	LED	电源指示灯
7	机架支架	支架位于设备两侧，用于将设备底盘固定在机架上
8	Lock 及指示灯	分别为 NumLock、CapsLock 和 ScrollLock 的指示灯
9	锁扣	要在机架上自由抽拉控制台，必须首先将此锁扣按到里面

三合一控制台后视图部件功能说明见表 12-2-16。

表 12-2-16　三合一控制台后视图部件说明

编号	部件名称	功能或操作描述
1	电源接口	标准 AC 220 V 电源输入插口
2	电源开关	电源按钮开关，用于开启/关闭设备电源
3	USB 接口	本地控制端 USB 接口
4	VGA 接口	本地控制端视频信号输出接口，接口类型为 VGA
5	PC 端	用于信号主机连接，提供输入、输出信号接口

12. 网络安全设备

CTC 车站系统网络安全设备包含安全网关系统和安全加固软件。

安全网关系统是采用协议过滤、访问控制等机制，保证 TDCS/CTC 系统内不同区域间信息安全的设备。

安全加固软件从系统层对计算环境内服务器和终端进行加固，使系统具备主动防御能力。

(1)面板指示灯

安全网关系统通常在前面板设置功能操作区域、设备管理接口区域和以太网接口区域；在后面板设置电源输入插口、开关和电源指示灯。前面板示意如图 12-2-36 所示，后面板示意如图 12-2-37 所示。

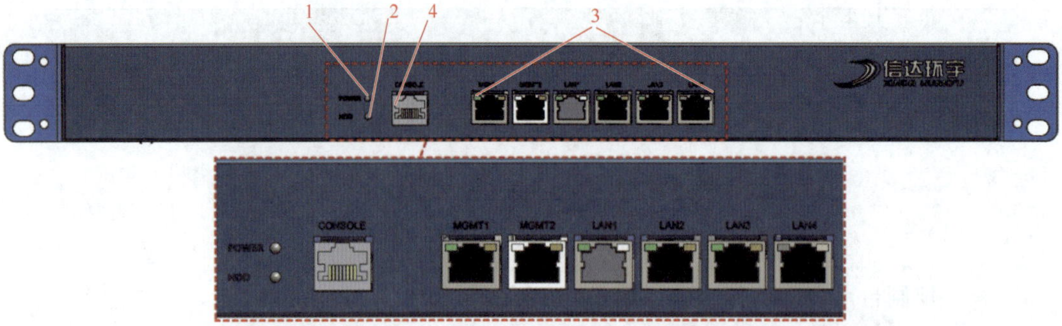

图 12-2-36　安全网关系统前面板示意

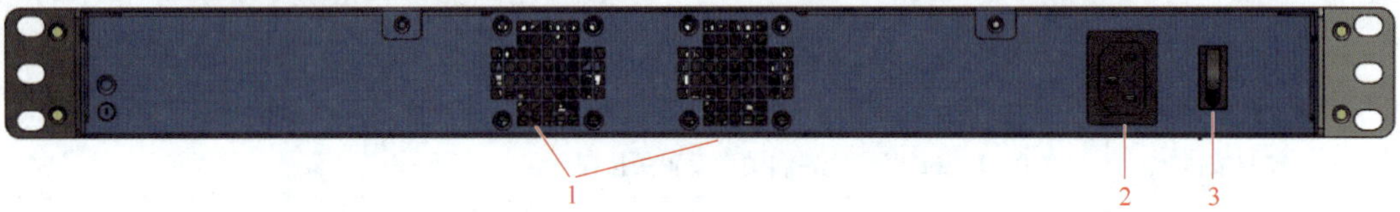

图 12-2-37　安全网关系统后面板示意

前面板端口及指示灯含义见表 12-2-17。

表 12-2-17　前面板端口及指示灯含义

编号	显示名称	含义	正常状态显示	异常状态显示	备　　注
1	POWER	电源指示灯	绿灯	灭灯	设备上电时点亮绿灯
2	HDD	硬盘指示灯	绿闪	灭灯	硬盘正常工作时，会有闪烁绿灯光
3	LAN1～LAN4、MGMT1～MGMT2	以太网接口指示灯	绿灯	灭灯	以太网物理接口连接正常时，常亮绿灯
		以太网接口指示灯	绿灯	灭灯	以太网物理接口进行数据交换时，绿灯闪烁
4	CONSOLE	配置管理端口	—	—	配置管理口，一般用于设备调试和系统配置

后面板按钮及指示灯含义见表 12-2-18。

表 12-2-18　后面板按钮及指示灯含义

编号	显示名称	含义	正常状态显示	异常状态显示	备　　注
1	—	机箱风扇	匀速转动	异响	—
2	—	电源开关	—	—	—
3	—	电源接口	—	—	—

(2)光纤长线驱动器

光纤长线驱动器成套设置，包含一个近端设备和一个远端设备，分别安装于工控机柜和行车运转室控制台。光纤长线驱动器利用光纤传输，可以将主机上的键盘和鼠标、视频信号延长 800 m，接口显示可以优化到最高分辨率 WUXGA(1 920×1 200)/FullHD(1 920×1 080)。下面以 Rextron_FXDA-M040 型设备为例进行介绍。

(3)设备连接

近端设备连接示意如图 12-2-38 所示。

面板指示灯上电时显示为绿色灯光，与远端设备建立通信后显示蓝色灯光。

远端设备连接示意如图 12-2-39 所示。

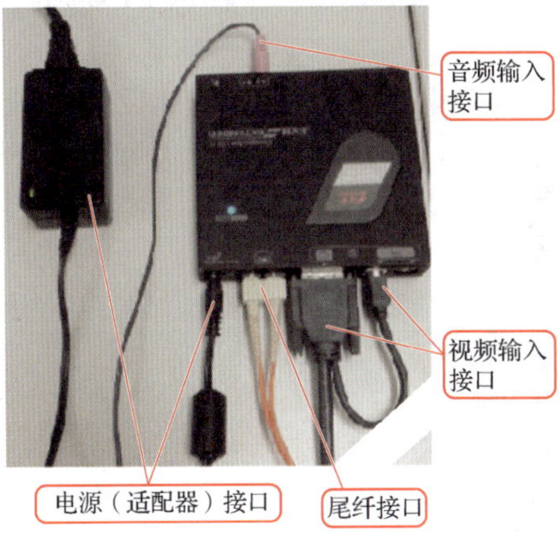

图 12-2-38　近端设备连接示意

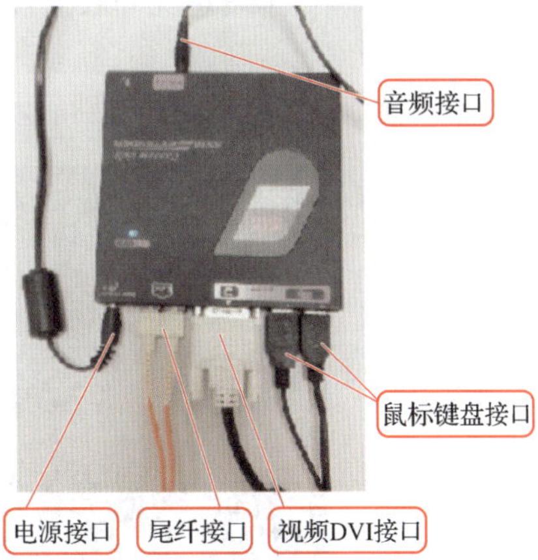

图 12-2-39　远端设备连接示意

面板指示灯上电时显示为绿色灯光，与近端设备建立通信后显示蓝色灯光。

13. 网络型长线驱动器

网络型长线驱动器成套设置，包含一个近端设备和一个远端设备，分别安装于工控机柜对应工控主机和行车运转室控制台。网络型长线驱动器利用网线传输，可以将主机上的键盘和鼠标、视频信号延长 70 m。下面以 ADDERX100A/R 型设备为例进行介绍。

近端设备连接示意如图 12-2-40 所示。

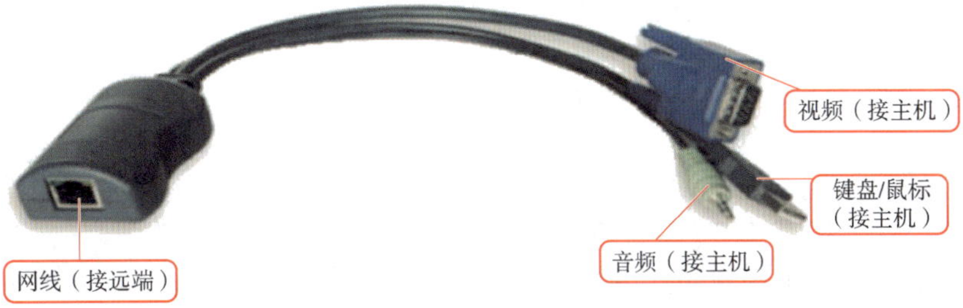

图 12-2-40　近端设备连接示意

远端设备（右侧）连接示意如图 12-2-41 所示，远端设备（左侧）连接示意如图 12-2-42 所示。

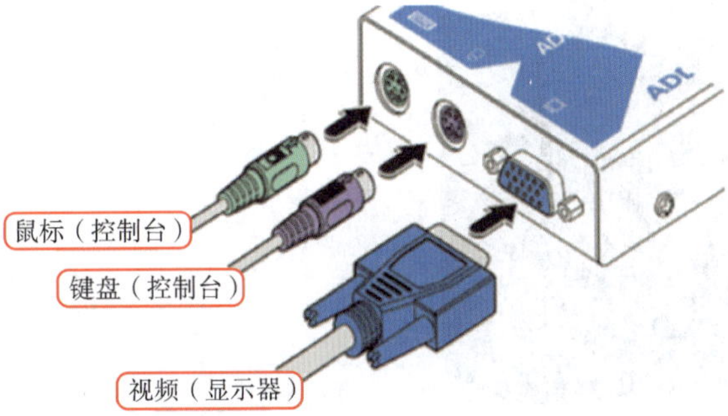

图 12-2-41　远端设备（右侧）连接示意

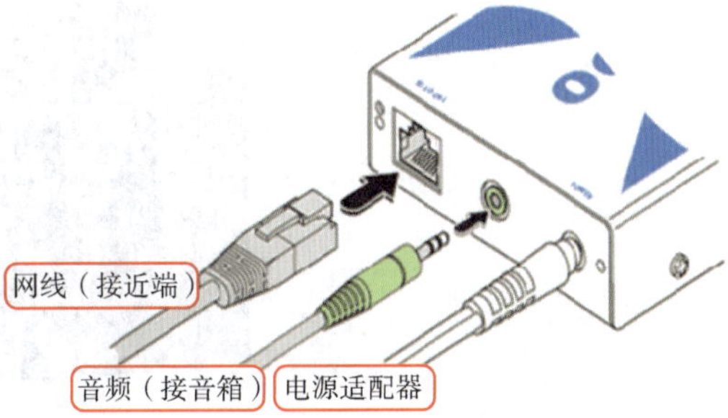

图 12-2-42　远端设备（左侧）连接示意

14. 显示器

显示器通常也称为监视器，一般与工控主机匹配使用，作为输入输出设备，安装在行车运转室终端控制台。CTC车站系统一般配置24in液晶显示器设备。下面以DELL-U2412M型显示器为例进行介绍。

显示器右下角设置5个按钮，分别表示调节按钮和电源开关按钮，如图12-2-43所示。

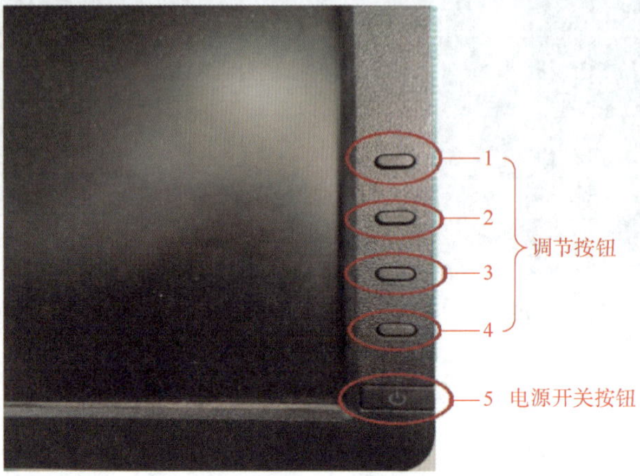

图 12-2-43 按键示意

显示器按键具体含义见表12-2-19。

表 12-2-19 面板指示灯含义

编号	含义及功能
1	向上选择键，用于向上移动光标
2	向下选择键，用于向下移动光标
3	确认键。当光标移至某一选项时，按压此按钮用于确认
4	菜单键和取消操作键
5	电源开关键。用于开关显示器。显示器输入电正常时，显示蓝色

显示器一般设置3个视频输入信号接口、1个连接主机USB口以及2个外接USB口。

15. 音箱

音箱一般与工控主机匹配使用，作为音频输出设备，安装在行车运转室终端控制台，用于相关语音提示。CTC车站系统一般配置2台音箱设备。下文以金河田M2215-09型音箱为例进行介绍，外观如图12-2-44所示。

图 12-2-44 音箱外观

面板指示灯及旋钮说明如图 12-2-45 所示。音箱一般在箱体顶部设置 2 个音量调节旋钮、1 个电源输入按键和 1 个电源指示灯。

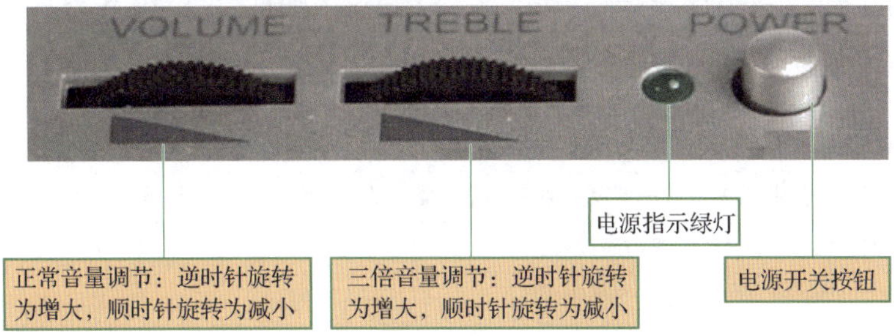

图 12-2-45 面板指示灯及旋钮说明

16. 网络打印机

网络打印机一般设置安装在行车运转室终端控制台，用于调度命令、阶段计划以及行车日志的打印输出。外观如图 12-2-46 所示。

CTC 车站系统一般配置 1 台网络打印机设备。下面以 HpLaserJetProM401n 型为例进行介绍。

打印机一般在箱体顶部设置 1 个 LCD 面板控制区(图 12-2-47)和 1 个电源输入按键(白灯)。

图 12-2-46 打印机外观

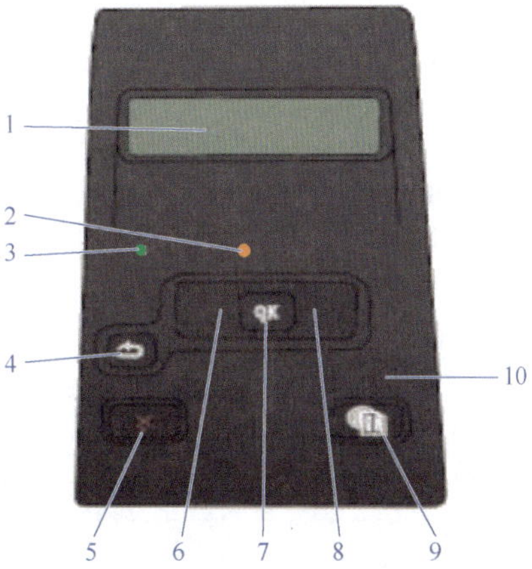

图 12-2-47 打印机 LCD 面板控制区

面板按键及指示灯含义见表 12-2-20。

表 12-2-20 面板按键及指示灯含义

编号	含义及功能
1	控制面板显示屏:提供有关产品的信息,使用显示屏上的菜单可以设定产品参数
2	注意指示灯(琥珀色):当产品要求用户注意时,注意指示灯闪烁
3	就绪指示灯(绿色):产品准备好可以打印时,就绪指示灯亮起。当产品接收打印数据时或产品处于睡眠模式时,该灯闪烁
4	后退箭头按钮:使用此按钮执行①退出控制面板菜单。②滚动返回子菜单列表中的上一菜单。③滚动返回子菜单列表中的上一菜单项(不保存对菜单项的更改)

续上表

编号	含义及功能
5	✕取消按钮：按此按钮可以在注意指示灯闪烁时取消打印作业或退出控制面板菜单
6	◀ 左箭头按钮：使用此按钮可以浏览菜单或减小显示屏上的值
7	OK 按钮：按确定按钮可执行①打开控制面板菜单。②打开显示在控制面板显示屏上的子菜单。③选择菜单项。④清除一些错误。⑤开始打印作业，以响应控制面板提示
8	▶右箭头按钮：使用此按钮可以浏览菜单或增大显示屏上的值
9	设置按钮：通过此按钮可快速访问设置菜单
10	LED 指示灯：此指示灯在本产品上不起作用

17. 软件报警说明

CTC 软件报警说明见表 12-2-21。

表 12-2-21 CTC 软件报警说明

报警分类	报警级别	报警信息	发生原因及处理措施
设备报警	1	自律机 A 机(或自律机 B 机)与联锁 A 机(或联锁 B 机)通信中断	车站自律机与计算机联锁通信的某一条通道发生故障
	1	自律机与采集板(板号)通信中断	车站采集板故障，与自律机通信中断，需检查自律机与 DIB 采集板通信状况
	1	自律机与热备自律机通信中断	车站自律机双机间通信网络故障，内网双机间通信故障或自律机单系重启
	2	自律机主备机已切换	车站自律机主备倒机，需检查电维 notice 日志是否存在自律机主机重启，自律机与联锁、列控主机中断记录，这会导致自律机主备切换
	1	自律机 A/B 机与列控 A/B 机通信中断	车站自律机与列控中心通信的某一条通道通信发生故障(列控通信中断语音)，需检查列控中心与 CTC 通信状况
	2	列控通信未初始化	列控中心未初始化，需要车务人员手工初始化列控中心
	2	列控驱采不一致	此报警由列控提供，列控出现驱动和采集不一致的报警，此情况需列控中心调查具体原因
	3	自律机与中心通信中断	车站自律机与中心调度台终端通信中断，需检查车站自律机与中心通道状态，以及调度台程序是否正常运行
	3	自律机与车务终端通信中断	车站自律机与本站的车务终端(包括信号员终端)通信中断，需检查车务终端与自律机是否时间同步，以及车站局域网内通信是否正常
	1	信号机断丝	此报警为联锁提供，需检查室外设备是否存在灯丝断丝，核对 CTC 站场表示是否与联锁显示一致
	1	道岔挤岔	此报警为联锁提供，需检查室外设备是否存在道岔挤岔，核对 CTC 站场表示是否与联锁显示一致

二、车站 CTC 机柜

1. 车站 CTC 机柜结构

车站 CTC 机柜主要包括采集机柜和工控机柜。

采集机柜中安装的设备主要包括：交换机、自律机、采集机笼、路由器、通信质量监督、ODF 架、UPS、ATS 切换器等。

工控机柜中安装的设备主要包括：信号员工控机、电务维修机、防火墙、长线驱动器、三合一控制台、值班员工控机等。

采集机柜及工控机柜结构如图 12-2-48 所示。

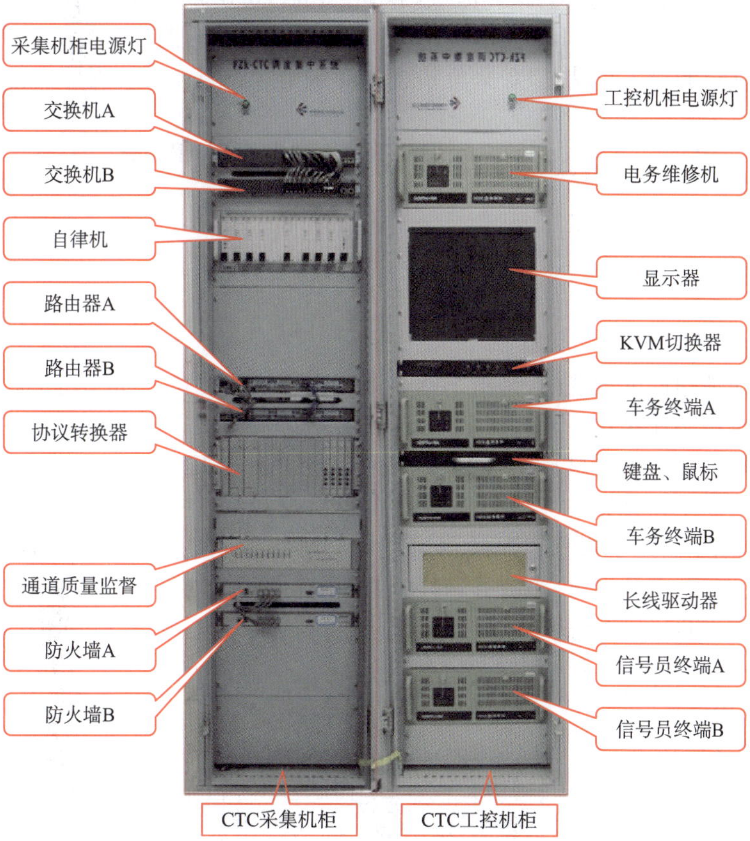

图 12-2-48　采集机柜及工控机柜结构

2. CTC 机柜面板电源指示灯含义

采集机柜和工控机柜前面板上各有两个电源指示灯：A 系电源和 B 系电源，如图 12-2-49 所示。

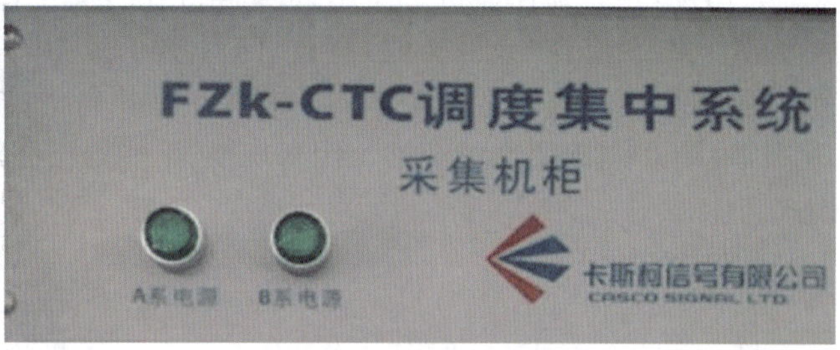

图 12-2-49　机柜面板电源指示灯

机柜面板电源指示灯含义见表 12-2-22。

表 12-2-22　机柜面板电源指示灯含义

编号	名称	含义	正常状态显示	异常状态显示	备　注
1	A 系电源	电源指示灯	绿灯	灭灯	绿灯亮表示机柜 A 系输入电源正常
2	B 系电源	电源指示灯	绿灯	灭灯	绿灯亮表示机柜 B 系输入电源正常

三、CTC 车站电源子系统

车站 CTC 系统电源需求：电源屏提供两路独立的 AC 220 V 电源，其技术指标为 220 V（−15%～+10%），(50±1) Hz，每路不小于 10 A，两路电源的倒换时间小于 0.15 s。电源屏提供的两路独立电源接入车站 CTC 采集机柜电源端子，给 CTC 系统内部设备供电。

第三节　车站设备终端基本操作

一、控制模式

1. 类别

(1)分散自律模式

分散自律在铁路调度系统中，是指车站与调度中心相对独立，自成体系，灵活组合，由高可靠性的双环网络结构连接在一起，可由中心通过给车站系统发命令的方式统一控制，也可由车站根据预定的规则和计划信息自动产生控制命令，也可由人工发命令控制。车站子系统可根据各个车站的行车工作细则和实际行车状况自我检查约束。中心可远程查看车站各方面信息，并可远程控制车站设备操作。车站可以在中心远程控制下工作，也可以通过授权自行控制，即使与中心断开，车站也可以在一段时间内根据存储的计划进行进路控制。

在分散自律 CTC 控制模式下，联锁的控显机（操表机）不具备信号控制权限，信号控制在 CTC 系统上完成。

(2)非常站控模式

在非常站控控制模式下，CTC 系统不再发出进路控制命令，所有的列车进路和调车进路由车站值班员在原有的计算机联锁设备或 6502 控制台上手工操作。CTC 仅用来接收调度命令和阶段计划，并显示站间透明信息等（降级为 TDCS 使用）。

2. 控制模式转换条件

非常站控和分散自律 CTC 控制两种模式之间的转换，均需要在联锁的控显机上操作完成，CTC 上无相关转换操作。

由分散自律进入非常站控：在联锁控显机上操作后，即可无条件完成转换。

由非常站控进入分散自律：只有在“允许转回”亮黄灯时，才可以从非常站控转到 CTC 控制。“允许转回”亮黄灯的条件是：检查非常站控模式下有无正在执行的按钮操作，如果没有，按钮按下，亮黄灯。另外，在有半自动闭塞的车站，“闭塞切换”不能处于亮红灯的状态，否则无法切换到分散自律模式。

二、CTC 操作方式

1. 类别

分散自律模式分为中心控制、车站调车和车站控制三种操作方式。

(1)中心控制操作方式：中心具有管辖范围内车站全部信号控制权，中心控制操作方式适用于调车作业较少的中间站或者无人站，一般高铁大部分车站可使用此操作方式。

(2)车站调车操作方式：中心对车站具有列车进路操作权，对调车进路无操作权。车站对调车进路有操作权，对列车进路无操作权。道岔单锁和设备封锁操作，遵循“谁封谁解”的原则。车站调车操作方式适用于既有线的大多数车站。

(3)车站控制操作方式：车站具有信号设备的全部控制权，同时具有列车和调车进路的操作权，中心对列车和调车进路均无控制权。车站操作方式适用于调车作业较多或调度员无法掌握到发线运用的、接发车作业复杂的大型车站。

车站处于不同的操作方式下，车务终端对进路序列具有不同的操作权限，见表 12-3-1。

表 12-3-1 不同操作方式下车务终端的操作权限

操作方式	列车序列	调车序列
中心控制	不可修改	不可修改
车站调车	不可修改	可修改
车站控制	可修改	可修改

在车站控制模式下，同一时间，车务终端和信号员终端之间只能有一个具有修改进路序列的权限。

通过授权许可，用户可以在这三种操作方式间转换，但必须符合转换条件。

2. 操作方式转换条件

(1)由车站申请的操作方式转换条件见表 12-3-2。

表 12-3-2 车站申请

源方式	目的方式		
	中心控制	车站控制	车站调车(分散自律)
中心控制	—	需要中心同意 (车站控制表示灯黄色闪烁)	无权申请
车站控制	需要中心同意 (中心控制表示灯黄色闪烁)	—	需要中心同意 (分散自律表示灯黄色闪烁)
车站调车(分散自律)	无权申请	需要中心同意 (车站控制表示灯黄色闪烁)	—

表 12-3-2 中的源方式指 CTC 系统当前所处的操作方式，目的方式指用户准备转换的方式。

系统处于车站控制操作方式时，车站可申请中心控制操作方式和车站调车操作方式，中心同意转换成功。

系统处于中心控制操作方式时，车站可申请车站控制操作方式，中心同意后转换成功。车站无权申请车站调车操作方式。

系统处于车站调车操作方式时，车站可申请中心控制操作方式，中心同意后转换成功。车站无权申请中心控制操作方式。

(2)由中心申请的操作方式转换条件见表 12-3-3。

表 12-3-3 中心申请

源方式	目的方式		
	中心控制	车站控制	车站调车(分散自律)
中心控制	—	需要车站同意 (车站控制表示灯绿色闪烁)	直接转换
车站控制	需要车站同意 (中心控制表示灯绿色闪烁)	—	需要车站同意 (分散自律表示灯绿色闪烁)
车站调车(分散自律)	直接转换	需要车站同意 (车站控制表示灯绿色闪烁)	—

系统处于中心控制操作方式时，中心可以申请车站控制操作方式，车站同意申请后即转为车站控制操作方式。中心可以直接将操作方式由中心控制操作方式转换为车站调车操作方式。

系统处于车站控制操作方式时，中心可以申请中心控制操作方式和车站调车操作方式，车站同意后方可转换成功。

系统处于车站调车操作方式时，中心可以直接转为中心控制操作方式，而转换为车站操作方式时需车站同意。

3. CTC 排路方式

CTC 排路方式也称为 CTC 进路控制模式，指在分散自律模式下 CTC 系统控制列车排列进路的方式。CTC 排路方式分为按图排路和手工排路。

(1)按图排路：表示车站自律机根据列车运行计划和调车作业计划生成进路序列指令，如有自触标记则按自动触发执行。

(2)手工排路：表示车站系统自律机只执行人工直接按钮操作，自律机不再根据调度员下达的计划生成进路序列。手工排路直接通过点按进路始终端按钮的方式建立进路，跟传统的计算机联锁操作或 6502 控制台操作类似。如果用户手工排列的进路能够通过联锁系统条件检查，则建立该进路，否则无法建立该进路。

计划控制表示车站子系统是否将收到的列车运行计划作为检查进路合理性的依据，一般用于检查列车进路和调车进路是否存在冲突。计划控制只有在按图排路状态下起作用。

三、站场设备显示

1. 按钮显示

(1)列车按钮

列车按钮用于办理列车进路。列车按钮为方形，正常(未按下)状态下按钮为绿色背景，按下后为蓝色背景，可选终端按钮为黄色闪烁背景，列车按钮的封锁状态是粉色背景，显示含义见表 12-3-4。

表 12-3-4 列车按钮显示含义

列车按钮显示	文字描述	含义
	绿色，未按下按钮	正常
	蓝色，按下按钮	按下
	黄色，未按下按钮	可选终端
	粉色，未按下按钮	封锁

(2)调车按钮

调车按钮用于办理调车进路。调车按钮为圆形，正常(未按下)状态下按钮为灰色背景，按下后为蓝色背景，可选终端按钮为黄色闪烁背景，调车按钮的封锁状态是粉色背景，显示含义见表 12-3-5。

表 12-3-5　调车按钮显示含义

调车按钮显示	文字描述	含义
	灰色，未按下按钮	正常
	蓝色，按下按钮	按下
	黄色，未按下按钮	可选终端
	粉色，未按下按钮	封锁

(3)功能按钮

功能按钮用于实现特殊联锁功能。功能按钮为圆形，位于站场图单站画面的下方，正常(未按下)状态下功能按钮为灰色背景，按下后为蓝色背景，可按下状态为黄色背景，工作状态为红色背景，显示含义见表 12-3-6。

表 12-3-6　功能按钮显示含义

功能按钮显示	文字描述	含义
	灰色，未按下按钮	正常
	蓝色，按下按钮	按下
	黄色，未按下按钮	可按下状态
	红色，未按下按钮	工作状态

2. 道岔显示

(1)道岔基本功能显示

道岔的基本功能显示指道岔设备在具备道岔正常转换条件时在站场图上的显示方式，包括定位、反位、锁闭、封锁等常规联锁操作后的状态显示方式。

道岔定位时名称显示为绿色；道岔反位时名称显示为黄色；道岔四开(道岔不处于定位也不处于反位，也称为道岔失表示)时显示为白色；道岔单锁时名称有绿色圆圈包裹；道岔封锁时岔心位置闪粉红色，显示含义见表 12-3-7。

表 12-3-7　道岔基本功能显示含义

道岔显示	文字描述	含义
	道岔名称为绿色	定位
	道岔名称为黄色	反位
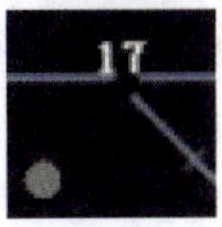	道岔名称为白色	四开

续上表

道岔显示	文字描述	含义
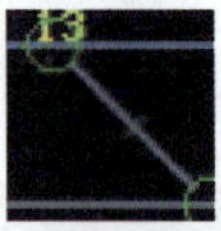	岔芯位置有绿色圈	单锁
	岔芯位置为粉色闪烁	封锁

(2)道岔分路不良显示

当道岔设备出现分路不良时,电务人员在 CTC 上设置道岔分路不良状态。岔前分路不良状态为岔前闪烁的白色(或粉色外包线,根据各局需求设置)外包线,道岔定位分路不良状态、道岔反位分路不良状态显示含义见表 12-3-8。

表 12-3-8　道岔分路不良显示含义

道岔分路不良显示	文字描述	含义
	定位有白色外包线闪烁	定位分路不良
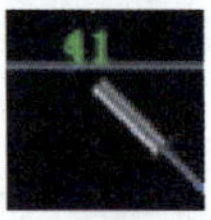	反位有白色外包线闪烁	反位分路不良
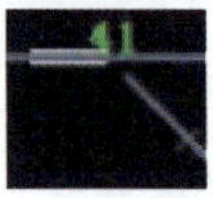	岔前有白色外包线闪烁	岔前分路不良

(3)道岔临时限速显示

道岔临时限速显示是指当列车经过道岔需要减速时道岔的显示方式为黄色的外包线,如图 12-3-1 所示。

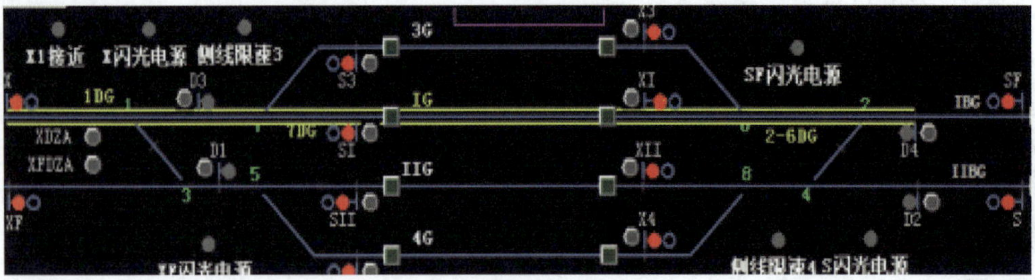

图 12-3-1　道岔临时限速显示

3. 信号机显示

站场图终端信号机的显示与联锁显示一致。站场图信号机包括进站信号机、出站信号机、通过信号机和调车信号机。

进站信号机显示含义见表 12-3-9。

表 12-3-9 进站信号机显示含义

信号机显示	文 字 描 述	含 义
	一个红色灯光	不准列车越过该信号机
	一个黄色闪光和一个黄色灯光	准许列车经过 18 号及以上道岔侧向位置
	一个黄色灯光	准许列车经道岔直向位置，进入站内准备停车
	两个黄色灯光	准许列车经道岔侧向位置，进入站内准备停车
	一个绿色灯光	准许列车按规定速度经正线通过车站
	一个月白色灯光和一个红色灯光	引导信号
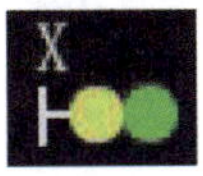	一个绿色灯光和一个黄色灯光	准许列车经道岔直向位置，进入站内越过次一架已经开放的信号机准备停车

出站信号机显示含义见表 12-3-10。

表 12-3-10 出站信号机显示含义

信号机显示	文 字 描 述	含 义
	一个绿色灯光	准许列车由车站出发，运行前方至少有两个闭塞分区空闲
	一个黄色灯光	准许列车由车站出发，运行前方有一个闭塞分区空闲
	一个红色灯光	不准列车越过该信号机
	两个绿色灯光	半自动闭塞或自动站间闭塞区段准许列车由车站出发，开往次要线路；自动闭塞区段准许列车由车站出发，开往半自动闭塞或自动站间闭塞区间

通过信号机显示含义见表 12-3-11。

表 12-3-11 通过信号机显示含义

信号机显示	文字描述	含义
	一个绿色灯光	准许列车按规定速度行驶
	一个绿色灯光和一个黄色灯光	准许列车按规定速度行驶，准备减速
	一个黄色灯光	要求列车减速运行，按规定限速越过该信号机
	一个红色灯光	不准许列车越过该信号机

调车信号机显示含义见表 12-3-12。

表 12-3-12 调车信号机显示含义

信号机显示	文字描述	含义
	一个月白色灯光	准许越过该信号机调车
	一个蓝色灯光	不准越过该信号机调车

4. 股道显示

(1)站内股道

站内股道显示含义见表 12-3-13。

①站内股道基本功能显示是指列车正常运行时站内股道的显示方式。股道空闲显示为蓝色；股道占用显示为红色；股道锁闭显示为白色；股道封锁显示为粉色闪烁。

②股道分路不良显示为白色外包线闪烁；股道分路不良确认空闲显示为稳定的白色外包线。

③站内股道临时限速显示为黄色外包线。

表 12-3-13 站内股道显示含义

站内股道显示	文字描述	含义
	蓝色	空闲
	红色	占用
	白色	锁闭
	粉色闪烁	封锁

续上表

站内股道显示	文字描述	含　　义
	白色外包线闪烁	分路不良
	稳定白色外包线	分路不良空闲
	黄色外包线	临时限速

(2)区间股道

①区间股道基本功能显示

区间股道基本功能显示指在设备正常和正常行车时区间股道的显示状态，含义见表 12-3-14。区间股道空闲显示为蓝色；区间股道正常占用显示为稳定红色。

表 12-3-14　区间股道基本功能显示含义

区间股道显示	文 字 描 述	含　　义
	蓝色	空闲
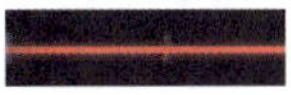	红色	正常占用

②区间股道临时限速显示

区间股道的临时限速显示指由于行车需要对区间设备设置临时限速时区间股道的显示方式。正线的临时限速在股道上显示为稳定的黄色外包线，如图 12-3-2 所示。

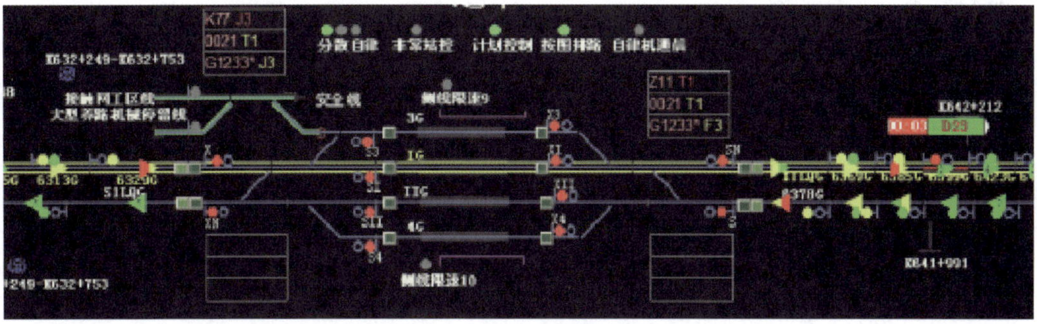

图 12-3-2　区间股道临时限速显示

③区间逻辑占用检查显示

区间逻辑占用检查功能可显示闭塞分区“占用丢失”情况，与既有站内分路不良表示方式一致，采用轨道区段两侧白色闪烁光带(武汉局集团公司和上海局集团公司显示为两侧粉色光带)表示，闭塞分区名称显示白色，如图 12-3-3 所示。

5. 表示灯显示

(1)控制模式表示灯

控制模式表示灯如图 12-3-4 所示。

图 12-3-3 区间逻辑占用检查显示

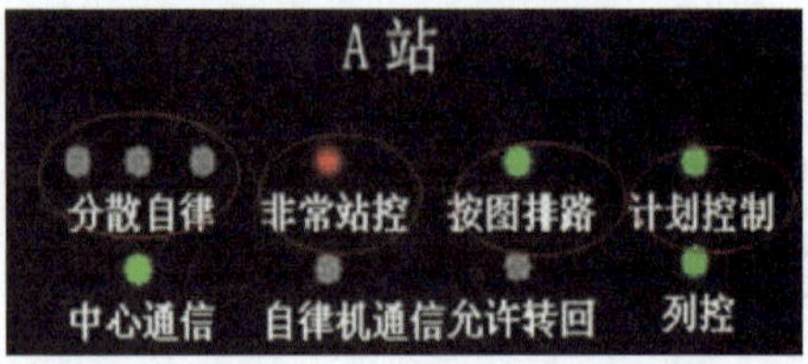

图 12-3-4 控制模式表示灯

在站名的下面有几个状态表示灯，用于显示自律机内部状态，默认显示是灰色，有状态表示时是绿色或红色。

分散自律机表示灯由三个表示灯组成，其中任何一个亮绿色表示 CTC 控制模式。第一个灯亮绿灯表示中心操作方式，中间灯亮绿灯表示车站调车操作方式，最后一个灯亮绿灯表示车站操作方式。

非常站控表示灯亮红灯时表示在非常站控模式下。

以上四个运行模式指示灯中，同一时间只能亮一个灯。

(2)CTC 排路方式表示灯

按图排路表示灯亮绿灯时表示自律机根据调度员下发的计划排列进路，亮黄灯时表示手工排路。

计划控制表示灯亮绿灯时表示调车进路是否需要和列车进路进行冲突检查，不亮时表示排路时不进行该检查。

允许转回表示灯表示自律机能否由分散自律机状态转换成非常站控状态，该表示灯亮黄色时表示可以转换成非常站控。

(3)通信状态表示灯

通信状态表示灯如图 12-3-5 所示。

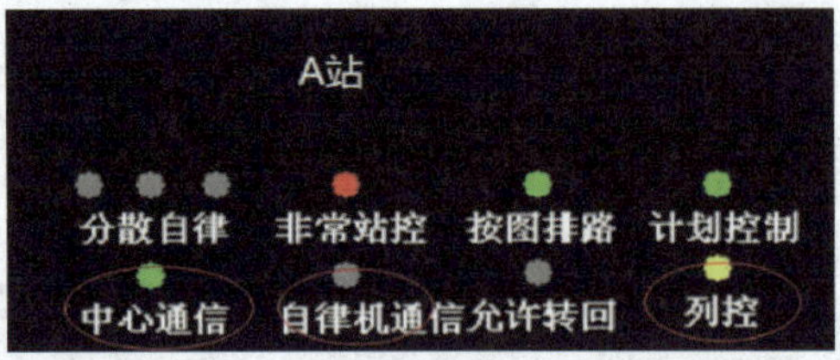

图 12-3-5 通信状态表示灯

中心通信表示灯亮绿灯时表示系统与中心服务器通信正常。

自律机通信表示灯间断性亮绿灯时表示车务终端与自律机通信正常，否则为异常。

列控表示灯亮绿灯时表示与列控通信正常；亮黄灯时表示列控未初始化，需要人工干预进行初始化；亮红灯时表示与列控通信故障。

(4)联锁机状态表示灯

车务终端站场图单站画面下有一排表示灯，用于显示联锁机和控显机的状态。绿色表示是主机，黄色表示是备机，灭灯表示故障(此状态表示灯根据联锁盘面的情况设置，某些型号的联锁没有此表示灯)。

(5)接发车辅助表示灯

接发车辅助表示灯如图 12-3-6 所示。

在单站画面的相关出入口(进站信号机)处有区间辅助改方方框或半自闭指示框(具体与联锁一致)。

四、功能操作

1. 用户登录

重新启动车务终端或用户换班需重新登录时,单击“登录”,弹出对话框如图 12-3-7 所示。

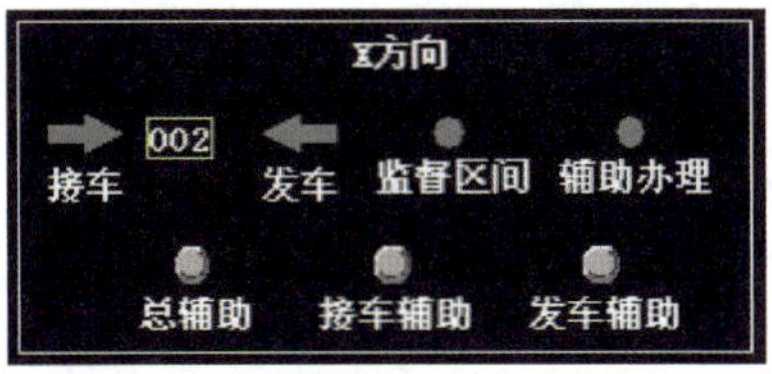

图 12-3-6　接发车辅助表示灯

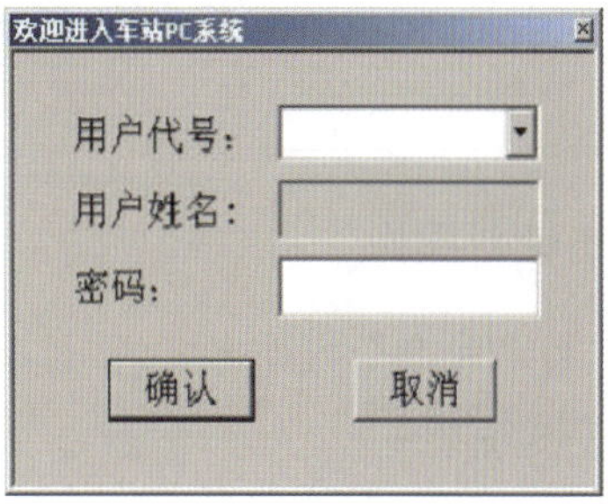

图 12-3-7　登录对话框

输入正确的值班人姓名和密码就可顺利登录,登录成功后在运统报表和调度命令签收时会显示正确的值班人姓名,否则只能查看。

车务终端第一次运行时,可使用用户代号(CASCO),密码(无)登录,然后通过用户管理对话框添加本车站使用的用户,最后登录所需用户就可使用车务终端。

当用户正确登录后,运统报表相应位置显示如图 12-3-8 所示。

值班时间	06:00-		
值班人	张三		

图 12-3-8　运统报表显示示意一

2. 用户注销

用户暂时离开不允许他人随便操作车务终端时,可注销用户。注销后和未登录的效果相同。

单击“登录”—“注销”,弹出提示框如图 12-3-9 所示。

选择“确定”后实现注销用户,运统报表相应位置显示如图 12-3-10 所示。

图 12-3-9　注销提示框

值班时间	06:00-16:31	16:31-	
值班人	张三	李四(销)	

图 12-3-10　运统报表显示示意二

3. 退出

单击“登录”—“退出”,弹出对话框如图 12-3-11 所示。输入正确密码后即可退出车务终端。

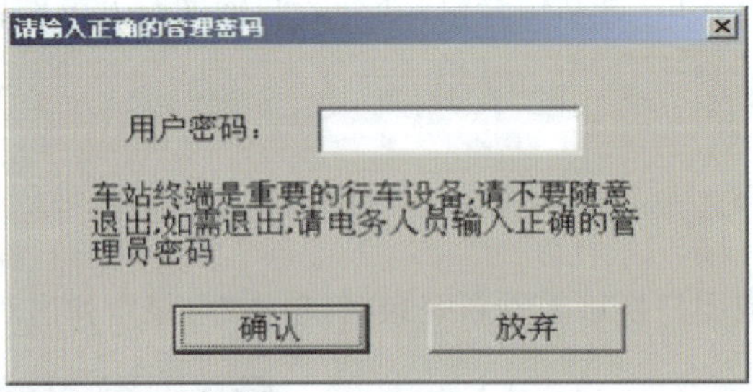

图 12-3-11　退出提示框

五、站场设备操作

CTC 具备两种命令操作方式:左键操作方式和右键操作方式。

1. 左键操作方式

站场图下面的 CTC 工具条如图 12-3-12 所示,用于进行 CTC 按钮操作,无论在区段画面还是单站画面中,此工具条都能使用。一般情况下,具备 CTC 操作权限时,工具条就显示在站场图下方。CTC 总是处在某种操作命令状态下,可以通过观察工具条上按钮的状态来分辨。灰色且凹下去的按钮就是当前的操作命令。用鼠标单击不同的按钮,将会改变当前的操作命令。缺省情况下,CTC 处在“进路建立”命令下,这与 6502 控制台保持一致。一条操作命令完成或取消后,CTC 自动回到缺省的“进路建立”命令状态下。CTC 命令左键操作方式示意如图 12-3-13 所示。

图 12-3-12　CTC 工具条

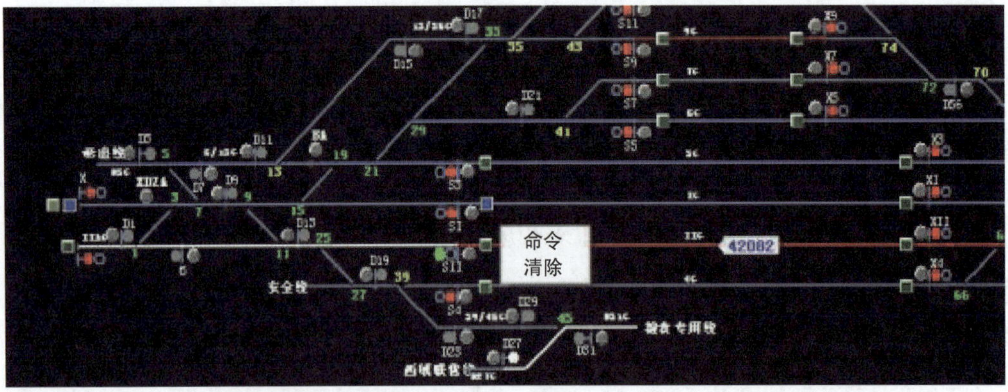

图 12-3-13　CTC 命令左键操作方式示意

左键操作方式与 6502 控制台相同,通过鼠标左键来完成命令。先用左键在 CTC 工具条上选择操作命令,如“总取消”,然后在站场图上选择相应的设备,用鼠标左击一下设备,如该设备被成功点中,设备将以明显不同的方式显示。最后单击 CTC 工具条上的“命令下达”按钮来下发操作命令。“命令清除”是对操作命令进行清除,重新回到缺省的“进路建立”命令状态下。对于左键方式,“命令下达”和“命令清除”还可以通过在站场图上(任何位置)右击鼠标弹出一个菜单来实现。“命令”指的是命令下达，“清除”指的是命令清除。

2. 右键操作方式

CTC 命令右键操作方式示意如图 12-3-14 所示。

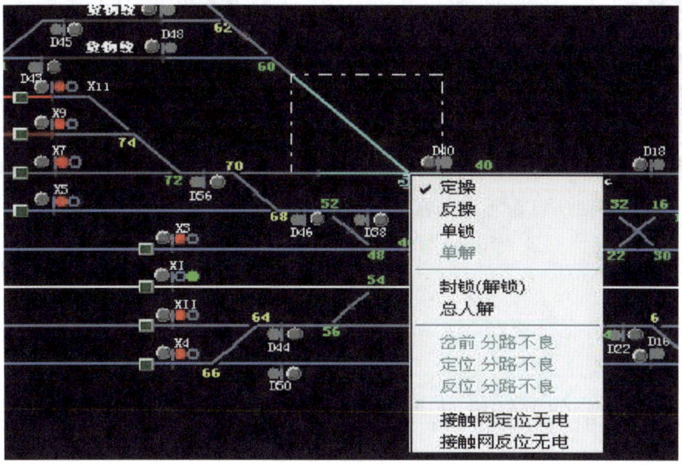

图 12-3-14　CTC 命令右键操作方式示意

右键操作方式是对左键操作方式的补充，避免了鼠标左键“选择命令—选择设备—命令下达”操作方式的大范围鼠标移动。右键方式下，可以直接在站场图上找到要操作的设备，右击鼠标，弹出一个命令菜单，它罗列了可以对该设备进行操作的所有命令。在菜单上选择需要的命令，左击，就会完成该设备的命令下发。需要注意的是：只有当鼠标移到设备上，设备颜色变为高亮（青色）时，才能出现右键操作菜单。

右键操作方式主要利用弹出菜单，而弹出菜单是与设备相关的。目前只有信号机、道岔、区段有弹出菜单（车次窗的弹出菜单不属于对信号设备操作）。

道岔弹出菜单如图 12-3-15 所示。

区段弹出菜单如图 12-3-16 所示。

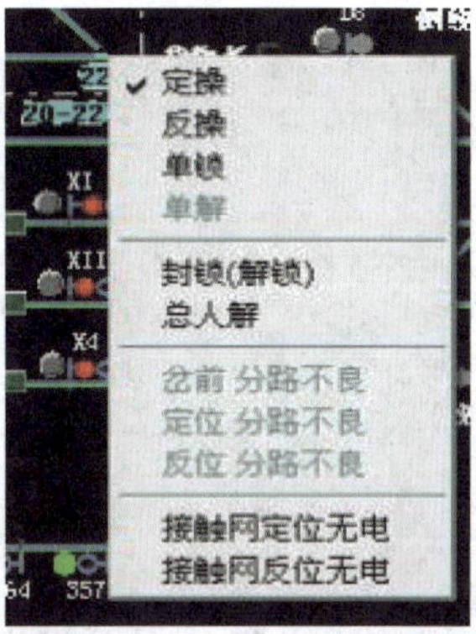

图 12-3-15　道岔弹出菜单

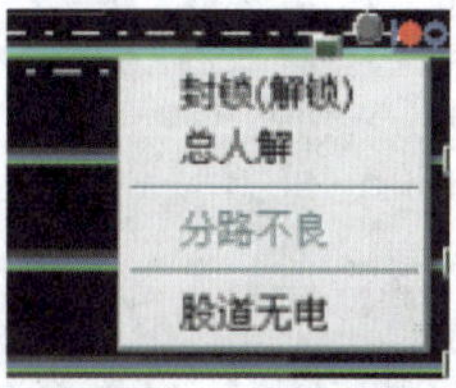

12-3-16　区段弹出菜单

进站信号机弹出菜单如图 12-3-17 所示。

出站信号机弹出菜单如图 12-3-18 所示。

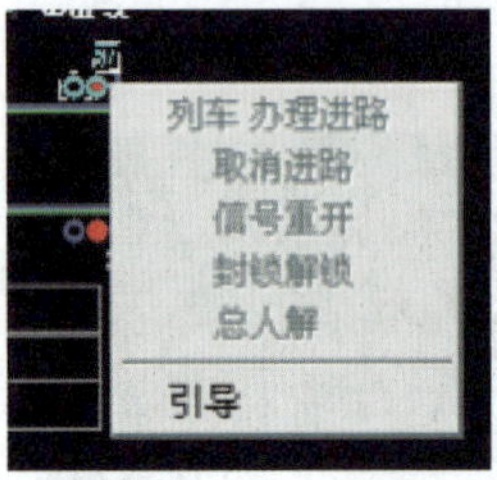

图 12-3-17 进站信号机弹出菜单

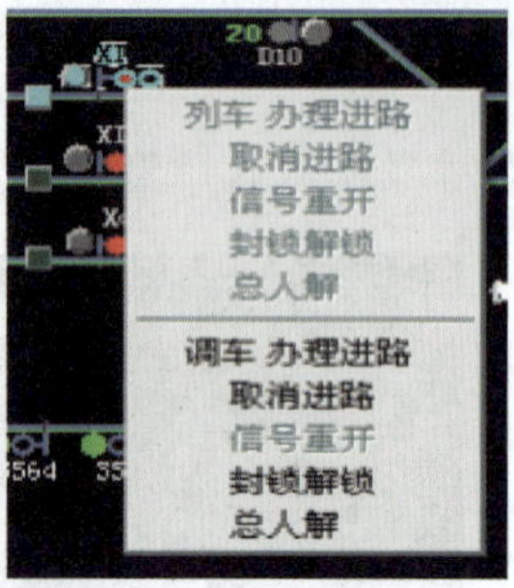

图 12-3-18 出站信号机弹出菜单

3. 进路建立

(1)排列进路

①站场图表示

在排进路过程中，道岔位置转换时道岔名称会闪烁，进路办理成功后与联锁显示一致，进路锁闭并且信号开放。

②操作设备

命令可以操作列车按钮、调车按钮或通过按钮，必须至少操作两个或以上按钮。

③左键操作方式

在 CTC 工具条上单击“进路建立”按钮，当按钮变灰且凹下去时说明此命令已被选中，如图 12-3-19 所示。

图 12-3-19 单击“进路建立”按钮

将鼠标移至需要办理进路的始端按钮上，如果此按钮能够办理进路，鼠标就会变为十字形，同时按钮和信号机外框变为高亮，如图 12-3-20 所示。

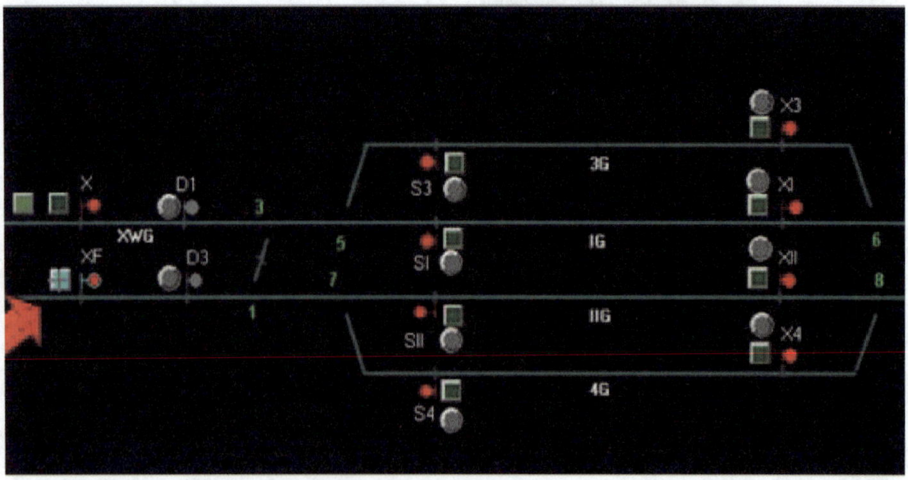

图 12-3-20 排列进路图示一

单击鼠标左键，始端按钮压下同时有蓝色闪烁，系统自动找到能办理进路的终端按钮（变更按钮）且变为黄色闪烁，如图 12-3-21 所示。

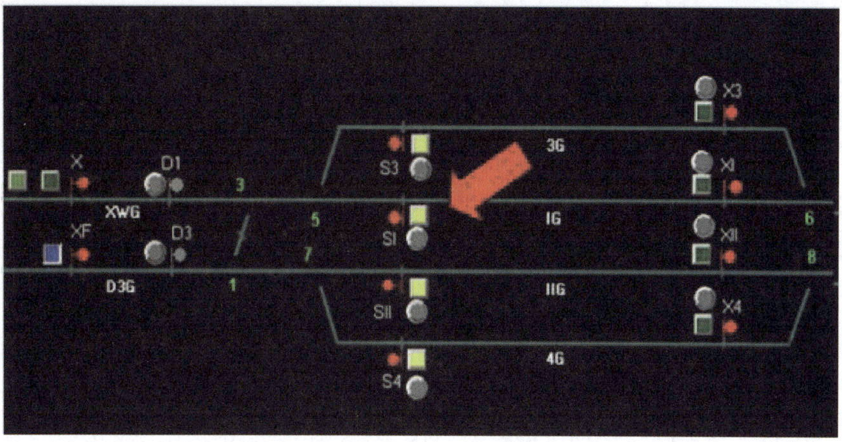

图 12-3-21　排列进路图示二

将鼠标移到终端（或变更）按钮上，此时鼠标状态变为十字形，同时按钮和信号机外框变为高亮，如图 12-3-22 所示。

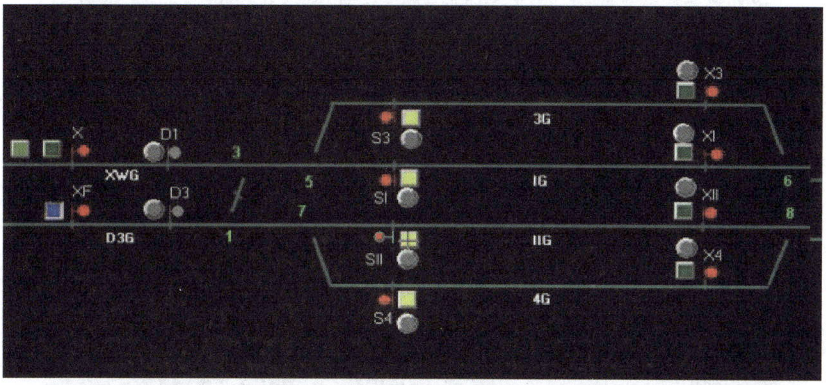

图 12-3-22　排列进路图示三

按下鼠标左键，终端按钮（变更按钮）呈蓝色，并有一定时间的闪烁，如图 12-3-23 所示。此时 CTC 工具条上的"命令下达"按钮由灰色变为能按的状态，同时字体变为红色。

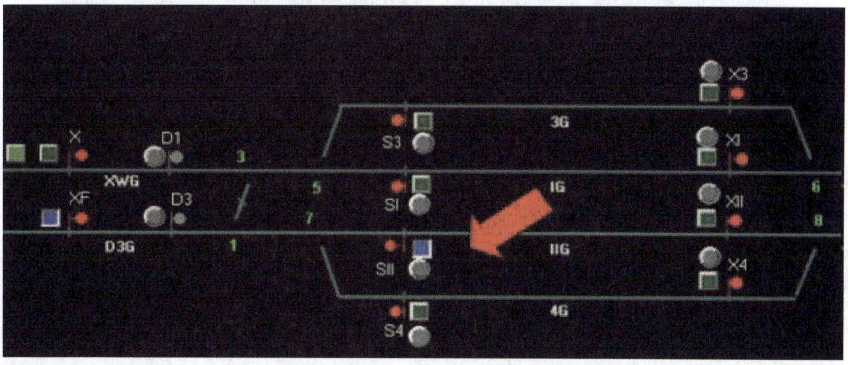

图 12-3-23　排列进路图示四

单击 CTC 工具条上的“命令下达”按钮，弹出车次号输入窗口，如图 12-3-24 所示。输入车次号并单击“确定”。

图 12-3-24 车次号输入窗口

如果 CTC 系统判定可以办理该进路的话，CTC 将办理进路的指令发送给联锁，由联锁系统执行办理进路指令。在进路办理过程中，如果需要转换道岔，则道岔名称会有白色闪烁，如图 12-3-25 所示，图中的 5 号和 7 号道岔需要转换，此时 5 和 7 会在站场图上闪烁。

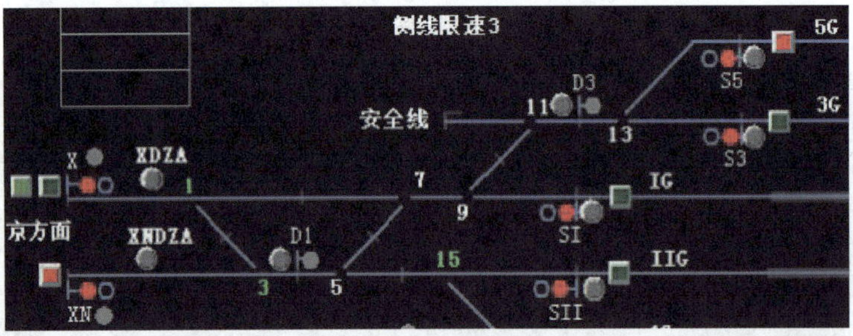

图 12-3-25 排列进路图示五

办理成功后进路锁闭，信号开放，如图 12-3-26 所示。

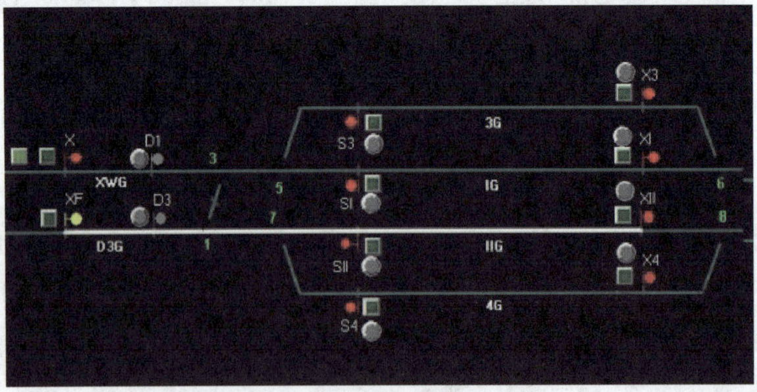

图 12-3-26 排列进路图示六

如果系统检查后判定建立此进路有冲突，弹出“操作报警”对话框，如图 12-3-27 所示。该对话框中说明了此操作的回应信息，如果没有单击此对话框上的选项，一定时间后系统自动会选择“放弃”。是否可以强制执行由自律机决定，如果“强制执行”按钮为灰，表明不可强制执行；当有“强制执行”按钮时，值班员需仔细核实系统弹出的报警内容，需要按压“强制执行”按钮时应确认好情况后谨慎执行。

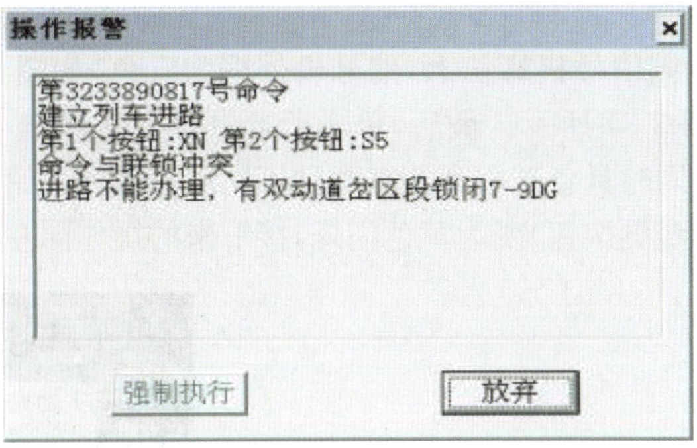

图 12-3-27 操作报警对话框

“操作报警”对话框可以记录位置，即重新弹出此对话框时的位置，为上一次关闭此对话框时的位置（进路操作反馈对话框、站场操作反馈对话框和操作报警对话框共享同一位置记录）。

同样，调车进路也可以按相同的操作建立，只是操作的始终端按钮为调车按钮。在调车始端、终端按钮按下后，弹出对话框，要求输入调车进路预计占用的时间，如图 12-3-28 所示。

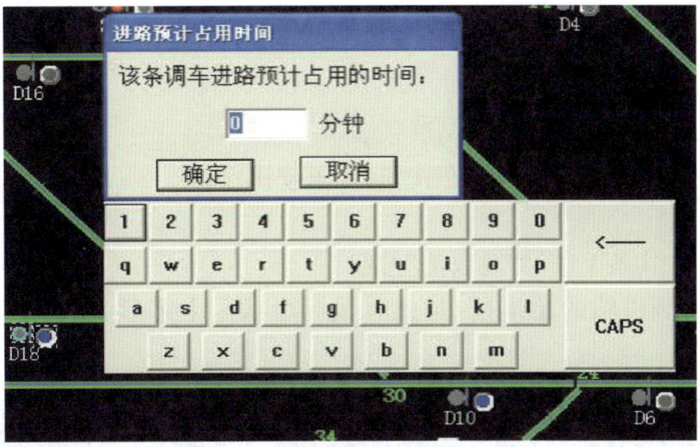

图 12-3-28 进路预计占用时间对话框

系统也可以配置为，按下调车始端、终端按钮后，弹出调车进路参数对话框，同时可设置机车类型，如图 12-3-29 所示。

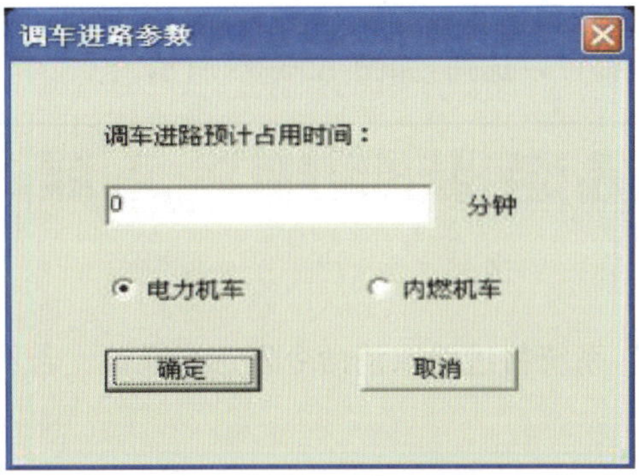

图 12-3-29 调车进路参数对话框

若在办理进路过程中，想取消本次进路办理，在 CTC 工具条上的“命令清除”按钮变为能按状态并且字体变为蓝色时，单击该按钮，可取消本次进路办理操作。

④右键操作方式

首先，将鼠标移到始端信号机灯位上，信号机外框为青色，如图 12-3-30 所示。然后右击鼠标，弹出对话框如图 12-3-31 所示。最后，单击所要办理的进路选项（若此信号机既有列车按钮又有调车按钮，则它同时具备列车和调车两种不同的菜单项），始端按钮变为蓝色闪烁，同时可供选择的终端按钮（变更按钮）变为黄色闪烁，接下来的操作同左键操作方式。

图 12-3-30　信号机外框为青色

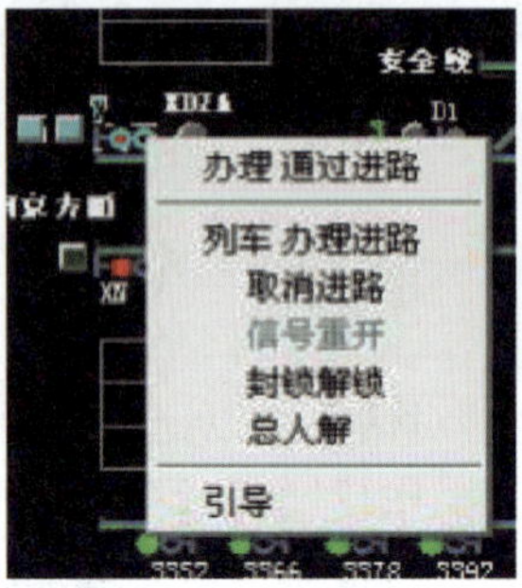

图 12-3-31　右键操作对话框

（2）进路取消

①功能与意图：手工取消进路。

②站场图表示：进路取消成功后，与联锁表示一致。

③操作设备：进路的始端按钮（列车按钮、调车按钮）。

④左键操作方式

首先，在 CTC 工具条上选择“总取消”按钮。

其次，将鼠标移到进路的始端按钮，此时鼠标形状为十字形，按钮呈青色，如图 12-3-32 所示。

图 12-3-32　按钮呈青色

再次，左击鼠标，始端按钮呈蓝色，并有一定时间的闪烁，此时 CTC 工具条上的“命令清除”和“命令下达”两个按钮都可以选择，如图 12-3-33 所示。

图 12-3-33　CTC 工具条示意

最后，单击“命令下达”，系统将进路取消命令发送至联锁。若不想取消这条进路，单击“命令清除”。

⑤右键操作方式

将鼠标移到进路始端的信号机灯位上，此时信号机外框和名称变为青色，右击鼠标，弹出菜单如图 12-3-34 所示。选择列车的“取消进路”选项，系统提示如图 12-3-35 所示，选择“确定”后系统将取消命令的指令发送给联锁执行。

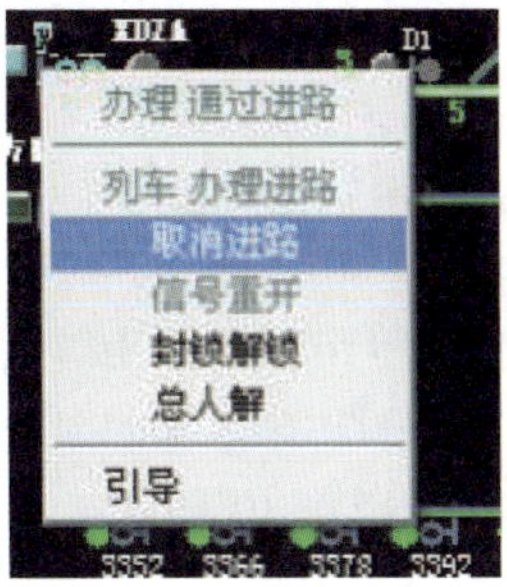

图 12-3-34　右击弹出菜单

图 12-3-35　系统提示

(3)信号重开

①功能与意图：当信号开放后由于轨道电路瞬时分路或其他原因而关闭，若开放信号的条件又满足(进路完整锁闭、没有敌对信号开放等)，按压相应进路的始端按钮，信号可以重新开放。

②站场图表示：与联锁一致，执行成功后信号机开放。

③操作设备：进路的始端按钮(列车按钮、调车按钮)。

④左键操作方式

首先在 CTC 工具条上选择“信号重开”按钮，然后鼠标移到进路的始端按钮上，此时鼠标变为十字形，按下进路的始端按钮，最后单击 CTC 工具条上的“命令下达”按钮下达命令即可。

⑤右键操作方式

首先，将鼠标移到信号机的灯位，右击，弹出菜单，如图 12-3-36 所示。然后，选择“信号重开”实现此项任务，系统提示如图 12-3-37 所示。最后，单击“确定”按钮即可向联锁下发信号重开命令。

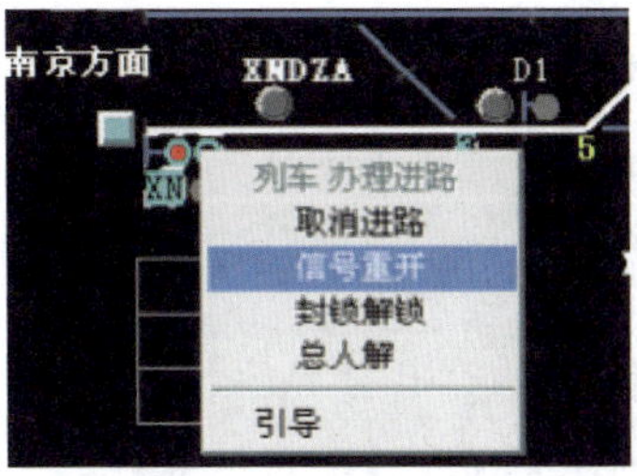

图 12-3-36　右击弹出菜单

图 12-3-37　系统提示

(4)引导进路

①功能与意图：当进站信号机(或进路信号机，高铁中出站信号机也可办理引导进路)因故不能正常开放时，或相关规章规定的需要开放引导信号的情况。

②站场图表示：如果引导进路创建成功，则进路锁闭，同时信号机开放引导信号。同时在引导按钮下面有一个计数器，表示按下此按钮的次数。

如果进站信号内方第一区段故障，办理引导进路时，在站场图的引导按钮上方应该有 15 s 延时表示，如果要保持引导信号的持续开放，在 15 s 内必须再次办理引导进路操作，重新开始

图 12-3-38　引导按钮

计时。引导进路功能只在单站画面中使用。当站场图为单站画面时，画面的左下角和右下角分别有引导按钮，如图 12-3-38 所示。

③操作设备：引导按钮。

④左键操作方式

首先，在 CTC 工具条上单击“引导按钮”。因为此按钮是铅封按钮，所以需要密码，此时系统会弹出一个密码输入对话框，如图 12-3-39 所示。输入密码后单击“确定”，如果不想进行引导操作，单击“取消”按钮。如果密码不正确，系统会提示密码有误，同时 CTC 工具条会返回到此操作前的状态。如果密码正确，“引导按钮”按钮呈现灰色的选中状态，如图 12-3-40 所示。

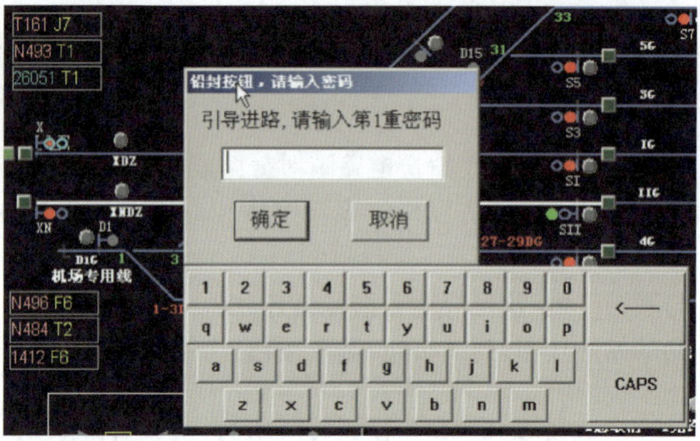

图 12-3-39　输入密码提示

(a) 密码不正确提示

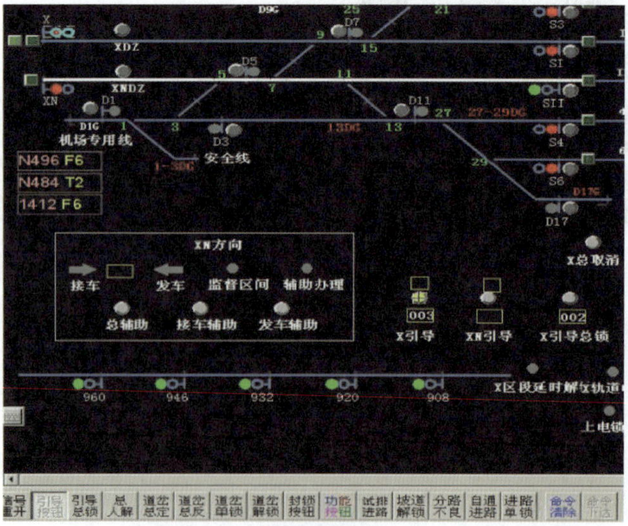

(b) 引导按钮选中

图 12-3-40　引导进路图示一

然后，左击鼠标，弹出密码输入框，输入正确密码后，“X 引导”按钮呈蓝色，并有一定时间的闪烁，如图 12-3-41 所示。

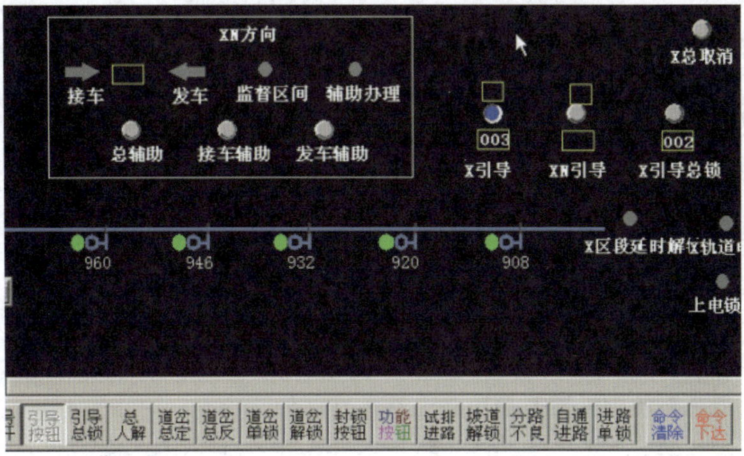

图 12-3-41　引导进路图示二

最后单击“命令下达”按钮，即可办理引导进路。若单击“命令清除”按钮，可取消本次引导进路的办理操作。

⑤右键操作方式

首先，右击进站信号机图标，弹出菜单如图 12-3-42 所示。

然后，选择“引导”，系统提示如图 12-3-43 所示。

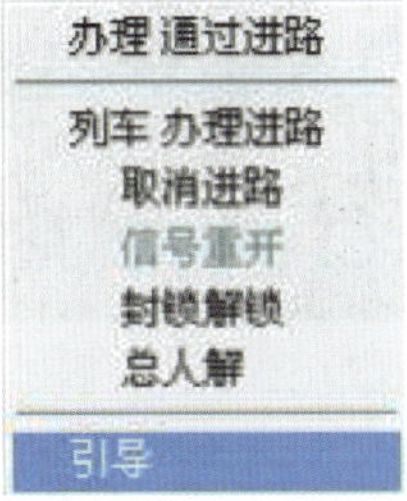

图 12-3-42　右击弹出菜单

图 12-3-43　系统提示

最后，单击确定，弹出密码输入框，输入正确密码后则会下发引导命令。

引导进路的取消需要使用总人解按钮，即单击“总人解”按钮，输入正确密码后，将鼠标移至列车按钮上按下，将命令下达，如图 12-3-44 所示。

也可以右击信号机，在菜单中选择“总人解”，如图 12-3-45 所示。

(5)引导总锁

①功能与意图：在得不到道岔表示时(即进路上道岔失表示)或向不是接车进路的调车线上接车时，只能用引导总锁的方式引导接车。这时由车站值班员保证行车安全，具体操作使用环境按照铁路局集团公司相关规章制度执行。

②站场图表示：引导总锁按钮所辖咽喉内的所有道岔被单锁。再次引导总锁时，道岔解锁。引导总锁是铅封按钮，在“引导总锁”按钮旁边有一个计数器，指示引导总锁次数。

③操作设备：“引导总锁”按钮及对应站场图下方相关咽喉的“引导总锁”按钮。

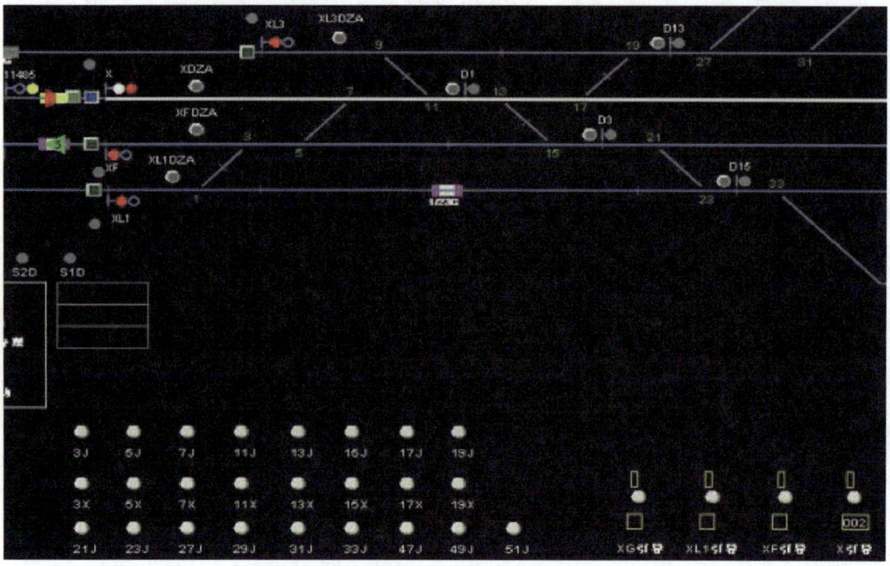

图 12-3-44　引导进路取消图示一

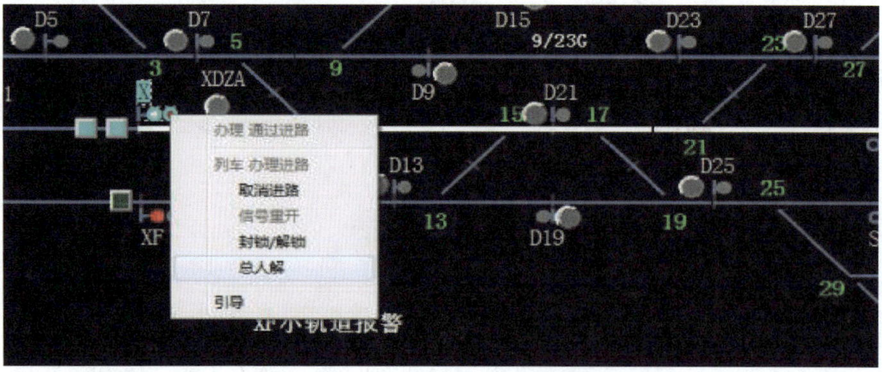

图 12-3-45　引导进路取消图示二

④左键操作方式

单站画面站场图的左下角和右下角，分别设有咽喉引导总锁按钮，如“X 引导总锁”和“S 引导总锁”，如图 12-3-46 所示。

图 12-3-46　“X 引导总锁”按钮

选择“引导总锁”按钮，如图 12-3-47 所示。

图 12-3-47　选择“引导总锁”按钮

此时系统需要校对密码两次，密码输入框会出现两次，如图 12-3-48 所示。

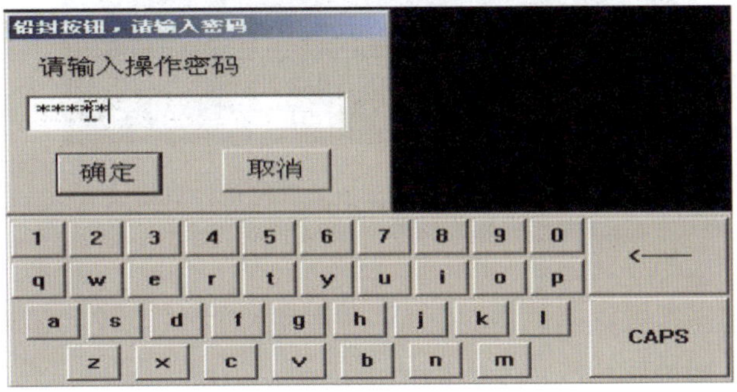

图 12-3-48　密码输入框

当输入正确的密码后，将鼠标移到单站站场图的“引导总锁”按钮上，鼠标变为十字形，同时按钮变为高亮（青色），如图 12-3-49 所示。

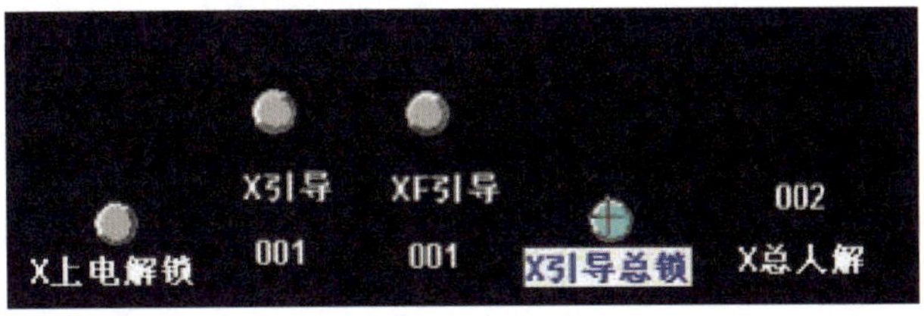

图 12-3-49　按钮高亮

左击鼠标，图上的“X 引导总锁”按钮呈蓝色，并有一定时间的闪烁，如图 12-3-50 所示。

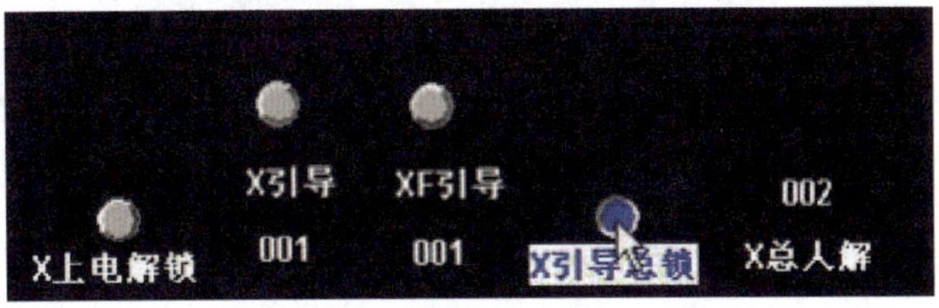

图 12-3-50　按钮呈蓝色

CTC 工具条上的“命令清除”和“命令下达”呈可按下状态，如图 12-3-51 所示。

图 12-3-51　“命令清除”和“命令下达”可按下

此时单击“命令清除”可选择不做这项操作，如果确认要进行此项操作，单击“命令下达”，系统将命令发送至联锁，执行成功后相关咽喉道岔呈单锁状态，同时站场图上的“引导总锁”按钮呈红色的按下状态，并且计数器值加 1，如图 12-3-52 所示。

如需解除引导总锁状态，再次按照以上步骤操作一遍，站场图上的引导总锁按钮即可呈抬起状态。

⑤右键操作方式：引导总锁没有右键操作方式。

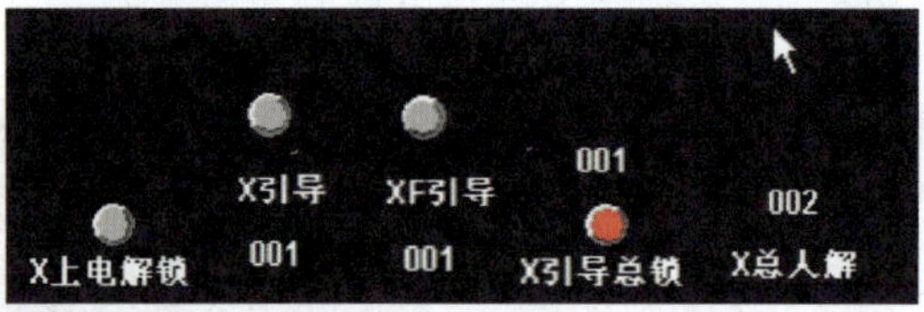

图 12-3-52 “引导总锁”按钮呈红色且计数器值加 1

(6)总人解

①功能与意图:解锁接近锁闭的进路、引导进路和区段(区段故障解锁)。如要解锁接近锁闭的进路或引导进路,则再按相应信号机的始端按钮。当由于某种原因使轨道区段不能解锁时,可分段地按故障方式使其解锁,解锁条件是该区段未被进路占用(不是某条进路的区段),而且该区段空闲,此时单击该区段名称(也可以单击区段的线段)即可。

②站场图表示:表示与联锁一致,总人解的进路按照联锁条件取消。

③操作设备:道岔按钮、道岔、区段、列车按钮、调车按钮、引导按钮。

④左键操作方式

a. 总人解进路

首先,在 CTC 工具条上选择“总人解”按钮,此时弹出密码校对对话框,输入密码正确无误后,按钮变灰,表明已经选中了此命令。

然后,将鼠标移到进路的始端按钮上,此时鼠标变为十字形,信号机高亮显示,如图 12-3-53 所示。左击鼠标,信号机呈蓝色,并有一定时间的闪烁,如图 12-3-54 所示。

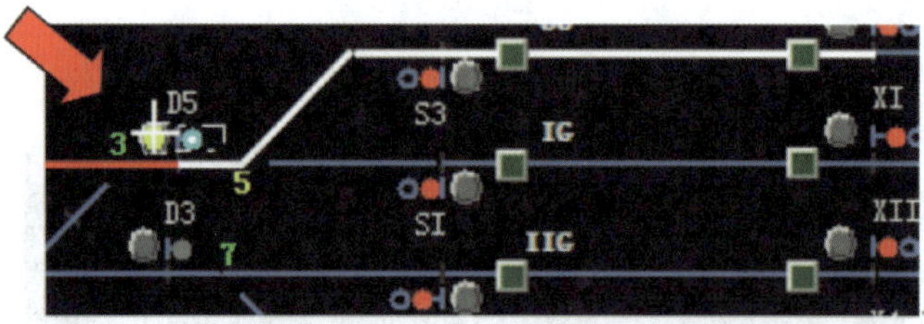

图 12-3-53 左键操作总人解进路图示一

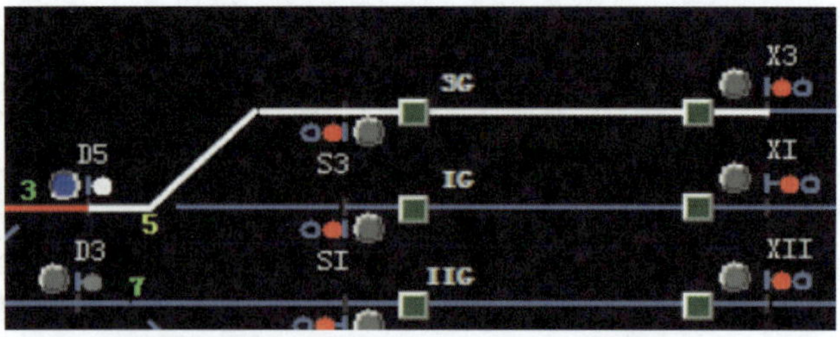

图 12-3-54 左键操作总人解进路图示二

最后,单击“命令下达”,将命令发送至联锁。若列车或调车已经接近锁闭解锁,则需要延时,具体延时时间与联锁一致。

若想取消本次人解操作,单击“命令清除”。

b. 总人解区段

首先,在 CTC 工具条上选中“总人解”按钮。然后,将鼠标移至需要解锁的区段(或区段名称），此时鼠标呈十字形，区段高亮显示，如图 12-3-55 所示。单击鼠标左键，则该区段呈蓝色，表示已被选中，如图 12-3-56 所示。CTC 工具条上的“命令下达”和“命令清除”按钮呈可按下状态。

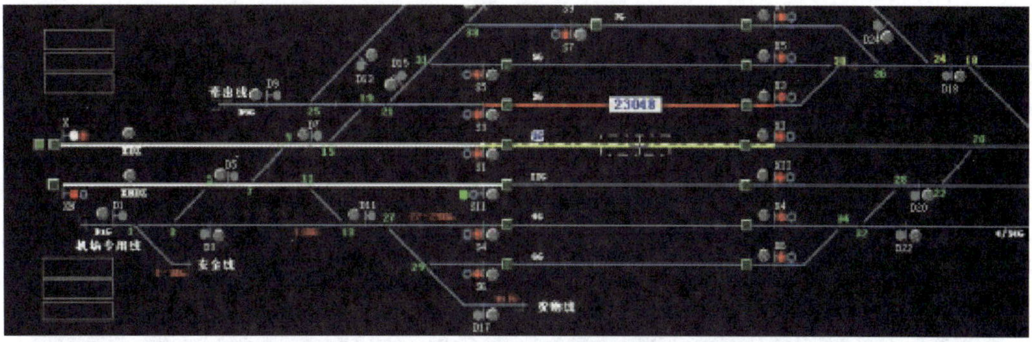

图 12-3-55　左键操作总人解区段图示一

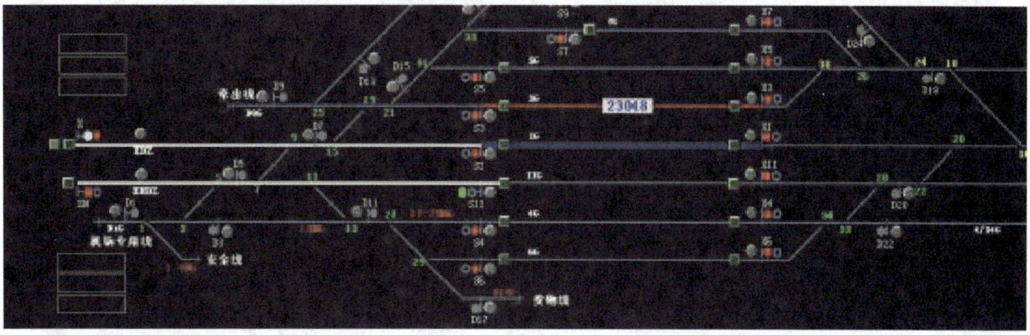

图 12-3-56　左键操作总人解区段图示二

最后，单击“命令下达”，命令发送至联锁系统，如果成功解锁，则锁闭状态取消。

若想取消本次人解操作，单击“命令清除”。

⑤右键操作方式

a. 总人解进路

首先，将鼠标移到始端信号机的灯位，此时信号机的灯位名称呈高亮（青色）。然后，单击鼠标右键，弹出界面如图 12-3-57 所示。单击此菜单的“总人解”命令，系统弹出一个询问对话框，如图 12-3-58 所示。

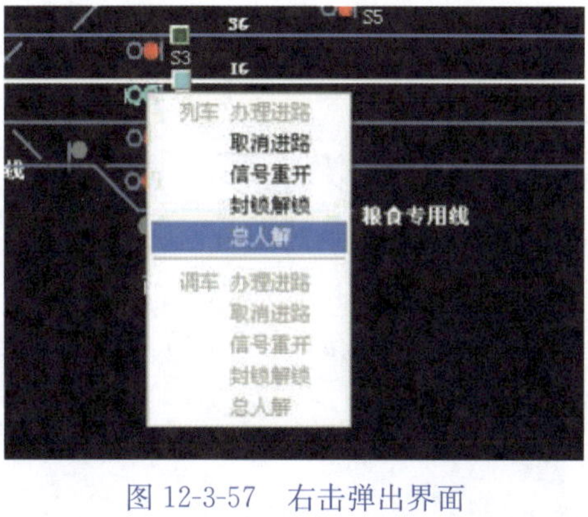

图 12-3-57　右击弹出界面

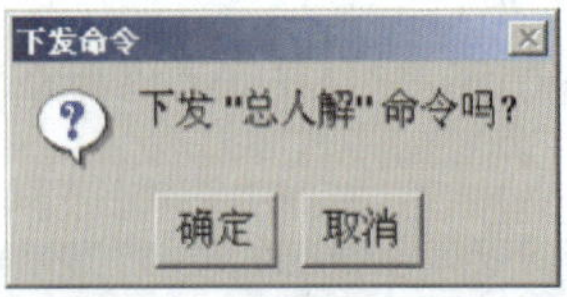

图 12-3-58　系统询问对话框

最后，单击“确认”按钮，即可下发总人解操作命令。

b. 总人解区段

首先，将鼠标移至需要操作的区段的名称上（或是该区段的线段上），此时该区段和名称均呈高亮（青色），如图 12-3-59 所示。

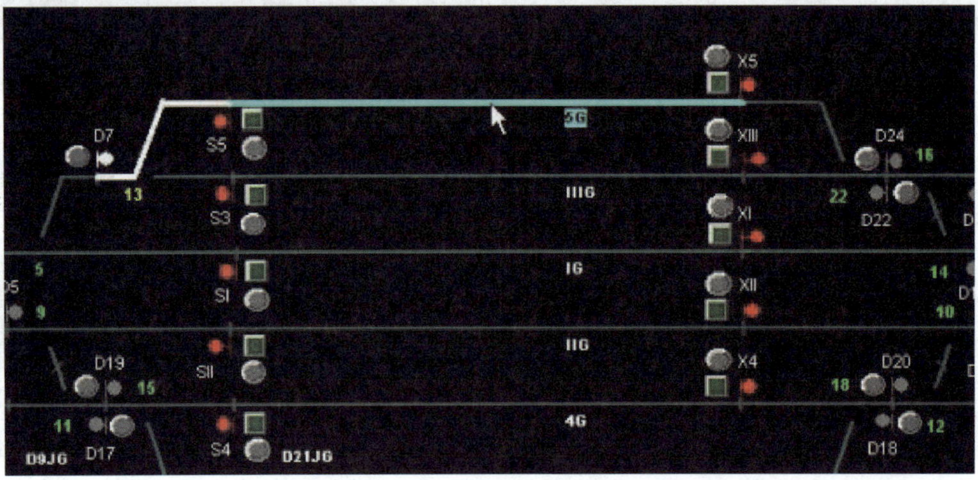

图 12-3-59　右键操作总人解区段图示

然后，单击鼠标右键，弹出菜单如图 12-3-60 所示。单击“总人解”，弹出询问对话框，如图 12-3-61 所示。

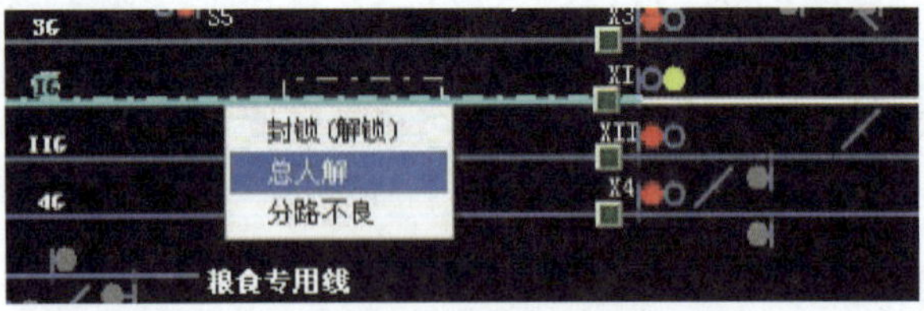

图 12-3-60　右击弹出菜单

12-3-61　系统询问对话框

最后，单击“确定”按钮，即可下发区段总人解命令。如果联锁执行成功，则锁闭状态取消。

(7)道岔单操

①功能与意图：道岔单操是指对道岔进行总定或总反操作。道岔未锁闭（锁闭包括进路锁闭、引导总锁闭）或未单锁时，可进行道岔的单独操纵。

②站场图表示：当道岔处于定位时，道岔名称呈绿色；当道岔处于反位时，道岔名称呈黄色。

③操作设备：道岔。

④左键操作方式

以“道岔总定”为例介绍道岔定操操作，道岔反操的操作方式与道岔定操一致。

首先，在 CTC 工具条上单击“道岔总定”按钮，如图 12-3-62 所示。

图 12-3-62　单击“道岔总定”按钮

然后，将鼠标移到站场图上需要操作的道岔上，鼠标呈十字形，同时该道岔呈高亮状，如图 12-3-63 所示。单击鼠标左键，道岔被选中，岔心呈深蓝色，如图 12-3-64 所示。CTC 工具条上的“命令下达”按钮也呈可按下状态。

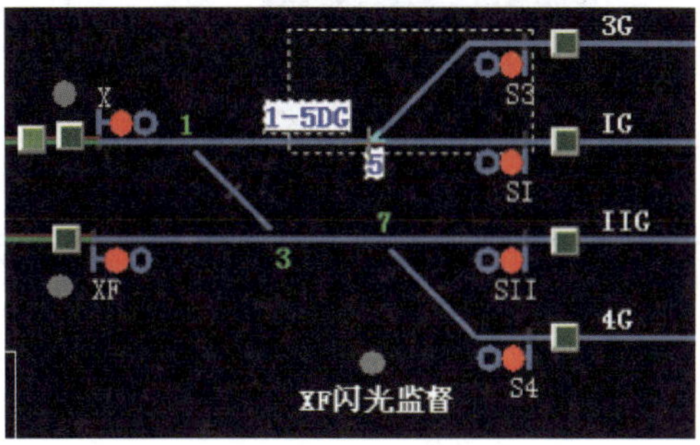

图 12-3-63　道岔高亮

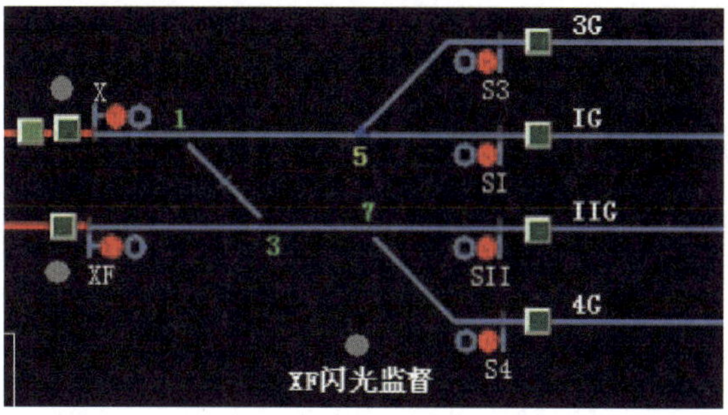

图 12-3-64　岔心呈深蓝色

最后，在 CTC 工具条上单击“命令下达”，下达该命令。或者右击，在弹出的菜单中单击“命令”按钮。单操命令下达后，联锁控制道岔动作，道岔在转动过程中名称为白色闪烁。当道岔动作完毕，道岔的名称呈正常状态。上述操作成功后，5 号道岔处于定位状态，道岔名称为绿色，道岔定操操作完成，如图 12-3-65 所示。

在单击选中道岔后，CTC 工具条上的“命令清除”按钮也呈可按下状态，单击“命令清除”可终止本次道岔定操操作。

⑤右键操作方式

以左键进行定操操作后的 5 号道岔（现在道岔处于定位）为例，下面用右键操作方式使道岔动作到反位状态。

首先，将鼠标移到需要动作的道岔上（或道岔名称），此时道岔及其名称呈高亮状。右击道岔，弹出菜单如图 12-3-66 所示。

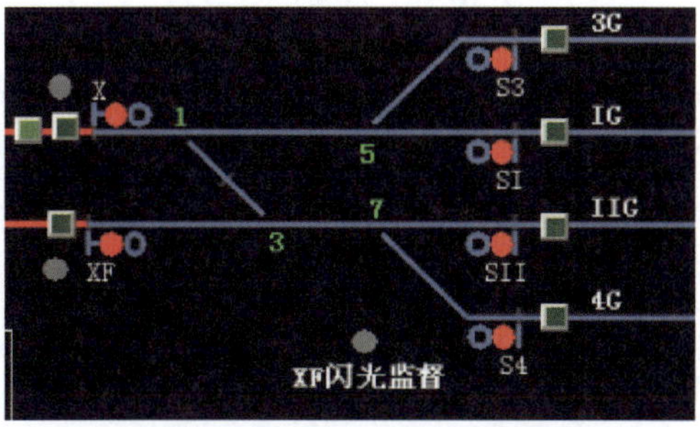

图 12-3-65　定操操作完成

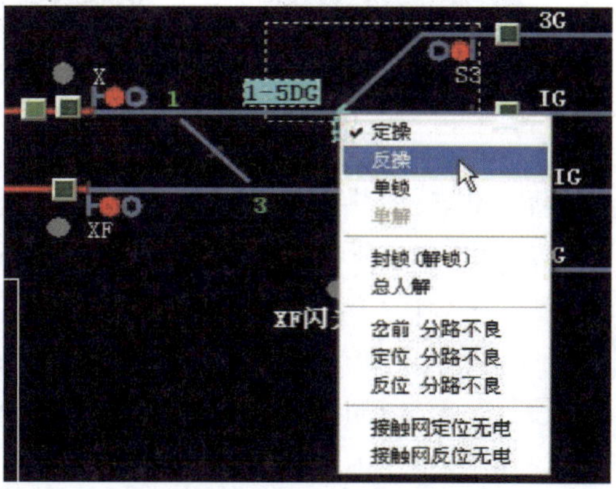

图 12-3-66　右击弹出菜单

然后，在弹出菜单中单击“反操”，系统弹出对话框如图 12-3-67 所示。

最后，单击“确定”按钮，道岔反操命令被下发给联锁，联锁操纵道岔时道岔名称呈白色闪烁，动作完毕后，道岔位于反位状态。

单击“取消”按钮可取消本次道岔反操操作。

⑥定反位失表：道岔在转动过程中或其他特殊情况下，联锁无法传送道岔的定反位表示时，CTC 上道岔名称白色闪烁，并且岔心为空，如图 12-3-68 所示。

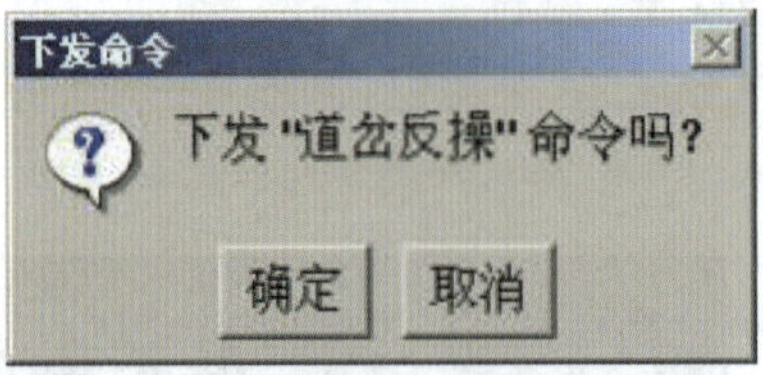

图 12-3-67　系统提示对话框

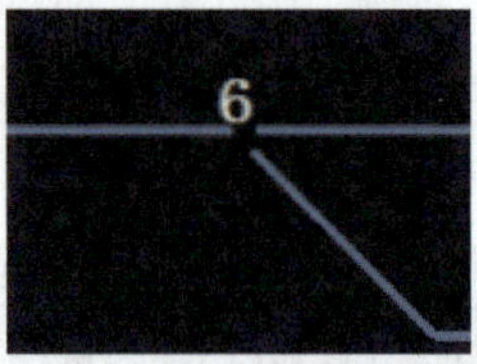

12-3-68　定反位失表

⑦挤岔：有些型号的联锁设备在发生道岔挤岔时，能向 CTC 传送挤岔状态，CTC 上道岔名称呈红色，并且岔心为红色闪烁，如图 12-3-69 所示。

(8)道岔单锁

①功能与意图：单独锁定道岔。

②站场图表示：单锁后道岔岔心有绿色小圈(某些铁路局集团公司单锁后道岔名称显示为红色)。

③操作设备：道岔。

④左键操作方式

首先，在 CTC 工具条上选择“道岔单锁”按钮，将鼠标移到需要操作的道岔(或其名称)上，此时道岔呈高亮状，鼠标也变为十字形，如 1 号道岔(图 12-3-70)。

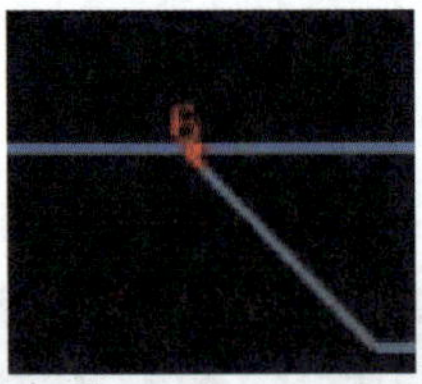

图 12-3-69　挤岔

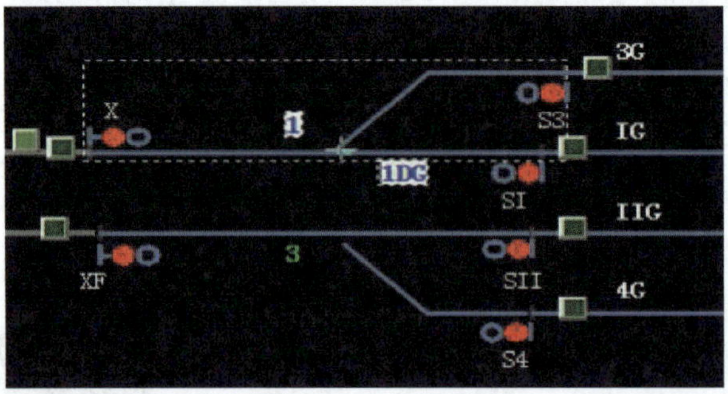

图 12-3-70　左键操作道岔单锁图示一

然后，单击鼠标左键，此时道岔岔心呈蓝色，表明此道岔已被选中，CTC 工具条上的“命令下达”按钮和“命令清除”按钮呈现可按下状态。

最后，在 CTC 工具条上单击“命令下达”，如果本次单锁操作成功，道岔显示单锁状态，如图 12-3-71 所示。

当 CTC 工具条上的“命令清除”按钮呈现可按下状态时，若按下该命令则取消本次操作。

⑤右键操作方式

将鼠标移到需要操作的道岔(或道岔名称)上，当道岔变为高亮(青色)时，表明此道岔可以

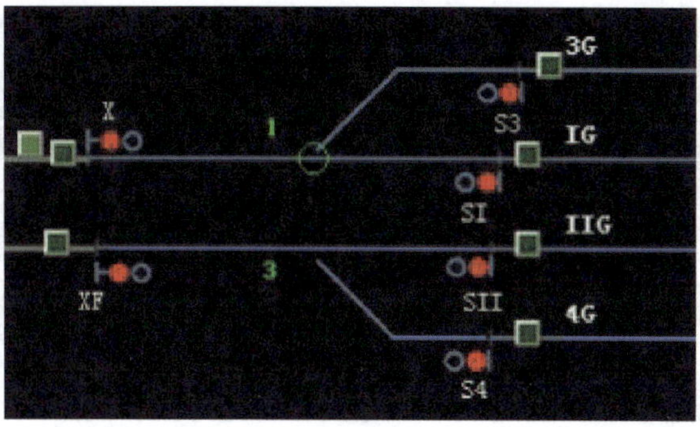

图 12-3-71 左键操作道岔单锁图示二

进行右键操作,右击弹出菜单,如图 12-3-72 所示。

选中"单锁"选项,系统弹出对话框如图 12-3-73 所示。

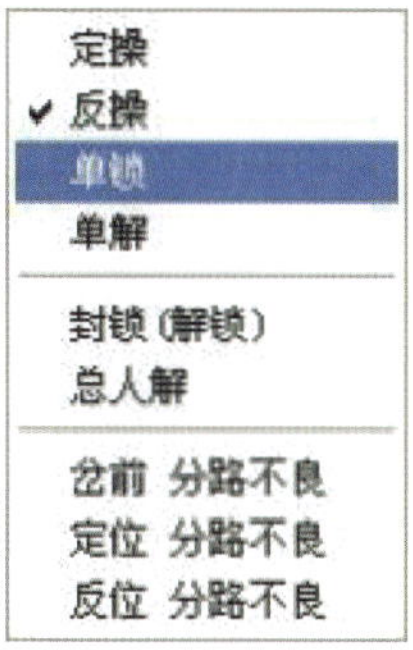

图 12-3-72 右击弹出菜单

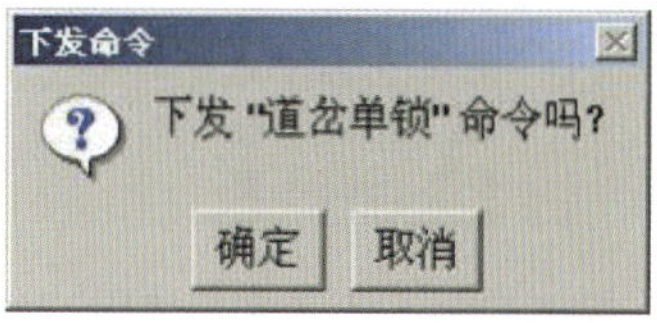

图 12-3-73 系统弹出对话框

单击"确定"按钮,系统下发该命令给联锁,联锁执行单锁命令成功后,道岔呈现单锁状态。单击"取消"可以取消本次单锁操作。

(9)道岔单解

①功能与意图:为单锁的道岔进行解锁。

②站场图表示:道岔岔心绿色圆圈消失。

③操作设备:道岔。

④左键操作方式

首先,在 CTC 工具条上选择"道岔解锁"按钮,此时系统会弹出密码输入框,如果输入密码正确,此按钮变为灰,表明已经选中了"道岔解锁"这个命令。

然后,将鼠标移到需要解锁的道岔(道岔名称)上,系统会自动判别哪些设备能做此操作,当鼠标变为十字形同时道岔呈高亮状时,表明可以对此道岔操作此命令,如 1 号道岔(图 12-3-74)。单击鼠标左键选中此道岔,选中的道岔岔心呈蓝色。

最后,单击 CTC 工具条上"命令下达"按钮,系统向联锁下发单解操作。如果操作成功,道岔呈现正常状态。若单击 CTC 工具条上的"命令清除"按钮,本次道岔单解操作被取消。

⑤右键操作方式

首先,将鼠标移到需要操作的道岔(或其名称)上,此时道岔呈高亮,表明可以进行右键操作,右击鼠标,弹出菜单如图 12-3-75 所示。

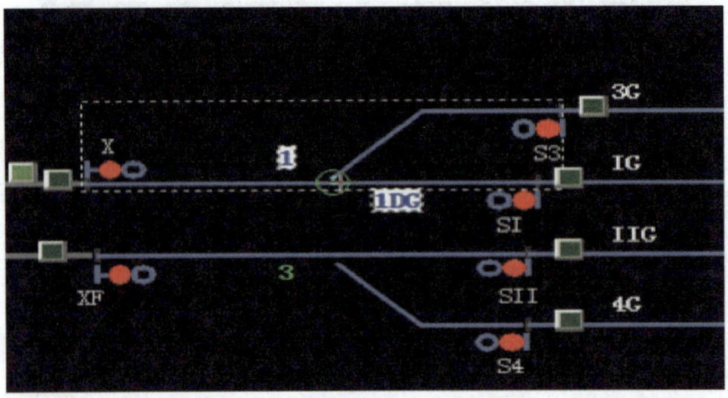

图 12-3-74 左键操作道岔单解图示一

然后，单击“单解”选项，系统弹出对话框如图 12-3-76 所示。

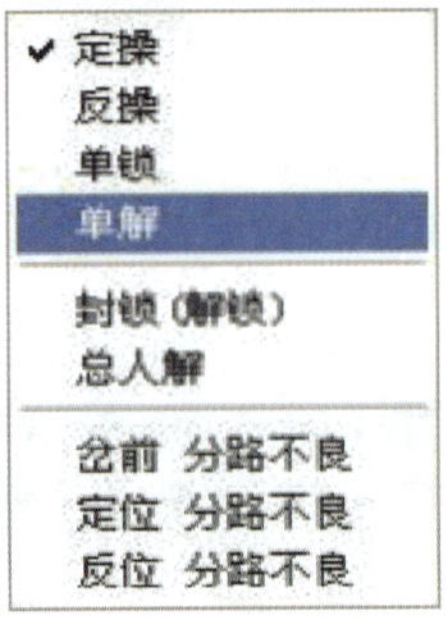

图 12-3-75 右击弹出菜单

图 12-3-76 系统弹出对话框

最后，单击“确定”按钮，系统弹出密码输入框，输入正确的密码后，系统下发该命令。道岔单解成功后道岔显示正常状态。若单击“取消”按钮，取消本次道岔解锁命令。

(10)封锁与解锁

①功能与意图：封锁/解锁。设备封锁后禁止使用该设备进行进路办理，道岔封锁后无法办理经由此道岔的进路，但可进行单操。

封锁/解锁是相对的操作，当设备处于封锁状态时可对该设备进行解封操作，当设备处于未封锁状态时可对该设备进行封锁操作。封锁与解封的操作方法相同。

②站场图表示：被封锁的设备开始粉红色闪烁。

③操作设备：道岔、区段、股道、信号机按钮。

④左键操作方式

首先，在 CTC 工具条上单击“封锁按钮”，弹出密码输入框，如图 12-3-77 所示。输入密码正确后，按钮变灰，表明命令已被选中。

然后，将鼠标移至所需要办理封锁操作的对象（股道、区间、区段或其文字，信号机的按钮）上，当鼠标变为十字形，同时所选对象（如调车按钮 D7）为高亮状态时，表明可以进行封锁操作，如图 12-3-78 所示。按下鼠标左键，所选对象呈蓝色，如图 12-3-79 所示。CTC 工具条上的“命令下达”和“命令清除”按钮呈现可按下状态。如果所选对象是信号机按钮，则还有一定时间的闪烁。

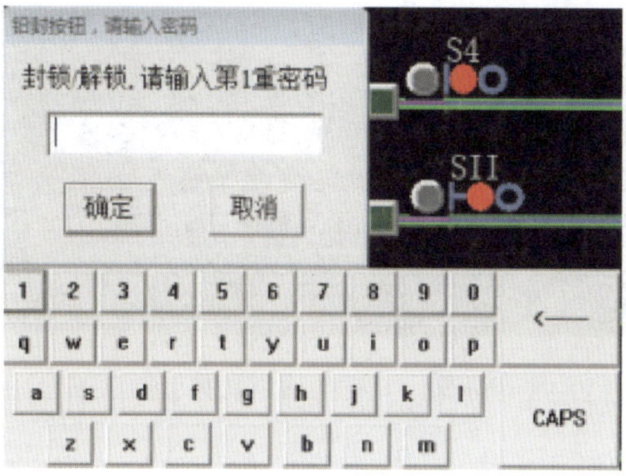

图 12-3-77　密码输入框

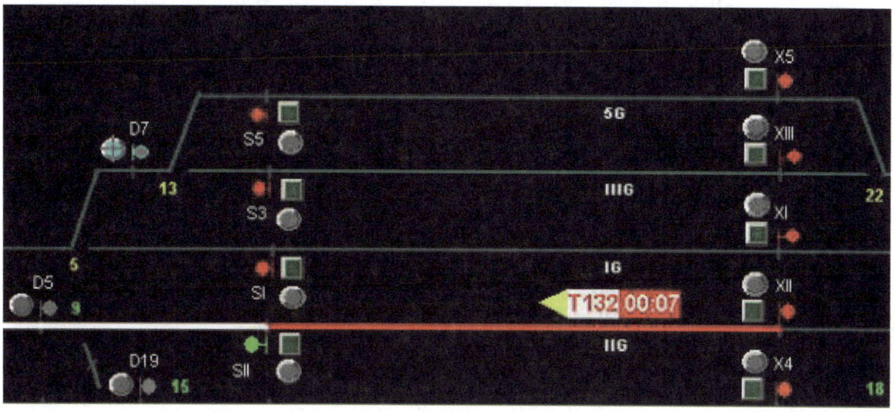

图 12-3-78　左键操作封锁按钮图示一

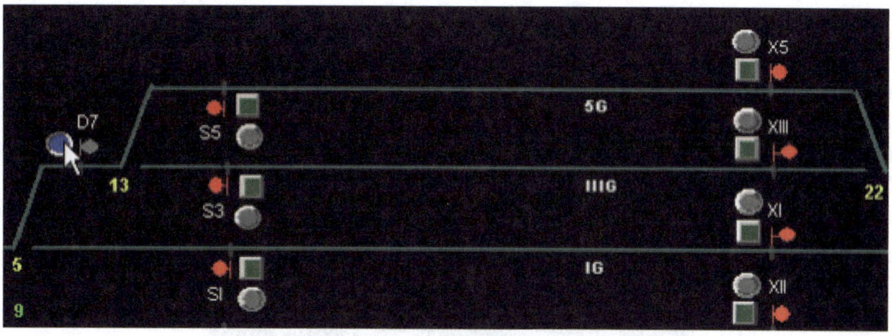

图 12-3-79　左键操作封锁按钮图示二

最后，在 CTC 工具条上单击“命令下达”按钮，下达本次封锁命令，操作成功后被操作对象会显示为封锁状态，按钮会呈粉红色闪烁，如图 12-3-80 所示。若在 CTC 工具条上单击“命令清除”按钮，则本次封锁操作被取消。

⑤右键操作方式

所有可进行封锁操作的设备，都可以用右键方式进行封锁操作，下面以鼠标右键封锁道岔

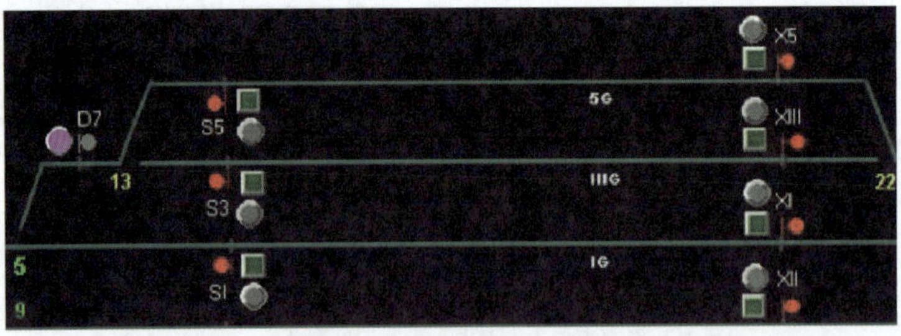

图 12-3-80　左键操作封锁按钮图示三

为例，演示封锁功能的右键操作方式。

首先，将鼠标移到所要操作的道岔上，当选择的对象呈高亮状态时，表明此对象可以进行右键操作。

然后右击鼠标，弹出菜单如图 12-3-81 所示，在菜单中选择“封锁(解锁)”选项，系统弹出对话框如图 12-3-82 所示。这里的“确定”和“取消”分别表示命令下发和取消此命令。

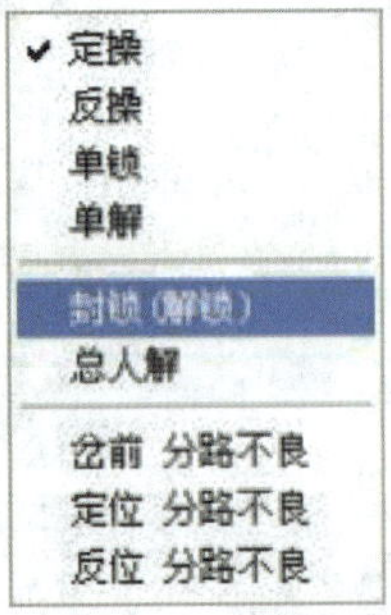

图 12-3-81　右击弹出菜单

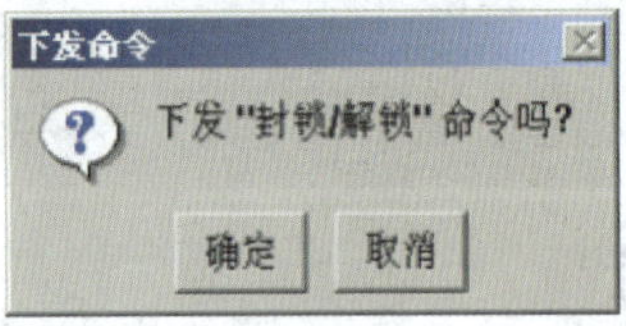

图 12-3-82　系统弹出对话框

最后，单击“确定”，系统弹出密码输入框，输入正确的密码后，系统下发命令。当成功地将此道岔封锁后，道岔岔心呈粉色闪烁且道岔文字外有红色方框，如图 12-3-83 所示。

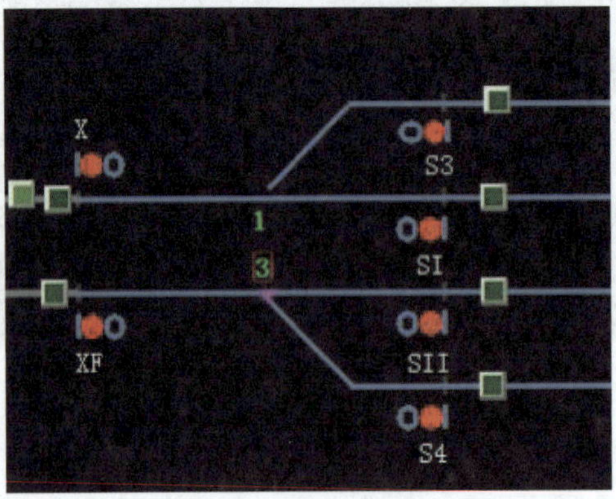

图 12-3-83　右键操作封锁道岔图示

⑥注意事项

a. 区间封锁、股道封锁和无岔区段封锁为 CTC 系统内部的封锁状态，一般情况下，联锁安全设备无此信息(iLOCK 型联锁具备站内股道和无岔封锁功能)。

b. 在分散自律控制模式下，CTC 系统无法向存在封锁的站内股道、区间和无岔区段办理进路。

c. 在非常站控模式下，联锁仍能往封锁区间或股道/无岔区段办理进路。

d. 在区间封锁和股道/无岔区段封锁时，车站值班员和调度员应加强人工确认流程，确认相关线路的情况后方可办理进路。

e. 建议站内封锁车站把本站转入非常站控；对于区间封锁，应把两边车站转入非常站控，直到封锁取消才能转回 CTC 控制。

(11)分路不良及确认空闲(非联锁控制命令)

①功能与意图：当某轨道电路存在分路不良时，CTC 提供一种提示性的功能。相关人员在 CTC 终端上标注某轨道区段为分路不良，当需要往分路不良区段办理进路或操作道岔时，若此区段分路不良还未确认空闲，此区段则会闪烁提醒操作人员此分路不良区段，需要谨慎办理。未经确认空闲的分路不良区段无法进行自动排路，确认空闲后可以自动排路。

②站场图表示：分路不良显示为白色外包线闪烁或粉色外包线闪烁，分路不良确认空闲后呈现稳定的白色或粉色外包线。

③操作设备：道岔、股道、无岔区段。

④左键操作方式

a. 设置分路不良

首先，在 CTC 工具条上选择“分路不良”按钮，如图 12-3-84 所示。

图 12-3-84　选择“分路不良”按钮

然后，将鼠标移到要设置分路不良的设备上，设备呈现可选状态，鼠标呈现十字形，CTC 工具条上的“命令清除”和“命令下达”按钮呈现可按下状态。

最后，在 CTC 工具条上按下“命令下达”按钮，分路不良设置成功后，设备呈现分路不良状态，如图 12-3-85 所示。

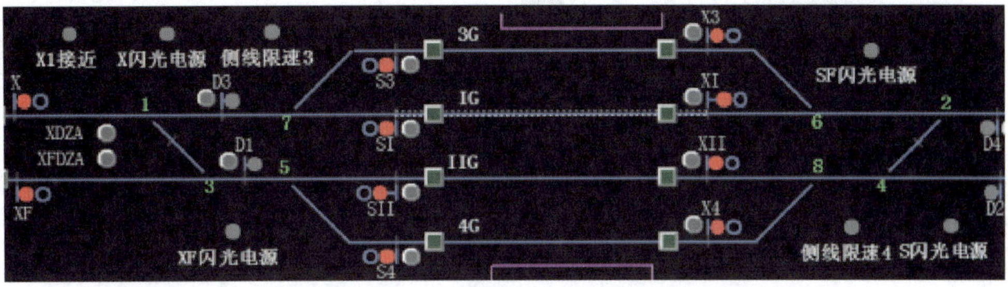

图 12-3-85　左键操作设置股道分路不良

如果选择的设备是道岔，左键操作方式只能设置岔前分路不良。

b. 确认空闲

确认空闲操作只有右键操作方式。

⑤右键操作方式

a. 设置分路不良

首先，右击道岔或区段，弹出分路不良操作菜单，道岔定位设置分路不良如图 12-3-86 所示。

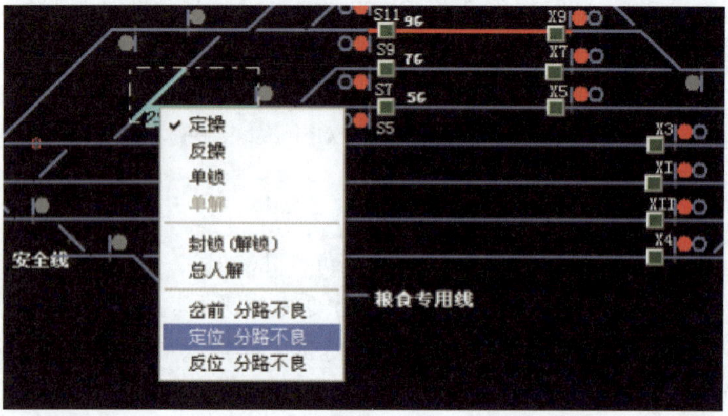

图 12-3-86　右键操作设置道岔定位分路不良

若需设置复式交分道岔的曲轨分路不良，应右击，弹出菜单如图 12-3-87 所示。在弹出的菜单中选择要设置的分路不良，系统弹出对话框如图 12-3-88 所示。

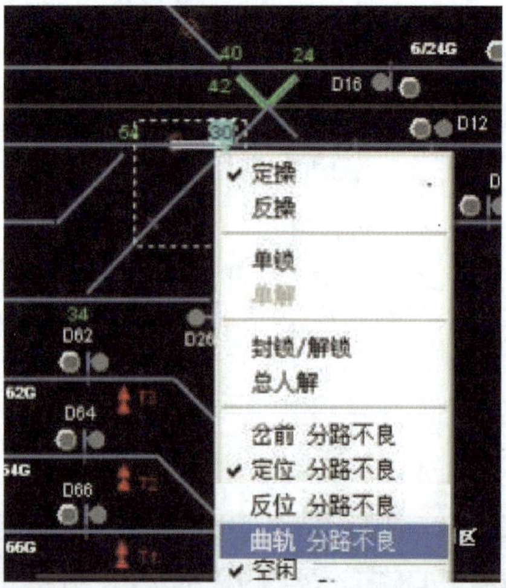

图 12-3-87　右击弹出菜单

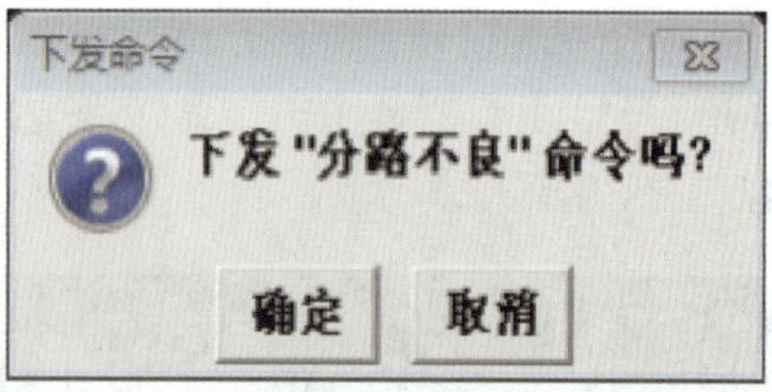

图 12-3-88　系统弹出对话框

单击“确定”按钮即可设置分路不良，设置成功后设备呈现分路不良的状态。若单击“取消”按钮，则取消本次分路不良设置操作。

b. 确认空闲

首先，选中呈现分路不良状态的设备，右击弹出菜单如图 12-3-89 所示。

然后，在弹出的菜单中选择“空闲”选项，系统弹出对话框如图 12-3-90 所示。

最后，单击“确认”按钮即可下达空闲命令，设置空闲成功后，设备呈现空闲状态。若单击“取消”命令，则本次分路不良确认空闲操作被取消。

注意：

(a)当出现分路不良未确认空闲的区段则需要车站值班员(或调度员、有调车权限者)及时确认空闲，否则进路无法自动排路。

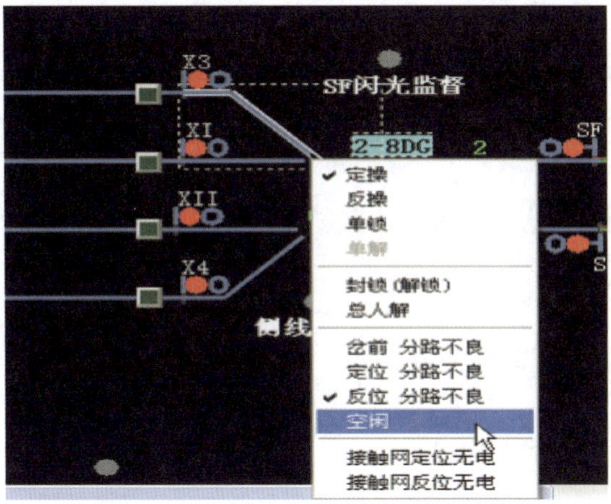

图 12-3-89　右击弹出菜单

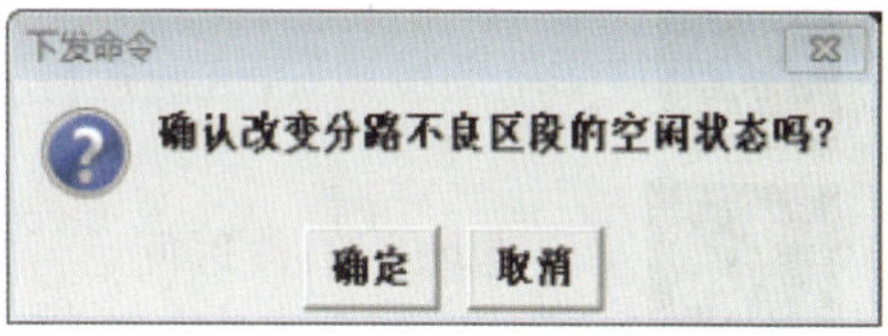

图 12-3-90　系统弹出对话框

(b)对于道岔区段的分路不良，在确认空闲后，自动排路才可能办理通过该道岔区段的进路，否则会出现操作报警，如图 12-3-91 所示。此时，可以“强制执行”，但进路的安全性由值班员负责。

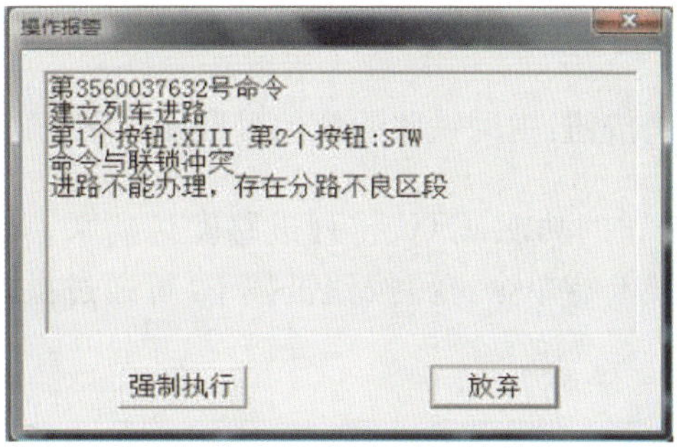

图 12-3-91　操作报警

(c)对于股道区段的分路不良，即使由车务人员确认空闲后原则上仍无法自动排路，必须人工强制执行(特殊情况下，某些铁路局集团公司要求在确认空闲后可自动排路)。

(d)分路不良的区段，在进路出清后，会自动变为“未确认空闲”的闪烁状态，需要车务人员重新确认空闲，否则无法自动排路。

(e)在 CTC 三种方式之间转换后，以及从“非常站控”模式转为“分散自律”模式后，所有分路不良区段均需要重新进行“确认空闲”的操作，否则无法自动触发排路。

(f)在中心控制模式下，确认空闲的操作由中心调度员完成，否则可能出现自动排路失败，请务必注意。

(12)功能按钮

①功能与意图：所有特殊联锁的操作都归到“功能按钮(图 12-3-92)”这一命令内，特殊联锁包括闭塞操作(辅助改方)、上电解锁按钮、允许改方等。这个按钮有的有计数器，有的需要输入密码，相当于原先控制台上的铅封。

②操作设备

操作站场图上的特殊功能按钮。

图 12-3-92 “功能按钮”示意

总辅助按钮:改区间运行方向出问题时使用,为非自复式按钮,按下后如果要弹起此按钮,需要重复操作一次。

接车辅助按钮:改区间运行方向出问题时使用。

发车辅助按钮:改区间运行方向出问题时使用。

下行允许改方按钮:改区间运行方向时使用,为非自复式按钮,按下后如果要弹起此按钮,需要重复操作一次(某些联锁没有此操作)。

上行允许改方按钮:改区间运行方向时使用,为非自复式按钮,按下后如果要弹起此按钮,需要重复操作一次。

下行咽喉总取消按钮:中国铁路通信信号股份有限公司(以下简称通号公司)联锁提供的弹起单个按下进路按钮的功能,CTC 排列进路发送到联锁是双按钮同时发的,如果由于某些非正常因素导致联锁上有单个进路按钮被按下,可通过操作此按钮,抬起按下的进路按钮。

上行咽喉总取消按钮:通号公司联锁提供的弹起单个按下进路按钮的功能,CTC 排列进路发送到联锁是双按钮同时发的,如果由于某些非正常因素导致联锁上有单个进路按钮被按下,可通过操作此按钮,抬起按下的进路按钮。

上电解锁按钮:通号公司联锁提供的上电解锁功能。

半自动闭塞的闭塞按钮。

半自动闭塞的事故按钮。

半自动闭塞的复原按钮。

尖轨/芯轨操作按钮:通号公司联锁提供的尖轨/芯轨操作功能(一般在高速客运专线上有此操作)。

(13)半自动闭塞接发车操作

①功能与意图:有些多口车站存在自动闭塞与半自动塞线路同时存在的情况,在向半自动闭塞线路发车时需要进行“要牌”或“给牌”操作。CTC 提供该操作,站间闭塞的操作方式与联锁的操作顺序一致,每次单击这个操作按钮时,必须先单击“功能按钮”。

②站场图表示:在单站画面中的相应出口有操作按钮,用于半自动闭塞的办理,如图 12-3-93 所示。

③操作设备:站场图上的特殊功能按钮。

④左键操作方式

首先,在 CTC 工具条上单击“功能按钮”。

然后,在站场图的单站画面单击对应的“闭塞”或“复原”按钮,如图 12-3-94 所示。

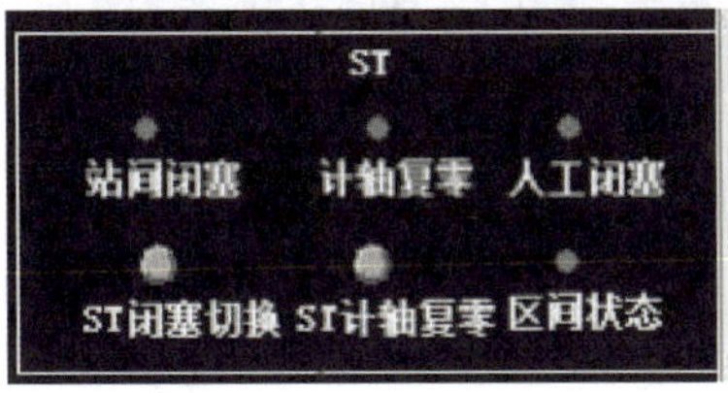

图 12-3-93 操作按钮示意

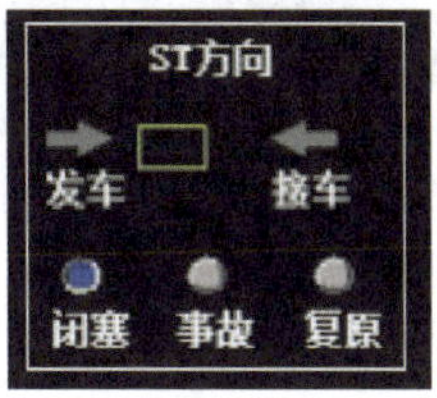

图 12-3-94 单击“闭塞”按钮示意

最后,在 CTC 工具条上单击“命令下达”,完成“要牌”或“给牌”的操作。

在半自动闭塞区段,站间闭塞手续需要值班员按规定进行人工操作,CTC 系统仍然可以进行进路的自动办理,但有以下先决条件:

a. 对于接车进路,需满足相应入口的半自动闭塞表示灯为红灯(即区间里有车),并且相应的区间有该列车的车次号。

b. 对于发出进路,需满足相应出口的半自动闭塞表示灯为绿灯(即区间空闲),并且相应的发车股道已占用且股道上是该列车的车次号。

⑤右键操作方式:无右键操作方式。

(14)允许改方操作

①功能与意图:有些联锁型号(如 K5B、iLOCK)反向办理发车进路需要使用允许改方功能按钮,在办理反向发车进路前,需要先打开允许改方的开关,并有密码保护。具体使用情况应参照铁路局集团公司相关规定或联锁操作说明。

②站场图表示:允许改方按钮为非自复式按钮,按压后(即打开开关后)呈现按下状态。

③操作设备:功能按钮及允许改方特殊按钮(一般按照咽喉设置)。

④左键操作方式

首先,选中 CTC 工具条上的“功能按钮”。将鼠标移至“X 允许改方(下行咽喉需要办理反向行车)”或“S 允许改方(上行咽喉需要办理反向行车)”按钮上,当鼠标变为十字形,并且按钮文字背景为高亮时表明可以按下此按钮,如图 12-3-95 所示。

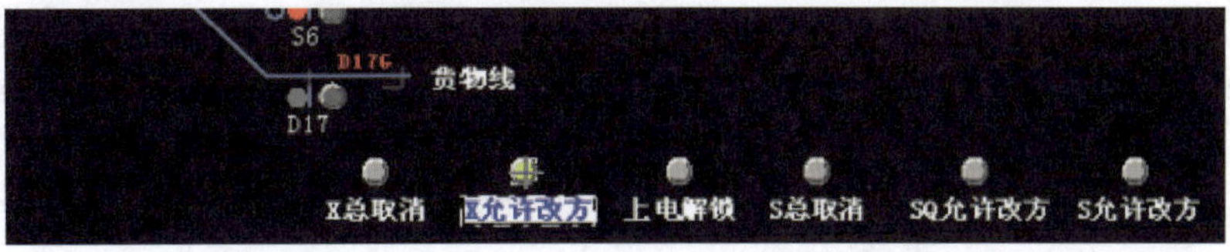

图 12-3-95 “X 允许改方”可以按下

单击鼠标左键，弹出密码输入框，密码输入正确后，“X 允许改方”按钮呈按下状态，如图 12-3-96 所示。此时 CTC 工具条上的“命令下达”按钮呈按下状态，进行命令下达操作后，“X 允许改方”按钮变为红色，表示此时可以办理反向发车进路。

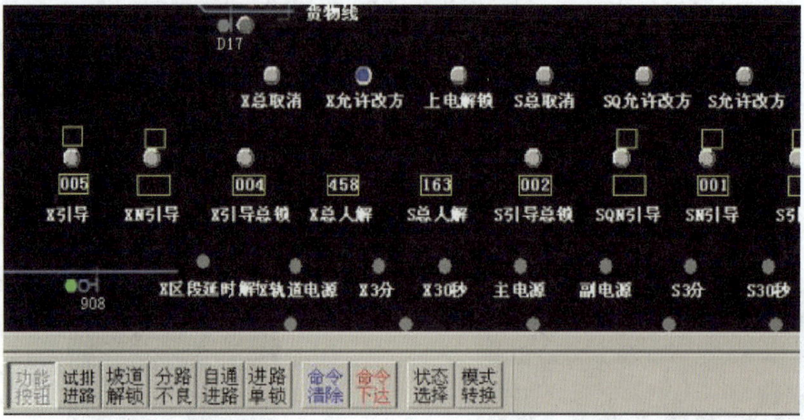

图 12-3-96 “X 允许改方”按钮按下

然后，在 CTC 工具条上单击“命令下达”按钮，“X 允许改方”按钮呈现红色，如图 12-3-97 所示，此时系统可以办理改方。

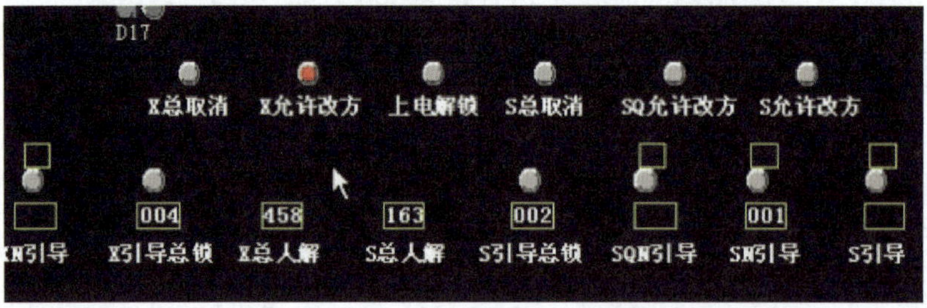

图 12-3-97 “X 允许改方”按钮呈红色

最后，通过按始端、终端按钮办理反向发车进路，此时也可以通过进路序列自动办理反向发车进路。反向发车进路建立后，区站信号机会全部变为灭灯状态，本次改方操作完成。

若不再需要办理反向发车进路，则重新使用“功能按钮”操作一遍允许改方的按钮，命令下达执行后按钮由红色变为正常状态，表明允许改方按钮已经被抬起，排列反向发车进路，无法实现改方。

反向发车时，按上述方法办理允许改方后，排一条反向发车的进路，此时，在进路建立信号机点亮的同时，区间所有的信号机灭灯。

反向发车结束后，再次按上述操作单击允许改方按钮，按钮的红灯灭掉后，再由邻站办理一条正向的发车进路，即可将轨道电路方向恢复正常，区间信号机重新点亮。

如果出现轨道电路在反向接发列车后，无法恢复正确方向的情况，则需要操作区间方向辅助改方按钮来进行恢复。

⑤右键操作方式：无右键操作方式。

(15)辅助改方操作

①功能与意图：在区间方向无法自动改方的情况下，需要使用人工辅助改方操作进行人工

改方，辅助改方需要相邻车站配合操作。

②站场图表示：非自复按钮，按下后呈按下状态。

在单站画面中的四个角上有四个方框，四个方框其中之一如图 12-3-98 所示。

③操作设备：站场图上的特殊功能按钮。

④左键操作方式

“接车辅助”和“发车辅助”按钮需要先单击“功能按钮”再进行下一步的操作。下面以本站发起发车改方为例介绍辅助改方的操作方式。

首先，在本站站场图的 CTC 工具条上单击“功能按钮”；然后在本站站场图上单击“总辅助”按钮，如图 12-3-99 所示；最后，在本站 CTC 工具条上单击“命令下达”按钮。

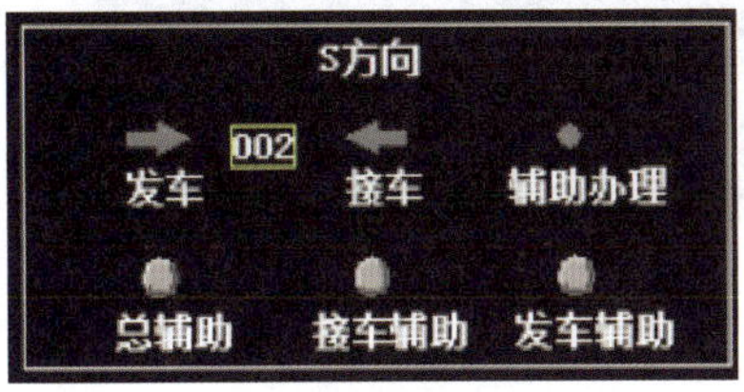

图 12-3-98　单站画面

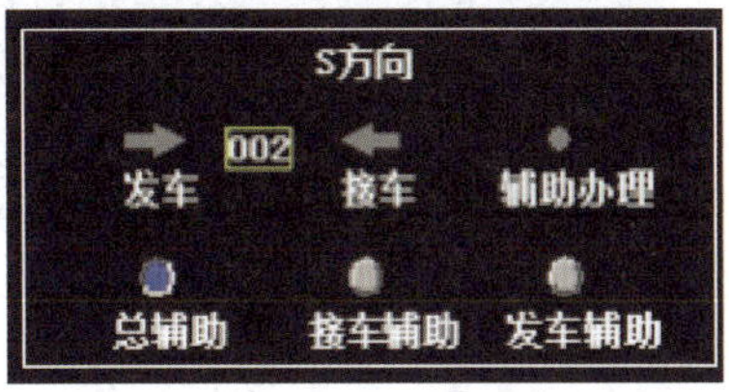

图 12-3-99　单击“总辅助”按钮

在本站 CTC 工具条上再次单击“功能按钮”；然后，单击站场图上的“发车辅助”按钮，如图 12-3-100 所示；最后，在本站站场图 CTC 工具条上单击“命令下达”按钮，查看发车辅助按钮是否已被按下。

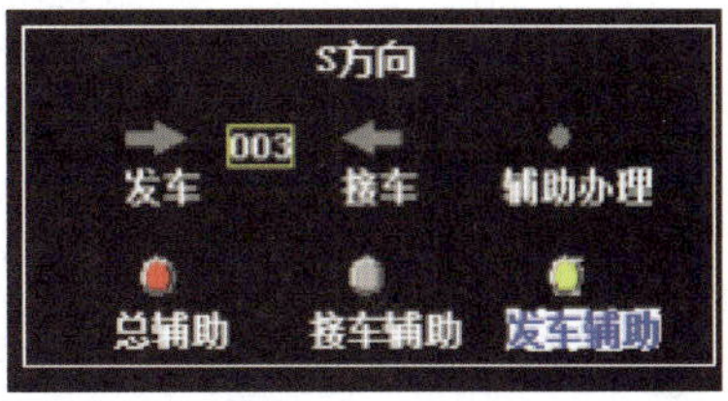

图 12-3-100　单击“发车辅助”按钮

邻站也需要在规定时间内操作“总辅助”及“接车辅助”按钮进行人工接车辅助改方。若邻站是 CTC 车站，则重复上述操作，只是在第二次按压功能按钮后选择“接车辅助”后发送接车辅助命令。通过本站与邻站的配合操作，就可以将区间轨道电路恢复为正确的方向。

⑤右键操作方式：无右键操作方式。

(16)上电解锁

①功能与意图：在车站联锁复位(停电恢复)后，为了保证安全，联锁将所有的区段置于锁闭状态(道岔全部置于单锁状态)。为了解锁方便，在人工确认行车安全的前提下，可以办理“上电解锁”命令，即一次性解锁道岔单锁和区段的锁闭(有些型号的联锁设备没有上电解锁操作，具体应参见联锁说明)。

②站场图表示：自复按钮(iLOCK 型联锁上电重启后默认此功能按钮为按下状态，需要在联锁控显机上操作后方可转入分散自律)。

③操作设备：站场图上的特殊功能按钮(上电解锁)。

④左键操作方式

首先，单击 CTC 工具条上的“功能按钮”。将鼠标移至单站画面的“上电解锁”按钮上，当鼠标呈十字形，并且按钮显高亮时表明可以按下此按钮。

然后，单击鼠标左键，此时按钮呈蓝色，并有一定时间的闪烁，如图 12-3-101 所示。

最后，单击 CTC 工具条上的“命令下达”按钮，下发该命令。如果成功执行，“上电解锁”按钮呈红色，如图 12-3-102 所示。

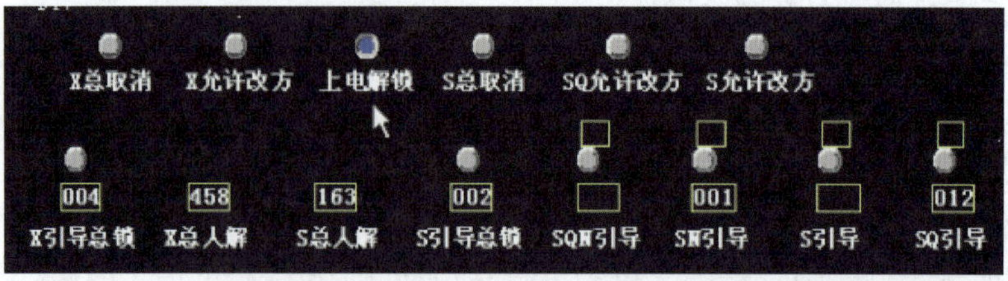

图 12-3-101 “上电解锁”按钮已按下

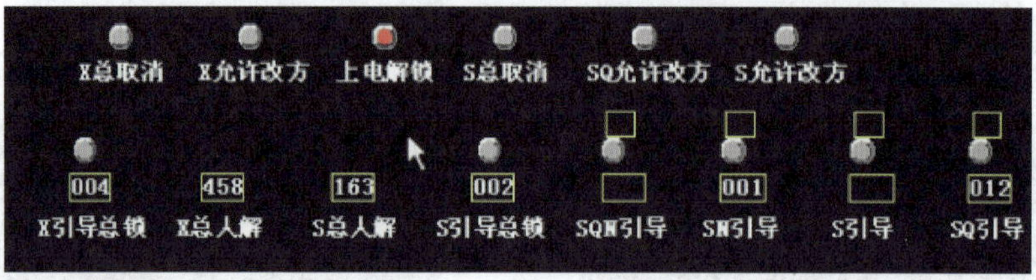

图 12-3-102 上电解锁执行成功

若在 CTC 工具条上单击“命令清除”按钮，则取消本次上电解锁操作。

⑤右键操作方式：无右键操作方式。

(17)坡道解锁

①功能与意图：提前使延续进路解锁。此操作必须按铁路局集团公司相关规定执行，并且在操作人员确认列车已经停稳时方可使用。

②站场图表示：列车进入股道后，由联锁系统负责对延续进路进行倒计时，CTC 系统仅显示倒计时的总时间。当操作坡道解锁后，联锁执行相应的延续进路被取消。

③操作设备：延续进路的始端按钮(如出站信号机的列车按钮)。

④左键操作方式

首先，在 CTC 工具条上单击“坡道解锁”按钮，系统弹出密码输入框，如图 12-3-103 所示。输入正确的密码后，选择站场图上进路的出站信号机的列车按钮。

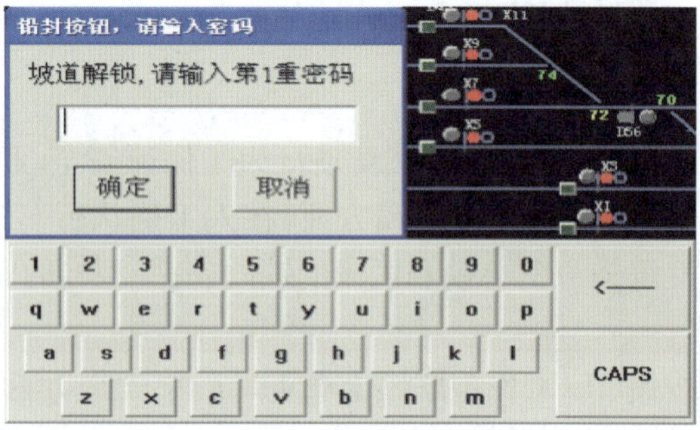

图 12-3-103 密码输入框

⑤右键操作方式：无右键操作方式。

第四节 调度集中设备标准化作业

一、作业流程

作业流程如图 12-4-1 所示。

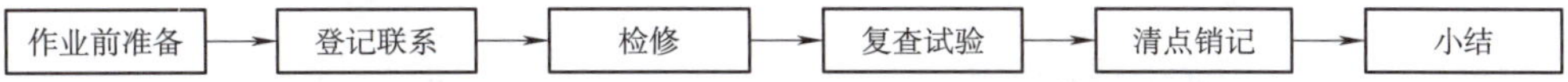

图 12-4-1　作业流程

二、调度集中设备标准化集中检修作业程序

调度集中设备标准化集中检修作业程序见表 12-4-1。

表 12-4-1　调度集中设备标准化集中检修作业程序

工步	作业内容及标准	图示说明
1. 监测分析	(1)检修作业前，通过调看电务维修机、CTC 维护机，访问车站值班员等手段，了解设备运用状态，针对存在的问题，提出检修重点。 (2)联系信息管理中心，确认 CTC 设备运行状态，判断是否存在设备隐患	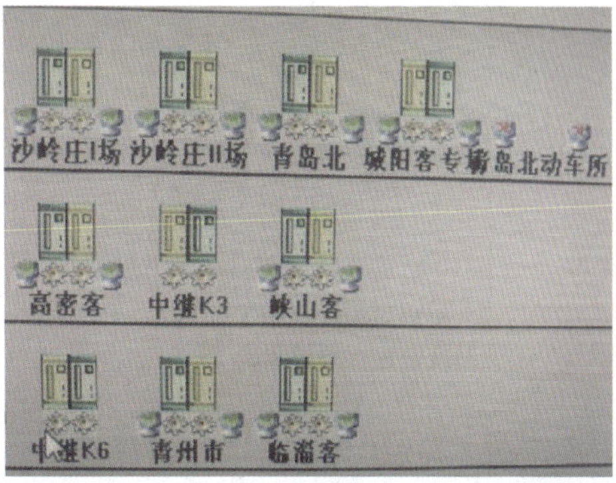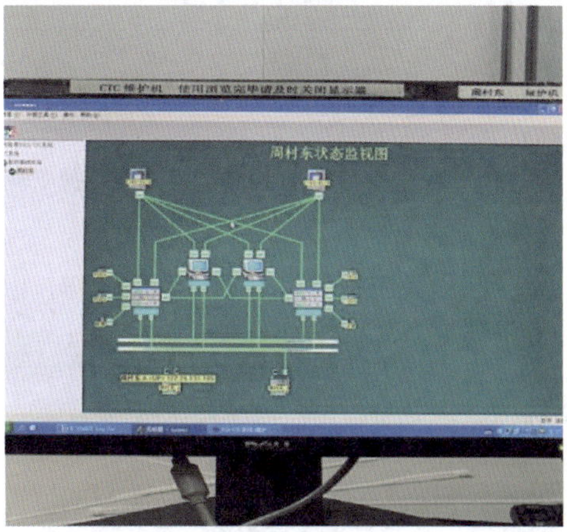
2. 查阅	查阅电务联锁维修机，确认控显机与 CTC 通信状态正常	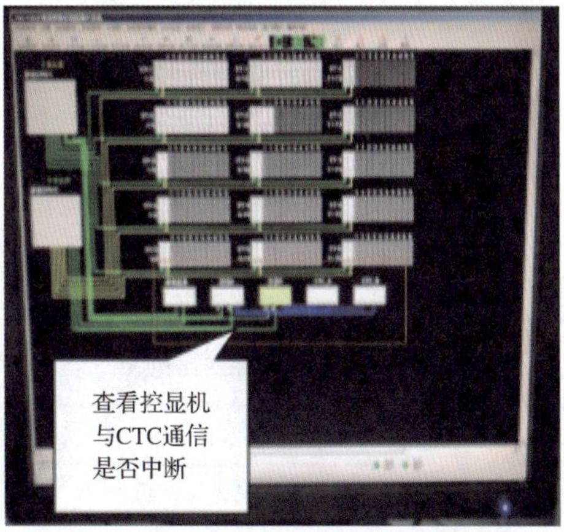

续上表

工步	作业内容及标准	图示说明
2. 查阅	调阅 CTC 维护机日志检查有无异常报警，发现报警应回放并调查解决	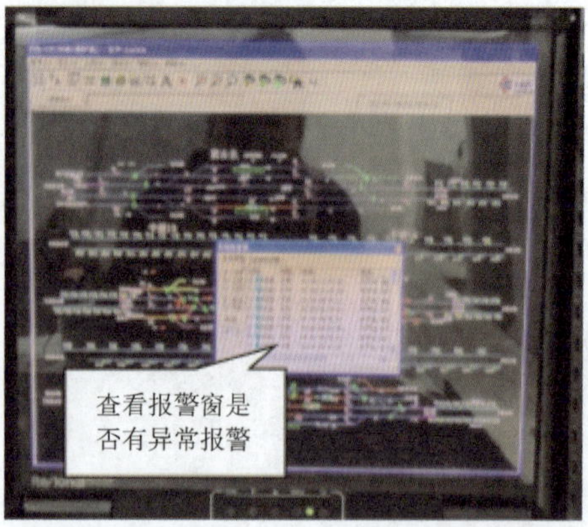
3. 看听	机柜机箱内风扇工作良好，无异响，温度设置在规定范围	
	车站值班员、信号员及电务维护工控机各部指示灯正确，显示良好	
	安全边界设备指示灯显示正常，各类网线插接良好	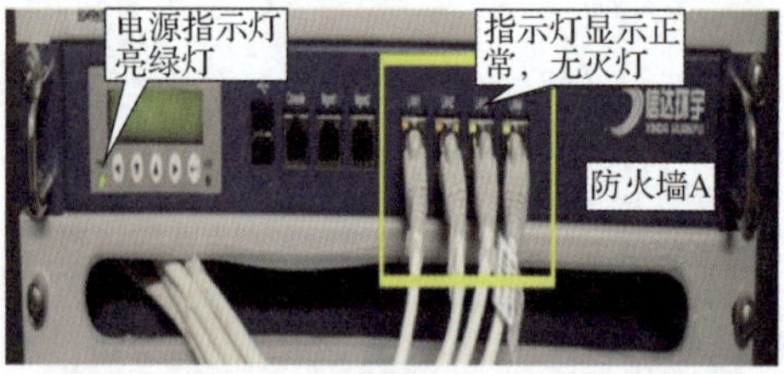
	交换机设备指示灯显示正常，网线插接良好，标签标识完整、准确	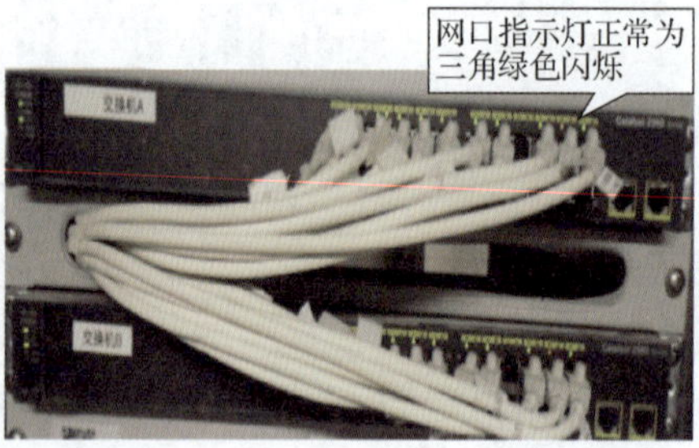

续上表

工步	作业内容及标准	图示说明
	自律机、切换单元及各开关、按钮位置正确，板卡板件指示灯显示无异常，确认主备关系与上次记录相比无变化	
	路由器、协议转换器设备正常，各连接线紧固良好，标签标识规范、准确，端口、网口指示灯显示无异常。光纤弯曲半径不小于 5 cm，备用光纤遮光防护措施良好	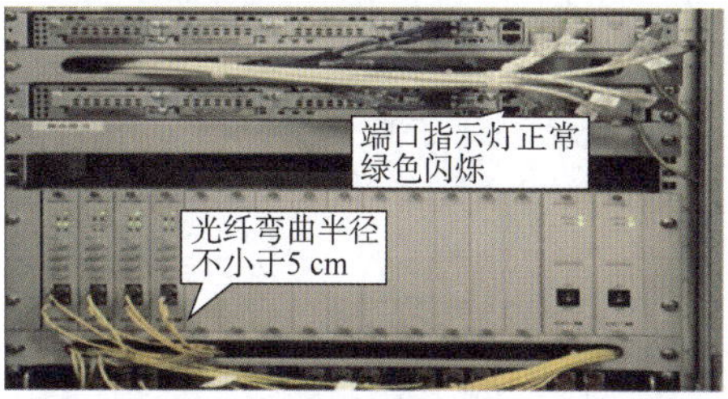
3. 看听	UPS 电源设备风扇运转正常，面板指示灯显示正常，无报警，无异响；UPS 切换器指示灯显示正常	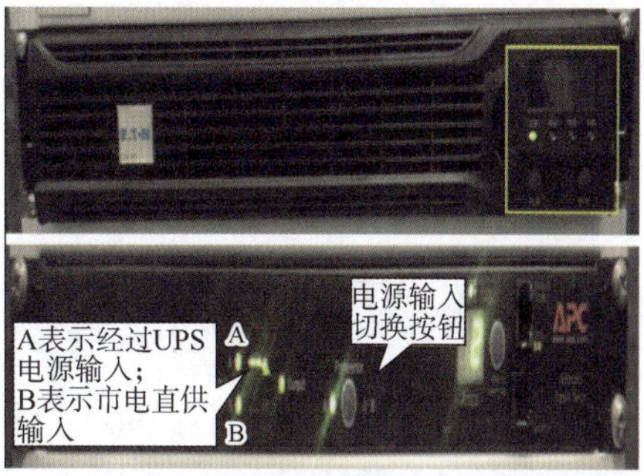
	工控机电源线、显示器视频线、键盘鼠标一分二线绑扎良好，空闲端口封堵措施良好	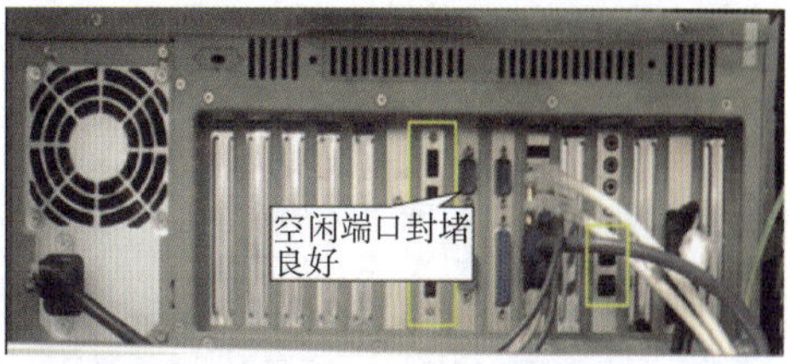
	车务终端设备显示良好，双机切换正常，文字及语音提示正确。系统时钟准确，两台终端时钟一致。显示器、键盘、鼠标、打印机连接工作正常	

续上表

工步	作业内容及标准	图示说明
4. 检查测试	检查确认行车室控制台内设备整洁、无粉尘，配线绑扎良好。检查确认电源线、视频线、网线、光纤等线缆插接牢固，KVM 设备插接牢固、状态良好	
	检查确认机柜内部各种板卡、工控机固定螺栓插接牢固，各部螺栓紧固；各类配线端子紧固，分类绑扎、走线平直，配线标识正确齐全准确，各防雷模块无劣化指示，设备地线接地良好，接地电阻小于 1 Ω	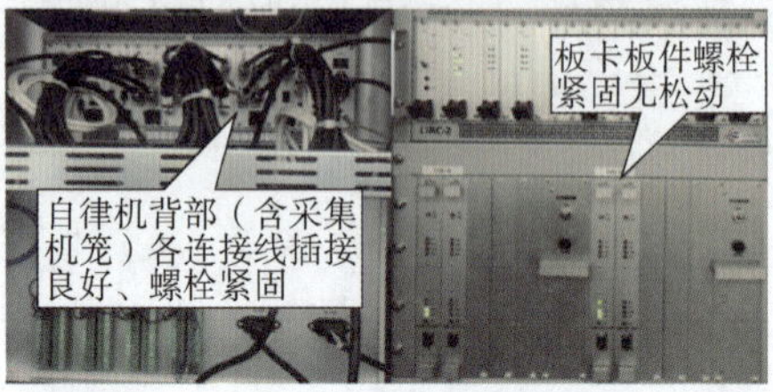 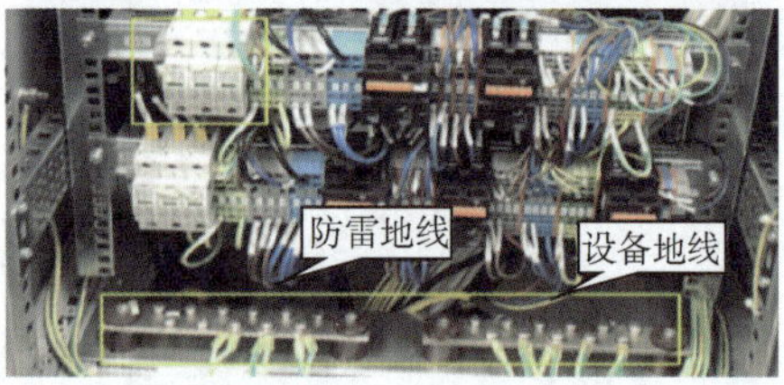
	天窗点内进行自律机双系切换试验，确认主备系指示灯显示正常，终端站场显示、各类功能无异常	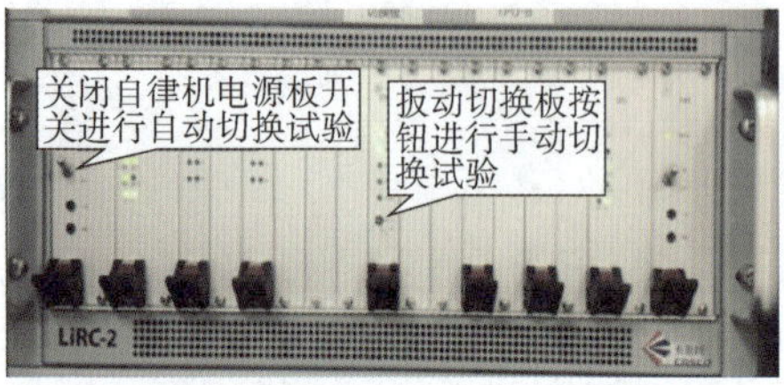
	测试 CTC 机柜电压、电流并记录。 (1)双系 TPU 电源板电压测试：正常范围为 4.85～5.15 V。 (2)输入电压测试：正常范围为 AC 220(1±10%) V	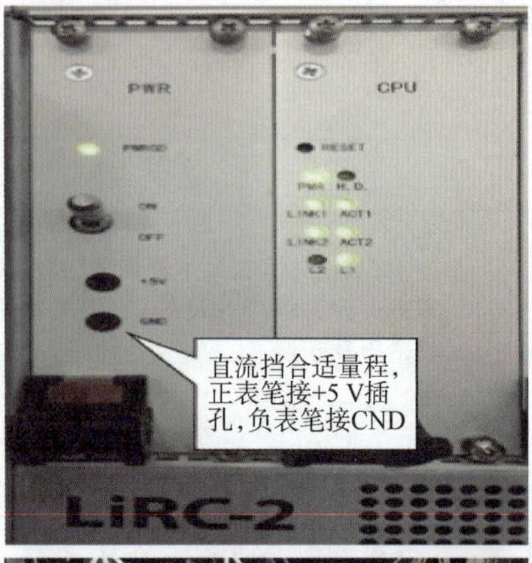 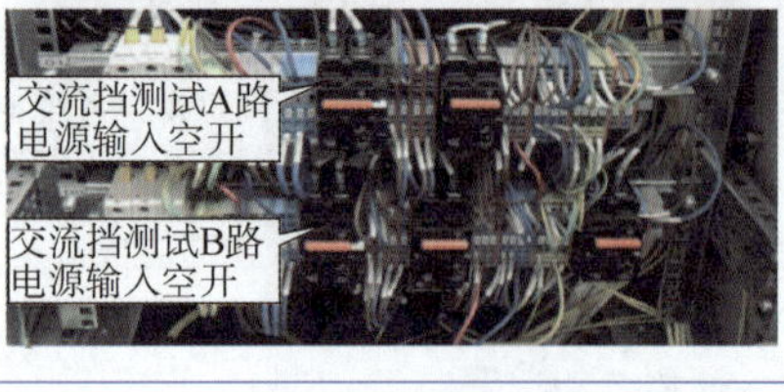

续上表

工步	作业内容及标准	图示说明
4. 检查测试	UPS设备检查测试并记录。 (1)UPS旁路试验。按压UPS面板开关按钮，UPS关机，自动转为旁路，设备供电无异常。 (2)UPS放电试验。拔除UPS输入电源线，检查确认机柜内各设备供电无异常，UPS电池供电时间不少于10 min。电池表示灯只剩下一格时，应及时恢复	 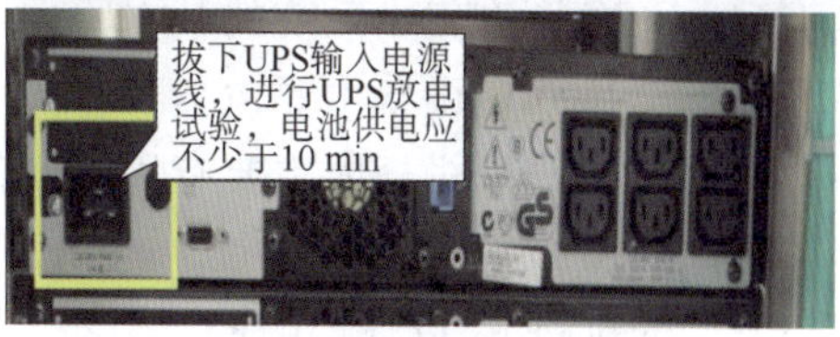
5. 清扫	使用毛刷、抹布对控制台内部尘土进行清扫，对显示器、鼠标、键盘等进行擦拭	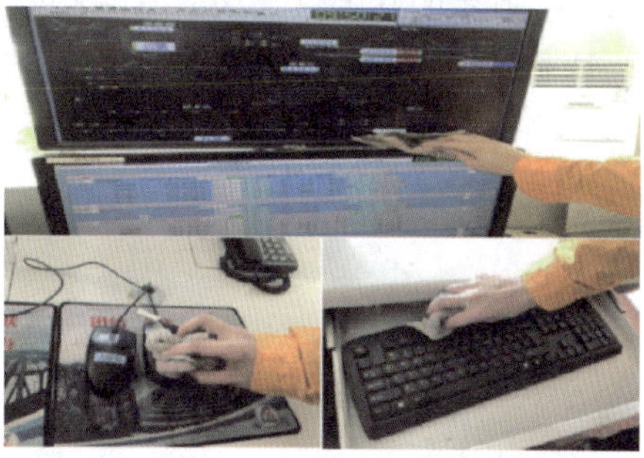
	使用毛刷对机柜内各部件进行清扫，对机柜顶部风扇进行清扫	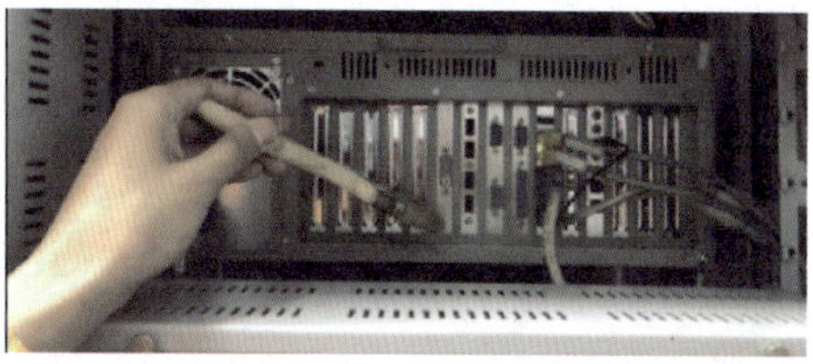
	工控机过滤网每月清洗一次，晾干后恢复	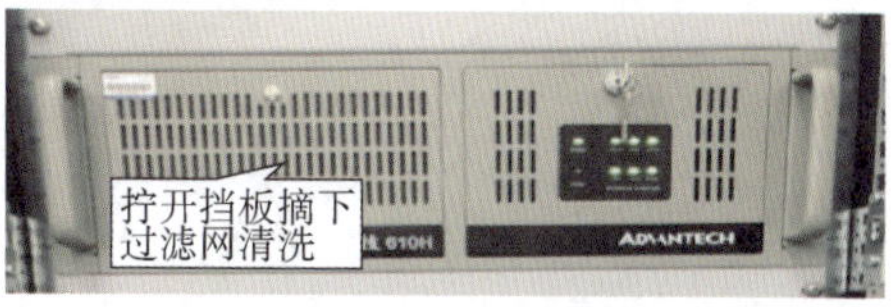
6. 复查	(1)对各部进行全面复查，检查确认各子系统面板指示灯显示正常。 (2)查看联锁维护机，确认无报警信息，控显机与CTC设备通信正常。 (3)与驻站联络员、CTC中心确认设备良好，无报警信息。 (4)作业结束后，进行关键作业项点复查录像。 (5)检查确认工具、材料等回收齐全，做到工完料尽	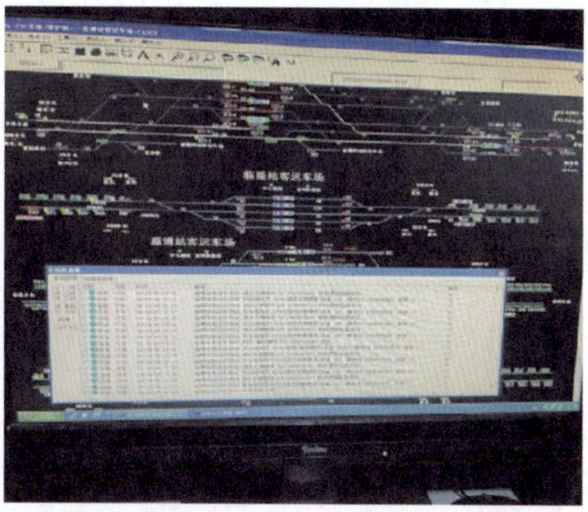

复习思考题

1. 车站终端的控制模式有哪些?
2. 分散自律模式分为几种操作方式? 它们的定义分别是什么?
3. 简述 CTC 调度集中系统的组成。
4. 简述 CTC 调度集中系统的基本原理。
5. 普速车站 CTC 设备主要包括哪些?
6. 普速车站 CTC 机柜内主要有哪些设备?
7. CTC 的操作方式有哪几种?
8. CTC 的排路方式有哪几种?
9. CTC 道岔的基本显示功能有哪些?
10. 请画出调度集中设备检修的作业流程框图。

第十三章　信号设备防雷与接地

第一节　雷害分类及雷电侵入信号设备途径

一、雷害分类

雷电是一种自然现象，是伴随着强烈的光和声的大气放电现象，这便是人们常说的电闪雷鸣。

1. 直击雷

直击雷指雷电直接击在建筑物构架上，因电效应、热效应和机械效应等造成建筑物损坏以及人员的伤亡，如图 13-1-1 所示。

2. 感应雷

由于雷电电流有极大峰值和陡度，所以它周围出现瞬变电磁场，这种空间雷电电磁脉冲波在三维空间范围里对一切电子设备发生作用。由于瞬变时间极短或感应的电压很高，以致产生电火花。一次雷闪击可以在较大范围内多个小局部同时产生感应雷过电压现象，并且这种感应高压可以通过电力线、电话线等传输到很远，使雷害范围扩大，如图 13-1-2 所示。

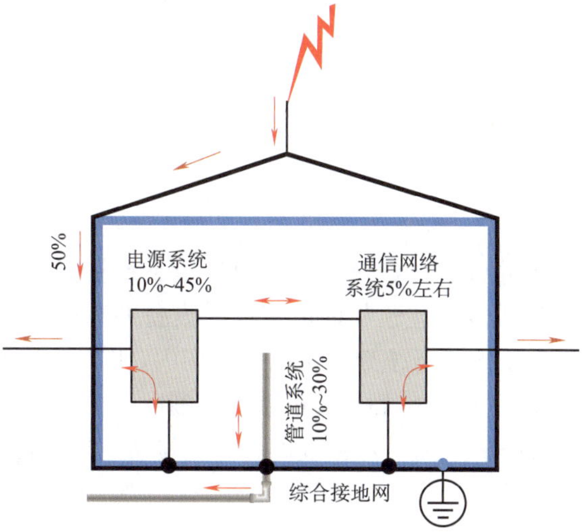

图 13-1-1　直击雷

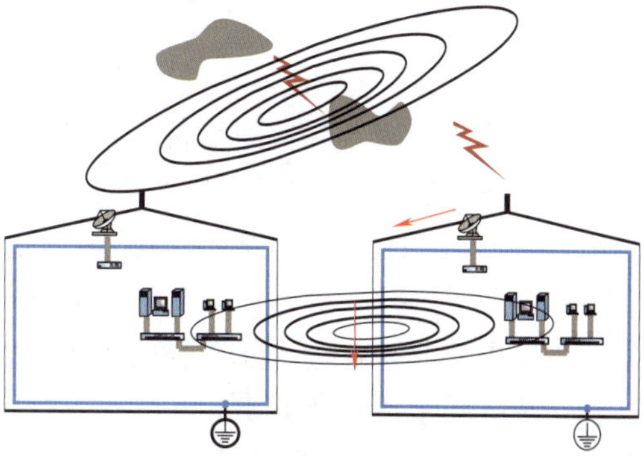

图 13-1-2　感应雷

3. 雷电过电压侵入

雷电过电压侵入指在大范围内，雷电击中户外传输信号线路、埋地电力线、设备间连接线或信息通信线路，然后沿着传输线路侵入设备，使串联在线路中间或终端的电子设备遭到损害，如图 13-1-3 所示。

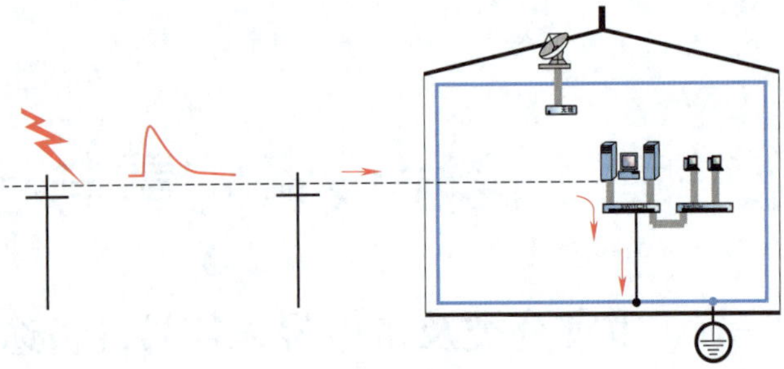

图 13-1-3　雷电过电压侵入

4. 地电位反击

地电位反击指雷击大地或接地体,引起地电位上升而波及附近的电子设备,对设备产生反击,如图 13-1-4、图 13-1-5 所示。

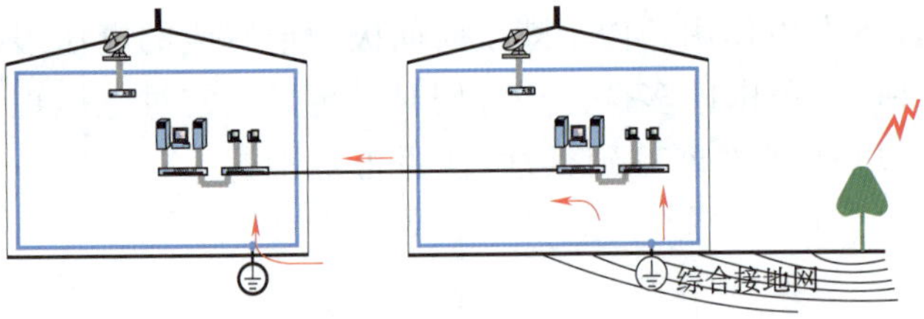

图 13-1-4　地电位反击图示一

图 13-1-5　地电位反击图示二

二、雷电侵入信号设备途径

1. 雷电电磁脉冲侵入途径

雷电不可能直接“击”到设备上,但雷电电磁脉冲可以在建筑物内的电气电子设备上感应出浪涌,这就是脉冲电磁场辐射影响。雷电电磁脉冲侵入建筑物内电气电子设备的途径比较单纯,途径无外乎“场”和“路”。“场”指的是电气电子设备系统处于雷电电磁场内,使系统出现感应过电压。“路”指的是和电气电子系统设备连接的线路传导外界的雷电浪涌。远方落雷产生的雷电电磁脉冲在进入建筑物的各种线路上感应出浪涌,并经由线路传导到设备的雷浪涌,这就是传导雷浪涌或传导雷。

2. 雷电电磁感应侵入途径

(1)雷电直击车站或区间中装有信号设备的建筑物,及配置有信号设备的场所附近的构筑物、地面突出物或大地时,雷电电流的感应电磁脉冲,通过空间电磁感应在信号系统内产生过电压和过电流。

(2)与信号系统设备相连的信号传输线路、钢轨等设施,遭受直接雷击时产生的电磁脉冲,或与信号系统设备相连的信号传输线路附近遭受直接雷击时,感应在信号传输线上的电磁脉冲,经线路传导侵入信号系统内产生过电压和过电流。

(3)向信号设备供电的电源系统上遭受直接雷击产生的电磁脉冲，或电源馈线附近遭受直接雷击时，感应在电源线上的雷电电磁脉冲，经电源馈线传导，在信号系统电源设备上产生过电压和过电流。

(4)雷击车站信号设备场地建筑物的避雷针(或避雷带、避雷网)时，雷电流沿避雷针(或避雷带、避雷网)引下线进入接地装置引起地电位升高，这时，在信号系统接地导体和其他导体间产生反击过电压。

雷电电磁感应侵入铁路信号设备途径示意如图 13-1-6 所示。

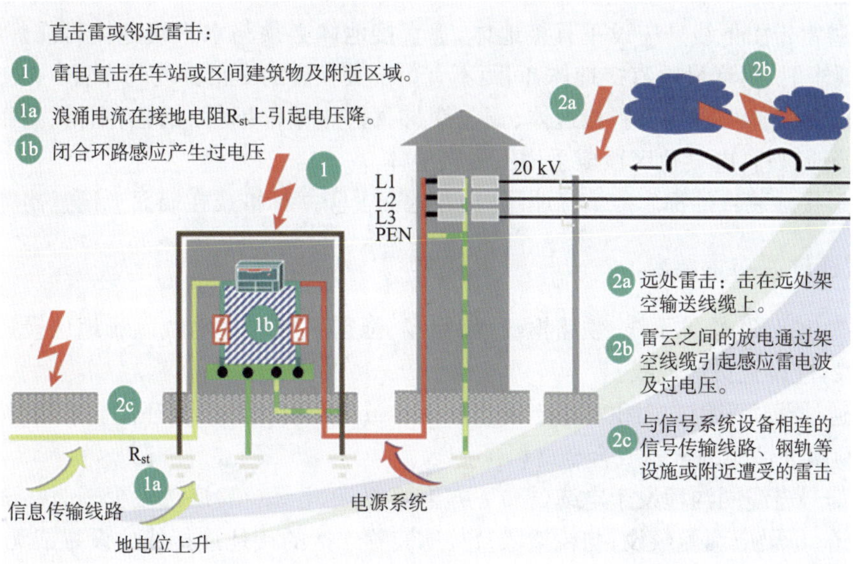

图 13-1-6　雷电电磁感应侵入铁路信号设备途径示意

第二节　信号设备接地装置分类及相关要求

信号设备接地装置主要由地线、地网、贯通地线、接地汇集线组成。

信号设备的防雷装置应设防雷地线；信号机械室内的组合架(柜)、计算机联锁机柜、闭塞设备机柜、电源屏、控制台，以及电气化区段的继电器箱、信号机梯子等应设安全地线；电气化区段的电缆金属护套等应设屏蔽地线；安装防静电地板的机房应设防静电地线；微电子设备需要时可设置逻辑地线。上述地线均由共用接地系统的地网引出。

室内外信号设备设置的综合接地装置、安全地线、屏蔽地线(含信号计算机和微电子系统保护地线)和防雷地线的接地电阻值应符合以下标准：综合接地装置(建筑物接地体、贯通地线、地网、其他共用接地体等)接地电阻值应小于 1 Ω；分散接地装置，其安全地线、屏蔽地线、防雷地线的接地电阻一般小于 10 Ω；当接地装置在砂土、土加石时处所时接地电阻须小于 20 Ω。

室内信号设备的接地装置应呈网状(地网)。接地导线上严禁设置开关、熔断器或断路器；严禁用钢轨代替地线。

一、地网安装要求

1. 地网应由建筑物四周的环形接地装置、建筑物基础钢筋构成的接地体相互连接构成。

2. 环形接地装置由水平接地体和垂直接地体组成，应环绕建筑物外墙闭合成环，受条件限制时可不完全环周敷设，应尽可能沿建筑物周围设置，以便与地网连接的各种引线就近连接。水平接地体距建筑物外墙间距不小于 1 m，埋深不小于 0.7 m。

3. 环形接地装置必须与建筑物四角的主钢筋焊接，并应在地下每隔 5～10 m 与机房建筑物基础接地网连接。

4. 在避雷带引下线处应设垂直接地体，垂直接地体必须与水平接地体可靠焊接；接地电阻不满足要求时，可增设垂直接地体，间距不宜小于其长度的 2 倍并均匀布置。

5. 垂直接地体可采用石墨接地体、铜包钢、铜材、热镀锌钢材(钢管、圆钢、角钢、扁钢)或其他新型接地材料，电气化区段应采用石墨接地体。

6. 环形接地装置的标志应清晰明了，应在地面上竖立标桩或在墙面上设置铭牌。

二、贯通地线布置要求

1. 电气化区段、繁忙干线、铁路枢纽、编组场、强雷区和埋设地线困难地区及微电子设备集中的区段，应设置贯通地线。

2. 贯通地线应采用截面积不小于铜当量 35 mm^2、耐腐蚀并符合环保要求的材料；外护套应为具有耐腐蚀性能的金属或合金材料。

3. 与信号电缆同沟埋设于电缆(槽)下方土壤中，距电缆(槽)底部不少于 300 mm。

4. 隧道、桥梁应两侧敷设；与桥梁墩台接地装置连接的接地连接线应设置成无维修方式。上下行线路分线时，应分别敷设。

5. 引接线(贯通地线与设备接地端子的连接线)采用 25 mm^2 的多股裸铜缆焊接或压接，焊接时焊接长度不小于 100 mm，并用热熔热缩带防护 150 mm。

6. 贯通地线任一点的接地电阻不得大于 1 Ω。

7. 贯通地线在信号机房建筑物一侧，采用 50 mm^2 裸铜线与环形接地装置连接，信号楼两端各连接两次。

8. 设置贯通地线的区段，室外信号设备的各种接地线均应与就近的贯通地线连接。

三、接地汇集线及等电位连接要求

1. 控制台室、继电器室、防雷分线室(或分线盘)、计算机室和电源室(电源引入处)应设置接地汇集线。接地汇集线应采用宽大于 30 mm、厚大于 3 mm 的紫铜排，环形设置时不得构成闭合回路。铜排的相互连接应采用 3 个铜螺栓双螺帽进行固定，接触部分长度不少于 60 mm。接地汇集线之间的连接线应与墙体及屏蔽层绝缘。引入信号机械室的各种线缆的屏蔽护套应与接地汇集线可靠连接。

2. 电源室电源防雷箱处、防雷分线室(或分线盘)处的接地汇集线应单独设置，与环形接地装置单点冗余连接。其余接地汇集线可用 2 根截面积不小于 25 mm^2 有绝缘外护套的多股铜线或紫铜排相互连接后，再与环形接地装置单点冗余连接。

3. 室内走线架、组合架、电源屏、控制台、机架、机柜等所有室内设备必须与墙体绝缘，其安全地线、防雷地线、屏蔽地线等必须以最短距离就近分别与接地汇集线连接。

4. 走线架应连接良好，不得构成环形闭合回路，已构成闭合回路应加装绝缘。室内同一排的金属机架、柜之间采用截面积大于 10 mm^2 多股铜线连接后，再用两根不小于 25 mm^2 有绝缘外护套的多股铜线或紫铜排与接地汇集线连接。

5. 信号机房面积较大时，可设置与环形接地装置单点冗余连接的总接地汇集线。控制台室、继电器室、计算机房的接地汇集线可分别与总接地汇集线连接，也可在相互连接后，用两根不小于 25 mm^2 有绝缘外护套的多股铜线或紫铜排与总接地汇集线连接。

6. 信号机房分布在几个楼层时，各楼层可分别设置总接地汇集线，总接地汇集线间应采用两根不小于 25 mm^2 的有绝缘外护套的多股铜线或紫铜排进行连接。

7. 接地汇集线与环形接地装置的连接线，应采用两根不小于 25 mm^2 的有绝缘护套多股铜线单点冗余连接。不同作用的接地汇集线在环形接地装置上的连接点相互间距不应小于 5 m。

8. 无线天线的接地装置应单独设置，并距环形接地装置 15 m 以上，特殊情况下不应小于 5 m；确因条件限制，间距达不到要求时，与接地汇集线在环形接地装置上的连接点之间的间距不小于 5 m；无线天线设在屋顶的，其接地线可与避雷网焊接。

9. 建筑物内所有不带电的自来水管、暖气管道等金属物体，都必须与环形接地装置（或与建筑物钢筋、计算机室屏蔽层）做等电位连接。

第三节　接地体、接地汇集线规格及安装要求

防雷地线、安全地线、屏蔽地线和逻辑地线由共用接地系统的地网引出，均应分别单独设置接地汇流排（接地端子板）。相同用途的接地汇流排（接地端子板）应采用分支并联方式与室内设备连接，不得构成闭合回路；不同用途的设备接地端子与接地汇流排（接地端子板）间不得交叉连接，如图 13-3-1 所示。

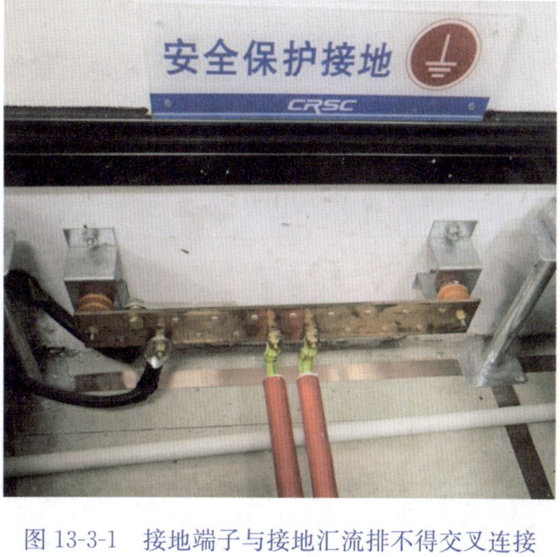

图 13-3-1　接地端子与接地汇流排不得交叉连接

一、接地汇集线安装规格

1. 接地汇流排采用 3 mm×30 mm 的紫铜板沿墙连接成条形、环形，环行设置时不得构成

闭合回路。等电位条(接地汇集线)在静电地板下方距地面距离宜为 30～50 mm,与墙面间距宜为 100～150 mm,并应与墙体绝缘固定。

2. 分支接地铜排宜采用平铺方式安装,与地面之间采用 5 mm×30 mm(分支用 5 mm×25 mm)环氧树脂板进行绝缘处理,用高强绝缘螺栓固定在地面上;铜排间直接连接的接触部分长度不少于 60 mm,接触面应在打磨后用 3 个 ϕ8 mm 铜螺栓双螺帽连接。

3. 同一排不同的机柜分别用一根 3 mm×25 mm 的铜板拉通排间接地铜排,同性质的排间接地铜排用两根 25 mm^2 多股铜芯线就近与接地汇流排单点冗余连接。

4. 不同性质的接地汇流排用两根 25 mm^2 多股铜芯线就近与环形接地装置单点冗余连接;接地连接线应采用冷压端子压接牢固,并采用热缩管防护;接地连接线穿越墙体时应套保护管进行防护。接地线应采用黄绿相间色标的绝缘铜导线,如图 13-3-2、图 13-3-3 所示。

图 13-3-2　绝缘铜导线图示一

图 13-3-3　绝缘铜导线图示二

5. 机房分布在几个楼层时,各楼层可设置总接地汇集线,总接地汇集线间应采用 50～95 mm^2 的有绝缘外护套的多股铜导线焊接或加线鼻栓接。

6. 电源防雷箱(电源引入)接地汇集线、防雷分线柜处接地汇集线与其余接地汇集线在环形接地装置上的连接点之间距离应大于 5 m。避雷带引下线在环形接地装置上的连接点与接地汇集线在环形接地装置上的连接点间距应大于 5 m。机房各楼层接地示意如图 13-3-4 所示。

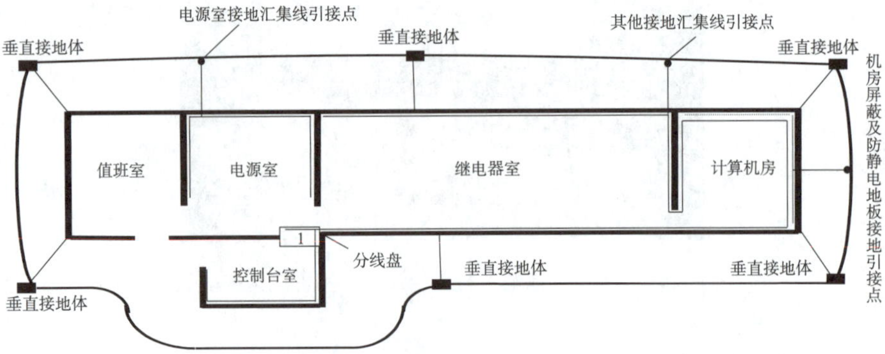

图 13-3-4　机房各楼层接地示意

7. 电源防雷接地。

电源防雷箱外壳与防雷箱内接地端子间应采用截面积不小于 6 mm^2 多股铜线连接，接地端子再用截面积不小于 50 mm^2 的绝缘护套铜导线与安全保护接地铜排栓接。

电源防雷箱防雷接地端子、电源屏内输入电源防雷接地端子汇流排应用 30 mm×3 mm 分支接地铜排（或截面积不小于 50 mm^2 的绝缘护套铜导线）与电源防雷接地铜排栓接。

8. 电缆屏蔽接地。

用 30 mm×3 mm 分支接地铜排与电缆成端盒接地端子连接，再单独用截面积不小于 2×25 mm^2 的绝缘护套铜线单点冗余与电缆屏蔽接地汇流排（接地端子板）连接；电缆屏蔽接地汇流排（接地端子板）单独用截面积不小于 2×25 mm^2 的绝缘护套铜线与环形接地装置相连，不应与其他接地汇流排混连。

9. 防雷分线柜接地。

防雷分线柜浪涌保护器与柜内的接地汇集板间用截面积不小于 6 mm^2 的多股铜芯软线连接。

电缆四芯组内屏蔽层在移频综合柜引入口处用两根扁平铜网与柜内防雷接地汇集排（FLE）连接，截面积不小于 1.5 mm^2。FLE 与传输通道防雷分支接地铜排用截面积不小于 50 mm^2 的绝缘护套铜导线连接。

防雷分线柜浪涌保护器的接地汇集板用截面积不小于 50 mm^2 的绝缘护套铜导线与传输通道防雷分支接地铜排连接。

10. 各种地线的引线部分应有绝缘外皮防护，不得出现裸露金属线。各地线端子标记应齐全准确。

二、信号设备地线安装要求

1. 电源防雷箱和外电网质量监测箱的安装规定

（1）电源防雷箱采用一路一箱方式设置、内嵌式安装在靠近电源屏位置；

（2）电源防雷箱底面距防静电地板的高度为 1 500 mm；

（3）电源防雷箱与外电网质量监测箱底面相平，并列安装，连接紧密，箱体表面与墙面宜平齐；

（4）电源防雷箱及外电网质量监测箱开孔处应采取防护措施；

（5）电源防雷箱内部电源端子应加装防护罩。电源防雷箱及外电网质量监测箱安装示意如图 13-3-5 所示。

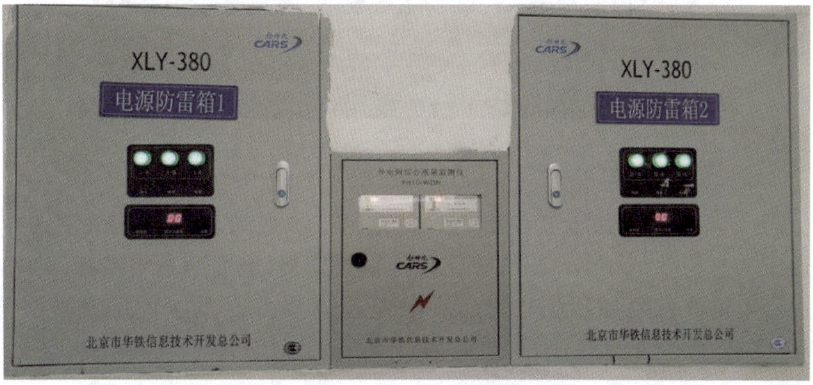

图 13-3-5 电源防雷箱及外电网质量监测箱安装示意

2. 室内屏蔽线的连接和接地

(1)室内屏蔽线的屏蔽层应在靠近机柜一侧单端接地，严禁双端悬空。

(2)屏蔽线的屏蔽层剥开长度在15～20 mm为宜，不应超过40 mm。

(3)接地端头制作：芯线剥出后用30 mm长热缩套管防护，如图13-3-6所示。

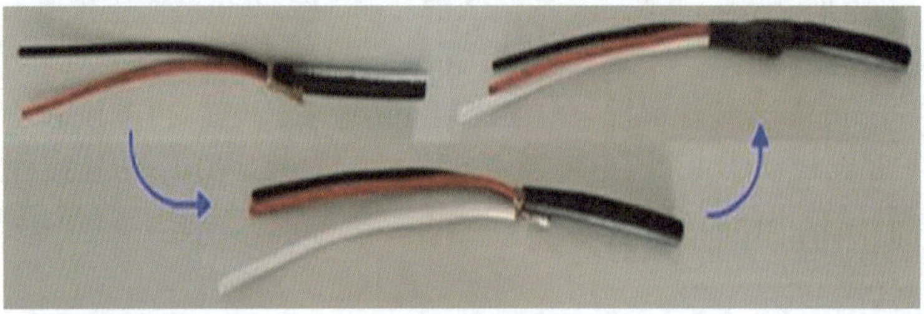

图 13-3-6　室内屏蔽线接地端头示意

(4)非接地端头制作：芯线剥出后用30 mm长热缩套管防护，如图13-3-7所示。

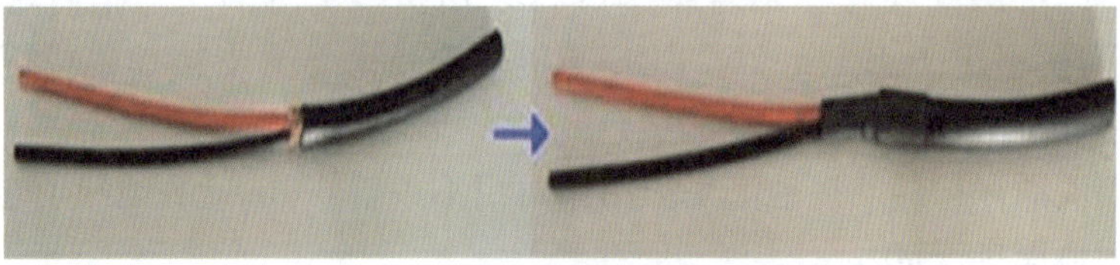

图 13-3-7　室内屏蔽线非接地端头示意

3. 电缆成端

(1)应使用专用电缆成端接地盒。

(2)在电缆间或墙壁通道入口处进行一次成端，电缆钢带断开、铝护套不断开，接地端子通过成端盒与3 mm×30 mm分支接地铜排连接，如图13-3-8、图13-3-9所示。

图 13-3-8　电缆成端图示一

(3)在电缆分线柜或移频综合柜电缆入口处进行二次成端，电缆钢带和铝护套全部断开，接地端子通过成端盒与3 mm×30 mm分支接地铜排连接，电缆四芯组绝缘保护层不应剥除，在成端盒外边套上橘红色阻燃塑胶软管防护电缆芯线，用“V”型卡固定在防雷分线柜下部。数字电缆屏蔽层(或用屏蔽铜网代替)在电缆芯线分层或分端子前不得剥开。二次成端如图13-3-10、图13-3-11所示。

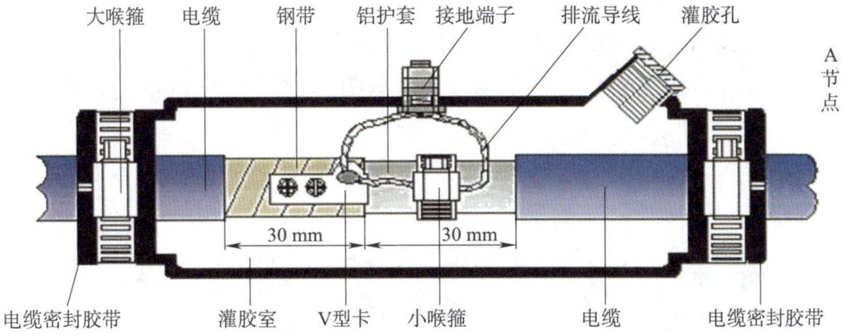

图 13-3-9　电缆成端图示二

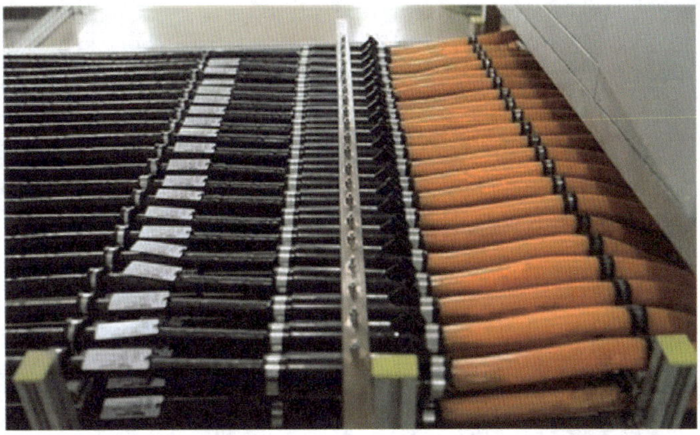

图 13-3-10　二次成端图示一

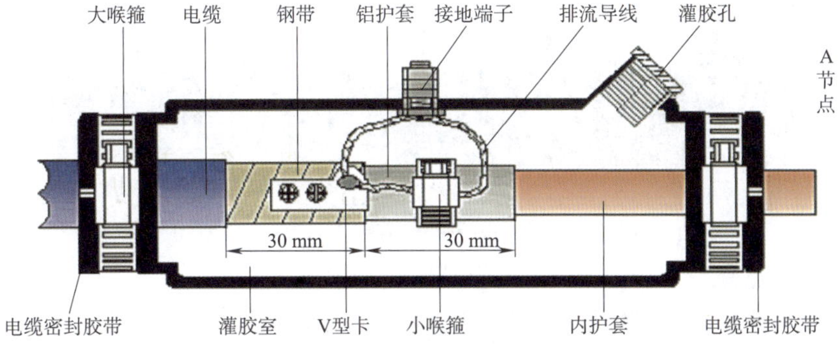

图 13-3-11　二次成端图示二

(4)光缆引入室内时，应在引入口处用光纤终端盒进行成端处理，把金属护层及金属加强芯断开绝缘。

(5)电缆接地汇集排设在距电缆成端较近位置，并单独设置直接与环形接地装置相连，不应与其他接地汇集排混连。

(6)电缆线原则上从端子板正面左侧引入，软线由右侧引入。配线要长短一致，不得交叉走线，不能进入走线槽的线把应绑扎平直、引线不过紧，且所有线把都要在同一平面上。

(7)每根主干电缆与室外应至少有 1 对贯通备用芯线，且压接在分线柜端子上并明示，备用芯线应贯通到主干电缆控制的全部设备；站联、场间照查等直接连接两个机械室的电缆备用芯线应在电缆盒全部贯通；数字屏蔽电缆备用芯线应采用独立四芯组。

(8)分线柜轨道电源按咽喉按行别分束使用，电缆芯线增加分束标记，在轨道电源系统图中标明。

(9)每根电缆剩余的备用电缆芯线在二次成端(分线盘)处单独盘圈并挂牌，如图 13-3-12、图 13-3-13 所示。

图 13-3-12　备用电缆图示一

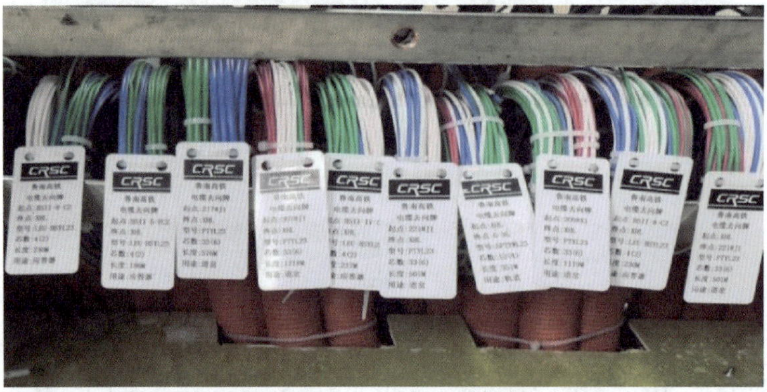

图 13-3-13　备用电缆图示二

4. 室外电缆接地标准

(1)室外电缆铝护套、钢带以及内屏蔽护套应分段单端接地。

(2)主管电缆的钢带和铝护套分别用 V 型卡加固牢固，采用两根 7×0.52 mm² 铜芯绝缘软线引出至电缆盒空端子(两个 V 型卡不能环接)；主管电缆带内屏蔽时，内屏蔽层用 1.5 mm² 扁平铜网，环连后接至电缆盒内空端子。铜网需要包裹热缩绝缘管，除压接部分外，其余部分不可裸露。

(3)副管电缆的钢带和铝护套分别用 V 型卡按环接方式引出两根 7×0.52 mm² 铜芯绝缘软线并压接至电缆盒内接地端子。副管电缆带内屏蔽时，内屏蔽层用 1.5 mm² 扁平铜网环连后接至电缆盒内接地端子。

5. 贯通地线敷设

贯通地线敷设应采用截面积不小于 35 mm²、耐腐蚀并环保的材料，外护套为具有耐腐蚀性能的金属或合金材料；与信号电缆同沟埋设于电缆(槽)下方土壤中，距电缆(槽)底部不小于300 mm；隧道、桥梁应两侧敷设，与桥梁墩台接地装置连接的地线应设置为无维修方式，上下行分线时，应分别设置；引接线采用25 mm^2的多股裸铜线焊接或压接，焊接时焊接长度不少于100 mm，并用热熔热缩带防护150 mm；贯通地线任一点的接地电阻不得大于1 Ω。

第四节　信号设备防雷相关要求

一、技术要求

1. 根据不同信号设备的抗扰和冲击耐压能力，应对设备馈线、传输线路的感应和传导过电压实施分级防护，级间浪涌保护器的响应速度、基础限制电压、通流容量指标应匹配。

2. 信号设备房屋屋顶应设置接闪带及接闪网，接闪带围绕屋面边缘成闭环设置，在接闪带范围内接闪网由3 m×3 m的网格组成，接闪网与接闪带不能与屋面、隔热层直接接触。

3. 信号设备房屋优先利用其基础内的非应力结构钢筋作为基础接地装置，当基础接地装置的接地电阻达不到要求时，可采取增加人工接地体等措施。

4. 信号设备房屋应设置室内屏蔽网。

5. 信号室内的设备、机架、电缆金属外皮等均应进行等电位连接，并与建筑物接地装置连接。

6. 不同功能的接地应设置各自独立的等电位接地端子板/排、传输通道等电位接地端子板/排、电源引入等电位端子板/排、安全保护等电位端子板/排。

7. 设备房屋分布在不同的楼层时，建筑物应设置垂直接地干线，各楼层应设置楼层等电位接地端子板/排。

8. 等电位端子板/排与建筑物接地体单点冗余连接，且不应形成闭合回路。

9. 信号设备的接地引入线、接地干线或等电位接地端子板/排不应与避雷引下线直接共用，且不宜从防雷引下线所在的建筑物结构引入。

10. 室外设备接地不应采用串联方式连接，设备集中处宜设置分支接地线。

11. 未设置贯通地线的线路，室外信号设备应采用分散接地方式，接地电阻不应大于4 Ω，困难时不应大于10 Ω。

12. 设置贯通地线的室外信号设备，接地电阻不大于1 Ω。

13. 不应借用并联型防雷设备端子连接其他设备。

14. 轨道电路区段，不应用钢轨代替地线。

15. 浪涌保护器的连接线应尽可能短，防雷电路的配线与其他配线应分开，不允许其他设备借用并联型防雷设备的端子。

16. 防雷元器件应安装牢固，标志清晰，且便于检查。

17. 避雷带、避雷网、引下线、避雷针无腐蚀及机械损伤，锈蚀部位不得超过截面的$\frac{1}{3}$。

18. 进出信号机械室的信号传输线路不得与电力线路靠近和并排敷设。不得不靠近或并排敷设时电力线路和信号传输线路的间距：电力电缆与信号缆线平行敷设时不小于600 mm；采用接地的金属线槽或钢管防护的，不小于300 mm。条件受限制时应采用屏蔽电缆布放，电缆金属护套和电缆屏蔽层应作接地处理。

19. 进入雷电综合防护的机房，严禁同时直接接触墙体(含屏蔽层、金属门窗、水暖管线等)与信号设备。需要接触信号设备时,必须采取穿绝缘鞋或站在地面铺垫绝缘胶垫等措施。

二、施工工艺要求

1. 钢质材料之间应采用焊接连接:扁钢与扁钢、扁钢与角钢、角钢与角钢搭接长度不小于最宽钢材宽度的 2 倍,不少于 3 面焊接;圆钢与圆钢搭接长度不小于圆钢直径的 6 倍,双面焊接;圆钢与扁钢搭接长度不小于圆钢长度的 6 倍,双面施焊;圆钢与圆钢十字交叉处可采用点焊,至少 2 点焊接,导电性能应良好。

2. 贯通地线、室内接地汇集线与水平接地体之间采用焊接或冷压接,搭接长度不小于 100 mm,冷压接的接触电阻不大于 0.05 Ω。

3. 焊接应平滑无毛刺、无虚焊。

4. 焊接、压接、栓接处应作防腐处理。

5. 室内铜材之间可采用冷压线环栓接,并用双螺母紧固,接触电阻不大于 0.05 Ω。

6. 室外设备接地线与贯通地线之间,有预留端子时可采用栓接方式连接,与分支地线可采用 T 型压接方式连接。

7. 接地电阻不符合要求时应采取降阻措施,如使用石墨接地体、增加接地体数量、将接地体埋于较深的低电阻率土壤中或采用物理降阻剂。

三、维护要求

1. 定期检测室内外防雷装置的电气连续性。

2. 每年春季测量接地装置的接地电阻。

3. 定期检查接闪网、引下线的腐蚀情况及机械损伤。

4. 测量电缆芯线绝缘时,应断开浪涌保护器。

第五节 防雷元器件

铁路信号设备雷电防护浪涌保护器(SPD),主要用于保护铁路信号设备和其他关键设备,使其免受雷电冲击的损害。其防雷元器件主要采用气体放电管(GDT)、金属氧化物压敏电阻器(MOV)、TVS 二极管、瞬态电压抑制器和防雷变压器等。

一、防雷元器件作用

金属陶瓷放电管:这种防雷元器件在正常情况下不导电,但当雷电过电压将其击穿后,它会开始放电,从而保护电路和设备。金属陶瓷放电管主要用于信号设备防雷电路的粗保护环节。

防雷变压器:防雷变压器采用了静电屏蔽接地措施,在变压器初级与次级之间接入足够大的金属体作为屏蔽体,使雷电过电压通过金属板屏蔽进入大地,从而起到防雷作用。

金属氧化物压敏电阻器:这种防雷元器件以氧化锌为主要材料,正常情况下呈现高阻值。当雷电入侵时,压敏电阻呈低阻,从而抑制过电压,起到过压保护作用。它们通常用于电子设备和电磁设备的防雷。

瞬态电压抑制器:这种防雷元器件可以作为雷电的细保护,主要适用于电子设备防雷。

此外,铁路系统中还经常使用避雷器,这是一种室外防雷装置,用于避免裸露在外的高层建筑物、高压轨道电缆或传输装置受到雷电袭击。避雷器由避雷针、避雷线和避雷带三部分组成，分别用于接受雷电、保护高压线路、保护地面设备以及建筑物。

在铁路信号系统中，防雷元器件的正确选择和安装对于确保铁路信号设备和其他关键设备的正常运行至关重要。通过合理的防雷措施，可以大大降低雷电对铁路系统的影响，提高系统的可靠性和安全性。

二、铁路信号浪涌保护器(经 CRCC 认证)的技术指标

1. 由电压开关型器件和限压型器件组合而成的组合型 SPD 标称导通电压的容许偏差为±20%。将放电管(GDT)和压敏电阻分开测试时，放电管直流放电电压容许偏差为±20%，压敏电阻的压敏电压容许偏差为±10%。

2. 纯压敏电阻的 SPD 的标称导通电压(压敏电阻的压敏电压)容许偏差为±10%。

3. 模拟和数字信号用 SPD 的标称导通电压，应符合制造商标出的值，容许偏差为±10%。

三、气体放电管(GDT)的技术指标

1. 二极 GDT 的 A 极和 C 极之间或三极放电管中任何一个线电极(A 或 B)和地电极(C)之间的火花放电电压应满足规定的范围，技术指标见表 13-5-1。

表 13-5-1　气体放电管技术指标

100 V/s,A—C 或 A/B—C 的直流放电电压(U_g)优选值/V	直流放电电压(U_g)测试范围/V 100 V/s～2 kV/s	
	最小值(min)	最大值(max)
70	56	84
90/1*	72	108
90/2*	72	108
150	120	180
200/1*	160	240
200/2*	160	240
230/1*	184	275
230/2*	180	300
230/3*	184	276
250	200	300
300	240	360
350/1*	280	420
350/2*	265	600
420	300	500
500	400	600
600	480	720
800	640	960
1 000	800	1 200

续上表

100 V/s，A—C或A/B—C的直流放电电压(U_g)优选值/V	直流放电电压(U_g)测试范围/V 100 V/s～2 kV/s	
	最小值(min)	最大值(max)
1 400	1 120	1 680
1 800	1 440	2 160

注：* 表示 GDT 不同的工艺。

2. 对于三极 GDT，线电极 A—B 之间的火花放电电压不大于 2 倍的 A—C 或 B—C 之间的火花放电电压，不小于直流放电电压的最小值。

3. 对于无辐射的 GDT，直流放电电压的上限值应根据实际情况确定。

四、金属氧化物压敏电阻器的技术指标

金属氧化物压敏电阻器的技术指标见表 13-5-2。

表 13-5-2　金属氧化物压敏电阻器技术指标

压敏电压/V	测量偏差	名义等效直径/mm	25 ℃以下直流漏电流/μA	85 ℃以下直流漏电流/μA
205 220 240	≤±0.5%	≤14	≤15	≤30
275 300 330		≤20	≤20	≤30
360 390 430 470		≤25	≤25	≤40
510 560 620		≤32	≤35	≤40
680 750 820 910		≤40	≤40	≤40
1 000 1 100 1 200		≤50	≤40	≤60

第六节　ZPW-2000 系列自动闭塞防护与接地要求

一、ZPW-2000 室外箱盒地线连接要求

ZPW-2000 室外箱盒及信号机等所有相关的金属设备外壳的安全地线、防雷地线及屏蔽地线应用 25 mm^2 铜缆与贯通地线可靠连接，如图 13-6-1 所示。也可将各地线用 7 mm^2 铜缆环接后接到方向盒地线端子，然后用 25 mm^2 铜缆连接到贯通地线上，如图 13-6-2 所示。未设置贯通地线的接地应用 25 mm^2 铜缆与接地体可靠连接，如图 13-6-3 所示。

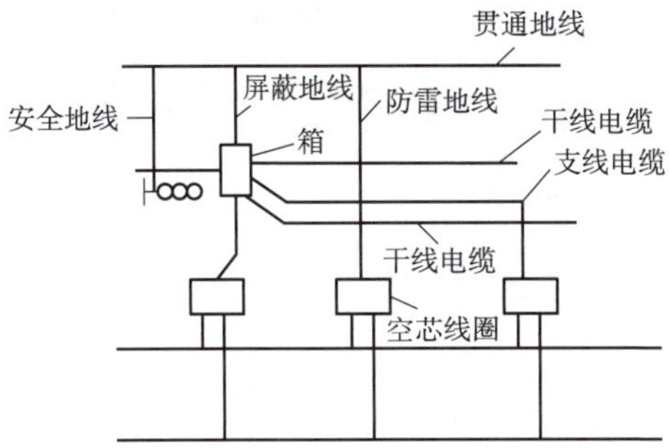

图 13-6-1　室外箱盒地线连接示例一

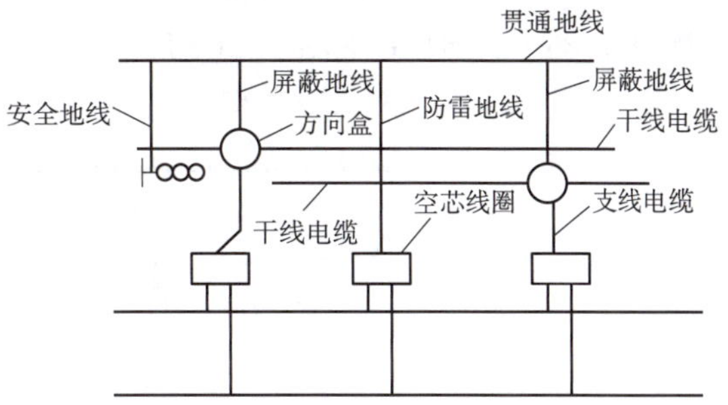

图 13-6-2　室外箱盒地线连接示例二

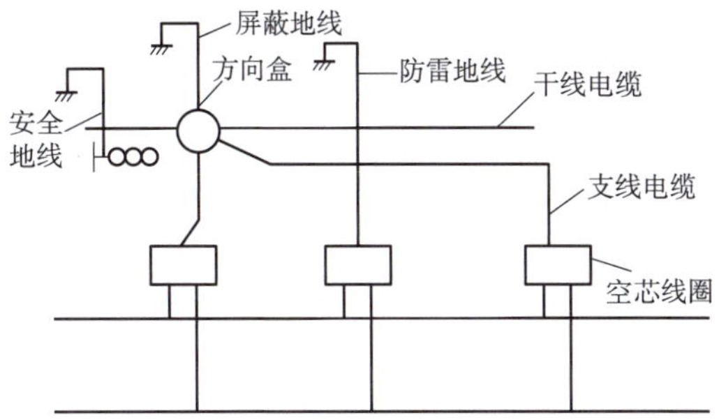

图 13-6-3　室外箱盒地线连接示例三

二、ZPW-2000 横向与贯通接地线连接要求

1. 地线与贯通地线进行 T 形压接或焊接，并与贯通地线同深埋设。

2. 完全横向连接处，由构成完全横向连接的扼流或空芯线圈中点接至贯通地线，如图 13-6-4 所示，空芯线圈或扼流中心点与贯通地线用 25 mm^2 铜缆连接，横向连接的中心点之间用 70 mm^2 铜线连接。

3. 在有空芯线圈的简单横向连接处，将空芯线圈中心点与防雷单元用 10 mm^2 铜缆连接，防雷单元与贯通地线应用 25 mm^2 铜缆连接，横向连接的空芯线圈或扼流中心点之间应用 70 mm^2 铜线连接，如图 13-6-5 所示。

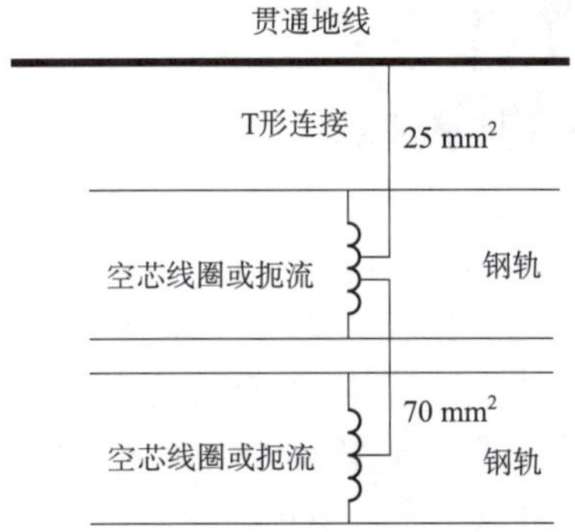

图 13-6-4　横向与贯通接地线连接示例一

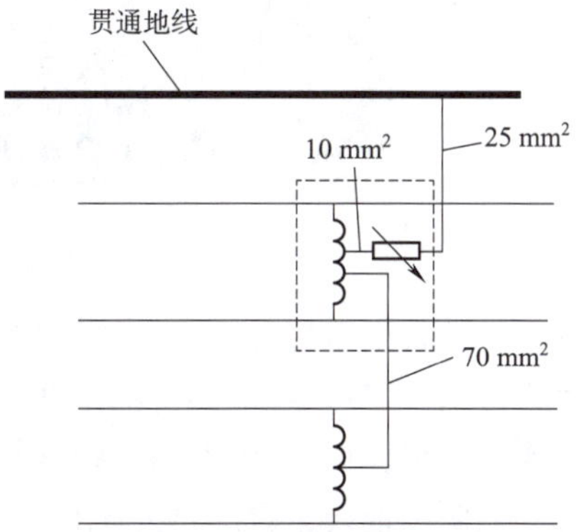

图 13-6-5　横向与贯通接地线连接示例二

4. 没有做横向连接的空芯线圈，中心点用 10 mm²铜缆与防雷单元连接，防雷单元与贯通地线连接用 25 mm²铜缆，如图 13-6-6 所示。

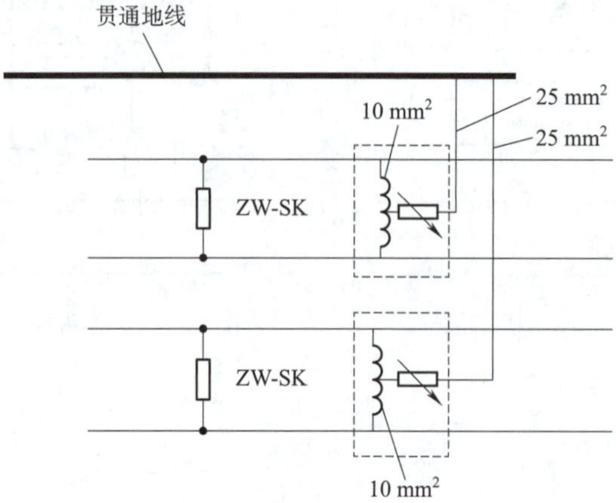

图 13-6-6　横向与贯通接地线连接示例三

第七节　防雷与地线的安装与测试及常见问题分析处理

一、防雷与地线的安装

1. 室内设备

(1)电源防雷箱：应分别设置防雷地线和安全地线，分别统计，共两处，如图 13-7-1 所示。当Ⅰ路电源、Ⅱ路电源各使用一个防雷箱时，也是按照两处统计。测试其中一个防雷箱中的地线，检查另一防雷箱连接的地线、内部分支地线、箱门地线各部螺栓是否紧固。外电网引入线自带的地线不应接到电源防雷箱的安全地线上。

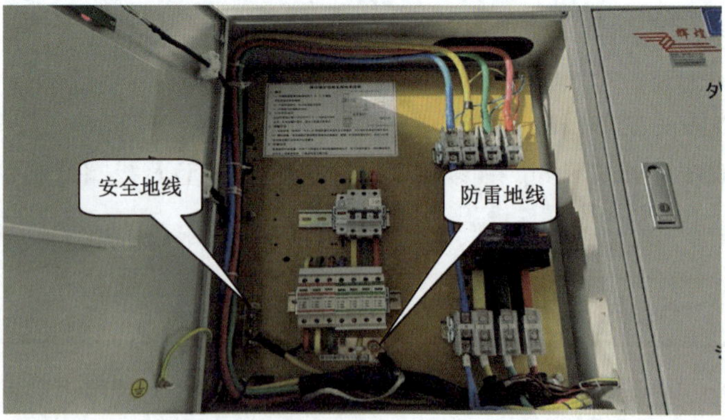

图 13-7-1　电源防雷箱地线设置

(2)电源屏：每个电源屏均应分别设置防雷地线和安全地线，如图 13-7-2 所示。对电源屏地线串联连接的，在最末端电源屏的地线与电源屏连接处进行测试，检查其他电源屏的地线、电源屏门连接地线、电源屏内部分支地线螺栓是否紧固，按照两处统计。电源屏地线并联连接的需对每个电源屏地线进行测试并统计。

(3)信息设备：大部分信息设备机柜内都应分别设置防雷地线和安全地线，如图 13-7-3 所示。信息机柜在一排时，按照两处统计。当信息设备是两排时，按照四处统计。在末端信息机

图 13-7-2　电源屏地线设置

柜测试，检查确认其他信息机柜的连接地线、机柜门地线、机柜内分支地线螺栓紧固。注意：防雷地线与安全地线不能在机柜内连接。

图 13-7-3　信息设备地线设置

(4)组合架：组合架地线设置如图 13-7-4 所示，不管安全地线是串联设置还是并联设置，每排组合架的安全地线按一处统计。当组合架内部有防雷地线、安全地线、屏蔽地线时，按照三处统计。防雷分线柜与组合架在一排时，有几种地线，就按照几处统计，如图 13-7-5 所示。在地线末端测试，检查确认其他的组合架地线、组合架内部分支地线、组合架门连接地线螺栓紧固。对于同一排组合架，要检查两组合架间是否进行地线连接。

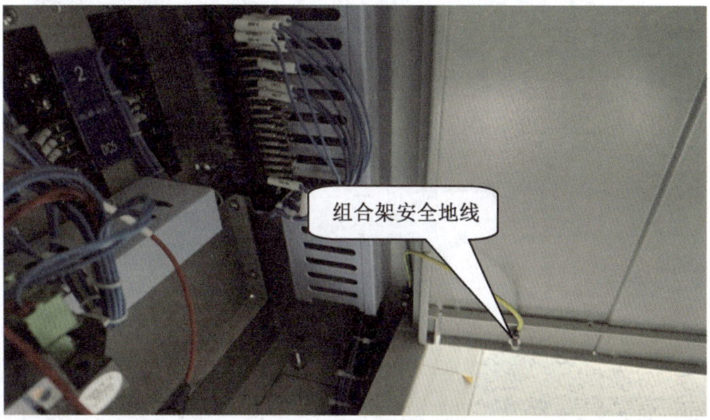

图 13-7-4　组合架地线设置

图 13-7-5　防雷分线柜地线设置

(5)电缆一次成端地线设置如图 13-7-6 所示。电缆二次成端地线设置如图 13-7-7 所示，地线分别统计，共两处。要检查各电缆成端盒的地线螺栓是否紧固。

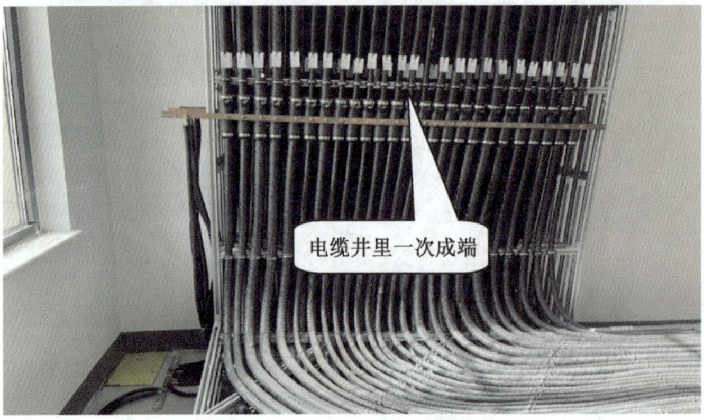

图 13-7-6　电缆一次成端地线设置

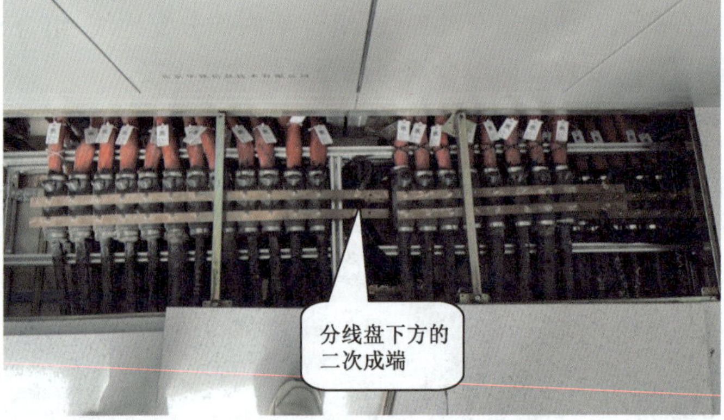

图 13-7-7　电缆二次成端地线设置

(6)控制台:控制台需要设置安全地线，如图 13-7-8 所示，按一处统计。对地线与机柜门连接的螺栓进行检查紧固。

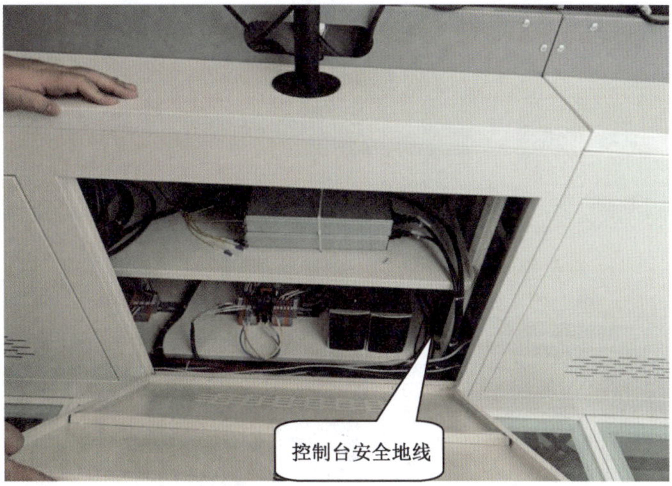

图 13-7-8　控制台地线设置

(7)室内金属操作台:室内金属操作台需要设置安全地线,如图 13-7-9 所示,按一处统计。

图 13-7-9　金属操作台地线设置

(8)机械室门、窗、墙壁、地板:需要设置防静电地线,按一处统计。

(9)电源 UPS:UPS 机柜(含电池柜)都应设置安全地线,有些厂家的 UPS 设置了防雷地线,需要分别统计。

(10)室内空调开关箱、综合质量检测箱等箱盒:都应设置安全地线,需要按照箱盒数量分别统计。

2. 室外设备

(1)高柱信号机梯子地线:每个高柱信号机梯子地线按一处统计。

(2)各类箱盒:每个箱盒内的地线算一处,如图 13-7-10 所示。

(3)外壳接地线:部分电气化线路上的设备外壳设置有接地线,如:矮型信号机、转辙机、密检器、融雪控制柜、融雪变压器箱等,每组设备算一处。

(4)室外防雷设备:部分设备室外部分带有防雷元件,如:移频轨道电路空芯线圈、四线制

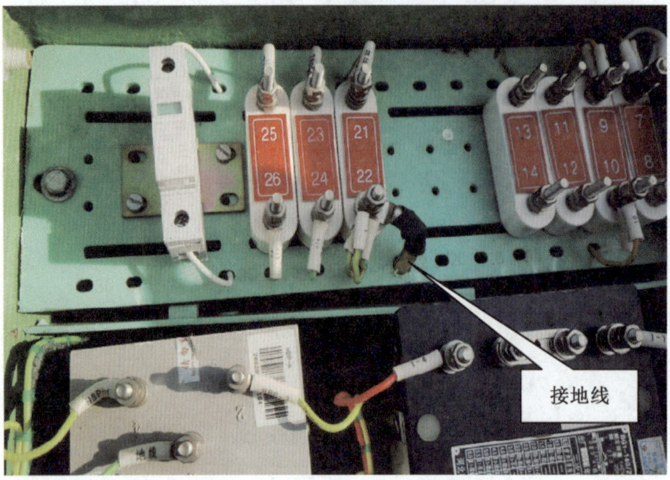

图 13-7-10　各类箱盒地线设置

电码化、计轴、蓝天创通 LED 信号机等。这类防雷元件大多是横向防雷，没有设置地线。个别纵向防雷的地线也没有单独设置防雷地线，仅是连接到箱盒内的接地线上。这类箱盒接地线不再单独统计，只需检查地线螺栓紧固情况。

二、防雷与地线的测试

1. 防雷元件测试

(1)测试方法

采用 LFC-3G 型信号防雷元件测试仪对站联电路的防雷元件进行测试，如图 13-7-11 所示。

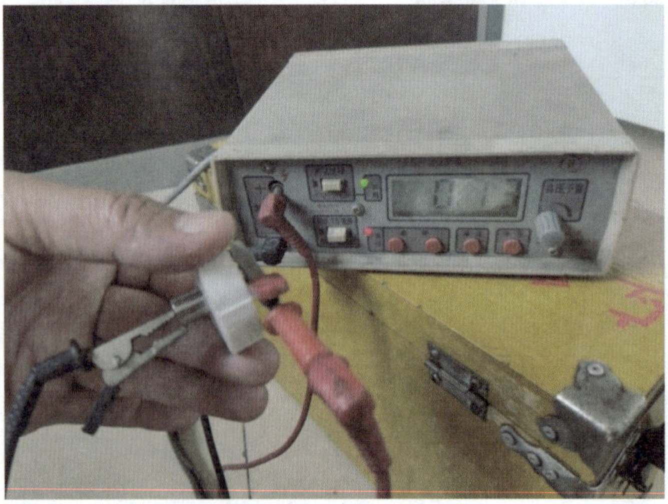

图 13-7-11　防雷元件测试

①开机前确认升压旋钮逆时针退到最低端；

②接好测试表笔，表笔金属头应悬空，切勿接触人体；

③开启电源电压，功能选择压敏电阻，先不接被测件，开高压，用电位器升压到超过被测元

件电压(这个电压必须足够高,以保证在被测元件击穿点能够输出 1 mA 电流),然后关高压;

④接好被测元件(压敏电阻和放电管),选择功能开关;

⑤开启高压开关,压敏电阻测试将自动测出毫安电压值 U,CPU 自动调压到 $0.75U$,电流表显示 $0.75U$ 时的漏流值,测试指示灯亮,即可读数值。

测试放电管时,仪器快速寻找放电电压,然后回“0”,再次按规定速度升压,测出准确值并锁定,测试指示灯亮,即可读数值。

(2)测试标准

①压敏电阻的压敏电压容许偏差为±10%;

②放电管放电电压容许偏差为±20%。

2. 地线测试

(1)测试仪表

测试仪表包括:接地电阻测试仪(图 13-7-12)、钳形接地电阻测试仪(图 13-7-13)。

图 13-7-12　接地电阻测试仪

图 13-7-13　钳形接地电阻测试仪

(2)地线分类

①信号设备的防雷装置应设防雷地线;

②信号机械室内的组合架(柜)、计算机联锁机柜、闭塞设备机柜、电源屏、控制台,以及电气化区段的继电器箱、信号机梯子等应设安全地线;

③电气化区段的电缆金属护套应设屏蔽地线;

④安装防静电地板的机房应设防静电地线;

⑤微电子设备需要时可设置逻辑地线;

⑥电气化区段、繁忙干线、铁路枢纽、编组场、强雷区和埋设地线困难地区及微电子设备集中的区段,应设置贯通地线。设置贯通地线的区段,室外信号设备的各种接地线均应与就近的贯通地线连接。

(3)地线的检查测试及挂牌、数量统计

地线应在排架(电源屏)设备末端(即地线与组合架的连接处)测试一次,不能在排架门、电源屏门上测试。检查设备门上的地线螺栓是否紧固良好。有两种及以上地线时,每一种都需要测试,其他的组合架和电源屏需检查地线螺栓是否紧固良好。地线应在测试的地方挂牌,有几种地线挂几个测试牌。春测地线数量统计时，每一个挂牌的地线算 1 处。

(4)地线测试方法

①接地电阻测试仪测试

接地电阻测试仪测试，如图 13-7-14 所示。

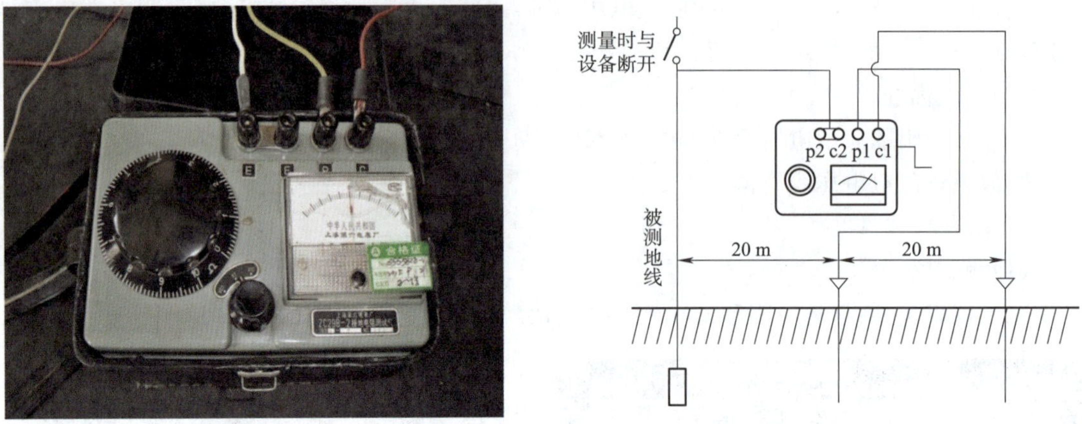

(a) 实物连接　　(b) 电路连接示意

图 13-7-14　接地电阻测试仪测试

a. 以 ZC-8 型接地测试仪为例，将测试仪平置，调节"测量比例调整"旋钮至适当比例挡位。

b. 在被测地线直线距离大于或等于 20 m、40 m 处埋设辅助接地探测针 1 及 2，将探测针 1、2 连接线分别接地线电阻测试仪 P1、C1 端子，将地线电阻测试仪 P2、C2 端子短接，被测地线接至 P2、C2 端子上。

c. 左手按住测量仪，右手以 120 r/min 的速度摇动手柄，指针即开始或左或右偏转。随即用左手按压，同时调节"接地电阻调整"旋钮并不停摇动手柄，直到指针停止摆动。此时所指示的电阻值乘以所取的比例即为所测地线的接地电阻。

②二点法测试

二点法测试，如图 13-7-15 所示。

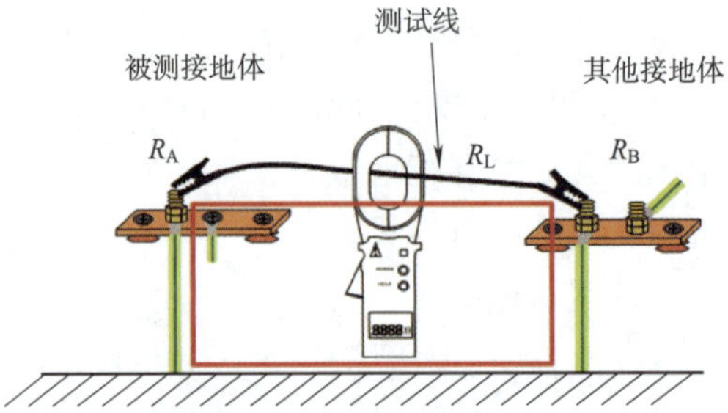

图 13-7-15　二点法测试

在被测接地体 R_A附近找一个独立的接地较好的接地体(例如邻近的水管、建筑物等)R_B，将 R_A和 R_B用一根测试线连接起来。

由于钳形表测得的阻值是两个接地电阻和测试线阻值的串联值，即 $R_T=R_A+R_B+R_L$。其中 R_T为钳形表所测阻值，R_L为测试线阻值，将测试线头尾相连即可用钳形表测试其阻值，如果钳形表测量值小于接地电阻允许值，那么这两个接地电阻都是合格的。

③机械室地线测试

采用接地棒接地进行机械室地线测试的方法，如图 13-7-16 所示。

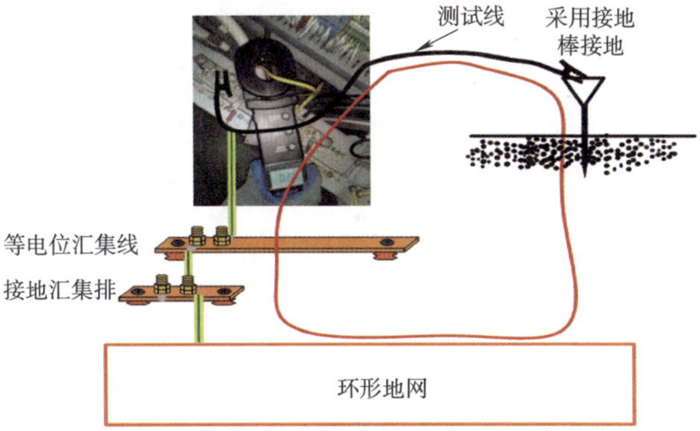

图 13-7-16　机械室地线测试方法一

也可以将其他不同性质的独立接地体引入机械室的接地汇集线构成回路进行测试，如图 13-7-17 所示。

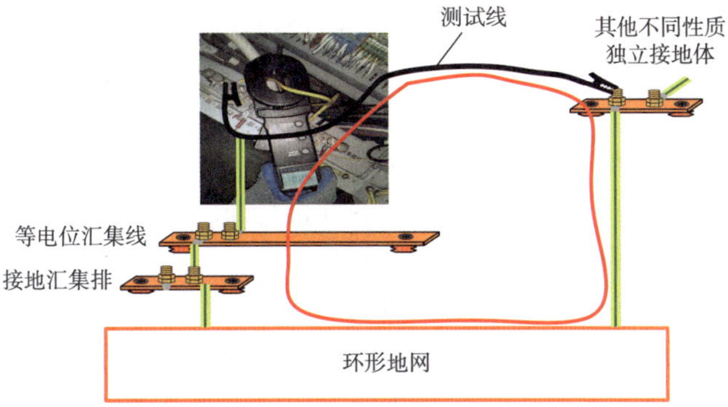

图 13-7-17　机械室地线测试方法二

④室外设备地线测试

室外设备地线测试方法，如图 13-7-18 所示。

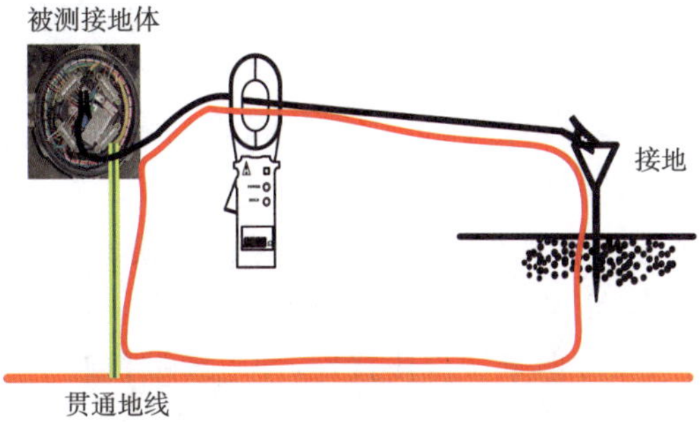

图 13-7-18　室外设备地线测试方法

(5)地线测试标准

①综合接地装置(建筑物接地体、贯通地线、地网、其他共用接地体等)接地电阻值不应大于 1 Ω。

②分散接地装置接地电阻标准见表 13-7-1。

表 13-7-1 接地电阻标准

序号	接地装置使用处所	土壤分类	黑土、泥炭土	黄土、砂质黏土	土加砂	砂土	土加石
		土壤电阻率/Ω·m	<50	50～100	101～300	301～500	>500
		设备引入回线数	接地装置接地电阻值/Ω				
1	防雷地线	—	<10	<10	<10	<20	<20
2	安全地线	—	<10	<10	<10	<20	<20
3	屏蔽地线	—	<10	<10	<10	<20	<20
4	微电子计算机保护地线	—	<4	<4	<4	<4	<4

(6)注意事项

①每处地线只测试一个点，一般在地线引入端子上测试(高柱信号机需要在最末端测试)，放置一个测试卡片(仅限室内地线，室外地线不用放置测试卡片)。但是要检查设备内所有地线连接线的紧固状态，确保各部位连接良好。

②测试电源设备地线时，需要佩戴安全帽，穿绝缘鞋或站在绝缘垫上，防止发生触电伤害。

③雷雨天气严禁进行各部地线测试，防止发生雷击伤害。

三、常见问题分析处理

1. 信号机械室常见防雷问题

(1)避雷网、引下线规格不符合要求、接闪装置带锈蚀。

(2)贯通地线连续性不完整，未形成联合接地。

(3)成端设置不完善，有些机房未设置一次和二次成端。

(4)浪涌保护器设置不完善，如 2M 接口线、部分电源线未设置浪涌保护器。

(5)接地线位置不准确，如室内、室外设备防雷地线接在一起。

(6)机房内设备接地不完善，存在接地线松动、接地线径小、线色不正确、接地线盘绕、部分设备未接地等问题。

(7)室内走线架闭合成环。

(8)线缆布放不合理，强弱电未分开，脏净线未分离，室内室外线同槽布放。

2. 轨旁信号设备常见防雷问题

(1)干缆及分支电缆布放径路距接触网支柱较近，容易产生反击危害。

(2)电缆外皮绝缘破损未及时发现，会形成双端接地。

(3)成端盒内成端接地与接触网支柱位置相同，不满足接地点位置相距 15 m 的要求。

(4)LEU 电缆内设有导流条，部分未剥出并接地。

(5)部分电缆长度大于 1 km 但未做分段接地，使电缆端口产生过电压。

3. 现场案例

(1)××站信号设备雷害故障

××年×月×日 00:29，18/20 道岔出现定位无表示故障，同时 18DG 轨道电路出现红光带故障。经人员现场排查发现，18 号道岔 X2 电缆盒内二极管损坏，18 号道岔 X2 电缆损坏，18DG 受端 10 A 断路器断开，如图 13-7-19 所示。

图 13-7-19　现场图片

通过现场调取了站场视频监控，发现××站一直在下大雨，且有明显的雷电活动情况，在视频显示 00:29:48 时，站场接触网支柱处有明显的雷电接闪发生，接闪位置为 18/20 道岔附近的接触网支柱，如图 13-7-20 所示。通过车站与供电人员沟通，00:29 时，牵引变电所往东面(与信号设备故障位置一致)馈线送电的断路器有跳闸故障发生。

图 13-7-20　站场视频监控图片

①电缆损坏，道岔无表示原因

通过现场调查发现，18/20 号转辙机与 D-14 箱盒中间位置有接触网支柱，距离转辙机和 D-14 箱盒均约 16 m，且由 D-14 箱盒至转辙机箱盒的分支电缆靠该接触网支柱外侧埋地敷设。该接触网支柱上的绝缘子支撑架通过角钢接地极入地，对该支柱的角钢接地极接地电阻进行测试，测试结果为 20 Ω，表明接触网支柱接地未纳入综合接地系统。采用绝缘电阻测试仪对既有分支电缆的钢带绝缘电阻进行测试，测试结果为 0.5 MΩ，远低于正常信号电缆的绝缘电阻值，表明分支电缆存在外皮绝缘有破损点或者有绝缘击穿的情况，如图 13-7-21 所示。

将该电缆挖出后，发现该电缆径路在接触网与线路之间，距离接触网支柱 40cm 处烧损严重，如图 13-7-22 所示。分析电缆损坏原因为：接触网支柱接闪后产生的反击过电压击穿分支电缆绝缘，过电压窜入电缆芯线，造成本次转辙机故障。

图 13-7-21　现场图片

图 13-7-22　电缆烧损严重

②轨道电路红光带原因

通过雷击造成牵引变电所馈线断路器跳闸推断，接触网支柱接闪后，由于雷电过电压非常高，接触网线绝缘子发生了闪络，短时间造成牵引电流通过接触网支柱上的接地线入地，并导致附近工频过电压升高，使两根钢轨之间存在电位差。闪络产生的短路电流会沿钢轨回流至牵引变电所，短路电流会使钢轨回流不平衡，也会引起回流路径上两根钢轨之间的电位差。

当钢轨之间存在电位差时，过电压会在箱盒处形成过电流，过电流通过断路器和 SPD 后回到另外一根钢轨。过电流超过断路器耐受时，就造成了断路器跳闸，导致轨道电路设备出现红光带，如图 13-7-23 所示。

(2)雷击导致计轴板卡损坏故障

××年×月×日雷击造成××站 S 计轴 CG 板不良。站场视频回放发现当日 10:21 左右，××站上行咽喉发生落雷，询问维管段得知在该时段接触网发生跳闸，自动重连恢复。查看计算机监测，10:21 S 行区间灯由白灯变为红灯(此时计轴已发生故障)，102 号道岔表示电压波动。

分析原因为雷击点在接触网支柱经大地泄压时造成计轴电子板卡损坏。室外电子板卡机笼要求悬浮，不能与接地体相碰，现场调查发现，电子板卡底座下部与箱体相碰，不能满足板卡悬浮要求，如图 13-7-24 所示。

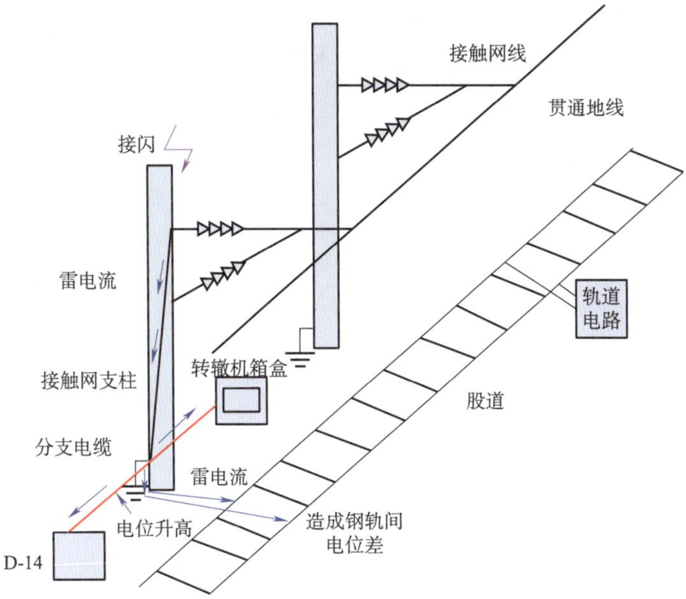

图 13-7-23　故障原因示意

图 13-7-24　现场图片

复习思考题

1. 电源防雷接地的标准是什么？

2. 电线测试的方法是什么？

3. 简述室内外信号设备设置的综合接地装置、安全地线、屏蔽地线和防雷地线的接地电阻值标准。

4. 信号设备的接地装置主要由哪几部分组成？

5. 信号设备防雷装置的维护要求有哪些？

6. 室内屏蔽线的连接和接地有什么要求?
7. 铁路信号设备雷电防护浪涌保护器的技术指标应符合哪些要求?
8. 信号设备地线的分类有哪些?
9. 简述防雷元件的测试标准。
10. 请列出轨旁信号设备的常见防雷问题。

第十四章　信号集中监测系统

铁路信号集中监测系统，原称铁路信号计算机监测系统，是面向信号领域的综合性维护支持和信息监控网络系统。它集实时数据采集、数字通信、数据处理、自动控制、多任务协调、图文显示于一体，实时监测铁路信号设备及其结合部的状态和运用质量，并通过智能化的预警分析技术和故障诊断技术辅助现场设备维护，成为电务维护人员离不开的辅助维修手段。

第一节　系统体系结构

信号集中监测系统体系结构包括系统配置的层次结构和数据通信的网络结构。

1. 系统总体架构

信号集中监测系统的层次结构为“三级四层”。“三级”为：国铁集团、铁路局集团公司、电务段。“四层”为：国铁集团信号集中监测子系统、铁路局集团公司信号集中监测子系统、电务段信号集中监测子系统（含车间和工区监测点）、车站监测网。系统总体架构如图 14-1-1 所示。

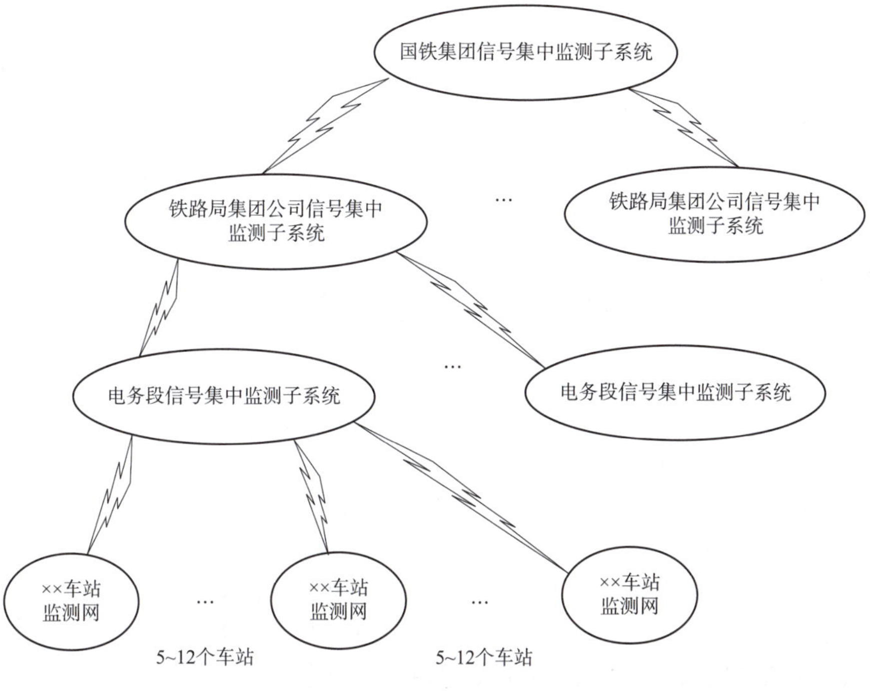

图 14-1-1　系统总体架构

国铁集团信号集中监测子系统配置通信管理机。铁路局集团公司信号集中监测子系统配置应用服务器、监测终端、通信前置机（超过 200 个车站，增设一套），接口服务器、WEB 服务器（预留）、网络管理服务器、防病毒服务器、时钟服务器、网络通信设备、网络安全设备（防火墙等）、电源设备、防雷设备、维护工作站等。电务段信号集中监测子系统配置数据库服务器、应用服务器、监测终端、通信前置机。车站监测网应设置主机(简称站机)、采集机柜、采集及控制单元、网络设备、电源设备、防雷设备及其他接口设备,可根据需要配置相应监测终端。

国铁集团通信管理机采用双机冗余备份技术以增加系统可靠性。铁路局集团公司应用服务器、电务段应用服务器、电务段数据库服务器、电务段通信前置机应采用双机冗余备份技术以增强系统的可靠性。

2. 系统网络架构

信号集中监测系统的网络结构由车站、车间(工区)与电务段之间的通信基层网和电务段对国铁集团、铁路局集团公司的上层网组成。基层网和上层网之间互联互通,如图 14-1-2 所示。

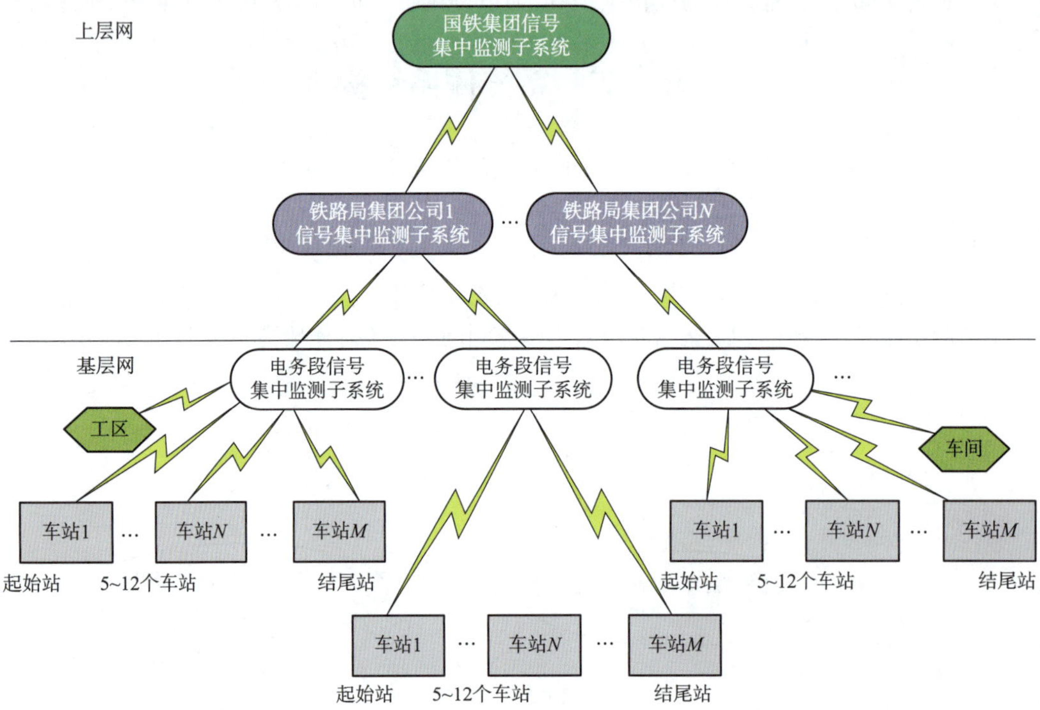

图 14-1-2 系统网络架构

电务段、铁路局集团公司、国铁集团信号集中监测子系统路由器、交换机、以太网适配器及网络线等关键网络设备或部件均采用双套冗余设备。

各车站局域网采用环型方式组网,每 5~12 个车站组成一个环路,以 2M 通道同电务段星型连接,环内车站数量可结合通信网络传输系统节点情况确定。

信号集中监测系统基层网络采用 2M 专用数字通道组成环型网络,采用冗余措施提高网络可靠性。车站路由器、交换机、以太网适配器以及网线等网络设备或部件采用单套配置。车站通信机械室至信号机械室采用光纤通道和光接口设备连接。

第二节 车站子系统设备

一、车站子系统功能

信号集中监测系统利用计算机高速信息处理能力实现不间断、全面、自动地对信号设备进行实时监测，取得完整、连续的实时数据，避免人为因素的干扰和影响。同时该设备存录的大量现场数据对分析事故原因、了解设备状况有很大帮助。

1. 显示及存储的功能：站场运用状态图的显示与回放，开关量的实时状态显示以及历史记录查询，模拟量曲线实时、历史查询，环境监测信息实时图形显示和历史数据查询，车站分路不良设置及分路不良图显示，计算机联锁、列控中心、TDCS/CTC、ZPW-2000 等信号设备运行状态信息、通信状态信息显示等。

2. 报警及事件管理功能：根据预先定义的逻辑，采用语音和声光报警，实现一、二、三级实时报警和预警；进行设备故障及报警的汇总、统计和分析。

3. 数据处理及控制功能：选择多路绝缘进行组合测试；向上层网络（服务器、终端）传送各种实时数据，包括开关量、模拟量、报警、预警及各种状态和系统信息；接收并执行上层的命令，根据需要向上层网络传送响应数据。

4. 通信前置机通信管理功能：各个电务段交界处车站监测网，同时连接两边电务段通信前置机，主要通信前置机故障时，自动切换到备用通信前置机。

二、车站子系统组成

车站子系统负责数据的采集、分类和处理，包括站机、采集机柜、采集分机、隔离转换单元以及网络设备等，结构如图 14-2-1 所示。

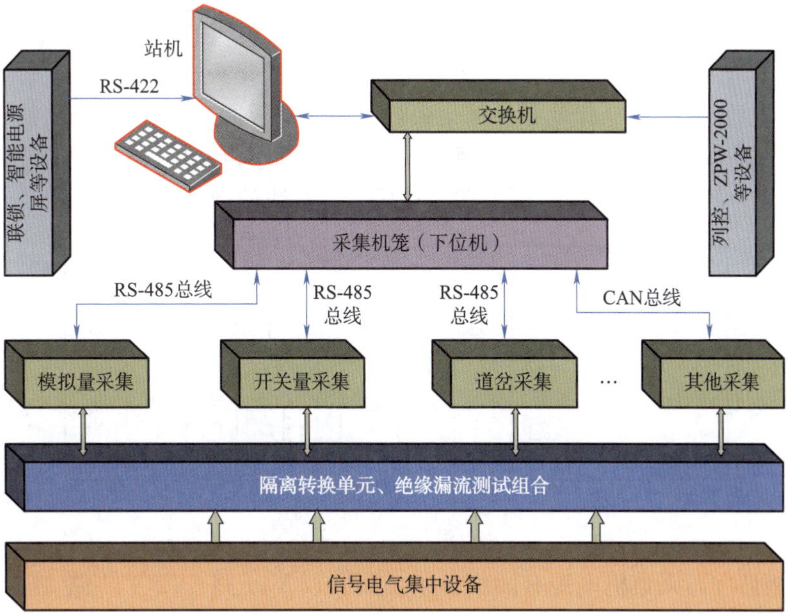

图 14-2-1　车站子系统结构

1. 采集机柜

采集机柜放于信号机械室，按照结构可以分为铁标机柜（900 mm×450 mm×2 300 mm）和欧标机柜（600 mm×800 mm×2 000 mm）两种。铁标机柜每层可以放置 2 台采集机，最多放置 5 层，同时可以放置 5 层电缆测试组合；欧标机柜每层为 1 台采集机，最多放置 8 层，不能放置电缆测试组合，机柜分层放置电源箱、站机、采集机笼、网络设备等，如图 14-2-2 所示。

采集机笼由组匣、采集机电源、总线板、通信板及内部转接配线把组成，结构如图 14-2-3

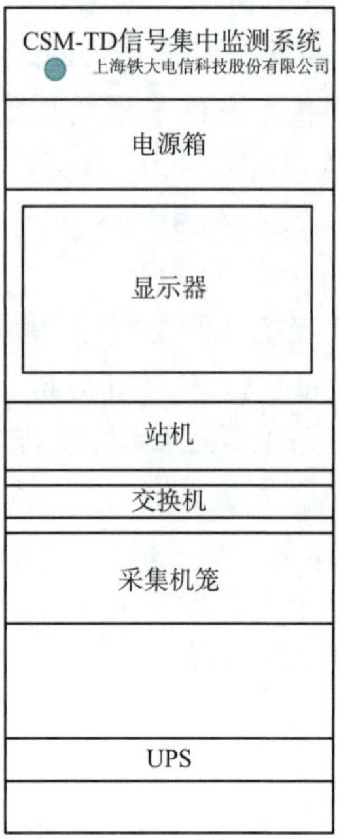

图 14-2-2　信号集中监测机柜布置示意

所示。采集机采用 4U 标准板件前插板结构，后面安装 54 芯(3×18)镀金焊接采集端子，用于连接外部引线。外部信号采集线通过采集端子、总线板、采集板进入采集机。每个采集机拥有独立线性隔离电源，采集机电源及各种采集板均采用前插板通过总线板连接，便于维修。通信板工作灯、采集板工作灯均为 500 ms 刷新一次。D0 位置不再使用，需要补空。通信板可以插在 D1～D8 任意位置，若为改造站，则不能插在后背有配线的插槽。

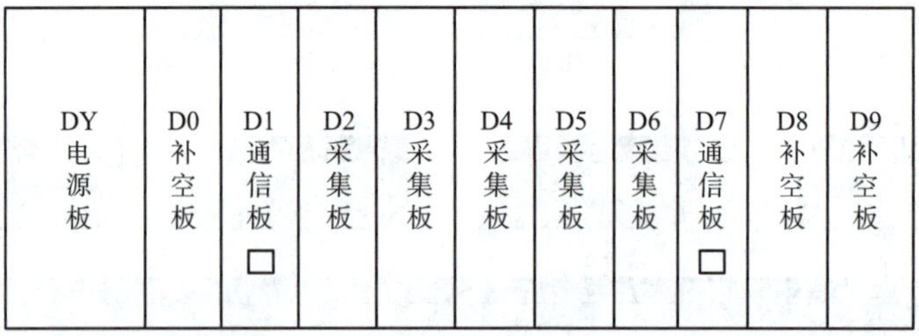

图 14-2-3　采集机笼结构

(1)电源板(DY):采集机电源有两路 5 V,1 路+12 V,1 路−12 V,1 路 24 V,给采集机提供各种工作电源。

(2)通信板:通信板用于与各种采集板件和采集模块通信，自主采集各种板件或者模块的信息，通过网络发送给站机。

通信板和站机采用 TCP/IP 通信，和监测站机自成局域网(不能和监测的网络在同一个网段),IP 地址前三个段固定为 192.168.0,最后一个段可以通过拨号开关进行选择，最多可以选择 0～255。

通信板所接模块的配置通过每次启动主动从站机下载，如果采集模块有所变动，只需要修改站机相应的配置，再重启站机软件即可。

通信板和站机间的心跳信息发送周期为 5 s，超过 3 个通信周期则认为通信失败，会产生监测系统内部报警，通信板会重启，再和站机建立新的连接。

通信板分为两种类型，综合通信板和 RS-485 通信板。

①综合通信板

综合通信板包含 3 路 RS-485 总线和 1 路 CAN 总线接口，其中固定一路 RS-485 总线可以通过跳线选择和采集机笼内的采集板通信。

每个采集机笼必须配备一块综合通信板，并且使用一个 RS-485 端口与机笼内部 RS-485 总线通信。该通信板按照采集周期主动轮询机笼内的模拟量采集模块和开关量采集模块。一个轮询周期结束后主动通过网口把数据发送给站机。

综合通信板另两路 RS-485 通信端口可用于和智能采集模块通信，每条总线上必须接相同类型、相同采集周期的智能模块，每条总线上最多接 32 个智能采集模块（半自闭模块除外，一个通道上最多接 4 个半自闭模块），通信板主动轮询 RS-485 总线上的数据，一个轮询周期结束后主动上发数据给站机。

综合通信板 1 路 CAN 总线可以提供 CAN 通信，可以外接 CAN 采集模块，采集板把 CAN 总线上的信息转换成 TCP/IP 信息发送给站机。采用 CAN 通信的模块或者设备主要有绝缘漏流测试组合、高压不对称测试组合、灯丝报警主机、非智能电源屏采集箱等。

如果该站的 CAN 通信需要使用超过 1 路总线（每条 CAN 总线上最多接 32 个 CAN 采集模块），则可以选择多块综合通信板，可以插在采集分机 D1～D7 插槽内，通过跳线断开和采集分机内部 RS-485 总线的连接。

②RS-485 通信板

RS-485 通信板包含 4 路 RS-485 总线，用于和智能采集模块通信。

每路 RS-485 通信端口用于和智能采集模块通信，每条总线上最多接 32 个智能采集模块，主要为道岔表示电压采集模块、轨道电压相位采集模块、站联电压采集模块、半自闭电压电流采集模块（半自闭模块需要高频采集，一个通道上最多接 4 个半自闭模块）、道岔电流功率采集模块、外电网表头。每条总线上必须接相同类型、相同采集周期的智能模块，通信板主动轮询 RS-485 总线上的数据，一个轮询周期结束后主动上发数据给站机。

如果该站的 RS-485 通道较多，则可以选择多块 RS-485 通信板，可以插在采集分机除 D0 外任意一个空的插槽内。

（3）模拟量采集板：用于采集信号机灯丝电流、防灾继电器电压等模拟量信息。

（4）模拟量接口板采用 DSP 数字处理器，可采集 48 路经采样模块调整处理转换后的 0～20 mA 电流的模拟量。

（5）开关量采集板：用于采集道岔定反位状态、轨道继电器状态等开关量信息。

（6）智能采集模块：智能采集模块如图 14-2-4 所示。

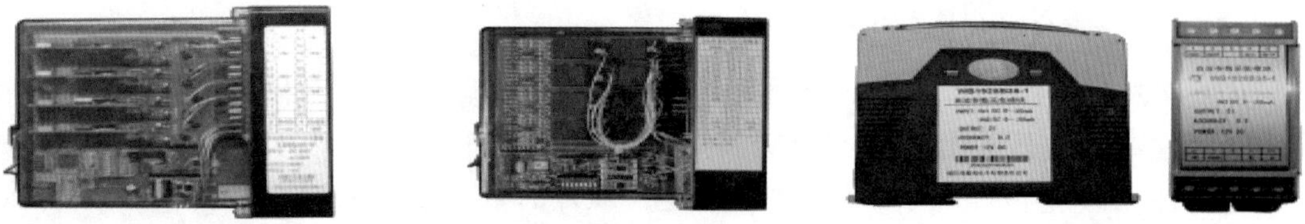

(a) 道岔表示电压智能采集模块　(b) 轨道电压相位智能采集模块　(c) 站联电压智能采集模块

图　14-2-4

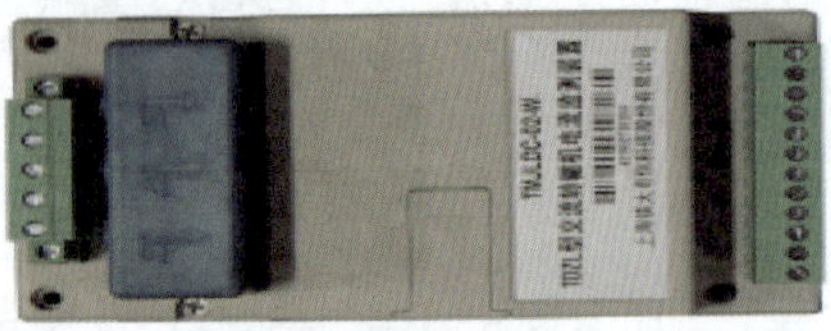

(d) 道岔电流功率采集模块

(e) 外电网采集模块

(f) 绝缘漏流测试模块

(g) 高压不对称测试模块

图 14-2-4　智能采集模块

2. 传感器

传感器如图 14-2-5 所示。

(a) 灯丝电流采集传感器

(b) 电流传感器

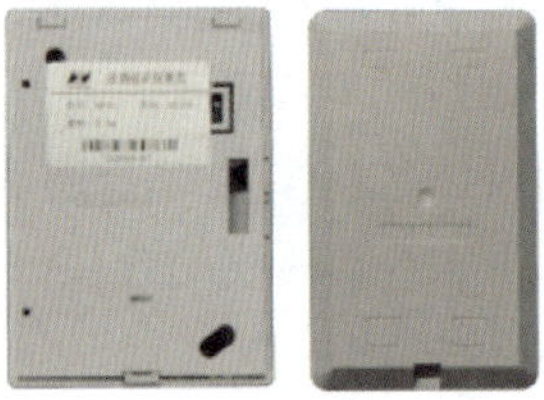

(c) 玻璃破碎传感器

(d) 明火传感器

(e) 开关量采集器

图 14-2-5　传感器

第三节　信号集中监测系统采样原理

站机系统数据采集整体结构如图 14-3-1 所示。

一、外电网输入电源质量监测

外电网输入电源质量监测主要监督供电部门供电的两路电源的具体情况，主要的技术指标包括：两路输入电压的相电压、线电压、电流、频率、相位角、有功功率、无功功率。对于电源屏停电、瞬间断电等故障的事故分析以及外电网质量的稳定程度均有很好的辅助判断功能。采样位置在电力电源引入电缆接电务配电箱闸刀端，采用入口电源多功能参数测试仪，每站只设 1 台。

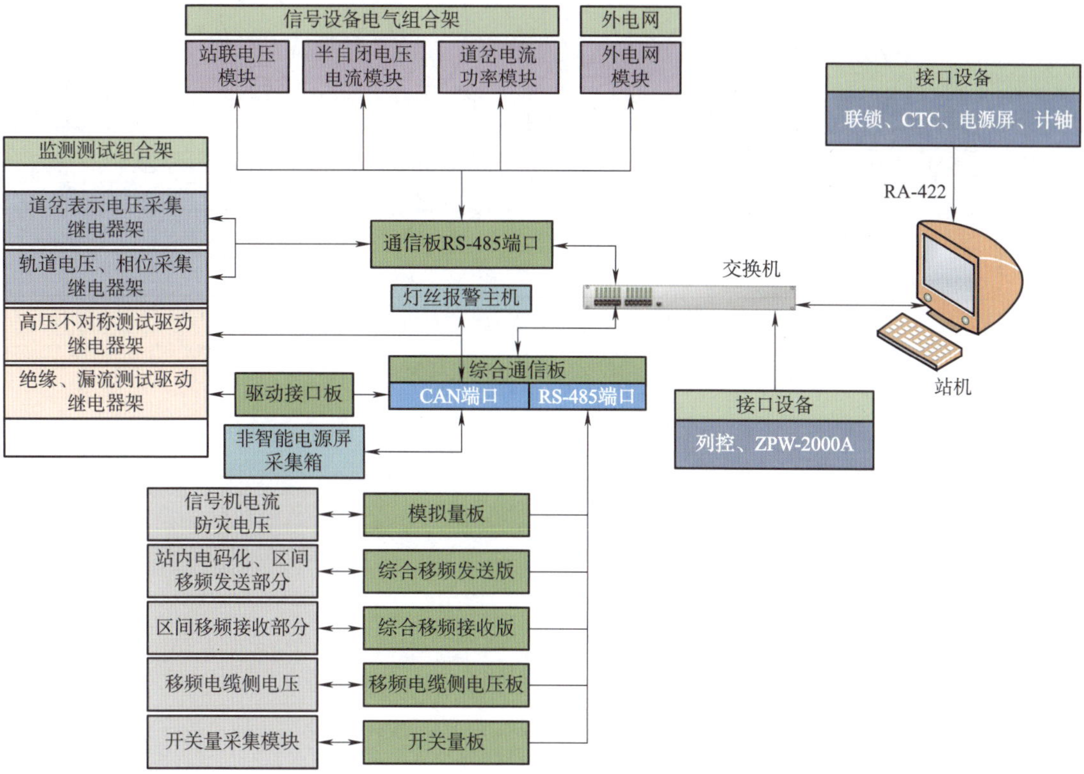

图 14-3-1　站机系统数据采集整体结构

二、车站电源屏输出电压、电流、功率以及 25 Hz 相敏轨道电源相位角监测

信号集中监测系统保留对既有电源屏输出电压采集的基础上，增加对每路电源屏输出的电压、电流、功率以及 25 Hz 相敏轨道电源相位角的测量功能。电源屏电流采样原理如图 14-3-2 所示。

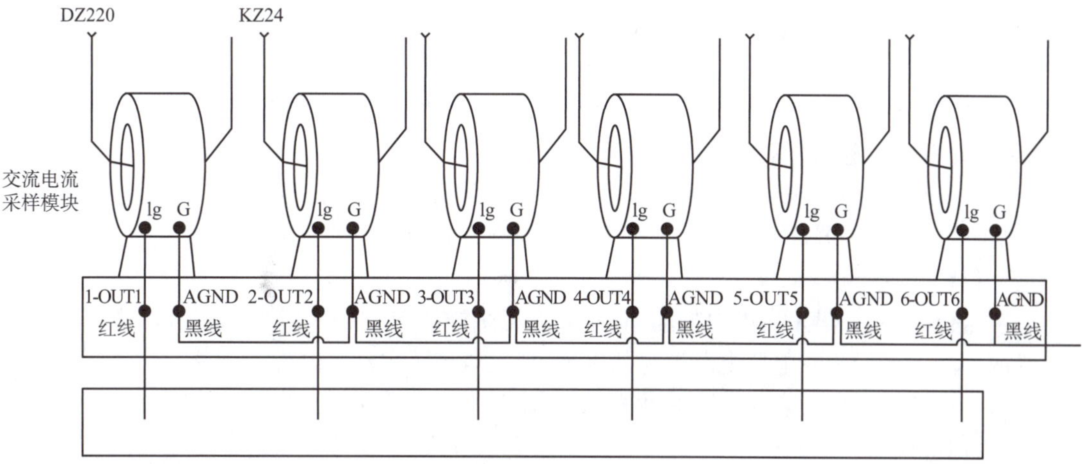

(a) 电源屏交流电流采样原理

图　14-3-2

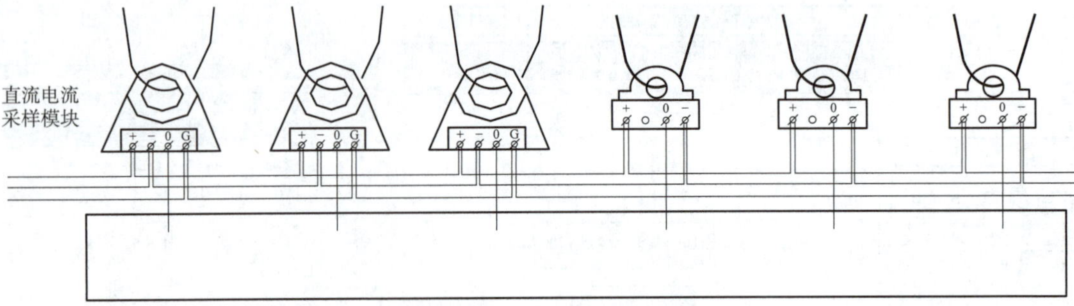

(b) 电源屏直流电流采样原理

图 14-3-2 电源屏电流采样原理

图 14-3-2 中主要技术指标如下：

精度等级：

电流 I：0.2 级；电压 U：0.1 级；功率：0.2 级。

输入阻抗：$R_u = U_x \times 1\ k\Omega/V (U_x \geqslant 10\ V)$。

响应时间：≤100 ms。

过载能力：

电压：2 倍标称输入电压，持续 1 s，间隔 10 s，重复 10 次不击穿。

电流：2 倍标称输入电流，持续 1 s，间隔 300 s，重复 5 次不击穿。

三、交流提速道岔功率、电流监测

交流转辙机电流采集采用三相功率传感器，电流、电压集中采集处理。功率传感器可就近安装于道岔组合后面，也可以集中安装于组合架空位置上，采用 35 mm 标准导轨卡接安装。

四、道岔表示电压

1. 采集原理

新建站设计时应该就近在分线盘附近增加监测采集架，以便集中安装道岔表示采集单元。

(1)提速道岔表示电压采样位置：定表电压采集位置为分线盘 X2、X4；反表电压采集位置为分线盘 X3、X5；

(2)ZD 型道岔表示电压采样位置：道岔定表电压采集位置为分线盘 X1、X3；道岔反表电压采集位置为分线盘 X2、X3。

道岔表示电压四根线引入道岔表示零散定型组合侧面，经继电器底座后进入继电器内部，经过隔离后进入采集器母板。道岔表示采集结构示意如图 14-3-3 所示。

2. 采集配线

道岔表示电压采集采用继电器隔离，输入电压采样线首先经过隔离电路进入内部转换单元，其耐压能力不低于继电器电路器材的水平，遇大电流可自动断开监测通路。

(1)直流转辙机道岔表示电压采集配线如图 14-3-4 所示，一个采集器采集四组直流转辙机道岔表示电压。

(2)交流转辙机道岔表示电压采集配线如图 14-3-5 所示，一个采集器采集两组交流转辙机道岔表示电压。

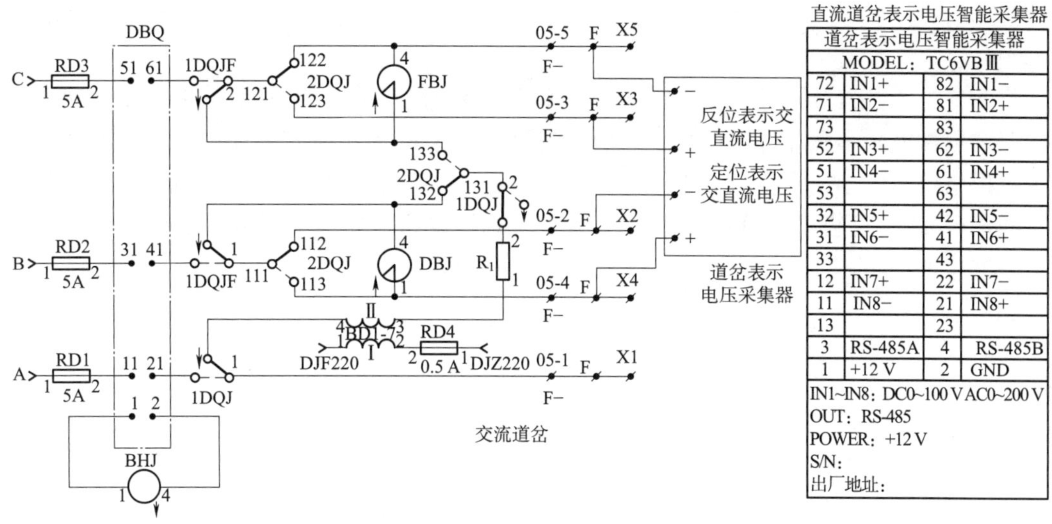

图 14-3-3 道岔表示采集结构示意

端子编号	设备配线名称	端子编号	设备配线名称
72	X1	82	X3
71	X2	81	X3
73	—	83	—
52	X1	62	X3
51	X2	61	X3
53	—	63	—
32	X1	42	X3
31	X2	41	X3
33	—	43	—
12	X1	22	X3
11	X2	21	X3
13	—	23	—
3	串行A	4	串行B
1	工作电源+	2	工作电源-

图 14-3-4 直流转辙机道岔表示电压采集配线

端子编号	设备配线名称	端子编号	设备配线名称
72	—	82	—
71	X4	81	X2
73	—	83	—
52	X5	62	X3
51	—	61	—
53	—	63	—
32	X4	42	X2
31	—	41	—
33	X5	43	X3
12	—	22	—
11	—	21	—
13	—	23	—
3	串行A	4	串行B
1	工作电源+	2	工作电源-

图 14-3-5 交流转辙机道岔表示电压采集配线

五、绝缘测试

将 500 V 直流高压加至电缆芯线上，把电缆芯线全程对地绝缘电阻 R_x 接入测试回路，R_x 和回路内取样电阻串联，从取样电阻上获得取样电压，R_x 的大小决定回路电流的大小，亦即决定了取样电压的大小。再将取样电压量化转换成脉冲信号后送入综合采集机绝缘接口板，经过选通送至 CPU 进行 A/D 转换和数据处理。绝缘测试原理如图 14-3-6 所示。

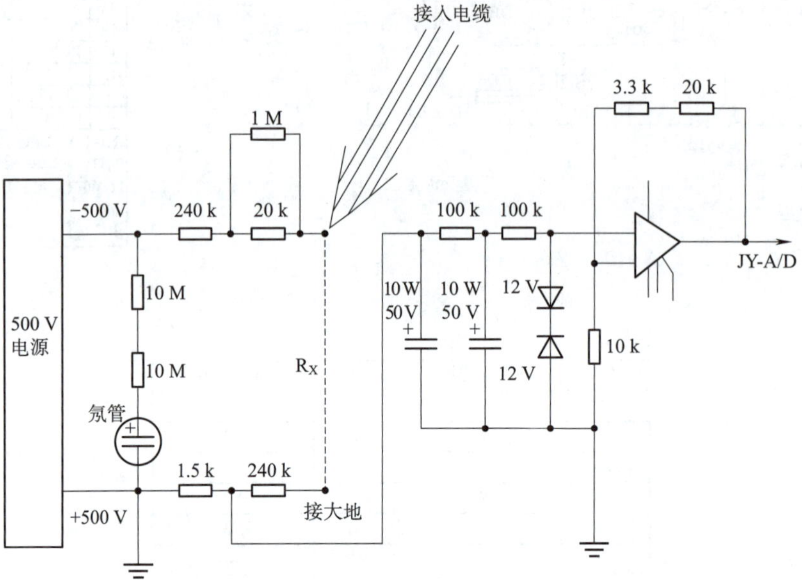

图 14-3-6　绝缘测试原理

六、列车信号机点灯回路电流测试

采用可拔插的双路电流穿心电量隔离传感器，每模块可同时监测一架信号机的 DJ 和 2DJ 的励磁线包的电流，传感器统一卡接安装于 35 mm 标准导轨上，可以就近分散安装于信号组合后面或集中放置，不需断开灯丝继电器的励磁线路，安全可靠。电流电量隔离传感器的输出接采集分机模拟量板，如图 14-3-7 所示。

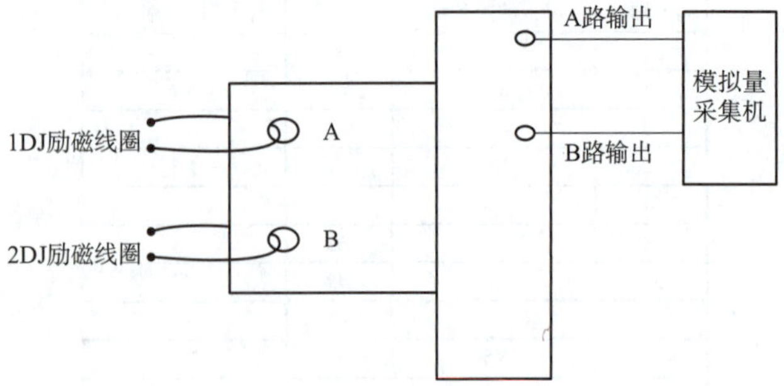

图 14-3-7　信号机点灯回路电流测试原理

七、站内电码化、区间移频设备参数测试

1. 站内电码化发送盒功出电压、电流、频率(上偏频、下偏频、中心频率、低频)的监测。

2. 区间移频 UM71、ZPW-2000A 发送盒功出电压、电流、频率(上偏频、下偏频、中心频率、低频)的监测;区间移频 UM71、ZPW-2000A 接收盒轨入、轨出 1、轨出 2 的主、副电压、频率(上偏频、下偏频、中心频率、低频)的监测。

3. ZPW-2000A 监测采用智能移频测试板件,将被监测的 ZPW-2000 移频信号隔离采样调整处理或就近匹配隔离后,由 DSP 处理,测试出电压和频率,并通过通信接口将测试值传输给站机。

八、特殊开关量或继电器状态监测

对特殊开关量或继电器状态采用衰耗和光电隔离的方法,利用继电器空接点或半空接点,用开关量采集器采样,简便、安全、可靠、实用。

增加对电气集中车站的部分继电器(如 KJ、FKJ、XJJ、GJJ、方向继电器)以及站内电码化电路中部分继电器(如 JMJ、FMJ、FBJ 等关键继电器)状态的监测。

九、半自动闭塞线电压、电流监测

采用正负自适应直流电压电量隔离传感器和电流隔离传感器配合实现半自动闭塞电流、电压的采集,就近安装于室外分线盘处,就近采样配线。

十、故障通知按钮及语音报警(声卡、音响、电铃等)功能

计算机联锁车站设故障通知按钮专用铅封按钮盒。该电路采用监测综合采集机单独隔离的 24 V 专用电源,不使用联锁电源 JZ(F)或 KZ(F),杜绝影响联锁设备;站机、终端机加装声卡和报警音响。故障通知按钮及语音报警原理如图 14-3-8 所示。

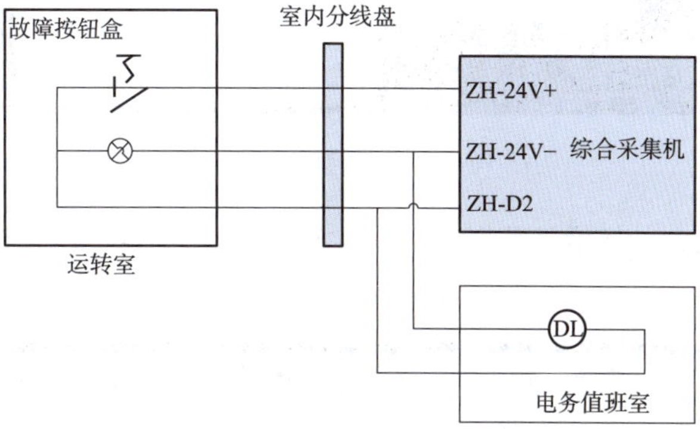

图 14-3-8　故障通知按钮及语音报警原理

十一、预留安防报警和视频监视系统接口

视频监视系统与分布在机房的数个红外线扫描头相连,根据其发回的信号可快速转换角度并抓拍画面,通过网络传回电务段的各终端值班台。

十二、信号机械室环境监测

该系统由环境监控主机和相应的传感器、控制器组成,可自成系统也可与信号集中监测系统无缝结合。

采用有源传感器，可以实现对现场环境的温度、湿度、烟雾、明火、水浸、民用空调电压、电流、功率、红外探测、门磁开关报警的测试或监测，同时对空调进行自动控制和人工设定。

第四节　信号集中监测系统基本功能

一、启动系统

双击计算机桌面上的快捷方式"集中监测 2010. exe"，自动进入应用程序，默认显示车站站场图实时状态。

二、功能介绍

1. 站场图

单击"站场图"，实时显示当前站场状态。如道岔、股道占用、信号机、按钮、分路不良区段等信息。

(1)在站场图上可以关联到设备的相关信息。在站场设备上右击，弹出道岔设备关联菜单，如图 14-4-1 所示。

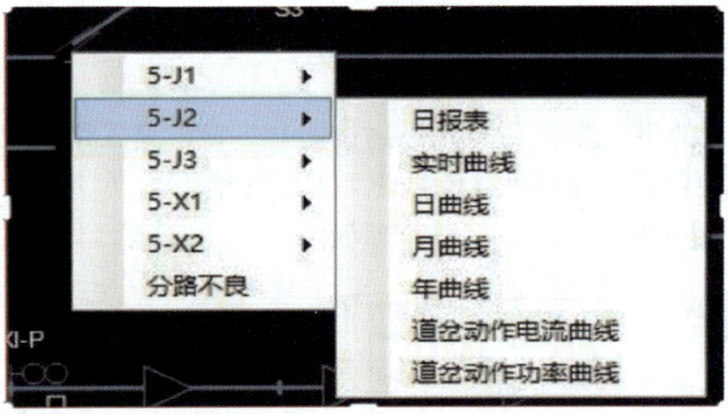

图 14-4-1　道岔设备关联菜单

(2)可以查看该道岔的转辙机数据，并且可以设置分路不良区段。道岔的分路不良设置，如图 14-4-2 所示。

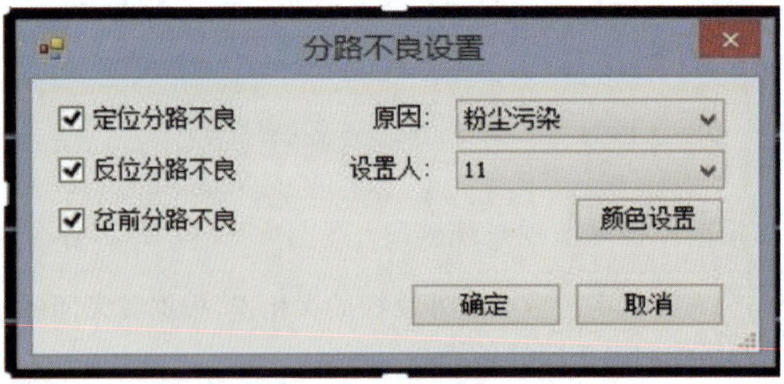

图 14-4-2　道岔分路不良设置

(3)打印站场图有两种方式：①通过站场图界面右上的按钮，如图 14-4-3 所示；通过站场图界面的右键菜单，如图 14-4-4 所示。

图 14-4-3 站场图界面右上的按钮

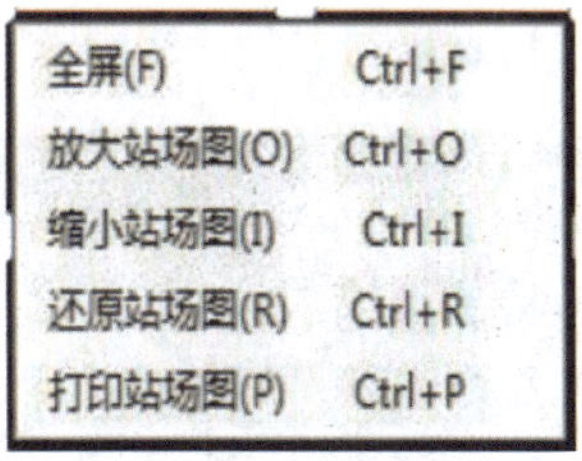

图 14-4-4 站场图界面的右键菜单

2. 设备状态

单击“设备状态”,可实时显示当前设备状态。纸坊东站的设备状态如图 14-4-5 所示。

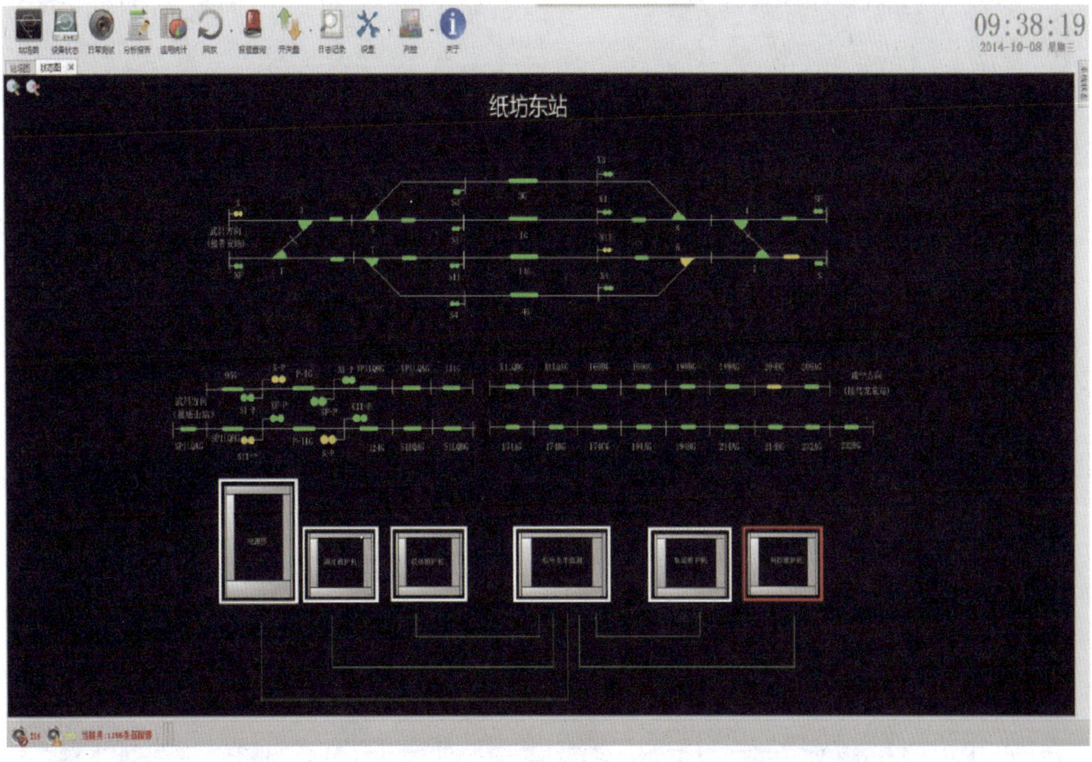

图 14-4-5 纸坊东站的设备状态

状态图以颜色标识设备的状态:绿色为设备正常;黄色为设备超限报警或者预警;红色为设备故障。

状态图不仅包括了站场设备状态,还包括智能电源屏、计算机联锁、ZPW-2000 等与信号集中监测系统接口的系统的子状态图。各个子系统的状态图,将接口数据图形化显示。

(1)联锁系统状态图

联锁系统状态图,如图 14-4-6 所示。

(2)CTC 系统状态图

CTC 系统状态图,如图 14-4-7 所示。

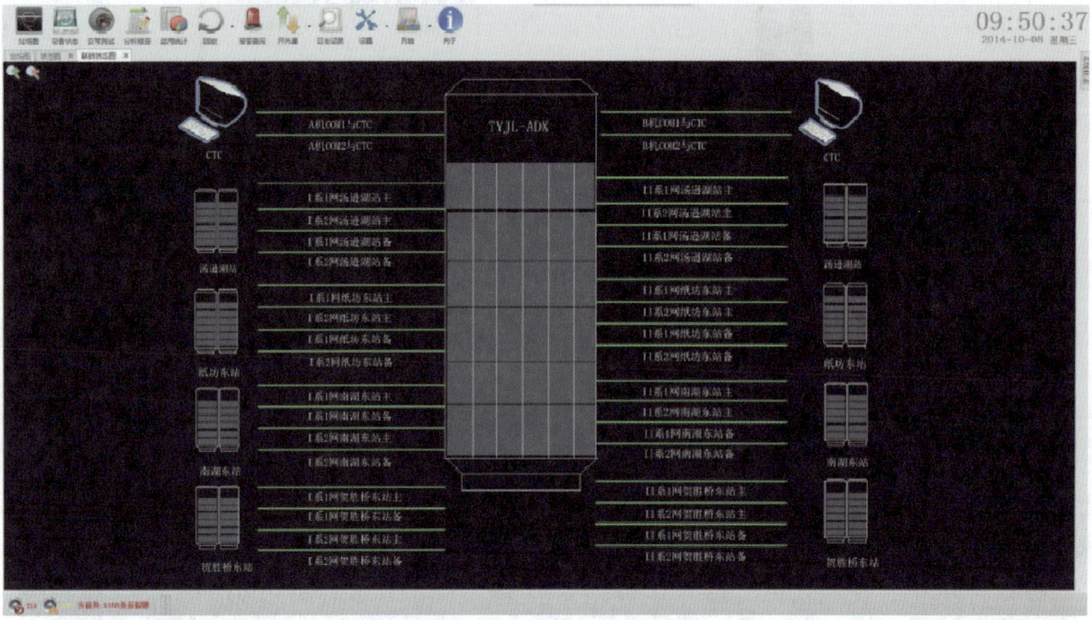

图 14-4-6　联锁系统状态图

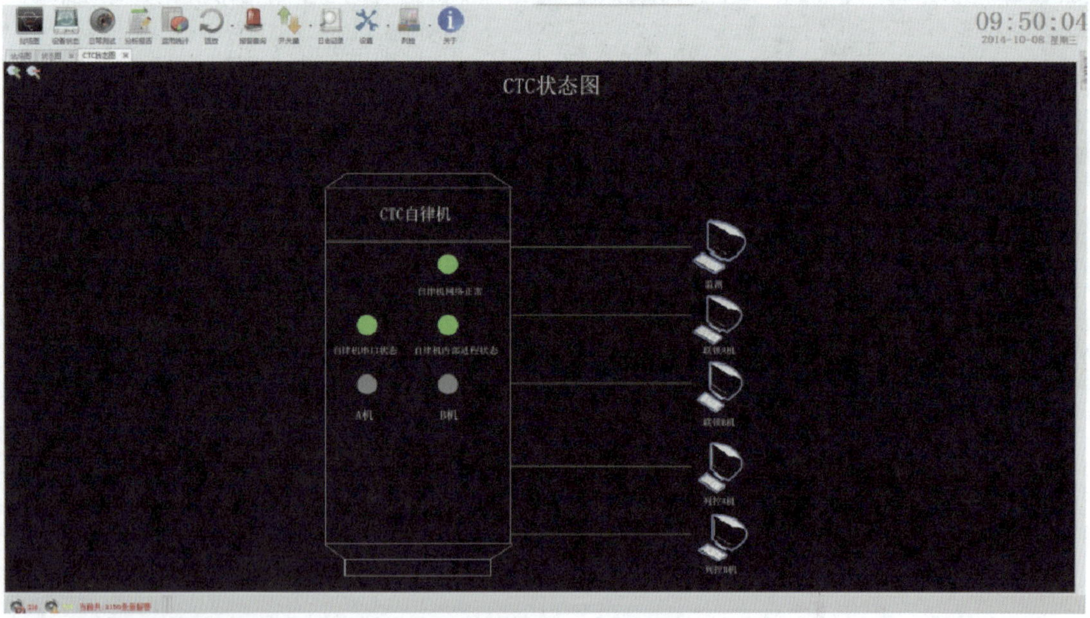

图 14-4-7　CTC 系统状态图

(3)ZPW-2000 系统状态图

ZPW-2000 系统状态图,如图 14-4-8 所示。

(4)电源屏状态图

电源屏状态图,如图 14-4-9 所示。

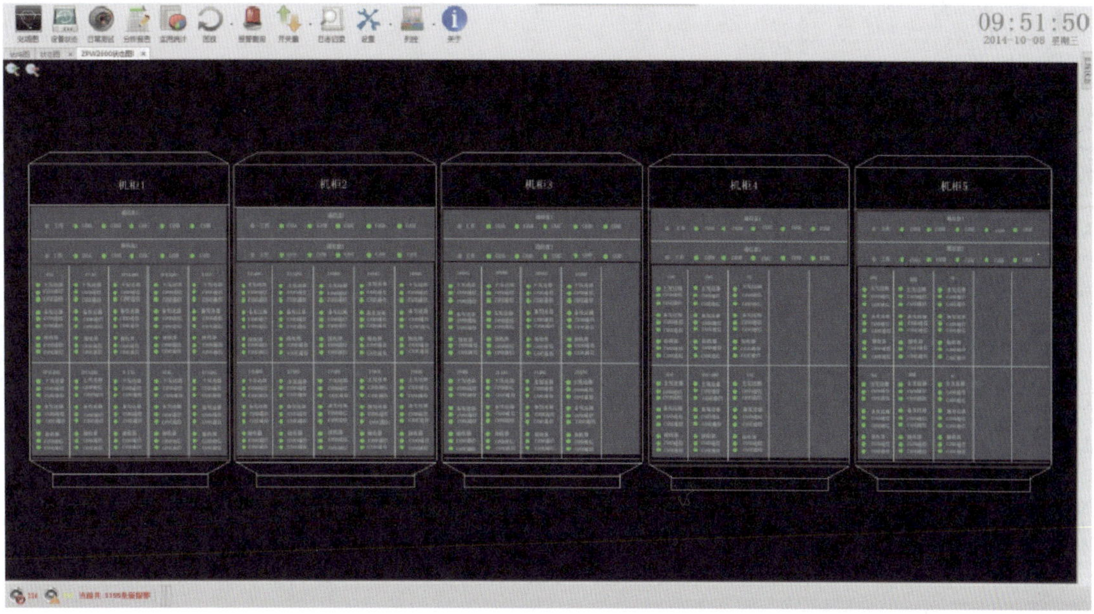

图 14-4-8　ZPW-2000 系统状态图

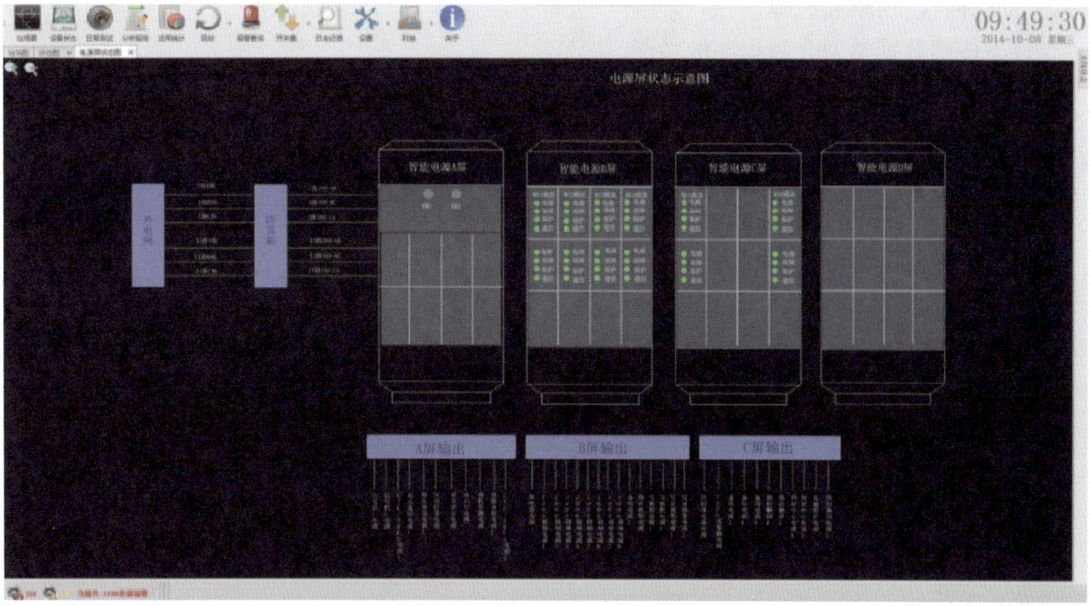

图 14-4-9　电源屏状态图

(5)信号集中监测系统硬件状态图

信号集中监测系统硬件状态图，如图 14-4-10 所示。

3. 日常测试

日常测试按照设备分为：外电网、电源屏、UPS、站内轨道电路、区间轨道电路、信号机、道岔、绝缘、漏流、防灾异物侵限、站联等。按照数据类型分为：实时值、实时曲线、日报表、日曲线、月曲线、年曲线。特殊的设备还有独有的数据类型，如外电网的故障曲线、轨道电路的残压

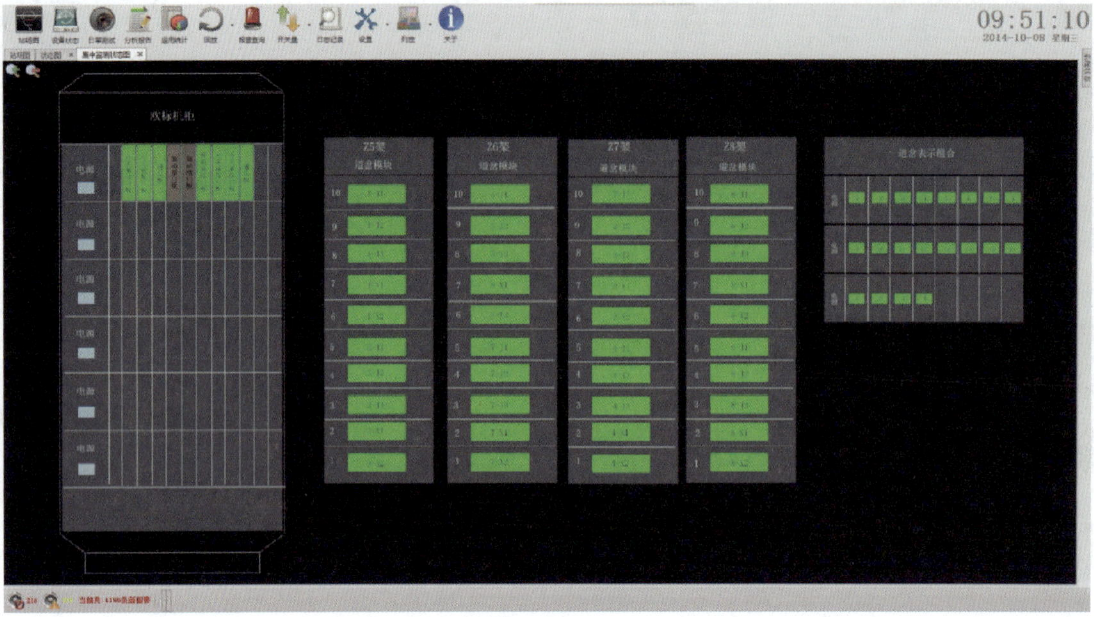

图 14-4-10　信号集中监测系统硬件状态图

报表、动作曲线、功率曲线等。

以下按照数据类型介绍程序的功能。

(1)实时值:实时值窗口展示相关采集量的当前值,如图 14-4-11 所示。

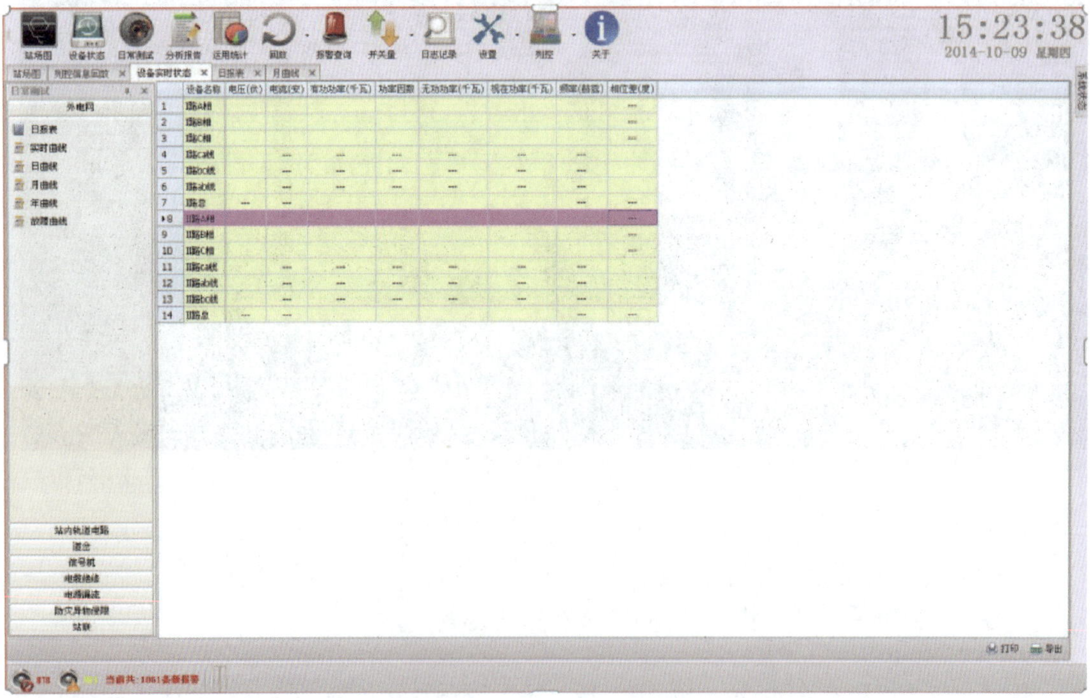

图 14-4-11　实时值窗口

实时值窗口内表格支持多种操作:单击列名,可按照该列各行的内容进行排序,可以按照升序、降序进行排序，默认按照配置文件中的顺序排序。

目前实时值按照设备显示，如果需要跨设备查询，双机实时值中的数值，打开实时值多选框，如图 14-4-12 所示。

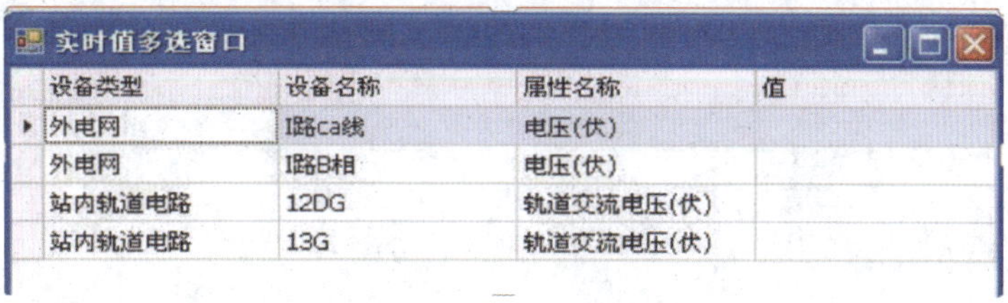

设备类型	设备名称	属性名称	值
外电网	I路ca线	电压(伏)	
外电网	I路B相	电压(伏)	
站内轨道电路	12DG	轨道交流电压(伏)	
站内轨道电路	13G	轨道交流电压(伏)	

图 14-4-12　实时值多选框

在实时值多选框中，可以选择模拟量和开关量。

(2)实时曲线：实时曲线显示设备相关的模拟量、开关量，将最近 30 s 的实时值按照曲线进行滚动显示。方便查看短期内所展示值的变化情况。实时曲线框左侧可选择不同的设备，右侧可勾选同一设备的不同属性值。该窗口支持打印，导出。

(3)日报表：显示设备属性的最大值、最大值时间、最小值、最小值时间、平均值。

对于带状态的模拟量显示，调整最高、调整最低、分路最高等日报表的表格操作与实时值表格相似。窗口左侧添加了“仅显示超限”勾选框，可以选择只显示属性数值超限的设备。

(4)日曲线：将一天内某设备的相关属性值按照曲线显示。可任意选择设备、时间、属性。曲线可以放大、缩小，可将曲线值与上、下限一起展示。目前日曲线窗口支持 5 条曲线共同显示。

(5)道岔动作曲线及功率曲线

①道岔动作曲线为电流曲线，目前一屏显示定—反、反—定两次动作曲线，方便比较，如图 14-4-13 所示。

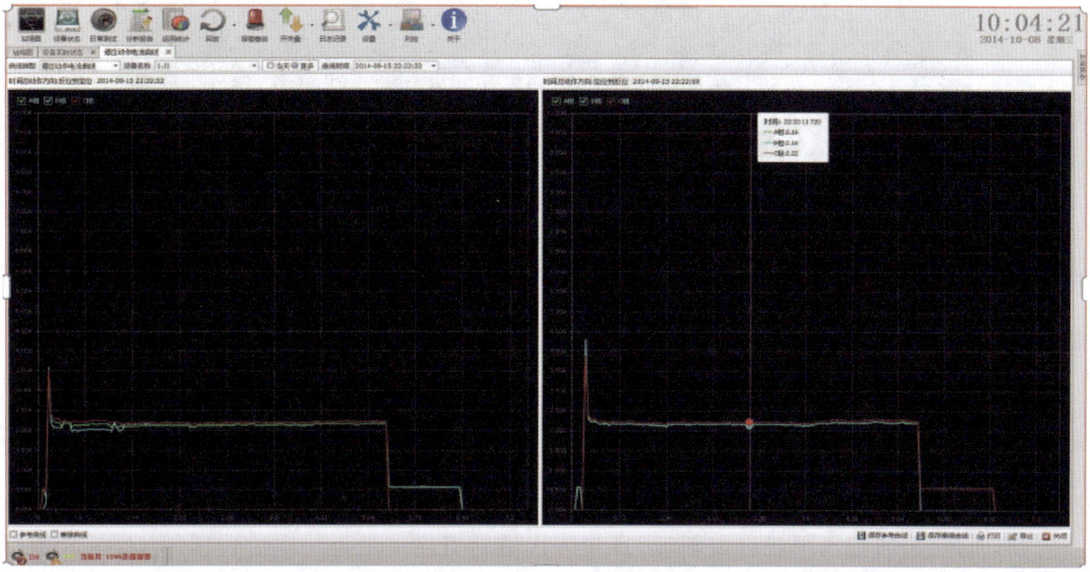

图 14-4-13　道岔动作电流曲线

②道岔功率曲线的显示与动作曲线相似，如图 14-4-14 所示。

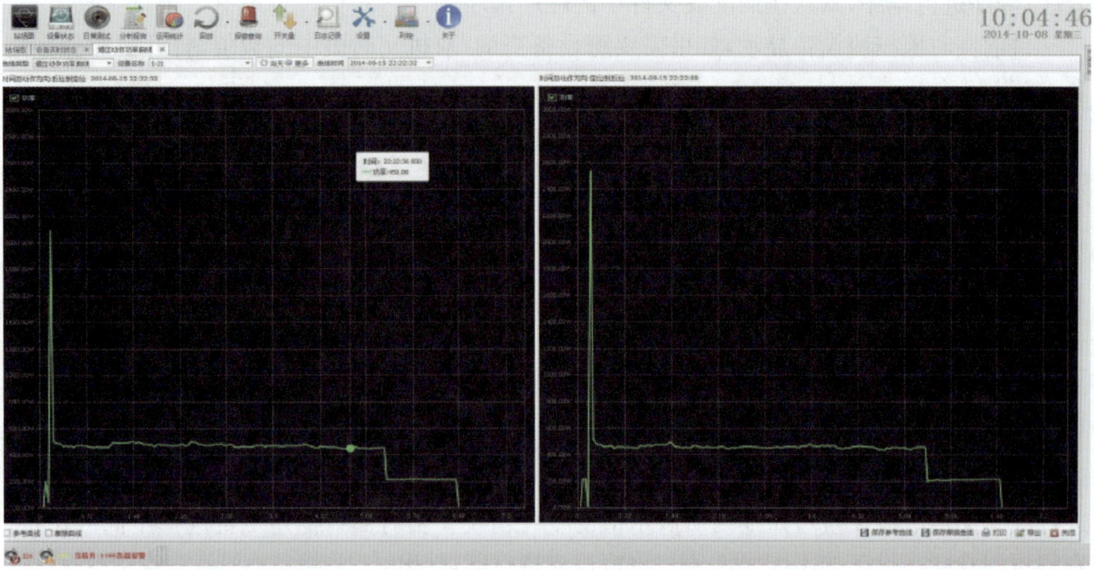

图 14-4-14　道岔功率曲线

(6)月曲线:展示设备属性的月曲线。将一个月的日报表数据进行展示,便于观察属性一个月的变化趋势,月曲线操作与日曲线操作相似,如图 14-4-15 所示。

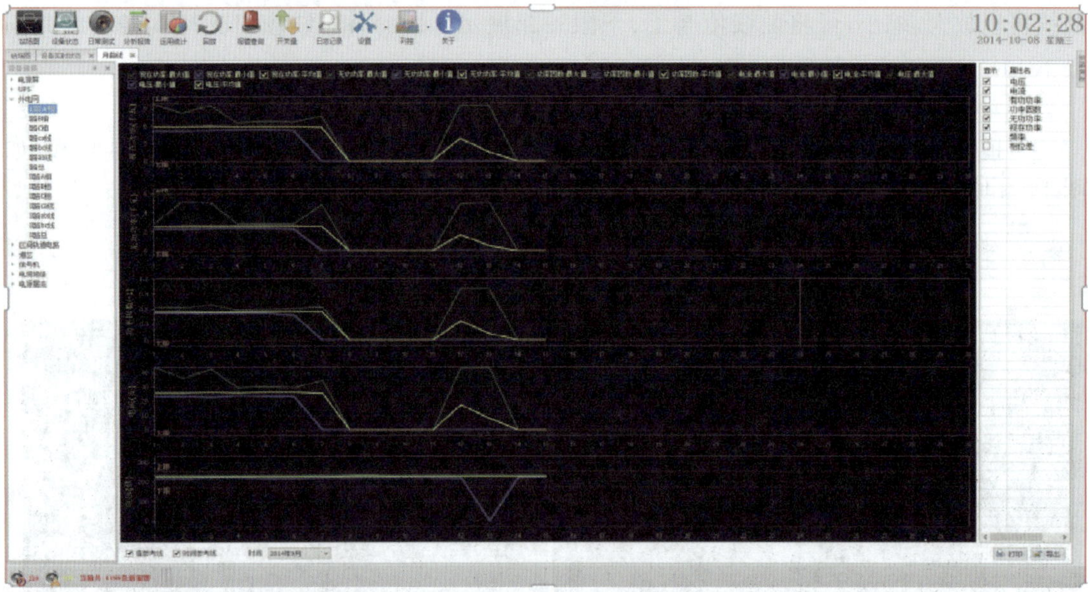

图 14-4-15　月曲线

(7)年曲线:将一年的日报表数据进行展示,便于观察属性一年的变化趋势,如图 14-4-16 所示。

(8)轨道残压:残压可查看最新值、日报表。最新值显示最近一次的残压值(不一定是当天)。日报表显示当天设置的残压值。显示界面与实时值、日报表一致。

残压的设置:在站内轨道电压实时值界面进行残压的设置,当轨道电压显示分路时,可将双机显示的数值设置为该区段的分路残压值。

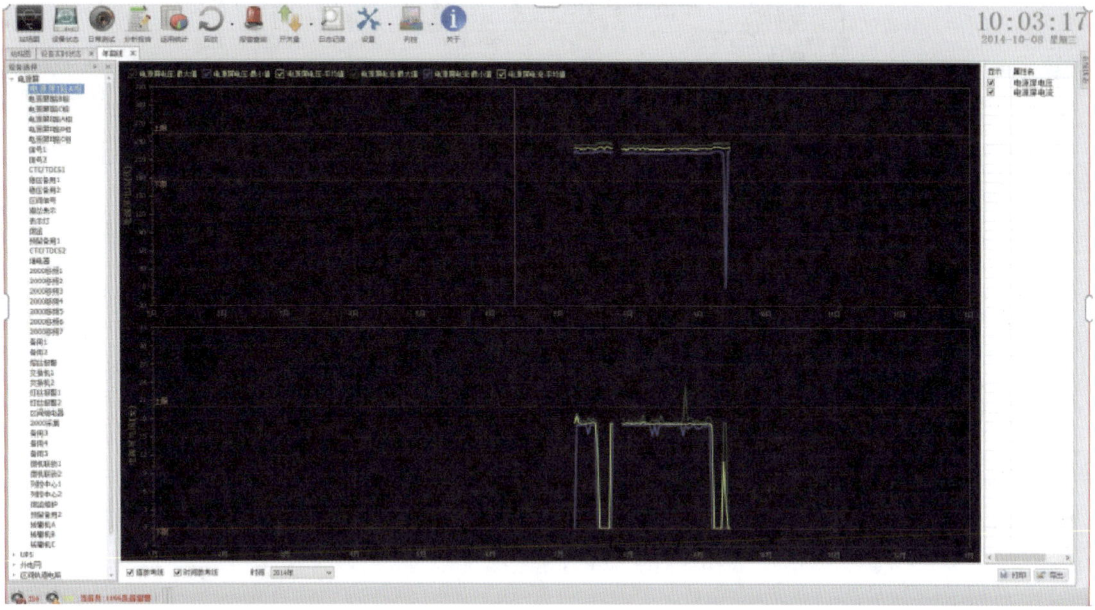

图 14-4-16　年曲线

(9)绝缘测试:绝缘测试在绝缘的最新值窗口进行,如图 14-4-17 所示。

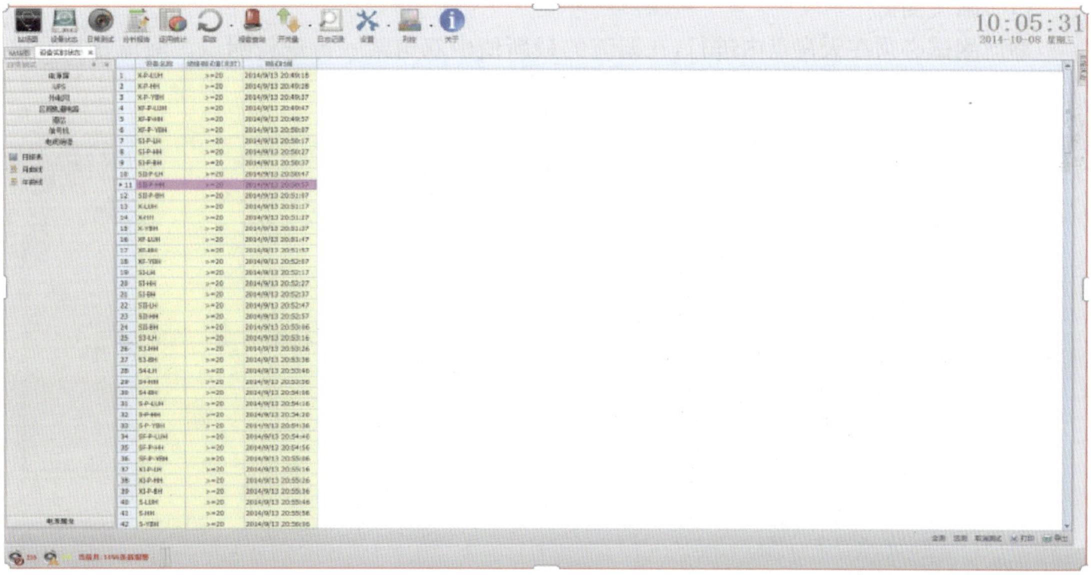

图 14-4-17　绝缘测试窗口

绝缘测试可以分为单路测试、全部测试、选测。

①单路测试:双击表格某一行,可以测试该路的绝缘。测试完成后该行的数值、时间更新。

②全部测试:单击窗口右下角的“全测”按钮。

③选测:单击窗口右下角的“选测”按钮,打开选择窗口。

电缆绝缘选测设置窗口中可选择需要测试的路数,也可以编辑分组测试,如图 14-4-18 所示。

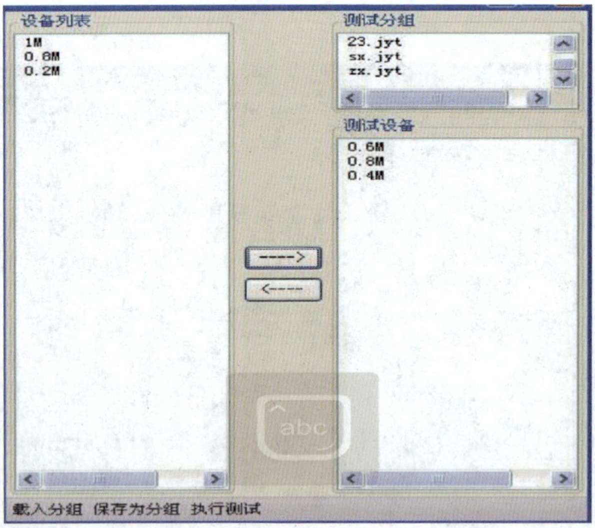

图 14-4-18 绝缘测试

载入分组:载入已保存的分组信息。

保存为分组:将选择的多路测试项保存成一个组,以便以后测试时使用。

执行测试:开始进行绝缘测试。

(10)漏流测试

漏流测试必须在天窗点内进行,在漏流的最新值中双击某一行进行测试。漏流每次只能测试一路,如图 14-4-19 所示。

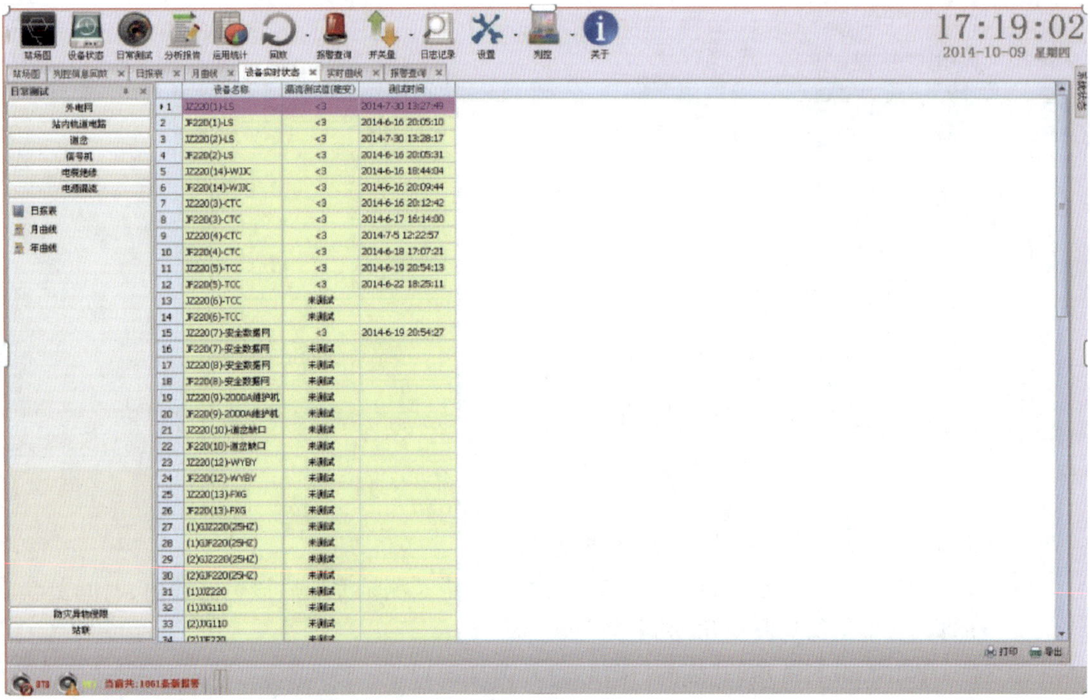

图 14-4-19 漏流测试窗口

4. 分析报告

可以按照时间区间统计车站设备相应时间区间的运行状况。

单击“分析报告”菜单，出现分析报告窗口。选择分析周期，单击“开始分析”按钮，开始统计设备报警信息，包括设备总体概况与设备报警详细信息。

设备总体概况：单击对应设备类型，展现对应设备类型的报警分布图与报警柱状图，如图 14-4-20 所示。

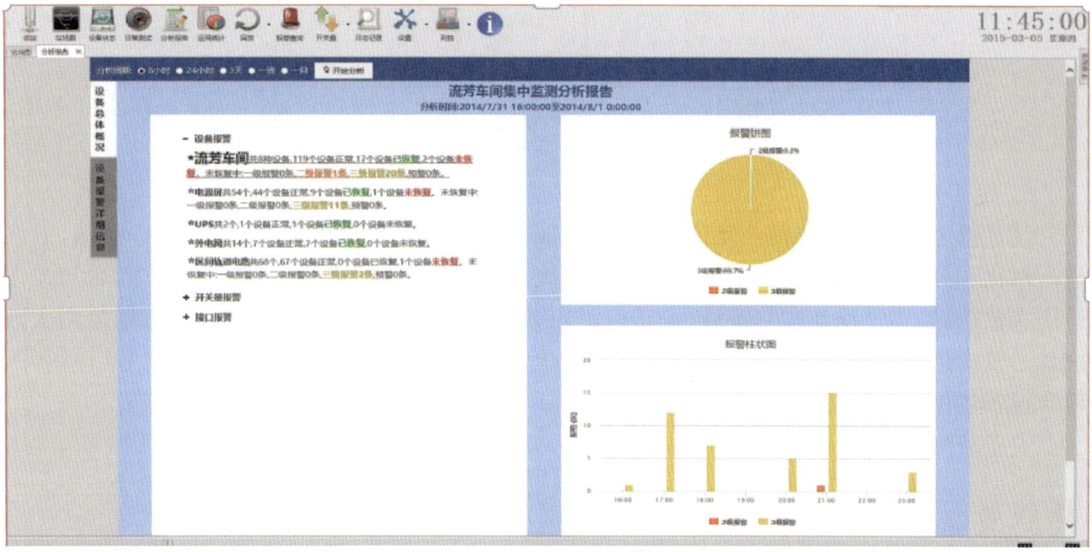

图 14-4-20　分析报告窗口

设备报警详细信息：展现对应设备类型所属所有的设备报警详细情况。单击左侧报警条目，右侧会展现对应设备在分析周期时间内产生的报警详细信息，如图 14-4-21 所示。

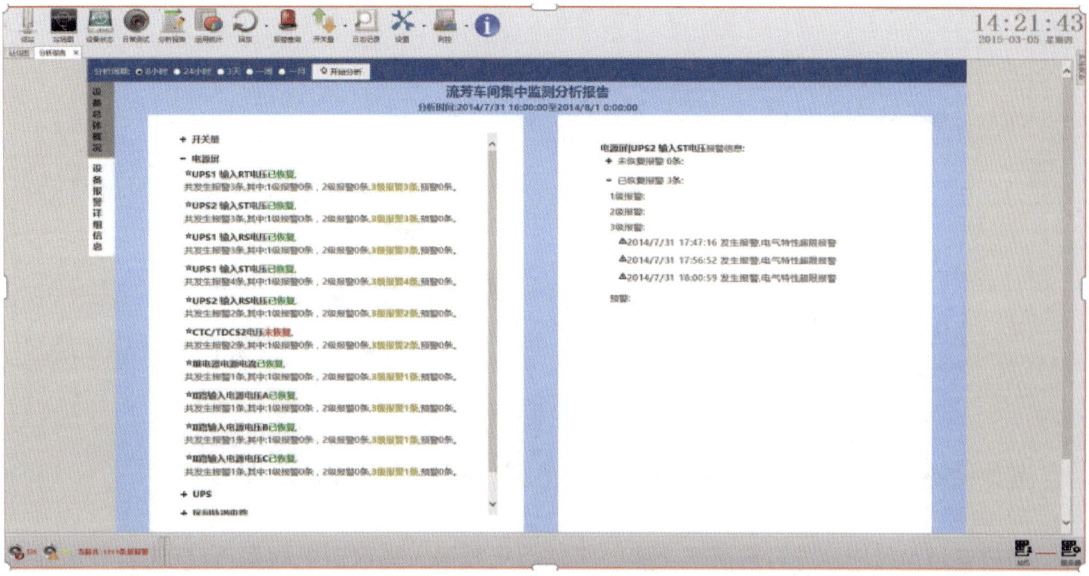

图 14-4-21　分析周期内报警详细信息

在右侧报警条目上右击，会弹出相关菜单，可以关联回放、曲线，如图 14-4-22 所示。

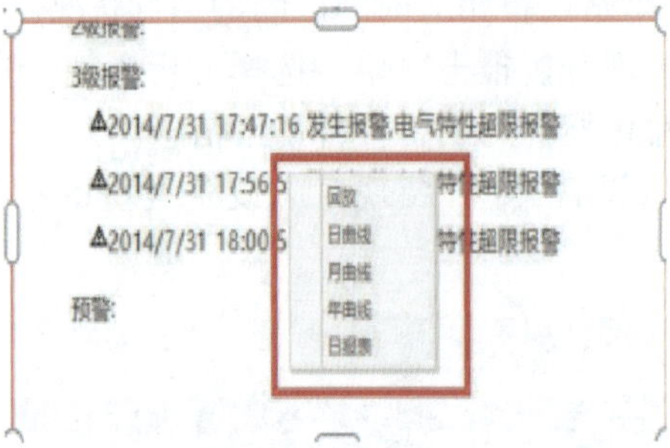

图 14-4-22　右击弹出菜单

5. 运用统计

统计报表展示相关属性一年内的数据，按照月份进行展示。可以生成表格、柱状图，方便进行对比和分析。统计包括：信号机开放次数统计、列调车按钮运用次数统计、故障通知按钮运用次数统计、道岔动作次数统计、设备故障次数统计、区段占用次数统计、破封按钮运用次数统计。其中道岔动作次数统计、设备故障次数统计，统计了各种类型报警的次数。其他统计，包含设备运用次数和持续时间。

设备故障次数统计，如图 14-4-23 所示。

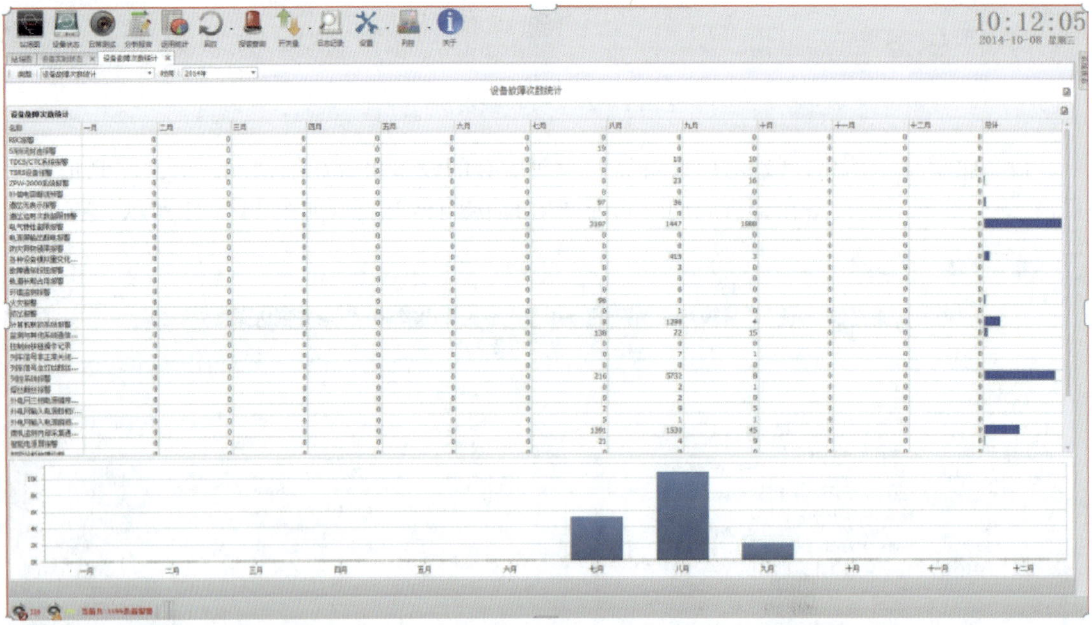

图 14-4-23　设备故障次数统计

其他设备运行次数统计(以信号开放次数为例)，如图 14-4-24 所示。

6. 回放

回放菜单包括回放与再现两个功能。回放为从数据库提取历史数据；再现为打开以前保存的回放数据。由于数据库保存的数据有一定的时间限制，可以将回放数据保存，供以后分析、参考使用。

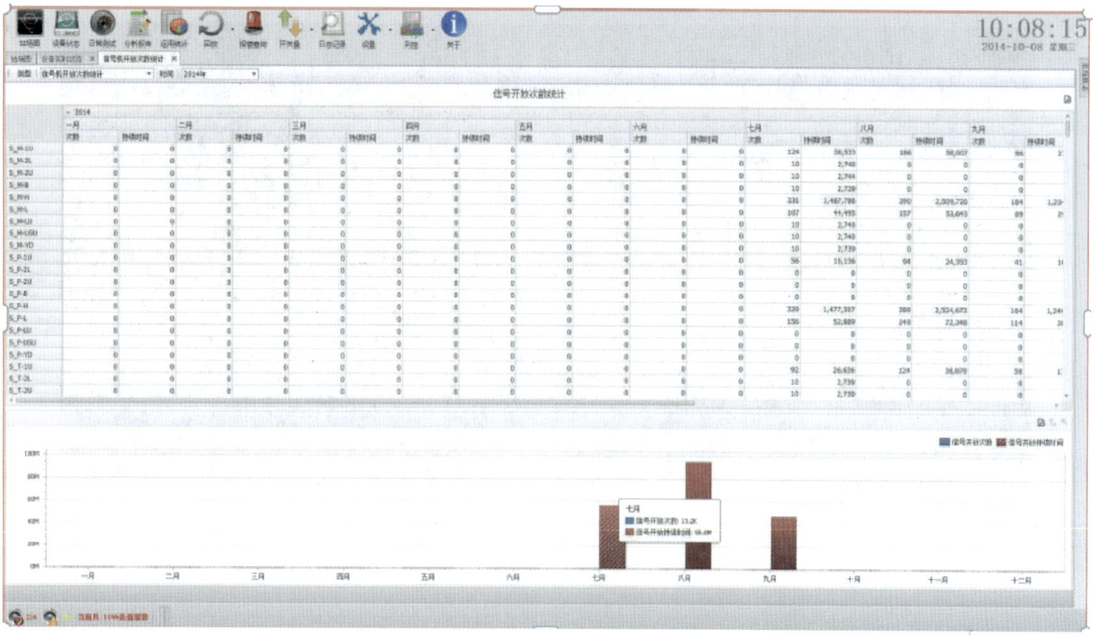

图 14-4-24　信号开放次数统计

(1)回放

回放功能可以将数据库存储的数据取出,按照时间顺序重新展示,以方便故障分析。回放的数据包括开关量、模拟量。根据需要可以按照不同的速度进行回放。为了分析方便,可以将开关量、模拟量按照表格、曲线的方式进行展示。

单击“回放”,打开回放数据选择框,如图 14-4-25 所示。

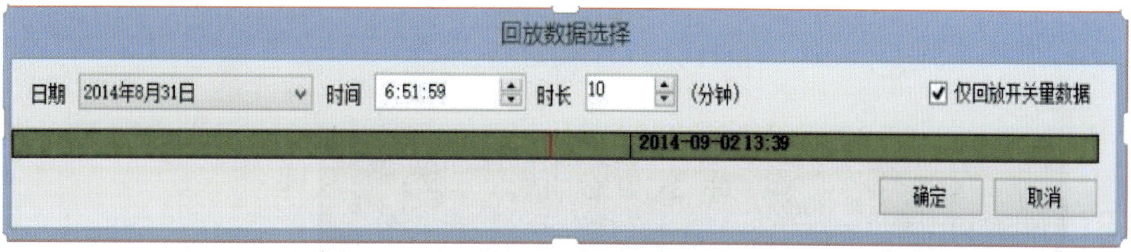

图 14-4-25　回放数据选择框

在回放数据选择框,可以选择回放的开始时间、回放的时间长度以及是否包含模拟量数据。单击“确定”后提取回放数据,进入回放界面,如图 14-4-26 所示。该界面只显示了站场图。整个界面分为显示区域和控制区域。显示区域可以显示站场图、模拟量表格、开关量表格、曲线。

回放界面的绿色时间条标识为回放数据的长度,红色小块为当前回放位置,如图 14-4-27 所示。可以拖动红色小块来改变回放的开始时间。由左到右的 3 个时间依次为回放开始时间、当前回放时间、回放结束时间。

控制显示界面的勾选框,如图 14-4-28 所示,可控制显示界面是否显示模拟量表、曲线、开关量。显示界面窗口如图 14-4-29 所示。

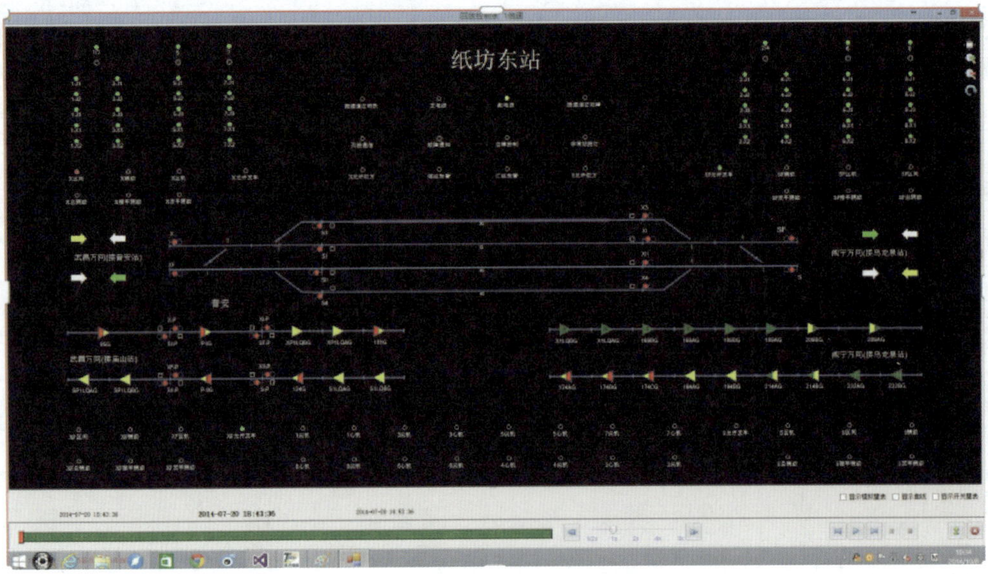

图 14-4-26　回放界面

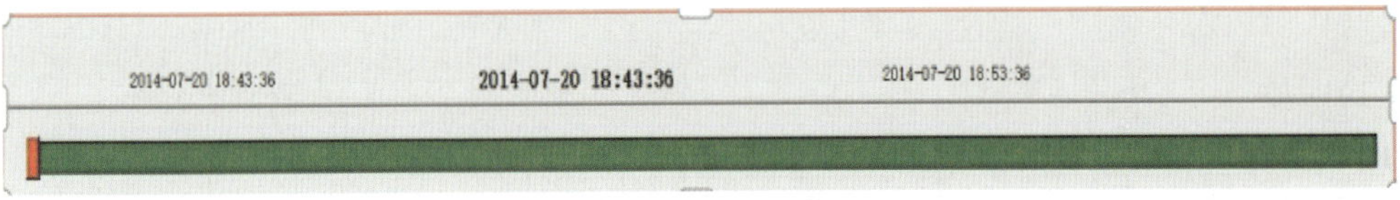

图 14-4-27　回放时间显示

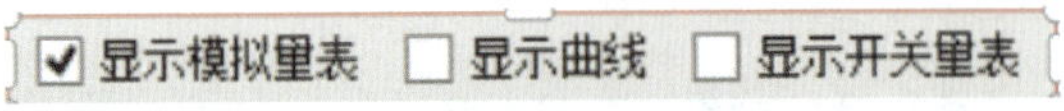

图 14-4-28　控制显示界面的勾选框

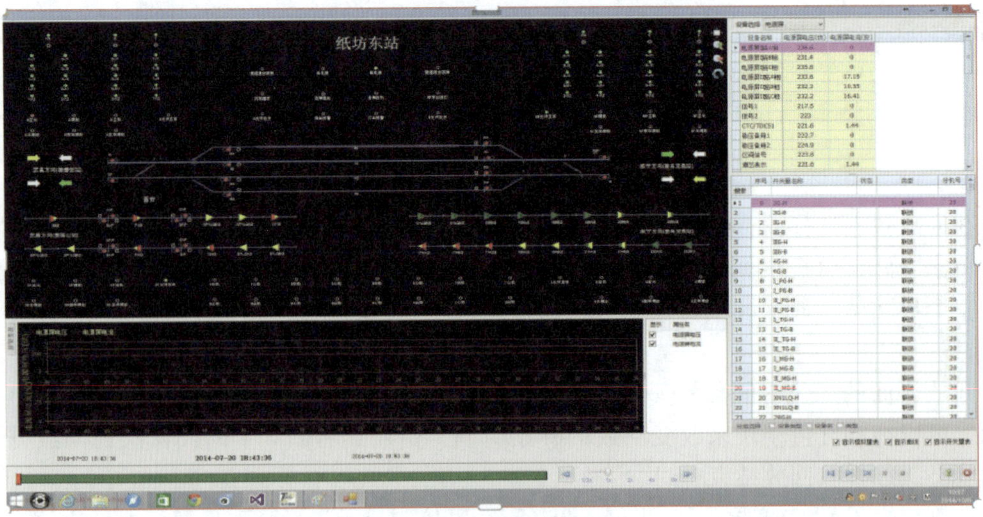

图 14-4-29　显示界面窗口

(2)再现

再现操作与回放类似,主要是数据源不一样。主要用于已保存的经典案例的分析与展示,可以将数据离线分析。再现菜单,如图 14-4-30 所示。

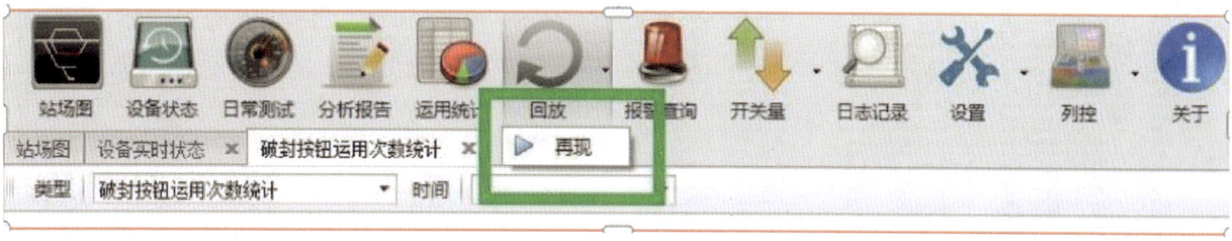

图 14-4-30　再现菜单

单击“再现”,打开再现文件选择框,如图 14-4-31 所示。

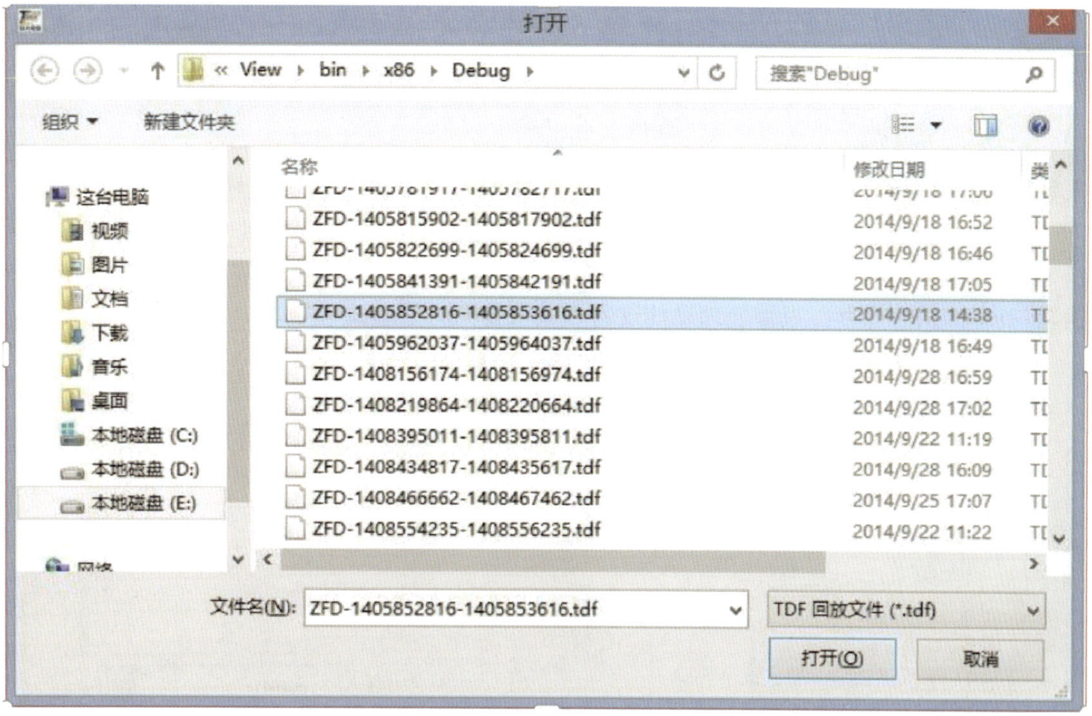

图 14-4-31　再现文件选择框

自动保存的在线文件名格式为“车站电报码—开始时间—结束时间 . tdf”。选择好相应的回放文件后单击“打开”即可。再现界面与程序回放界面一致。

7. 报警查询

报警查询主要用于对历史报警的查询、分析。

单击“报警查询”,进入报警查询界面,如图 14-4-32 所示。

报警的显示控制,可以按照报警等级、报警类型、报警设备进行分类。在报警表格中右击可以查看相关属性、回放。该功能与实时报警窗口操作一致。在右侧可以设置查询条件,可以选择查询开始时间和结束时间;可以通过设置报警类型、设备类型、名称进行精确查找,并且可以添加显示过滤,查看已恢复、未恢复、已处理、未处理的报警,勾选框如图 14-4-33 所示。

在报警表格中,已处理的报警显示处理人、处理时间、处理信息,并且以灰色背景色标识。

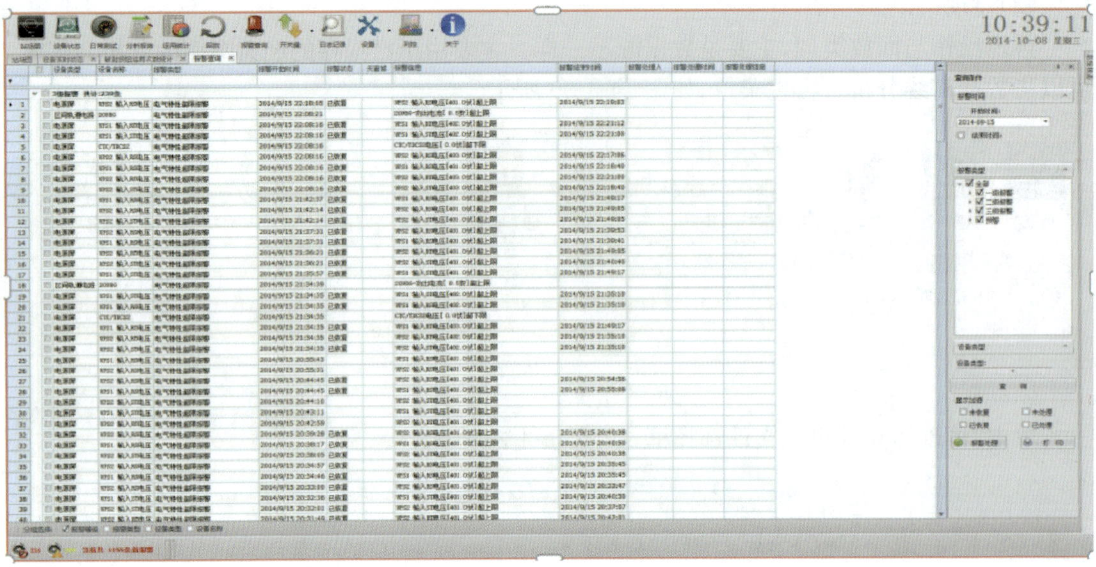

图 14-4-32　报警查询界面

未处理的报警以白色背景色标识。

报警的处理：在报警左侧勾选框选中报警后，单击右侧的“处理”按钮，打开报警处理对话框，如图 14-4-34 所示。选择处理人（默认为程序登录用户），填写处理信息后单击“确定”按钮，将处理的信息保存。报警处理功能支持多条报警同时处理。

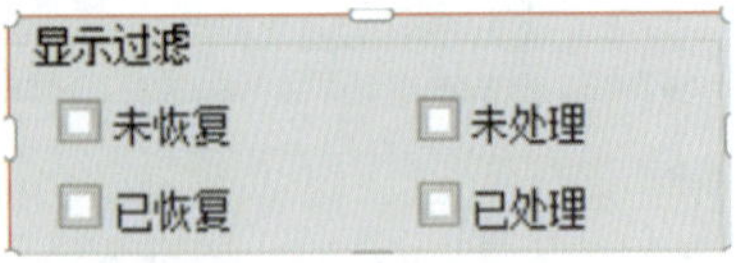

图 14-4-33　显示过滤勾选框

图 14-4-34　报警处理对话框

8. 开关量

开关量窗口主要将开关量信息进行表格化的展示，方便查看。当仅需要查看开关量变化信息而又不需要回放那么复杂的功能时，或者时间范围不是很精确时，开关量窗口将为开关量的插叙提供方便。开关量窗口可以展示实时开关量和历史开关量。

(1)实时开关量

实时开关量界面，如图 14-4-35 所示。

实时开关量表格默认显示当前所有开关量的状态。每一列都支持模糊查找功能，以开关

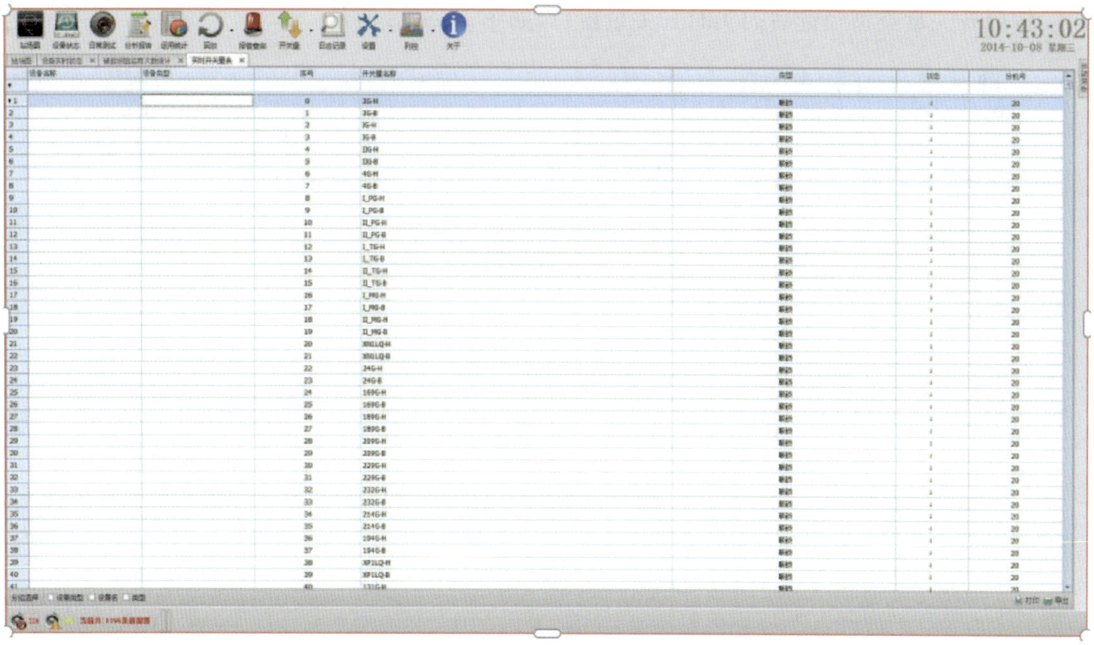

图 14-4-35 实时开关量界面

量名称为例，如图 14-4-36 所示。

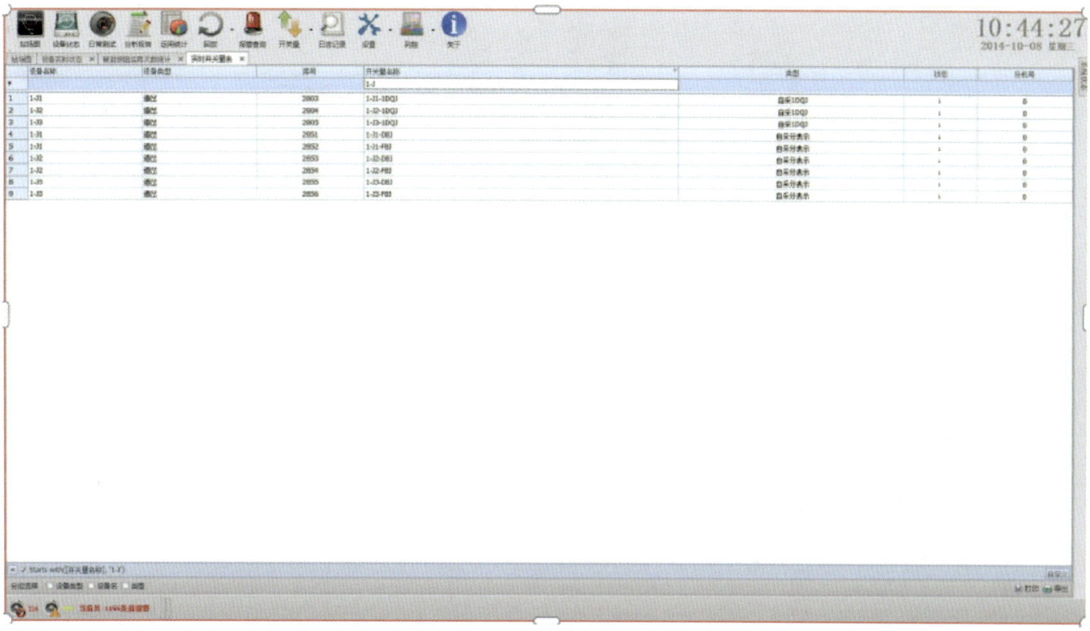

图 14-4-36 开关量名称界面

为模糊查找开关量名称含有 1-JI 的表格，勾选框还可以按照设备类型、设备名称、开关量类型进行筛选，以显示开关量，如图 14-4-37 所示。

图 14-4-37 开关量勾选框

按照开关量类型筛选后的实时开关量窗口，如图 14-3-38 所示。

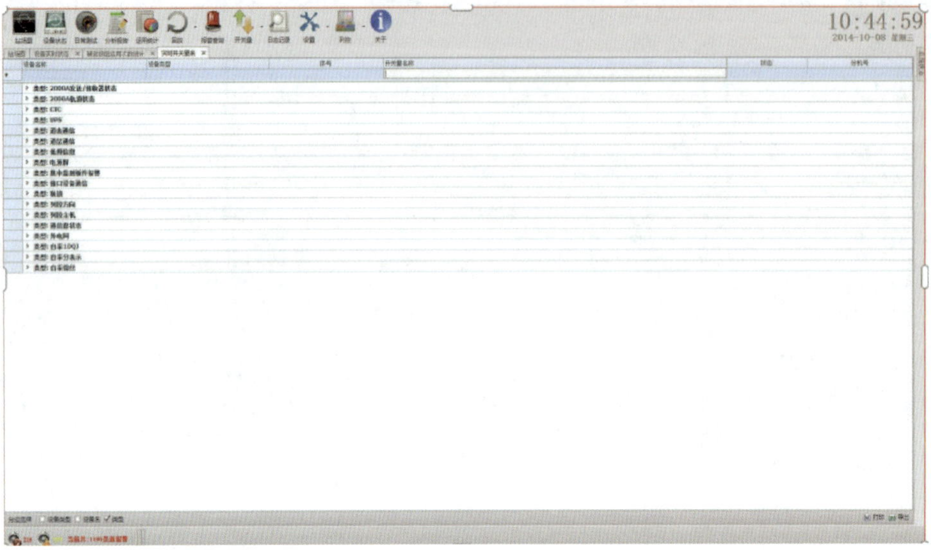

图 14-4-38　按开关量类型筛选后界面

(2)历史开关量

历史开关量窗口菜单，如图 14-4-39 所示。

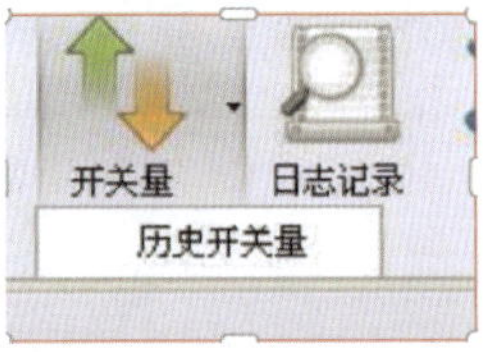

图 14-4-39　历史开关量窗口

单击“历史开关量”，打开历史开关量界面，如图 14-4-40 所示。

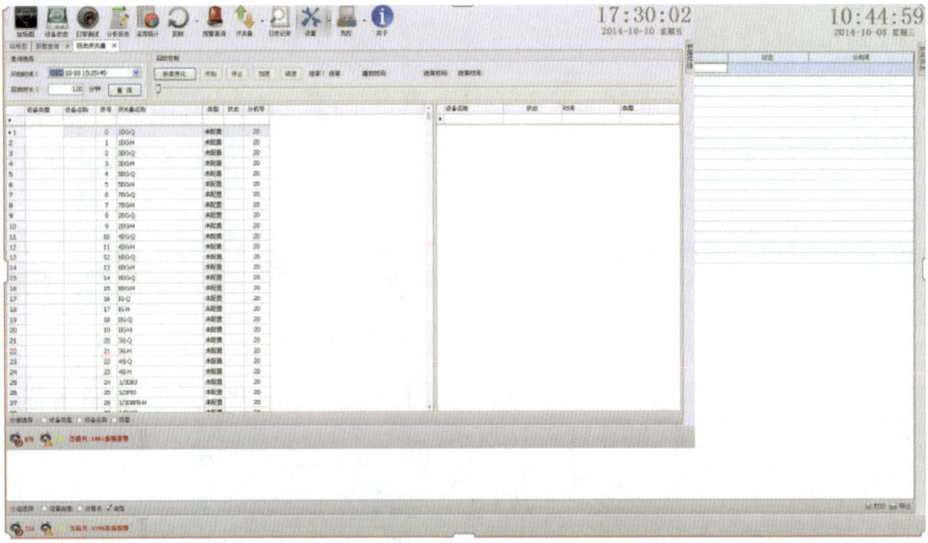

图 14-4-40　历史开关量界面

9. 日志记录

日志展示站机系统的各项记录，包括系统工作日志、用户操作日志、设备浏览记录、道岔曲线浏览记录、时钟校核日志、天窗作业日志、按钮操作记录日志。所有记录信息可以按天查询。系统工作日志显示站机启动记录、数据维护记录等信息，如图 14-4-41 所示。

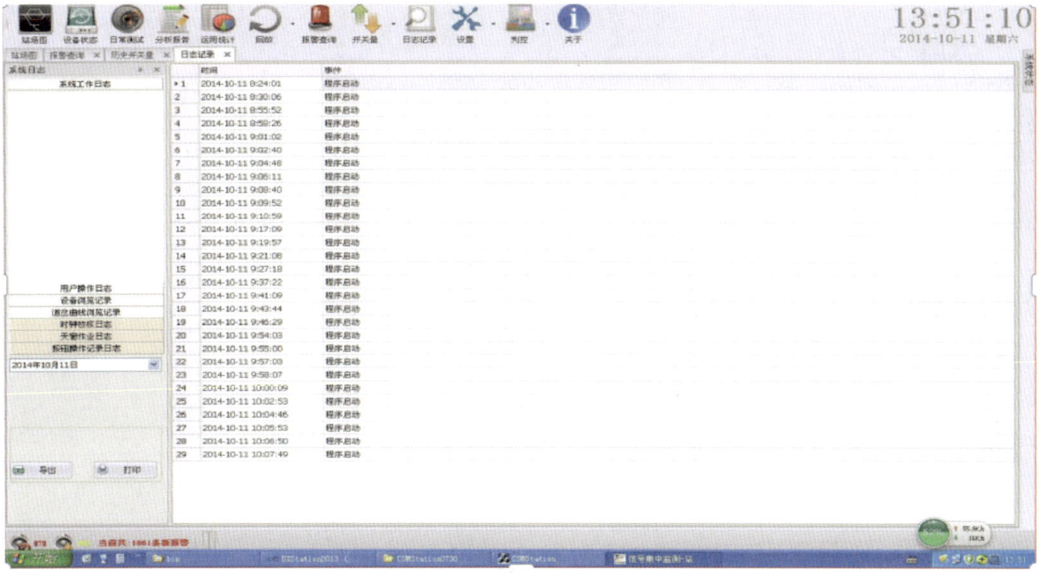

图 14-4-41　系统工作日志界面

设备浏览记录显示了报表浏览记录，并添加了未浏览设备的过滤功能，如图 14-4-42 所示。

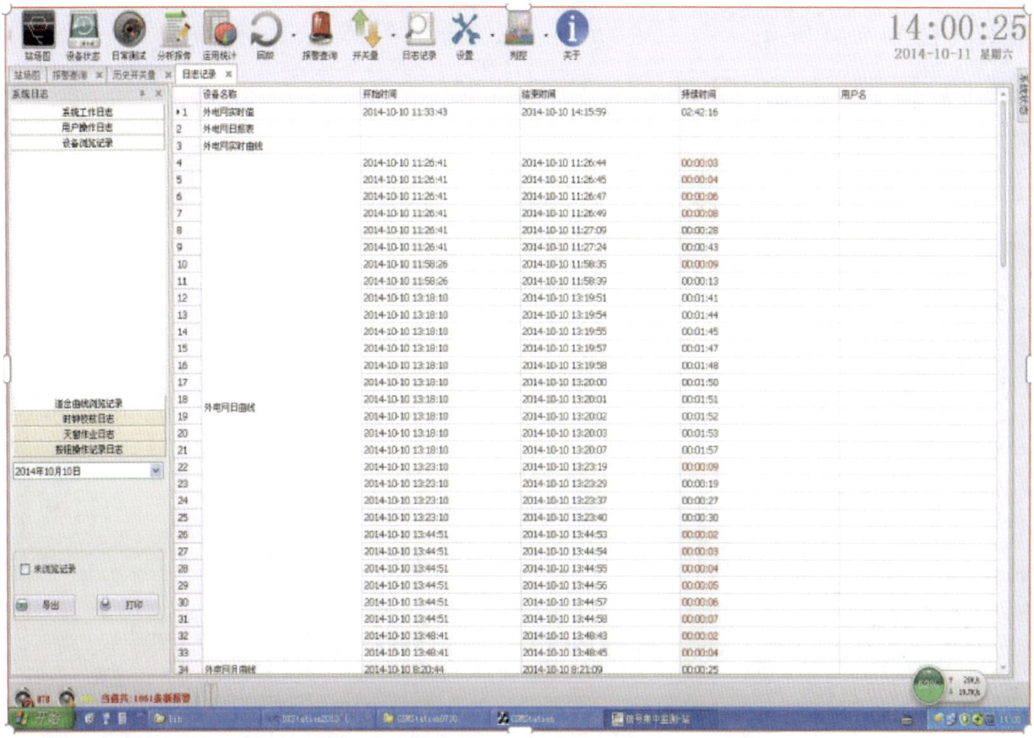

图 14-4-42　设备浏览记录

道岔曲线浏览记录，记录道岔动作曲线的浏览情况，可以精确到各个转辙机，如图 14-4-43 所示。

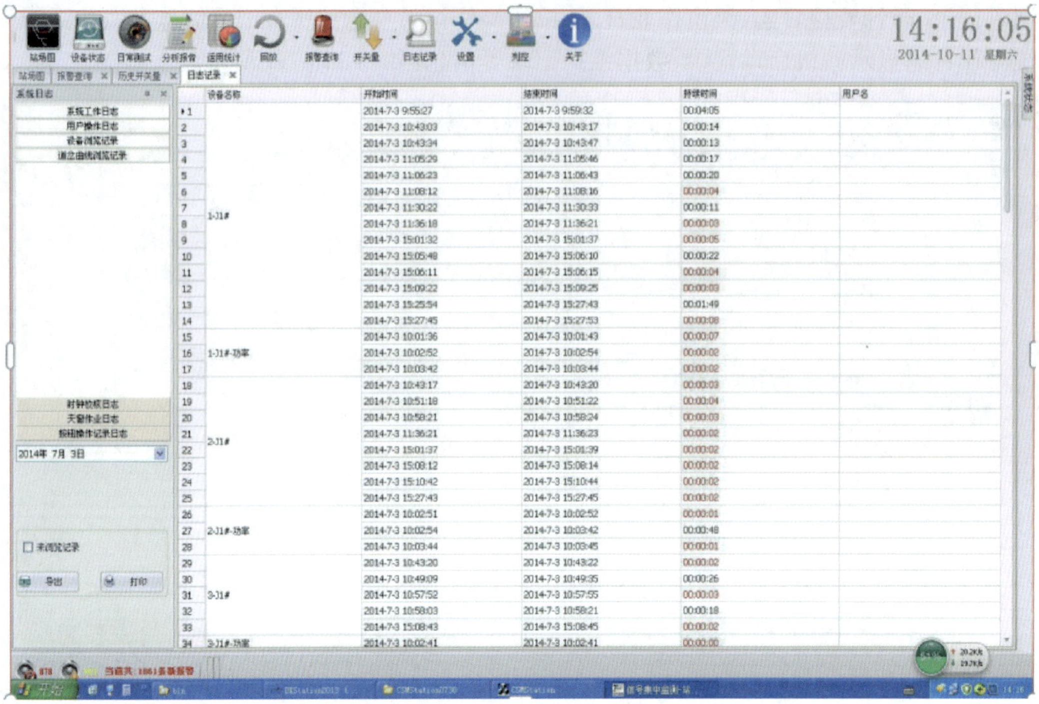

图 14-4-43　道岔曲线浏览记录

时钟校核日志记录站机的校时记录，记录校时前站机时间、校时后的站机时间、校时的备注信息，如图 14-4-44 所示。

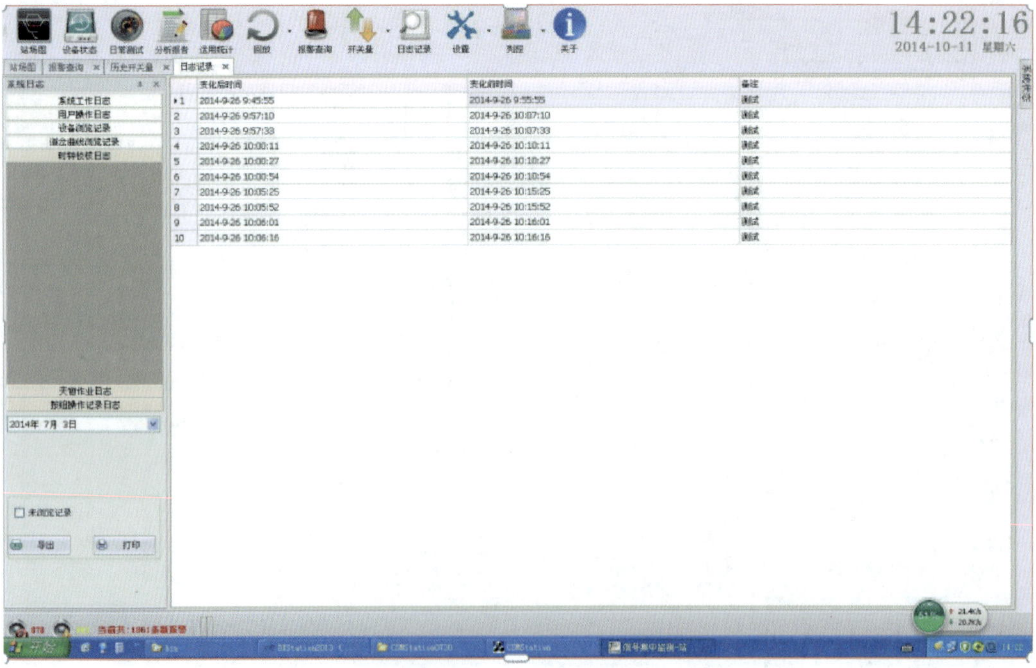

图 14-4-44　时钟校核日志界面

天窗作业日志显示站机已执行的天窗信息，如图 14-4-45 所示。

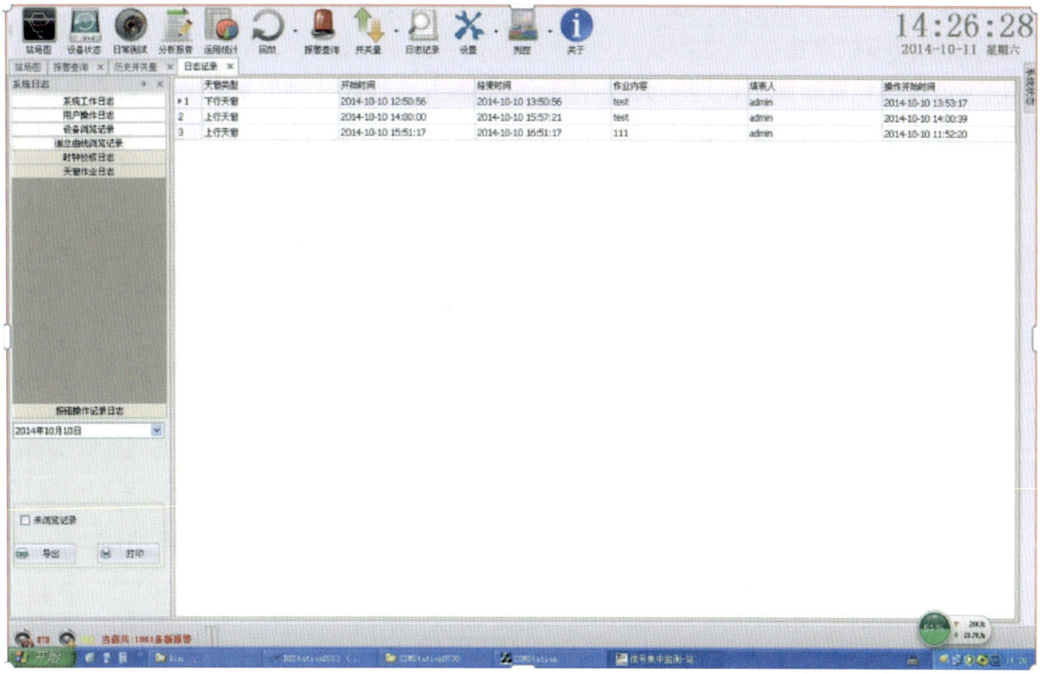

图 14-4-45　天窗作业日志界面

按钮操作记录日志，记录控制台按钮操作详细信息，记录每一次操作的开始时间、结束时间，如图 14-4-46 所示。

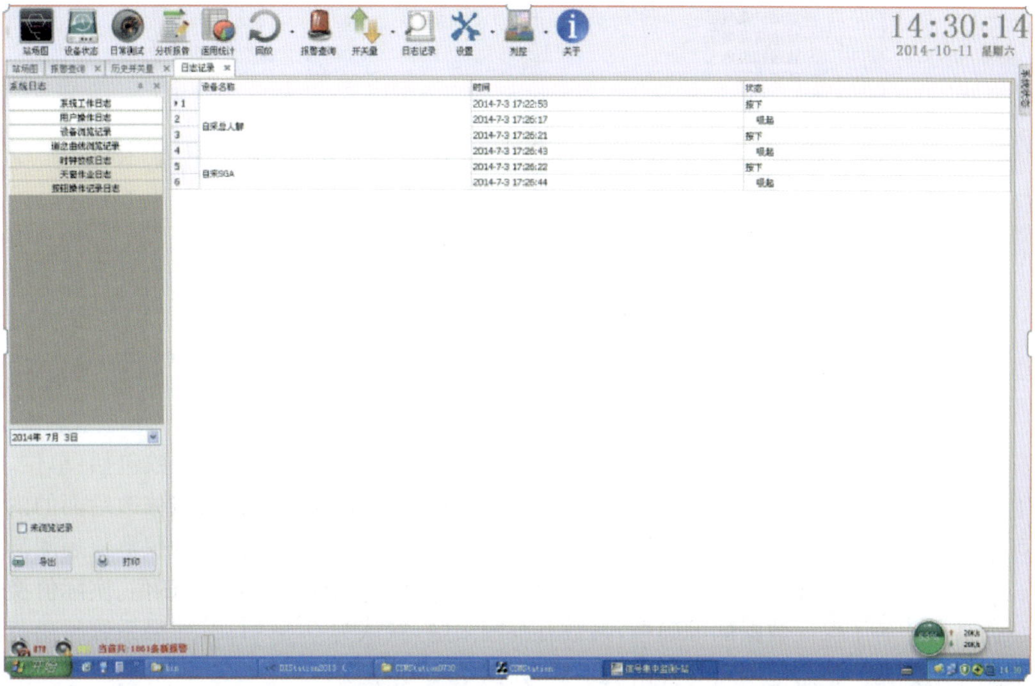

图 14-4-46　按钮操作记录日志界面

10. 设置

设置菜单包括模拟量参数设置、用户管理、天窗设置,如图 14-4-47 所示。

(1)模拟量参数设置

模拟量参数设置功能可以即时起效,不需要重新启动程序。模拟量参数设置需要输入用户名和密码,单击“模拟量参数设置”进入用户登录确认界面,填写用户名和密码,如图 14-4-48 所示。

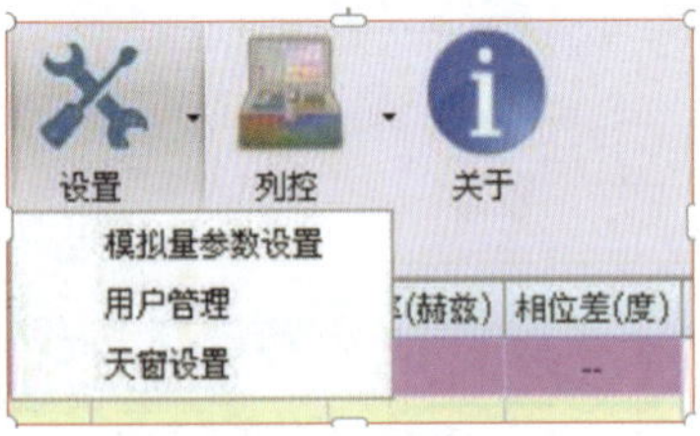

图 14-4-47 设置菜单

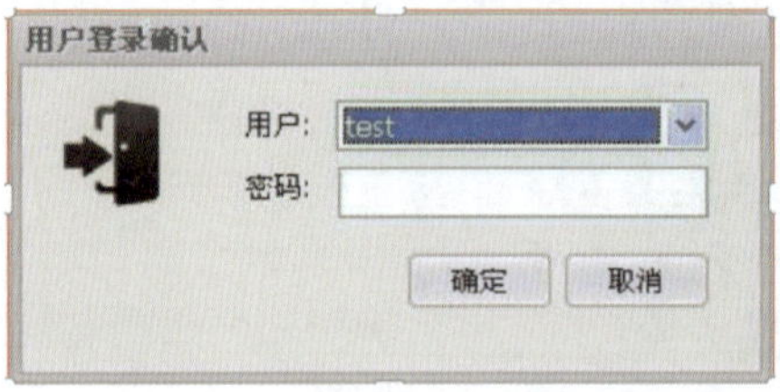

图 14-4-48 用户登录确认界面

输入正确的用户名和密码后单击“确认”,进入参数修改界面,如图 14-4-49 所示。

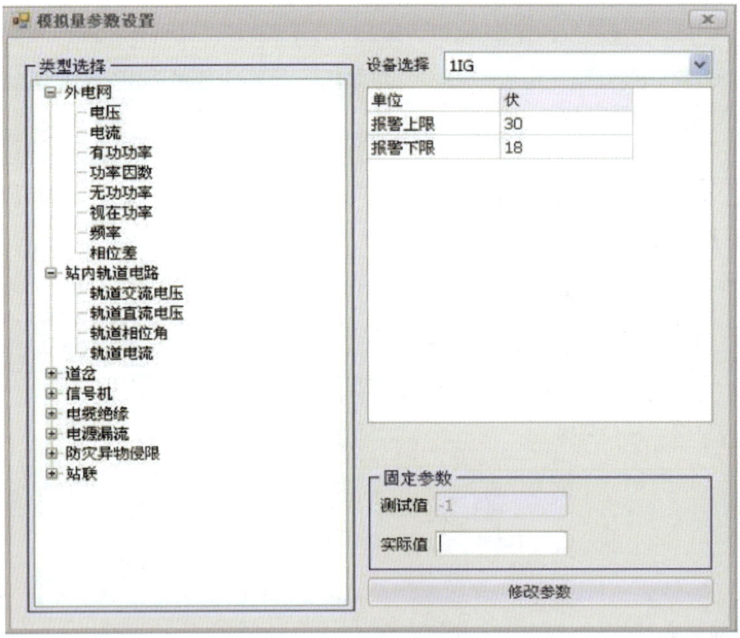

图 14-4-49 参数修改界面

在参数设置界面,可以选择任意的模拟量属性进行参数修改。可修改参数包括:单位、报警上限、报警下限、监测数值与实际数值标调。单位、报警上限、报警下限直接修改后面的内容即可。进行数值行标调时,“测试值”为当前监测系统采集到的值,“实际值”为仪器仪表测量的值。填写完内容后,单击修改参数,程序完成修改。在数值标调时,会根据测试值、实际值换算出标调系数。为了保证数据的准确性,系数有范围限制,默认为 0.8～1.2,如果系数超出范围则不能标调数据。超出范围时将弹出提示框,如图 14-4-50 所示。

(2)用户管理

由于系统根据不同的用户开放不同的功能,所以需要对用户进行管理。用户管理实现对

图 14-4-50　参数超出范围时弹出的提示框

用户的添加、修改、删除，如图 14-4-51 所示。

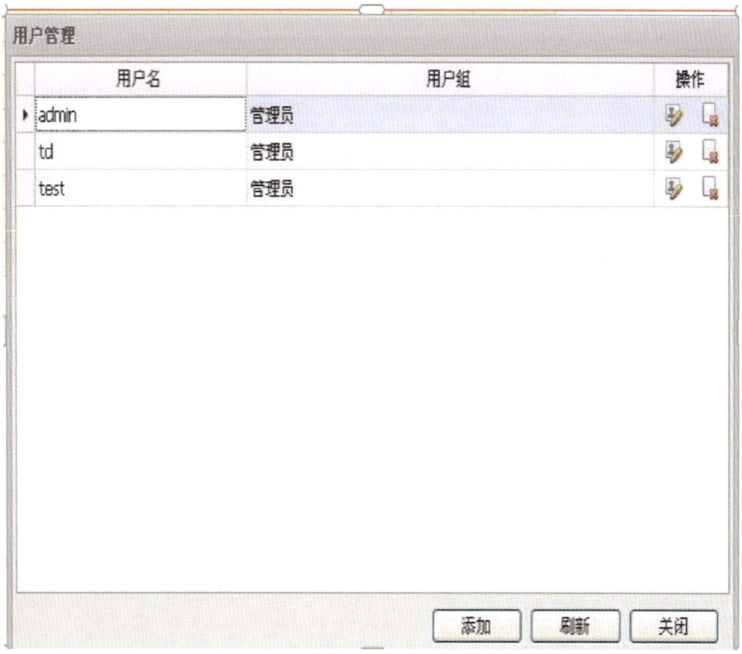

图 14-4-51　用户管理界面

在添加用户窗口中输入要添加的用户名、密码、用户等级，单击“确定”即可完成用户添加工作。目前用户等级分为：管理员用户、普通用户。

(3)天窗设置

天窗设置用于添加天窗，及对已添加的天窗进行修改和查询。单击“天窗设置”，进入天窗设置界面，如图 14-4-52 所示。

天窗设置界面默认查询当天天窗信息。天窗信息包括开始时间、结束时间、天窗详细内容、添加人、类型、实际开始时间、实际结束时间。

查询功能：可以设置查询开始时间和结束时间。

添加功能：单击“添加”按钮，打开添加天窗记录窗口，如图 14-4-53 所示。在窗口中输入相关信息后，单击“保存”按钮，完成天窗的添加工作。

天窗的编辑：在天窗设置窗口中，右击天窗记录，根据菜单内容进行编辑。

对尚未开始的天窗：可修改、删除、启动天窗修。

对已经开始的天窗：只能选择结束天窗。

对已经结束的天窗：不能编辑。

当选择开始天窗时，程序状态栏显示天窗提示信息，如图 14-4-54 所示。

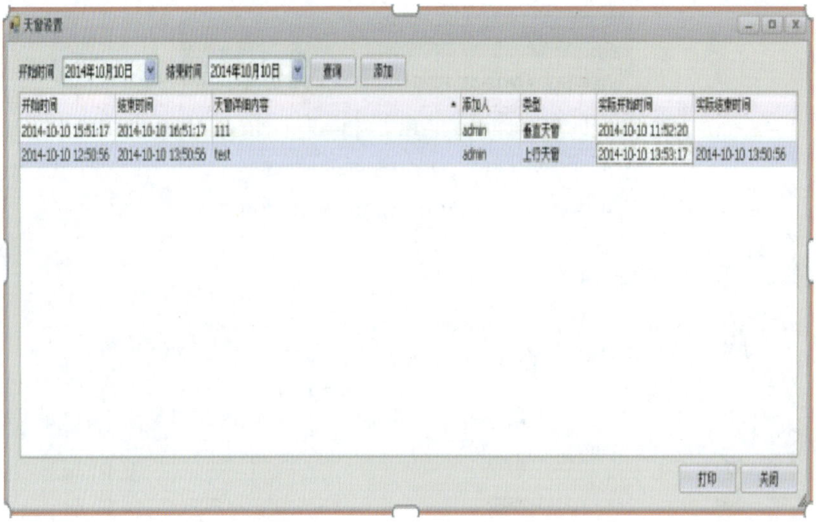

图 14-4-52 天窗设置界面

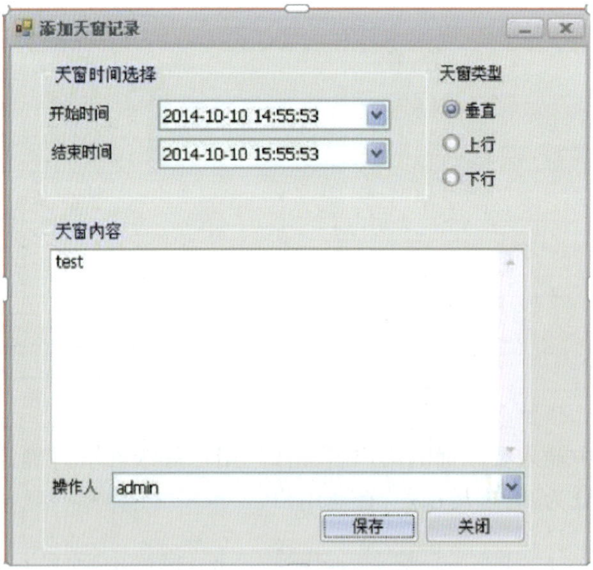

图 14-4-53 添加天窗记录窗口

图 14-4-54 天窗提示信息

在天窗时间内发生的报警信息中都有天窗标识,与正常时间的报警作区分。

11. 邻站

“邻站”功能支持查看邻站监测数据信息,如图 14-4-55 所示。

图 14-4-55 邻站菜单

单击“邻站”菜单，启动单独的邻站监测程序，选择需要查看的邻站，如图 14-4-56 所示。

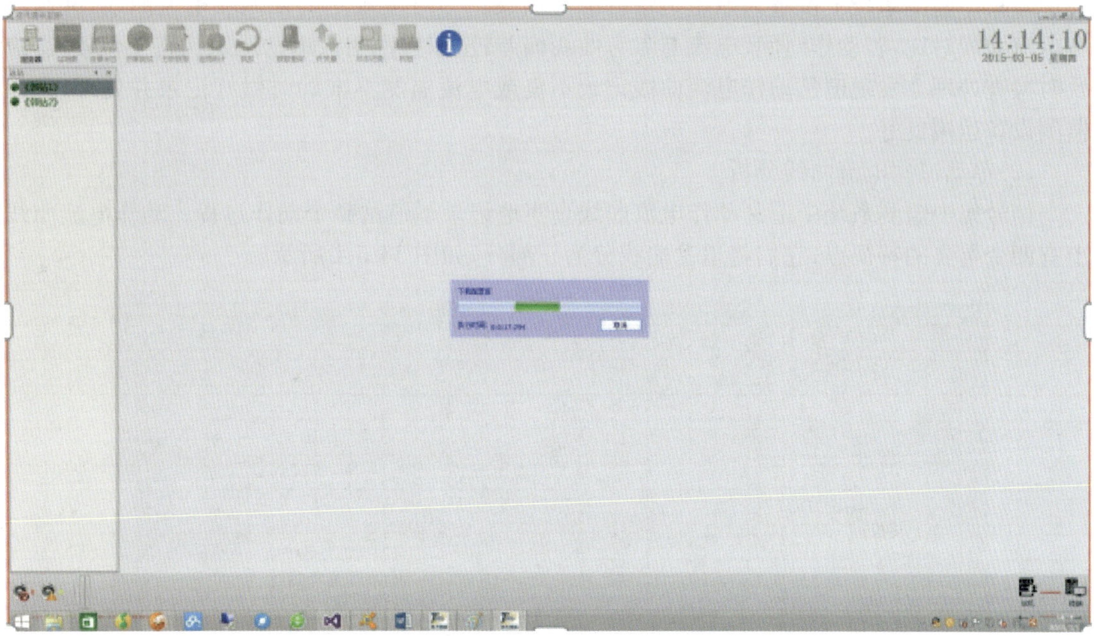

图 14-4-56　邻站监测程序界面

第五节　信号集中监测系统信息分析

一、道岔动作曲线分析

1. 道岔动作电流曲线

道岔动作电流曲线是反映道岔运用质量的一个重要指标，纵坐标为电流值，不同类型道岔的电流值不完全相同；横坐标为动作时间，不同类型道岔的动作时间也不完全相同。不同类型道岔动作时间见表 14-5-1。

表 14-5-1　不同类型道岔动作时间

类型	ZD6					ZD9	S700K					
	A	D	E	J	F		A3/A4	A5/A6	A7/A8	A9/A10	A13/A14	A15/A16
时间/s	≤3.8	≤5.5	≤9	≤9	≤6.5	≤5.8	≤7.2	≤6.6	≤6.6	≤6.6	≤6.6	≤6.6

2. 直流转辙机动作电流正常曲线分析

(1)基本要求

①熟悉《普速铁路信号维护规则　技术标准》(以下简称《维规》)中的标准，掌握道岔工作电流大小及道岔转换时间，能及时发现道岔运用过程中的特性超标现象。

a. ZD6 各型转辙机的工作电流均不应大于 2 A；

b. 道岔的故障电流数值应在《维规》规定的摩擦电流范围内：ZD6-D/F/G 型转辙机单机使用时，摩擦电流为 2.3～2.9 A；ZD6-E 型和 ZD6-J 型转辙机双机配套使用时，摩擦电流为 2.0～2.5 A。转辙机定反向摩擦电流相差应小于 0.3 A。

②了解直流转辙机动作原理及标准动作曲线。道岔检修完毕后将正常状态下的电流曲线在信号集中监测系统上设置为该组道岔的参考曲线。平时按规定周期调看电流曲线，并与参考电流曲线对比，若动作时间、电流与参考曲线偏差较大时，说明该道岔运用状态变化较大，应及时检查处理。发现道岔动作电流曲线记录不良或电流监测不准确时做好记录并处理，确保监测设备运用良好。

(2)单动道岔电流曲线分析

信号集中监测系统中道岔动作电流曲线真实地记录了道岔整个动作过程。动作电流曲线上有四个重要的特征点，它们将道岔曲线分为三部分，如图 14-5-1 所示。

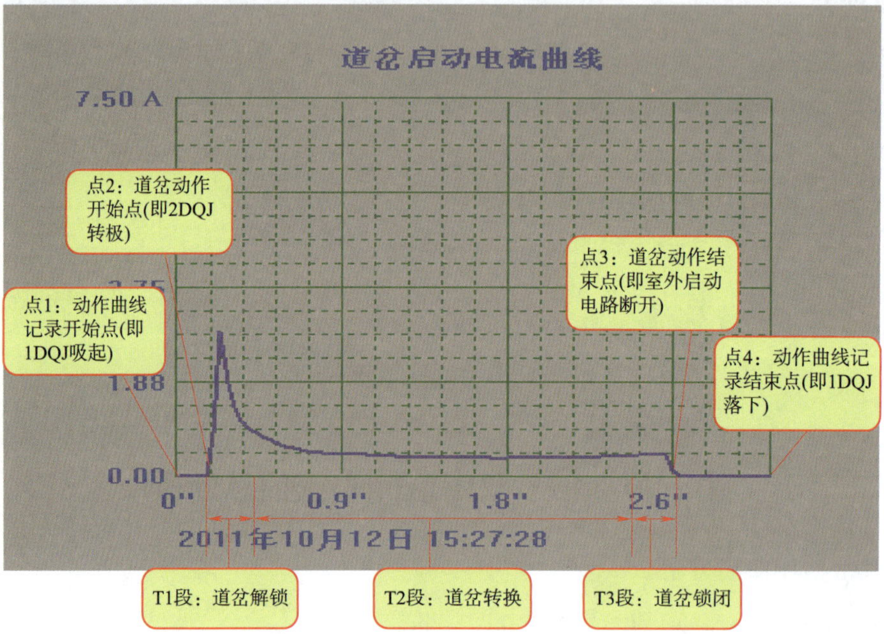

图 14-5-1　直流转辙机单动道岔电流曲线

①第一部分：道岔动作电流曲线开始记录(点 1 至点 2)

点 1 为动作电流曲线记录开始点。1DQJ 是信号集中监测系统掌握道岔是否动作的一个重要开关量。1DQJ 吸起时，监测系统开始对道岔动作电流曲线记录；1DQJ 落下后，监测系统结束对道岔动作电流曲线的记录。

在 1DQJ 吸起后，2DQJ 还未转极时，道岔启动电路未沟通，记录电流值为 0 A。此时间较短，通常 1DQJ 吸起 0.2 s 后 2DQJ 就正常转极，道岔开始启动，出现启动电流。

点 2 为道岔动作开始点。此时动作电流曲线由 0 A 瞬间升至一个较大值(以下称为“启动峰值”)，说明 2DQJ 正常转极，且室外启动电路也正常，道岔启动电路顺利接通，此时道岔开始转换。

②第二部分：道岔动作(点 2 至点 3)

道岔的整个动作过程可分为：解锁—转换—锁闭。由于直流电动转辙机为串激电机，特点是电流越大，转矩越大，转速越慢；电流越小，转矩越小，转速越快。在一定范围内，直流电动转辙机具有电机的转速与转矩能够随负荷的大小自动进行调整的“软特性”。

从图 14-5-1 中 T1 段可看出：电机刚启动时，有一个很大的启动电流，同时产生较大的转矩，这时道岔进入解锁状态，动作齿轮锁闭圆弧在动作齿条削尖齿内滑动。当动作齿轮带动齿条块动作时，与动作齿条相连的动作杆在杆件内有 5 mm 以上空动距离，这时电机的负载很小，电流迅速回落，道岔进入转换过程。

T2 段为道岔的转换过程。在这个过程中电机经过两级减速，带动道岔平稳转换，动作电流曲线平滑。如果动作电流小，表明转换阻力小；如果动作电流大，表明转换阻力大；如果动作电流波动，则表明道岔存在电气或机械方面的问题。

T3 段为道岔锁闭过程。这一过程中道岔尖轨被带动到另一侧，尖轨与基本轨密贴，动作齿轮圆弧在动作齿条削尖齿中滑动，锁闭道岔，自动开闭器动接点转换，切断动作电流。此时动作电流曲线尾部，略有上升回零。

③第三部分：道岔动作电流曲线记录结束(点 3 至点 4)

点 3 为道岔动作结束点。此时道岔锁闭，自动开闭器动接点转换，切断启动电路，动作电流降为 0 A。由于 1DQJ 为缓放型继电器，此时 1DQJ 并未立即落下，因此道岔动作电流曲线的记录还在继续。

点 4 为动作电流曲线记录结束点。此时 1DQJ 经过缓放后落下。1DQJ 缓放时间即点 3 与点 4 间的时间，按照《维规》规定：JWJXC-H125/0.44 型继电器缓放时间不小于 0.45 s (24 V)。1DQJ 落下后，监测系统停止了对道岔动作电流的记录。

经验提示：普通 ZD6 单机道岔转换时，动作电流一般为 0.6 A 左右；四线制双机道岔正常转换时，动作电流一般在 1.2 A 左右。

(3)单动六线制双机道岔动作电流曲线分析

单动六线制双机道岔动作电流曲线，如图 14-5-2 所示，在动作时间及动作电流值上与普通单动道岔曲线基本相同。在道岔转换时，双机道岔某一转辙机先到位即可切断本机启动电路，但由于主副机共用 1DQJ，因此道岔动作电流曲线的记录并不会停止，而是待后到位的转辙机也到位，1DQJ 自闭电路断开，经缓放落下后，才会同时停止对主副机道岔动作电流曲线的记录。因此六线制双机道岔 A、B 机动作电流曲线记录的开始时间、结束时间完全相同。

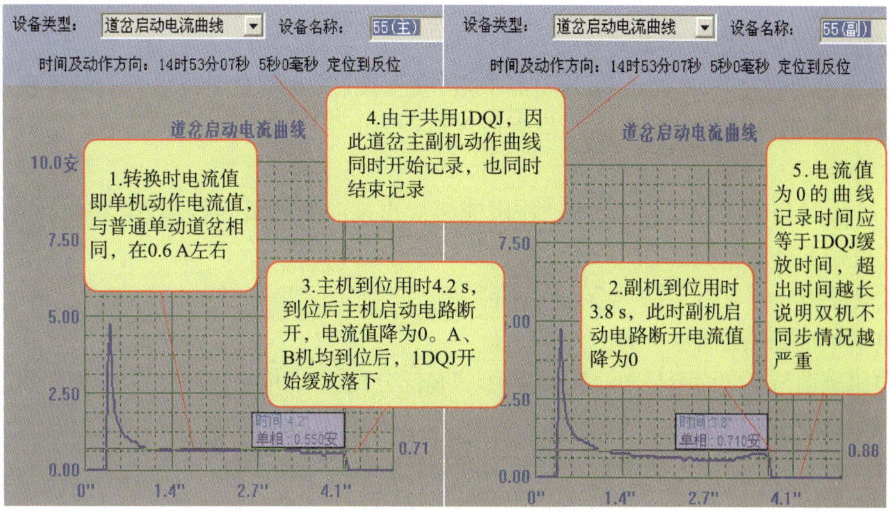

图 14-5-2　单动六线制双机道岔动作电流曲线

3. 直流转辙机动作电流典型故障曲线分析

(1)案例 1：道岔动作电流为 0 A，如图 14-5-3 所示。

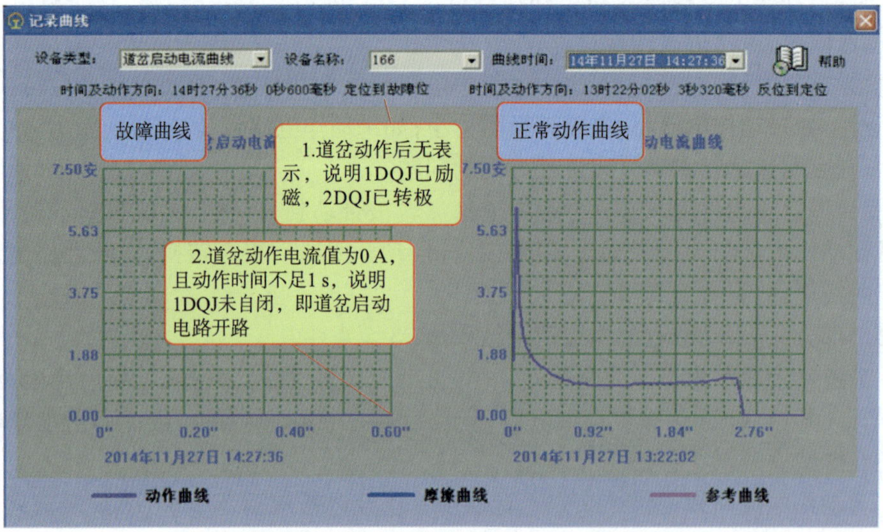

图 14-5-3　道岔动作电流为 0 A

①曲线分析

a. 若 1DQJ 励磁后 2DQJ 未转极，则信号集中监测系统会记录一条电流值为 0 A 的曲线。在 1DQJ 因操纵意图完毕，励磁电路断开而落下后，道岔将恢复扳动前的表示，曲线上“时间及动作方向”栏显示“定位到定位”或“反位到反位”，而不是保持无表示的状态。

因此，案例 1 中道岔动作后一直无表示，说明 1DQJ 已励磁，2DQJ 已转极。

b. 1DQJ 吸起后，信号集中监测系统开始对道岔动作电流曲线进行记录。左侧故障动作电流曲线中，道岔动作电流为 0 A，且记录 0.6 s 后就无记录，说明 1DQJ 在 2DQJ 刚转极后即落下，故障原因为 1DQJ 自闭电路(即道岔启动电路)开路。

②常见原因

a. 室内道岔启动熔断器断；

b. 室外启动电路开路，如自动开闭器接点、安全接点、电缆及配线端子接触不良等。

(2)案例 2：道岔转换时电流曲线呈锯齿状波动，如图 14-5-4 所示。

①曲线分析

道岔转换过程中曲线呈锯齿波，动作电流多次出现向下的瞬间抖动，通常表示道岔启动通道中存在接触不良的情况。

②常见原因

a. 电机换向器有断格。

b. 电机碳刷与换向面不是同心弧面接触，只是部分接触，电机在转动过程中，换向器产生环火。

c. 转辙机摩擦带磨损。

(3)案例 3：道岔动作电流坡形爬升至空转，如图 14-5-5 所示。

①曲线分析

直流电动转辙机具有动作电流能够随负荷的大小自动进行调整的“软特性”。图 14-5-5 中左侧故障曲线中，动作电流值在启动后没有进入平稳的道岔转换期，而是逐步爬升，最后稳定在摩擦电流值。这说明道岔在开始转换后外界阻力逐步增大，最后转辙机因完全无法带动尖轨而空转。

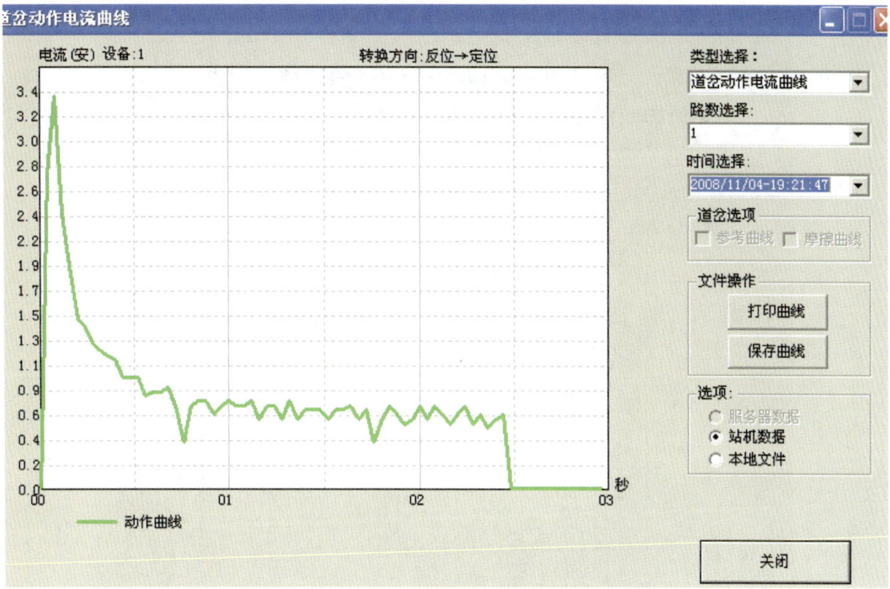

图 14-5-4　道岔转换时电流曲线呈锯齿状波动

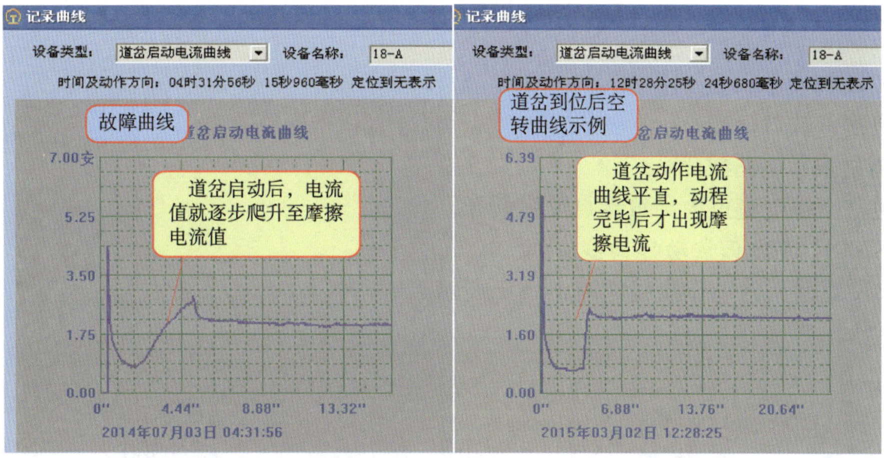

(a) 电流坡行上升无法到位　　(b) B机电流曲线

图 14-5-5　道岔动作电流坡形爬升至空转

②常见原因

此现象多发生于六线制双机道岔。在一机因故障未能动作的情况下，另一机由于尖轨动程被影响，会出现转换时阻力越来越大，最终导致空转的现象。在本案例中，故障道岔 A 机在 04:31:56 出现启动电流坡行上升无法到位的现象，如图 14-5-5 中(a)所示。同一时间 B 机电流曲线如图 14-5-5(b)所示。由曲线可知，故障真实原因并非 A 机空转，而是 B 机启动电路开路导致道岔无法转换。

(4)案例 4:道岔正常动作完毕后无表示，如图 14-5-6 所示。

①曲线分析

道岔动作完毕后无表示，但查看道岔动作电流曲线，启动、转换、锁闭过程均正常，与参考曲线一致，说明道岔表示电路未沟通。

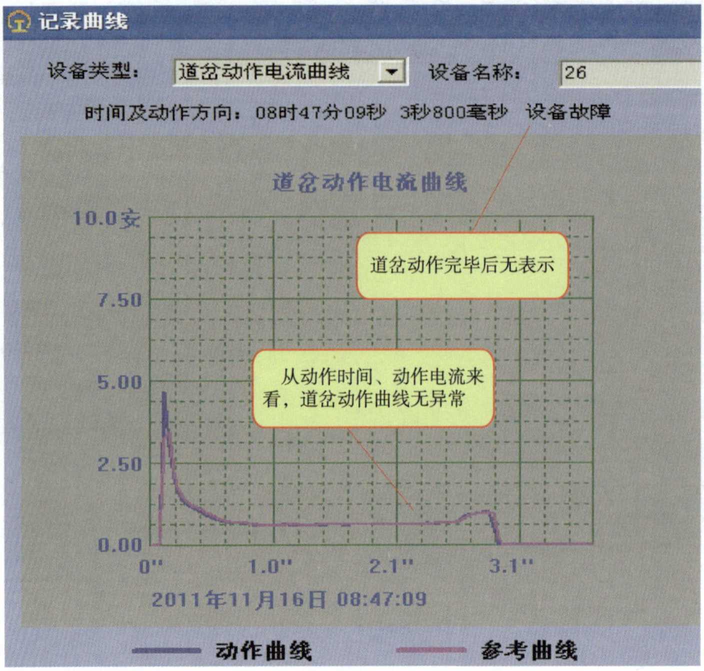

图 14-5-6　道岔正常动作完毕后无表示

②常见原因

a. 道岔卡缺口；

b. 道岔表示电路故障；

c. 道岔摩擦电流过大导致接点反弹断开。

4. S700K 道岔正常动作曲线分析

S700K 道岔正常动作曲线如图 14-5-7 所示。

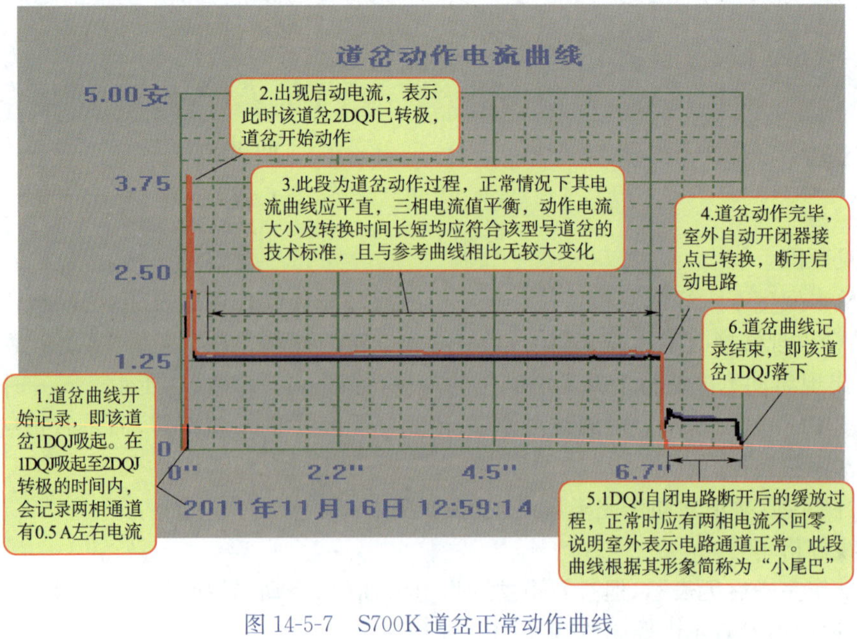

图 14-5-7　S700K 道岔正常动作曲线

从图 14-5-7 可以看出三相交流转辙机动作过程主要分以下五步：

(1)第一步，1DQJ 吸起：1DQJ 吸起后，道岔动作曲线开始记录。

(2)第二步，2DQJ 转极：在 2DQJ 转极时，动作电流曲线将出现一个较大峰值(为表述方便，文中将道岔开始启动时产生的瞬间大电流简称为启动电流)，说明道岔启动电路已接通，道岔开始动作。

(3)第三步，道岔动作：道岔动作过程分为解锁、转换、锁闭三步。解锁与转换的分界点以斥离尖轨开始动作为准，锁闭时以斥离尖轨密贴到位为准。

(4)第四步，启动电路断开：道岔转换完毕，自动开闭器接点转换，断开启动电路，使 BHJ 落下，1DQJ 自闭电路断开进入缓放状态(《维规》中规定：24 V 条件下，JWJXC-125/80 型继电器在失磁时缓放时间不小于 0.5 s)。在 1DQJ 缓放时间内，启动电路中两相仍有小电流存在(为表述方便，后文中将此电流按其形象简称为“小尾巴”)。

(5)第五步，1DQJ 落下：1DQJ 经过缓放后落下，停止记录道岔动作曲线。

5. 单机道岔典型案例分析

(1)案例 1：三相电流数值均为零，如图 14-5-8 所示。

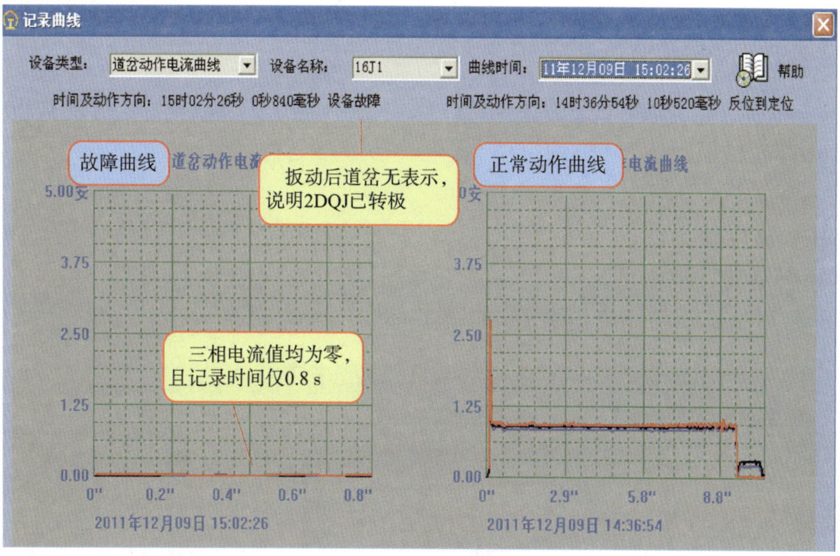

图 14-5-8　三相电流数值均为零

①曲线分析

道岔扳动后无表示，说明其 1DQJ 已励磁，2DQJ 已转极，接通道岔启动电路，向室外送电。此时道岔三相动作电流均为零，说明启动电路三相均处于开路状态，DBQ 因无电流流过而无直流电压输出，导致 BHJ 无法吸起，1DQJ 无法自闭，0.8 s 后即落下。该道岔扳动前表示正常，说明外线不可能全部开路，因此重点检查室内影响电源的公共部分。

②常见原因

a. 交流转辙机电源断或该道岔启动空开断开。

b. 断相保护器故障。

(2)案例 2：道岔动作电流曲线只记录两相 0.5 A 左右电流，如图 14-5-9 所示。

①曲线分析

此时的电流形同于“小尾巴”电流，说明 1DQJ、1DQJF 均已吸起，但未出现启动电流，说明

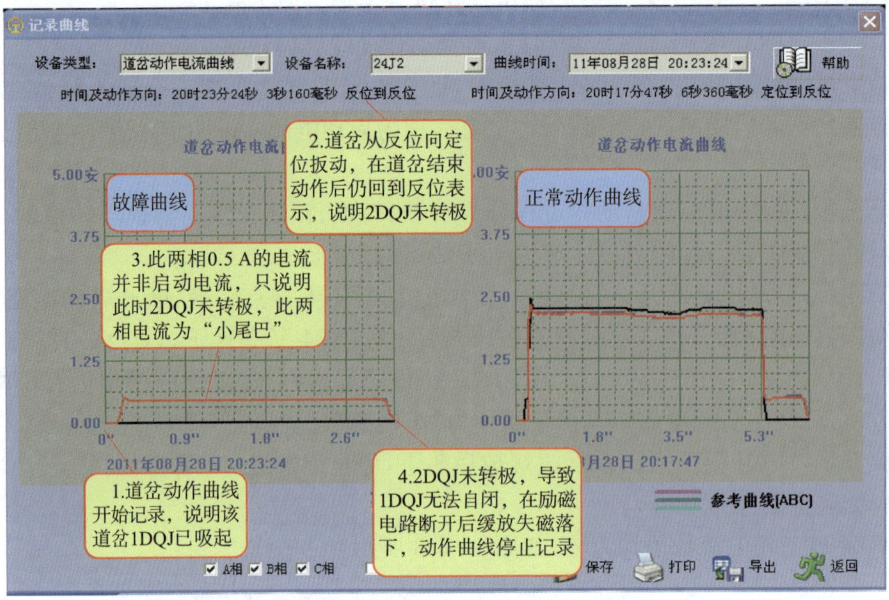

图 14-5-9　道岔动作电流曲线只记录两相 0.5 A 左右电流

2DQJ 未转极。因此在道岔扳动指令复原后，该道岔 1DQJ 就缓放落下，恢复扳动前的表示。“时间及动作方向”栏显示为“反位到反位”。

②常见原因

a. 2DQJ 励磁电路不良；

b. 2DQJ 继电器特性不良。

(3)案例 3：道岔三相动作电流突升，如图 14-5-10 所示。

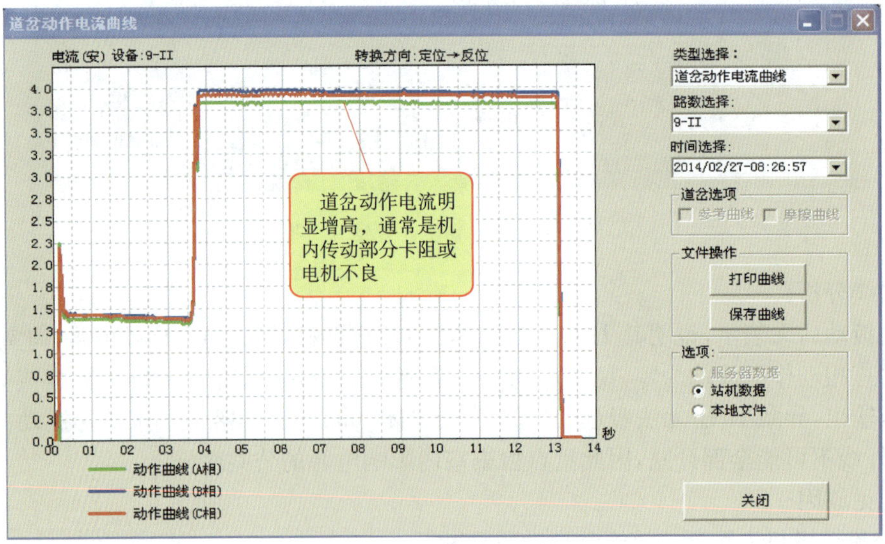

图 14-5-10　道岔三相动作电流突升

①曲线分析

交流转辙机正常转换过程中，动作电流值应稳定，即使因尖轨夹异物、道岔不解锁等机外阻力造成电机空转时，其动作电流也只会有轻微变化，不会明显增高。从故障曲线上分析，该道岔初期转换正常，中途出现电流值明显增大，其原因通常是转辙机机内卡阻或电机不良。

②常见原因

a. 机内滚珠丝杠（或联轴器）卡阻；

b. 电机不良。

（4）案例 4：道岔动作曲线正常但道岔无表示，如图 14-5-11 所示。

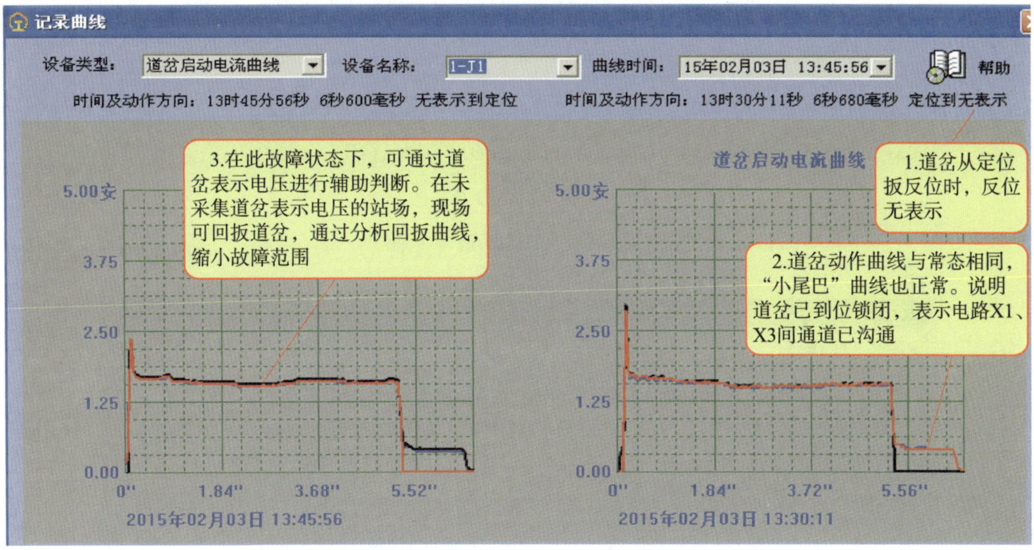

图 14-5-11　道岔动作曲线正常但道岔无表示

①曲线分析

查看图 14-5-11 右侧故障曲线，道岔定位扳反位时动作电流曲线与正常情况完全相同，说明道岔已动作到位并锁闭，为表示电路故障。通过“小尾巴”形成原理可知表示电路 X1、X3 间通道已沟通，室外二极管及电阻等均良好，故障点在“小尾巴”无法检查到的表示电路中的 X5，以及室内表示电路部分。

在此情况下，若信号集中监测系统有道岔表示电压采集，可对表示电压进行分析，判断故障范围；若信号集中监测系统未采集道岔表示电压，现场可回扳道岔，通过分析回扳曲线来辅助分析，缩小故障范围。

②常见原因

表示电路开路。

二、25 Hz 轨道电路正常曲线分析

1. 正常曲线

正常轨道电压曲线如图 14-5-12 所示。

正常轨道电路相位角曲线如图 14-5-13 所示。

正常轨道电压及相位角均应符合《维规》及 25 Hz 相敏轨道电路调整表要求；在调整状态下轨道电路电压及相位角均应保持数值稳定，无波动和突变。

2. 案例分析

（1）案例 1：接收电压大幅下降，如图 14-5-14 所示。

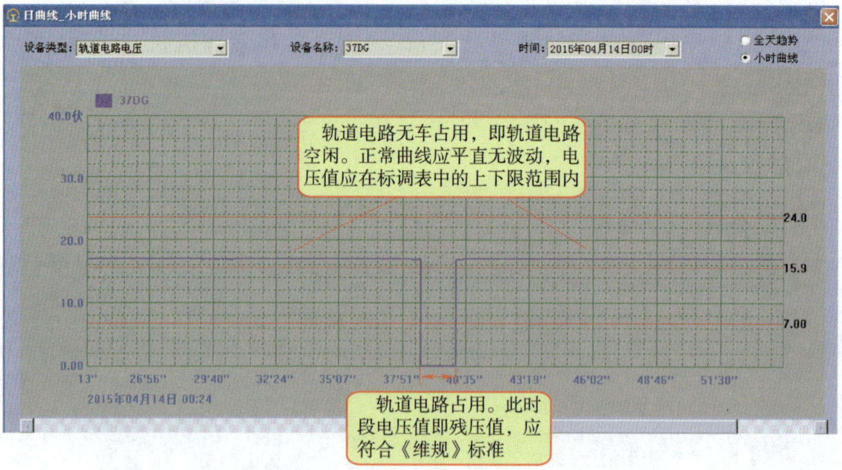

图 14-5-12　正常轨道电压曲线

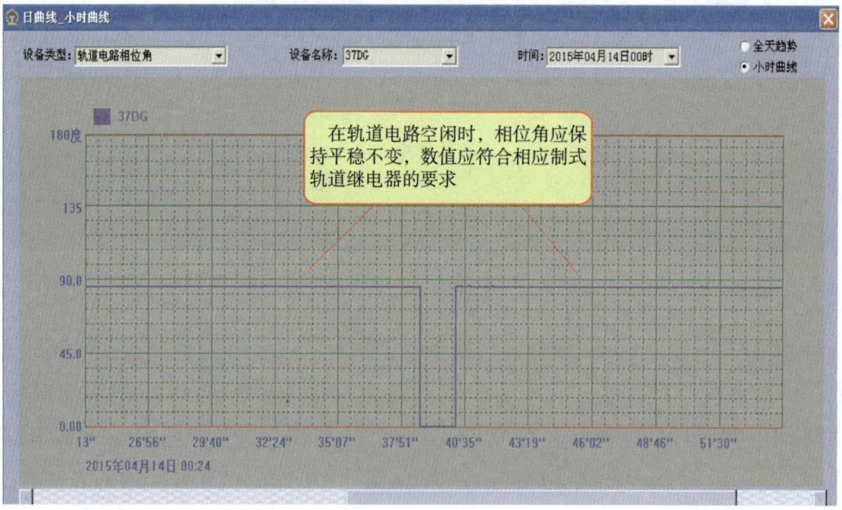

图 14-5-13　正常轨道电路相位角曲线

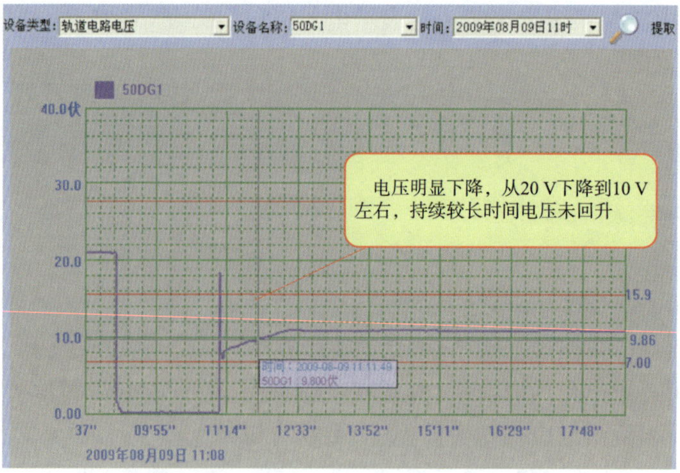

图 14-5-14　轨道电路接收电压大幅下降

①曲线分析

该区段在车列通过后电压从 20 V 突降至 10 V 左右，并且较长时间电压未回升，此接收电压为半开路、半短路的电压值，需现场逐段查找判别。

②常见原因

a. 工务扣件碰夹板；

b. 导接线接触不良；

c. 绝缘不良；

d. 防护盒不良；

e. 限流器不良。

(2)案例 2：相邻两区段电压同时波动。

两相邻站内轨道电路电压同时波动，如图 14-5-15 所示。

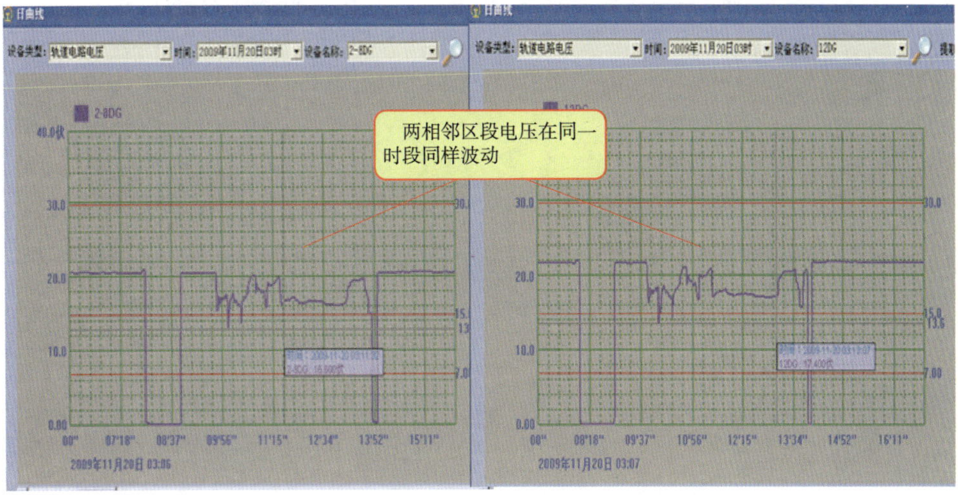

图 14-5-15　两相邻站内轨道电路电压同时波动

两相邻区段在其中一区段占用时，另一区段电压出现波动，如图 14-5-16 所示。

①曲线分析

轨道电路两相邻站内轨道电路电压同时波动，并且波动时长一致，波动的幅度、曲线都大致相同；或其中一个区段电压在相邻区段被占用时出现波动。

②常见原因

a. 相邻两区段间的绝缘有短路。

b. 两区段电源线混线。

(3)案例 3：轨道电路电压曲线频繁出现下降波动，如图 14-5-17 所示。

①曲线分析

电压出现明显下降波动，此类曲线多由轨道电路通道内接触不良造成，需现场逐段查找判别。

②常见原因

a. 电源线接触不良；

b. 塞钉孔锈蚀，塞钉头接触不良；

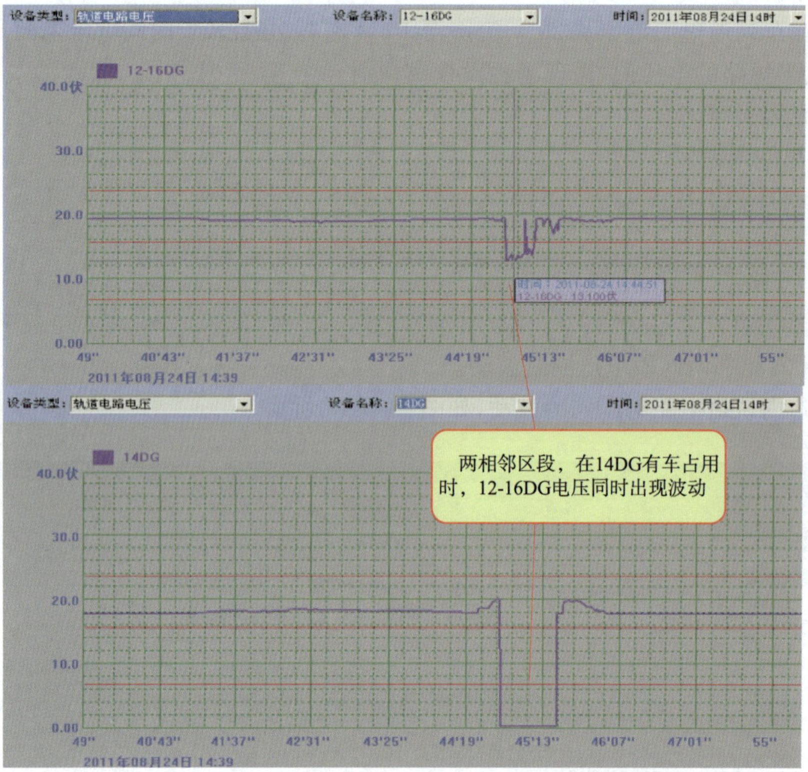

图 14-5-16　两相邻区段一区段占用另一区段电压波动

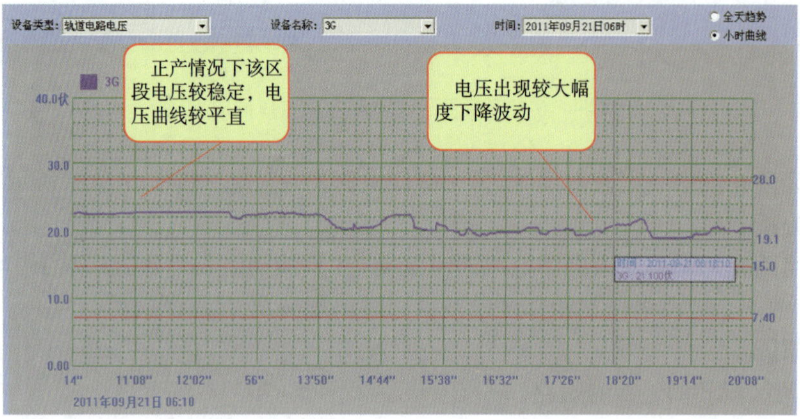

图 14-5-17　轨道电路电压曲线频繁出现下降波动

c. 接续线接触不良；

d. 轨道电路通道各部端子、配线接触不良。

(4)案例 4：一送多受区段所有受电分支接收电压同时下降，如图 14-5-18 所示。

①曲线分析

一送多受轨道电路所有受电分支接收电压同时下降到一定数值或下降为 0 V，一般为送端公共部分存在隐患。

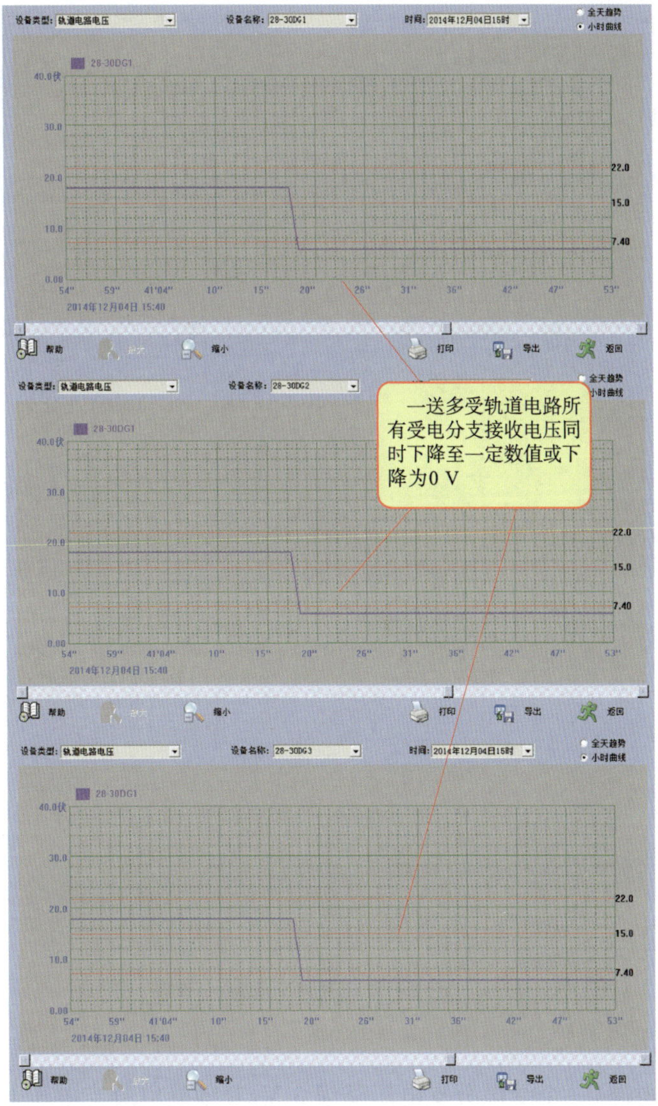

图 14-5-18 一送多受区段所有受电分支接收电压同时下降

②常见原因

a. 受电分支电压全降为 0 V

ⓐ送电端断路器断开；

ⓑ送端电缆开路；

ⓒ送端设备故障开路。

b. 受电分支电压同时下降到一定数值

ⓐ送电端轨道变压器不良；

ⓑ送电端电源线短路；

ⓒ送端公共部分的轨道接续线、岔芯跳线开路。

(5)案例 5:一个受电分支接收电压降为 0 V,其他受电分支接收电压同时上升,如图 14-5-19 所示。

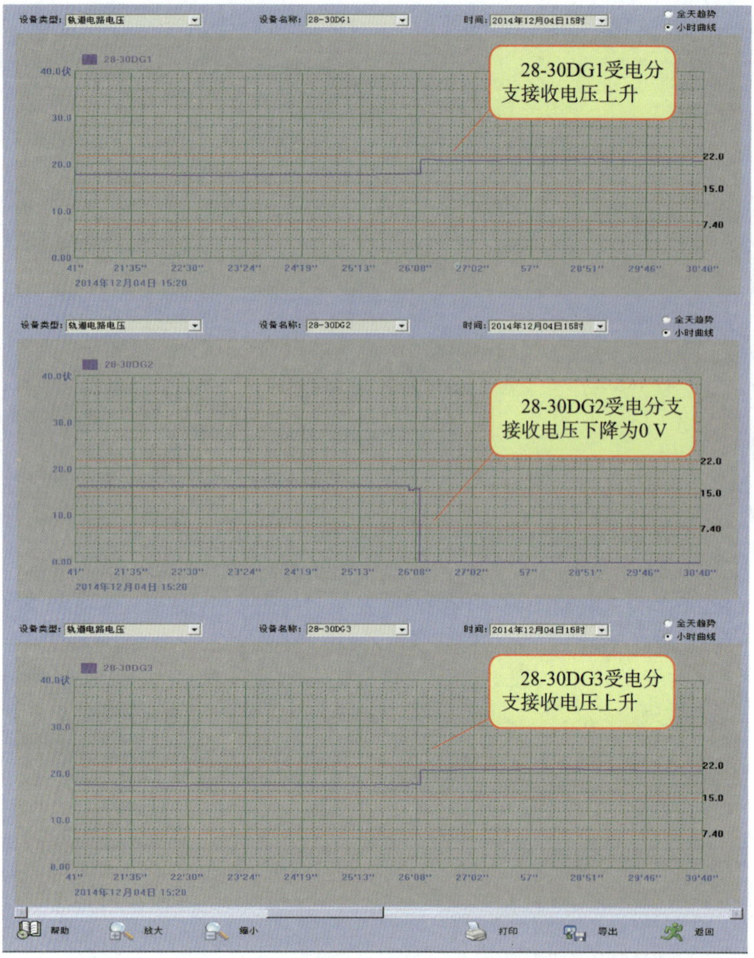

图 14-5-19　轨道电路电压曲线示意

①曲线分析

一送多受轨道电路，一个受电分支电压降为 0 V，其他受电分支电压上升，说明接收电压降为 0 V 的受电分支通道存在开路现象。

②常见原因

a. 接收电压为 0 V 的受电分支的电源线或受端器材开路；

b. 接收电压为 0 V 的受电分支的电缆断线、开路；

c. 接收电压为 0 V 的受电分支的室内分线盘至 GJ 线圈间配线开路。

三、区间轨道电路电压曲线分析

1. 区间采集曲线

(1)发送功出电压曲线如图 14-5-20 所示。

(2)电缆侧发送电压曲线

①在普速 ZPW-2000A 有分割区段的轨道电路中，后方分割区段的电缆侧发送电压曲线如图 14-5-21 所示。

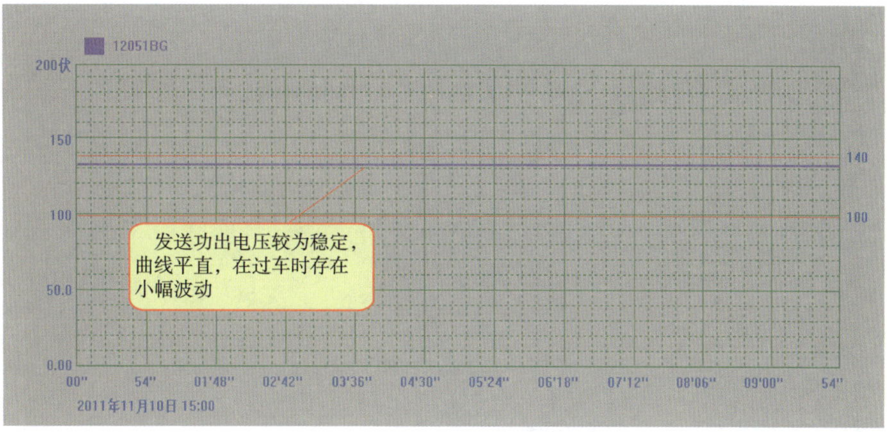

图 14-5-20　发送功出电压曲线

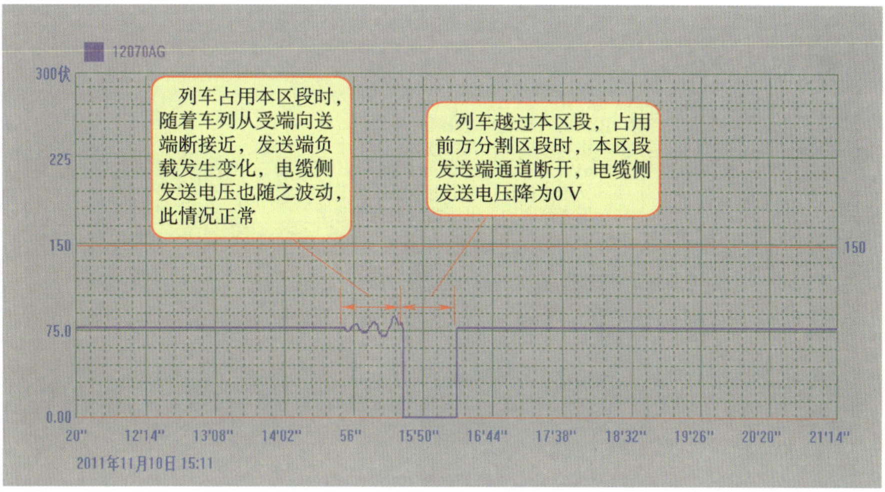

图 14-5-21　分割区段的电缆侧发送电压曲线

②其他类型区段电缆侧发送电压曲线如图 14-5-22 所示。

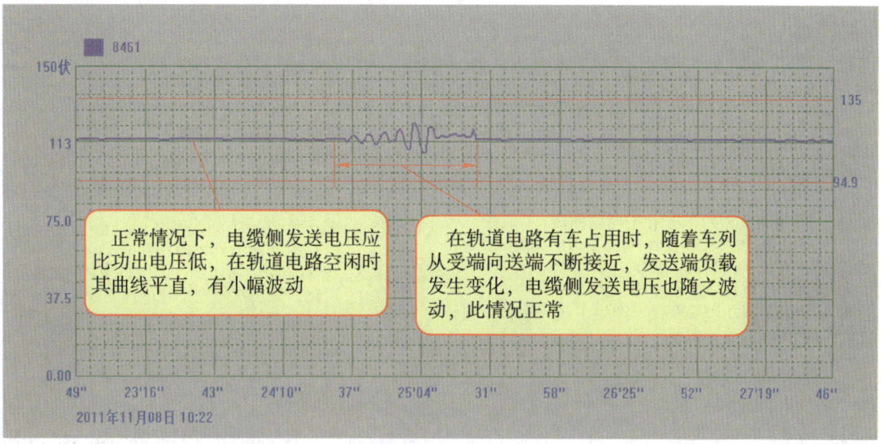

图 14-5-22　其他类型区段电缆侧发送电压曲线

(3)电缆侧接收电压曲线如图 14-5-23 所示。

(4)主轨出电压曲线如图 14-5-24 所示。

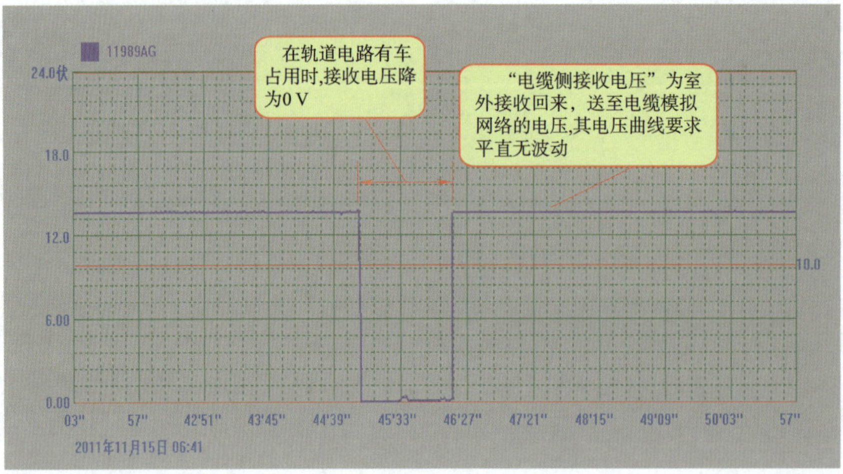

图 14-5-23　电缆侧接收电压曲线

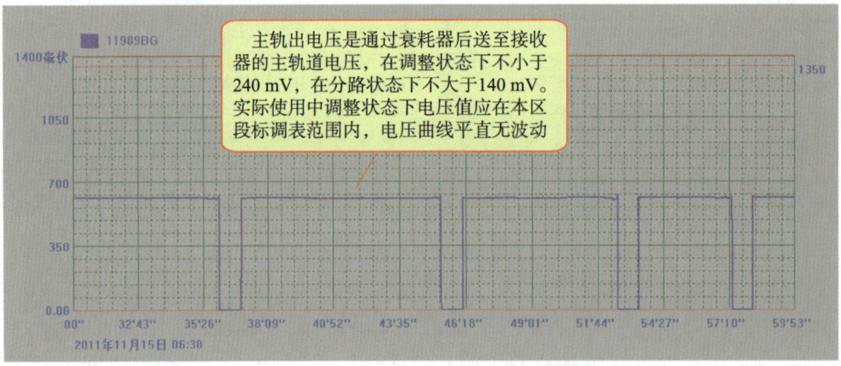

图 14-5-24　主轨出电压曲线

(5)小轨出电压曲线如图 14-5-25 所示。

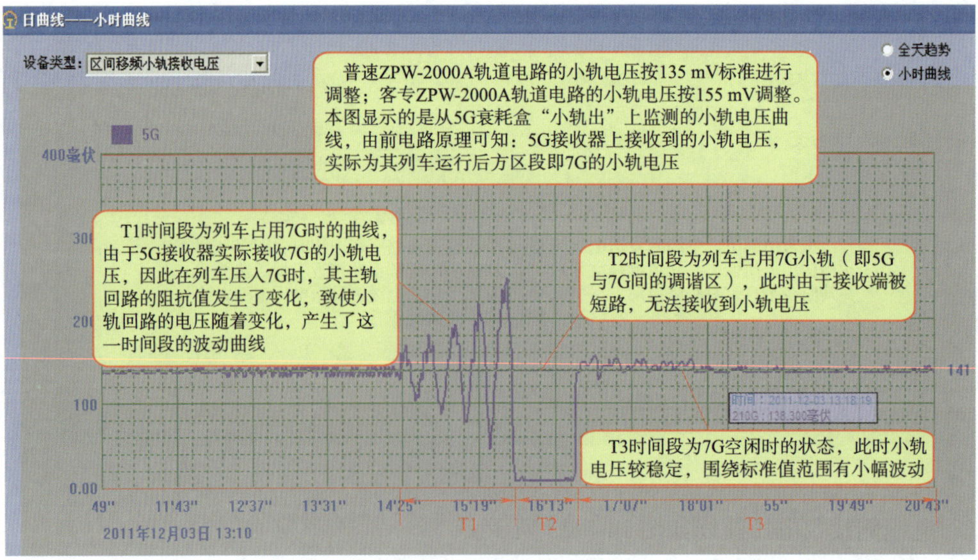

图 14-5-25　小轨出电压曲线

小轨出电压在区段空闲时较稳定，在调整范围内有小幅波动；有车占用本区段主轨道时，小轨出电压会随列车运行而出现振荡波动；列车占用小轨道区段时，小轨出电压将下降至落下门限值以下。

在小轨参与联锁的线路，小轨出电压过高(高于 220 mV)或过低(低于 63 mV)，均会导致本区段 GJ 无法吸起，因此对小轨出接收电压的分析相当重要。

2. 案例分析

(1)案例一：主轨出电压逐日缓降，如图 14-5-26 所示。

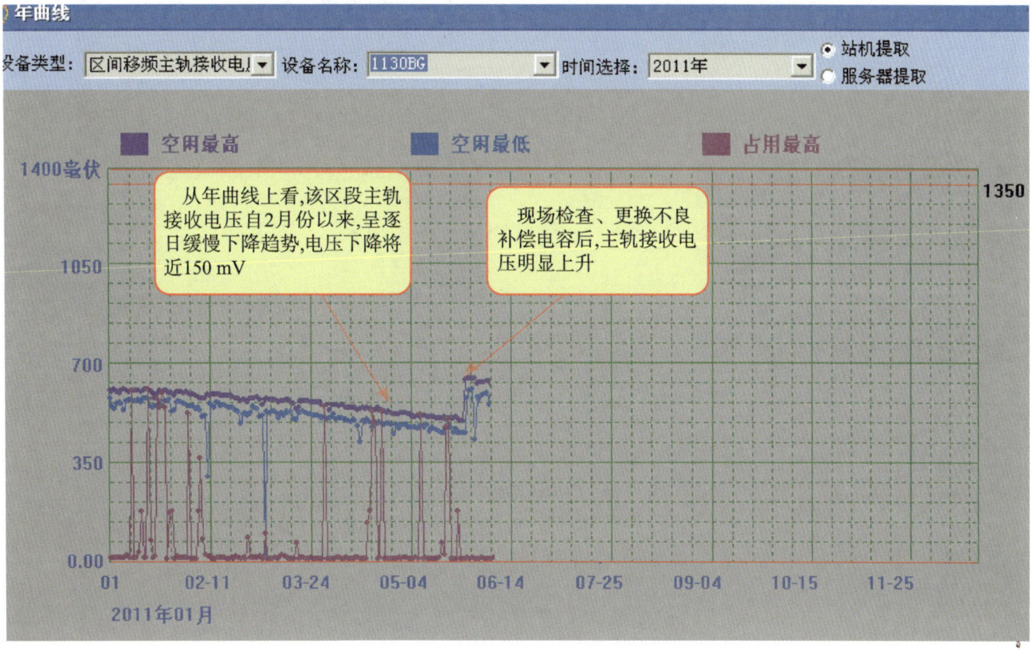

图 14-5-26　主轨出电压逐日缓降

①曲线分析

从日曲线上看该区段电压变化不明显，从图 14-5-26 中该区段年曲线上对多日电压进行分析时发现，该区段主轨出电压有缓慢下降趋势(电缆侧接收电压、主轨入电压均有同样变化趋势)。同时，该站其他区段电压平稳，无此变化，说明该区段确实存在异常且问题点在室外部分。经现场检查发现补偿电容失效。

提示：在对电压进行分析时要注意结合天气因素，并注重与相邻区段的电压值进行横向比较。

②常见原因

a. 补偿电容容量下降；

b. 天气因素造成道砟电阻变化。

(2)案例二：主轨出电压突降后未恢复。

调整状态下电压突降，如图 14-5-27 所示。

有车占用(或作业)前后电压突降，如图 14-5-28 所示。

①曲线分析

主轨电压突降后无回升，结合本区段及前后区段的主轨电压、小轨电压进行分析。重点观

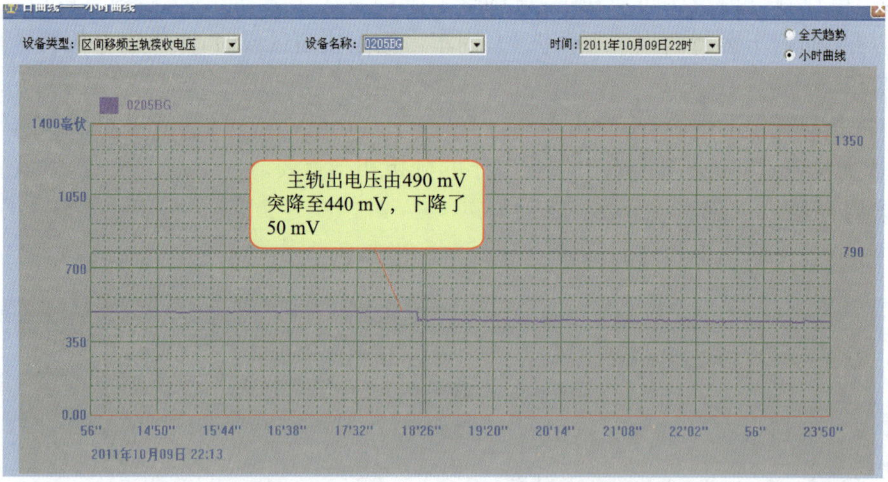

图 14-5-27　调整状态下电压突降

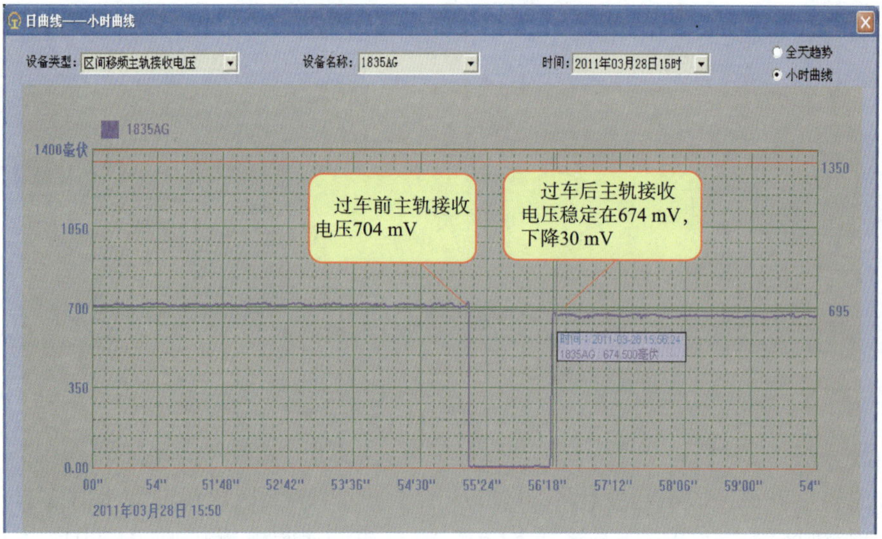

图 14-5-28　有车占用(或作业)前后电压突降

察本区段的小轨电压(由运行前方区段接收器接收)变化情况。

②常见原因

小轨出电压在主轨出电压下降时出现上升或下降的变化时，该区段补偿电容失效的可能性较大。

(3)案例三：主轨出电压波动，电压变化前后曲线平直，如图 14-5-29 所示。

①曲线分析

主轨出电压随列车运行情况忽升忽降，幅度不大，且变化前后电压曲线保持稳定，若电缆侧接收电压也出现同样波动，而送端电缆侧电压正常，说明问题点在室外。补偿电容接触不良、双电源线单根接触不良的可能性较大。

②常见原因

a. 补偿电容销子锈蚀、接触不良；

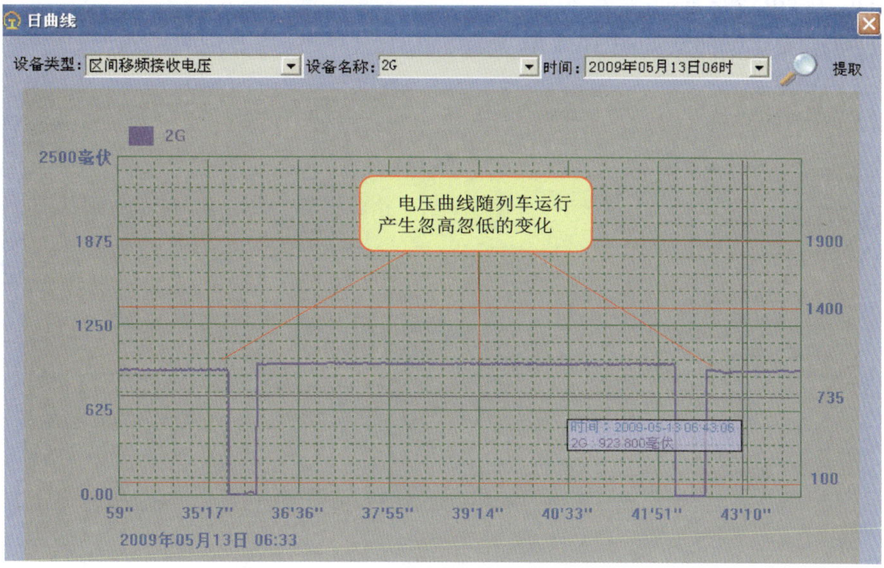

图 14-5-29 主轨出电压波动前后曲线平直

b. 电源线、连接线接触不良。

四、信号机点灯电流曲线分析

1. 点灯电流正常曲线

(1)DJ 点灯电流正常曲线

DJ 点灯电流正常曲线如图 14-5-30 所示。

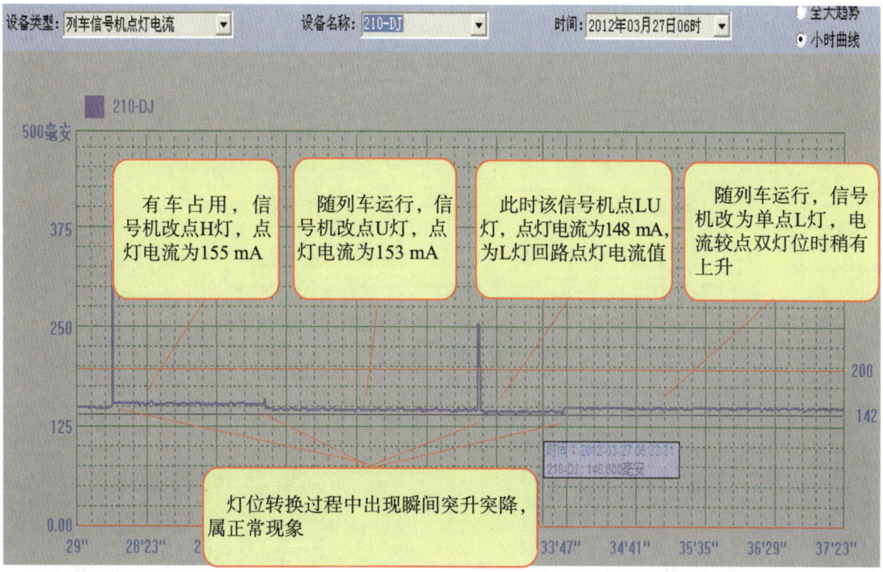

图 14-5-30 DJ 点灯电流正常曲线

点灯时电流曲线平直，电流值达标；灯位转换时电流曲线可有瞬间变化，但时间不应过长；在点不同灯位时，各灯位间的点灯电流值应相差不大；1DJ 电流从无断电现象。

(2)2DJ 点灯电流正常曲线

2DJ 点灯电流正常曲线如图 14-5-31 所示。

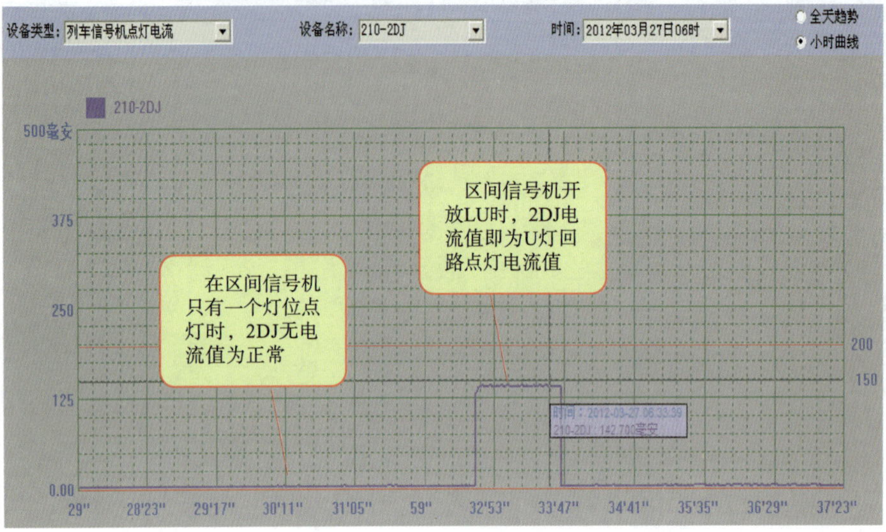

图 14-5-31　2DJ 点灯电流正常曲线

未点相应灯时点灯电流为 0 A;点相应灯时电流曲线平直,电流值达标,且不同时间同一灯位点灯电流值应稳定无变化。

在分析点灯电流曲线时,还应结合回放站场调看模拟量数据的方法,才能准确判断每一灯位点灯电流。

(3)UUS 点灯电流正常曲线

UUS 点灯电流正常曲线如图 14-5-32 所示。

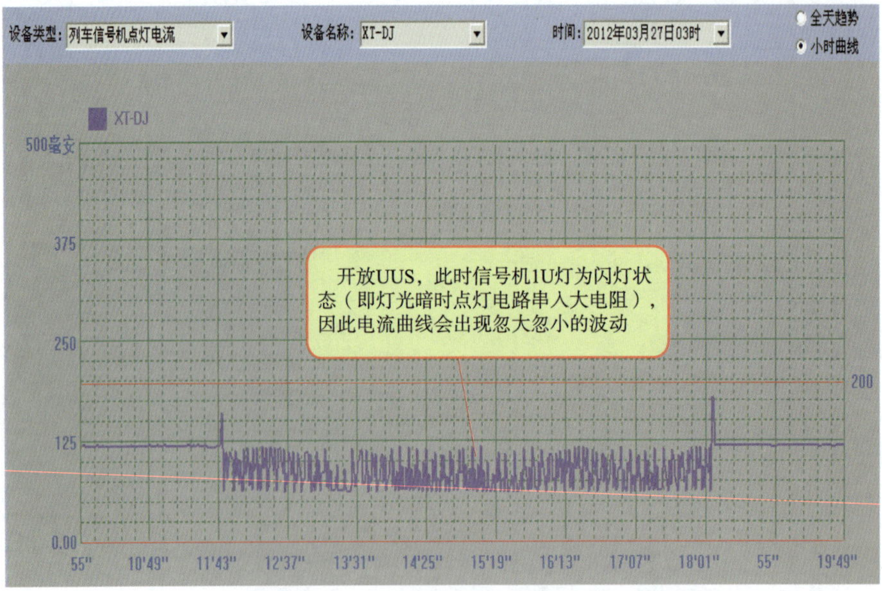

图 14-5-32　UUS 点灯电流正常曲线

《铁路技术管理规程(普速铁路部分)》规定:当进站信号机准许列车经 18 号及以上道岔侧向位置,进入站内越过次一架已经开放的信号机且该信号机防护的进路经道岔直向位置或 18 号及以上道岔侧向位置时,该进站信号机开放一个黄色闪光和一个黄色灯光。

进站信号机开放 UUS 时,1U 灯处于时亮时暗状态,在点亮时电流值为正常值,在灯暗时由于点灯电路中串入大电阻,点灯电流明显下降,因此点灯电流曲线呈波动状态。

2. DJ 故障曲线分析

(1)案例 1:信号机点灯电流不达标,如图 14-5-33 所示。

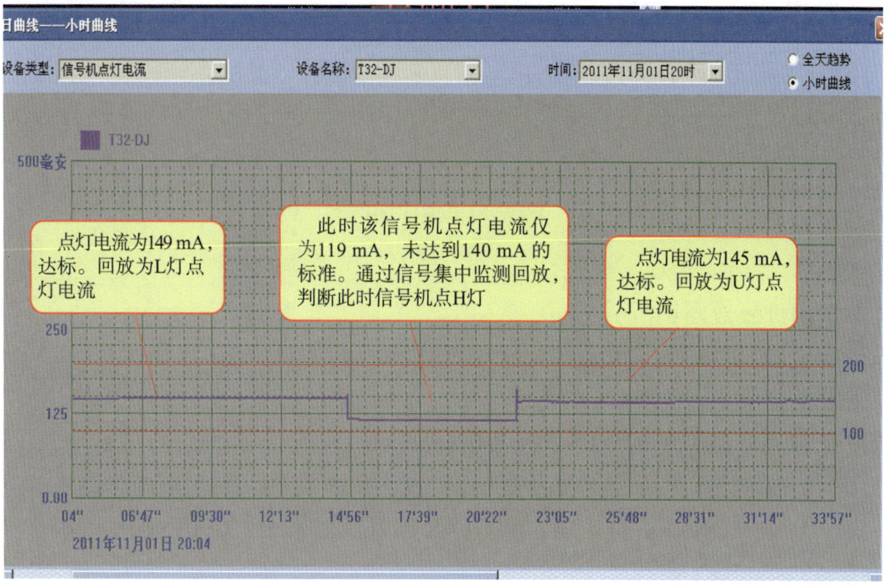

图 14-5-33　信号机点灯电流不达标

①曲线分析

点灯电流不达标会导致 DJ 不能可靠工作,所以从曲线上分析发现电流不达标时,应利用回放并调看点灯电流模拟量数据的方式,查看在各个灯位时的电流值,找到不达标的灯位,调整至达标。三个灯位的电流要调均衡。调整后还要确保灯端电压符合标准。在点 H 灯时点灯电流出现低于 140 mA 的情况,明显不达标。

②常见原因

a. 点灯电流调整不当;

b. 信号集中监测数据与实测数据不符。

(2)案例 2:信号机 DJ 点灯电流中间出现为 0 mA 的曲线,如图 14-5-34 所示。

①曲线分析

信号机点灯电流曲线明显突降,说明该信号机在此时出现灭灯现象。此时回放信号集中监测分析发现,该信号机点 L 灯、U 灯时,点灯电流正常,而在应点 H 灯(即车进入该信号机内方防护区段)的时间段出现电流为 0 mA 的现象,且该信号机显示为灭灯状态。

特殊情况说明:在信号机点双灯位时,DJ 点灯回路需确认 2DJ 回路良好,即在 2DJ 回路出现问题,2DJ 落下时,1DJ 回路也无法沟通(进站信号机引导信号除外)。因此,在信号机点双灯位(如 UU、LU)时 DJ 电流降为 0 mA,应首先查看同一时间段 2DJ 回路点灯电流曲线,判断 2DJ 回路是否正常。

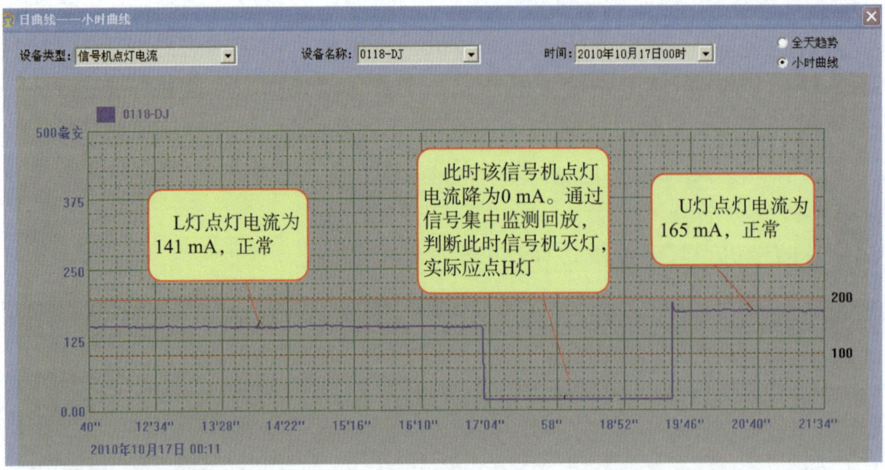

图 14-5-34　DJ 点灯电流中间出现 0 mA 曲线

②常见原因

a. 灯泡主副灯丝双断；

b. 点灯单元坏；

c. 灯座不良；

d. 故障灯位点灯电路中接点、配线、电缆不良。

第六节　转辙机缺口监测数据分析

转辙机缺口监测系统提供缺口超限预警、告警功能，并可记录和查询告警信息。系统应具备自诊断能力。通过标准网络接口，向信号集中监测系统提供数据等信息。同时道岔转换设备缺口监测系统应具备远程操作功能，可在车间、段、铁路局集团公司等各节点实现浏览与访问。本节以 ZQJ-05 道岔缺口监测系统为例进行介绍。

一、转辙机缺口图像

1. 即时图像

通过“即时图像”功能，用户可查看某一台转辙机实时信息，如图 14-6-1 所示。

单击界面左侧转辙机名称，可查看该转辙机最新采集的图片信息、数值信息、曲线信息、报警信息等。也可输入转辙机名称，单击“查询”按钮，快速定位转辙机。

为方便用户查询，该界面提供了定、反位缺口曲线。通过鼠标滚轮，可缩放曲线。单击曲线上的点，能够显示该点图片。

右击缺口图片，能够通过快捷菜单对设备进行操作，如将该转辙机加入巡检队列、取消该转辙机的巡检、查看巡检队列、切换摄像头、ping 网络分机等操作。

2. 缺口总图像

通过“缺口总图像”功能，用户可查看站场内所有转辙机实时信息，如图 14-6-2 所示。也可选择界面左侧转辙机，查看某一组道岔转辙机的实时信息。

用户将鼠标移动到站场图片上右击，能够通过快捷菜单对设备进行操作，如将该转辙机加入巡检队列、取消该转辙机的巡检、查看巡检队列、切换摄像头、ping 网络分机等操作。

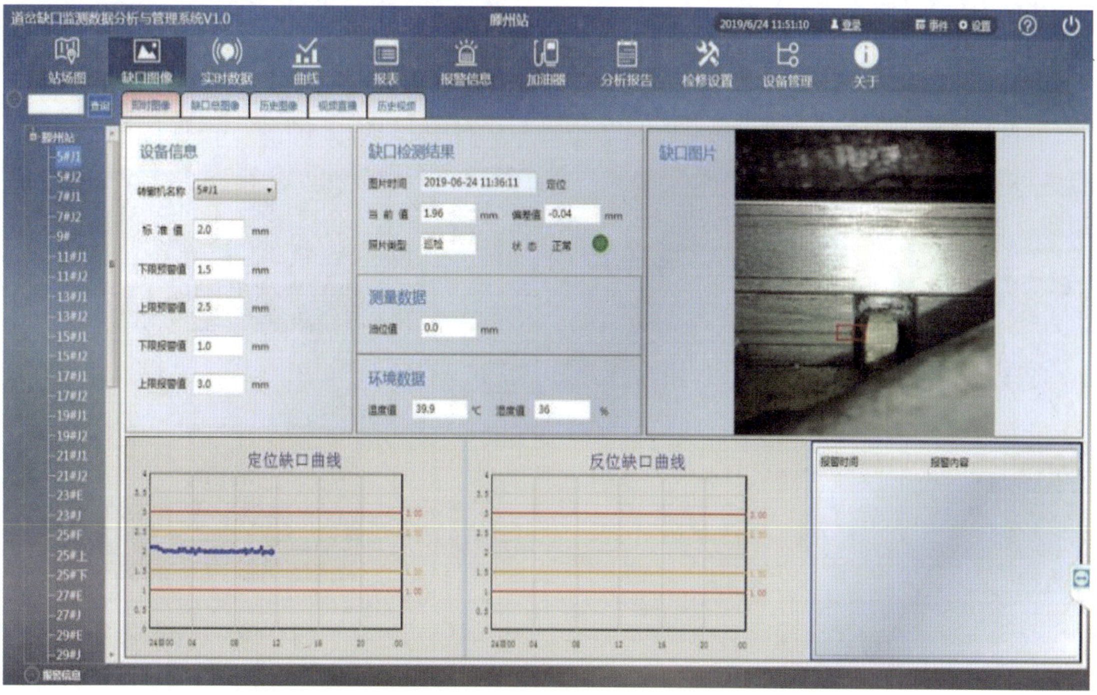

图 14-6-1　即时图像

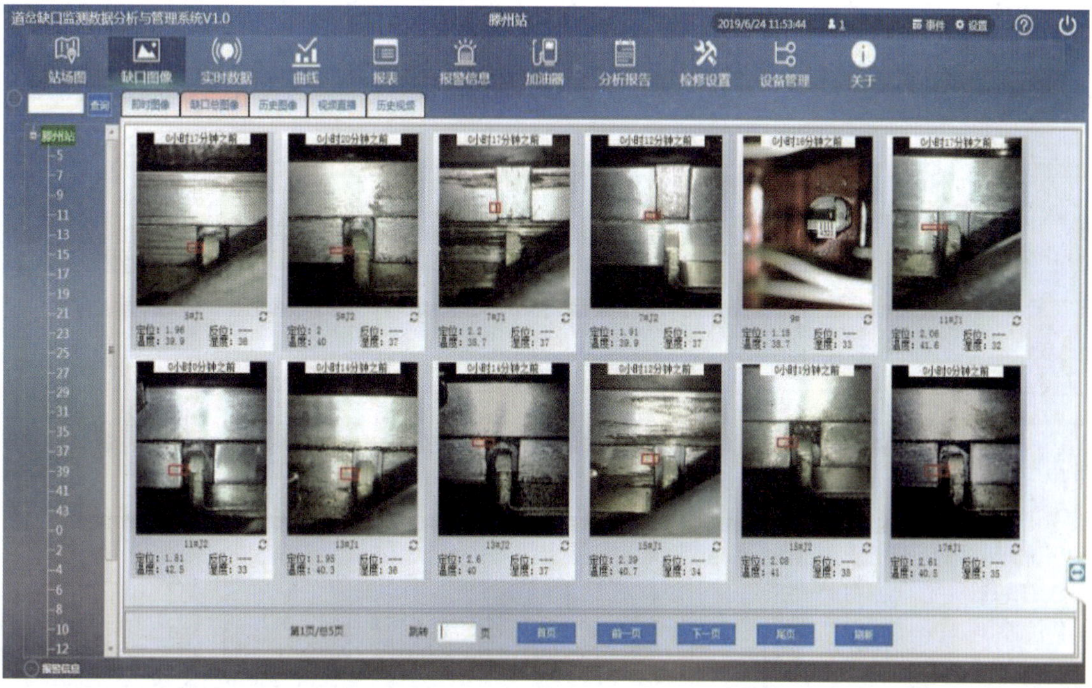

图 14-6-2　缺口总图像

图片分页显示，用户可通过操作屏幕下方的分页导航按钮翻页。

用户可双击站场图片，进入该转辙机的“历史图像”界面。

3. 历史图像

通过“历史图像”功能，用户可查看某一台转辙机的历史图片。

用户可选择查询条件，有针对地浏览图片信息，提高调阅效率。

“历史图像”功能提供两种浏览方式：①单张历史图像(图 14-6-3)；②平铺图像显示(图 14-6-4)。

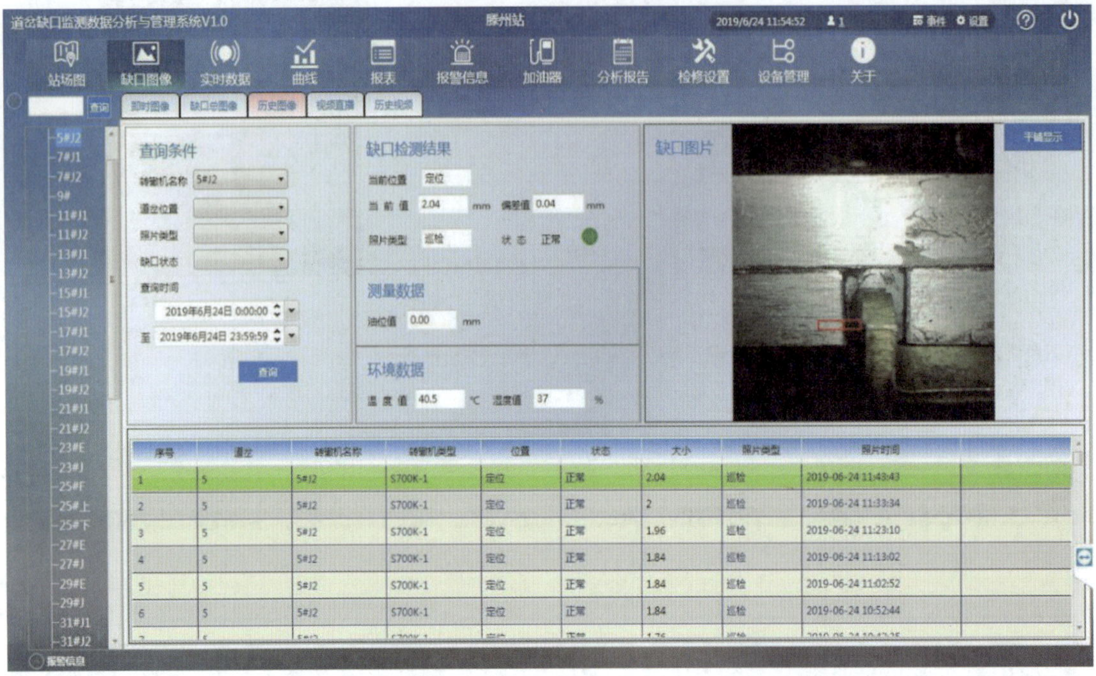

图 14-6-3 单张历史图像

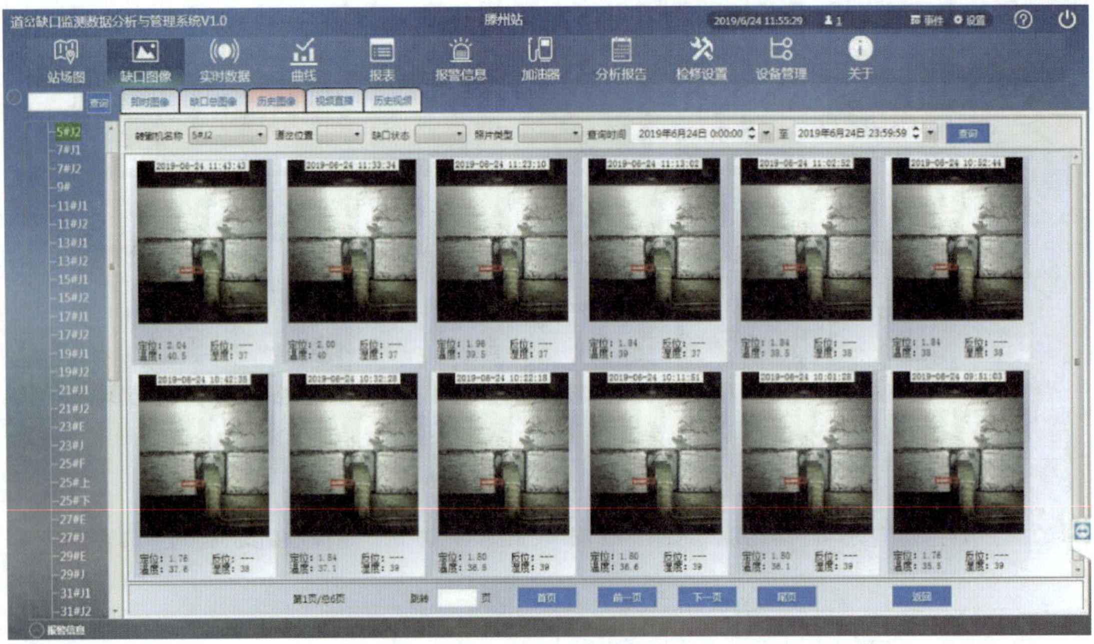

图 14-6-4 平铺图像显示

图像分页显示，用户可通过操作屏幕下方的分页导航按钮翻页。

双击历史图像，可进入缺口参数设置界面。

二、转辙机缺口曲线

1. 缺口日曲线

通过缺口日曲线功能，用户能够直观地看到缺口变化情况，如图 14-6-5 所示。

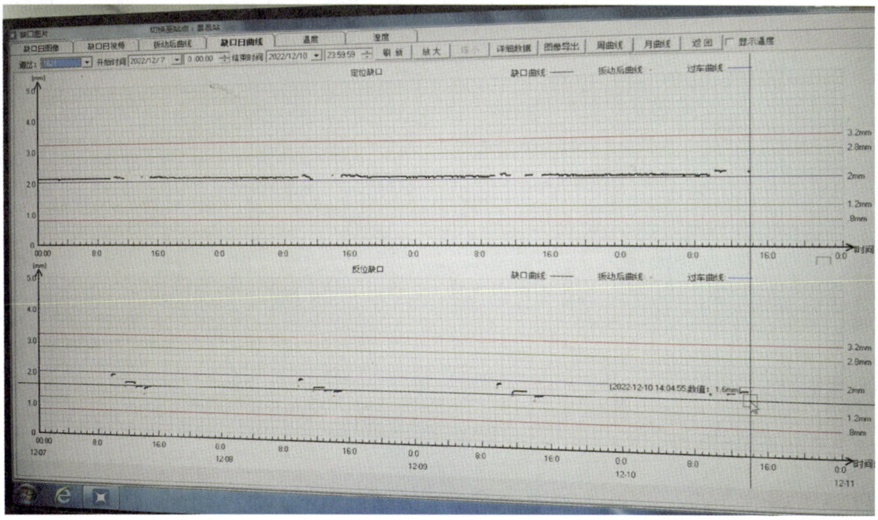

图 14-6-5　缺口日曲线

用户可通过选择查询条件，有针对性地查看某一时间段的缺口曲线。选择显示“温度曲线”，可同时显示缺口曲线和温度曲线，方便用户观察缺口随温度的变化情况。

2. 过车前后缺口曲线

通过该功能，用户可以直观地看到过车前后缺口的变化情况，如图 14-6-6 所示。曲线中，绿色圆点代表过车前缺口，蓝色圆点代表过车后缺口。

用户可通过选择查询条件，有针对性地查看某一时间段的缺口曲线。

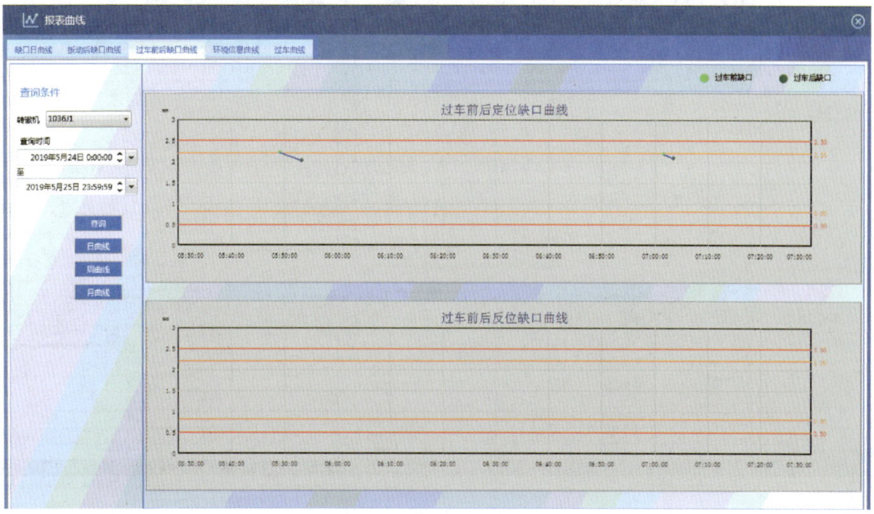

图 14-6-6　过车前后缺口曲线

3. 过车曲线

该功能向用户展示过车时的缺口曲线和振动曲线，如图 14-6-7 所示。

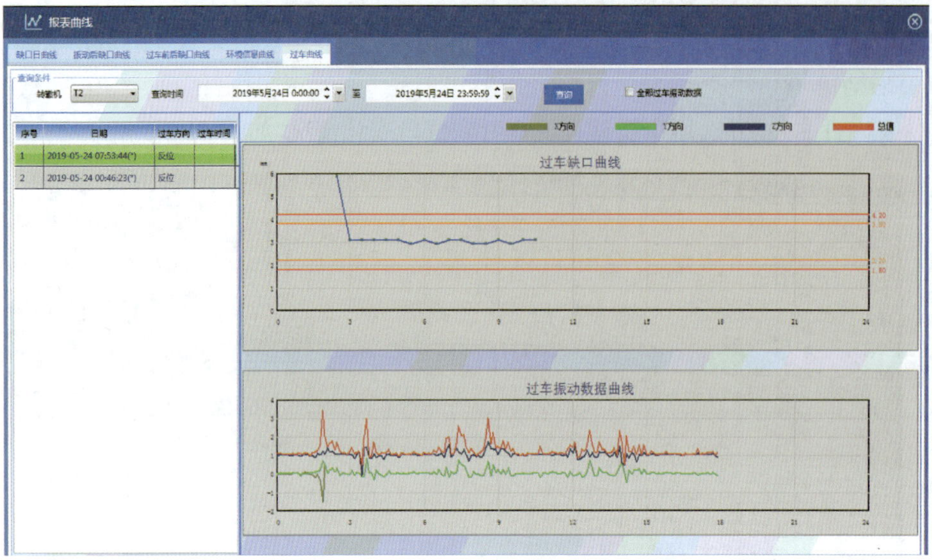

图 14-6-7　过车曲线

用户可通过选择界面左侧过车记录来查看相应的曲线。还可通过选择查询条件，有针对性地查看某一时间段的温、湿度。

三、转辙机缺口报警信息

1. 实时报警

用户可通过该功能查看实时报警信息，如图 14-6-8 所示。双击报警记录，可查看报警图片和处理该报警信息。

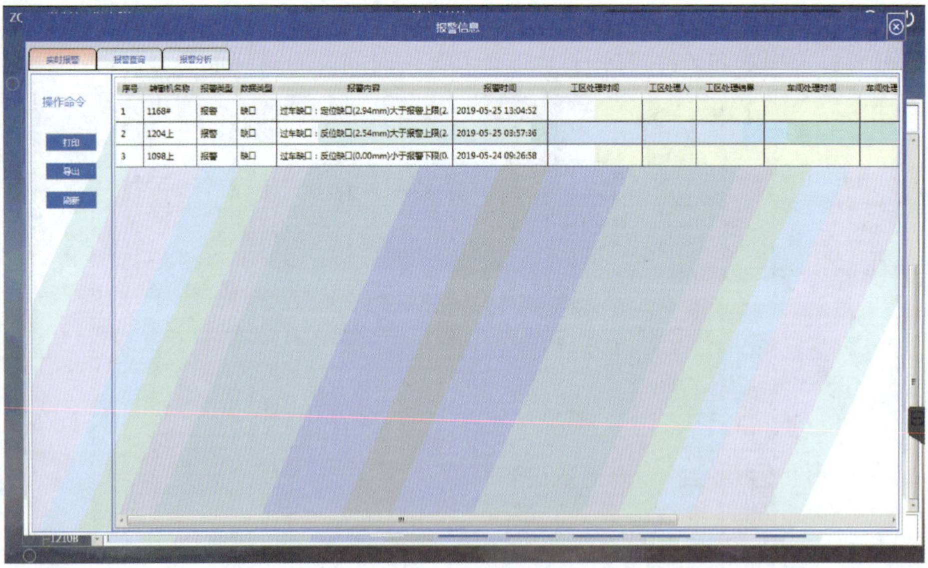

图 14-6-8　实时报警

2. 报警查询

用户可通过该功能查询历史报警信息，如图 14-6-9 所示。双击报警记录，可查看报警图片和处理该报警信息。

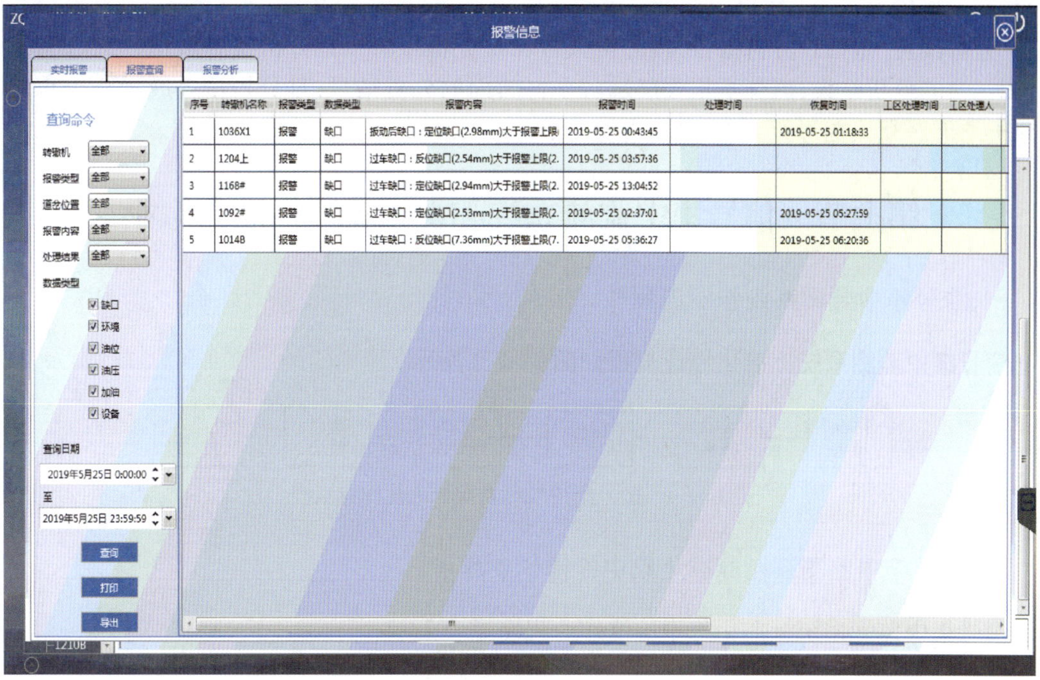

图 14-6-9　报警查询

3. 报警分析

用户可通过该功能查看基本报警分析，如图 14-6-10 所示。

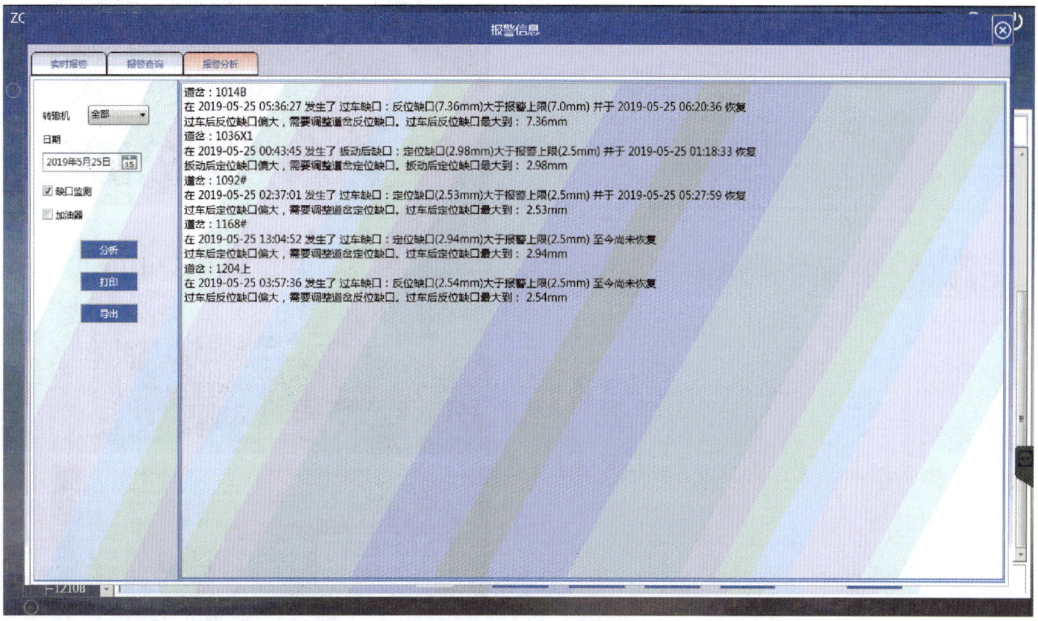

图 14-6-10　报警分析

“分析报告”功能为系统软件的一大亮点。系统软件汇集采集的数据，经过统计和数据分析，得出基本结论，供维护人员参考，从而改变现有的维护机制，实现“状态修”的新模式。系统软件的自动分析功能能够大幅降低维护人员的劳动强度，减少维护工作量，提高设备正常运行时间，减少故障发生。

“分析报告”包括日分析报告、周分析报告和月分析报告。日分析报告展示一天(00:00～23:59:59)的分析结果；周分析报告展示一个自然周的分析结果；月分析报告展示一个自然月的分析结果。默认在每天 6:00 自动进行分析。

第七节　信号集中监测系统和视频缺口标准化作业

一、信号集中监测系统作业流程

信号集中监测系统标准化作业流程如图 14-7-1 所示。

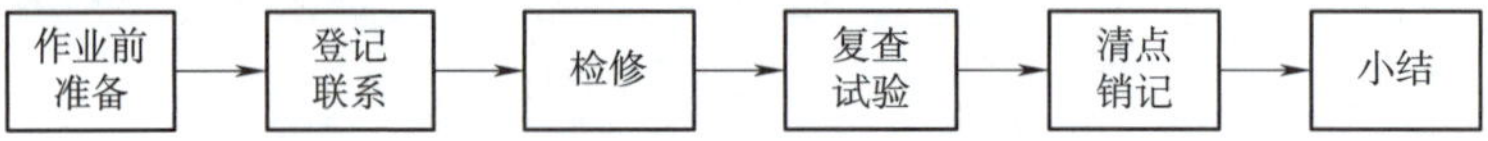

图 14-7-1　信号集中监测系统标准化作业流程

二、信号集中监测系统标准化集中检修作业程序

信号集中监测系统标准化集中检修作业程序见表 14-7-1。

表 14-7-1　信号集中监测系统标准化集中检修作业程序

工步	作业内容及标准	图示说明
1. 检(机柜、机架及工控机检修)	机柜内部各部清扫，除尘；工控机防尘网每月清洗一次	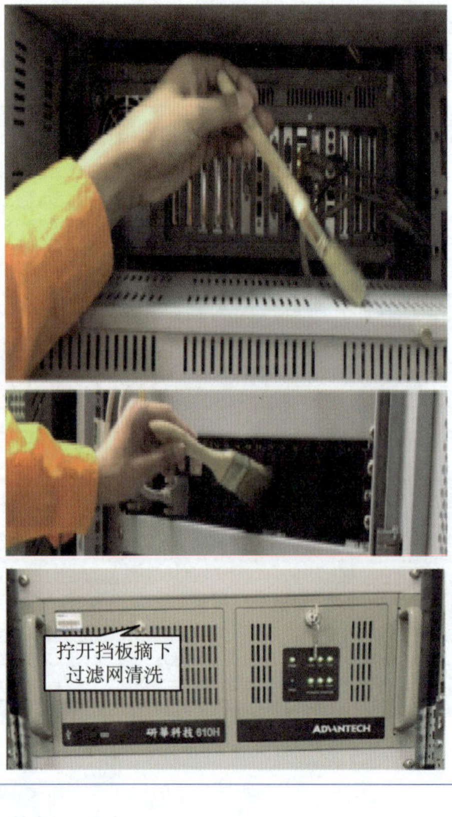

续上表

工步	作业内容及标准	图示说明
	检查机柜内风扇工作状态，确认无异响，温度设置在规定范围内	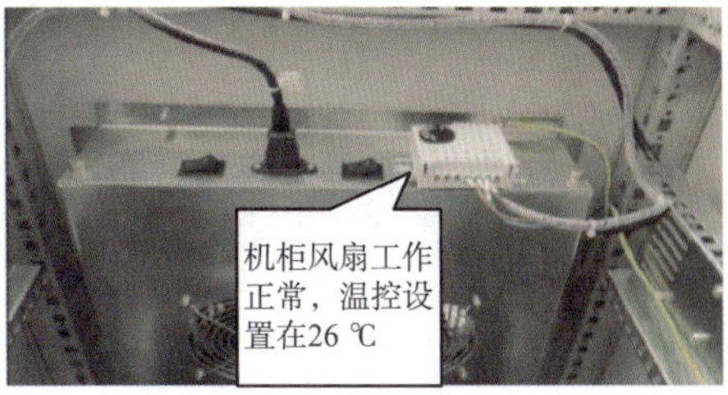
1. 检（机柜、机架及工控机检修）	（1）各种器材安装牢固、插接件良好，防脱措施良好；防尘措施良好。 （2）配线焊接牢固，插接件紧固、良好	  
	UPS 充放电试验，放电时间不能低于 10 min	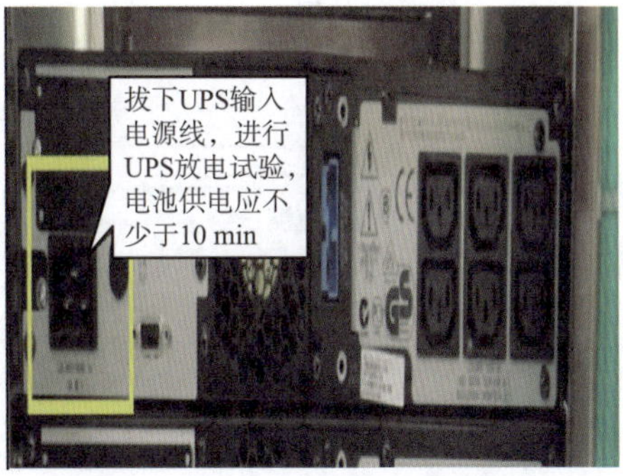

续上表

工步	作业内容及标准	图示说明
1. 检(机柜、机架及工控机检修)	检查接地装置,确认良好	
	查看站机系统状态图,检查站机系统与各子系统间通信状态、接口设备连接情况,对异常显示进行处置	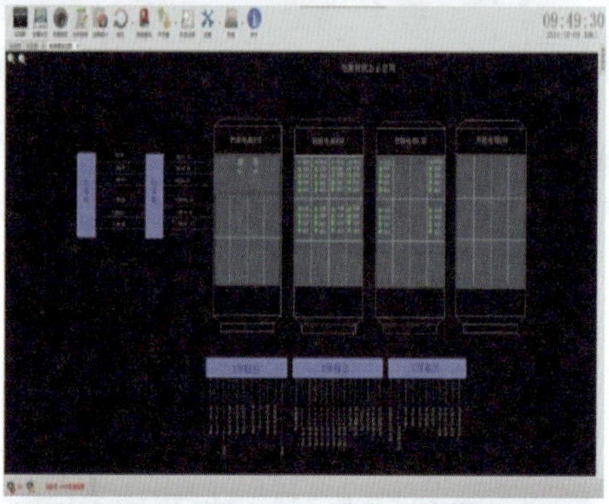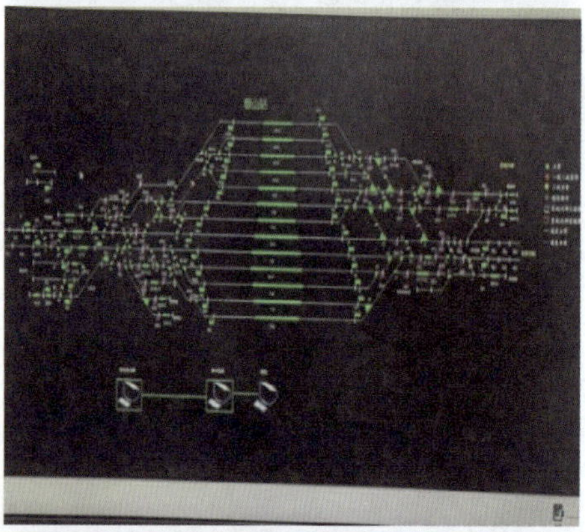
	输入电压电流测试	

续上表

<table>
<tr><th>工步</th><th>作业内容及标准</th><th>图示说明</th></tr>
<tr><td rowspan="3">2. 对(功能检查)</td><td>站机显示及存储功能检查,各类模拟量记录信息完整性检查,回放功能检查,开关量信息检查</td><td>
</td></tr>
<tr><td>测试功能检查:绝缘、漏流、分路不良测试记录查看,确认测试记录齐全,功能良好</td><td>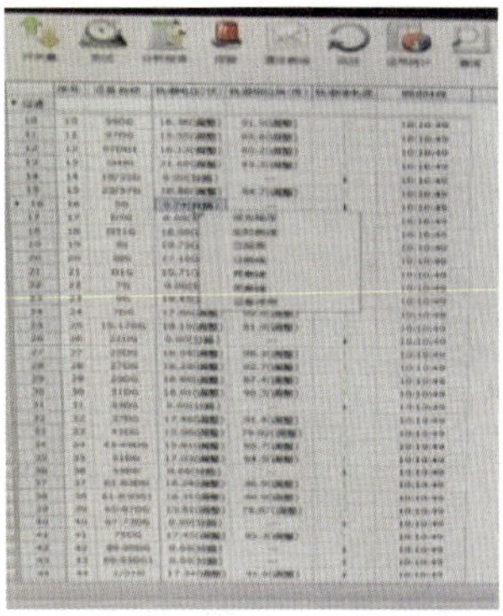
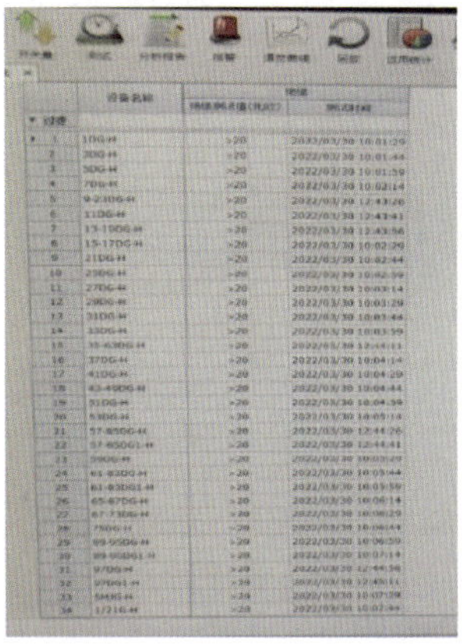</td></tr>
<tr><td>对比集中监测测试数据与实际测试数据,进行精度校核(每年一次,遇信号设备更替时,需同步进行校核)</td><td>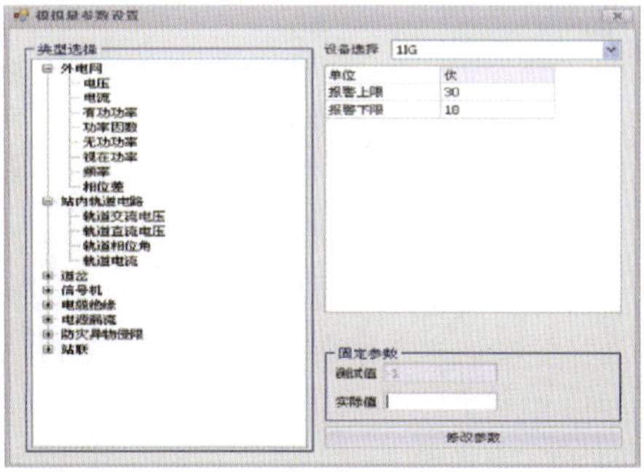
</td></tr>
</table>

三、视频缺口作业流程

视频缺口作业流程如图 14-7-2 所示。

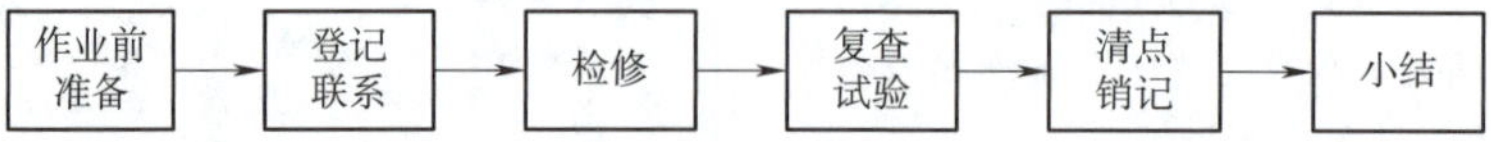

图 14-7-2　视频缺口作业流程

四、视频缺口标准化作业程序

视频缺口标准化作业程序见表 14-7-2。

表 14-7-2　视频缺口标准化作业程序

工序	工步	作业内容及标准	图示说明
1. 道岔缺口监测室内日常养护	(1)工业控制计算机(视频缺口站机)检查	①外观清洁,机箱、机柜通风良好;各种指示灯显示正常。 ②查看缺口图片,发现转辙机表示缺口部位润滑油太多,导致无法分辨缺口大小时,应及时除油。 ③显示器、工控机防尘棉纱除尘(每月一次)。 ④工控机、通信主机、显示器、鼠标、键盘等配件的各部插接件插接牢固,工作正常。通道连接状态正常,外线、CAN 线、网线、电源线连接无松动。USB 口加封良好。 ⑤时钟检查核对(参照 CTC/TDCS 时间)	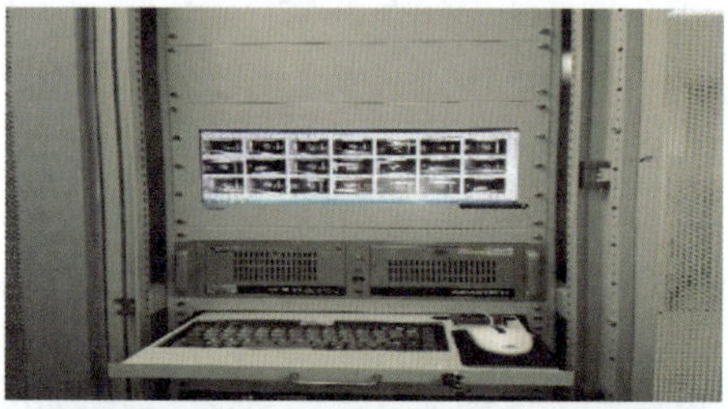 
	(2)主机运用状态检查	①检查其他设备布线是否影响主机通信。 ②检查通信主机地线连接是否良好。 ③电源应采用工频单相交流隔离电源,从信号电源屏两路转换稳压后引入,电源应与被监测系统电源可靠隔离。 ④载波传输主机电源应单独供电,不能与工控机等设备综合供电,必要时,可使用滤波设备	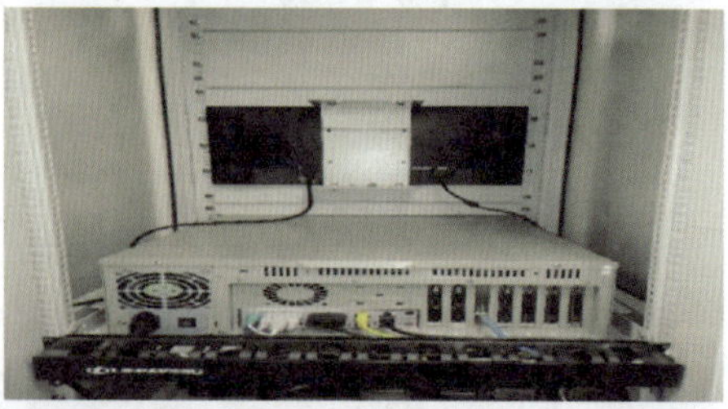 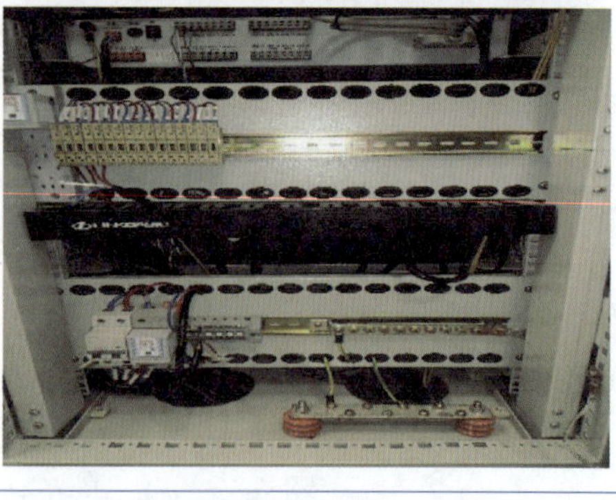

续上表

工序	工步	作业内容及标准	图示说明
2. 道岔缺口监测室外设备检修	(1)网络转换器状态检查(跟随道岔集中检修)	①检查各螺栓是否紧固,是否生锈。 ②检查防护管是否完整无损,螺纹接头是否松动、脱落或生锈	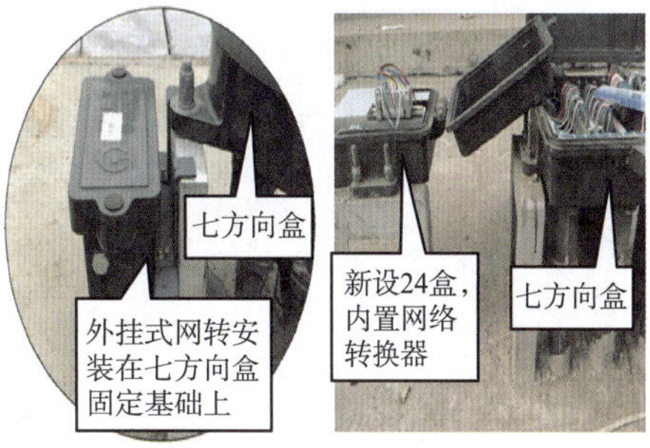
	(2)分机、缺口图像传感器情况检查(跟随道岔集中检修)	①紧固各固定螺栓。如有部件松动现象,应先调整后紧固螺栓。 ②检查各机械部件是否有裂痕或变形,如有,应及时更换,以防影响转辙机工作。 ③检查确认各线路走线稳固,不随意移动,接头接触良好,没有接触不良现象。 ④清扫分机、采集器、缺口指示标,对缺口部位除油。 ⑤检查转辙机内摄像头是否方正、固定良好,确认室内外缺口一致	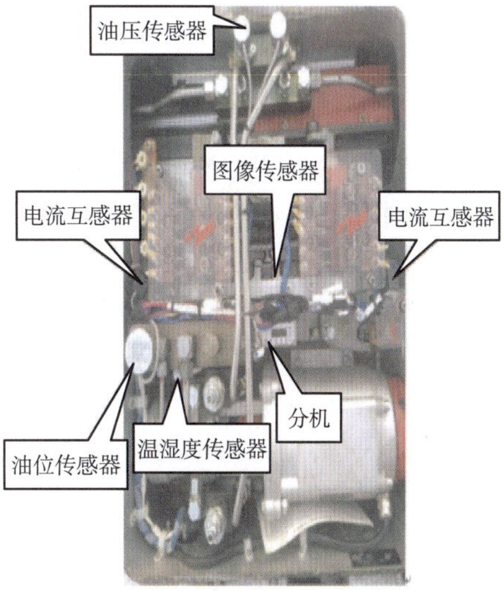
3. 道岔缺口监测集中检修	年度设备质量鉴定	①系统软件各功能检查。 ②查阅站机的工作稳定性,无经常死机或退出程序现象。 ③使用UPS,断开输入220 V电源,直到UPS报警,再接入220 V电源,UPS的续航时间应不少于10 min。 ④检查所有外线对地绝缘,绝缘电阻应不小于2 MΩ。 ⑤各光纤接头接触良好,弯曲半径不小于5cm,光纤(含备用光纤)遮光防护措施良好	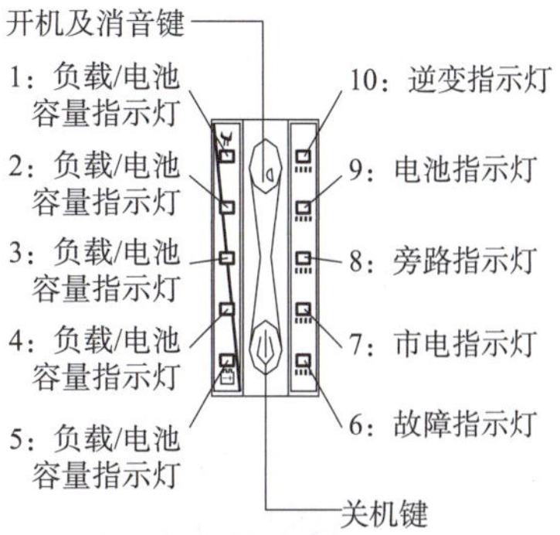 

续上表

工序	工步	作业内容及标准	图示说明
4. 复查验收	复查验收	检查维护终端界面，确认显示状态正常，无异常报警信息	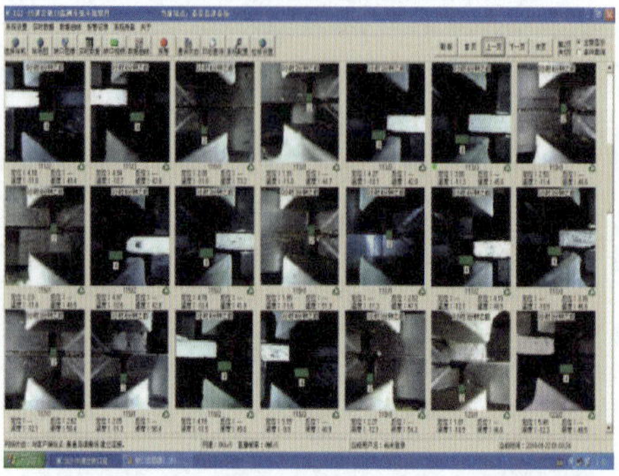

复习思考题

1. 信号集中监测系统模拟量在线监测的项目有哪些？
2. 简述信号集中监测系统监测对象的主要类型。
3. 如果某站灯丝断丝报警在控制台能报，而信号集中监测系统不报警，试分析其原因。
4. 简述信号集中监测系统提速道岔表示电压采样位置。
5. 简述信号集中监测系统作业流程。

第十五章　技术规章

铁路技术规章制度（以下简称技术规章），是铁路技术设备（固定设备和移动设备）完成施工或制造且交付运营后，涉及行车组织（包括行车安全措施、非正常行车及故障应急处理办法等）和信号显示及技术设备的运用、管理、维修等方面的规章制度，实行动态管理。

本章未列出相关技术规章的全部条款，在教学和学习中，应结合岗位需要对主要规章进行系统学习。

一、技术规章的分类及相互关系

铁路技术规章分为国铁集团、铁路局集团公司和站段 3 个层面。国铁集团、铁路局集团公司技术规章分为基本技术规章和专业技术规章。专业技术规章分为专业系统技术规章（以下简称系统规章）、专业单项技术规章（以下简称单项规章）和专业临时技术规章（以下简称临时规章）。站段技术规章不分类。各级、各类技术规章的相互关系如下：

1. 基本技术规章是铁路技术规章体系的核心。在专业技术规章范围内，比较综合的技术规章为系统规章；比较单一的技术规章为单项规章；针对技术管理某一方面急需解决的突出问题，在规定时间内、特定条件下制定的技术规章为临时规章。

2. 下级技术规章必须服从上级技术规章，同一层面专业技术规章必须服从基本技术规章，专业技术规章之间必须协调一致。

3. 国铁集团基本技术规章是《铁路技术管理规程》（以下简称《技规》），以及对《技规》的补充、修改。铁路局集团公司基本技术规章是《行车组织规则》（以下简称《行规》），以及对《行规》的补充、修改。

4. 铁路技术管理基本要求及需要在全路统一的技术管理规定等，由国铁集团技术规章规定。

5. 国铁集团未作规定且需要在铁路局集团公司范围内统一的技术管理要求，根据铁路局集团公司管内技术设备具体情况对国铁集团技术规章的补充、细化，由铁路局集团公司技术规章规定。涉及跨局行车组织等内容，应与相关铁路局集团公司进行协调。

6. 站段技术规章是将上级技术规章转化为本单位具体操作的规章制度。

技术规章不包括以下规章制度文件：

①铁路建设的勘察、设计、施工、验收，铁路产品的设计、制造、准入等。

②铁路机构设置和人员资质、考核、培训等。

③铁路交通事故及突发事件的应急预案、调查处理、处罚及赔偿等。

④技术标准（包括标准性技术文件），以及行政许可、行政管理类的规章制度等。

二、技术规章的目录及编号管理

技术规章管理实行国铁集团、铁路局集团公司和站段逐级负责，按归口管理和专业负责相结合的方式，形成职责分明、相互协调的管理体制。

国铁集团、铁路局集团公司和相关站段应明确管理机构和职责，各级归口部门和专业部门应指定专人负责技术规章管理工作，并由归口部门负责技术规章统一编号和目录管理。

凡属于技术规章管理范围的文件须纳入各层面技术规章目录(以下简称目录)，实行目录管理。未纳入目录的，不作为技术管理的依据。

国铁集团、铁路局集团公司技术规章经主管领导签发后，由归口部门统一进行技术规章编号。站段是否进行技术规章编号由铁路局集团公司规定。技术规章编号由技术规章代号、专业代号、顺序代号、发布年号等组成。

以 TG/XH 101—2015《普速铁路信号维护规则　技术标准》为例：

1. TG 为国铁集团技术规章代号，T 代表国铁集团，G 代表技术规章。对全路各铁路局集团公司也规定了相应的技术规章代号，例如北京局为 BJG，济南局为 JNG。

2. XH 为专业代号，代表信号专业，类似的有车务 CW 等，基本技术规章因涉及多个专业，故不设专业代号。

3. 101 为顺序代号，由类别代号＋顺序号组成。

类别代号用 1 位阿拉伯数字表示：0—基本技术规章；1—系统规章；2—单项规章；3—临时规章。顺序号在类别代号后按技术规章发布时间顺序编排，顺序号的位数根据技术规章的数量确定。

4. 2015 为发布年号，用 4 位阿拉伯数字表示。技术规章修订重新发布时，技术规章编号沿用原技术规章的编号，仅更改发布年号。

三、技术规章学习和运用中需要把握的要点

1. 技术规章具有特定范围内的权威性，下一层级技术规章不得简化、删减上一层级规章的实质性内容或降低标准，更不得与其抵触、违背；在执行过程中，不得简化、丢漏内容或降低标准。

2. 技术规章具有特定范围内的普适性，现行有效的规章不仅适用于信号专业，也适用于其他专业；同样，其他专业的规章与信号有关的部分，也适用于信号专业。

3. 技术规章实行动态管理，要及时了解新近发布的技术规章和既有规章条款变化情况，及时转发、执行新的规章或修订后的条款。

4. 在技术规章执行的过程中，发现与既有规章或其他专业规章出现矛盾时，应及时向规章制定部门反映。

四、《铁路技术管理规程(普速铁路部分)》中与信号专业相关的部分内容

《铁路技术管理规程(普速铁路部分)》适用于 200 km/h 以下的铁路(仅运行动车组列车的铁路除外)。

第 62 条　为保证信号、通信设备的质量，应设电务段、通信段等电务维修机构。

电务段、通信段管辖范围应根据信号、通信设备等条件确定。

第 63 条　电务维修机构应具备设备检修、修配、测试场所，配置相应的仪器仪表、工装机具以及交通工具、应急通信设备等。

在动车组、机车和轨道车的检修地点应设列控车载设备、机车信号、列车运行监控装置(LKJ)、轨道车运行控制设备(GYK)及车载无线通信设备等的检修与测试场所。设有车辆减速器的驼峰调车场应设驼峰机械修配场所。

铁路电务设备维护工作应按设备技术状态进行维修，并按周期进行中修和大修。电务车载设备结合动车组、机车和轨道车各级检修修程，同步进行检修。

第 64 条　对设有加锁加封的信号设备，应加锁加封，必要时可设置计数器，使用人员应负责其完整。对加封设备启封使用或对设有计数器的设备每计数一次时，使用人员均须在《行车设备检查登记簿》内登记，写明启封或计数原因。加封设备启封使用后，应及时通知信号部门加封。

使用计算机技术控制的信号设备实现加锁加封功能时，应使用密码方式操作。

第 65 条　集中联锁车站和自动闭塞区段应装设信号集中监测系统，对信号设备运用状态进行实时监测，实现故障及超限告警。

第 66 条　信号、通信设备及机房，应采取综合防雷措施，设置机房专用空调。信号及通信设备，应装有防止强电及雷电危害的浪涌保护器等保安设备，电子设备应符合电磁兼容有关规定。

第 68 条　信号装置一般分为信号机和信号表示器两类。

信号机按类型分为色灯信号机、臂板信号机和机车信号机。信号机按用途分为进站、出站、通过、进路、预告、接近、遮断、驼峰、驼峰辅助、复示、调车信号机。

信号表示器分为道岔、脱轨、进路、发车、发车线路、调车及车挡表示器。

第 69 条　各种信号机及表示器，在正常情况下的显示距离：

1. 进站、通过、接近、遮断信号机，不得小于 1 000 m；

2. 高柱出站、高柱进路信号机，不得小于 800 m；

3. 预告、驼峰、驼峰辅助信号机，不得小于 400 m；

4. 调车、矮型出站、矮型进路、复示信号机，容许、引导信号及各种表示器，不得小于 200 m。

在地形、地物影响视线的地方，进站、通过、接近、预告、遮断信号机的显示距离，在最坏的条件下，不得小于 200 m。

第 70 条　铁路信号机应采用色灯信号机。色灯信号机应采用高柱信号机，在下列处所可采用矮型信号机：

1. 不办理通过列车的到发线上的出站、发车进路信号机；

2. 道岔区内的调车信号机及驼峰调车场内的线束调车信号机；

3. 自动闭塞区段，隧道内的通过信号机。

特殊情况需设矮型信号机时，须经铁路局集团公司批准。

第 71 条　信号机设在列车运行方向的左侧或其所属线路的中心线上空。反方向运行进站信号机可设在列车运行方向的右侧；其他特殊地段因条件限制，需设于右侧时，须经铁路局集团公司批准。

在确定设置信号机地点时，除满足信号显示距离的要求外，还应考虑到该信号机不致被误认为邻线的信号机。

第 72 条　车站必须设进站信号机。进站信号机应设在距进站最外方道岔尖轨尖端（顺向为警冲标）不小于 50 m 的地点，因调车作业或制动距离需要延长时，一般不超过 400 m。

双线自动闭塞区间反方向进站信号机前方应设置预告标。

第 73 条　在车站的正线和到发线上，应设出站信号机。出站信号机应设在每一发车线的警冲标内方（对向道岔为尖轨尖端外方）适当地点。

在调车场的编发线上，必要时可设线群出站信号机。

第 74 条 通过信号机应设在闭塞分区或所间区间的分界处。自动闭塞区段的通过信号机，不应设在停车后可能脱钩、牵引供电分相的处所，也不宜设在启动困难的地点。

自动闭塞区段信号机设置位置和显示关系应根据列车牵引计算确定，并应满足列车运行速度规定的制动距离和线路通过能力的要求。

在自动闭塞区段内，当货物列车在设于上坡道上的通过信号机前停车后启动困难时，在该信号机上应装设容许信号。在进站信号机前方第一架通过信号机上，不得装设容许信号。

在三显示自动闭塞区段的进站信号机前方第一架通过信号机柱上，应涂三条黑斜线；四显示自动闭塞区段的进站信号机前方第一、第二架通过信号机的机柱上，应分别涂三条、一条黑斜线。

第 75 条 有人看守道口设遮断信号机；在有人看守的桥隧建(构)筑物及可能危及行车安全的坍方落石地点，根据需要设遮断信号机。该信号机距防护地点不得小于 50 m。

第 76 条 半自动闭塞、自动站间闭塞区段，进站信号机为色灯信号机时，设色灯预告信号机或接近信号机。

遮断信号机和半自动闭塞、自动站间闭塞区段线路所通过信号机，设预告信号机。

列车运行速度不超过 120 km/h 的区段，预告信号机与其主体信号机的安装距离不得小于 800 m，当预告信号机的显示距离不足 400 m 时，其安装距离不得小于 1 000 m。

列车运行速度超过 120 km/h 的区段，设置两段接近区段，在第一接近区段和第二接近区段的分界处，设接近信号机，在第一接近区段入口内 100 m 处，设置机车信号接通标。

第 77 条 特殊地段因条件限制，同方向相邻两架指示列车运行的信号机(预告、遮断、复示信号机除外)间的距离小于制动距离时，按下列方式处理：

1. 在列车运行速度不超过 120 km/h 的区段，当两架信号机间的距离小于 400 m 时，前架信号机的显示，必须完全重复后架信号机的显示；当两架信号机间的距离在 400 m 及以上，但小于 800 m 时，后架信号机在关闭状态时，则前架信号机不准开放。

2. 在列车运行速度超过 120 km/h 的区段，两架有联系的信号机间的距离小于列车规定速度级差的制动距离时，应采取必要的降级或重复显示措施。

第 78 条 出站信号机有两个及以上的运行方向，而信号显示不能分别表示进路方向时，应在信号机上装设进路表示器。

发车进路兼出站信号机，根据需要可装设进路表示器，区分进路方向。

双线自动闭塞区段，有反方向运行条件时，出站信号机设进路表示器。

第 79 条 发车信号辨认困难的车站，在便于司机瞭望的地点可装设发车表示器。

第 80 条 为满足调车作业的需要，应设调车色灯信号机。

在作业繁忙的调车场上，因受地形、地物影响，调车机车司机看不清调车指挥人的手信号时，设调车表示器。

第 81 条 设有线群出站信号机时，在线群每一条发车线路的警冲标内方适当地点，装设发车线路表示器。

第 82 条 设有两个及以上车场的车站，转场进路应设进路色灯信号机。

第 83 条 进站及接车进路色灯信号机，均应设引导信号。

第 84 条 驼峰应装设驼峰色灯信号机。驼峰色灯信号机可装设驼峰色灯辅助信号机。驼峰色灯信号机或辅助信号机的显示距离不能满足推峰作业要求时，根据需要可再装设驼峰色灯复示信号机。

驼峰色灯辅助信号机,可兼作出站或发车进路信号机,并根据需要装设进路表示器。

第 85 条 进站、出站、进路信号机及线路所通过信号机,因受地形、地物影响,达不到规定的显示距离时,应设复示信号机。

设在车站岔线入口处的调车色灯信号机,达不到规定的显示距离时,根据需要可设调车复示信号机。

第 86 条 非集中操纵的接发车进路上的道岔,装设道岔表示器,集中操纵的道岔、调车场及峰下咽喉的道岔,不装设道岔表示器;其他道岔根据需要装设道岔表示器。

集中联锁调车区进行连续溜放作业的分歧道岔,设道岔表示器。

集中联锁以外的脱轨器及引向安全线或避难线的道岔,设脱轨表示器。

第 87 条 联锁设备分为集中联锁(计算机联锁和继电联锁)和非集中联锁(色灯电锁器联锁和臂板电锁器联锁)。

编组站、区段站和电源可靠的其他车站,采用集中联锁。列车调度指挥系统(TDCS)和调度集中系统(CTC)区段,车站应采用集中联锁。

第 88 条 站内正线及到发线上的道岔,均须与有关信号机联锁。区间内正线上的道岔,须与有关信号机或闭塞设备联锁。各种联锁设备(驼峰除外)应满足下列条件:

1. 当进路上的有关道岔开通位置不对或敌对信号机未关闭时,防护该进路的信号机不能开放;信号机开放后,该进路上的有关道岔不能扳动,其敌对信号机不能开放。

2. 半自动闭塞、自动站间闭塞及三显示自动闭塞区段,正线上的出站信号机未开放时,进站信号机不能开放通过信号;主体信号机未开放时,预告信号机不能开放。

3. 装有转换锁闭器,电动、电液转辙机的道岔,当第一连接杆处(分动外锁闭道岔为锁闭杆处)的尖轨与基本轨间、心轨与翼轨间有 4 mm 及以上水平间隙时,不能锁闭或开放信号机。

4. 区间辅助所内正线上的道岔,未开通正线时,两端站不能开放有关信号机。设在辅助所的闭塞设备与有关站闭塞设备应联锁。

第 89 条 集中联锁设备应保证:当进路建立后,该进路上的道岔不能转换;当道岔区段有车占用时,该区段的道岔不能转换;列车进路向占用线路上开通时,有关信号机不能开放(引导信号除外);能监督是否挤岔,并于挤岔的同时,使防护该进路的信号机自动关闭,被挤道岔未恢复前,有关信号机不能开放。

集中联锁设备,在控制台(或操纵、表示分列式的表示盘及监视器)上应能监督线路与道岔区段是否占用、进路开通及锁闭,复示有关信号机的显示。

第 90 条 非集中联锁设备,应保证车站值班员能控制接、发车进路和信号机的开放与关闭。

非集中联锁设备,在控制台上应有接、发列车的进路开通表示;采用色灯电锁器联锁时,还应有进站信号机的开放、关闭和出站信号机、引导信号的开放表示;到发线设有轨道电路时,应有到发线的占用表示。

第 91 条 在作业繁忙的调车区域,根据需要,可采用调车区集中联锁。

第 92 条 信号设备联锁关系的临时变更或停止使用,须经铁路局集团公司批准。

第 93 条 闭塞设备分为自动闭塞、自动站间闭塞和半自动闭塞。具体设置条件如下:

1. 在单线区段,应采用半自动闭塞或自动站间闭塞,繁忙区段可根据情况采用自动闭塞;

2. 在双线区段,应采用自动闭塞。

在一个区段内,原则上应采用同一类型的闭塞方式。

第 94 条　在列车运行速度超过 120 km/h 的双线区段,采用速差式自动闭塞,列车紧急制动距离由两个及以上闭塞分区长度保证。

第 95 条　铁路运输指挥应采用列车调度指挥系统(TDCS)或调度集中系统(CTC)。

第 96 条　TDCS 由国铁集团、铁路局集团公司、车站三级构成,应能实时自动采集列车运行及现场信号设备状态信息,并传送到国铁集团调度指挥中心和铁路局集团公司调度所,完成列车运行实时追踪、无线车次号校核、自动报点、正晚点统计分析、交接车自动统计、列车实际运行图自动绘制、阶段计划人工和自动调整、调度命令及行车计划下达、站间透明、行车日志自动生成等功能,实现各级运输调度的集中管理、统一指挥和实时监督。

TDCS 应能满足高安全、高可靠、高实时性的要求,建立维护管理体制,保证设备正常使用。

第 97 条　TDCS 配置独立的处理平台,关键设备采用冗余配置。TDCS 采用独立的业务专网,国铁集团调度指挥中心、铁路局集团公司调度所及车站采用双局域网。各级局域网通过专用数字通道组成双环形广域网。

第 98 条　CTC 由铁路局集团公司、车站两级构成。CTC 除实现 TDCS 的全部功能外,还应实现列车编组信息管理、调车作业管理、综合维修管理、列车/调车进路人工和计划自动选排、分散自律控制等功能。

调度集中区段,车站应设集中联锁,区间应设自动闭塞或自动站间闭塞。

调度集中系统原则上应将同一调度区段内、同一联锁控制范围内所有车站(车场、线路所)的信号、联锁、闭塞设备纳入控制范围。调度集中区段的两端站、编组站、区段站,以及调车作业较多、有去往区间岔线列车或中途返回补机的中间站,可不列入调度所中心控制,应能通过调度集中车站终端进行自动或人工控制。

CTC 应具备分散自律控制和非常站控两种模式。分散自律控制模式是通过调度集中设备,实现进路自动和人工办理的模式;非常站控模式是遇行车设备故障、施工、维修需要时,脱离调度集中系统控制转为车站联锁控制台人工办理的模式。

第 99 条　CTC 配置独立的处理平台,设备采用冗余配置,通信协议与 TDCS 一致。CTC 采用独立的业务专网,各级采用双局域网并通过专用数字通道组成双环形广域网。

第 100 条　CTC/TDCS 与 GSM-R 数字移动通信系统或列车无线调度通信设备结合,实现调度命令、接车进路预告信息、调车作业通知单等向司机的传送,并能通过无线通信系统获取车次号校核、调车请求及签收回执等信息。

五、《普速铁路信号维护规则　技术标准》中的部分内容

17 信号传输线路及配线

17.1 信号传输线路

17.1.1 信号电缆的导电芯线应采用标称直径为 1.0 mm 的软铜线(专用电缆除外),其允许工作电压不得低于工频 500 V 或直流 1 000 V。

17.1.2 集中联锁和自动闭塞区间的信号电缆,应采用综合护套、铝护套信号电缆和数字信号电缆。

有特殊要求的设备,如计轴设备、应答器等设备应采用专用数字信号电缆。

遥控、遥信及信息处理等设备的传输线路,宜设于通信干线传输线路中。

17.1.3 音频信号设备的传输通道(含维修电话线)应采用信号电缆中的星绞组或对绞组芯线,用于音频数据传输时,必须采用通信电(光)缆或信号电缆中特设的低频通信四芯组电缆芯线。

17.1.4 信号电缆芯线使用

a)集中联锁车站,信号机点灯电路、道岔控制电路、轨道电路发送接收使用的信号电缆宜分缆设置。

b)室外干线信号电缆应有电话芯线。

c)信号机械室至远端的信号电缆中应至少有一对贯通备用芯线。

17.1.8 信号电缆敷设须符合下列要求:

a)电缆埋设深度,站内一般不小于700 mm,区间不小于1 200 mm;横穿线路时,防护用钢管或混凝土管的管顶距路基面不得小于0.4 m。

b)电缆径路应选择地形平坦和土质良好地带。

c)电缆径路应避开酸、碱、盐聚集、石灰质、污水、土质松软和承受重压可能发生大量塌陷危险的地带,以及道岔的岔尖、辙叉心、钢轨接头、接触网的杆塔基础等处所。

d)电缆径路应尽量保持直线。如有弯曲时,电缆的允许弯曲半径:非铠装电缆不应小于电缆外径的10倍;铠装电缆不应小于电缆外径的15倍;内屏蔽电缆不应小于电缆外径的20倍。

e)贯通地线与信号电缆同沟时,应埋设于电缆(槽)下方土壤中,距电缆(槽)底部不得小于300 mm。信号电缆与电力电缆不得同沟,应分开敷设;必须交叉时应采取物理隔离措施。

17.1.9 电缆防护和设置电缆标识应满足下列要求:

a)电缆防护

1)既有线路改向地段电缆须进行同步移设,不得远离线路。

2)电缆过桥防护管、槽应涂有黑、白相间斑马线;过涵防护管、槽尽量不得外露。各种外露管、槽应有密封防火措施。

b)在下列处所应设置电缆埋设标识,电缆标识上应有“信号”字样,并标明电缆走向、埋深字样,地下接头电缆标标明“接续”字样,各种电缆牌标明所防护地点的范围、距离、警示语等字样;电缆牌应平行于线路埋设。

1)电缆转向、分支处埋设折角、分歧电缆标;

2)电缆径路上每50 m埋设电缆标;

3)电缆地下接头处埋设地下电缆接头标;

4)保护区外电缆径路每100 m埋设警示牌;

5)电缆穿越障碍物(如大型管路、建筑物、高压电缆等)应设置电缆牌;

6)穿越铁路、公路、河流两侧设置电缆标、牌。

17.1.10 维修更换电缆时,电缆的两端应有2 m储备量(设备间实际距离在20 m以下时为1 m);但信号楼(值班员室)内应有5 m的储备量。

17.1.11 敷设信号电缆遇有下列情形时,应采取有效的防护措施(如砂、砖、水泥槽、钢管或陶瓷管等),以保护电缆不受损伤:

a)通过铁路、公路、隧道、水沟、坚石、土质不良地带;

b)受条件所限,必须减少电缆敷设深度的地带;

c)与其他电缆、管道交叉时;

d)电缆易受白蚁蛀蚀的地带。

17.1.12 在区间敷设信号电缆时，两根电缆的连接宜采用地下接续方式。地下接续电缆应满足下列要求：

a)地下接续电缆时，应使用专用材料，按规定作业程序施工。

b)地下接续电缆时，电缆的备用量长度不小于 2 m。

c)电缆的地下接头应水平放置，接头两端各 300 mm 内不得弯曲，并应设线槽防护，其长度不应小于 1 m。

d)在电缆径路图上应绘出电缆地下接续处所，并注明与固定参照物的十字交叉距离。

17.1.13 在敷设信号电缆时，电缆的连接接线应为 a 端与 b 端相连。电缆 a、b 端的识别方法是绿色组在红色组的顺时针方向为 a 端。反之，为 b 端。

17.1.14 必须设于路肩上的电缆、集中联锁设备的干线电缆及冻害地区电缆应以水泥电缆槽或其他阻燃材料制造的电缆槽防护。电缆槽应符合设计规定，其埋设深度为上盖板顶面距地面不应小于 300 mm。槽内电缆应排列整齐，互不交叉。

路肩上埋设电缆(电缆槽)时，必须填平夯实，保证路肩完整性。

17.1.15 室外电缆应先引入电缆引入室或电缆引入井，成端后接至防雷分线柜(室)，并对电缆采取防雷、防水、防火、防鼠等防护措施。

17.1.16 各种箱、盒须符合下列要求：

a)引入电缆时，应有保护管及防止电缆下沉措施；封闭处理完好。

b)各种电缆盒、变压器箱的盘根完整，盖要严密，防尘及防潮作用良好。对潮湿地区应有防潮措施。

c)各种箱盒的配线端子应清洁，保证绝缘良好。

17.1.17 用 500 V 兆欧表测量全程信号电缆芯线(包括连接的设备，但电子设备除外)与大地间的绝缘电阻值：

a)区间及各小站不得小于 1 MΩ；

b)大站由铁路局集团公司自定。

六、《铁路电务安全规则》中的部分内容

第 3 条　铁路局集团公司应遵守国家有关安全生产法律法规，坚持“安全第一、预防为主、综合治理”的方针，建立健全安全管理制度，全面推行安全风险管理，提高安全生产管理水平。

第 9 条　电务(通信)段应建立段、车间、工区三级安全生产体系，建立健全作业过程自控、互控、他控机制，完善监控手段，强化现场作业控制。

第 10 条　加强维修、施工、故障处理等关键环节的控制，落实安全卡控措施，加强安全警示教育，增强电务职工的法律意识、安全意识和责任意识，杜绝违章作业。

第 11 条　发挥电务调度职能作用，掌握安全生产情况和设备运用状态，做到信息畅通，反应迅速，有效地监督生产任务完成和设备隐患处置，指挥设备故障处理和应急抢险。

第 12 条　电务系统专业管理人员应定期登乘机车(动车组)进行安全检查，参加天窗维修和施工，掌握安全生产动态。

第 13 条　铁路局集团公司、电务(通信)段应对全体电务职工进行安全生产教育和培训，使其掌握必要的安全生产知识，熟悉有关安全生产规章制度和安全操作规程，具备本岗位安全操作技能。培训考试不合格的职工，不得上岗作业。新职、转岗、晋升人员必须经过行车安全、人身安全教育和专业培训，考试合格，方可上岗。

第 14 条 新设备开通使用前，电务(通信)段应组织设计、施工部门和产品供应商，对维修人员进行技术培训，考试合格，方准上岗作业。

第 34 条 电务工作人员必须认真执行“三不动”“三不离”“三不放过”“七严禁”通信电路纪律“十不准”等基本安全制度。

(一)三不动：

1. 未登记联系好不动；

2. 对设备性能、状态不清楚不动；

3. 正在使用中的设备(指已办理好进路或闭塞的设备)不动。

(二)三不离：

1. 工作完了，不彻底试验良好不离；

2. 影响正常使用的设备缺点未修好前不离；

3. 发现设备有异状时，未查清原因不离。

(三)三不放过：

1. 事故原因分析不清不放过；

2. 没有防范措施不放过；

3. 事故责任者和群众没有受到教育不放过。

(四)电务工作人员必须严格执行作业纪律“七严禁”：

1. 严禁甩开联锁条件，借用电源动作设备；

2. 严禁采用封连线或其他手段封连各种信号设备电气接点；

3. 严禁在轨道电路上拉临时线沟通电路造成死区间，或盲目用提高轨道电路送电端电压的方法处理故障；

4. 严禁色灯信号机灯光灭灯时，用其他光源代替；

5. 严禁甩开联锁条件，人为沟通道岔假表示；

6. 严禁未登记要点使用手摇把转换道岔；

7. 严禁代替行车人员按压按钮、转换道岔、检查进路、办理闭塞和开放信号。

第 35 条 电务系统基本规章“红线”：

(一)在施工、检修、故障处理等各项作业中，违章使用封连线。

(二)未按照规定程序，违章拆、改、配线。

(三)未按照铁路局集团公司信号联锁管理办法，简化联锁试验程序，联锁试验不彻底。

(四)违反 LKJ 数据管理规定，错装、漏装 LKJ 数据。

(五)未按照规定，违章上道作业。

第 51 条 施工安全基本规定。

(一)没有施工计划、没有安全措施、没有调度命令(或在调度所/车站登记并经调度员/值班员签字同意)不准施工。

(二)不准随意取消或变更施工(天窗)计划。

(三)严禁降低施工等级、擅自扩大施工范围或调整施工作业内容。施工负责人未到现场不准施工，未签订安全协议不准施工，监控人员未到现场不准施工。

(四)所有施工必须指派专人防护，防护联系中断必须停止施工。

(五)发现设备不良和安全隐患必须果断采取措施，并向列车调度员(车站值班员)报告。

第 100 条 上道作业必须设置专人防护，所有上道人员必须按规定佩戴防护标识，使用防护用品。

(一)室内设置驻站(驻调度所)联络员,室外设置现场防护员。当作业组较多时,应增设驻站(驻调度所)联络员、现场防护员。

(二)驻站(驻调度所)联络员必须认真执行有关规定进行列车接近预告。不得随意离开行车室(调度室),确需离开时必须通知室外作业人员下道避车,并确认作业人员下道完毕后方可离开。

(三)现场防护员不得干与防护无关的事。执行定时通信联系制度,发现联系中断,应立即组织作业人员停止作业并下道避车。

(四)防护联系工作做到全过程记录。

(五)作业负责人不得兼任防护员。

(六)未按规定设好防护,防护员未到位,作业人员有权拒绝上道。

第 101 条　在长大桥梁上、隧道内等特殊地段,或瞭望距离不足处所作业时,应增设现场防护员。

第 102 条　现场防护员应携带规定的防护用具,根据作业场所地形,应选择瞭望条件较好、位置醒目、不侵限、便于通知的安全处所进行防护。

第 103 条　驻站(驻调度所)联络员应随时掌握并及时预报列车运行情况。现场防护员接到来车通知后,应立即组织现场作业人员停止作业,下道至安全区域避车,严禁工具、材料侵入限界。

第 104 条　在站内、区间上道作业时:

(一)在站内作业时要时时注意瞭望列车运行,根据站场线路布置,建立作业安全岛。

(二)在区间行走时应走路肩;在道床上行走或工作时,应不断前后瞭望;在复线区间,应逆列车运行方向行走,并不断前后瞭望,禁止在邻线和两线中间躲避列车。

(三)横越线路时,须执行"一站、二看、三通过"的制度。禁止从车辆下部或车钩处通过。在停留列车、车辆前部或尾部通过时,应与其保持 5 m 以上距离。

(四)禁止在钢轨、枕木上和车辆下部休息。

(五)打雷时,禁止修理避雷器、地线。

(六)冬季室外作业时,所戴防寒帽应有耳孔,作业时耳孔必须外露。

(七)检修电动(电空、电液)转辙机时,应打开遮断器。

(八)挖坑、沟时,应了解地下设备情况,土质松软处所应有防护和加固措施,以防坍塌。坑、沟一般不应过夜,不得已时,须采取防护措施。

(九)在线路两侧电缆槽、排水沟盖板上行走时,要注意避开盖板缺损处、桥梁伸缩缝及锯齿孔和接触网支柱及拉线,防止绊倒、坠落伤害。在桥上行走、施工或休息时,身体重心不能依靠桥梁护栏,避免发生高处坠落。

(十)天窗结束后,作业人员、工机具应立即撤离线路至安全地点,沿固定行走路线返回。作业人员往返作业现场时,应由防护员组织按固定路线列队行走,现场防护员随队防护。

第 105 条　在电气化区段作业时:

(一)作业人员身体和携带物件(如长杆、导线、工具等)与接触网设备带电部分,必须保持 2 m 以上的距离,与回流线有 1 m 以上的距离。

(二)在距离接触网带电部分不足 2 m 的处所作业时,接触网必须停电,由接触网工区人员安设可靠的临时接地线并验电确认后,方可开始工作。作业时应有接触网工区人员在场监护。

拆除临时接地线后，严禁再进行作业。

（三）禁止攀登接触网支柱，不得在支柱上搭挂物品。

（四）严禁向接触网上搭挂绳索等物，发现接触网上挂有线头等物，不准接触。当发现接触网导线断落时，要远离该处 10 m 以外，将该处加以防护，并立即通知有关部门处理。

（五）电务设备的地线必须连接牢固，接触良好，接地电阻应符合要求。电务人员作业时应确认地线接触良好。

（六）电务人员作业时，应按规定使用耐高压的绝缘防护用品，如高压绝缘手套、绝缘靴、绝缘垫等。

（七）更换扼流变压器、中心连接板、轨道电路送、受电的扼流变压器引接线、站内横向连接线等器件时，应按规定采取相应的安全防护措施，保证牵引回流畅通后，方可进行作业。

（八）更换轨道电路绝缘时，应在确认扼流变压器连接线各部连接良好后，方可开始作业。

（九）整修电缆时，应先确认电缆外皮与电缆屏蔽地线连接牢固，接触良好，同沟内数条电缆外皮焊接良好，方可开始作业。

第 106 条　在高柱信号机上作业时：

（一）在 2 m 以上高处作业时，应按规定使用安全带或采取安全防护措施。离开信号机梯子或站在梯子架外侧工作，必须使用安全带。

（二）禁止上、下同时作业；不得将工具、材料放在信号机上；不准上下抛递工具、材料。

（三）列车通过时，禁止在该股道两侧信号机上停留。

（四）不准肩扛、手提笨重物品攀登信号机。

第 108 条　在桥梁地段进行临边作业时，应设置防护围栏和安全网。悬空作业应有可靠的安全防护设施。未设置隔离设施的高处作业，人员不得垂直施工。使用移动式梯子时，梯脚应坚实，梯子上端应有固定措施。

第 109 条　移动式梯子在使用中应符合规定，梯脚底应坚实，梯子上端应有固定措施，人字梯铰链必须牢固；在同一梯子上不得 2 人同时作业。

第 110 条　在雷雨、冰雪、能见度低或六级以上大风等环境恶劣条件下禁止高处作业。冬季在寒冷地区，信号机、杆、塔上的工作时间不宜过长。

第 111 条　对带有 220 V 及其以上电压的电务设备进行作业时，一般应切断电源或一人监护一人作业。需停电进行检修作业时，应指派专人负责断电，并在电源开关处悬挂警示牌。恢复供电时，应确认全体工作人员作业完毕，脱离带电部件后，方可合闸，摘除警示牌。

对高于 36 V 电压的电务设备进行带电作业时，应遵守以下规定：

（一）使用带绝缘的工具，穿绝缘胶鞋（室内应站在绝缘板上）；

（二）不得同时接触导电和接地部分；

（三）未脱离导电部分时，不得与站在地面的人员接触或相互传递工具、材料。

第 112 条　检修整流、变流及磁饱和等电源设备时：

（一）电压高于 220 V 的设备应关闭电源，并通过人工放电，释放电容器电能后，方可开始工作；

（二）不准将电流互感器二次线圈开路，以免产生高电压击穿设备和危及人身安全。

第 113 条　搬运、拆装重物时，每人负重一般不得超过 50kg，做到单一指挥、呼唤应答、同起同落。

复习思考题

1. 对电压高于 36 V 的信号设备进行带电作业时,应遵守哪些规定?
2. 如何确认轨道电路分路不良区段空闲?
3. 信号电缆敷设须符合哪些要求?
4. 简述电务工作人员必须严格执行的作业纪律“七严禁”。
5. 简述电务系统基本规章“红线”。
6. 技术规章编号由哪些内容组成?
7. 技术规章不包括哪些规章制度文件?
8. 铁路技术规章共分为哪些层面?

第十六章　信号专业设备结合部相关知识

计算机联锁系统、调度集中系统(CTC)、信号集中监测系统、无线调车机车信号和监控系统、ZPW-2000 轨道电路、电源屏和智能灯丝报警主机之间存在数据传输，掌握系统间接口方式、信息传输方式以及传输的信息是信号设备维护人员的必备技能。

一、计算机联锁系统与 CTC

DS6-K5B 型计算机联锁系统通过控显机以太网与 CTC 系统的自律机 A 和自律机 B 连接，如图 16-1-1 所示。控显机 A 和控显机 B 均装有专用以太网网卡，分别接入 CTC 局域网，作为计算机联锁系统与 CTC 的专用物理通道，根据调度集中车站自律机与计算机联锁通信协议与 CTC 系统进行信息交互。计算机联锁系统主要向 CTC 系统传送站场表示信息和进路光带信息以及零散报警信息。计算机联锁系统主要接收 CTC 系统发送的按钮信息并根据按钮信息产生相关的进路命令。

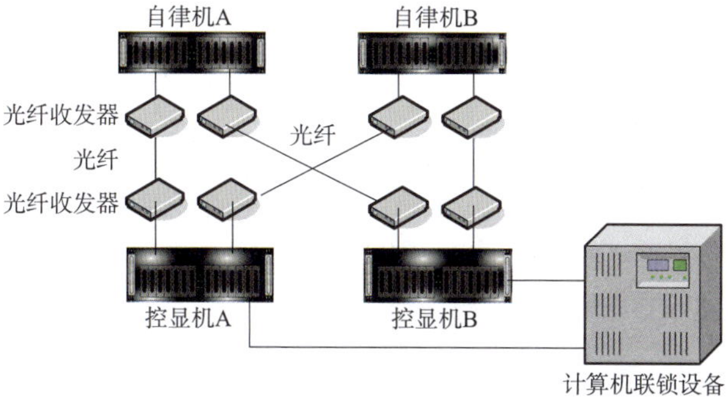

图 16-1-1　计算机联锁系统与 CTC 接口示意

1. 连接方式

CTC 和计算机联锁系统的连接通过调度集中的车站自律机、计算机联锁的操作表示机之间的通信实现，车站自律机与操作表示机交叉互联。

数据通信利用 RS-422 标准串行接口，通信方式为异步双工，且调度集中设备端带光电隔离。双方采用屏蔽电缆或光缆连接。使用光缆连接时，屏蔽层在 CTC 设备端接地，计算机联锁端不接地。

2. 通信基本要求

(1)应采用 CRC 校验、接收应答及超时重传机制保证通信的可靠性；

(2)应采取措施保证通信的时效性和数据完整性；

(3)在无通信数据时定时发送心跳信息检测通信链路的完整性；

(4)通信数据类型预留必要的空间；

(5)由自律机主动请求建立与计算机联锁的通信连接。

3. 通信基本内容

(1)站场表示信息

站场表示信息是由计算机联锁系统发送给车站自律机的表示数据,用以反映车站信号设备的状态变化,表示信息应包括下列基本内容:

①信号状态:绿、黄、绿黄、双黄、双绿、黄闪黄、红白、红、蓝、白、白闪、红闪、黄闪、绿闪、断丝、灭灯状态。

②道岔状态:定表、反表、挤岔、单锁、封锁。

③区段状态:占用、锁闭、空闲。

④按钮状态:按钮的抬起和按下、信号机按钮的封锁。

⑤表示灯状态:按钮表示、延时表示、区间闭塞、非进路、机务段、场间联系、驼峰联系等结合电路;表示灯的稳定和闪烁显示等。

⑥各类报警信息:轨道停电、熔丝报警、灯丝报警、信号故障关闭等报警信息。

站场表示信息数据流向:控显机→自律机。

(2)控制状态信息

控制状态信息是控显机与自律机相互沟通运行状态的数据,包括控显机的主备运行状态和当前控制模式、自律机主备运行状态和允许转回自律状态。

控制状态信息数据流向:自律机→控显机。

(3)控制命令信息

控制命令信息用于自律机向计算机联锁发送操作指令,数据帧中应包括命令类型、命令按钮序列以及按钮状态。

控制命令信息数据流向:自律机→控显机。

(4)时钟信息

时钟信息用于同步计算机联锁与自律机的计算机时钟,标准时钟由自律机提供。

时钟信息数据流向:自律机→控显机。

(5)心跳信息

在没有数据需要传送的情况下,通信双方应相互发送心跳信息用于表明本方运行正常和检测网络畅通。

心跳信息数据流向:自律机→控显机。

(6)控制模式转换信息

控制模式转换信息用于计算机联锁由非常站控模式向自律控制模式进行转换时的数据交换。

控制模式转换信息数据流向:控显机→自律机。

二、计算机联锁系统与信号集中监测系统

DS6-K5B 型计算机联锁系统通过电务维护机的以太网接口与信号集中监测系统(以下简称 CSM)连接,根据集中监测与计算机联锁通信协议与信号集中监测系统进行信息交互。计算机联锁系统主要向信号集中监测系统传送站场表示信息和进路光带信息以及零散报警信息。

信号集中监测系统与计算机联锁系统接口由计算机联锁系统的电务维修机、信号集中监测系统站机以及两者之间的通信设备组成,连接示意如图 16-1-2 所示。

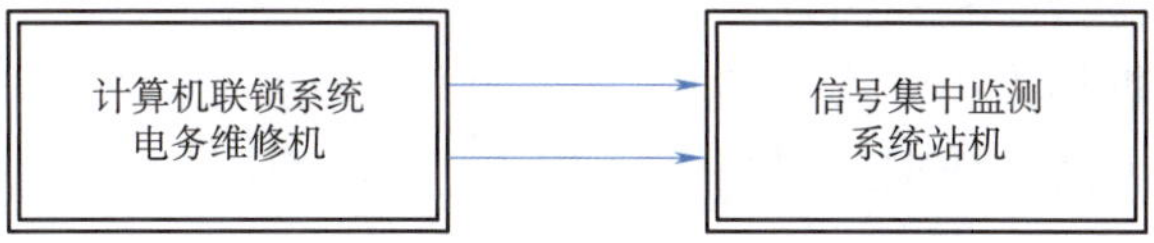

图 16-1-2　信号集中监测系统与计算机联锁系统连接示意

1. 监测内容：

(1)轨道：轨道占用、轨道锁闭、区段锁闭。

(2)道岔：定位表示、反位表示、总定、总反、道岔总锁、道岔单锁、道岔单解、道岔单操、道岔单封、心轨单操、尖轨单操。

(3)信号机：灭灯、绿灯、红灯、黄灯、引导白灯，双绿、绿黄、双黄、黄闪黄、调车白灯、白闪、红闪、黄闪、绿闪、断丝闪灯。

(4)其他按钮：故障通知、总人解、总取消、事故解锁、列车按钮、调车按钮、灭灯按钮、点灯、关灯、按钮单封(戴帽)状态、接车辅助、发车辅助、总辅助、允许改方(或允许反向)等按钮。

(5)报警信息：轨道停电、挤岔、主灯丝断丝、灯丝断丝、排架熔丝报警、移频报警、计算机联锁控显机故障报警、联锁输入板故障报警、联锁 CPU 板故障报警、联锁输出板故障报警、主备机故障报警、联锁与列控通信故障报警、联锁与 TDCS/CTC 通信状态。

(6)其他表示灯：主副电源灯、区间监督、接车表示灯、发车表示灯、自律模式、允许转为自控、非常站控。

(7)设备状态：联锁设备(板级)状态、A/B 机状态、联锁与列控通信状态、联锁与 TDCS/CTC 通信状态、主备机同步状态。

2. 接口方式：RS-422/RS-485 接口，硬件光电隔离，由计算机联锁维护台单向发送。

3. 测试方法：与监测系统通信(周期≤1 s)，维修机采样周期≤150 ms，变化信息存储并上发。

三、计算机联锁系统与无线调车机车信号和监控系统

1. 接口方式

计算机联锁系统(CBI)与无线调车机车信号和监控系统(STP)的通信是通过 STP 地面主机与 CBI 操作表示机连接实现的，操作表示机的 A、B 机各提供一个串口，两根串口线缆到 STP 一端各分两路分别接入地面主机的 A、B 机，如图 16-1-3 所示。

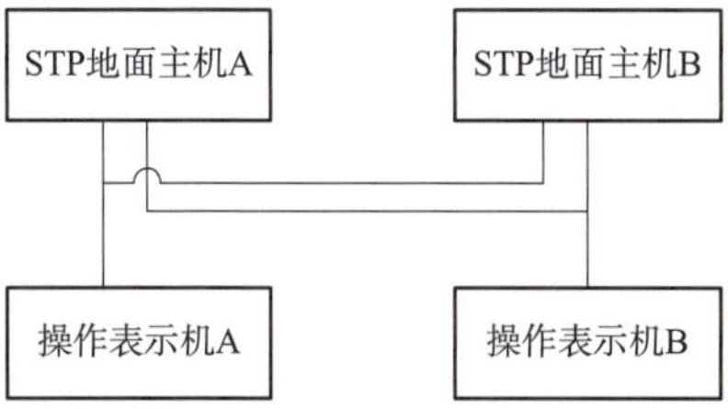

图 16-1-3　计算机联锁系统与 STP 接口硬件连接

2. 基本要求

(1)CBI 单向给 STP 发送数据，STP 不向 CBI 发送任何数据，STP 故障不得影响 CBI 的使用。

(2)采用 CRC 校验及帧序号,保证通信的可靠性。

(3)协议中所有数据均为小端模式,即先发送低字节数据,再发送高字节数据。

(4)为今后增加新的通信数据预留必要的空间。

3. 传输信息

CBI 与 STP 通信的基本内容为车站联锁信息,主要是由 CBI 发送给 STP 的站场联锁表示信息,用以反映当前站场联锁元素状态。信息按大排队码位发送,下面定义的各元素状态都以单独一位的方式在大排队中编号,1 为有效,0 为无效。

(1)列车信号机状态:绿、黄、绿黄、双黄、双绿、黄闪黄、红白、红、白、白闪、黄闪、绿闪、红闪、特殊蓝灯、断丝、常态灭灯。

(2)调车信号机状态:关闭(红或蓝)、白、白闪、断丝。

(3)道岔状态:定表、反表、单锁、单封。

(4)区段状态:占用、锁闭。

(5)表示灯:各类表示灯。

四、TDCS 与无线调车机车信号和监控系统

1. 接口方式

根据 TDCS 设备的具体情况,TDCS 与 STP 接口有两种方式:与 TDCS3.0 车站设备接口时,通过两路线缆分别连接到 TDCS 综合处理机的 A、B 机,如图 16-1-4 所示;与非 TDCS3.0 车站设备接口时,通过 STP 地面主机与 TDCS 的车站分机或通信接口机连接,串口线缆到 STP 一端分两路分别接入地面主机的 A、B 机,如图 16-1-5 所示。

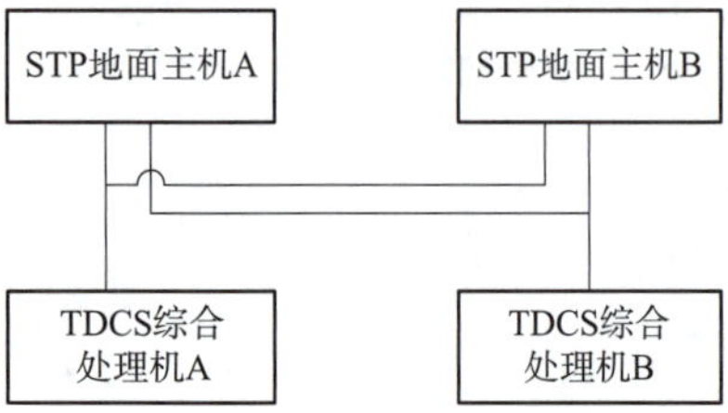

图 16-1-4　STP 与 TDCS3.0 系统接口硬件连接

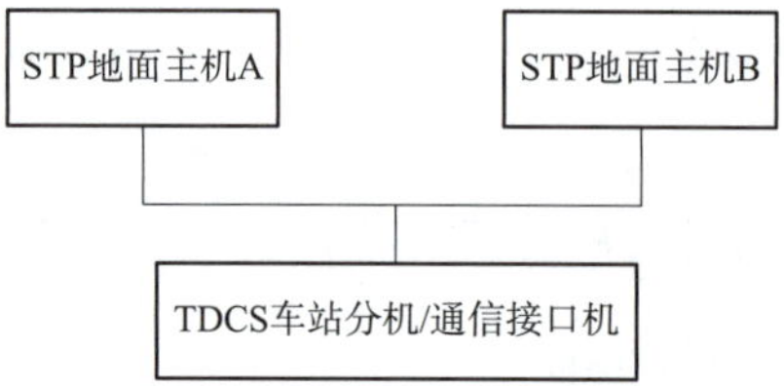

图 16-1-5　STP 与非 TDCS3.0 系统接口硬件连接

2. 基本要求

(1)TDCS 单向给 STP 发送数据,STP 不向 TDCS 发送任何数据,STP 故障不得影响 TDCS 使用。

(2)采用 CRC 校验及帧序号,保证通信的可靠性。

(3)协议中所有数据均为小端模式,即先发送低字节数据,再发送高字节数据。

(4)为今后增加新的通信数据预留必要的空间。

3. 传输信息

TDCS 与 STP 通信的基本内容为车站联锁信息,主要是由 TDCS 采集并发送给 STP 的联锁表示信息,用以反映当前站场联锁元素状态。信息按大排队码位发送,下面定义的各元素状态都以单独一位的方式在大排队中编号,1 为有效,0 为无效。

(1)列车信号机状态:列车开放、调车开放、引导。

(2)调车信号机状态:调车开放。

(3)道岔状态:定表、反表。

(4)区段状态:占用、锁闭。

五、信号集中监测系统与 CTC

信号集中监测系统与 CTC 接口通过 CTC 维修机接入信号集中监测系统站机,如图 16-1-6 所示。

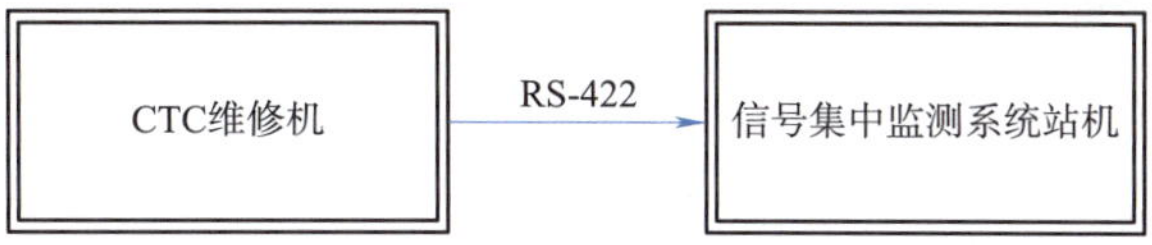

图 16-1-6　信号集中监测系统与 CTC 系统接口示意

1. 监测内容:

(1)设备状态:A/B 机标志、与联锁通信状态、与列控通信状态、自身设备状态。

(2)接口报警:A/B 机工作异常报警、与联锁 A 机通信中断报警、与联锁 B 机通信中断报警、与列控 A 机通信中断报警、与列控 B 机通信中断报警、无线调度命令转接器通信中断、自身板卡故障报警。

2. 接口方式:RS-422 接口,硬件光电隔离。

3. 通信与采样要求:与监测系统通信(周期≤1 s),维修机开关量采样周期≤150 ms,变化信息存储并上发。

六、信号集中监测系统与 ZPW-2000 轨道电路

信号集中监测系统与 ZPW-2000 轨道电路连接示意如图 16-1-7 所示。

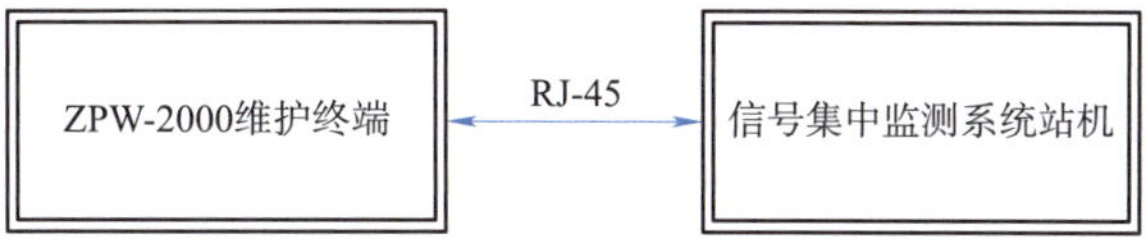

图 16-1-7　信号集中监测系统与 ZPW-2000 轨道电路连接示意

1. 监测内容:

(1)设备状态

①客运专线通信编码 ZPW-2000 区段主备 CI-TC 轨道电路通信盘 CANA、CANB、CANC、CAND、CANE 接口通信状态;通信盘设备工作状态。

②客运专线通信编码 ZPW-2000 区段主备发送器设备 CAND、CANE 接口通信状态;设备工作状态(ZFS、BFS)。

③客运专线通信编码 ZPW-2000 区段接收器设备 CAND、CANE 接口通信状态;设备工作状态。

④既有继电器编码 ZPW-2000 区段设备 FS24、FBJ、JS24、JBJ、ZFJ、FFJ 状态。

(2)区段占用状态

①主轨道状态;

②小轨道状态。

(3)客运专线通信编码 ZPW-2000 区段接收的 TCC 编码控制命令

①主轨道载频编码；
②小轨道载频编码；
③主轨道低频编码；
④小轨道低频编码。
(4)维护报警信息
①CI-TC 通信盘与轨道电路监测维护终端通信中断；
②CI-TC、FS、JS 设备通信接口状态和工作状态异常报警；
③小轨道报警、轨道区段报警信息。
(5)模拟量信息
①区间移频发送器发送电压、电流、载频、低频；
②送端电缆模拟网络电缆侧电压、电流、载频、低频；
③受端电缆模拟网络电缆侧主轨道电压、载频、低频，小轨道电压、载频、低频；
④受端电缆模拟网络电缆侧(轨入)主轨道电压、载频、低频，小轨道电压、载频、低频；
⑤接受入口(轨出)主轨道电压、载频、低频，小轨道电压、载频、低频；
⑥道砟电阻(无砟轨道区段监测系统暂不显示，有砟轨道区段监测系统显示)。

2. 接口方式：

信号集中监测系统站机与 ZPW-2000 维护终端之间通过 RJ-45 接口连接，其 IP 地址由信号集中监测系统统一分配。ZPW-2000 维护终端侧增加隔离措施及防病毒措施，确保运行稳定。防病毒软件在新建工程实施时与信号集中监测系统统一规划，统一实施，统一升级。

3. 通信与采样要求：与信号集中监测系统通信(周期≤1 s)，采样周期≤250 ms，变化信息存储并上发。

七、信号集中监测系统与电源屏

信号集中监测系统与电源屏的接口由信号集中监测系统站机和电源屏监测单元以及两者之间的通信设备组成，如图 16-1-8 所示。

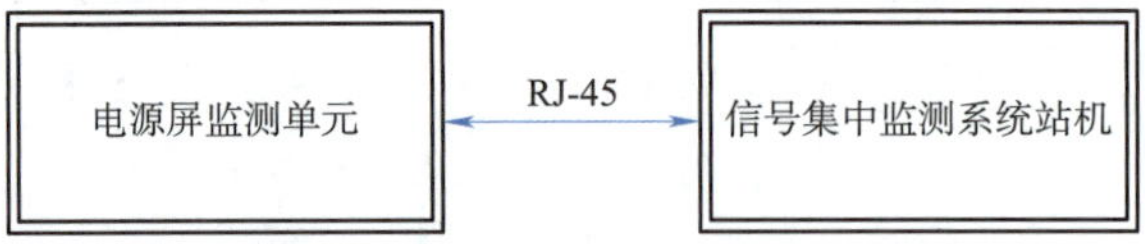

图 16-1-8 信号集中监测系统与电源屏接口示意

1. 监测内容

(1)智能电源屏

①模块状态信息：交流接触器闭合、断开状态；模块工作/备用状态；模块通信正常/中断状态；模块工作/保护状态；模块正常/故障状态。

②模拟量监测内容：各电源屏输入电压、电流；各种电源屏每路输出电压、电流；25 Hz 电源输出电压、频率、相位角。

③报警信息：交流输入停电、系统输入停电、电源输出支路断电、系统输出空开故障。

④监测点：电源屏输入交流接触器外侧；电源屏输出空气开关外侧(信号设备侧)。

⑤监测精度：电压±1%；电流±2%；频率±0.5 Hz；相位角±1°。

⑥(KZ、KF)电源采样周期：250 ms。

(2)UPS 电源

①报警信息：UPS 交流输入停电；系统输入停电；UPS 输出断电；UPS 故障；UPS 报警。

②模拟量监测内容：UPS 输入相电压、电流、频率、功率；UPS 电池组电压、旁路相电压；UPS 后备时间或后备容量；UPS 输出电压、频率、功率、峰值比(可选项)。

③监测点：UPS 输出空气开关外侧(信号设备侧)。

④监测精度：电压±1％；电流±2％；频率±0.5 Hz。

⑤采样周期：250 ms。

2. 接口方式

UPS 信息由智能屏采集后通过统一 RS-485 接口传给信号集中监测系统，硬件光电隔离。

3. 通信要求

智能电源屏维护机每秒都发送全体模拟量和开关量的最新信息。

八、信号集中监测系统与智能灯丝报警主机

信号集中监测系统与智能灯丝报警主机的接口由信号集中监测系统站机和智能灯丝监测单元以及两者之间的通信设备组成，如图 16-1-9 所示。

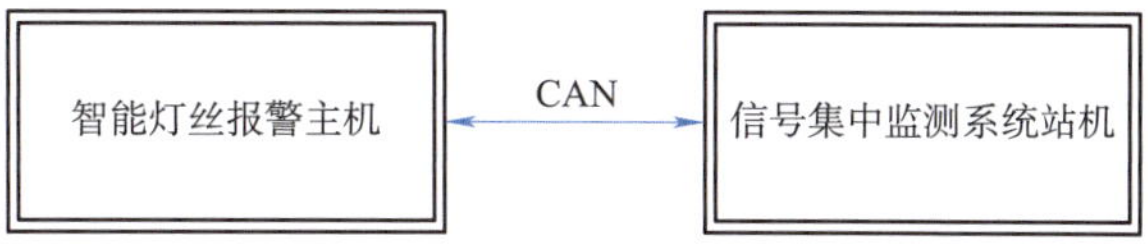

图 16-1-9　信号集中监测系统与智能灯丝报警主机接口示意

1. 监测内容：列车信号机主灯丝断丝状态及报警信息。定位到每架信号机的每个灯位。

2. 接口方式：CAN 接口，硬件光电隔离。

3. 通信要求：与信号集中监测系统通信(周期≤1 s)，变化信息存储并上发。

复习思考题

1. 计算机联锁系统与 CTC/TDCS 的网络接口及传递信息是什么?

2. 计算机联锁系统与无线调车机车信号和监控系统的接口方式是什么?

3. 调度集中系统与计算机联锁系统通信的基本要求是什么?

4. TDCS 与无线调车机车信号和监控系统的接口方式是什么?

5. 信号集中监测系统与 ZPW-2000 轨道电路的接口方式是什么?

6. 信号集中监测系统对灯丝报警主机的监测内容是什么?

第十七章　故障应急处置

第一节　ZD6 型道岔故障处理

道岔出现故障后，应首先根据故障现象和集中监测曲线数据分析判断故障性质，其次判断是室内还是室外故障，再根据工作原理进行测试、判断、查找、处理。

处理道岔故障时应从控制台开始，由室内到室外，建议处理故障时尽量使用 MF-14 型万用表，并配合小型的钳形电流表。

ZD6 型电动转辙机四线制单机道岔电路如图 17-1-1 所示。本节以此为例介绍故障分析、处理流程及典型故障案例。

一、电气故障分析

1. 通过控制台现象判断分析

通过观察控制台电流表和道岔表示灯的变化来区分是控制、启动还是表示电路故障（以定位向反位操纵为例），见表 17-1-1。

表 17-1-1　控制台现象判断分析

控制台电流表	道岔定、反表示灯	1DQJ 状态	2DQJ 状态	故障判断
不摆动	绿灯不灭	未吸起	未转极	室内控制电路故障
不摆动	绿灯灭后又点亮	吸起	未转极	室内控制电路故障
不摆动	绿灯灭灯	吸起	转极	启动电路开路
摆动很大后回零	绿灯灭灯	吸起	转极	启动电路短路
正常摆动	绿灯灭灯	吸起	转极	表示电路故障

即同时按压道岔按钮和总反位按钮：

（1）原位置的道岔表示灯不灭，说明 1DQJ 未励磁。

（2）原位置道岔表示灯熄灭，但松开按钮后又点亮，说明 2DQJ 未转极。

（3）原位置的道岔表示灯熄灭，松开按钮后，未点亮，说明 1DQJ 吸起，2DQJ 转极，来回扳动道岔，观察控制台电流表的状态：

①若电流表指针不动，则说明为启动电路开路故障，需要区分室内外；

②若电流表指针摆动很大后回零，则说明为启动电路短路故障，需要区分室内外；

③若电流表指针摆动 3 s 左右回零，道岔无表示，则说明为表示电路故障，需要区分室内外。

2. 通过分线盘测试判断分析

通过对控制台现象的判断分析，可以区分出控制、启动和表示电路故障。如果要区分室内外故障，须进一步在分线盘上进行测试判断。

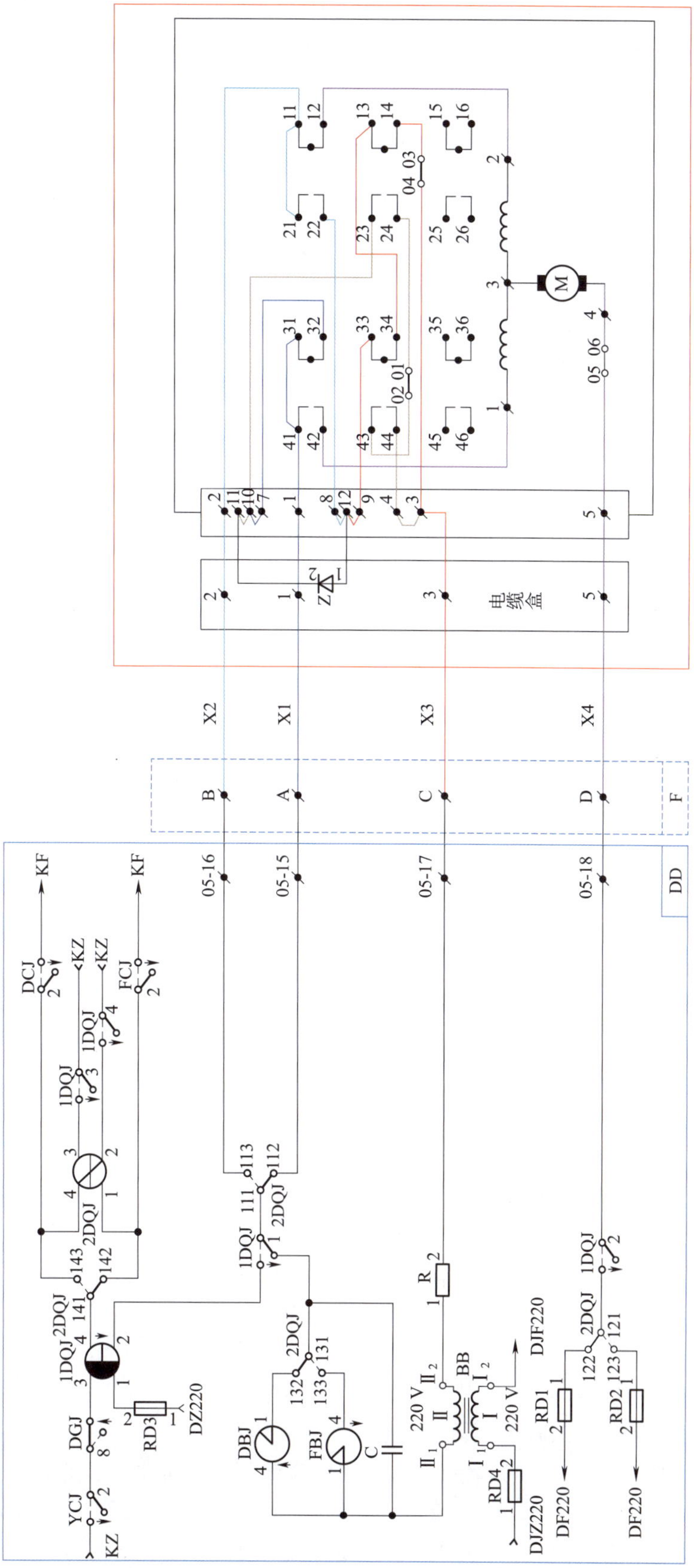

图 17-1-1　ZD6型转辙机四线制单机道岔电路

(1)启动电路室内外故障判断分析

在分线盘上测电压,定位→反位操不动时,在分线盘上测试 X2、X4 间电压;反位→定位操不动时,在分线盘上测试 X1、X4 间电压。

①测得电阻值为电缆电阻和电机线圈电阻之和,则为室内故障;

②测得电阻为无穷大,则为室外开路故障;

③启动熔断器熔断,说明启动电路短路,应该在分线盘上甩开 X4 电缆:

a. 测试 X2 和 X4 室内配线间电阻,电阻为 0 或很小,则为室内短路;

b. 测试 X2 和 X4 室外电缆间电阻,电阻为 0 或很小,则为室外短路。

(2)表示电路室内外故障判断分析

在分线盘上测电压,定位测 X1、X3 间电压,反位测 X2、X3 间电压,正常电压为 AC 70 V 左右,DC 60 V 左右。

①测得有 110 V 电压,则故障为室外开路;

②测得 AC 10 V 左右,DC 8 V 左右电压,说明故障为电容及电容间连线开路;

③测得 AC 55 V 左右,DC 45 V 左右电压,说明故障为电容短路、表示继电器线圈短路、表示继电器 1、4 线圈两端配线混线等;

④测得 AC 160 V,DC 150 V 左右电压,说明故障为表示继电器线圈及其连线开路;

⑤测得 2 V 左右的交流电压,无直流电压,可能为二极管击穿;

⑥测得交流电压和直流电压均为 0 V,则说明室内开路;

⑦测得交流电压接近 0 V,无直流电压,则可能为室外发生短路故障。

碰到⑤⑥⑦这种电压情况,不好明确判断时,拆下 X3,测两软线间电压,若电压有 110 V,则室外短路,若电压仍为 0 V,则室内故障。

二、电气故障处理

1. 启动电路故障

(1)室内故障

在室内分线盘处测试,定位启动测 X1、X4,反位启动测 X2、X4,在不扳动道岔的情况下,用电阻挡测试,若测得电阻值为电缆和电机线圈之和,则说明从分线盘至电转机内部状态良好,故障点出在室内至分线盘。

①定位启动故障,先让室内把道岔扳到定位,测 X1、X3 间电压,有 110 V,则 X4 断,无 110 V,则 X1 断。

②反位启动故障,先让室内把道岔扳到反位,测 X2、X3 间电压,有 110 V,则 X4 断,无 110 V,则 X2 断。

以上是区分室内 X1(X2)或 X4 开路的方法(仅限 1 个故障点,且在分线盘上区分有启动电压送出)。

(2)室外故障

在室内分线盘处测试,定位启动测 X1、X4,反位启动测 X2、X4,在不扳动道岔的情况下,用电阻挡测试,电阻为无穷大,则说明从分线盘至电转机内部有开路点。

在室外电缆盒处测试,定位启动测 X1、X4,反位启动测 X2、X4,在不扳动道岔的情况下,用电阻挡测试。

①电阻为电机线圈阻值,则说明从分线盘至电缆盒有开路点;

②电阻为无穷大，则说明从电缆盒至电转机内部有开路点。

a. 定位启动故障，用万用表欧姆挡，把 1 表笔固定在 X1 上，另一表笔由 X1 沿启动电路顺序查找，电阻从有到无时为故障点。

b. 反位启动故障，用万用表欧姆挡，把 1 表笔固定在 X2 上，另一表笔由 X2 沿启动电路顺序查找，电阻从有到无时为故障点。

2. 表示电路故障

(1)室内故障

在室内分线盘定位测试 X1、X3 电压，反位测试 X2、X3 电压。

①当测到 AC 160 V 左右，DC 150 V 左右电压时，表示 DBJ 线圈开路；

②当测到 AC 10 V 左右，DC 8 V 左右电压时，表示室内电容开路；

③当测到 AC 55 V 左右，DC 46 V 左右电压时，表示出现室内电容短路、表示继电器线圈短路、表示继电器 1、4 线圈两端配线混线等故障；

④若测不到电压，则定位甩开 X1 线、反位甩开 X2 线电缆，如仍测不到电压，测量 R1 电阻两端，若无电压，则表明室内开路。

a. 定位表示故障，用万用表 AC 250 V 挡，把 1 表笔固定在 BD1-7 输出端子 3 上，另一表笔由 BD1-7 输出端子 4 沿定位表示电路顺序查找，电压从有到无时为故障点。

b. 反位表示故障，用万用表 AC 250 V 挡，把 1 表笔固定在 BD1-7 输出端子 3 上，另一表笔由 BD1-7 输出端子 4 沿反位表示电路顺序查找，电压从有到无时为故障点。

若测不到电压，则定位甩开 X1 线、反位甩开 X2 线电缆，如仍测不到电压，测量 R1 电阻两端，若有电压，则表明室内短路。

a. 定位表示故障，用万用表 AC 250 V 挡，把表笔固定在分线盘 X1、X3 两端子上，从 X3 向 BD1-7 输出端子 3 逐点断开，从 X1 向 BD1-7 输出端子 4 逐点断开，有电压则说明故障点在断点以后，无电压则说明故障点在断点之前，电压从有到无时为短路点。

b. 反位表示故障，用万用表 AC 250 V 挡，把表笔固定在分线盘 X2、X3 两端子上，从 X3 向 BD1-7 输出端子 3 逐点断开，从 X2 向 BD1-7 输出端子 4 逐点断开，有电压则说明故障点在断点以后，无电压则说明故障点在断点之前，电压从有到无时为短路点。

(2)室外故障

①在室内分线盘定位测试 X1、X3 间电压，反位测试 X2、X3 间电压，测不到电压，定位甩开 X1 线、反位甩开 X2 线电缆，测到 AC 110 V，则判断为室外短路故障。

a. 定位表示故障，用万用表 AC 250 V 挡，把表笔固定在电缆盒 X1、X3 两端子上，断二极管两端的接点，从 X1 向插接器 11 逐点断开，从 X3 向插接器 12 逐点断开，有电压则说明故障点在断点以后，无电压则说明故障点在断点之前，电压从有到无时为短路点。

b. 反位表示故障，用万用表 AC 250 V 挡，把表笔固定在电缆盒 X2、X3 两端子上，断二极管两端的接点，从 X2 向插接器 12 逐点断开，从 X3 向插接器 11 逐点断开，有电压则说明故障点在断点以后，无电压则说明故障点在断点之前，电压从有到无时为短路点。

②在分线盘测试 X1、X3 间电源电压，测到 AC 110 V，无直流电压，表明室外电路开路。

a. 定位表示故障，用万用表 AC 250 V 挡，在电缆盒测 X1、X3 间电压，有 110 V，说明从电缆盒至电转机内部有开路点。查找方法：一表笔固定在 X3 上，另一表笔沿 X1 顺序查找，电压从有到无时为故障点。如果在电缆盒测得 X1、X3 间电压为 0 V，说明从分线盘至电缆盒间电缆故障，可以在分线盘测试 X1、X3 对地电压进行判断。

b. 反位表示故障，用万用表 AC 250 V 挡，在电缆盒测 X2、X3 间电压，有 110 V，说明从电缆盒至电转机内部有开路点。查找方法：一表笔固定在 X3 上，另一表笔沿 X2 顺序查找，电压从有到无时为故障点。如果在电缆盒测得 X2、X3 间电压为 0 V，说明从分线盘至电缆盒间电缆故障，可以在分线盘测试 X2、X3 对地电压进行判断。

三、机械故障处理

道岔设备在现场运用过程中经常发生机械故障，大都是道岔“绷”“卡”“爬”“松”这四个原因造成的。根据现象，故障一般分为三大类。

1. 转辙机在没解锁时空转

故障主要原因有：

(1)道岔的密贴力大，可能由于动作杆调整或道岔尖轨上有很大的绷劲。处理这类故障时应该松开道岔动作调整螺栓，使尖轨和道岔处于自由状态，以便进一步区分是动作杆调整的原因还是道岔尖轨绷劲的原因。

(2)摩擦联结器调整过松或摩擦带有油，根据减速器的转速和道岔转换时的声音可以判定，通过调整调节弹簧或除去摩擦带上的油污可以克服。

(3)动作齿条间有异物，锁闭圆弧研磨缺油。这类故障都出现在转辙机内部，需要打开转辙机仔细观察。

(4)道岔空动距离小，道岔不解锁。

2. 转辙机在解锁后空转

遇到这种情况时判断为转辙机在转换中途受阻，一般有下列可能：

(1)转辙机的摩擦电流小。

(2)道岔的阻力大，尖轨在移动过程中受阻，比如：滑床板的表面不平、尖轨根部螺栓调整过紧等。

(3)尖轨与基本轨间有异物。当尖轨与基本轨间有大于 4 mm 及以上的异物时，道岔不能锁闭。应将道岔操纵到原位，在尖轨与基本轨间仔细查找障碍物，这类故障大都是由于清扫不良。

双动或多动道岔，当发生转辙机解锁后空转的故障时，电务人员应首先从控制台上判断出是第几动转辙机发生空转。方法是：若电流表在第一次摆动未完成就直接变成摩擦电流数值，判断为第一动转辙机空转；若电流表第一次摆动完成后，在第二次摆动时变成摩擦电流数值，判断为第二动转辙机空转。以此类推。

3. 转辙机转换到位，尖轨密贴后空转

故障主要原因有：

(1)道岔调整不良，密贴过紧。

(2)密贴调整螺栓夹异物。

4. 转辙机完成机械锁闭，尖轨密贴，但是没有表示(俗称卡缺口)

故障主要原因有：

(1)道岔缺口调整不良；

(2)道岔尖轨与基本轨间夹异物；

(3)尖端杆螺栓松动，造成表示缺口变化；

(4)由于基本轨横移、密贴调整螺栓松动等原因，造成道岔缺口变化；

(5)道岔内表示杆调整螺栓松动。

四、故障案例

1. 故障案例 1:启动电路故障(安全接点 06-05 之间开路)

(1)故障现象:反位向定位操纵道岔,道岔无表示。

(2)故障分析:反位向定位操纵道岔时,道岔 1DQJ 吸起,2DQJ 转极后,由 X1、X4 线送出 DC 220 V 电源;启动直流电压送出后,室外电机应转动,若不转动说明室外启动电路中发生开路故障。

(3)故障处理流程如图 17-1-2 所示。

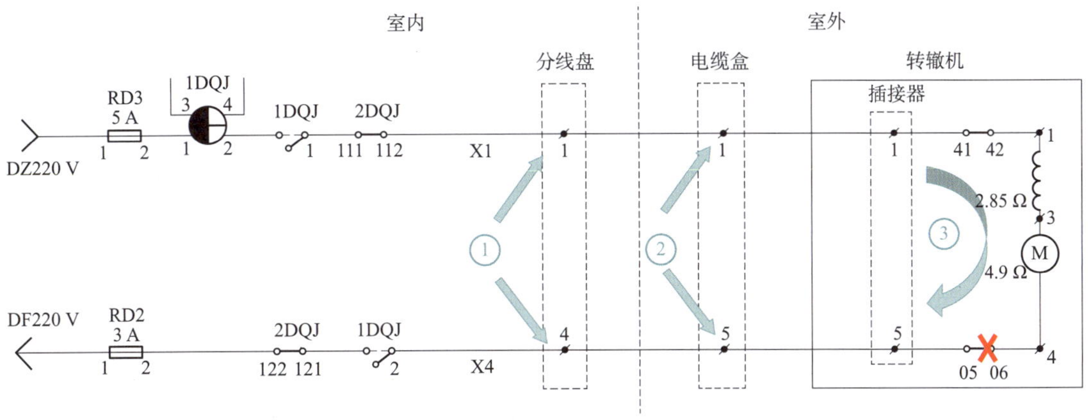

图 17-1-2　故障处理流程

①反位向定位操纵道岔时,万用表置 DC 250 V 挡,在分线盘测量 X1、X4 之间的电压为 220 V,判断为室外启动电路开路故障。

②反位向定位操纵道岔,在室外电缆盒测量 X1、X4 之间的电压为 220 V,判断为机内启动电路开路故障。

③利用表示电路的交流电压来导通启动电路,万用表置 AC 250 V 挡,将万用表一表笔固定在 X3(电缆盒 3 端子),另一表笔由 X2(电缆盒 2 端子)→插接器 2 端子→自动开闭器 11→自动开闭器 12→电机端子 2→电机端子 3→电机端子 4→安全接点 06→安全接点 05→插接器 5 端子→电缆盒端子 5 逐点测试。

在上述测量过程中,万用表测得电压从 110 V 到 0 V 时即为开路点。

(4)故障关键词:道岔定位启动电路室外开路故障。

2. 故障案例 2:表示电路故障(自动开闭器 14-13 之间开路)

(1)故障现象:道岔无表示。

(2)故障分析:当道岔出现无表示故障时,不要操纵道岔,先查找静态表示故障。观察 1 号道岔 2DQJ 吸起,DBJ 落下,判断为道岔定位无表示。

(3)故障处理流程如图 17-1-3 所示。

①万用表置 AC 250 V 挡,在分线盘 X1、X3 上测得 AC 110 V,可判断为室外表示电路开路故障。

②在室外电缆盒处测量 X1、X3 有 110 V 电压,判断为电缆盒至机内侧 X1、X3 开路故障。

③此时一表笔接到 X3 线(电缆盒 3 端子)不动,另一表笔由 X1 线(电缆盒 1 端子)→插接

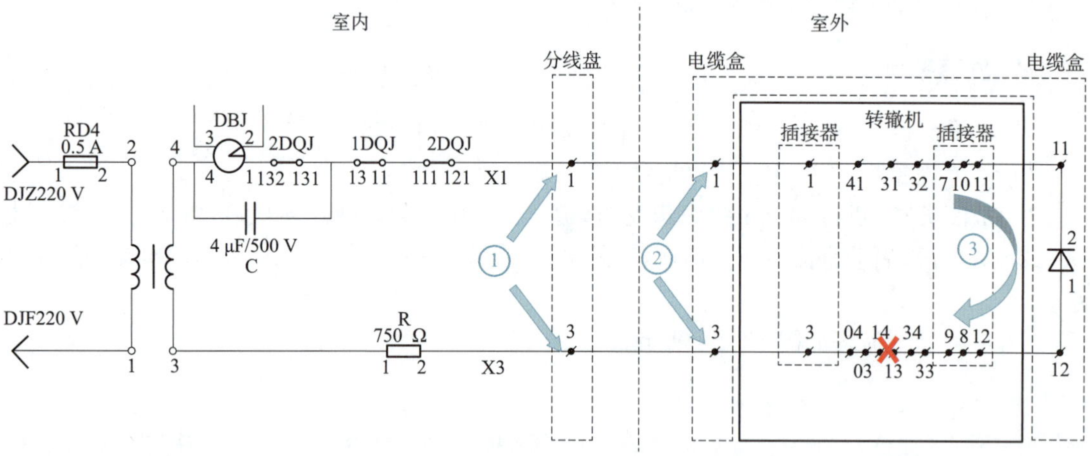

图 17-1-3 故障处理流程

器 1 端子→自动开闭器 41→自动开闭器 31→自动开闭器 32→插接器 7 端子→插接器 10 端子→插接器 11 端子→电缆盒 11 端子→电缆盒 12 端子→插接器 12 端子→插接器 8 端子→插接器 9 端子→自动开闭器 33→自动开闭器 34→自动开闭器 13→自动开闭器 14→移位接触器 03→移位接触器 04→插接器 3 端子逐点测试。

在上述测量过程中，万用表测得电压由 110 V 到 0 V 时即为开路点。应注意过二极管后电压下降为正常现象。

（4）故障关键词：道岔定位表示电路室外开路故障。

3. 故障案例 3：启动电路故障（$2DQJ_{111}$-$2DQJ_{112}$之间开路）

（1）故障现象：反位向定位操纵道岔，道岔表示灯熄灭，电流表指针不动，道岔无表示。室外电机向定、反位操纵都不能转，定位向反位操纵道岔时，X2、X4 上能测量到直流电压；反位向定位操纵道岔时，X1、X4 上测量不到直流电压。

（2）故障分析：室内的 DC 220 V 电源送不出去，导致室外电机不转，也测量不到直流电压，可判断为室内启动电路中发生开路故障。

（3）故障处理流程，如图 17-1-4 所示。

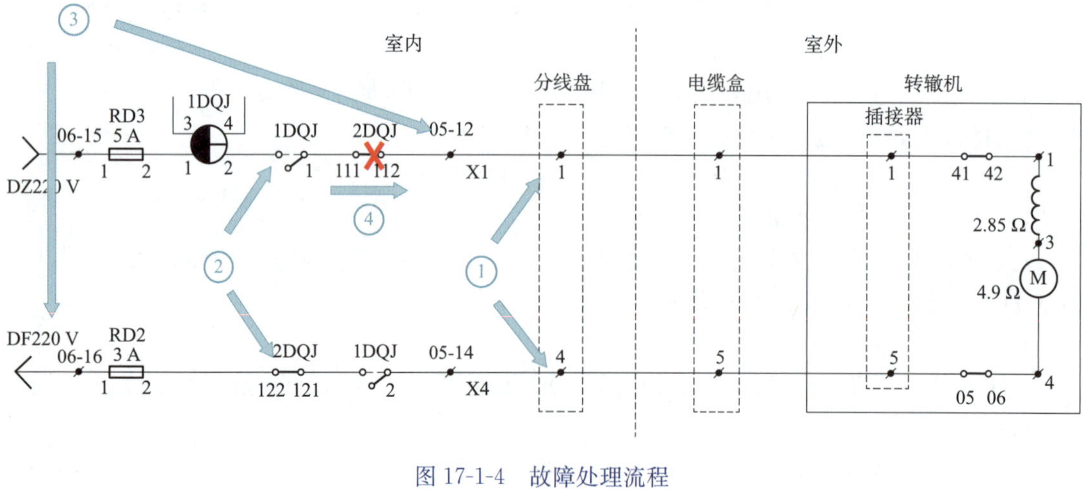

图 17-1-4 故障处理流程

①反位向定位操纵道岔时，万用表置 DC 250 V 挡，在分线盘测量 X1、X4 之间的电压为 0 V，判断为室内启动电路开路故障。

②测量 $1DQJ_{12}$ 接点和 $2DQJ_{122}$ 接点之间的电压为 220 V，说明 DZ、DF 电源已送出。

③DZ 电源接至侧面 06-15，DF 电源接至侧面 06-16，反位向定位操纵道岔，测量侧面 06-16、侧面 05-12 之间的电压为 0 V，判断为 $1DQJ_{12}$ 至侧面 05-12 之间开路。

④此时一表笔固定侧面 06-16，另一表笔在反位向定位操纵道岔时测量 $1DQJ_{11}$→$2DQJ_{111}$→$2DQJ_{112}$→侧面端子 05-12。

上述测量过程需在操纵时进行，万用表测得电压从 DC 220 V 到 0 V 时即为开路点。

(4)故障关键词：道岔定位启动电路室内开路故障。

4. 故障举例 4：表示电路故障(DBJ_1 线圈-$2DQJ_{132}$ 之间开路)

(1)故障现象：道岔无表示。

(2)故障分析：当道岔出现无表示故障时，不要操纵道岔，先查找静态表示故障。观察 1 号道岔 2DQJ 吸起，DBJ 落下，判断为道岔定位无表示。

(3)故障处理流程如图 17-1-5 所示。

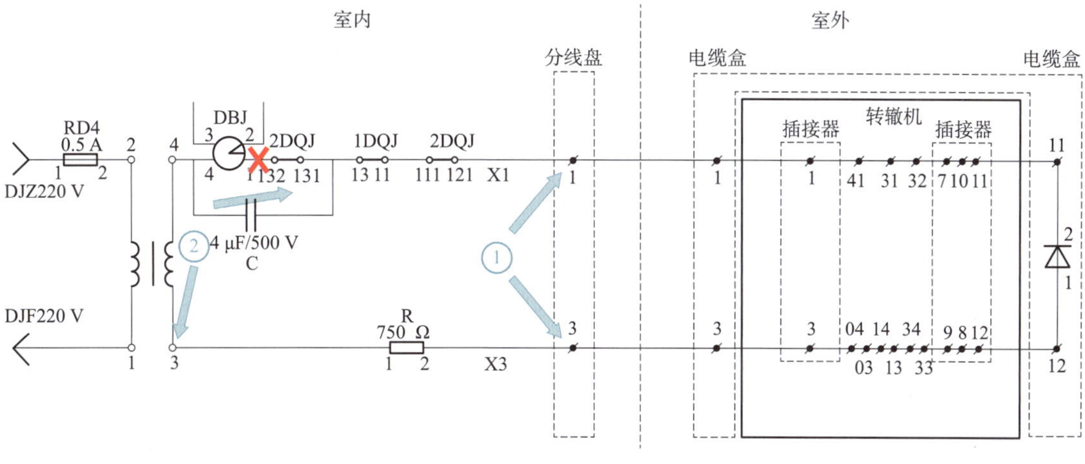

图 17-1-5 故障处理流程

①万用表置 AC 250 V 挡，在分线盘 X1、X3 上测得 AC 150 V 左右，DC 145 V 左右。电容器直接串联在表示回路中，半波整流使得电容上充到电源电压的最大值，即 110×1.414≈156 V，可判断为与电容并联的表示继电器线圈及其连线开路。

②此时一表笔固定在 BB-3，另一表笔由 DBJ_4 线圈→DBJ_3 线圈→DBJ_2 线圈→DBJ_1 线圈→$2DQJ_{132}$→$2DQJ_{131}$→C-2 逐点测试。

在上述测量过程中，电压由 110 V 升到 150 V 左右时即为开路点。

(4)故障关键词：道岔定位表示电路室外开路故障。

5. 故障案例 5：1DQJ 励磁电路故障($2DQJ_{141}$-$2DQJ_{142}$ 之间开路)

(1)故障现象：道岔有定位表示，定位向反位操纵道岔时，控制台原位置表示灯不灭灯(或灭灯后再点亮)。

(2)故障分析：观察继电器状态，YCJ、FCJ 均吸起，1DQJ 未励磁吸起，判断为 1DQJ 励磁电路故障。

(3)故障处理流程如图 17-1-6 所示。

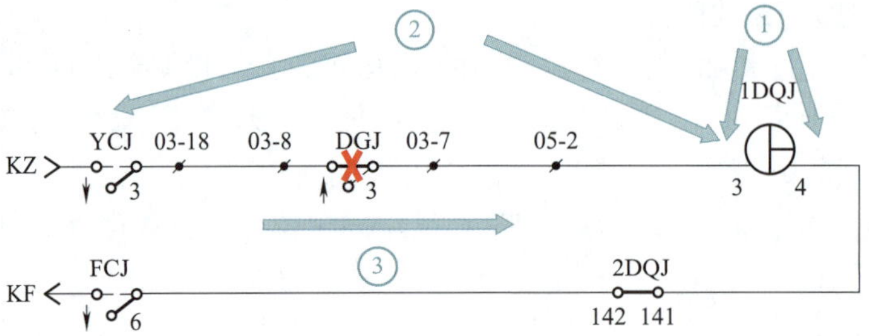

图 17-1-6　故障处理流程

①万用表置 DC 25 V 挡,定位向反位操纵道岔,测量 1DQJ$_3$、1DQJ$_4$线圈之间电压为 0 V,说明 KZ、KF 电源没有送过来。

②测量 KZ 电源与 1DQJ$_3$线圈之间电压为 24 V,判断为 KZ 电源至 1DQJ$_3$线圈之间存在开路点。

③此时一表笔固定 KF 电源(侧面 06-3),另一表笔从 YCJ$_{32}$→YCJ$_{31}$→侧面 03-18→侧面 03-8→DGJ$_{32}$→DGJ$_{31}$→侧面 03-7→侧面 05-2→1DQJ3 线圈逐点扳动测试。

在上述测量过程中,万用表测得电压从 24 V 左右到 0 V 时即为开路点。

(4)故障关键词:1DQJ 励磁电路开路故障。

6. 故障案例 6:2DQJ 转极电路故障(1DQJF$_3$-1DQJF$_4$线圈之间开路)

(1)故障现象:道岔有定位表示,定位向反位操纵道岔时,控制台的道岔表示灯灭灯,待停止操纵,1DQJ 失磁落下后表示灯又点亮。

(2)故障分析:观察继电器状态,YCJ、FCJ 均吸起,1DQJ 励磁吸起,2DQJ 未转极,判断为 2DQJ 转极电路故障。

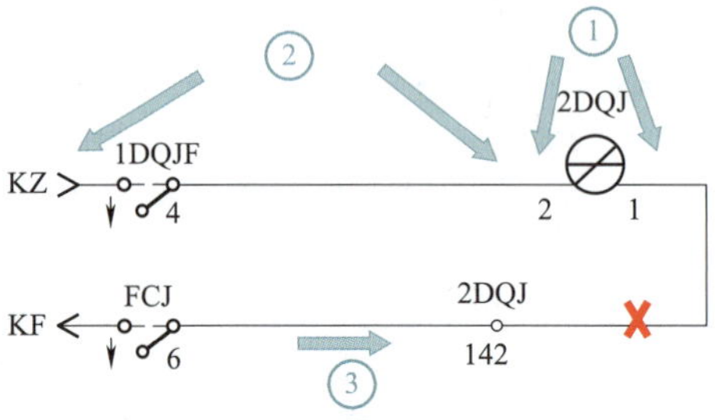

图 17-1-7　故障处理流程

(3)故障处理流程如图 17-1-7 所示。

①万用表置 DC 25 V 挡,定位向反位操纵道岔,测量 2DQJ$_1$、2DQJ$_2$线圈之间电压为 0 V,说明 KZ、KF 电源没有送过来。

②测量 KZ 电源与 2DQJ$_2$线圈之间电压为 0 V,判断为 KF 电源至 2DQJ$_2$线圈之间存在开路点。

③此时一表笔固定 KZ 电源,另一表笔从 FCJ$_{62}$→FCJ$_{61}$→2DQJ$_{142}$→2DQJ$_1$线圈→2DQJ$_2$线圈逐点扳动测试。

在上述测量过程中,万用表测得电压从 24 V 左右到 0 V 时即为开路点。

(4)故障关键词:2DQJ 转极电路开路故障。

五、注意事项

严格按故障处理流程处理现场故障,随时注意人身和设备安全,严禁违章蛮干、臆测行事,如图 17-1-8 所示。

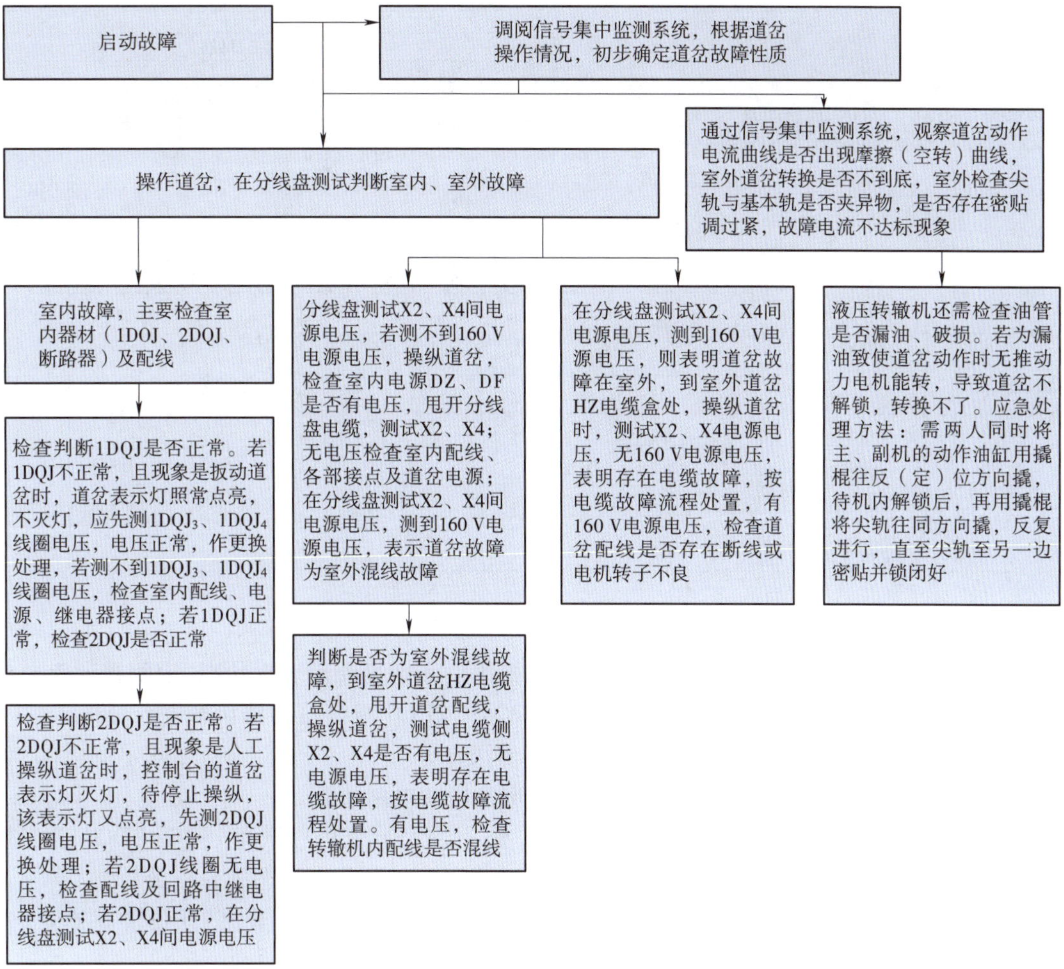

图 17-1-8　故障处理流程

第二节　S700K 型道岔故障处理

S700K 型电动转辙机五线制单机道岔电路(定位 1、3 闭合)，如图 17-2-1 所示。本节以此为例介绍故障分析、处理流程及典型故障案例。

一、电气故障分析

1. 通过控制台现象和继电器状态判断分析

通过观察控制台现象和继电器状态的变化来区分是控制、启动还是表示电路故障(以定位向反位操纵为例)。

(1)单操道岔，控制台表示灯不灭灯(或灭灯后再点亮)。

①判断：室内控制电路故障，1DQJ 未吸起。

②分析：1DQJ 未吸起等于操作无效。

(2)单操道岔，表示灯灭灯，松手后，又恢复原来的表示状态。

①判断：室内控制电路故障，2DQJ 未转极。

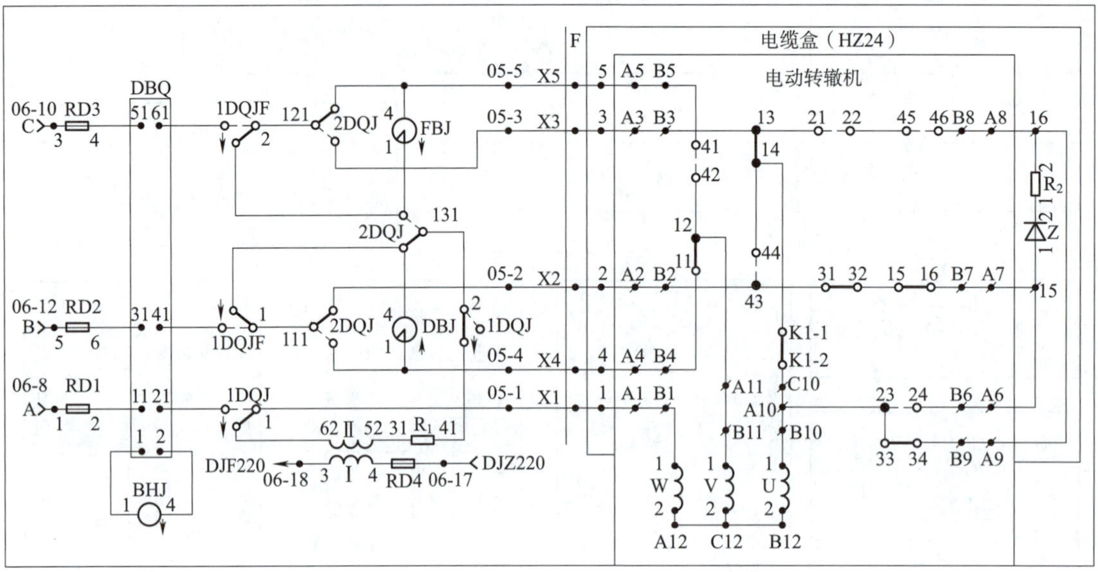

图 17-2-1　S700K 型电动转辙机五线制单机道岔电路

②分析：表示灯灭灯，说明 1DQJ 已经吸起，松手后又恢复原来表示状态，说明接通室外的条件没有改变，所以是 2DQJ 未转极。需观察 1DQJF、2DQJ 继电器动作状态进行分析。

(3)单操道岔，表示灯灭灯，松手后表示灯仍然灭灯。

①判断：2DQJ 已经转极，1DQJ 自闭电路或道岔启动电路故障。

②分析：表示灯灭灯，说明 1DQJ 已经吸起；松手后表示灯仍然灭灯，说明 2DQJ 已经转极。要区分是 1DQJ 自闭电路还是启动故障，通过观察继电器动作状态进一步分析。

(4)单操道岔，表示灯灭灯，松手后表示灯仍然灭灯。操纵道岔时观察 DBQ 的状态，DBQ 不闪灯。

①判断：启动电路缺相故障。

②分析：DBQ 不闪灯，说明启动电路的三相电没有沟通，继电器动作正常且断路器没有跳起，说明为启动电路缺相故障。

(5)单操道岔，表示灯灭灯，松手后表示灯仍然灭灯。操纵道岔时观察 DBQ 的状态，DBQ 闪灯，观察 BHJ 的状态，BHJ 不吸起。

①判断：BHJ 励磁电路故障。

②分析：DBQ 闪灯，说明启动电路已沟通，BHJ 不吸起，查找 BHJ 励磁电路。

(6)单操道岔，表示灯灭灯，松手后表示灯仍然灭灯。操纵道岔时观察 DBQ 的状态，DBQ 闪灯，观察 BHJ 的状态，BHJ 吸起，1DQJ 先于 BHJ 落下。

①判断：1DQJ 自闭电路故障。

②分析：正常情况下，BHJ 先于 1DQJ 落下，切断 1DQJ 自闭电路，1DQJ 缓放落下。此时 1DQJ 先于 BHJ 落下，可判断为 1DQJ 自闭电路故障。

(7)单操道岔，表示灯灭灯，电流表变化正常，无表示。

①判断：表示电路故障。

②分析：电流表变化正常，说明启动电路工作正常，最后无表示只能说明表示电路故障。

2. 通过分线盘测试判断分析

通过对控制台现象的判断分析，可以区分出控制、启动和表示电路故障。如果要区分室内外故障，须进一步在分线盘上进行测试判断：

(1)启动电路室内外故障的判断分析

①当确定为道岔的启动电路开路，导致三相电机缺相时，由定位向反位操纵，在分线盘处利用反位表示电压区分出室内外故障。定位表示电路为 X1、X2、X4，已经检查室外 X1、X4 良好，在分线盘测量 X1、X3 之间电压，如果 X1、X3 之间为 110 V，说明 X3 室外开路。若无 110 V 电压，说明故障点在室内，此时需扳动测量三相电，查找缺少哪一相。

②当启动电路中电机的三相中任意两相短路时，操纵道岔都会使道岔的启动断路器断开，此时在分线盘处将室外电缆甩开，合上断路器后再次操纵道岔，如果断路器不再断开，则故障点在室外。如果断路器仍然断开，则故障点在室内。

(2)表示电路室内外故障的判断分析

区分道岔表示电路故障在室内还是室外，应在分线盘上进行测量。

①当在分线盘 X1、X2 上测得 0 V 交流电压时，用电流表测量 X2 上的电流，如果无电流说明室内 X1、X2 开路；有电流说明表示电路存在短路。

②当在分线盘 X1、X2 上测得 110 V 交流电压时，则为室外 X1、X2 开路。

③当在分线盘 X1、X2 上测得 75 V 交流电压时，则为 X4 开路，此时在分线盘测 X2、X4 的电压。当在分线盘 X2、X4 上测得 0 V 交流电压时，则为室外 X4 开路；当在分线盘 X2、X4 上测得 75 V 交流电压时，则为 X4 室内开路。

二、电气故障处理

1. *启动电路故障*

(1)室内故障

在室内分线盘处测试，定位启动测 X1、X2、X5，反位启动测 X1、X3、X4，以定位向反位操纵为例，扳动测量三相电。

在定位向反位扳动时，分别在分线盘测量 X1、X3，X1、X4，X3、X4 之间的电压，测得电压为 AC 380 V 的两相电良好，另一相电存在开路。可借用一相电进行测量，电压从 380 V 降至 220 V 时为故障点。

(2)室外故障

以定位向反位操纵为例，定位表示电路为 X1、X2、X4，当定位无表示时，需先查找表示故障。当定位有表示时，已经检查室外 X1、X4 良好，在分线盘测量 X1、X3 之间电压，如果 X1、X3 之间为 110 V，则说明 X3 室外开路。

在室外电缆盒处测量 X1、X3 之间电压，如果 X1、X3 之间为 0 V，则说明 X3 分线盘至电缆盒之间的电缆开路。

如果 X1、X3 之间为 110 V，则一表笔固定电缆盒 X1，另一表笔从电缆盒 X3 沿启动电路顺序查找，电压从有到无时为故障点。

2. *表示电路故障*

以定位表示电路故障为例。

(1)室内故障

①当在分线盘 X1、X2 上测得 0 V 交流电压时，用电流表测量电阻 R1 上的电流，如果无电流说明室内 X1、X2 开路。

测量 BB52 与侧面 05-1 之间的电压，若电压为 0 V，则为 BB62 至侧面 05-1 存在开路点。

此时一表笔固定 BB52,另一表笔从 BB62 沿 X1 室内表示电路顺序查找,电压从有到无时为故障点。

②当在分线盘 X1、X2 上测得 0 V 交流电压时,用电流表测量 X2 上的电流,如果无电流说明室内 X1、X2 开路。

测量 BB62 与侧面 05-2 之间的电压,若电压为 0 V,则为 BB52 至侧面 05-2 存在开路点。此时一表笔固定 BB62,另一表笔从 BB52 沿 X2 室内表示电路顺序查找,电压从有到无时为故障点。

③当在分线盘 X1、X2 上测得 75 V 交流电压时,则为 X4 开路,在分线盘 X2、X4 上测得 75 V 交流电压时,则为 X4 室内开路。此时一表笔固定分线盘 X2,另一表笔从分线盘 X4 沿 X4 室内表示电路顺序查找,电压从有到无时为故障点。

(2)室外故障

①当在分线盘 X1、X2 上测得 110 V 交流电压时,则为室外 X1、X2 开路。此时一表笔固定电缆盒 X2,另一表笔从电缆盒 X1 沿表示电路顺序查找,电压从有到无时为故障点。

注:电压经过二极管后电压减半,即测量电缆盒 16 端子电压为 110 V、电缆盒 15 端子电压为 60 V 左右。

②当在分线盘 X1、X2 上测得 75 V 交流电压时,则为 X4 开路,在分线盘测 X2、X4 的电压为 0 V,则为室外 X4 开路。此时一表笔固定电缆盒 X2,另一表笔从 C12 沿 X4 表示电路顺序查找,电压从有到无时为故障点。

三、机械故障处理

机械故障的现象主要有:道岔尖轨未转换到位,电机空转;道岔尖轨已转换密贴,电机空转;道岔无表示(卡缺口)等。造成故障的原因主要有:各部螺栓松动、缺口调整不当、锁闭转换部位缺油卡阻、尖轨有异物卡阻、滑床板严重缺油或吊板等。

1. 电动转辙机内故障诊断与处理

电动转辙机内故障诊断与处理,见表 17-2-1。

表 17-2-1 电动转辙机内故障诊断与处理

故障现象	可能原因	处理办法	备注
转辙机不动作	无三相电输入或缺相,遮断开关板变形(安装造成)	正确输入三相交流电,将变形的开关板调整过来	检查安全接点是否接通
	配线脱落	使配线连接可靠	—
	插接头(座)插针(套)脱落	插牢插针(套)或更换损坏件	—
	电机卡阻、轴承锈蚀严重、电机绕组断路或短路	检查电机传动齿轮,排除卡阻或更换电机	—
电机转动摩擦联结器打滑,动作杆不能动作	机内外有卡阻	排除卡阻	堵孔塞、螺栓等
动作中停止转换	轴承锈蚀严重	清除锈斑,排除卡阻;更换新轴承或电动机	必须重新注油
	暗锁机构脱落,电机齿轮被卡死	取出暗锁机构组及螺栓,重新组装机盖	更换挤坏零件
转换到位后无表示	机内检测杆检测位置不正确	调整机外长短表示螺母	表示杆卡
	叉形接头与鼓形销磨损旷量过大(>1 mm)	更换叉形接头衬套或鼓形销	易损件

续上表

故障现象	可能原因	处理办法	备注
转换到位后无表示	锁闭块卡阻	分解检查，排除卡阻	有锈蚀或异物
	速动开关组有损坏或有异物卡阻	更换开关组，排除卡阻	—
	TS-1 接点组有异物卡阻	排除卡阻	—
转换正常但表示时有时无	接点虚接，配线受损	更换接点或使配线连接可靠	—
	伸出位置的锁舌非正常回缩严重	综合调整道岔，减小尖轨反弹力及振动，更换易损件	按技术要求调整
	速动开关组固定螺钉松动	紧固螺钉	—
	速动开关组轴用挡圈脱落	加装轴用挡圈	—
	TS-1 接点组可动接点的塑料轴套断裂或接点氧化烧损	更换 TS-1 接点组或擦拭氧化烧损接点	—
机盖松动	机盖扣封位置不正确	重新扣封，确认锁钩位置是否正确	—
	锁拴、锁钩位置未调整到位	调整锁拴及锁钩位置使机盖密封配合适当	—
	密封圈失效	更换	易损件
	支撑板或锁拴失效	更换	易损件

2. 外锁闭装置机械故障诊断与处理

(1)故障原因分析

提速道岔卡阻不时出现，扳动几次故障就能恢复，故障原因极不好查找，严重干扰正常运输。针对这一问题，反复到现场进行检查、试验，最终发现是锁钩在锁闭铁内旋转上升或下降时，易产生摩擦卡阻。提速道岔在转换过程靠提速道岔双机牵引或多机牵引同步完成，只要有一点旋转摩擦卡阻就能造成提速道岔转换不同步，越是不同步，通过尖轨反别卡阻越厉害，从而造成提速道岔转换不到位。通过分析，造成外锁闭机械卡阻的主要原因有以下几点：

①锁钩在锁闭铁内旋转上升或下降时，锁钩旋转动作到锁闭铁出口处产生 2～5 mm 硬摩擦面，形成一个线型出口，不利于锁钩在锁闭铁内旋转上升或下降，这是通过对多组提速道岔锁闭铁检查总结得来的。另外锁闭铁的锁闭斜面与锁闭框内平面成一个 120°钝角，检修时所注的润滑油不能进入锁闭铁内，过早地被锁钩旋转动作硬摩擦掉了，以上因素是摩擦卡阻的内因。

②提速道岔在安装时，工务基本轨与尖轨间尺寸不合适，平时工务基本轨与尖轨爬行、掉板、道岔不方正均会造成锁钩偏移。电务人员检修不到位，清扫注油不到位，锁钩底部、锁钩头部不清洁，油泥、沙粒过多；平时锁钩注油孔使注的油很少进入锁钩与锁轴之间，在工务基本轨与尖轨爬行、道岔不方正时，锁钩在锁轴上不能平滑移动，易造成锁钩偏移。这就是摩擦卡阻的外因。

(2)解决卡阻的主要途径

解决卡阻故障，真正提高提速道岔质量，使质量保持动态达标良好效果，减少提速道岔设备故障要求平时按照提速道岔技术标准及维修“平”“顺”“滑”“洁”“紧”等标准，加强工务配合，逐台整治道岔。

①平——即要求各部件呈水平状态，无翘头、低头现象，锁闭动作杆均在锁闭铁框内支撑面上平稳滑动，无吊空、低压、卡阻现象。同时，对转辙机前后不平，动作杆与外锁闭杆不在同一平行线上的转辙机用大垫片进行垫高，前后找平，并用石砟夯实，保证道岔在扳动转换中阻力最小。

②顺——外锁闭装置、各种连接杆等无别卡，转换时呈直线水平状态运动，各销轴转动灵活，锁钩在锁闭框内应能顺利滑动。保证每一牵引点两锁闭框中心线与外锁闭杆一致(不一致调整锁闭框)，外锁闭连接杆与转辙机动作杆在同一水平线上。

③滑、洁——各部件无锈蚀、表面干净整洁、无油泥污垢，并保持油润。要求工区人员在平时养护时解决这一问题。规定每月上旬、下旬清扫一次，对扳动勤且在干线上的道岔每月进行3次清扫并涂油。雨后，会同车站人员对道岔进行涂油。

④紧——除要求各部件牢靠紧固，防松良好，开口销、绑扎线齐全标准外，主要要求锁钩与锁闭铁之间的“紧”要适度，锁钩应既不旷动，还要保证在锁闭销轴窜动。“紧”这项，要求工区在“天窗修”中检查克服，在日常巡视中复查。

⑤加强与工务配合，对提速道岔的方正、掉板、道岔尖轨爬行、顶铁过紧等工务病害，及时发现，及时下发工电作业通知单，进行彻底联合整治，减少提速道岔动作阻力。

3. 现场出现的造成卡阻的主要问题及整治方法

①定、反位锁闭量不平均：定、反位锁闭量不平均时，可能引起道岔不解锁。调整时，要先确定定、反位锁闭量相差多少，需要调整几圈接头铁，然后看斥离轨锁钩是否有虚钩或吃力，斥离轨开程是否偏差，然后确定接头铁调整几圈后(一圈大约3 mm)，尖轨侧是否应增加或减少开程片。

②锁钩在锁闭铁内卡阻：锁钩在锁闭铁内卡阻是道岔不解锁的主要原因之一。道岔在解锁过程中的后期，锁闭杆凸台运动至锁钩下部凸台边缘时，锁钩开始旋转下落，道岔解锁，这时，如果锁钩在锁闭铁内卡阻，锁钩将不能旋转下落，造成道岔不能解锁。整治办法：调整道岔密贴，使锁钩在道岔锁闭状态，锁钩在锁闭销轴窜动(手锤轻敲)；锁闭铁斜面上保持油润。

③转辙机动作杆与接头铁、锁闭杆不成一条线：三者不成一条线，转辙机的转换力不能全部传递到尖轨或心轨上，而被消耗掉一部分。整治办法：首先松开转辙机近端锁闭框，调整锁闭框位置，使之成一条直线，有时也需要松开远端锁闭框，配合调整，有时还需要将转辙机固定螺栓松开配合调整；调整完毕后，需在道岔锁闭状态下将螺栓紧固。调整完毕后，需检查道岔锁闭状态，确认锁闭杆在锁闭铁内水平方向左右动作是否灵活，无反弹；转换过程中，锁闭杆不磨锁闭框，若锁闭框调至极限，需联系工务方正枕木。

④转辙机内检测杆上下开口或调整缺口时，紧固螺栓后，缺口发生变化，表示杆上下拱腰。《维规》要求转辙机两检测杆上下无张嘴，左右无偏移。造成两检测杆上下张嘴的原因有多种，向尖轨内翻或外翻、无扣轴套与有扣轴套不成直线、外表示杆扭曲、道岔掉板、活接头不垂直、尖端铁与表示杆不平行等，都能造成上述故障。整治办法：在尖端铁的上部或下部加垫片，在转辙机下面加垫片，可解决上下检测杆张嘴、缺口变化和表示杆上下拱腰(采用哪种办法要视实际设备状况而定)故障。

⑤锁闭框调至极限：锁闭框调至极限后可造成锁闭杆单边磨锁闭铁，导致道岔转换困难。整治方法：配合工务方正水泥枕。有时工务方正完水泥枕，过一段时间后又回跑，是因为水泥枕方正完后工务没捣实。

⑥斥离轨锁钩凹槽与锁闭杆凸台间有缝隙，即虚钩：斥离轨锁钩凹槽与锁闭杆凸台间有缝

隙，脚蹬斥离轨锁钩钩腰处，如很松或发出“哐”声则为虚钩。在道岔转换过程中，密贴轨锁钩一旦爬上锁闭杆的凸台后，转辙机的拉力主要作用在斥离轨上。由于尖轨刚性太大，两牵引点距离过短，斥离轨斥离过程中尖轨第二牵引点的电机还没给斥离轨送上力，斥离轨就被尖轨第一牵引点电机推动，直到锁闭完成，尖二的锁闭凸台都没顶上锁钩。定反位开程偏差大，容易造成卡大缺口。经调整动作连接杆长度和加开程调整片仍不能解决的，可要求工务配合，将尖轨根部的几块轨距调整块加厚至 18 mm 以上，使尖轨在根部的开程就开始减小，也可以要求工务更换尖轨解决。应急处理时，在保证锁闭量标准的前提下适当让开程有偏差，以保证大缺口的正常使用。此现象一般发生在双机道岔的尖轨第二牵引点处。

⑦心轨锁闭后，心轨与翼轨间不密贴：心轨与翼轨不密贴是道岔严重病害，应立即组织整治。整治方法：以 18 号道岔可动心为例，首先测量心轨第一牵引点两翼轨轨距是否过大，过大时，可以让工务向内改翼轨。测量心轨第二牵引点处心轨动程是否过小，如过小可通过在两侧锁闭铁加调整片解决，先测量、后调整。调整时需要工务配合，先把各工务顶铁内的调整片全部抽掉，临时固定顶铁，再把心轨第一牵引点两侧的密贴调整片适当抽掉，增减心轨第二牵引点的调整片，使心轨第二牵引点处的开程达到或略大于 56 mm，来回扳动，可看到心轨从尖端开始至刨切点处宏观密贴良好，再逐片添加心轨第一牵引点的密贴调整片，站在心轨根部观察，调至可动心轨前后能同时密贴翼轨为好，定反位都调好后再微调至 4 mm 不失效，最后由工务把顶铁调整适当，过紧的可打磨顶铁。注意心轨第二牵引点的密贴调整片最好定反位均匀，否则可能会导致顶铁过紧也调不够开程。

4. 需要注意的工务配件

基本轨、心轨处翼轨的工务扣件必须经常检查，有松动现象马上联系工务紧固。可动心开口处的撑铁，长、短心轨联结螺栓，各部顶铁螺栓都要经常检查。

四、故障案例

1. 故障案例 1：表示电路故障（TS-1 接点组 31-32 之间开路）

(1)故障现象：道岔无表示。

(2)故障分析：当道岔出现无表示故障时，观察道岔 2DQJ 吸起，DBJ 落下，判断为道岔定位无表示。

(3)故障处理流程如图 17-2-2 所示。

①万用表置 AC 250 V 挡，在分线盘 X1、X2 上测得 110 V 交流电压，判断为室外 X1、X2 开路。

②在室外电缆盒处测量 X1、X2 有 110 V 电压，判断为电缆盒至机内侧 X1、X2 开路。

③此时一表笔固定电缆盒 X2，另一表笔从电缆盒 1→A1→B1→A12→C12→B12→B10→A10→TS-1 接点组 33→TS-1 接点组 34→B9→A9→电缆盒 16→电缆盒 15→A7→B7→TS-1 接点组 16→TS-1 接点组 15→TS-1 接点组 32→TS-1 接点组 31→B2→A2→电缆盒 2 逐点测试。

在上述测量过程中，电压经过二极管后减半，即测量电缆盒 16 端子电压为 110 V，测量电缆盒 15 端子电压为 60 V 左右。当电压从 60 V 左右到 0 V 时即为开路点。

(4)故障关键词：定位表示电路室外 X2 开路故障。

2. 故障案例 2：表示电路故障（A11 至 TS-1 接点组 12 之间开路）

(1)故障现象：道岔无表示。

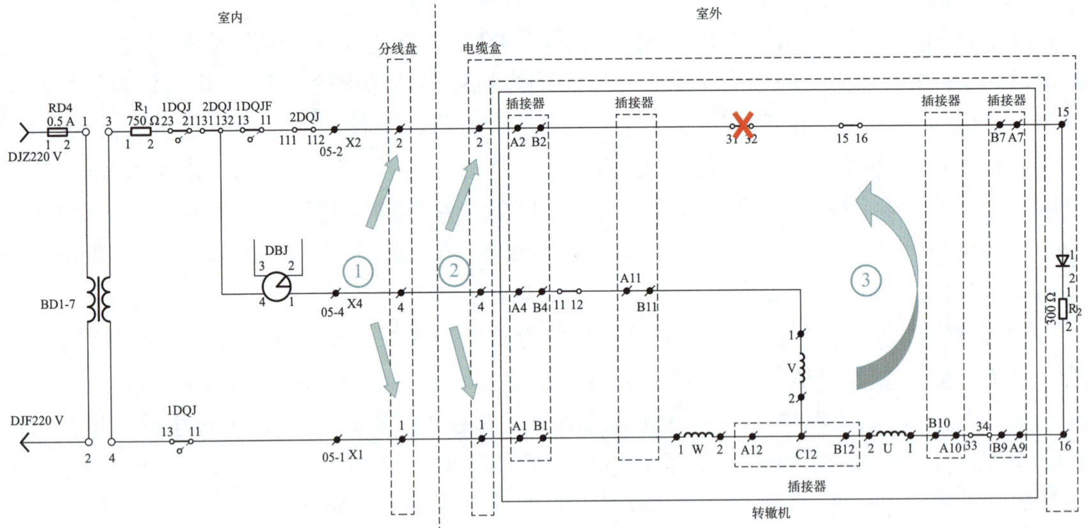

图 17-2-2 故障处理流程

(2)故障分析:当道岔出现无表示故障时,观察道岔 2DQJ 吸起,DBJ 落下,判断为道岔定位无表示。

(3)故障处理流程如图 17-2-3 所示。

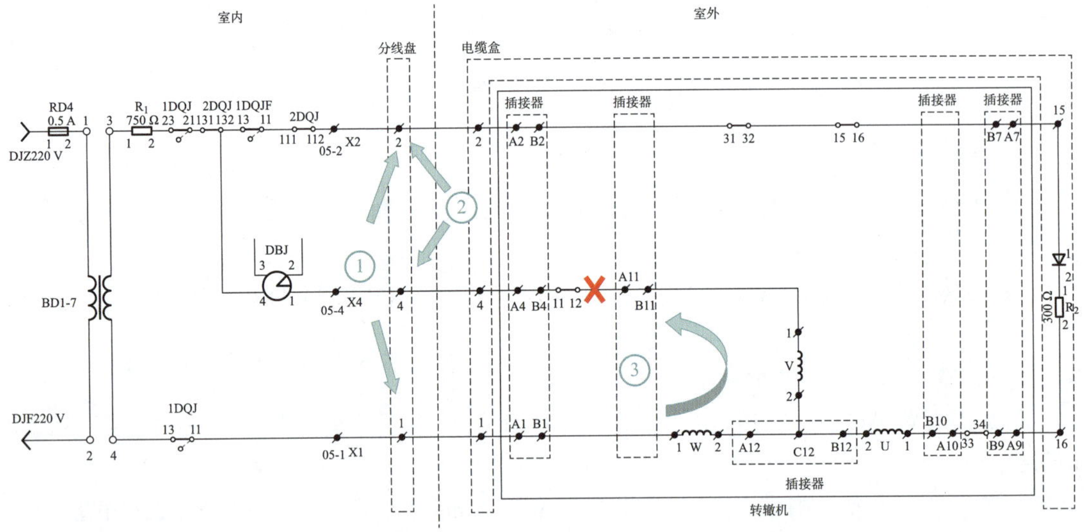

图 17-2-3 故障处理流程

①万用表置 AC 250 V 挡,在分线盘 X1、X2 上测得交流电压为 75 V 时,判断为 X4 开路。

②在分线盘继续测 X2、X4 的电压为 0 V,判断为室外 X4 开路。

③在室外电缆盒处测量 X2、X4 的电压为 0 V,此时一表笔固定电缆盒 X2,另一表笔从 C12→B11→A11→TS-1 接点组 12→TS-1 接点组 11→B4→A4→电缆盒 4 逐点测试。

在上述测量过程中,万用表测得电压从 75 V 左右到 0 V 时即为开路点。

(4)故障关键词:定位表示电路室外 X4 开路故障。

3. 故障案例 3:表示电路故障(RD4 断路器 1-2 端子之间开路)

(1)故障现象:道岔无表示。

(2)故障分析:当道岔出现无表示故障时,观察道岔 2DQJ 吸起,DBJ 落下,判断为道岔定位无表示。

(3)故障处理流程如图 17-2-4 所示。

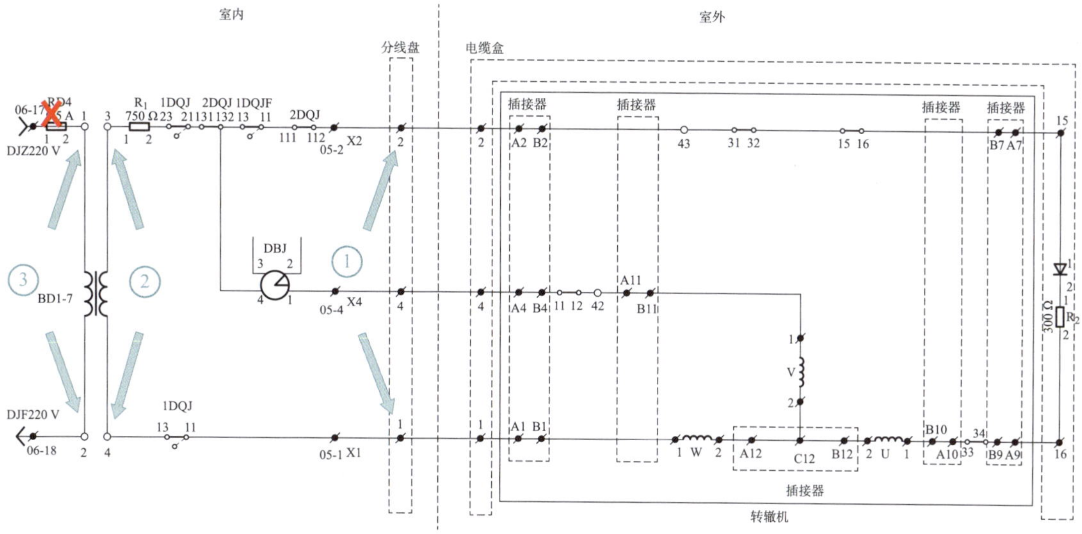

图 17-2-4　故障处理流程

①万用表置 AC 250 V 挡,在分线盘 X1、X2 上测得交流电压为 0 V。用电流表测量电阻 R1 上的电流,无电流,判断为室内表示电路开路。

②测量 BB-3 与 BB-4 之间的电压为 0 V,说明表示变压器Ⅱ次侧无电压输出。

③测量 BB-1 与 BB-2 之间的电压,电压为 0 V,说明表示变压器Ⅰ次侧无电压输入,继续查找是否为 DJZ220V、DJF220V 电源问题。

④DJZ220V 电源接至侧面 06-17,DJF220V 电源接至侧面 06-18,测量侧面 06-17 与侧面 06-18 之间电压为 220 V。此时一表笔固定侧面 06-18,另一表笔从侧面 06-17→RD4 断路器 1 端子→RD4 断路器 2 端子→BB-1→BB-2 逐点测试。

在上述测量过程中,万用表测得电压从 220 V 到 0 V 时即为开路点。

(4)故障关键词:定位表示电路室内电源故障。

4. 故障案例 4:表示电路故障($2DQJ_{131}$-$2DQJ_{132}$之间开路)

(1)故障现象:道岔无表示。

(2)故障分析:当道岔出现无表示故障时,观察道岔 2DQJ 吸起,DBJ 落下,判断为道岔定位无表示。

(3)故障处理流程如图 17-2-5 所示。

①万用表置 AC 250 V 挡,在分线盘 X1、X2 上测得交流电压为 0 V。用电流表测量电阻 R1 上的电流,无电流,判断为室内表示电路开路。

②测量 BB-3 与 BB-4 之间的电压为 110 V,说明表示变压器Ⅱ次侧已有电压输出,判断为室内表示电路 X1 或 X2 开路故障。

③测量 BB-3 与侧面 05-1 之间的电压为 110 V,说明 X1 室内表示电路正常。测量 BB-4

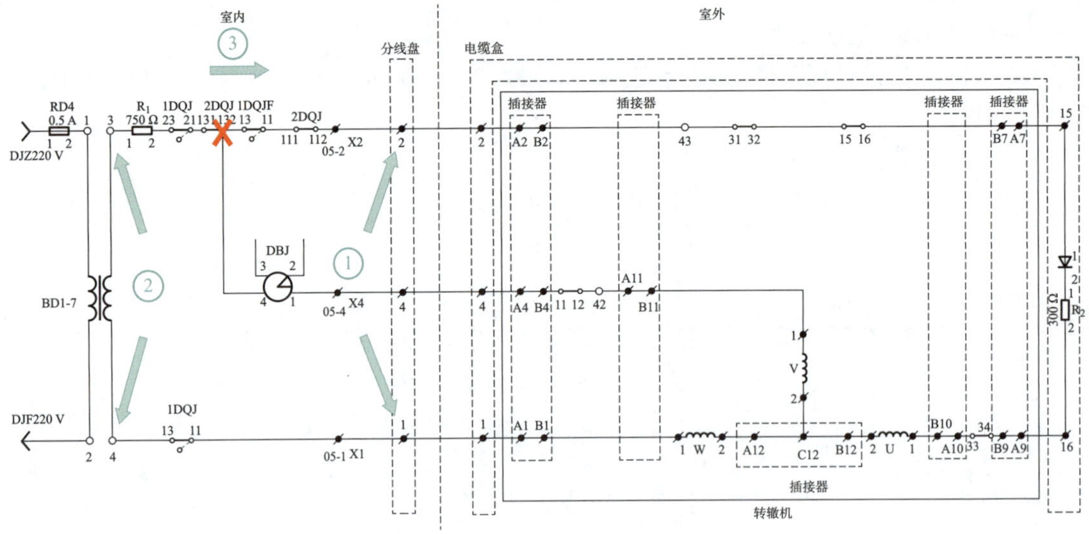

图 17-2-5　故障处理流程

与侧面 05-2 之间的电压为 0 V，判断为 BB-3 至侧面 05-2 存在开路点。此时一表笔固定 BB-4，另一表笔从 BB-3→$R1_1$→$R1_2$→$1DQJ_{23}$→$1DQJ_{21}$→$2DQJ_{131}$→$2DQJ_{132}$→$1DQJF_{13}$→$1DQJF_{11}$→$2DQJ_{111}$→$2DQJ_{112}$→侧面 05-2 逐点测试。

在上述测量过程中，万用表电压从 110 V 到 0 V 即为开路点。

(4)故障关键词：定位表示电路室内 X2 开路故障。

5. 故障案例 5：表示电路故障(DBJ_3 线圈-DBJ_4 线圈之间开路)

(1)故障现象：道岔无表示。

(2)故障分析：当道岔出现无表示故障时，观察 1 号道岔 2DQJ 吸起，DBJ 落下，判断为道岔定位无表示。

(3)故障处理流程如图 17-2-6 所示，DBJ 线圈示意如图 17-2-7 所示。

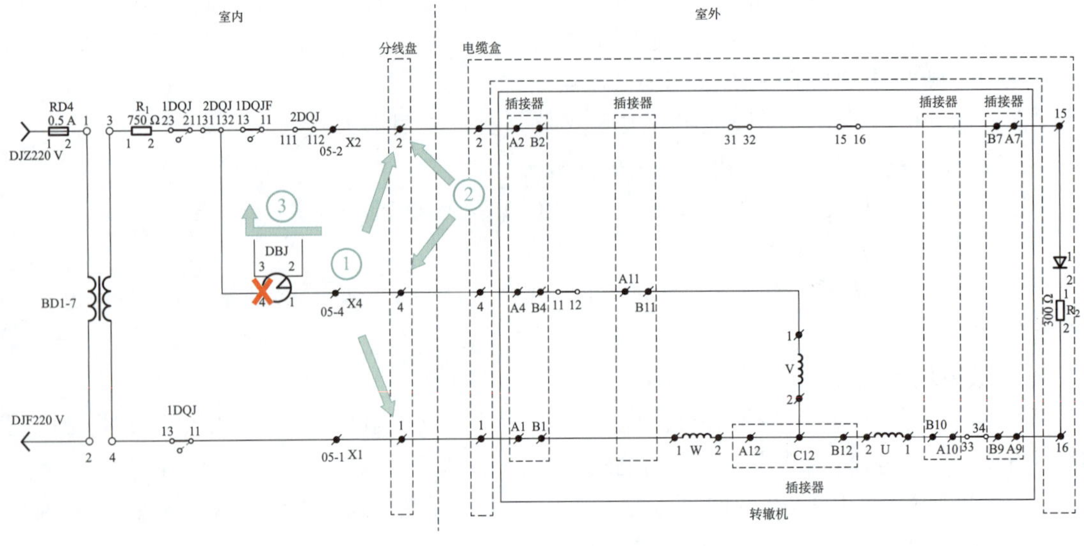

图 17-2-6　故障处理流程

图 17-2-7　DBJ 线圈示意

①万用表置 AC 250 V 挡，在分线盘 X1、X2 上测得交流电压为 75 V 时，判断为 X4 开路。

②在分线盘继续测 X2、X4 的电压为 75 V，判断为室内 X4 开路。

③此时一表笔固定侧面 05-2，另一表笔从侧面 05-4→DBJ_1线圈→DBJ_2线圈→DBJ_3线圈→DBJ_4线圈→$2DQJ_{132}$逐点测试。

在上述测量过程中，万用表测得电压从 75 V 左右到 0 V 时即为开路点。

(4)故障关键词：定位表示电路室内 X4 开路故障。

6. 故障案例 6：表示电路故障(A9 至电缆盒 16 的线与 A7 至电缆盒 15 的线之间短路)

(1)故障现象：道岔无表示。

(2)故障分析：当道岔出现无表示故障时，观察道岔 2DQJ 吸起，DBJ 落下，判断为道岔定位无表示。

(3)故障处理流程如图 17-2-8 所示。

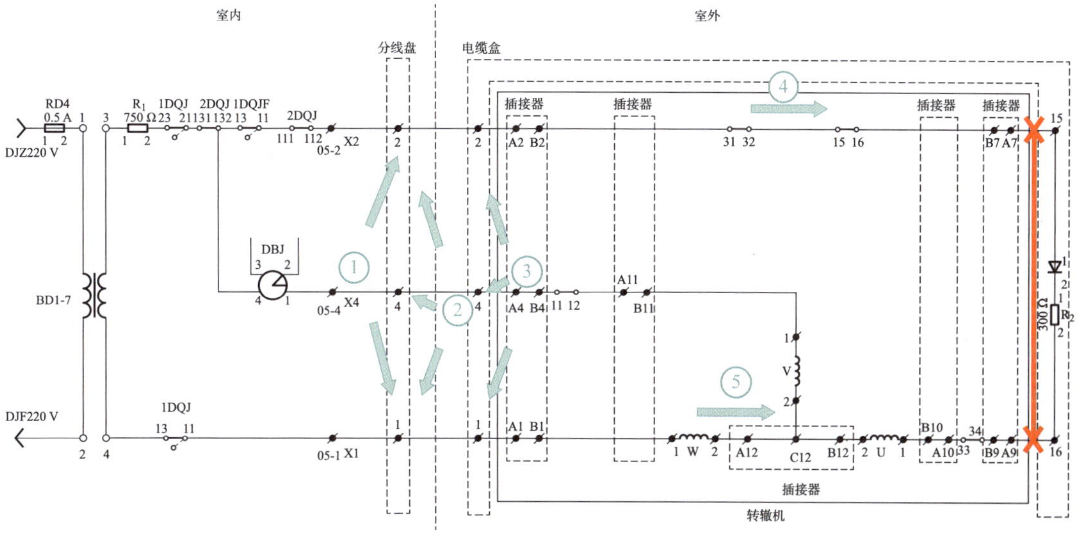

图 17-2-8　故障处理流程

①在分线盘 X1、X2 上测得交流电压接近 0 V，用电流表测量电阻 R1 上的电流为 100 mA，无压有流，说明定位表示电路中存在短路点。

②使用电流表测分线盘 X1 电流为 100 mA，分线盘 X2 电流为 100 mA，分线盘 X4 电流为 0 mA，说明短路点在室外。

③使用电流表测室外电缆盒 X1 电流为 100 mA，电缆盒 X2 电流为 100 mA，电缆盒 X4 电流为 0 mA，说明短路点在转辙机内。

④定位表示电路短路，X2 必存在短路点，首先测量 X2 的短路点。使用电流表从 A2→B2→TS-1 接点组 31→TS-1 接点组 32→TS-1 接点组 15→TS-1 接点组 16→B7→A7→电缆盒 15 逐根线测试。

在上述测量过程中，电流表电流从 100 mA 左右到 0 mA 时即为短路点；此时 A7 端子上的两根线均有电流，电缆盒 15 端子上的三根线均没有电流，可判断为 A7 端子至电缆盒 15 端子之间的配线短路。

⑤其次需判断 X2 与 X1、X3、X4 哪根线短路。正常情况下 X1 有电流，X3、X4 无电流。X1 从有电流到无电流时为短路点，X3、X4 从无电流到有电流为短路点。使用电流表从 A1→B1→A12→C12→B12→B10→A10→TS-1 接点组 33→TS-1 接点组 34→B9→A9→电缆盒 16 逐根线测试。

在上述测量过程中，电流表电流从 100 mA 左右到 0 V 时即为短路点。此时 A9 端子上的两根线均有电流，电缆盒 16 端子上的三根线均没有电流，可判断为 A9 至电缆盒 16 之间的线短路。

(4)故障关键词：定位表示电路室外短路故障。

7. 故障案例 7：总表示电路故障[JDF(Ⅱ)$DBJ_{31\text{-}32}$之间开路]

(1)故障现象：道岔无表示。

(2)故障分析：当道岔出现无表示故障时，观察各牵引点 DBJ 均吸起，总组合中的 DBJ 落下，判断为道岔总定位表示电路故障。

(3)故障处理流程如图 17-2-9 所示。

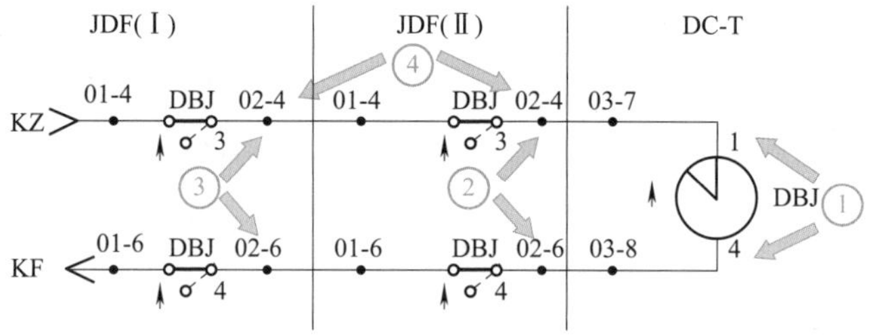

图 17-2-9 故障处理流程

①万用表置 DC 25 V 挡，测量总组合中的 DBJ_1、DBJ_4线圈的电压为 0 V，KZ、KF 电源没有送过来，继续向 JDF(Ⅱ)组合测量。

②测量 JDF(Ⅱ)组合侧面 02-4、02-6 的电压为 0 V，KZ、KF 电源仍没有送过来，继续向 JDF(Ⅰ)组合测量。

③测量 JDF(Ⅰ)组合侧面 02-4、02-6 的电压为 24 V，判断为 JDF(Ⅰ)组合侧面 02-4、02-6 两点至 JDF(Ⅱ)组合侧面 02-4、02-6 两点之间存在开路点。

④测量 JDF(Ⅰ)组合侧面 02-4 与 JDF(Ⅱ)组合侧面 02-4 两点之间的电压为 24 V，判断两点之间存在开路点。此时一表笔固定 JDF(Ⅰ)组合侧面 02-4，另一表笔从 JDF(Ⅱ)组合侧面 02-4→DBJ_{31}→DBJ_{32}→JDF(Ⅱ)组合侧面 01-4 逐点测试。

在上述测量过程中，万用表测得电压从 24 V 左右到 0 V 时即为开路点。

(4)故障关键词：总表示电路开路故障。

8. 故障案例 8：道岔表示采集电路故障(DBJ_{12}至侧面 02-1 之间开路)

(1)故障现象：道岔无表示。

(2)故障分析：当道岔出现无表示故障时，观察各牵引点 DBJ 均吸起，总组合中的 DBJ 吸起，控制台仍无表示，判断为道岔定位表示采集电路故障。

(3)故障处理流程如图 17-2-10 所示。

①万用表置 DC 25 V 挡，测量 IOZ、IOF 电源，IOZ 电源接至侧面 01-17，IOF 电源接至侧面 01-18，测量侧面 01-17、01-18 的电压为 24 V。

②此时一表笔固定侧面 01-18，另一表笔从侧面 01-17→DBJ_{11}→DBJ_{12}→侧面 02-1 逐点测试，万用表测得电压从 24 V 左右到 0 V 时即为开路点。

(4)故障关键词：DBJ 采集电路开路故障。

9. 故障案例 9：道岔驱动电路故障(FCJ_1线圈至侧面 01-2 之间开路)

(1)故障现象：道岔有定位表示，定位向反位操纵道岔时，控制台原位置表示灯不灭灯。

(2)故障分析：定位向反位操纵道岔时，观察继电器状态，YCJ 吸起、FCJ 未吸起，判断为 FCJ 驱动电路故障。

(3)故障处理流程如图 17-2-11 所示。

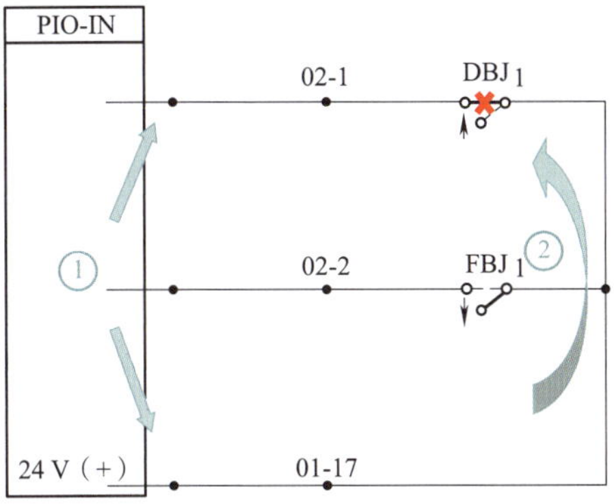

图 17-2-10　故障处理流程

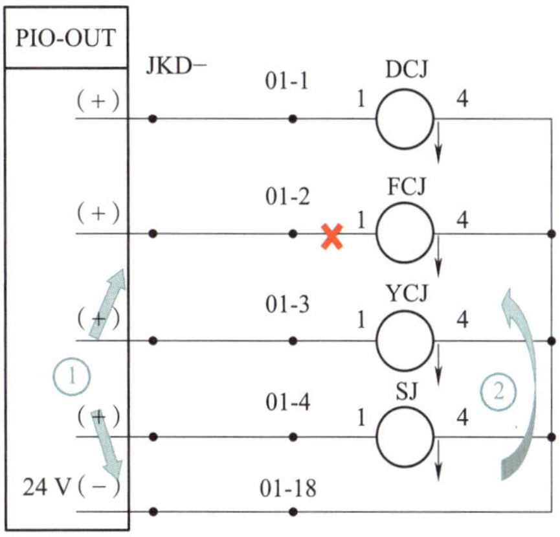

图 17-2-11　故障处理流程

①万用表置 DC 25 V 挡，测量 IOZ、IOF 电源，IOZ 电源接至侧面 01-17，IOF 电源接至侧面 01-18，测量侧面 01-17、01-18 的电压为 24 V。

②此时一表笔固定侧面 01-17，另一表笔从侧面 01-18→FCJ_4线圈→FCJ_3线圈→FCJ_2线圈→FCJ_1线圈→侧面 01-2 逐点测试，万用表测得电压从 24 V 左右到 0 V 时即为开路点。

(4)故障关键词：FCJ 驱动电路开路故障。

10. 故障案例 10：1DQJ 励磁电路故障($2DQJ_{141}$-$2DQJ_{142}$之间开路)

(1)故障现象：道岔有定位表示，定位向反位操纵道岔时，控制台原位置表示灯不灭灯。

(2)故障分析：观察继电器状态，YCJ、FCJ 均吸起，1DQJ 未励磁吸起，判断为 1DQJ 励磁电路故障。

(3)故障处理流程如图 17-2-12 所示。

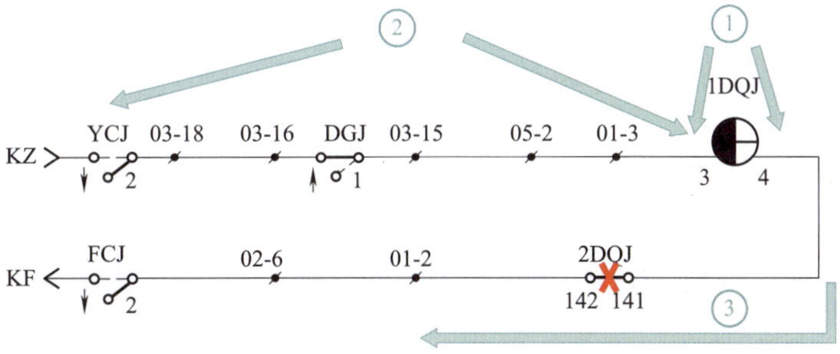

图 17-2-12　故障处理流程

①万用表置 DC 25 V 挡，定位向反位操纵道岔，测量 $1DQJ_3$、$1DQJ_4$线圈之间电压为 0 V，KZ、KF 电源没有送过来。

②测量 KZ 电源与 $1DQJ_3$线圈之间电压为 0 V，判断为 KF 电源至 $1DQJ_3$线圈之间存在开路点。

③此时一表笔固定 KF 电源，另一表笔从 $1DQJ_3$线圈→$1DQJ_4$线圈→$2DQJ_{141}$→$2DQJ_{142}$→01-2→02-6→FCJ_{21}→FCJ_{22}逐点扳动测试。

在上述测量过程中，万用表测得电压从 24 V 左右到 0 V 时即为开路点。

(4)故障关键词：1DQJ 励磁电路开路故障。

11. 故障案例 11：1DQJF 励磁电路故障（BHJ_{31}至 $1DQJ_{32}$之间开路）

(1)故障现象：道岔有定位表示，定位向反位操纵道岔时，控制台原位置表示灯灭灯。

(2)故障分析：观察继电器状态，YCJ、FCJ 均吸起，1DQJ 励磁吸起，1DQJF 未励磁吸起，判断为 1DQJF 励磁电路故障。

(3)故障处理流程如图 17-2-13 所示。

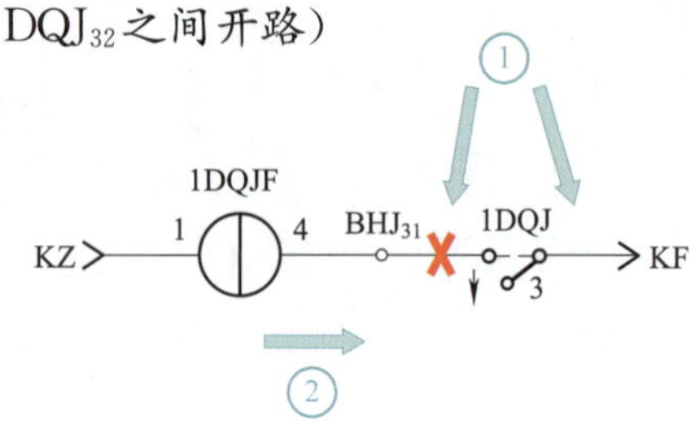

图 17-2-13　故障处理流程

①万用表置 DC 25 V 挡，定位向反位操纵道岔，测量 $1DQJ_{32}$与 $1DQJ_{31}$之间电压为 0 V，KZ、KF 电源没有送过来。

②此时一表笔固定 KF 电源，另一表笔从 $1DQJF_1$线圈→$1DQJF_2$线圈→$1DQJF_3$线圈→$1DQJF_4$线圈→BHJ_{31}→$1DQJ_{32}$→$1DQJ_{31}$逐点扳动测试。

在上述测量过程中，万用表测得电压从 24 V 左右到 0 V 时即为开路点。

(4)故障关键词：1DQJF 励磁电路开路故障。

12. 故障案例 12：2DQJ 转极电路故障（$1DQJF_{31}$-$1DQJF_{32}$线圈之间开路）

(1)故障现象：道岔有定位表示，定位向反位操纵道岔时，控制台的道岔表示灯灭灯。

(2)故障分析：观察继电器状态，YCJ、FCJ 均吸起，1DQJ 励磁吸起，1DQJF 励磁吸起，2DQJ 未转极，判断为 2DQJ 转极电路故障。

(3)故障处理流程如图 17-2-14 所示。

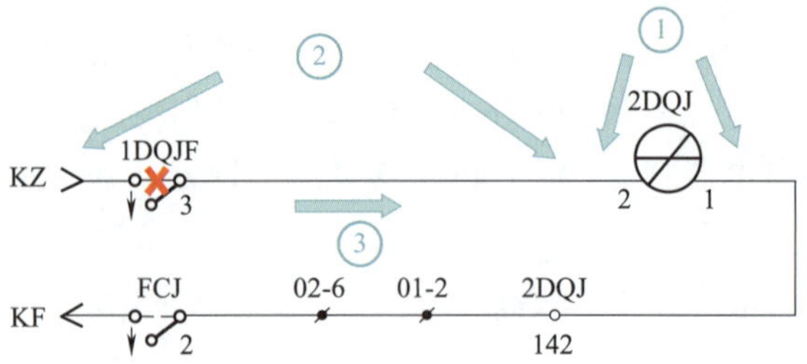

图 17-2-14　故障处理流程

①万用表置 DC 25 V 挡，定位向反位操纵道岔，测量 $2DQJ_1$、$2DQJ_2$线圈之间电压为 0 V，KZ、KF 电源没有送过来。

②测量 KZ 电源与 $2DQJ_2$线圈之间电压为 24 V，判断为 KZ 电源至 $2DQJ_2$线圈之间存在开路点。

③此时一表笔固定 KF 电源，另一表笔从 $1DQJF_{32}$→$1DQJF_{31}$→$2DQJ_2$线圈逐点扳动测试。在上述测量过程中，万用表测得电压从 24 V 左右到 0 V 时即为开路点。

(4)故障关键词：2DQJ 转极电路开路故障

13. 故障案例 13：启动电路故障(TS-1 接点组 43-44 之间开路)

(1)故障现象：道岔有反位表示，反位向定位操纵道岔时，控制台无表示。

(2)故障分析：反位向定位操纵道岔时，观察继电器状态，YCJ、FCJ 均吸起，1DQJ 励磁吸起，1DQJF 励磁吸起，2DQJ 转极吸起，DBQ 不闪灯，判断为启动电路缺相故障。

(3)故障处理流程如图 17-2-15 所示。

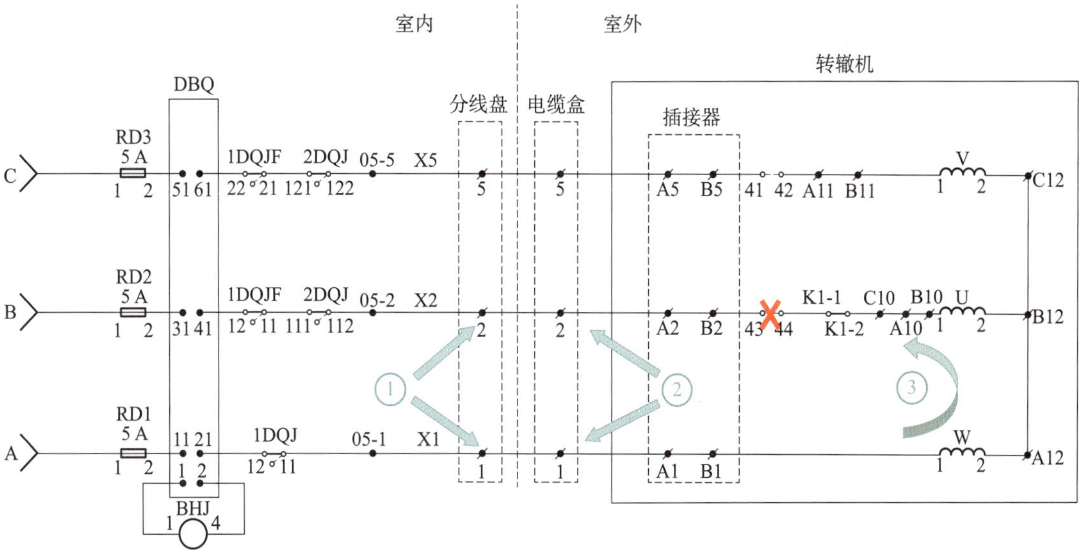

图 17-2-15　故障处理流程

①反位向定位操纵道岔时，反位表示电路为 X1、X3、X5。当反位有表示时，已经检查室外 X1、X5 良好，此时 2DQJ 转极吸起，可以借用定位表示电源。万用表置 AC 250 V 挡，在分线盘测量 X1、X2 之间电压，如果 X1、X2 之间电源为 110 V，判断为 X2 室外开路。

②在电缆盒测量 X1、X2 之间电压为 110 V，判断为 X2 机内存在开路。

③此时一表笔固定电缆盒 X1，另一表笔从电缆盒 X2→A2→B2→TS-1 接点组 43→TS-1 接点组 44→安全接点 K1-1→安全接点 K1-2→C10→A10→B10 逐点测试。

在上述测量过程中，万用表测得电压从 110 V 左右到 0 V 时即为开路点。

(4)故障关键词：道岔启动电路缺相故障。

14. 故障案例 14：启动电路故障(断相保护器 31-41 之间开路)

(1)故障现象：道岔有反位表示，反位向定位操纵道岔时，控制台无表示。

(2)故障分析：反位向定位操纵道岔时，观察继电器状态，YCJ、FCJ 均吸起，1DQJ 励磁吸起，1DQJF 励磁吸起，2DQJ 转极吸起，DBQ 不闪灯，判断为启动电路缺相故障。

(3)故障处理流程如图 17-2-16 所示。

①万用表置 AC 250 V 挡，在分线盘测量 X1、X2 之间电压，如果 X1、X2 之间电压为 6 V 左右，判断为 X2 室外良好。

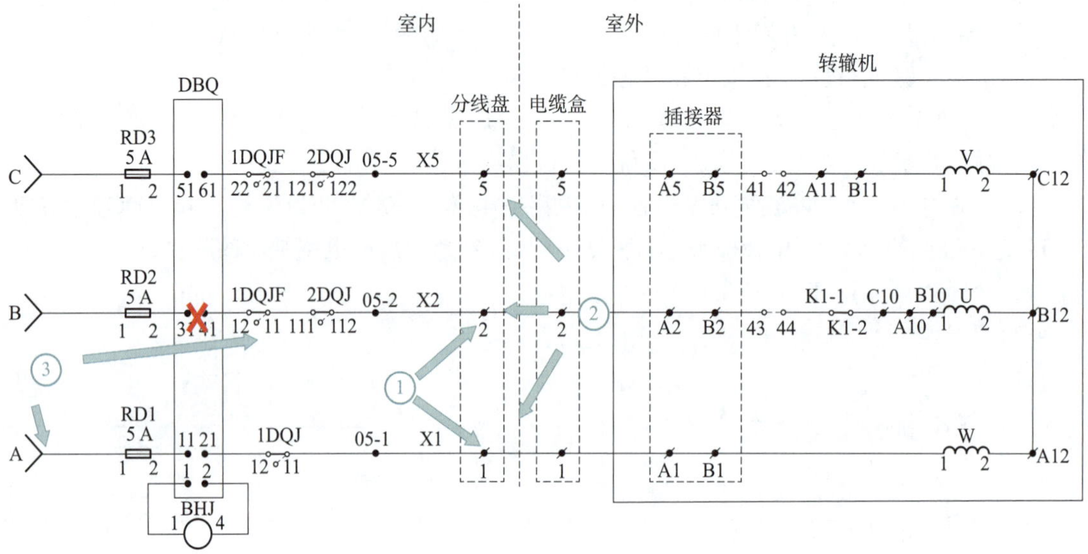

图 17-2-16　故障处理流程

②万用表置 AC 500 V 挡，反位向定位操纵道岔，测量 X1、X2 之间电压为 220 V 左右，X1、X5 之间电压为 380 V 左右，X2、X5 之间电压为 220 V 左右，判断为 X2 室内开路。

③此时一表笔固定 A 相电源（A 相电源接至侧面 06-8），另一表笔从 B 相电源（B 相电源接至侧面 06-10）→RD2 断路器 1 端子→RD2 断路器 2 端子→DBQ_{31}→DBQ_{41}→$1DQJF_{12}$逐点测试。

在上述测量过程中，万用表测得电压从 380 V 左右到 220 V 时即为开路点。

(4)故障关键词：道岔启动电路缺相故障。

15. 故障案例 15：QDJ 励磁电路故障（$J2\text{-}BHJ_{43}$-$J2\text{-}BHJ_{41}$之间开路）

(1)故障现象：道岔有定位表示，定位向反位操纵道岔时，控制台无表示。

(2)故障分析：定位向反位操纵道岔，控制台无表示。观察继电器状态，QDJ 落下，判断为 QDJ 励磁电路开路故障。

(3)故障处理流程如图 17-2-17 所示。

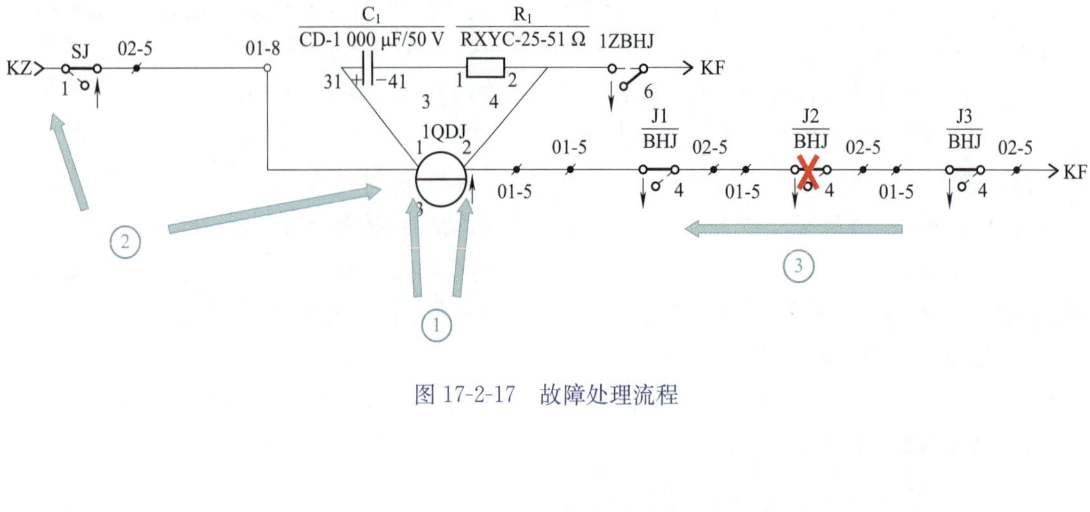

图 17-2-17　故障处理流程

①万用表置 DC 25 V 挡，测量 $1QDJ_1$ 线圈与 $1QDJ_2$ 线圈之间电压为 0 V，KZ、KF 电源没有送过来。

②测量 KZ 电源与 $1QDJ_1$ 线圈之间电压为 0 V，判断为 KF 电源至 $1QDJ_1$ 线圈之间存在开路点。

③此时一表笔固定 KZ 电源，另一表笔从 KF→J3-02-5→J3-BHJ_{41}→J3-BHJ_{43}→J3-01-5→J2-02-5→J2-BHJ_{41}→J2-BHJ_{43}→J2-01-5→J1-02-5→J1-BHJ_{41}→J1-BHJ_{43}→J1-01-5→1QDJ-01-5→$1QDJ_2$ 线圈→$1QDJ_1$ 线圈逐点测试。

在上述测量过程中，万用表测得电压从 24 V 左右到 0 V 时即为开路点。

(4)故障关键词：QDJ 励磁电路开路故障。

16. 故障案例 16：表示电路故障(侧面 05-2 至分线盘 X2 之间半开路)

(1)故障现象：道岔无表示。

(2)故障分析：当道岔出现无表示故障时，观察道岔 2DQJ 吸起，DBJ 落下，判断为道岔定位无表示。

(3)故障处理流程如图 17-2-18 所示。

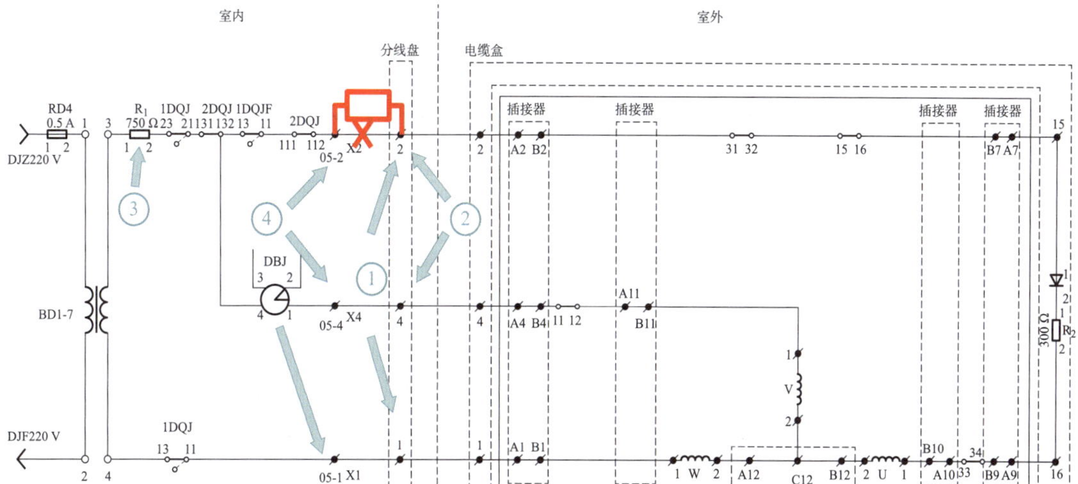

图 17-2-18　故障处理流程

①万用表置 AC 250 V 挡，在分线盘 X1、X2 上测得交流电压为 65 V 左右。万用表置 DC 100 V 挡，在分线盘 X1、X2 上测得直流电压为 40 V 左右。

②万用表置 AC 250 V 挡，在分线盘 X2、X4 上测得交流电压为 65 V 左右。万用表置 DC 100 V 挡，在分线盘 X2、X4 上测得直流电压为 40 V 左右。

③用电流表测量电阻 R_1 上的电流为 17 mA，高压低流，判断为室内表示电路半开路故障。

④万用表置 AC 250 V 挡，在侧面 05-1、05-2 上测得交流电压为 100 V 左右，在侧面 05-2、05-4 上测得交流电压为 100 V 左右，与 X1、X2 电压一致，判断为 X2 存在半开路点。

(4)故障关键词：定位表示电路室内半开路故障。

17. 故障案例 17:表示电路故障(电缆盒 2 号端子至万可端子 A2 的线与电缆盒 1 号端子至万可端子 A1 的线之间半短路)

(1)故障现象:道岔无表示。

(2)故障分析:当道岔出现无表示故障时,观察道岔 2DQJ 吸起,DBJ 落下,判断为道岔定位无表示。

(3)故障处理流程如图 17-2-19 所示。

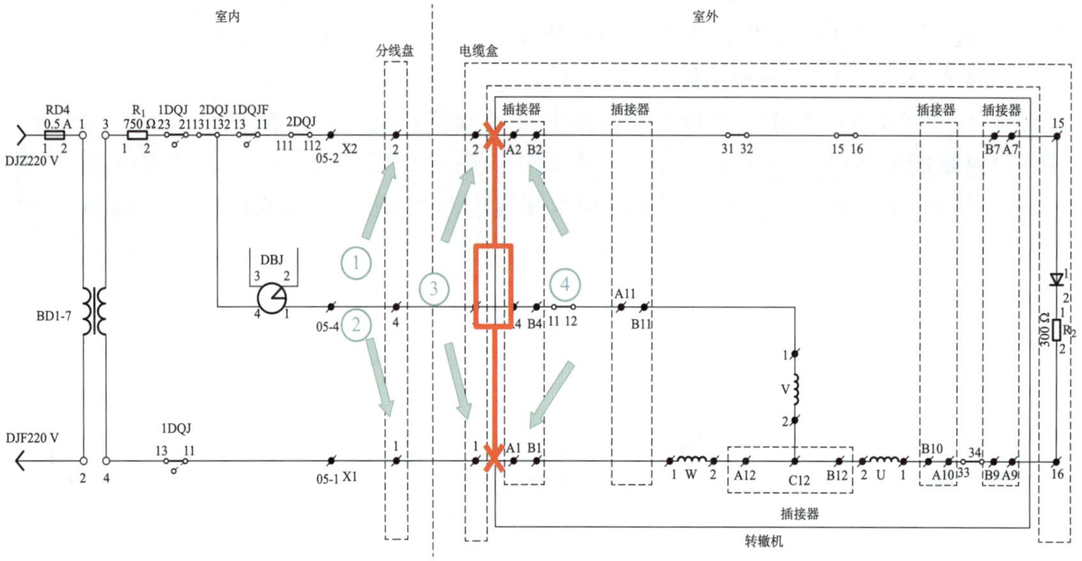

图 17-2-19 故障处理流程

①万用表置 AC 250 V 挡,在分线盘 X1、X2 上测得交流电压为 20 V 左右,用电流表测量电阻 R_1上的电流为 70 mA,低压高流,说明定位表示电路中存在半短路点。

②使用电流表测分线盘 X1 电流为 70 mA,分线盘 X2 电流为 70 mA,说明半短路点在室外。

③使用电流表测室外电缆盒 X1 电流为 70 mA 左右,室外电缆盒 X2 电流为 70 mA 左右,说明短路点在转辙机方向。

④使用电流表测万可端子 A1 电流变小,分线盘 A2 电流变小,说明半短路点在 X1、X2 的电缆盒至万可端子之间。

(4)故障关键词:定位表示电路室外半短路故障。

五、注意事项

严格按故障处理流程(图 17-2-20)处理现场故障,随时注意人身和设备安全,严禁违章蛮干、臆测行事。

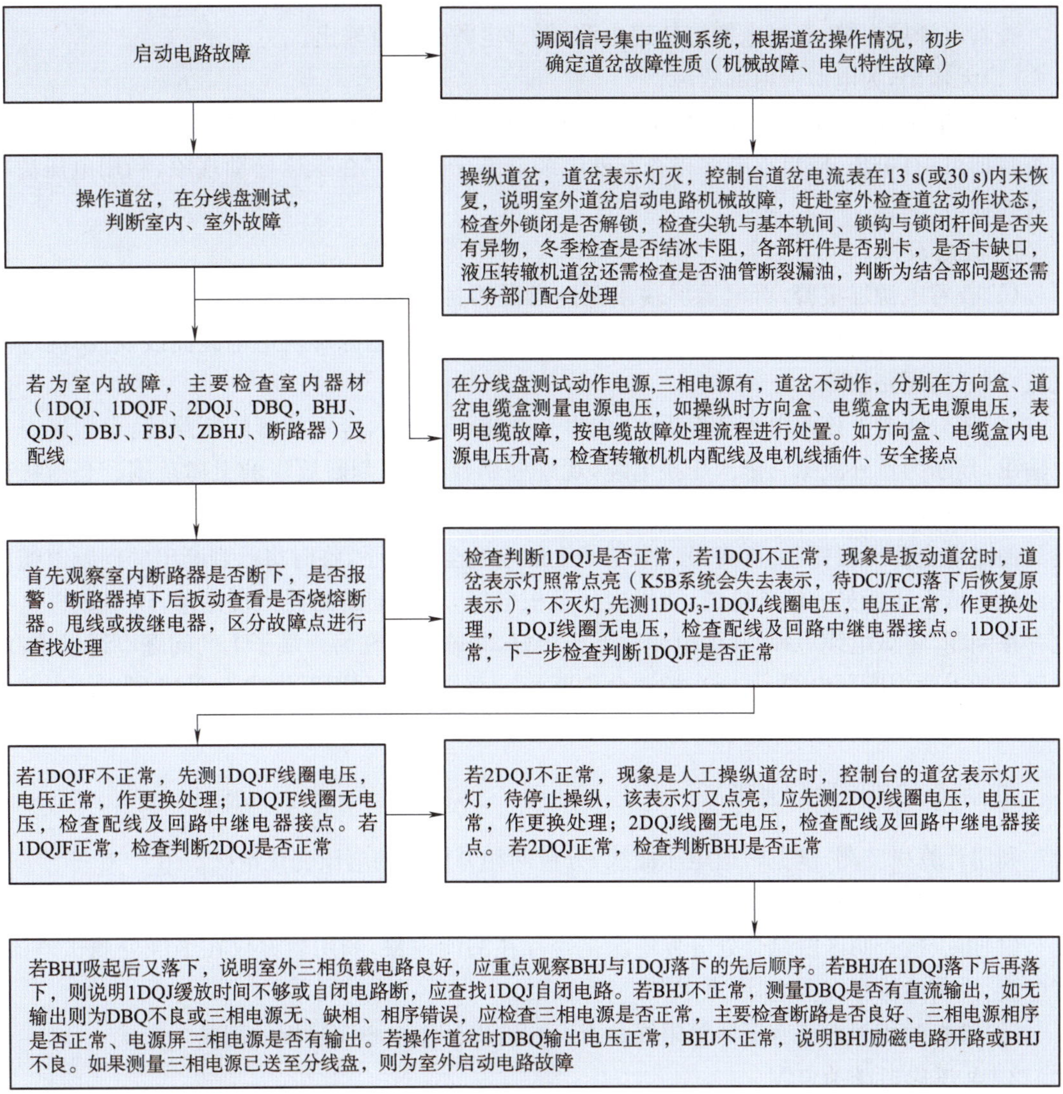

图 17-2-20 故障处理流程

第三节 25 Hz 轨道电路故障处理

目前管内现场使用的 25 Hz 轨道电路多为 97 型与 JXW25 型。因轨面上叠加有电码化电压与部分 50 Hz 接触网感应的电压，因此在进行故障查找时，必须使用测量 25 Hz 信号专用仪表，不可使用万用表或其他电子仪表。

一、多个区段红光带

如果有多个区段同时红光带，则应为某一束轨道电源故障，应重点测试 220 V 电压是否有输出，若有，则为室外故障，且故障点多为电缆断线，若无输出，则为室内开路或轨道电源短路引起电源屏断路器掉落。

1. 开路故障

查看电源屏报警,测试电源屏轨道电源、局部电源是否有输出。

(1)无输出,为电源屏内部故障。

(2)有输出,应测试分线盘处是否有电压送出:无电压,为室内故障,按电源流向利用电压法查找即可;有电压,应重点顺序检查室外电缆盒端子是否存在螺栓松动现象,利用电压法顺序查找即可。

2. 短路故障

(1)查看电源屏报警,看电源屏输出断路器是否掉落,若断路器掉落,合上断路器进行试验,断路器合不上或再次发生掉落,查看计算机监测系统中电源屏轨道电流曲线,有瞬间冲高电流,判断为短路故障。

(2)将分线盘上该束电缆全部拆下(先拆一个端子上的),合上掉落的断路器,电源屏有正常输出,判断为室外故障。依次压接电缆,观察控制台现象,判断故障的大体范围。当压接到某根电缆,电源屏断路器出现掉落,说明该根电缆存在问题,将该电缆甩掉,重新合上断路器。将其他电缆全部压接好后,再将另一个端子上的电缆全部拆下,临时将已判断出的问题电缆压在原处。依次压接另一端子电缆,当压接到某根电缆,电源屏断路器出现掉落,说明该根电缆也存在问题,将该电缆甩掉,其他电缆全部压接好,将临时压在另一端子上的问题电缆甩掉,此时已判断出两根问题电缆,并应在控制台判断影响范围。再利用万用表电阻挡、兆欧表,顺电缆径路图顺序断开查找即可。

二、两个相邻区段红光带

利用计算机监测,浏览轨道电压曲线,分析两相邻区段的电压变化情况。

1. 电压同时变化,且波动的时间几乎一致

(1)重点检查两区段结合处分界绝缘是否存在漏泄现象,利用轨诊仪在绝缘处测试电流,有电流,说明绝缘存在漏泄,联系工务进行处理。

(2)检查两相邻扼流变压器等阻线是否存在破皮封连中心连接板的情况。

2. 电压同时降为 0 V

重点检查送、受电端箱盒断路器是否出现掉落现象,合上断路器恢复,再查找断路器掉落原因。

三、单个区段红光带

利用计算机监测,浏览轨道电压日曲线,分析所有相邻区段的电压情况。

在故障区段发生电压波动的情况下,相邻区段同时波动,重点检查连接处绝缘是否存在漏泄。

相邻区段受电端无电压波动,锁定故障在本区段范围内。测试分线盘处受电端电压:

(1)电压高于平时值 2 V 以上,为室内开路故障,利用电压法顺序查找即可。

(2)电压很小,在分线盘使用 25 Hz 专用仪表及电流钳进行测试,电流较正常值高,继续测试后级电流,电流从有到无时或电流突变点即为短路点。

(3)电压在 10 V 左右,分线盘甩受电端电缆,测试电缆电压,电压高于平时值 2 V 以上。

①防护盒或微电子接收器(二元继电器)故障,依次更换确认。

②室内半短路故障，使用 25 Hz 专用仪表及电流钳对后级电流进行测试，电流突变点即为短路点。

(4)受电端电缆电压为零或低于平时值，分线盘甩受电端电缆，测试电缆电压低于平时值时为室外故障，去室外查找。

1. 室内故障查找处理思路

97 型 25 Hz 轨道电路室内采用的是 JRJC1-70/240 型二元继电器，当 1、2 线圈上的电压为局部电源 110 V，3、4 线圈上的电压大于 15 V，且相位角为 70°～110°时，继电器吸起。二元继电器吸起后，通过其前接点，动作区段的 DGJ 吸起。DGJ 的型号为 JWXC-H310 型，只有 DGJ 参与联锁。在二元继电器的 3、4 线圈上并联了一个防护盒和一个防雷补偿器，防雷补偿器在开路时，不会造成继电器落下。根据现场试验，防护盒若出现开路，继电器轨道圈电压值将降到正常值的 45%左右，防护盒若出现短路则电压值降低。

JXW25 型相敏轨道电路接收器，在 72、82 上有 24 V 的 KZ、KF 电源，在 51、61 上的电压为局部电源 110 V，在 73、83 上的电压大于 15 V，且相位角为 70°～110°时，接收器工作，在 32、42 上输出大于 20 V 的工作电压，动作本区段的 DGJ。DGJ 的型号为 JWXC-1700 型，只有 DGJ 参与联锁。在轨道电路接收器的 73、83 上并接了一个防护盒和一个防雷补偿器，防雷补偿器开路时，不会造成继电器落下。根据现场试验，防护盒若出现开路，接收器轨道圈电压值将降到正常值的 45%左右，防护盒若出现短路则电压值降低。

JXW25 型相敏轨道电路接收器可先观察红、绿两个故障指示灯，判断故障的大体范围。

(1)绿灯、红灯同时点亮：说明设备正常，相位及轨道、局部电压均符合条件，在 32、42 上应输出大于 20 V 的直流电压。若此时仍红光带，考虑直流输出驱动 DGJ 部分或联锁采集部分不正常，故障部位在室内。

①若两受端有 DGJ 落下，查找直流输出部分(应注意 DG 输出部分串入了 DG1 前接点)，如图 17-3-1 所示。

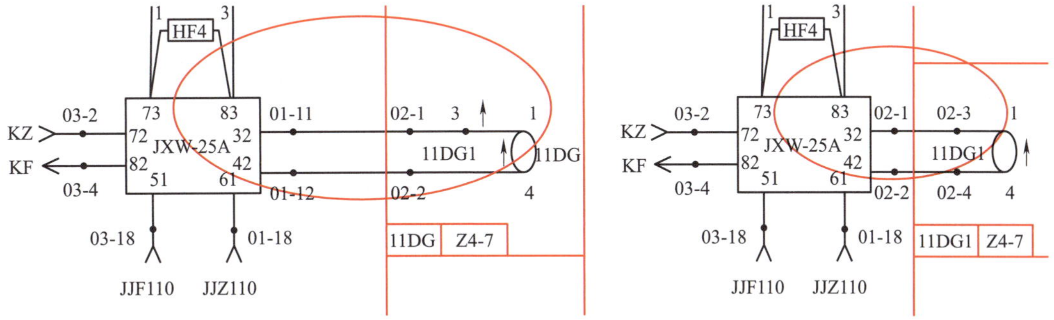

图 17-3-1　微电子接收器直流输出部分

首先测量接收器背面 32、42 端子直流电压：

a. 32、42 电压偏高：接收器至 DGJ 间有开路/半开路。

b. 32、42 电压偏低或为 0：将 DGJ 拔下，此时直流电压升高，说明 DGJ 线圈混线或接收器输出部分电路带负载能力降低；若直流电压仍无变化，有两种情况，一是直流输出电路中有短路或半短路(在 DGJ 线圈前方)，二是 32、42 端子接触不良，可拔下接收器确认。

②若 DGJ 均吸起，查找采集部分，如图 17-3-2 所示。

按实际配线，用直流 24 V 挡位，借负电查找，一般为采集电路开路，电压从有到无时即为

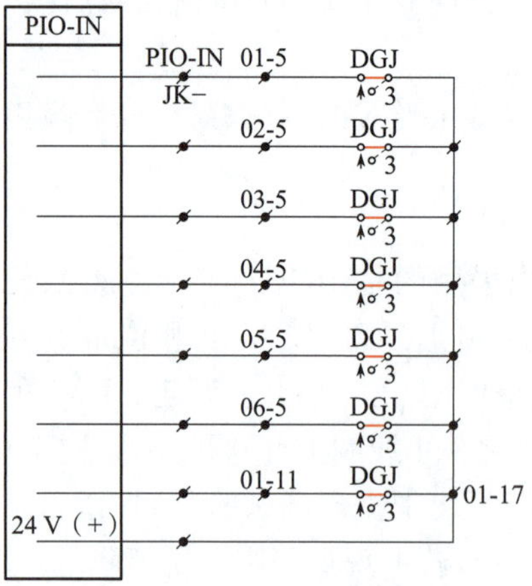

图 17-3-2　轨道电路采集部分

开路点；混线采用甩线方法查找。

(2)只有红灯点亮：说明在 73、83 上没有接到大于 15 V 的轨道电压，或相位不正确。应查看轨道测试盘电压及相位，轨测盘至微电子接收器间电路如图 17-3-3 所示。

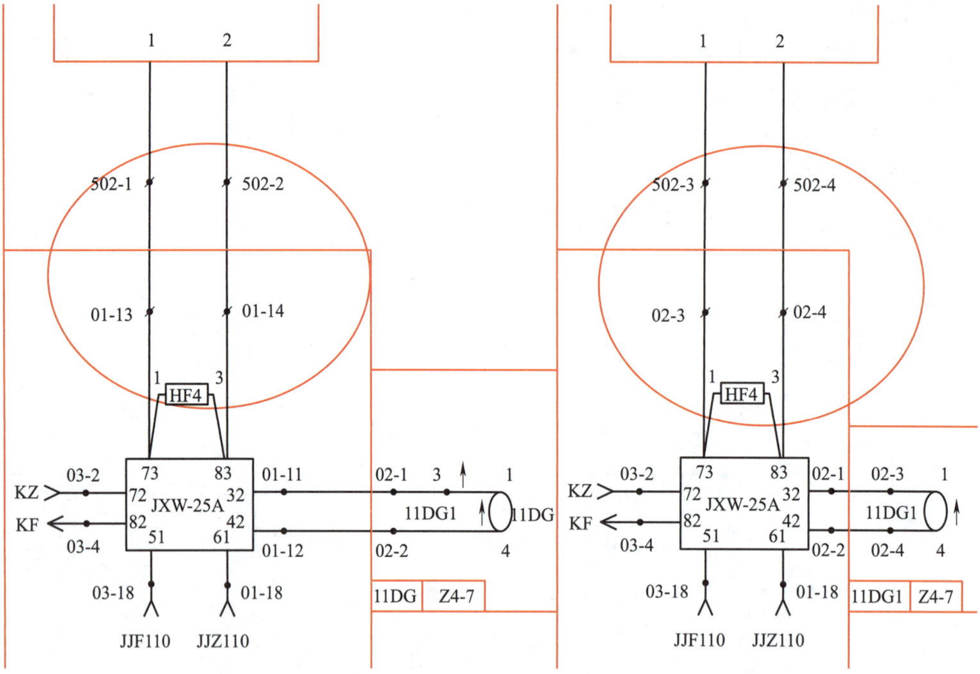

图 17-3-3　轨测盘至微电子接收器间电路

①若电压降低一半，相位远超 70°～90°，一般为防护盒连线或其封线开路。

②若电压升高，相位基本正常，测试 73、83 无电压或电压偏低，说明轨测盘至接收器间有开路或半开路。

③若仍无电压或电压偏低，再测试分线盘处轨道接收电压(回楼电压)，若轨道接收电压仍为 0 或偏低，则甩开室外电缆，测试电缆侧空载电压：若远大于正常电压，则故障在室内，为分线盘至接收器间短路或半短路(包含防护盒)；若电压仍然偏低则说明故障在室外。

④电压与正常值变化不大，相位变为270°左右，说明有反相的部分。利用移频表25 Hz相位挡测试，相位变化处为倒相位点，现场应重点排查调整过的电缆或软配线。

(3)绿灯、红灯交替闪烁：说明接收器51、61上没有接到110 V的局部电源，一般为110 V局部电源电压过低或断线所致。

测试接收器51、61端子：

①无AC 110 V电压时，说明局部电源电路有开路，电压从有到无时为开路点；

②AC 110 V电压正常，说明接收器51、61插片接触不良或接收器内部110 V局部电源电路开路。

(4)绿灯、红灯全部灭灯：说明在72、82上无KZ(24 V)、KF(24 V)电源。KZ、KF电源如图17-3-4所示。

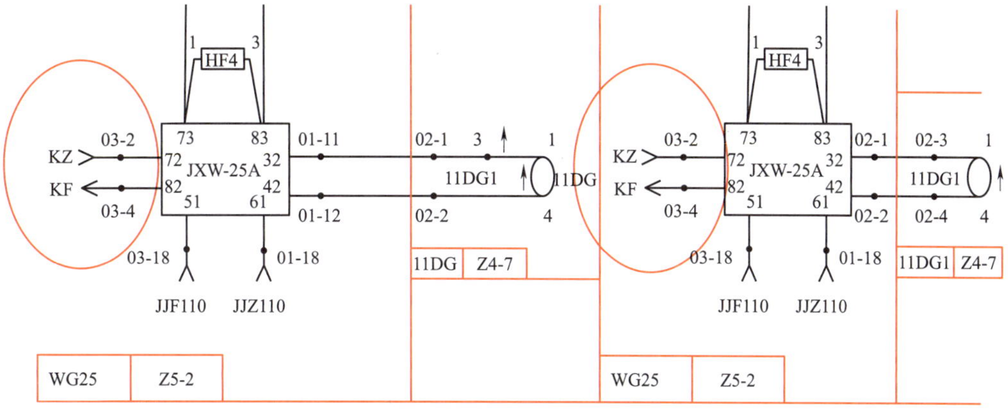

图17-3-4　KZ、KF电源

测量接收器72、82端子：

①若72、82端子无KZ、KF24 V电源，查找电源来向电路；

②若72、82端子有KZ、KF24 V电源，可能为接收器72、82插片接触不良或保险管、接收器内部开路。

受端室内为JRJC1-70/240二元继电器时，1、2端子为局部电压，3、4端子为轨道电压，无故障表示灯，故障区分直接从轨道测试盘开始，其余与JXW25型相敏接收器区别不大。

2. 室外故障查找思路

轨道电路原理如图17-3-5所示。

(1)测试送电端轨面电流(或等阻线电流)

①若电流为零，测试轨面电压。若轨面电压大于正常值，为轨面后级开路，利用电压法查找。若轨面电压为零，为前级故障，打开送电端轨道箱，测试扼流变压器信号圈电压，无电压，为箱内故障。测试变阻器电压，若电压为零，为开路故障；若电压等于变压器二次电压，为变阻器开路；若电压略小于二次侧电压，为短路故障。

②若电流小于平时值，测试轨面电压，若略大于正常值，为轨面后级半开路，利用电压法查找。

③若电流大于平时值，为后级短路，利用轨诊仪查找，电流突变点即为短路点，重点检查道岔杆件绝缘、岔后分极绝缘。

(2)测试受电端等阻线电流

①若受电端轨面电压为零，测试受电端轨面电压，若大于平时值，为受电端轨面至扼流变

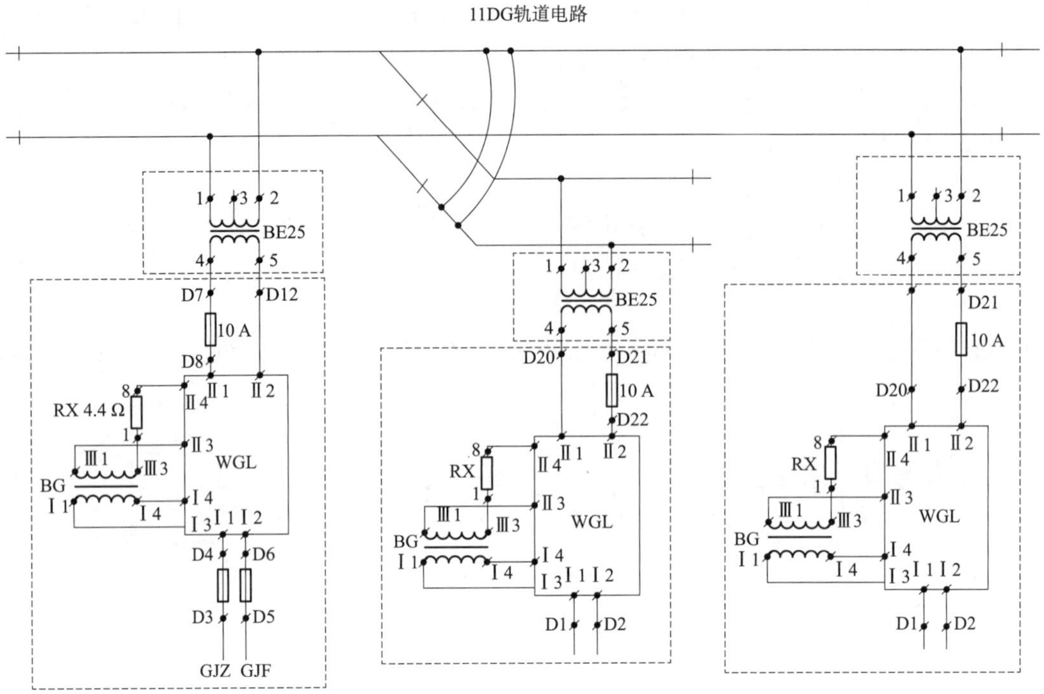

图 17-3-5 轨道电路原理

压器轨道圈开路，利用电压法查找即可。

②若受电端轨面电压小于平时值，为前级半开路或半短路故障。轨面电压与平时值变化不大时，打开轨道箱，测试各部电压值，电压从有到无时为故障点。

③若在受电端测试等阻线电流大于平时值，使用 25 Hz 专用仪表及电流钳对后级电流进行测试，电流从有到无时或电流突变点即为短路点。

四、牵引电流不平衡引起的轨道电路故障

某些区段经常在电力机车接近、升弓、启动时，闪 1～5 s 红光带，在排除其他故障因素的情况下，应考虑电气化干扰。此类故障经常发生在站场复杂的车站和附近有牵引变电所的车站。

1. 牵引电流不平衡流动，会使受端变压器Ⅰ次侧电压巨变，击穿硒堆，使轨道继电器瞬间落下，造成轨道电路故障。此时应重点检查引接线、接续线、中性连接板以及道岔跳线虚接或断线。

2. 因机车升弓、闭合断路器、起车等原因使牵引电流骤然增大，又因回流不畅，使牵引电流不平衡流动，在信号圈感应出巨大的工频电流，烧毁受端或送端熔断器。此时，应严格检查回流线、吸上线有无虚接、发热等异常现象。发现异常立即协同供电给予处理。

3. 供电火花放电间隙不良，或因放电间隙连向钢轨的钢筋埋在石砟中，形成大地漏泄点，也会导致轨道电路红光带，应加以注意。

五、典型故障案例

1. 故障案例 1：直流输出通道故障

(1)故障现象：11DG 红光带。

(2)故障分析：处理前观察室内 11DG、DG1 微电子接收器亮灯均正常，说明局部、轨道电压与相位均正常，应有 DC 24 V 输出，观察 11DG GJ 落下，11DG1 GJ 吸起，考虑为 11DG 直流输出电路问题。

(3)故障处理:用直流电压挡测量 11DG 接收器 32、42,有 24 V,测量轨道架侧面 01-11、01-12 无电压,交叉测量确认为 32 至侧面 01-11 间开路,电路如图 17-3-6 所示。

(4)故障关键词:直流输出通道开路。

2. 故障案例 2:送端电源故障

(1)故障现象:11DG 红光带。

(2)故障分析:处理前观察室内 11DG、DG1 微电子接收器均为红灯亮,绿灯灭,轨测盘查看两区段轨道电压均为 0 V。

(3)故障处理:在分线盘测量(以现场图纸配线为准)有 220 V 电压,测量 11DG 送端 D3、D5 有 220 V,外隔离盒Ⅰ3、Ⅰ4 有电压,BG Ⅰ1-Ⅰ4 无电压,交叉测量确认外隔离Ⅰ4 端子至 BG Ⅰ4 端子间开路,电路如图 17-3-7 所示。

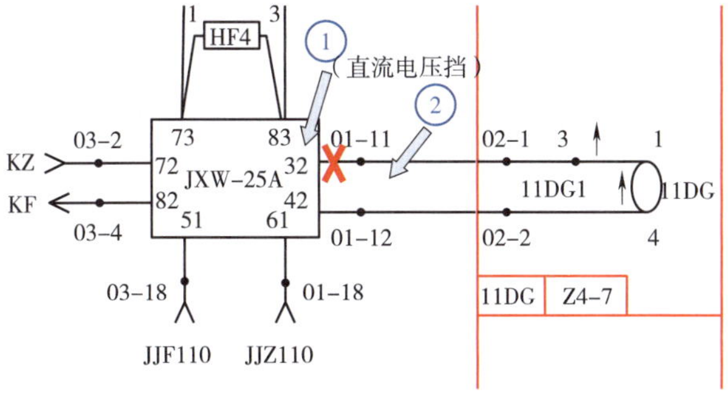

图 17-3-6　直流输出通道故障

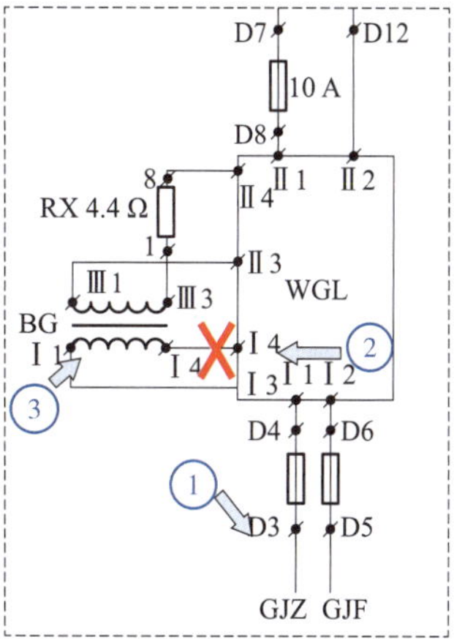

图 17-3-7　送端电源故障

(4)故障关键词:送端电源开路。

3. 故障案例 3:防护盒故障

(1)故障现象:11DG 红光带。

(2)故障分析:处理前观察室内 11DG 微电子接收器正常,11DG1 为红灯亮,绿灯灭,在轨测盘查看 11DG1 轨道电压为 8 V,相位为 320°,考虑为防护盒连线或封线开路。

(3)故障处理:直接测试防护盒各连线或封线,确认为微电子接收器 73 至防护盒 1 端子间开路,电路如图 17-3-8 所示。

(4)故障关键词:防护盒开路。

4. 故障案例 4:KZ、KF 通道故障

(1)故障现象:11DG 红光带。

(2)故障分析:处理前观察室内 11DG 红绿灯均灭,DG1 微电子接收器亮灯正常,考虑为 11DG KZ、KF 电压没送来。

(3)故障处理:用直流电压挡测量 11DG 接收器 72、82,无电压,测量轨道架侧面 03-2、03-4 有电压,交叉测量确认为侧面 03-2 至接收器 72 端子间开路,电路如图 17-3-9 所示。

(4)故障关键词:KZ、KF 通道开路。

5. 故障案例 5:采集电路故障

(1)故障现象:11DG 红光带。

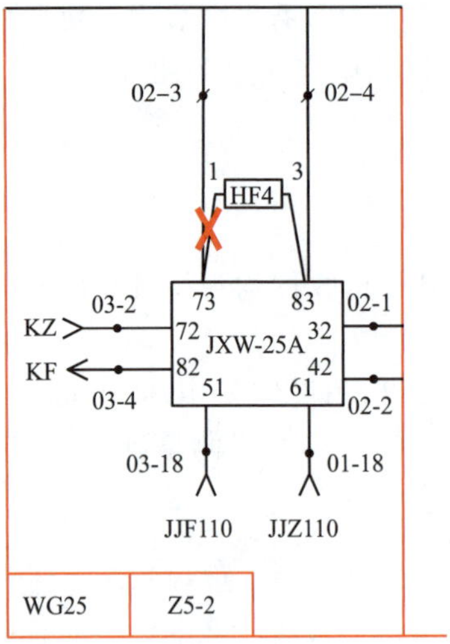

图 17-3-8　防护盒开路

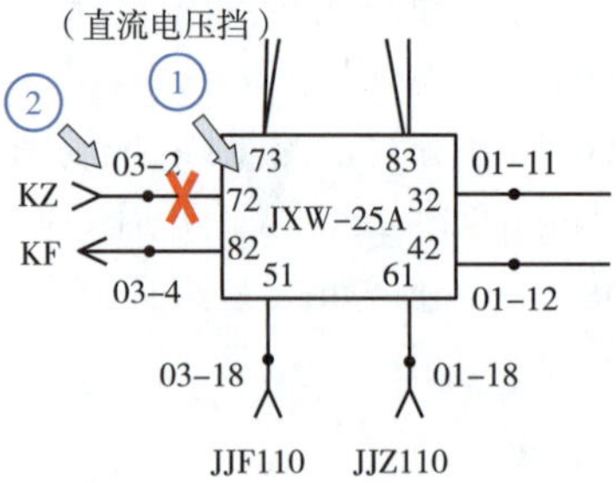

图 17-3-9　KZ、KF 通道故障

（2）故障分析：处理前观察室内 11DG、DG1 微电子接收器亮灯均正常，说明局部、轨道电压与相位均正常，应有 DC 24 V 输出，观察 11DG GJ、11DG1 GJ 均吸起，考虑为采集电路问题。

（3）故障处理：查找采集电路，在组合架借 01-18(-)查 01-17 有电，DGJ_{32}有电，侧面 01-5 无电，确认为 DGJ_{32}至侧面 01-5 间开路，电路如图 17-3-10 所示。

区段名称	组合位置	输入接口		
		接口柜端子 / 机柜端子	DGJ-32侧面端子	DGJ-31回线侧面
11DG	Z4-7	JKD-201-1 / PIO-101-1	01-5	01-17

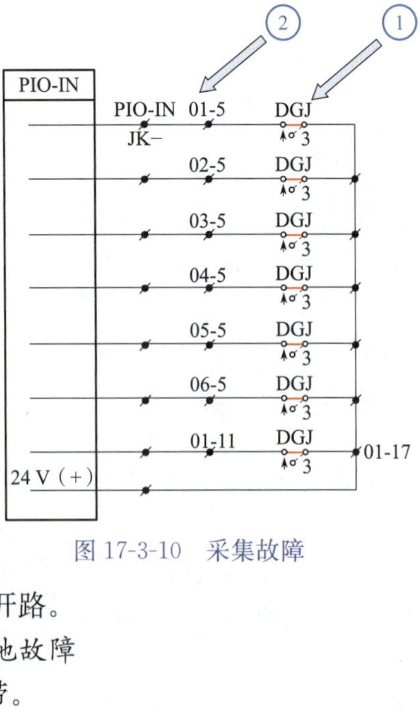

图 17-3-10　采集故障

（4）故障关键词：采集电路开路。

6. 故障案例 6：端子双接地故障

（1）故障现象：11DG 红光带。

（2）故障分析：处理前室内观察 11DG1 微电子接收器红灯亮、绿灯灭，11DG 没问题，考虑

11DG1 轨道电压或相位问题。在轨道测试盘查看 11DG1 电压为 2 V,相位变化不大,11DG 变化不大,考虑为 DG1 室外开路或短路。

(3)故障处理:在分线盘测试 11DG1 电压仍为 2 V,甩线后电压升高不多,确认为室外故障。因为 11DG 没红,基本排除送端故障,直接用轨诊仪测量受端轨面电流变化不大,无法确认性质,继续向后测量。转极线前 3 A,DG1 轨面分支为 1.8 A,考虑为短路。测量 DG1 扼流变信号圈电流升高,变压器Ⅲ3 电流升高,Ⅰ1 有电流,D1 端子软线有电流,电缆线无电流,D2 端子软线有电流,电缆线无电流,确认为 D1、D2 端子问题。使用电阻挡分别测量 D1、D2 对地电阻,均为 0,确认为 11DG1 受端 D1、D2 端子双接地。室内分线盘测量如图 17-3-11 所示,室外故障处理如图 17-3-12 所示。

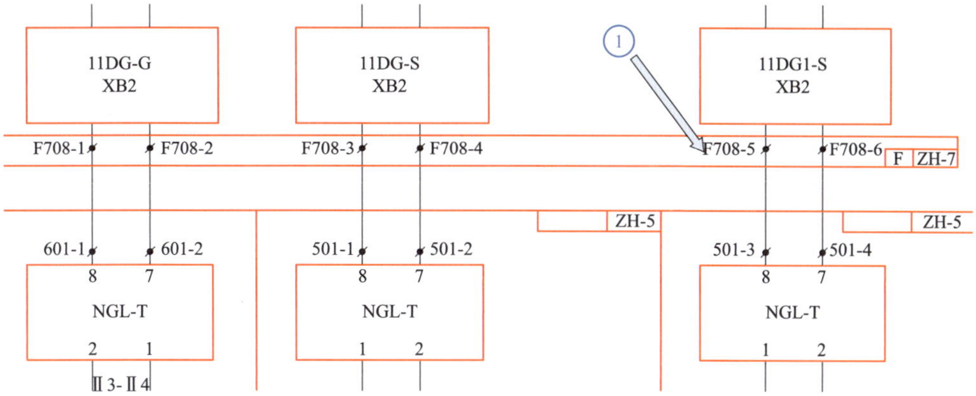

图 17-3-11　室内分线盘测量

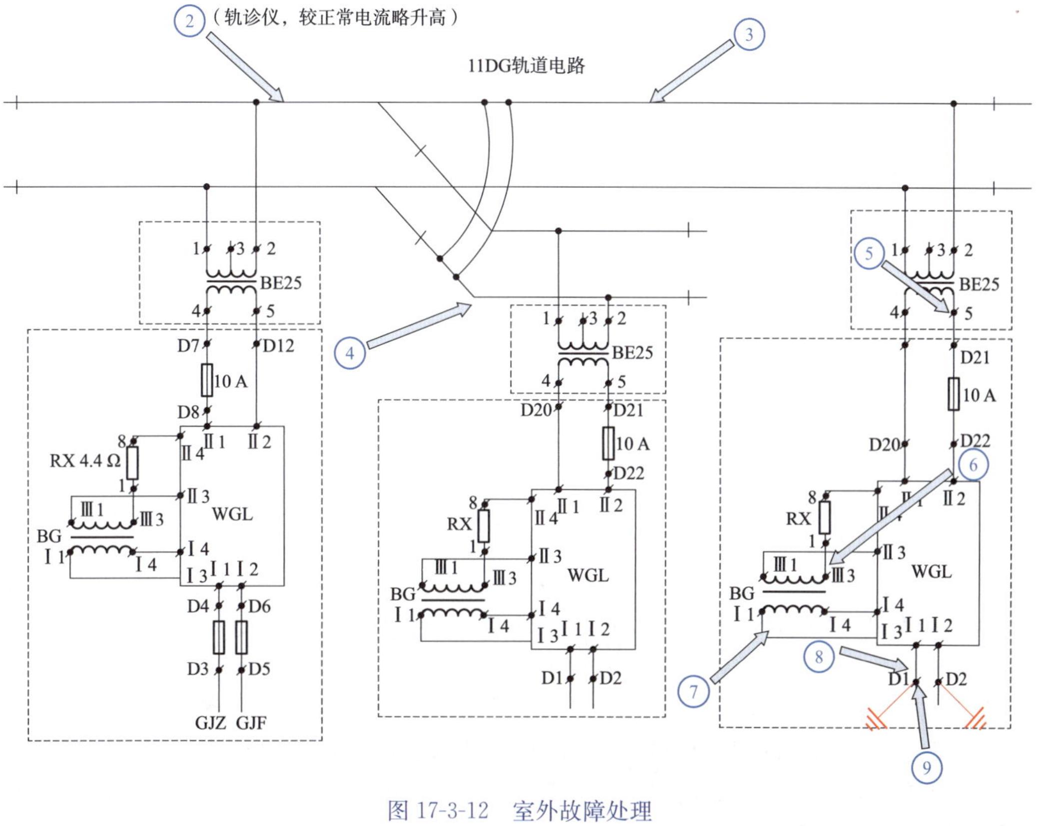

图 17-3-12　室外故障处理

(4)故障关键词:端子双接地。

7. 故障案例7:反相故障

(1)故障现象:11DG红光带。

(2)故障分析:处理前室内观察11DG1微电子接收器红灯亮、绿灯灭,11DG没问题,考虑11DG1轨道电压或相位问题。在轨道测试盘查看11DG1电压为15 V,相位为90°,11DG变化不大,考虑是微电子接收器本身问题或者轨测盘后方到微电子接收器间有问题。

(3)故障处理:测量11DG1微电子接收器73、83端子,电压为15 V正常,测量局部51、61与轨道73、83端子相位,相位为270°,说明轨测盘至73、83端子间相位反,不符合输出条件。按仪表提示,定局部电源,测量侧面02-3、02-4,相位为90°正常。确认为侧面02-3、02-4与微电子接收器73、83端子配线接反,导致相位反,电路如图17-3-13所示。

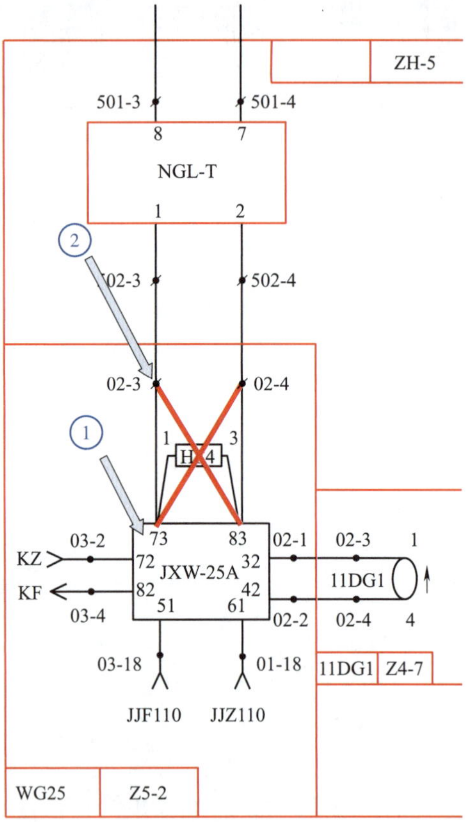

图17-3-13 相位反

(4)故障关键词:反相。

8. 故障案例8:送端半开故障

(1)故障现象:11DG红光带。

(2)故障分析:处理前观察室内11DG、DG1微电子接收器均为红灯亮,绿灯灭,在轨测盘查看两区段轨道电压均为7 V左右,考虑为送端共同部分有半开路或半短路。

(3)故障处理:测量送端分线盘电压有220 V,说明电源已送出。在室外用轨诊仪测量轨面电流降低。测量送端D7、D12电压为1 V,也偏低,说明在D7、D12前有故障。测量变压器Ⅲ1、Ⅲ3,电压正常为6 V,测量电阻电压为2 V,则Ⅱ次圈内电压为(6−1−2)V=3 V,说明电阻至D7、D12间有压降,即半开路。测量D8、Ⅱ2电压为4 V,D8、D12电压为1 V,确认为Ⅱ2

与 D12 间半开路。室内分线盘测量如图 17-3-14 所示，室外故障处理如图 17-3-15 所示。

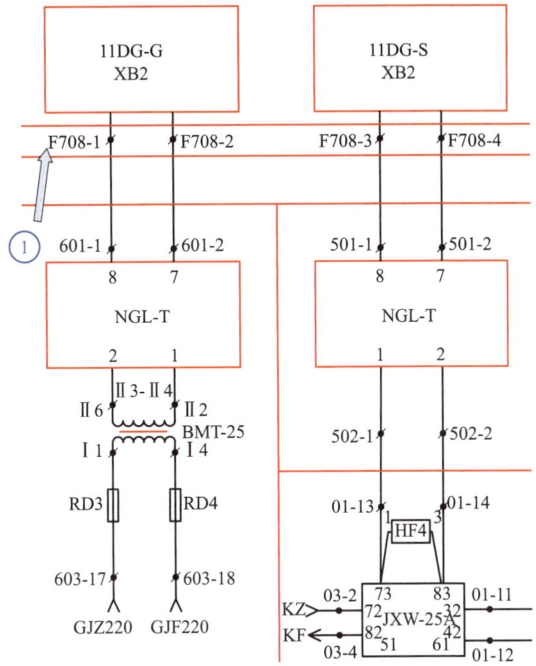

图 17-3-14　室内分线盘测量

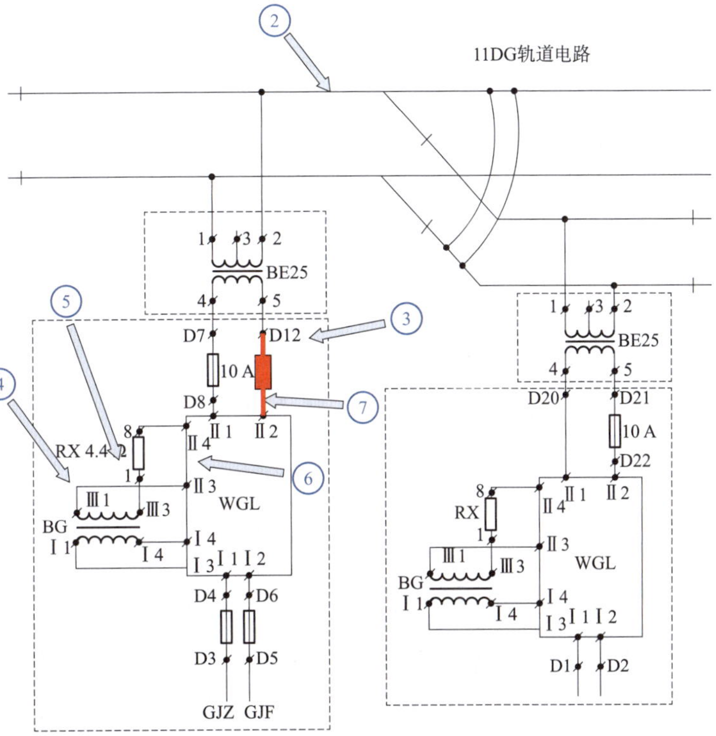

图 17-3-15　室外故障处理

(4)故障关键词:送端半开路。

9. 故障案例 9:受端半短路故障

(1)故障现象:11DG 红光带。

(2)故障分析:处理前室内观察 11DG1 微电子接收器红灯亮、绿灯灭,11DG 没问题,考虑 11DG1 轨道电压或相位问题。在轨道测试盘查看 11DG1 电压为 7 V,相位变化不大,11DG 电压、相位均变化不大,考虑 DG1 室外半开路或半短路。

(3)故障处理:在分线盘测试 11DG1 电压仍为 7 V,甩线后电压升高不多,确认室外故障。因为 11DG 没红,基本排除送端故障,直接用轨诊仪测量轨面电流变化不大,无法确认性质,继续向后测量。转极线前 3 A,DG1 轨面分支为 1.8 A,考虑为短路。测量 DG1 扼流变信号圈 BE4、BE5 电流升高约为 400 mA,变压器Ⅲ3 电流为 100 mA,同一圈内电流突变,考虑圈内有半短路。测量确认 BE4 至 D20 与 BE5 至 D21 间半短路。室内分线盘测量如图 17-3-16 所示,室外故障处理如图 17-3-17 所示。

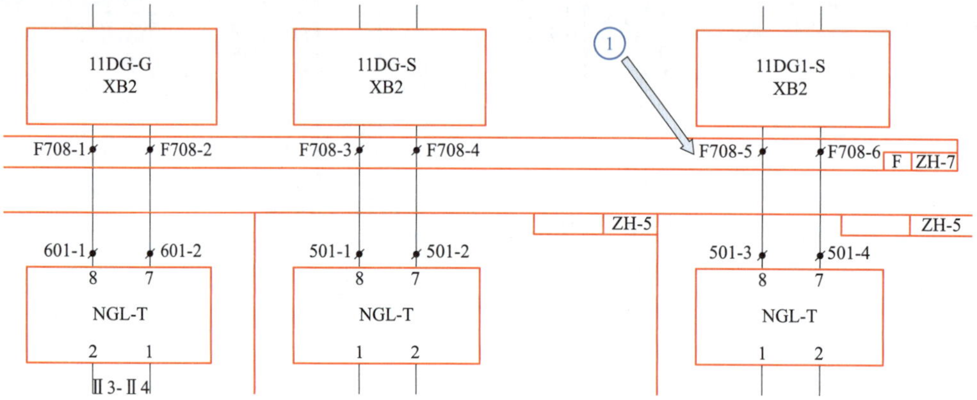

图 17-3-16 室内分线盘测量

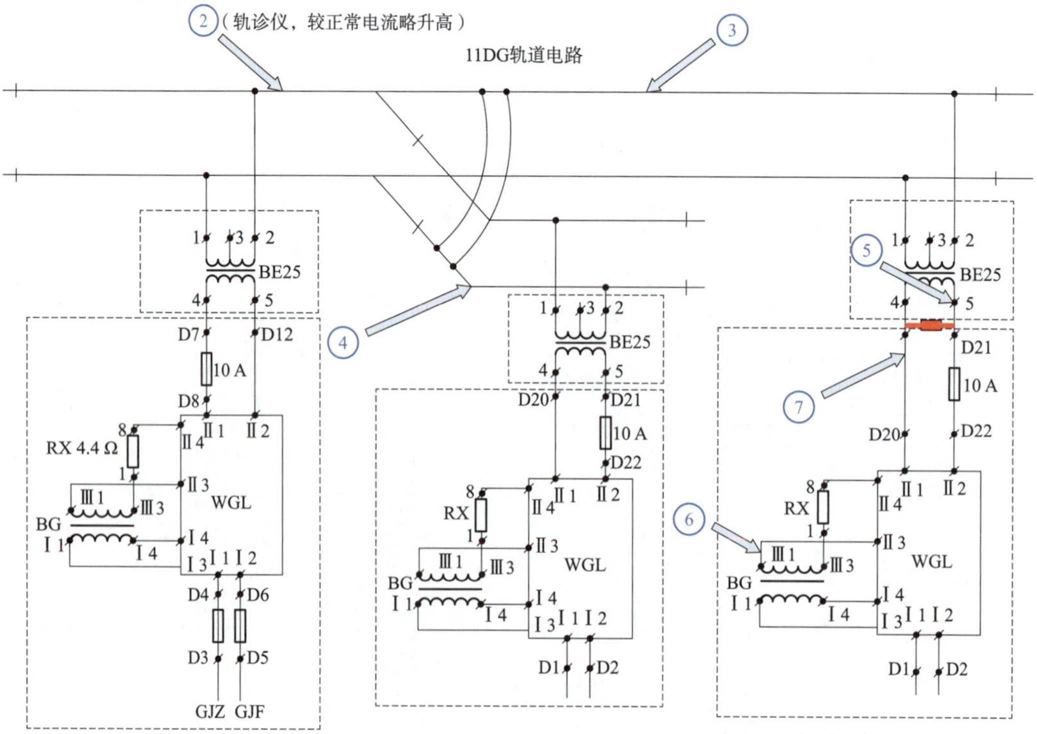

图 17-3-17 室外故障处理

(4)故障关键词:受端半短路。

六、注意事项

1. 严格按故障处理流程(图 17-3-18)处理现场故障,随时注意人身和设备安全,严禁违章蛮干、臆测行事。

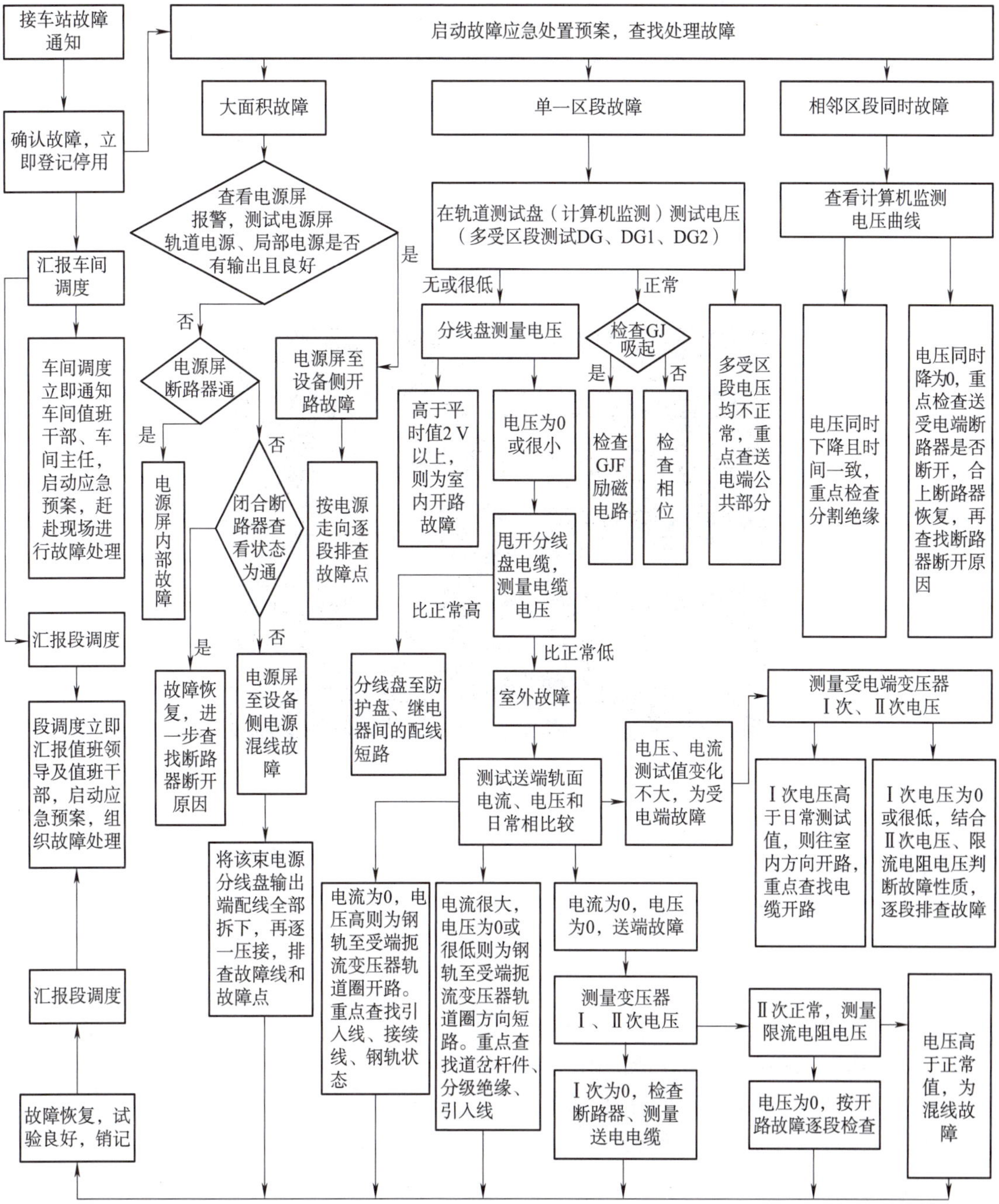

图 17-3-18　故障处理流程

2. 要掌握基础数据,以便在故障处理时作为参考。

3. 充分利用计算机监测系统，发现轨道电压曲线波动时，及时查找处理。

4. 仪表：数字移频表、钳形表、轨道诊断仪、绝缘在线测试仪。

第四节　ZPW-2000A 轨道电路故障处理

一、区间轨道继电器吸起条件

区间轨道继电器吸起，说明在该区段的衰耗器上，GJ 测试孔上有大于 20 V 的电压输出，要使 GJ 有电压输出，必须具备以下两个条件。

1. 主轨道的输出电压(轨出 1)≥240 mV；

2. 本接收器 XGJ、XGJH 上有>20 V 的直流电压输入。

二、故障区段衰耗器上表示灯状态

衰耗器上表示灯示意如图 17-4-1 所示。

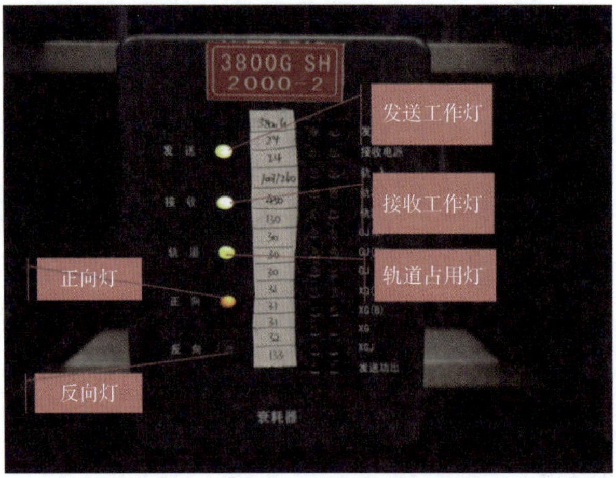

图 17-4-1　衰耗器上表示灯示意

1. 故障区段发送工作灯状态(发送工作灯亮为正常)

(1)发送工作灯灭灯

发送工作灯灭灯故障查找流程如图 17-4-2 所示。

(2)发送工作灯闪灯：发送通道短路(FBJ_{31}、FBJ_{41}接点后方至发送模拟网络)，同时 FBJ 不停吸起落下。

使用钳流表测量发送通道电流，从有到无即为短路点，注意由于发送通道短路，电流过大冲击发送器休眠，每 10 s 左右才能测到一次电流。

2. 故障区段接收工作灯状态(接收工作灯亮为正常)

接收工作灯灭灯故障查找流程如图 17-4-3 所示。

3. 故障区段正向表示灯状态(正向表示灯亮为正常)

若正向表示灯灭灯，说明接收器无正向条件电源，用电压法直接查找正向电源即可。正向表示灯电路如图 17-4-4 所示。

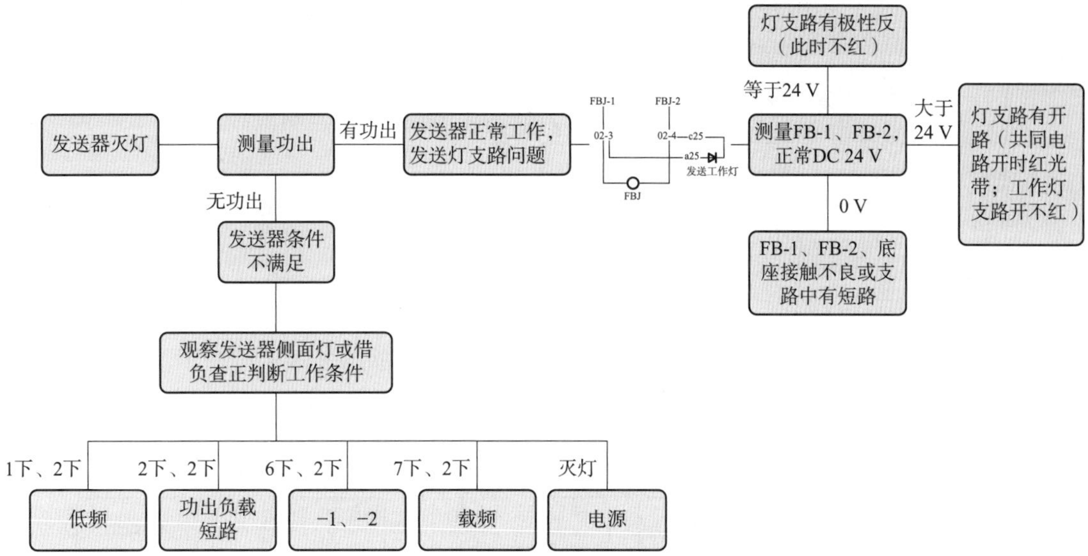

图 17-4-2　发送工作灯灭灯故障查找流程

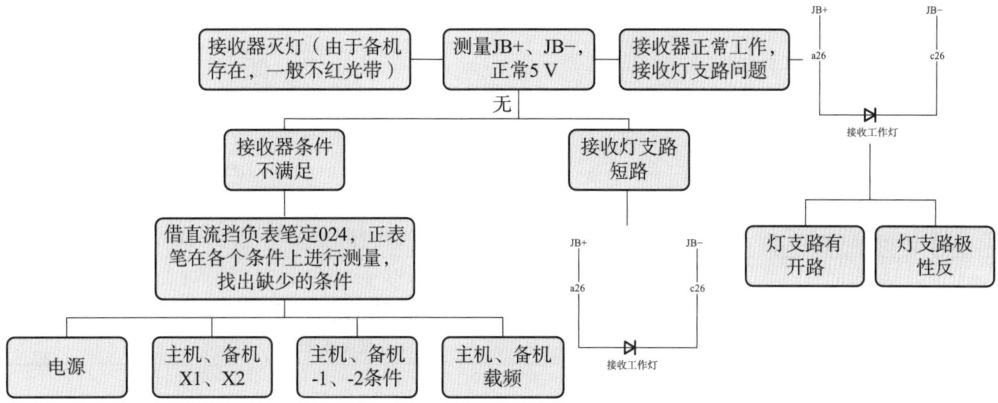

图 17-4-3　接收工作灯灭灯故障查找流程

4. 故障区段轨道占用灯状态

(1)轨道占用灯亮绿灯为正常，说明满足 GJ 电压输出条件，观察 QGJ 状态。

①QGJ 落下：QGJ 驱动电路(图 17-4-5)有问题。

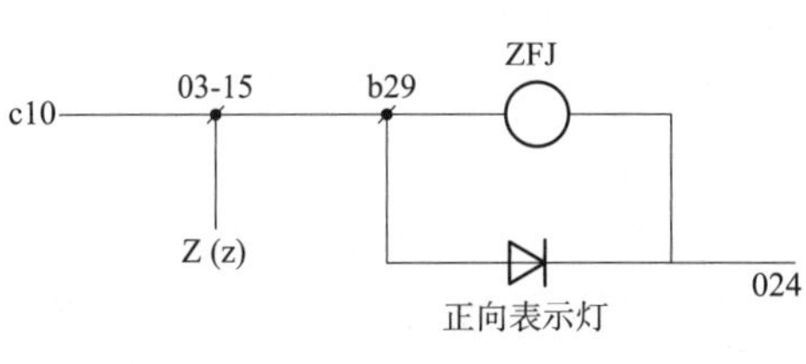

图 17-4-4　正向表示灯电路

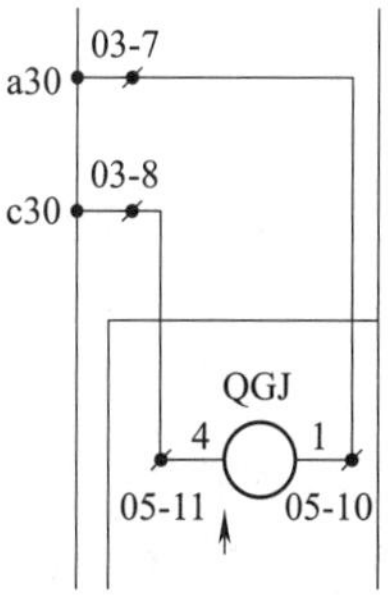

图 17-4-5　QGJ 驱动电路

②QGJ 吸起：GJ 励磁电路（图 17-4-6）有问题。

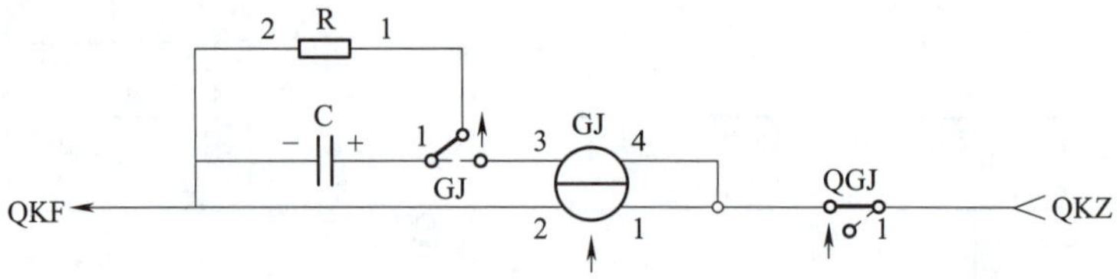

图 17-4-6　GJ 励磁电路

（2）轨道占用灯亮红灯。

轨道占用灯亮红灯故障查找流程如图 17-4-7 所示，通道问题处理流程如图 17-4-8 所示。

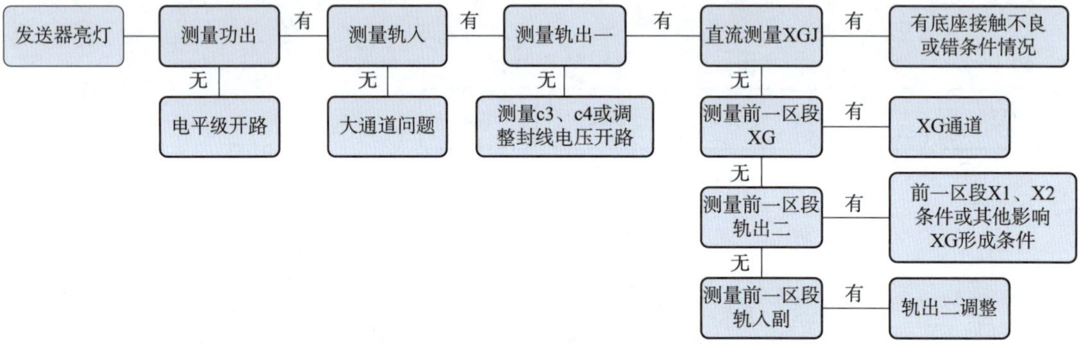

图 17-4-7　轨道占用灯亮红灯故障查找流程

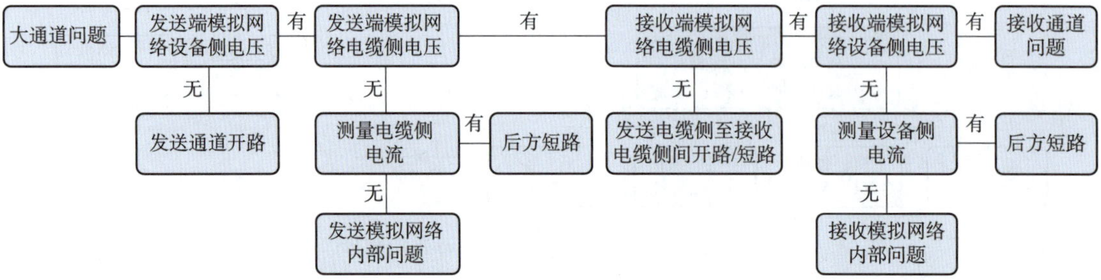

图 17-4-8　通道问题处理流程

图 17-4-8 中仅说明开路、短路情况，半开路、半短路时寻找同一回路中电压、电流突变点即可。

三、室外设备故障

1. 通过电缆判断

根据测试电压判断电缆有无混线、断线、虚断故障，可以室内、室外配合，进行甩线测试，测量电压或电阻来判断其好坏，每千米电缆线单芯阻值为 23.5 Ω。

2. 通过各种单元盒判断

可以在本区段频率下，通过测量调谐单元极阻抗的参数值来判断其性能的好坏。使用专用多载频移频表选择测量对应器材的挡位，通过测量电压、电流，仪表可以自动计算器材的参数。匹配单元、空芯线圈性能的判断方法及标准同调谐单元一样，只是选择的挡位不同。

3. 通过补偿电容判断

测量各补偿电容，可以使用专用多载频移频表补偿电容挡位测量电压、电流，仪表可以自动计算补偿电容的值。如果个别电容坏，靠近送端的容易造成小轨电压降低，远离送端的容易造成主轨电压降低。

四、多个区段红光带

1. 区分电源屏或电缆故障。

2. 当接收器输出的各种电压共用通道短路时，上下行互为冗余的接收器同时表现为灭灯状态，此时上下行所涉及的区段均会红光带。

五、典型故障案例

以3G为例，仅考虑单个故障情况（且发送器无+1），数值仅供参考，站场图如图17-4-9所示。

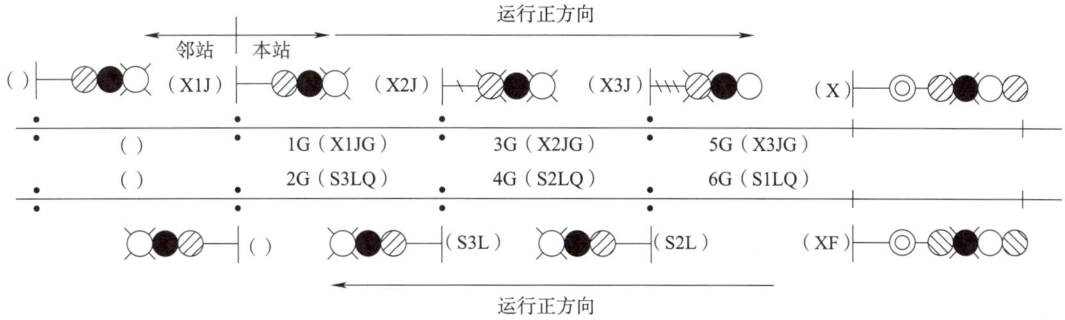

图 17-4-9　站场图

1. 故障案例1：小轨通道故障

（1）故障现象：3G红光带。

（2）故障分析：处理前观察衰耗器除轨道灯红外无异常，排除器材问题。

（3）故障处理：多载频挡测量3G功出有，轨入有，如图17-4-10所示。测量轨出1有，如图17-4-11所示。用直流挡测量XGJ无，测量5G-XG电压有，且比正常值偏大，说明小轨通道开路，电压从有到无时为开路点，如图17-4-12所示。

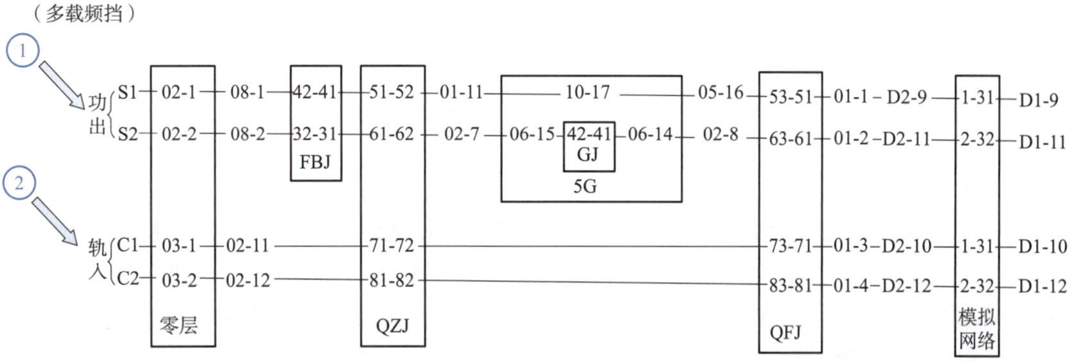

图 17-4-10　测量功出、轨入

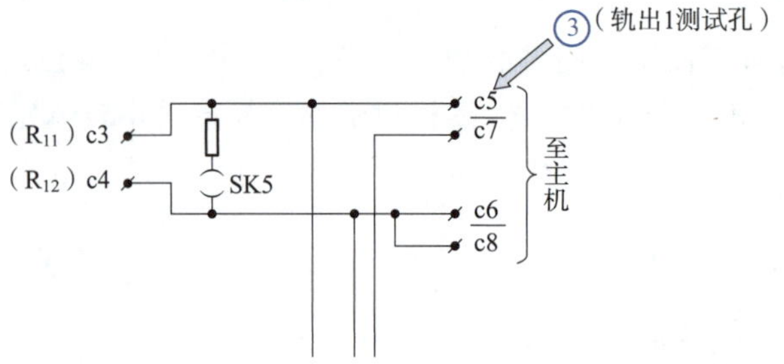

图 17-4-11　测量轨出 1

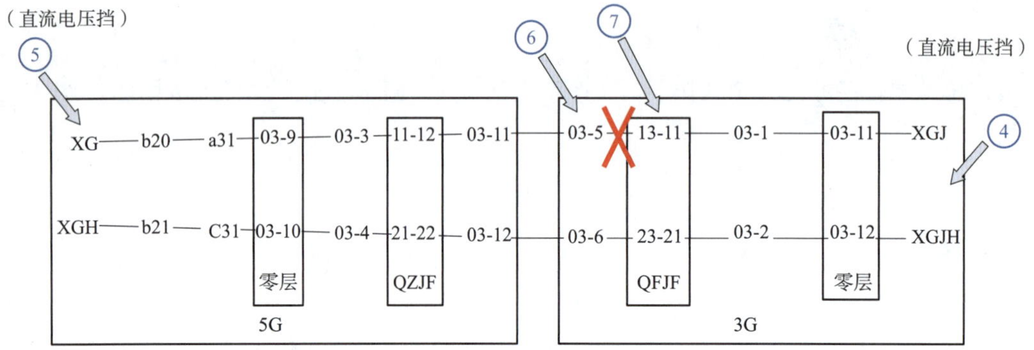

图 17-4-12　小轨通道故障

(4)故障关键词:小轨通道开路。

2. 故障案例 2:发送灯支路故障

(1)故障现象:3G 红光带,发送器灭灯。

(2)故障分析:处理前观察衰耗器发送器灭灯,轨道占用灯红,考虑发送器没有工作,导致有功出,或者 FBJ 支路共同部分有开路或者短路,导致 FBJ 落下,断开发送通道。

(3)故障处理:测量 3G 功出,有功出,说明发送器正常工作。考虑 FBJ 支路问题,用直流挡测量 FB-1、FB-2 电压,为 40 V,说明为 FB-1、FB-2 至 02-3、02-4 间开路,电压从有到无时确认为 FB-1 至零层 02-3 间开路,如图 17-4-13 所示。

(4)故障关键词:发送灯支路开路。

3. 故障案例 3:电缆模拟网络内部故障

(1)故障现象:3G 红光带。

(2)故障分析:处理前观察衰耗器除轨道灯红外无异常,排除器材问题。

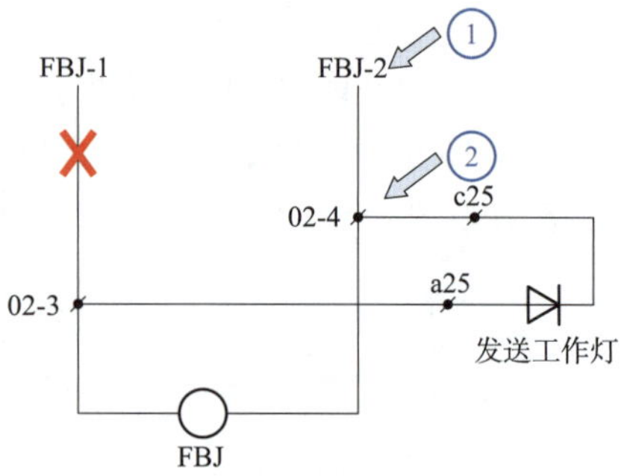

图 17-4-13　发送灯支路故障

(3)故障处理:多载频挡测量 3G 功出有,轨入无,为通道问题。测量发送模拟网络设备侧、电缆侧均正常,接收模拟网络电缆侧有,设备侧无,测量设备侧无电流,说明为接收模拟网络内部问题,如图 17-4-14 所示。使用钳流表测量模拟网络 31、32 端子有电流,29、30 端子无电流,防雷有电流,确认为接收端模拟网络防雷短路,如图 17-4-15 所示。

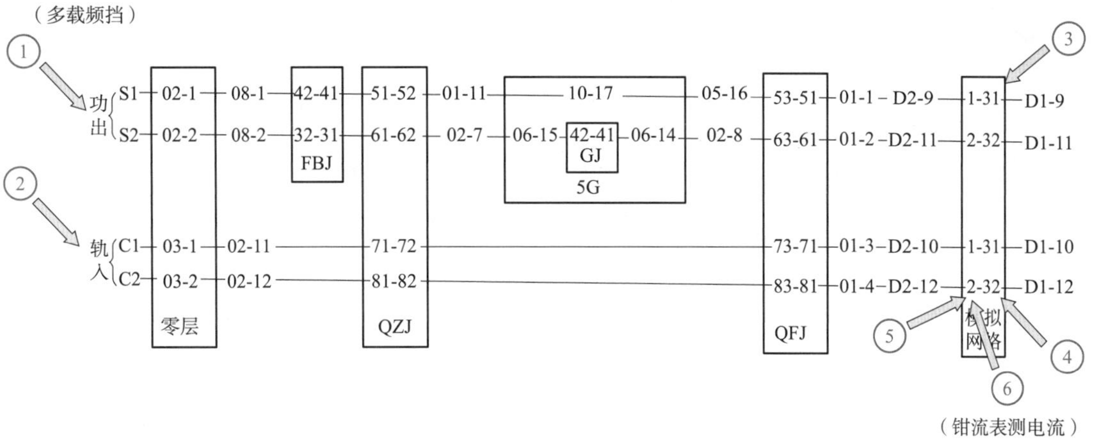

图 17-4-14　确认故障位置

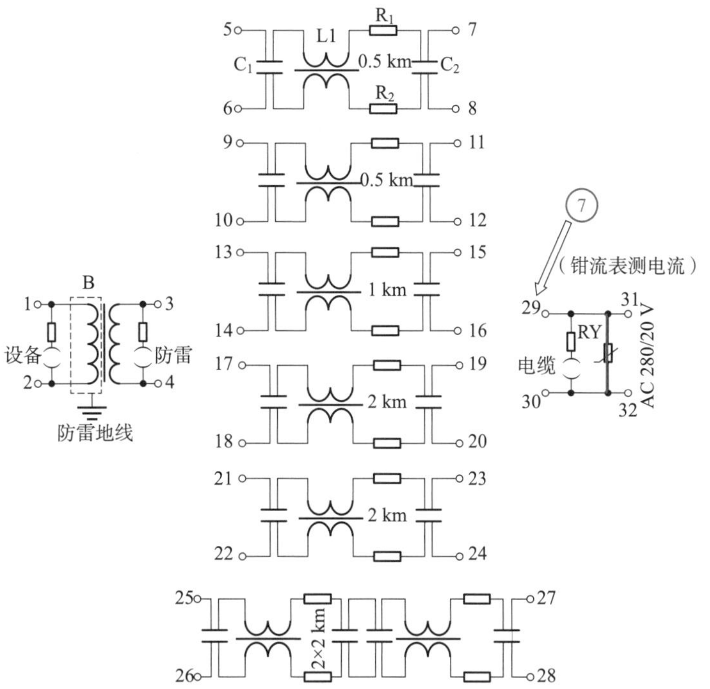

图 17-4-15　电缆模拟网络内部故障

(4)故障关键词:电缆模拟网络内部故障。

4. 故障案例 4:发送通道故障

(1)故障现象:3G 红光带,发送器亮灭交替闪烁。

(2)故障分析:处理前观察 3G-FBJ 交替吸起落下,发送器侧面灯两下、两下闪烁,说明为发送通道短路。

(3)故障处理:使用钳流表测量 QZJ_{51} 接点有电流(10 s 有一次电流出现,钳流表放置在线上不动观察),QZJ_{52} 接点有电流,组合架侧面 01-11 无电流,确认一短路点;同样方法确认另一短路点。最后确认为 QZJ_{52} 至组合架侧面 01-11 与 QZJ_{62} 至组合架侧面 02-7 间短路,如图 17-4-16 所示。

(4)故障关键词:发送通道短路。

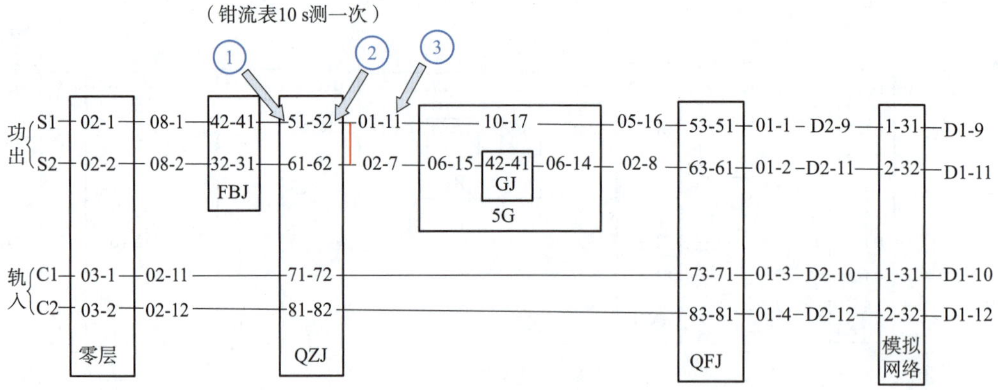

图 17-4-16　发送通道故障

5. 故障案例 5:继电器线圈故障

(1)故障现象:3G 红光带。

(2)故障分析:处理前观察衰耗器所有灯都正常,QGJ 落下,考虑为 QGJ 小电路问题。

(3)故障处理:测量零层 03-7、03-8 有电压且偏大,确认本支路中有开路部位。测量 QGJ_1、QGJ_4线圈,有电压,如图 17-4-17 所示。定 1 线圈测量 4 有电压,3 无电压,确认为 QGJ_3、QGJ_4线圈开路,如图 17-4-18 所示。

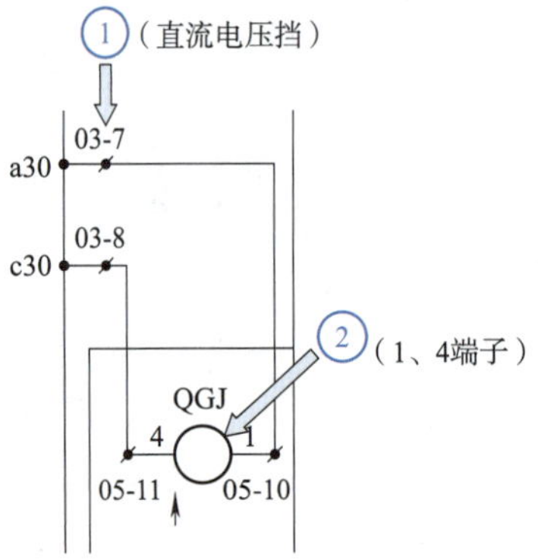

图 17-4-17　QGJ 电路

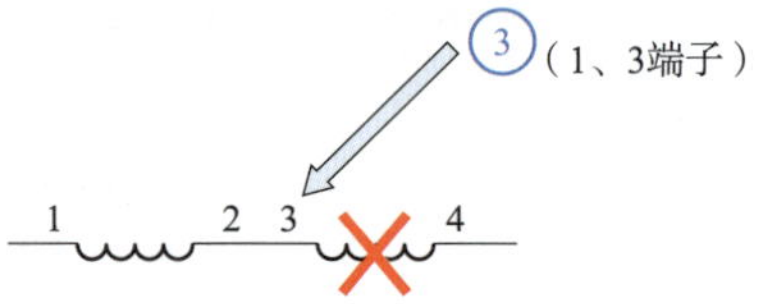

图 17-4-18　继电器线圈故障

(4)故障关键词:QGJ 支路开路。

6. 故障案例 6:GJ 电路故障

(1)故障现象:3G 红光带。

(2)故障分析:处理前观察衰耗器所有灯都正常,QGJ 吸起,GJ 落下,考虑为 GJ 励磁电路问题。

(3)故障处理:测量 GJ_1、GJ_2线圈无电压,定 QKZ(组合架 12-1、12-2)查 GJ_2线圈有电压;定 QKF(组合架 12-3、12-4)查 QGJ_{11}有电压,QGJ_{12}无电压,确认为 QGJ_{11-12}接点开路,如图 17-4-19 所示。

(4)故障关键词:GJ 励磁电路开路。

7. 故障案例 7:接收通道故障

(1)故障现象:3G 红光带,1G 红光带。

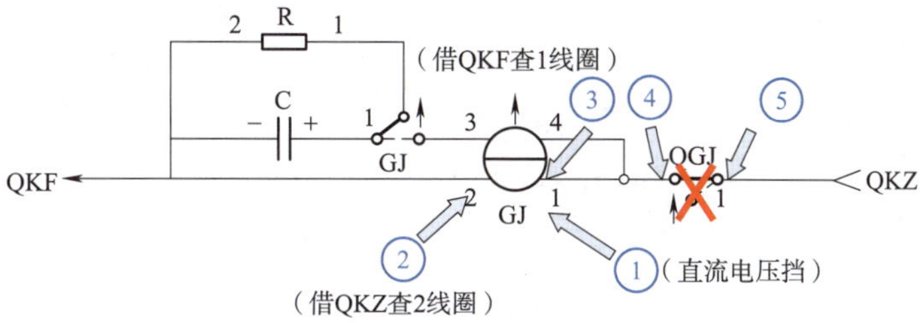

图 17-4-19 GJ 电路故障

(2)故障分析:处理前观察衰耗器除轨道灯红外无异常,排除器材问题。一个故障两个区段同时红,考虑为运行前方区段接收通道问题,导致后方区段缺 XGJ 红光带。

(3)故障处理:多载频挡测量 3G 功出有,轨入电压很低,发送模拟网络设备侧、电缆侧正常,接收端模拟网络电缆侧有,设备电压很低。测量设备侧电流,有电流向后继续测试,组合架侧面 01-3、01-4 有电流 30 mA,QFJ_{71}、QFJ_{81} 电流突变为 8 mA,确认为组合架侧面 01-3 与 QFJ_{71} 和侧面 01-4 与 QFJ_{81} 间半短路,如图 17-4-20 所示。

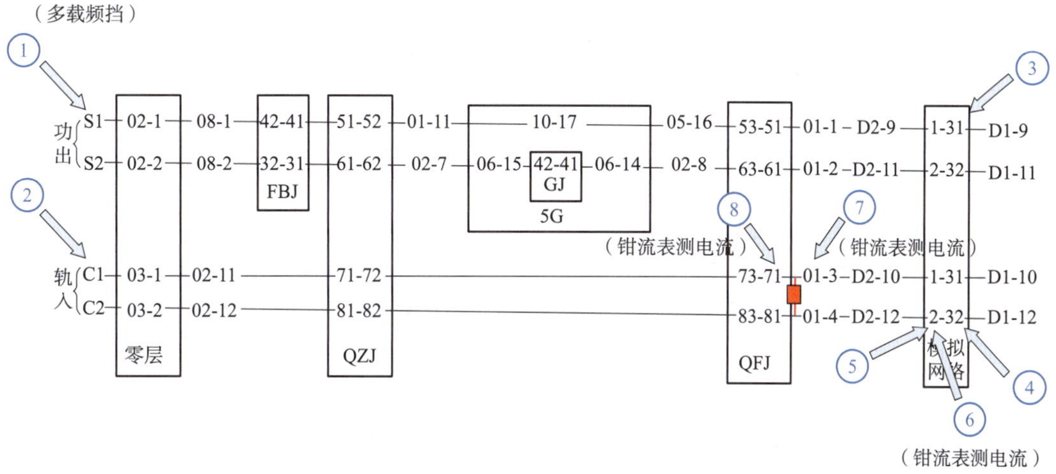

图 17-4-20 接收通道故障

(4)故障关键词:接收通道半短路。

8. 故障案例 8:低频故障

(1)故障现象:3G 红光带,发送器灭灯。

(2)故障分析:处理前观察衰耗器发送灯灭灯,侧面灯闪一下、两下、一下,确认为低频故障。3G 为 2JG,正常发 F12 低频码。

(3)故障处理:借发送器背面 024,查找 F12 端子是否有电压,无电压,则缺低频,如图 17-4-21 所示。测量零层 01-12 无电压,组合架借 3JG 024(侧面 03-10)查侧面 05-4 有电压,确认为组合架侧面 05-4 至 3G 零层 01-12 间开路,如图 17-4-22 所示。

(4)故障关键词:发送器工作条件开路。

9. 故障案例 9:发送电平级故障

(1)故障现象:3G 红光带。

(2)故障分析:处理前观察衰耗器除轨道灯红外无异常,排除器材问题。

(3)故障处理:多载频挡测量 3G 功出无,发送器灯亮,说明发送器正常工作,无功出应考

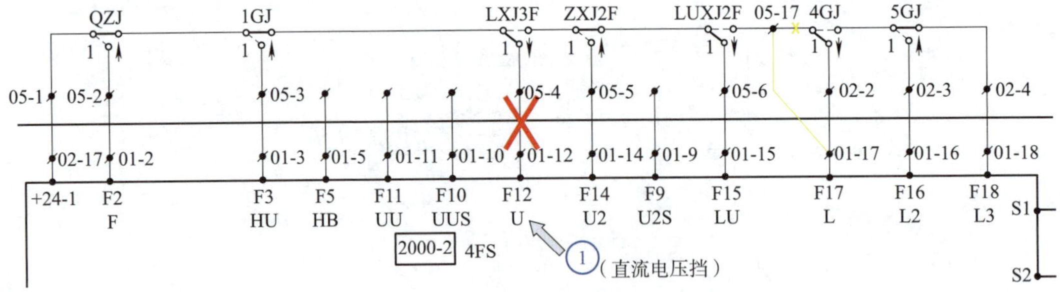

图 17-4-21　F_{12}端子无电压

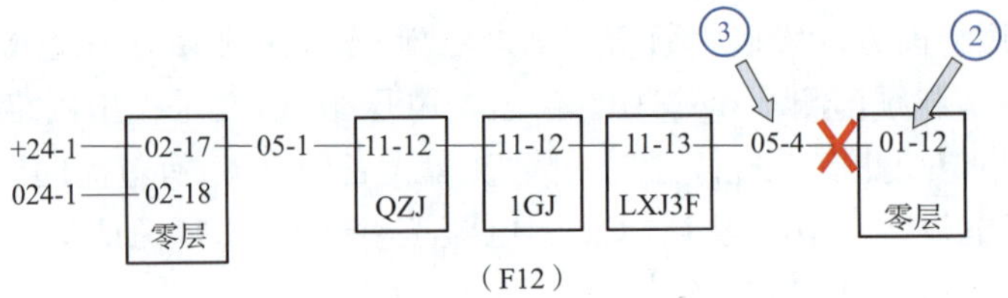

图 17-4-22　低频编码条件开路

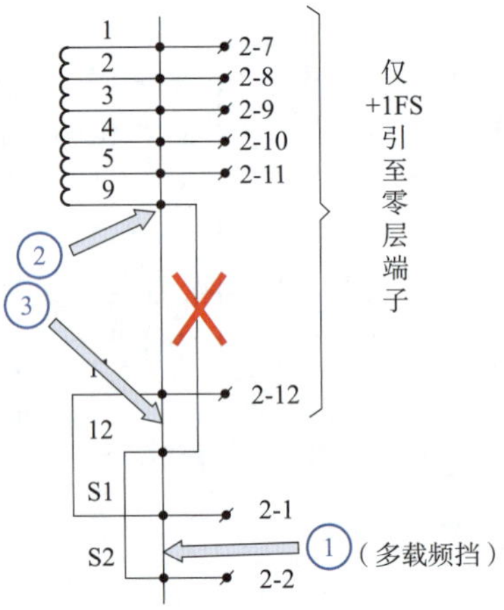

图 17-4-23　发送电平级开路

虑电平级问题。设 3G 使用 1 级电平，1 连 11，9 连 12，首先测量 1、9 端子电压，有电压，11、12 无电压，交叉测量，确认电平级端子 9 与 12 间开路，如图 17-4-23 所示。

（4）故障关键词：发送电平级开路。

10. 故障案例 10：接收器缺工作条件

（1）故障现象：3G 接收器灭灯，不红光带。

（2）故障分析：处理前观察衰耗器接收工作灯灭，由于有 4G 接收器中备机存在，3G 不会红，考虑为接收器缺条件或接收灯支路问题。

（3）故障处理：直流挡测量 JB＋、JB－，无电压，说明接收器缺工作条件，如图 17-4-24 所示。设 3G 使用 1700-1，X1。4G 使用 2000-2，X2。借 024，查主机＋24、备机（＋24）、1700（Z）、－1（Z）、2000（B）、－2（B），2000（B）有电压，－2（B）无电压，确认 3G 接收器备机 2000（B）至－2（B）间无电压，如图 17-4-25 所示。

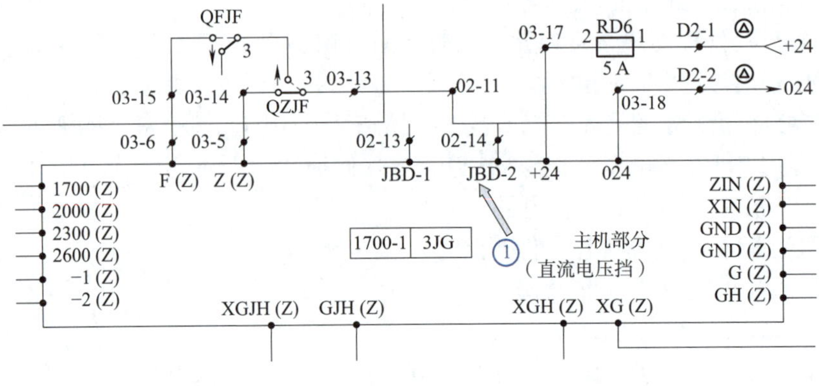

图 17-4-24　接收器缺工作条件

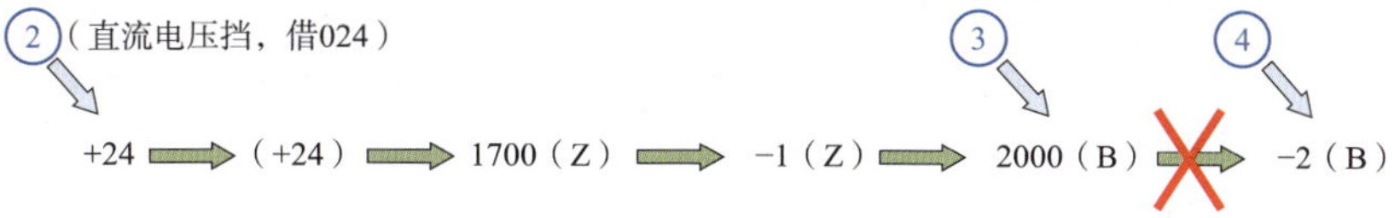

图 17-4-25　接收器电源查找顺序

(4)故障关键词:接收器缺工作条件。

11. 故障案例 11:轨出 1 封线

(1)故障现象:3G 红光带。

(2)故障分析:处理前观察衰耗器除轨道灯红外无异常,排除器材问题。

(3)故障处理:多载频挡测量 3G 功出有,轨入有,如图 17-4-26 所示。测量轨出 1 无,测量衰耗器背后 c3、c4 端子无电压。设 3G 主轨调整使用连接线为 a1-a4,a2-c4,a3-c3,分别测量封线电压,确认 a1-a4 封线开路,如图 17-4-27 所示。

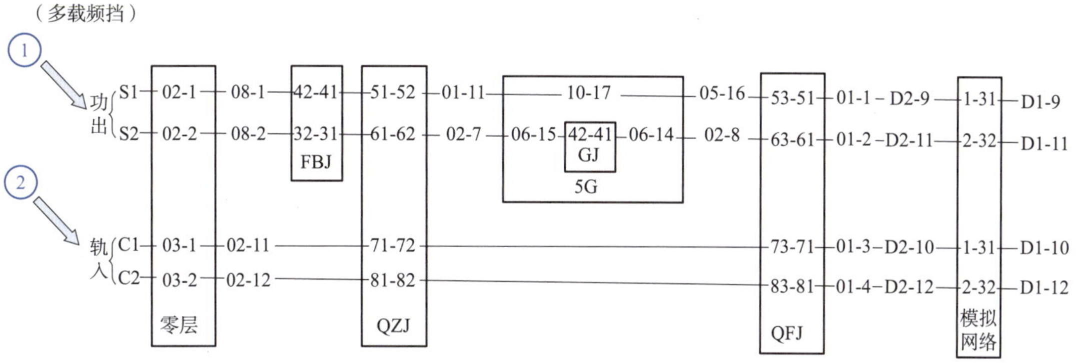

图 17-4-26　测量发送功出

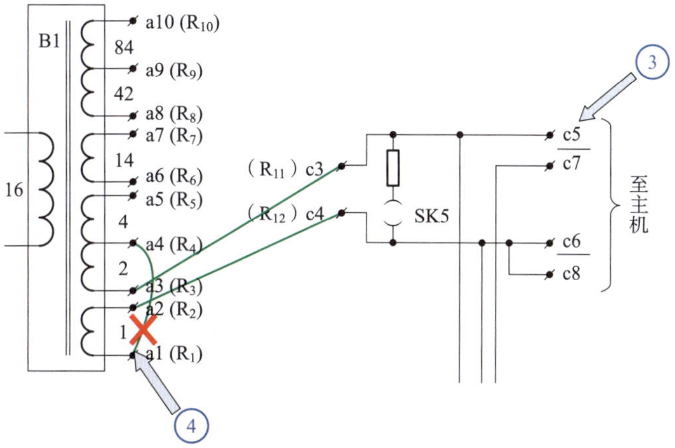

图 17-4-27　轨出 1 封线

(4)故障关键词:轨出 1 调整。

12. 故障案例 12:轨出 2 封线

(1)故障现象:3G 红光带。

(2)故障分析:处理前观察 3G 衰耗器除轨道灯红外无异常,排除器材问题。

(3)故障处理:多载频挡测量 3G 功出有,轨入有,如图 17-4-28 所示,测量轨出 1 有,直流挡测 XGJ 无,5G-XG 无电压,如图 17-4-29 所示。测量 5G 轨出 2 无,轨入副有电压,判断为轨出 2 调整问题。衰耗器背面轨出 2 正向调整封线为 a11-a13,a15-a16,a17-a23,分别测量,确认 a11-a13 封线开路,如图 17-4-30 所示。

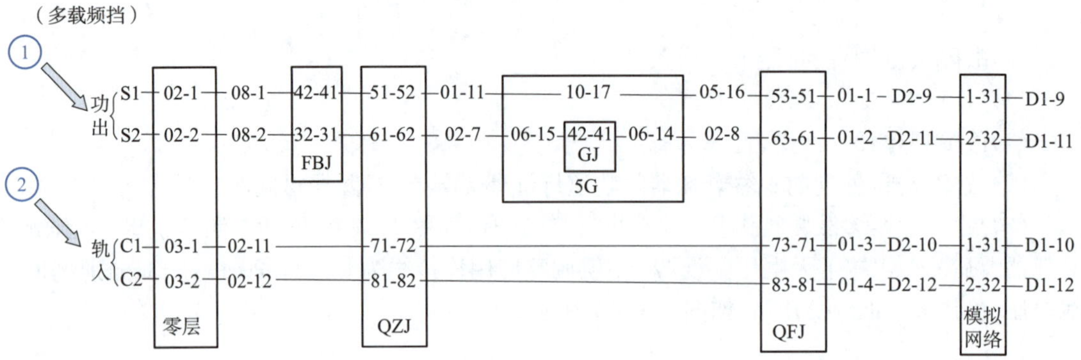

图 17-4-28 测量发送功出

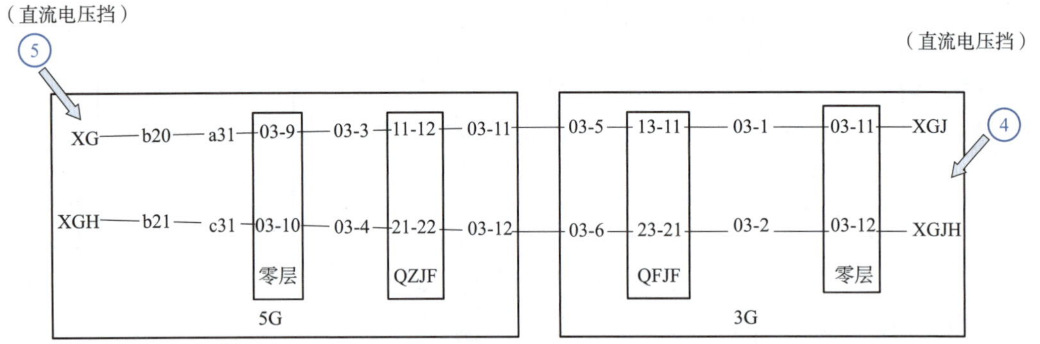

图 17-4-29 小轨通道

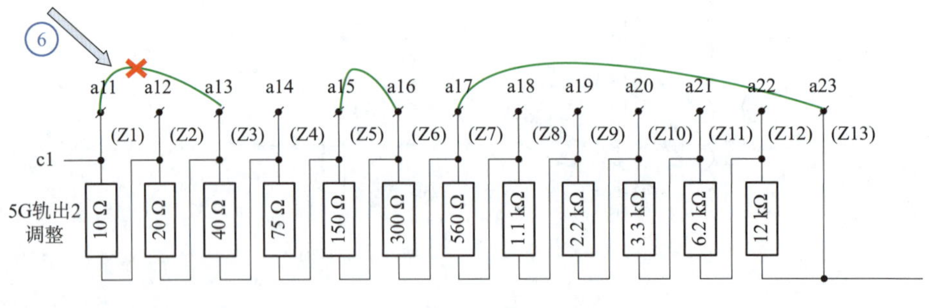

图 17-4-30 轨出 2 封线

(4)故障关键词:轨出 2 调整。

六、注意事项

1. 严格按故障处理流程(图 17-4-31)处理现场故障,随时注意人身和设备安全,严禁违章蛮干、臆测行事。

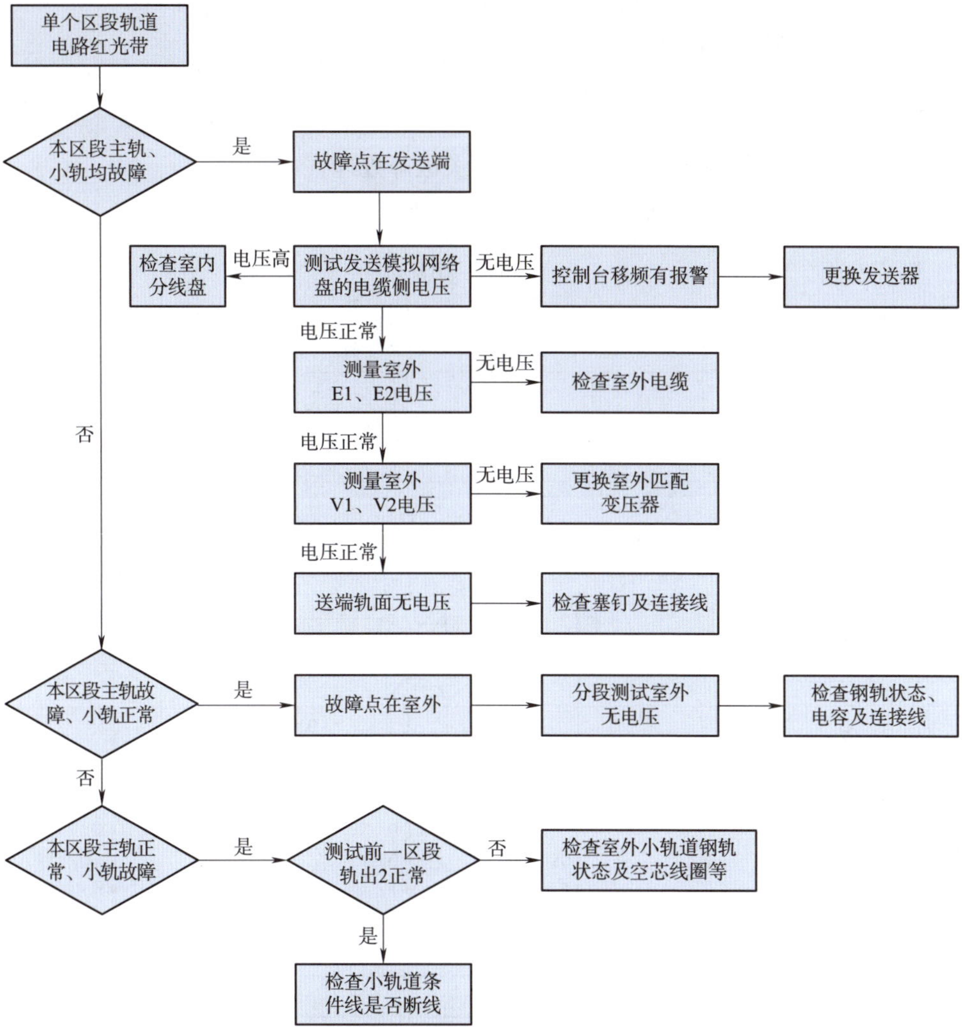

图 17-4-31　故障处理流程

2. 要掌握基础数据，以便在故障处理时作为参考。

3. 充分利用计算机监测系统，发现轨道电压曲线波动时，及时查找处理。

4. 仪表：数字移频表、钳形表、轨道诊断仪。

第五节　信号机故障处理

一、信号机故障分类

1. 按影响范围：单架信号机、多架信号机。单架信号机故障需要从分线盘区分室内外。多架信号机故障时要首先确认是不是一个组合架的信号机，是一个组合架一般为零层的熔断器断或者电源线有问题；不是一个组合架需要明白本站电源屏模块输出的信号机电源所管辖的信号机有哪几架。

2. 按灯位：确认哪个灯位故障。首先应根据发生的时机、现象或通过试验判断出哪个灯位故障。注意是禁止灯位（有电压）还是允许灯位（须补信号才有电压）。

3. 按位置：室内驱动及采集故障、室内故障、室外故障。

4. 按性质：开路故障、短路(混线)故障。

二、故障处理

以进站信号机点绿灯为例，简单介绍一下相关故障处理。

进站信号机点 L 灯时的接通电路，如图 17-5-1 所示。

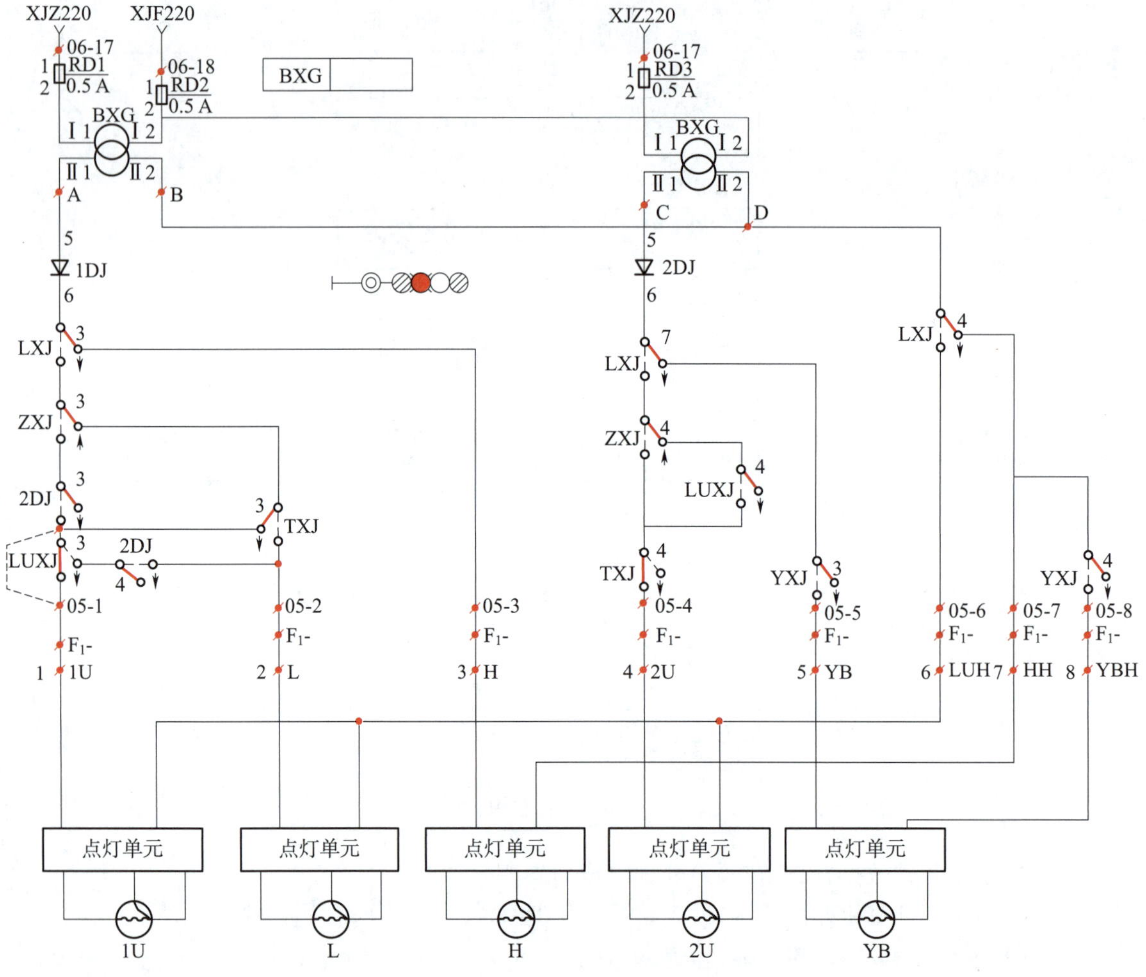

图 17-5-1　进站信号机

电路动作顺序：XJZ220—06-17—$RD1_{1\text{-}2}$—BXG—$DJ_{5\text{-}6}$—$LXJ_{31\text{-}32}$—$ZXJ_{31\text{-}32}$—$TXJ_{31\text{-}32}$—05-2—F—L—点灯单元—L 灯—点灯单元—LUH—F—05-6—$LXJ_{42\text{-}41}$—BXG—$RD2_{2\text{-}1}$—06-18—XJF_{220}。

1. 故障现象 1：进站信号机开放 L 信号时，信号无法开放

观察控制台状态：

(1)控制台始终亮红灯：进站信号机驱采电路故障。

点 L 灯时计算机联锁驱动和采集的继电器为 LXJ、ZXJ、TXJ。由于控制台始终点红灯，可以判断为 LXJ、ZXJ 的驱动或采集有问题，这时可以联系运转室重复开放信号，通过观察继

电器的状态来判断是哪个继电器的问题，再根据电路图来查找相应的继电器即可。

(2)控制台闪LU后改点H灯：进站信号机TXJ驱采电路故障。按照上面的方法查找即可。

(3)控制台闪绿灯后亮红灯：L灯的点灯电路故障。

①查找过程：a. 用万用表AC 250 V挡在室内测试该信号机点灯变压器(BXG-35型)Ⅱ次输出电压为240 V。b. 显示L灯时在分线盘测试L、LUH间电压为240 V。c. 经分析判断为室外L灯点灯回路断线，在分线盘对L、LUH进行环阻测试，阻值无穷大。d. 到达现场后，在该信号机变压器箱内对D2、D6(L、LUH)进行环阻测试，判断为电缆断线。

②恢复方法：倒入备用线，故障恢复。经进一步查找，发现信号机附近的HF4至变压器箱间LUH电缆断线。

③分析提示：此故障为电缆断线故障，可以在分线盘和变压器箱中采用环阻法测试电缆环阻，区分是电缆问题还是设备配线问题。

(4)如果L灯主灯丝断丝，由于列车信号机的所有灯位都有主副丝转换功能，只会出现进站信号机L灯主灯丝断丝报警。

室外L灯双断丝时，控制台复示器闪一下绿灯，信号机自动关闭，点亮红灯。

①查找过程：a. 用万用表AC 250 V挡在室内测试该信号机点灯变压器(BXG-35型)Ⅱ次输出电压为240 V。b. 显示L灯时在分线盘测试L、LUH间电压为240 V。c. 经分析判断为室外L灯点灯回路断线，在分线盘对L、LUH进行环阻测试，阻值无穷大。d. 到达现场后，在该信号机变压器箱内对D2、D6(L、LUH)重开信号进行环阻测试，依然无穷大；继续查找发现信号机灯泡双断丝。

②恢复方法：更换灯泡后设备恢复正常。

2. 故障现象2：信号机室外红灯灭灯，控制台显示在点灯状态

(1)查找过程：①用万用表AC 250 V挡，在室内对该信号机点灯变压器(BXG-35型)Ⅱ次输出电压进行测试，发现电压明显下降。②用钳形电流表对点灯变压器Ⅱ次输出电流进行测试，电流明显升高，判断为室外电缆混线。③到达现场后，在该信号机变压器箱内甩开H、HH端子配线。④用万用表电阻R×1挡测量H、HH端子电缆间电阻，仅为几十欧，判断为电缆虚混。

(2)恢复方法：倒入备用芯线，故障恢复。经进一步查找，在信号机附近的方向盒中，室内至方向盒的点灯H线和方向盒至变压器箱点灯HH线的绝缘层分别被内屏蔽芯线组的屏蔽铜箔扎破，形成混线。

(3)分析提示：①当室外发生虚混故障使信号机灭灯时，灯丝继电器会保持吸起，不会出现灯光转移现象。对该故障来说，信号机点红灯时，电流经电缆虚混处回流，使红灯灭灯而室内1DJ仍能保持吸起，不会影响发送盒的编码电路，不会出现灯光转移现象。②处理这类故障时，采用环阻法在分线盘测H、HH线间电阻是不可取的，原因是室外部分构成了完整回路。如果使用此法，应甩开信号机变压器箱内相应端子配线。

三、注意事项

严格按故障处理流程(图17-5-2)处理现场故障，随时注意人身和设备安全，严禁违章蛮干、臆测行事。

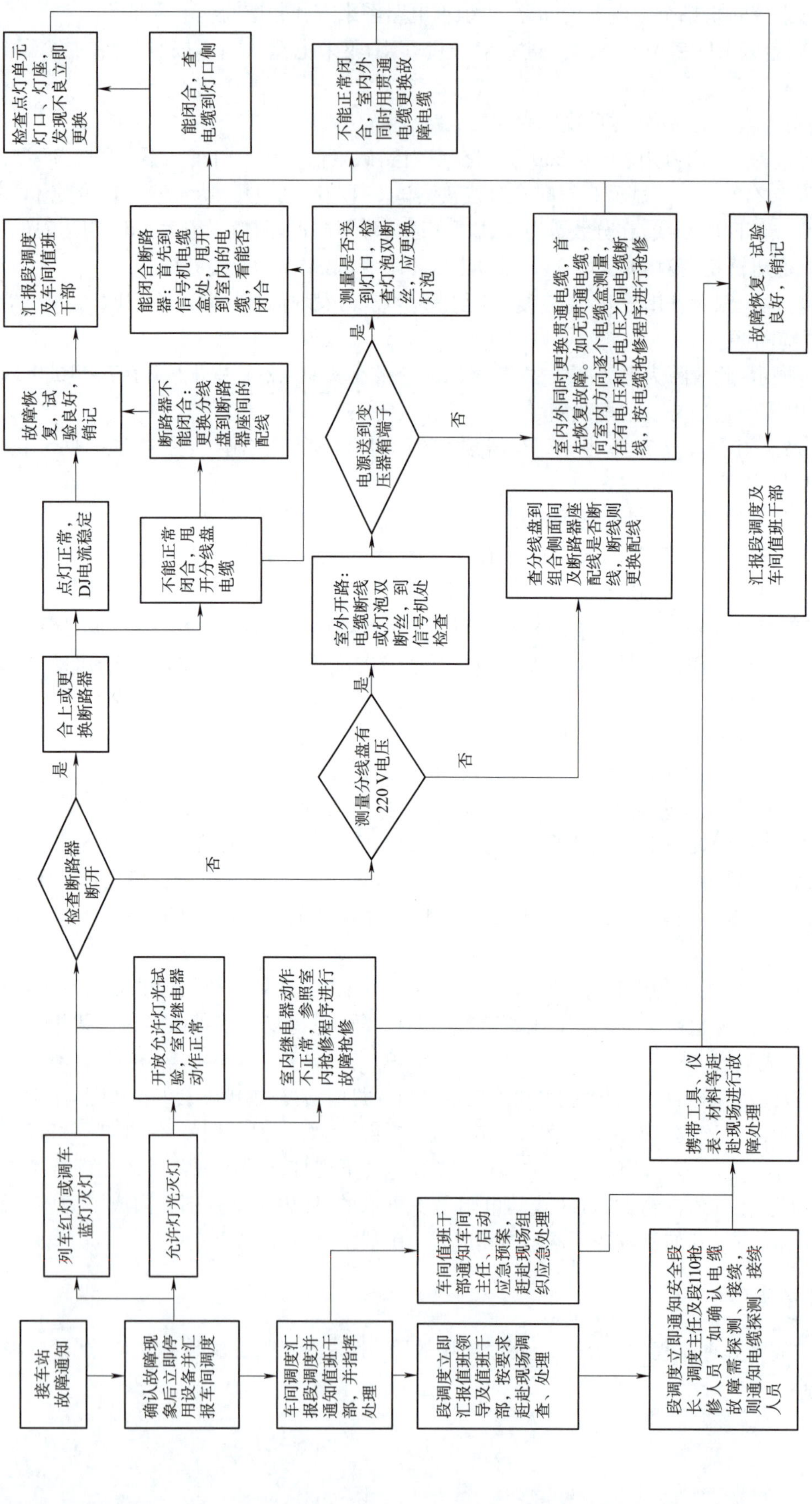

图 17-5-2 故障处理流程

第六节　联锁设备故障处理

一、控制台常见故障现象、故障分析及处理方法

1. 故障现象：控制台显示正常(能反映站场变化)，站控模式下，移动鼠标反应不灵敏

(1)故障分析：鼠标故障。

(2)处理方法：打开鼠标后盖，取出鼠标小球，清洁小球及鼠标内部滑轮，同时清洁台面，若无效启用备用鼠标。

2. 故障现象：控制台显示正常(能反映站场变化)，站控模式下，移动鼠标，光标不动

(1)故障分析：鼠标长线接触不良、控显转换箱故障或控显机死机等原因。

(2)处理方法：检查鼠标及鼠标延长线和控显机之间接触是否良好，可启用另一套控显机，同时启用与之对应的鼠标，故障仍不能恢复时重启控显机，若仍无效，将显示器视频线及鼠标长线直接连接到工作控显机相应端子上。

3. 故障现象：控制台显示器黑屏

(1)故障分析：显示器故障、显示器长线故障或插接不牢固、控显转换箱故障、显卡故障等原因。

(2)处理方法：检查显示器电源线及信号线连接，重启显示器，若无效就更换新显示器，若仍无效，启用另一套控显机。启用另一套控显机仍无效，将显示器视频线及鼠标长线直接连接到工作控显机相应端子上。

4. 故障现象：控制台显示器死屏、花屏

(1)故障分析：视频线插头松动、视频线断线、显示器故障、控显转换箱故障、控显机故障、显卡故障等原因。

(2)处理方法：检查视频线插头，重启显示器，无效就更换新显示器、更换视频线，若仍无效，启用另一套控显机，重启控显机。

5. 故障现象：控制台不能正确反映站场变化且CTC/TDCS的站场图形显示不正确

(1)故障分析：控显机故障、联锁机相关硬件板卡故障等原因。

(2)处理方法：启用另一套控显机，若无效重新启动联锁双系。

6. 故障现象：控制台按钮不能操作

(1)故障分析：控显机与联锁机通信中断或控显机故障等原因。

(2)处理方法：检查光分路器和INIO卡RD/TD灯状态，确认是否为光纤接触不良，重启控显机，若无效则更换控显机。

7. 故障现象：控显备机故障

(1)故障分析：控显备机死机、停机或通信中断等原因。

(2)处理方法：检查光分路器状态，确认是否为光纤接触不良，重启控显备机，若无效则更换控显备机。

8. 故障现象：联锁备系故障

(1)故障分析：联锁Ⅰ系或Ⅱ系异常停机、通信中断等原因。

(2)处理方法：检查联锁逻辑部电源板，排除电源故障；检查联锁机、光分路器背面连线，记录停机状态下联锁逻辑部各板卡面板指示灯状态；在F486-4板插入IC卡的情况下，重启如不

能启动，则需要更换该系板卡。

9. 故障现象：控制台全站红光带，道岔无表示，信号复示器闪光

(1)故障分析：电源故障，联锁机与电子终端通信中断，光缆接触不良或联锁机、光分路器故障等原因。

(2)处理方法：首先检查联锁双系是否停机，双系均停机时，查看联锁逻辑部电源板；如电源板无电依次查找电源屏、联锁电源柜、联锁柜间电源线，排除电源故障，确认输入电源良好，但电源板不亮灯时更换电源板；如电源板有电则重启联锁主机，联锁双系良好时，检查电子终端柜 PIO 板状态，PIO 板灯全灭时，首先检查电子终端柜全部电源板是否正常，全不正常时查找电源问题(按照上述电源板故障处理方法处理)，电源板正常时重启所有 PIO 板；联锁双系及电子终端柜各 PIO 板良好时，检查联锁机与控显双机通信是否全部中断，如果通信中断，首先重启控显机，如果故障仍不恢复，查找联锁双系与电子终端柜间连接线、联锁双系与控显双机间连接线(或光电转换设备)。

10. 故障现象：控制台部分区段红光带，部分道岔无表示或部分信号复示器闪光

(1)故障分析：电子终端部分 PIO 板(Ⅰ系Ⅱ系成对)故障，接口电源熔断器故障，驱采电缆插座接触不良，驱采电缆与接口架通信故障等原因。

(2)处理方法：检查电子终端 PIO 板等设备状态是否正常，检查 PIO 板背面电源熔断器，检查背面电子终端底座与驱采电缆插座，检查 LINE 板背面光纤与联锁机连线，检查驱采电缆与接口架接触是否良好。

11. 故障现象：进站信号机不能开放正线接车信号，可以开放侧线接车信号

(1)故障分析：正线信号继电器没有驱动或采集。

(2)处理方法：在开放正线接车信号时，ZXJ 必须正确驱动并采集。首先检查电务维修机 I/O 图形中，有无 ZXJ 的驱动命令，ZXJ 是否采集到吸起信息，只有采到 ZXJ 吸起信息，计算机才会有 LXJ 的驱动命令，信号才能开放。

12. 故障现象：车站一个咽喉的出站信号机都不能开放

(1)故障分析：该咽喉方向电路的空闲继电器(KXJ)没有吸起或没有采集到。

(2)处理方法：在电务维修机 I/O 图形中检查 KXJ 是否采集，若没有采集，检查 KXJ 是否吸起、励磁电路是否开路或采集回路有无故障。

13. 故障现象：个别道岔无表示或轨道红光带

(1)故障分析：道岔表示继电器或轨道继电器没吸起，或吸起没采集到。

(2)处理方法：在电务维修机 I/O 图形中检查道岔表示继电器或轨道继电器是否采集，若没有采集，检查道岔表示继电器或轨道继电器是否吸起，当道岔表示或轨道继电器工作正常而联锁显示为道岔无表示或轨道区段占用时，可判断为采集故障，按采集故障查找方法处理。若没吸起，查找局部电路是否故障(道岔定反位都同时被采集到，道岔也会失表)。

14. 故障现象：道岔不能转换，控制台电流表没动

(1)故障分析：1DQJ 没吸起。

(2)处理方法：单操道岔，观察该组道岔组合里 YCJ、DCJ(FCJ)是否吸起，若 YCJ、DCJ(FCJ)不吸，则查找其驱动电路是否故障；若 YCJ、DCJ(FCJ)吸起，查找 1DQJ 励磁电路是否故障，先检查联锁条件是否满足(区段锁闭、道岔单锁等情况)。

15. 故障现象:信号不能正常开放

(1)故障分析:确认是接车还是发车信号不能正常开放,判断是灭灯状态下无法开灯,还是点灯状态下允许信号不能正常开放,区分是驱采电路故障还是信号点灯电路故障。

(2)处理方法:首先确认相关进路上是否有按钮被封闭或道岔被封锁;确认是否错误办理了敌对进路;出站需确认与邻站为全区间空闲(站间闭塞);需确认发车口发车箭头为绿色;需确认反向发车进路的改方按钮为按下状态。灭灯状态下无法开灯时,先检查联锁条件是否满足(存在进路锁闭等情况);然后查看 KDJ 状态,如果 KDJ 落下则查找 KDJ 驱动电路故障,如果 KDJ 已驱动并被采集到,则按点灯状态下的查找方法查找故障。点灯状态下允许信号不能正常开放:先检查联锁条件是否满足,排除人为操作错误;然后查看需要点亮的信号机 XJ 状态,如果为 ZXJ、LXJ、TXJ、YXJ 等,必须先驱动吸起并被采集到,再查找信号点灯电路故障,最后 DJ 吸起并采集到,信号就能正常开放了。

二、计算机联锁硬件常见故障现象、故障分析及处理方法

1. 故障现象:机笼内各板均不能开启

处理方法:检查该机笼逻辑 24 V 电源接线端子或插头。

2. 故障现象:某一对 PIO 板运行状态正常但对应的所有采集信息无表示或对应的所有驱动位均不能驱动继电器

处理方法:检查该对 PIO 背面的接口 24 V 电源的接线端子、插头或熔断器。

3. 故障现象:ET-LINE 板、ET-PIO 板 normal 指示灯灭灯

处理方法:normal 灯不亮,RXD 灯不闪烁,检查 ET-LINE 板后面光缆接插是否牢固。重新开启该板电源开关,应可以正常启动,若不能启动则需用备用板更换该板。故障原因通常与计算机室温度偏高有关。另外 LINE 板、PIO 板故障只要不是同一对板同时发生故障都不会影响设备正常使用。

4. 故障现象:系统自动倒系

(1)故障分析:系统自动倒机的原因主要是主系故障,包括与主系的接口电路故障。

(2)处理方法:从维修机记录中查找原因,检查主系各板卡是否正常,电源连线是否有断线或混线。

5. 故障现象:F486-4 板故障灯(D7)亮

(1)故障分析:运行方式设置错误或 CPU 板故障。

(2)处理方法:SW1、SW2 必须设置为 1,SW3 必须设置为 0,按压 RES 进行复位。

6. 故障现象:FSD486 板 1L 异常红灯亮

(1)故障分析:系统停止运行。

(2)处理方法:拔出 IC 卡重新插上,重启联锁机。

7. 故障现象:LINE2 板上 RXD 灯灭,TXD 灯亮

(1)故障分析:联锁与 PIO 机笼通信中断。

(2)处理方法:检查联锁机与 LINE2 板的连接光纤是否良好。

8. 故障现象:控显单机故障

处理方法:

(1)无法开机,机器内置电源风扇不转,前面电源指示灯不亮,在确认机器背面的输入电源

插头有 AC 220 V 电源的情况下应为该机电源故障,需更换电源。

(2)开机后,机器内发出“嘀、嘀…”间断的报警声,为内存条或显卡接触不良,需打开机箱盖,重新拔插内存条及显卡即可恢复。

(3)电源正常的情况下无法开机,也无报警声,应为主板与机箱底板接触不良或主板故障,重新拔插紧固主板若不能恢复则需更换主板。

(4)如发生控制台操作显示异常(鼠标不能操作、站场图形显示异常),为缩短故障延时,需立即进行控显倒机操作(关掉该机),如故障现象不能排除,需将控显双机重新启动。

9. 故障现象:电子终端故障

处理方法:

(1)机笼内各板均不能开启,检查该机笼逻辑 24 V 电源接线端子或插头。

(2)ET-LINE 板 normal 灯不亮,RXD 灯不闪烁,检查 ET-LINE 板后面光缆接插是否牢固。

(3)ET-PIO 板 normal 指示灯灭灯,重新开启该 PIO 板电源开关,应可以正常启动,若不能启动则需用备用板更换该板。此类故障为不常见故障,故障原因通常与计算机室温度偏高有关。另外只要不是同一对 PIO 板同时发生故障都不会影响设备的正常使用。

(4)若某一对 PIO 板运行状态正常但对应的所有采集信息无表示或对应的所有驱动位均不能驱动继电器,检查该对 PIO 板背面的接口 24 V 电源的接线端子、插头或熔断器。

10. 联锁系统重启、倒机注意事项

因维修、停电等原因需对带有通信机的计算机联锁设备关机、重启或倒机时重点需注意:

(1)由于前置通信机需检查其对应的车站 ID,所以当重新启动时,必须先启动联锁逻辑部,再重启前置通信机,否则前置通信机无法正常启动。

(2)前置通信机和联锁逻辑部启动时要求需要插入 CF 卡的槽内必须插有相关驱动或执行程序,否则设备无法正常启动。

(3)由于以太网通信有传输请求、应答等过程,在通信机切换时要求备系已启动且同步后至少 30 s 再进行主机至备机的切换。

(4)联锁逻辑部和前置通信机的Ⅰ、Ⅱ系任意一系电源均可为该台 DS6-K5B 设备的所有 125MLAN 硬件(VHSC26)供电,但关闭任意一个 125MLAN 硬件(VHSC26)电源,均会导致本系停机。

三、具体电路故障处理

1. 轨道电路采集电路故障处理

(1)轨道电路采集 DGJ 状态,首先去组合架看对应区段 DGJ 是否吸起,若吸起,控制台显示红光带,则为采集故障。

(2)查看电务维修机 I/O 图形,对故障进行分析,检查采集配线,排除断线、虚接故障;检查继电器接点状态,不良时更换继电器。如果为全站道岔无表示或轨道区段占用,应查看采集电源,排除电源故障。

判断采集电路存在问题,可用万用表直流电压挡测量接口柜对应端子是否有 24 V 正电,如果有,应为接口架至电子终端的采集电缆断线;如果没有,应为接口架至继电器组合断线,可借负电按电路顺序测试继电器接点—组合架侧面—接口柜,电压从有到无时为故障点。轨道电路采集电路,如图 17-6-1 所示。

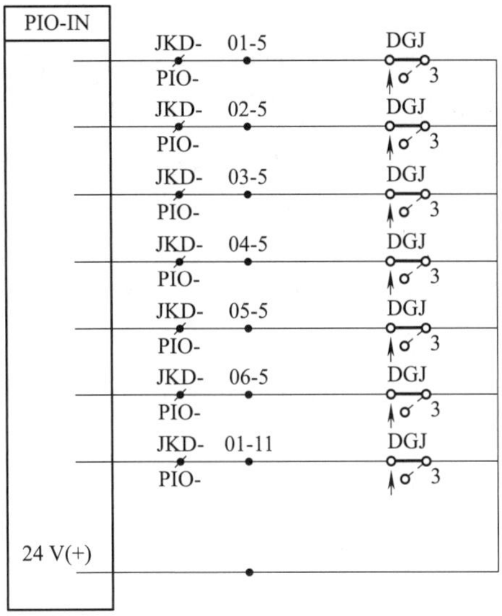

图 17-6-1　轨道电路采集电路

2. 道岔采集、驱动电路故障处理

(1)道岔失表

看 DBJ/FBJ 状态,若 DBJ/FBJ 吸起则为采集故障。首先在接口柜检查采集信息是否收到,如果未收到检查接口柜至组合架配线,排除断线或虚接故障;如果收到则检查电子接收柜电源板,排除电源故障。查看 PIO 采集板,重新启动采集板或更换采集板(更换采集板或采集配线时注意影响范围)。

(2)道岔不动作

看 YCJ、DCJ/FCJ 状态,哪个继电器不吸查哪个继电器的驱动电路。如果驱动电源已送出,检查接口柜至组合架配线,排除断线或虚接,以及 YCJ、DCJ(FCJ)线圈断线故障;如果没有驱动电源查看电子接收柜电源板,排除电源故障;然后查看 PIO 驱动板,重新启动驱动板或更换驱动板(更换驱动板或驱动配线时注意影响范围)。道岔采集、驱动电路如图 17-6-2 所示。

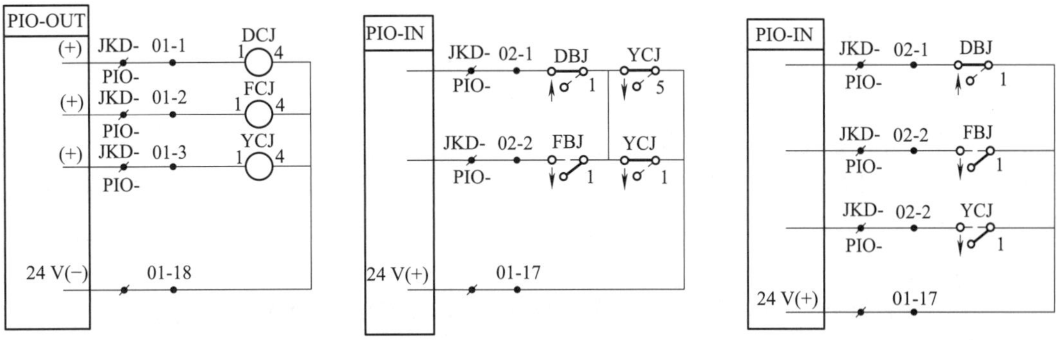

图 17-6-2　道岔采集、驱动电路

3. 信号机采集、驱动电路故障处理

(1)进站信号机

①正线接车:信号开单 U。

需要先检查 ZXJ 驱动吸起并采集电路,再检查 LXJ 驱动吸起并采集电路。

②侧线接车：信号开 UU。

需要先检查 ZXJ 失磁落下并采集电路，再检查 LXJ 驱动吸起并采集电路。

③正线通过（且区间 2QL 占用）：信号应开 LU，若这时开信号后显示 U，3 s 后显示 H 灯，说明为 LUXJ 驱动或采集故障，LUXJ 不吸起，检查驱动，LUXJ 吸起，检查采集（测量时需重开信号）。

④正线通过：信号应开 L，若这时开信号后显示 LU，3 s 后显示 H 灯，说明为 TXJ 驱动或采集故障，TXJ 不吸起，检查驱动，TXJ 吸起，检查采集（测量时需重开信号）。

⑤引导信号：信号应开 HB，信号不开放，重开查看 WYXJ 的状态，不吸起，检查驱动，WYXJ 吸起，再检查 YXJ 的状态，YXJ 不吸起，检查 YXJ 的励磁电路，YXJ 吸起，检查其采集和 2DJ 的采集。

进站信号机采集、驱动接口电路如图 17-6-3 所示。

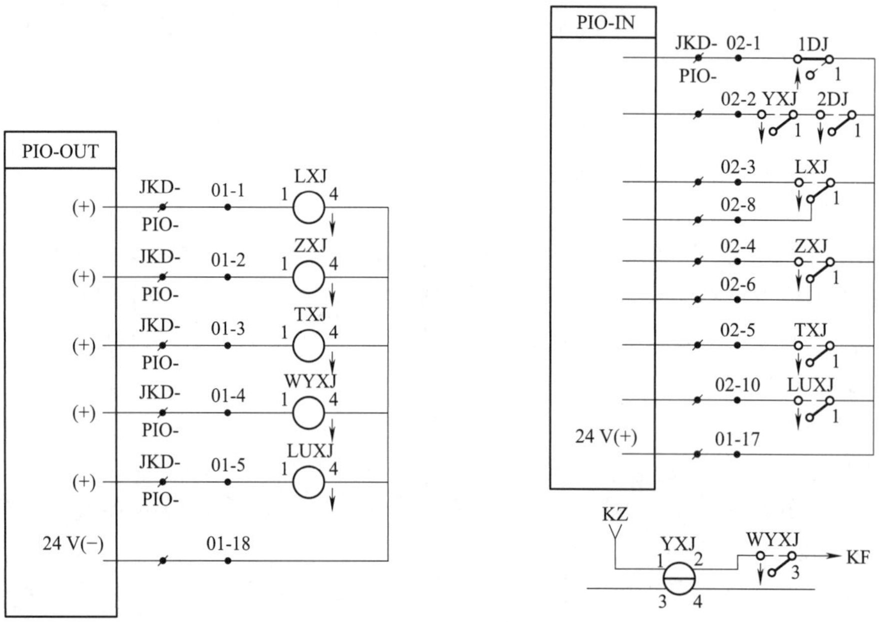

图 17-6-3 进站信号机采集、驱动接口电路

（2）出站信号机

①处理出站信号机故障，开信号前，首先确认控制台方向箭头是否正确，1LQG 是否空闲。若状态均正确，开信号看组合里继电器状态。若开信号后没有任何继电器动作，则需要看对应方向组合里 KXJ 的状态，若吸起，检查 KXJ 的采集，若不吸起，检查 KXJ 的励磁电路。KXJ 采集正常，再看 ZXJ/FXJ 的驱动。

②若 ZXJ/FXJ 驱动正常吸起，LXJ 不吸起，检查 ZXJ/FXJ 采集和 LXJ 的驱动。

③若 ZXJ/FXJ 吸起、LXJ 也吸起，信号不开放，检查 LXJ 采集。

出站信号机采集、驱动接口电路如图 17-6-4 所示。

四、注意事项

严格按故障处理流程（图 17-6-5）处理现场故障，随时注意人身和设备安全，严禁违章蛮干、臆测行事。

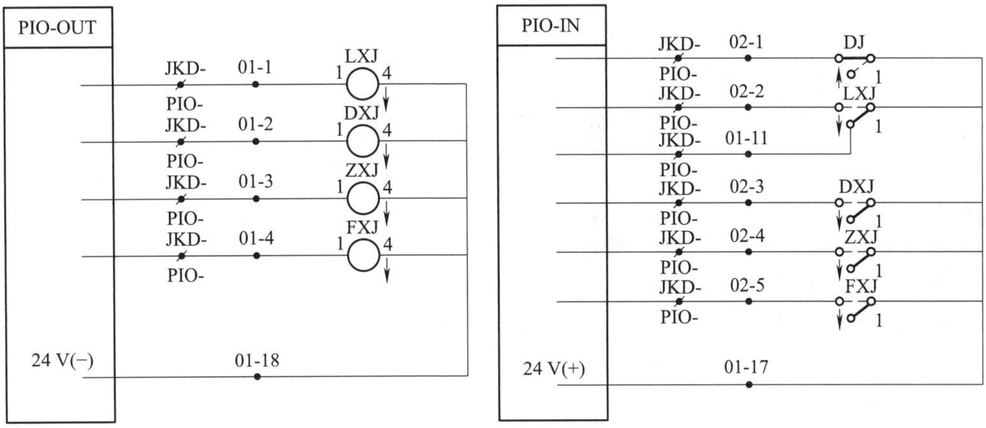

图 17-6-4　出站信号机采集、驱动接口电路

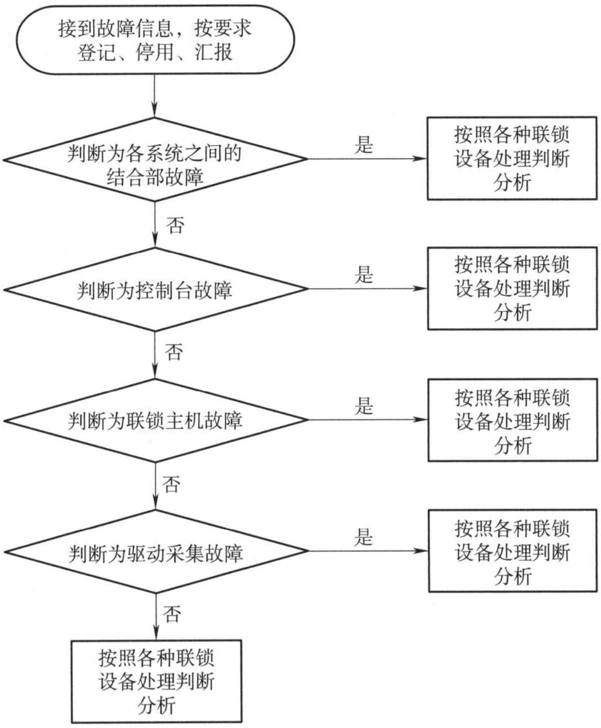

图 17-6-5　故障处理流程

参 考 文 献

[1] 铁路职工岗位培训教材编审委员会.信号工(通用基础知识)[M].北京:中国铁道出版社,2017.

[2] 中国国家铁路集团有限公司工电部. 普速铁路信号设备[M].北京:中国铁道出版社有限公司,2022.

[3] 中国国家铁路集团有限公司运输部.铁道概论[M].北京:中国铁道出版社有限公司,2023.

[4] 中国铁路总公司.铁路信号工(车站与区间信号设备维修)[M].北京:中国铁道出版社,2016.

[5] 中国铁路总公司. 普速铁路信号维护规则　技术标准[M].北京:中国铁道出版社,2015.

[6] 佟立本.铁道概论[M].8版.北京:中国铁道出版社有限公司,2022.

[7] 济南铁路局电务处,济南铁路局职教处.车站与区间信号知识手册[M].北京:中国铁道出版社,2010.